Mirjam Bonschba

LEBENSFORMEN
Veröffentlichungen des Instituts für Volkskunde der Universität Hamburg
Herausgegeben von Thomas Hengartner, Albrecht Lehmann und Gerhard Lutz

Band 12

Hilke Thode-Arora

Interethnische Ehen
Theoretische und methodische
Grundlagen ihrer Erforschung

DIETRICH REIMER VERLAG
BERLIN · HAMBURG

Die deutsche Bibliothek – CIP-Einheitsaufnahme

Thode-Arora, Hilke:
Interethnische Ehen : theoretische und methodische Grundlagen
ihrer Erforschung / Hilke Thode-Arora. – Berlin ; Hamburg :
Reimer, 1999
 (Lebensformen ; Bd. 12)
 ISBN 3-496-02663-4

Gedruckt mit Unterstützung der Universität Hamburg

© 1999 by Dietrich Reimer Verlag GmbH

Alle Rechte vorbehalten
Printed in Germany

ISBN 3-496-02663-4

Inhaltsverzeichnis

    Danksagung 9

1 Einleitung 11

2 Begriffe und Definitionen 16

    2.1   Ethnie 16
    2.2   Ehe 21
    2.3   Zwischenheirat und Intermarriage, Mischehe und
            Mariage Mixte, binationale und bikulturelle Ehe 24
    2.4   Endogamie und Exogamie versus Homogamie und
            Heterogamie 28
    2.5   Agathogamie und Kakogamie 29
    2.6   "Rasse" 29
    2.7   Eigengruppe und Fremdgruppe 31
    2.8   Primärgruppe und Sekundärgruppe 32
    2.9   Akkulturation und Assimilation 33

3 Methoden der Zwischenheirat-Forschung 36

    3.1   Statistische Auswertungen 37
    3.1.1 Häufig verwendete mathematische Formeln 48
    3.2   Fragebogen 57
    3.3   Befragungen, Tiefeninterviews und biographische
              Erhebungen 59
    3.4   Ethnologische Feldforschung 65
    3.5   Klinische Studien 78
    3.6   Zusammenfassung und Bewertung 79

4 Fach-, methoden- und nationalitätsspezifische Schwerpunkte der empirischen Zwischenheirat-Forschung 85

4.1 Zwischenheirat-Forschung als Bestätigung ideologischer Haltungen der Untersuchenden? 87
4.2 Zusammenfassung 92

5 Interethnische Partnerwahl 94

5.1 Einige Grundannahmen über die Beziehung zwischen der Institution Ehe und der Gesellschaft 94
5.2 Allgemeine Partnerwahlmodelle 103
5.3 Ansätze zur Erklärung interethnischer Partnerwahl 109
5.3.1 Kompensatorischer Austausch oder Summation? Die Heterogamie-Homogamie-Diskussion 111
5.3.2 **Strukturale Ansätze** 127
5.3.2.1 Blaus Theorem der "Intersecting Social Affiliations" 128
5.3.2.2 Begünstigende demographische Faktoren 130
5.3.2.2.1 Geringe Anzahl der Mitglieder einer Ethnie 130
5.3.2.2.2 Ungleichgewicht der Geschlechterproportion 134
5.3.2.2.3 Kontakt, räumliche Nähe, nicht-segregiertes Wohnen 146
5.3.2.3 Patterns sozialer oder lebensgeschichtlicher Merkmale 155
5.3.3 **Kulturale Ansätze** 171
5.3.3.1 Zahl der Generationen im Einwanderungsland 172
5.3.3.2 Ähnlichkeit in kulturellen Merkmalen 177
5.3.3.3 Abwesenheit oder Abbau von sozialer Distanz   183
5.3.3.4 Wenig institutionalisierte soziale Kontrolle 192
5.3.3.5 Nachlassen der ethnischen Solidarität und / oder Kohäsion 199
5.3.3.5.1 Das Konzept der Marginalität 204
5.3.3.6 Persönliche Defekte und deviantes Verhalten 212
5.3.3.7 Statusmaximierung und Rollenvorteil 222
5.3.4 Zusammenfassung und Bewertung 236

6	Die eheliche Dyade		244
	6.1	Eheliche Anpassung	244
	6.1.1	Rollenvorteile aufgrund unterschiedlicher ethnischer Herkunft	269
	6.1.2	Konflikte aufgrund unterschiedlicher ethnischer Herkunft	272
	6.1.3	Das "Soldatenbraut"-Pattern	297
	6.1.4	Ehestabilität	300
	6.1.5	Zusammenfassung und Bewertung	314

7	Die eheliche Dyade und die soziale Umwelt		320
	7.1	Verhinderungsmechanismen und Sanktionen	320
	7.1.1	Die Bewertung interethnischer Ehen	356
	7.2	Interethnische Ehen und ethnische Schranken	363
	7.2.1	Beispiele für Allianzbildung durch interethnische Ehen	364
	7.2.2	Beispiele für die Entstehung neuer Ethnien aus interethnischen Ehen	366
	7.2.3	Interethnische Ehen als Indikator für Assimilation?	370
	7.2.3.1	Einige Assimilationsmodelle	377
	7.2.3.2	Beispiele für verschiedene Arten der ethnischen Selbst- und Fremdzuschreibung der Paare und ihrer Kinder	390
	7.2.4	Interethnische Ehen und Kulturwandel	404
	7.3	Zusammenfassung und Bewertung	408

8	Zusammenfassung und Ergebnisse		411

9	Anhang		431
	9.1	Liste der empirischen und statistischen Arbeiten über Zwischenheirat in chronologischer Reihenfolge	431
	9.2	Muster eines Heiratsformulars des Staates Florida von 1993	461

10	Literatur	463

Danksagung

Eine Dissertation parallel zu Berufstätigkeit in einem ganz anderen wissenschaftlichen Bereich zu schreiben, noch dazu verknüpft mit mehreren Wohnortwechseln, verlangt nach Konstanten und ruhenden Polen. Mein erster Dank gilt daher Herrn Prof. Dr. Hans Fischer, der diese Arbeit betreut hat und sich bei meinen Besuchen in Hamburg stets Zeit für lange, intensive Gespräche, inspirierende Anregungen und Kritik nahm.

Ganz herzlich danken möchte ich meinem Mann: Er ließ nicht nur stets geduldig und interessiert meine begeisterten Darstellungen der neuesten Geistesblitze oder theoretischen Ansätze über sich ergehen, fing die emotionalen Ups and Downs auf, die solch eine lange Arbeit mit sich bringt, und förderte meine Motivation, sondern er unterstützte mich - auch mit eigenen beruflichen Kompromissen - dabei, gegen alle Unkenrufe Museumstätigkeit und Promotion unter einen Hut zu bringen.

Herr Prof. Dr. Albrecht Lehmann vom Institut für Volkskunde in Hamburg steuerte mit viel Engagement und Ideenreichtum eine Fülle von Vorschlägen zur Veröffentlichung und Druckkostenförderung der vorliegenden Arbeit bei und regte ihre Aufnahme in die von ihm mitherausgegebene Reihe "Lebensformen" an. Ohne seinen Einsatz und spontanen Enthusiasmus hätte die Publikation bei weitem nicht so schnell und in so schöner Form erfolgen können. Ihm zu danken ist mir daher eine große Freude.

Dem Haushaltsreferat der Universität Hamburg gebührt mein Dank für den großzügigen Druckkostenzuschuß, der die Veröffentlichung in der vorliegenden Weise wesentlich erleichterte.

Zu Beginn meiner Recherche war mir noch nicht bewußt, wie komplex das Thema der interethnischen Ehen - und die aufzubereitende Literatur - eigentlich sind, oder daß sie mich dazu bringen würden, einen Statistikkurs zu absolvieren und mich in bisher unbekannte Fachgebiete einzulesen. Eine Reihe von Personen haben mir dies mit Diskussionen und Literaturtips über mir weniger vertraute Bereiche leichter gemacht. Ohne den Dank an die Ungenannten damit zu schmälern, möchte ich doch zwei von ihnen namentlich herausgreifen: Pia Nerel, Psychologin aus Köln, schrieb zeitgleich ihre Diplomarbeit über deutsch-türkische Ehen und teilte ihr Spezialwissen über Psychologie und Psychiatrie mit mir. Und auch wenn ich mich letztendlich entschloß, die physisch-anthropologische Seite der Partnerwahl aus meinen Darlegungen auszusparen, war ich beeindruckt, mit welchem Interesse, welcher Offenheit und Bereitwilligkeit, - die in erstaunlichem Gegensatz zur

Reaktion manches Vertreters meines eigenen Faches standen -, Herr Prof. Dr. Rainer Knußmann vom Institut für Anthropologie in Hamburg mir als einer ihm völlig unbekannten Doktorandin viel Zeit für ein ausführliches einführendes Gespräch in die Thematik widmete.

Dank gebührt auch den Damen der Interessengemeinschaft der mit Ausländern verheirateten Frauen / Verband bi-nationaler Familien e. V. in Hamburg und Stuttgart sowie der Bundesgeschäftsstelle in Frankfurt am Main. Stets öffneten sie mir hilfsbereit und unbürokratisch ihre Bibliotheken und Archive, wenn es darum ging, sonst kaum zu beschaffende unveröffentlichte Examensarbeiten oder "graue Literatur" zum Thema zu suchen.

Ideelle Unterstützung wurde mir ebenfalls von Verwandten, Freunden und Kollegen zuteil, deren Interesse sich nicht nur in Sympathie und anregenden Fragestellungen über interethnische Ehen manifestierte, sondern auch im begeisterten Sammeln von Literaturtips sowie Ausschnitten aus Zeitungen und Zeitschriften. Danke!

Ein besonderer Vertrauensbeweis kam von jenen Freundinnen, die angesichts eigener interethnischer Eheabsichten in krisenhaften Situationen meinen Rat als "Spezialistin" hören wollten. Ihnen schulde ich speziellen Dank dafür, daß sie mich über allen theoretischen Erörterungen die menschliche Seite des Themas nicht aus den Augen verlieren ließen.

1 Einleitung

Anlaß für meine wissenschaftliche Beschäftigung mit interethnischen Ehen war der Zufallsfund der empirischen Studie von Kannan (1972) in einer ausländischen Universitätsbuchhandlung: Auf den ersten Blick wirkte diese Untersuchung über London klar strukturiert, der Forschungsgegenstand fest umrissen. So bestand meine Planung für das Dissertationsprojekt ursprünglich darin, zunächst durch Aufarbeitung der theoretischen, empirischen und autobiographischen Literatur über interethnische Ehen den aktuellen Forschungsstand zu diesem Thema zu erschließen, um dann selbst eine empirische Vergleichsstudie à la Kannan in einer deutschen Großstadt durchzuführen. Die Literatur erwies sich allerdings als so umfangreich, in sich widersprüchlich und zum Teil ideologisch gefärbt, daß eine ausführlichere Beschäftigung mit ihr - über Fach- und Ländergrenzen hinweg - notwendig erschien. Ziel dieser Arbeit ist daher zunächst eine *Ordnung* des vorhandenen Materials: Empirische und theoretische Schwerpunkte der Zwischenheirat-Forschung[1] sollen identifiziert, als sich ergänzende und widersprechende Konzepte erkannt und in ihrer methodischen Begründung kritisch betrachtet werden. Im Idealfall ergeben sich Stränge kohärenter Hypothesen-, Ansatz- und Schulensysteme[2]. So wird sich Kapitel 2 mit dem auseinandersetzen, was in den vorliegenden Arbeiten - sehr uneinheitlich und mitunter kaum vergleichbar - überhaupt untersucht wird (bzw. laut Anspruch der Verfasser werden soll): den Definitionen immer wieder benutzter Begriffe. Kapitel 3 wird sich mit den Methoden und der daraus resultierenden Aussagekraft der Ergebnisse beschäftigen, Kapitel 4 mit den fach-, methoden- und nationalitätsspezifischen Untersuchungsschwerpunkten. Kapitel 5 bis 7 befassen sich mit den drei großen inhaltlichen Bereichen der Zwischenheirat-Forschung: Partnerwahl, dem Binnenbereich der Ehe und der Beziehung des interethnischen Paares zu seiner sozialen Umwelt bzw. zur Gesamtgesellschaft / den beiden ethnischen Einheiten. Kapitel 8 wird die Ergebnisse zusammenfassen und damit einen Überblick über den aktuellen Forschungsstand geben. Dabei sollen methodisch schlechter, ideologisch geprägter, aber dennoch in der

---

[1] Auf Gebrauch und Abgrenzung der Begriffe "interethnisch", "interracial", "Intermarriage" und Zwischenheirat wird in Kapitel 2.1., 2.3. und 2.6. eingegangen.

[2] Mit dieser Zielvorgabe folge ich zum Teil der Forderung von Hill und Hansen (1960: 299).

Forschung tradierter Ballast ad actas gelegt, Forschungslücken aufgezeigt und Anregungen für künftige Untersuchungen gegeben werden.
Auch wenn die Intermarriage-Forschung der U.S.A. immer wieder eine strukturelle Übereinstimmung zwischen den drei Bereichen "interracial", "interethnic" und "interreligious" der Zwischenheirat postuliert, sollen in dieser Arbeit die interreligiösen bzw. interkonfessionellen Ehen ausgeklammert werden, sofern sie nicht zugleich interethnische Ehen sind. Besonders die Berücksichtigung der äußerst umfangreichen Literatur[3] über jüdisch-nichtjüdische Ehen hätte den Rahmen dieser Arbeit gesprengt und wäre eine eigene Beschäftigung wert. Da im U.S.-amerikanischen Sprachgebrauch die Begriffe "interracial" und "interethnic" beide Bezug auf interethnische Ehen haben können (s. Kap. 3), sollen dagegen auch Arbeiten über "interracial marriages" einbezogen werden.

Die wissenschaftliche Beschäftigung mit dem Thema "Intermarriage" begann in den zwanziger Jahren dieses Jahrhunderts in den Vereinigten Staaten (Drachsler 1920, 1921) und fand bis in die Gegenwart hauptsächlich dort statt. Seit den Fünfzigern kamen vereinzelte britische und französische Arbeiten dazu. Seit Mitte der siebziger Jahre läßt sich auch im deutschen Sprachraum ein Interesse an binationalen und interethnischen Ehen beobachten, das sich dann besonders seit den achtziger Jahren in einer großen Zahl von Examensarbeiten[4] niederschlägt, allerdings auch in einer Menge anderer Veröffentlichungen wissenschaftlicher und nichtwissenschaftlicher Art. Der überwiegende Teil der wissenschaftlichen Literatur stammt aus der Soziologie, ein geringerer aus der Psychologie und Ethnologie. Auf die fach- und nationalitätenspezifischen Untersuchungsgebiete und Methoden, die daraus resultieren, wird in Kapitel 4 noch einzugehen sein. Daneben existieren aber auch nichtwissenschaftliche Veröffentlichungen, die als Primärquellen dienen können, z. B. Statistiken, Zeitungs- und Zeitschriftenartikel, Ratgeberbroschüren kirchlicher, staatlicher und privater Organisationen, (Auto-) Biographien und Belletristik. Nach Feststellung des allgemeinen Forschungsstandes können sie bei der Erarbeitung von Einzelfallstudien bestimmter Kombinationen interethnischer Ehen in einer vorgegebenen interethnischen Situation als Quellen über die Anzahl der Heiraten, Häufigkeiten von sozialen Merkmalen der Partner, über Bewertung und Sanktionsmecha-

---

[3] Vgl. z. B. Aldous und Hill 1967 sowie Aldous und Dahl 1974.
[4] z. B. Ludwig 1977, Samama 1977, Devitre 1978, Clever und Steigwald 1979, Canisius 1980, Brandenburger 1981, Müller-Dincu 1981, Khoudari 1982, Deul 1983, Shams 1983, Singer und Klausing 1983, Vaughn 1983, Simon 1985 b, Boos 1986, Röckel 1986, Kokola 1987, Zimmermann 1987, Hecht-El Minshawi 1988, Pandey 1988, Kienecker 1989, Beer 1992, Jacobs 1992, Englert 1995, Beer 1996, Nerel 1996

nismen sowie über den Binnenbereich der Ehe von Bedeutung sein. Eine umfassende und systematische Auswertung für eine Region war im Rahmen dieser Arbeit nicht möglich; dennoch sollen die obengenannten Quellen zuweilen zur Demonstration bestimmter Forschungsansätze herangezogen werden. Zwei auffällige Tatsachen sind allerdings hinsichtlich der Belletristik und der Biographien erwähnenswert:
1. Alle vorliegenden Biographien und Autobiographien behandeln das Leben von interethnisch verheirateten Frauen, alle mit einer Ausnahme (Ruete 1989) das von mitteleuropäischen oder euro-amerikanischen Frauen[5].
2. Es gibt eine Gattung von Literatur, die zwischen Autobiographie und Fiktion steht, ohne daß sich beides eindeutig in den Werken zuordnen ließe; bei Autorinnen läßt sich die eigene interethnische Heirat teilweise anhand des Nachnamens erschließen; von dem japanischen Schriftsteller Ogai Mori ist bekannt, daß seine Novelle "Maihime" nach einer Liebesbeziehung mit einer Deutschen entstand. Als autobiographische Quellen sind all diese Werke daher nur sehr bedingt nutzbar, als reine Fiktion aber auch nicht zu betrachten[6]. Der Bereich Belletristik mit dem Thema interethnischer Ehen oder Liebesbeziehungen wird in Kapitel 7.1 angesprochen.

Auch Veröffentlichungen der IAF, Interessengemeinschaft der mit Ausländern verheirateten Frauen / Verband bi-nationaler Familien und Partnerschaften e. V., sollen in dieser Arbeit zum Teil als Quellen herangezogen werden. Die IAF ist ein seit Anfang der siebziger Jahre bestehender deutscher Verein, der in Selbsthilfe Partnerschaftsberatungen zu ehelichen, rechtlich-administrativen und zu aus der interethnischen Partnerschaft resultierenden Konflikten mit dem sozialen Umfeld durchführt. Er versteht sich gleichzeitig als politische "Pressure Group", die eine Gleichbehandlung der deutsch-ausländischen Paare vor dem deutschen Gesetz bzw. im durch die Ehen zum Teil konfligierenden internationalen Privatrecht zu erwirken versucht[7]. Die Publikationen der IAF sind daher keine wissenschaftlichen, sondern zielen auf die Verbesserung der Beratungsarbeit und der Lebenssituation der Paare sowie auf die Information der Betroffenen.

Arbeiten, die interethnische Ehen behandeln, liegen für alle Kontinente vor. Eine deutliche Mehrheit der Untersuchungen befaßt sich allerdings mit Industriegesellschaften und ihren Minderheiten, etwa den Vereinigten Staaten, Frankreich, Großbritannien, Deutschland, sowie mit polyethnischen Ge-

---

[5] Bassenne 1925, Calkins 1962, Kim 1981, Mahmoody und Hoffer 1990
[6] Assamaoua 1984, Diesch 1962, Imamichi-Sommer 1989, Li 1984, Yurtdas 1983 und 1994; Agbono-Puntigam 1995
[7] *IAF-Information* 1986, 3: 4 - 8; Perlet 1983: 77 - 79

sellschaften bzw. urbanen Situationen, z. B. Hawaii, Israel, der Sowjetunion, Trinidad, Mauritius, Kanada, Nigeria, Neuguinea, Surinam, Singapur, Auckland, London, Paris. Auf diese auffällige Konzentration auf bestimmte Gebiete soll in Kapitel 4 noch näher eingegangen werden.

Eine Beschäftigung mit dem **Gegenstand** "Interethnische Ehen" in der Ethnologie ist aus mehreren Gründen sinnvoll. Zum einen wird aus der hauptsächlich von amerikanischen Soziologen geführten Intermarriage-Diskussion ersichtlich, daß der Begriff der "Ethnie" in einer Weise verwendet wird, die zwar auf Industriegesellschaften, und besonders auf die U.S.-amerikanische, zutreffen mag, die auf andere Kontexte aber kaum übertragbar scheint (vgl. Kapitel 2.1). Ansätze aus der Ethnologie können hier eine allgemeinere Perspektive ermöglichen, die auch die Betrachtung interethnischer Ehen außerhalb von Industriegesellschaften erlaubt. Zum zweiten ist *ein* Arbeitsfeld der Ethnologie die Beschäftigung mit interethnischen Beziehungen (vgl. etwa Mühlmann 1964: 58; Barth 1969: 10; Jensen 1989: 33), ein anderes das Verhältnis zwischen Ehe und Gesellschaft, was sich beispielsweise an Heiratsregeln und -verhalten festmachen läßt. Dennoch wurden interethnische Ehen von Völkerkundlern kaum untersucht, vergleicht man mit der Fülle der Publikationen und Konzepte aus der Soziologie. Zum dritten scheinen interethnische Ehen "Naht- und gelegentlich Bruchstellen der Dynamik sozialer Systeme" (Best 1989: 3) zu sein, d. h. an ihnen lassen sich möglicherweise Prozesse der Entstehung oder Auflösung ethnischer Einheiten und damit auch Eigenschaften (verschiedener) ethnischer Systeme erkennen.

Da die Aufgabenstellung dieser Arbeit in der Aufarbeitung des aktuellen Forschungsstandes zum Thema der interethnischen Ehen liegt, mußten drei Voraussetzungen von mir erfüllt werden:

1. Der größte und wesentliche Teil der wissenschaftlichen Literatur mußte gefunden werden.
2. Ich mußte mir das methodische und konzeptionelle Rüstzeug aneignen, um diese Literatur beurteilen zu können.
3. Für das Thema sinnvolle, aber bisher womöglich nicht berücksichtigte Konzepte mußten erarbeitet werden.

Um diese drei Voraussetzungen zu erfüllen, wandte ich folgendes **methodisches Vorgehen** an:

Literatur zum Thema der interethnischen Ehen suchte ich zunächst systematisch anhand von veröffentlichten Bibliographien über den Forschungsbereich Familie sowie anhand von Schlagwörtern in den Universitätsbibliotheken von Hamburg, Stuttgart und Köln, meinen drei Wohnorten während der Abfassung der Doktorarbeit. Recherchen in den ethnologischen, soziologischen und medizinischen Fachbereichsbibliotheken der genannten Städte sowie im Stuttgarter Institut für Auslandsbeziehungen schlossen sich an. Die auf diese Art gefundenen Titel enthielten ihrerseits Verweise auf weitere Literatur. So konnte ich für diese Arbeit etwa 420 wissenschaftliche Publikationen über interethnische Ehen auswerten, ergänzt durch (Auto-) Biographien, "graue Literatur", Belletristik, Zeitungs- und Zeitschriftenartikel, Veröffentlichungen von Statistiken u. ä. Obwohl es nie möglich sein wird, alle zu einem Thema erschienenen Veröffentlichungen zu berücksichtigen, dürfte es sich hierbei wohl um einen ziemlich erschöpfenden Querschnitt zumindest der wissenschaftlichen Werke handeln, sofern sie in den von mir beherrschten Sprachen Deutsch, Englisch, Französisch und Spanisch[8] erschienen sind: Ein Indiz dafür bestand neben der großen Anzahl darin, daß die Literaturlisten neu gefundener Publikationen kaum noch Titel aufwiesen, die ich nicht schon gelesen hatte. Die für diese Arbeit berücksichtigten *empirischen* Studien sind mit einer Aufschlüsselung nach Operationalisierung von "interethnisch", Untersuchungsort, -zeitraum und -methode sowie nach Probandenzahl und Fach in Anhang 9.1 aufgeführt.

Zusätzlich absolvierte ich einen Statistik-Kurs an der Universität Stuttgart, um die vielen Studien, welche mit statistischen Analysen arbeiten, adäquat beurteilen zu können. Ferner las ich mich in Literatur zu statistischen Verfahren ein.

Meine Bewertung der mir fachfremden Arbeiten, zum Beispiel aus der Psychologie, Psychiatrie, physischen Anthropologie oder Indologie, diskutierte ich in informellen Gesprächen mit Vertretern dieser Fächer. Grobe Mißverständnisse meinerseits von Methoden oder Konzepten konnte ich dadurch nicht aufdecken, so daß ich meine Beurteilungen der entsprechenden Publikationen in keinem einzigen Fall revidierte.

Ergänzend zu den eigentlichen Werken über interethnische Ehen arbeitete ich mich außerdem in die Literatur über Ethnizität, Akkulturation und Assimilation, Marginalität und soziale Distanz, Vorurteils- und Diskriminierungsforschung ein. Zum einen wird in der Zwischenheirat-Forschung oft auf diese Konzepte verwiesen. Zum anderen zeigte sich jedoch, daß viele methodische Schwächen dieses Forschungsbereichs gerade in der unzulänglichen Berücksichtigung dieser Ansätze liegen.

---

[8] Spanischsprachige Literatur zum Thema scheint kaum zu existieren. Weder in den Bibliographien, den besuchten Bibliotheken verschiedener Städte und Institute noch in den Literaturlisten der ausgewerteten Werke fand sich Sekundärliteratur. Jacobs, die nach Abfassung ihrer Doktorarbeit (Jacobs 1992) an der Universität in Chile lehrt, machte dieselbe Erfahrung und übersetzte schließlich mühevoll deutschsprachige Literatur auszugsweise für ihre Studenten (*IAF-Informationen* 1997, 2 - 3: 44).

2 Begriffe und Definitionen

Einige Grundbegriffe, die in der Zwischenheirat-Forschung immer wieder eine Rolle spielen, werden von verschiedenen Autoren unterschiedlich gebraucht. Sie sollen daher in der Bandbreite ihrer in diesem Themenzusammenhang verwendeten Bedeutungen vorgestellt, in Hinblick auf das Untersuchungsfeld kritisch betrachtet und zum Schluß je nach Brauchbarkeit übernommen oder neu definiert werden.

2.1 Ethnie

Rabbi Albert Gordon definiert in seinem Buch interethnische Ehen folgendermaßen:

> "We shall refer to an 'interethnic' marriage as one in which each of the parties to the marriage was reared in a cultural and national environment which differs from that of the other. Thus, an Irish Catholic differs in many ethnic characteristics from an Italian Catholic; a German Jew differs in the same respects from a Russian or Polish Jew. It should be noted that in both cases the religion of the parties is the same. However, in other characteristics and values, including that of nationality, they differ markedly from each other. These differences are cultural and national" (A. Gordon 1964: 1).

Diese vage Abgrenzung des Begriffs "ethnic" beinhaltet als wichtigste Merkmale Nationalität und Kultur. Leider wird in der überwiegenden Zahl der amerikanischen Arbeiten diese Bedeutung zugrundegelegt bzw. ohne Reflexion übernommen, - wenn sich die Autoren überhaupt die Mühe einer Definition machen[1]. Stillschweigende Voraussetzung ist die Ausgangssitua-

---

[1] Ethnie explizit als Synonym für Nationalität / nationale Abstammung bei Kennedy 1943: 581; Barron 1946: 124, 125; Hollingshead 1950: 620, 623; Cizon 1954: 247; Freeman 1955: 370; Bugelski 1961: 149; A. Gordon 1964: IX; Lehrman 1967: 67; Chang 1974: 245; Ethnie explizit in der Bedeutung Nationalität / nationale Abstammung *und* Kultur bei Kennedy 1944: 331, 332; Kourvetaris 1971: 34; Murguía 1982: 31, 35; Tuomi-Nikula 1987/88: 22.

tion der U.S.-amerikanischen Gesellschaft mit einer Vielzahl von Einwandererbevölkerungen unterschiedlicher nationaler Herkunft. Der Grund liegt offenbar in der Methode der meisten Untersuchungen: Die in ihnen ausgewerteten Volkszählungen und Anträge auf Heiratslizenzen verzeichnen nationale Abstammung, welche aber - z. B. im Falle multiethnischer Staaten, ethnischer Einheiten, die sich über mehrere Staaten verteilen oder eine religiöse Basis haben, Flüchtlingen - in bezug auf ethnische Zugehörigkeit irreführend sein kann (vgl. Price und Zubrzycki 1962: 60, 61).

Der Soziologie Milton M. Gordon diskutiert verschiedene Anwendungen des Begriffs, um ihn schließlich erweitert wie folgt zu definieren:

"... we shall refer to a group with a shared feeling of peoplehood as an 'ethnic' group" (M. Gordon 1964: 24);

"When I use the term 'ethnic group', then, to refer to a type of group contained within the national boundaries of America, I shall mean by it any group which is defined or set off by race, religion, or national origin, or some combination of these categories. I do not mean to imply that these three concepts mean the same thing" (ibid.: 27);

"... there is a common social-psychological core to the categories 'race', 'religion', and 'national origin' - the sense of peoplehood - and the term 'ethnic group' is a useful one for designation of this common element" (ibid.: 28).

Diese Definition, die sich ausdrücklich auf die U.S.-amerikanischen Verhältnisse bezieht, wurde in der Intermarriage-Diskussion später mehrfach aufgegriffen (z. B. Kornacker 1971: 148). Gordon postulierte in seinem Assimilationsmodell, daß selbst weitgehende Akkulturation nicht gemeinsame Identität im obigen Sinne bedeuten muß (ibid.: 60 - 77; s. Kap. 7.2.3). Weder gleiche Kultur noch Nationalität können daher als hinreichende Merkmale einer ethnischen Einheit gelten.

Berreman, der sich mit geschichteten Gesellschaften auseinandersetzt, verwies auf die strukturelle Übereinstimmung von Systemen, in denen Rang durch Geburt zugeschrieben ist. "Rasse" in den U.S.A. und Kaste seien vergleichbare Phänomene, und für alle auf Abstammung beruhenden sozialen Unterscheidungen sei der Begriff der ethnischen Gruppe in Gebrauch und sinnvoll (Berreman 1988: 485 - 502):

"Probably the most recent, neutral and non-specific term for ascriptive ranking is 'ethnic stratification'. 'An ethnic group consists of people who conceive of themselves as being alike by virtue of common ancestry, real or fictitious, and are so regarded by others', or it comprises 'a distinct category of the population in a larger society whose culture is usually different from its own <and whose> members ... are, or feel themselves, or are thought to be, bound together by common ties of race or nationality or culture'" (ibid.: 488, 489; Zitate nach T. Shibutani und K. M. Kwan: Ethnic Stratification: a Comparative Approach. New York 1965: 572 sowie H. S. Morris: Ethnic Groups. in: International Encyclopedia of the Social Sciences, 1968, 5: 167);

"In the recent sociological literature, however, 'ethnic' has increasingly been used to refer to *all* social distinctions based on birth or ancestry, be they associated with race, language, or anything else. This is the usage adopted here" (ibid.: 489; Hervorhebung im Original).

Dies mag für seinen Erklärungszusammenhang akzeptabel sein, scheint mir aber für die Zwischenheirat-Diskussion eine zu grobe Vereinfachung. Selbst in dem von Berreman häufig als Illustration herangezogenen Kontext der indischen Gesellschaft zeigt sich, daß sowohl Kaste als auch Ethnie zwar Kategorien mit Heiratsschranken darstellen, deren Übertretungsmechanismen und -folgen strukturell ähnlich sind; die Kasten sind im Gegensatz zu den Ethnien Indiens aber untereinander geschichtet (vgl. Kannan 1963). Heer (1985) verwendete aber beispielsweise den Begriff "ethnisch" in diesem Sinn und z. T. synonym mit "kulturell" (ibid.: 179 - 185).

Ausgehend vom Problem der Vergleichbarkeit grundlegender kulturtragender Einheiten ("basic culture-bearing units") im Rahmen der Methode des interkulturellen Vergleichs trug Naroll aus früheren Arbeiten mehrere Merkmale ethnischer Einheiten zusammen (Naroll 1964: 283/284):

1. Verteilung bestimmter Kulturzüge;
2. territorialer Bezug;
3. politische Organisation;
4. gemeinsame Sprache;
5. Umweltanpassung.

Isajiw sah 65 soziologische und ethnologische sowie 27 theoretische Studien auf Definitionen von Ethnie oder Ethnizität durch (Isajiw 1974: 111, 113). Ausgehend von den Merkmalen der gemeinsamen Abstammung und Kultur sowie einer Selbst- und Fremdzuordnung betrachtet er - wieder vor allem bezogen auf die U.S.A. - eine ethnische vor allem als eine unfreiwillige ("involuntary") Gruppe (ibid.: 120 - 123). Auch dieses Charakteristikum kann aber nicht als allgemeingültig gesehen werden: Ethnologen fanden viele empirische Beispiele für die Manipulierbarkeit und den freiwilligen,

bewußten Wechsel ethnischer Zugehörigkeit (vgl. Barth 1969; Bentley 1983, 8, 2: 2 - 14). Dennoch zieht sich diese Idee durch die Intermarriage-Forschung, die Ethnie mit Abstammung bzw. nationaler Herkunft gleichsetzt.
W. E. Mühlmann, Ethnologe *und* Soziologe (Fischer 1990b: 39), geht in seiner Begriffsklärung wie M. Gordon von einem Wir-Gefühl, einer Selbstabgrenzung, aus:

> "Vielleicht kann man schon jede Eskimo-Horde, jeden melanesischen Klan usw. als ein 'Ethnos' bezeichnen in dem Sinne einer deutlichen kollektiven Selbstabgrenzung gegen andere, benachbarte Gruppen, die unterstützt wird durch die Hypothese der Abstammung von einem gemeinsamen Ahnen, durch gemeinsamen Dialekt, gemeinsame Überlieferungen und gewisse soziale Grenzzeichen (Tracht, Klan-Tatauierung usw.). Auch ist für solche 'ethnischen' Gruppen neben einem zur Schau getragenen Bewußtsein, 'besser' zu sein als alle Nachbarn, ein inselhaftethnozentrisches Weltbild bezeichnend" (Mühlmann 1964: 44);

> "Kritische Ethnologen, wie der Russe *S. M. Sirokogorov* ... sind schon vor Jahren dazu übergegangen, den Volksbegriff aus der Ethnographie zu streichen und zu ersetzen durch den Begriff der 'ethnischen Einheit'. Wir selbst sprechen vom 'Ethnos' oder der 'Ethnie'... und verstehen darunter die größte feststellbare souveräne Einheit, die von den betreffenden Menschen selbst gewußt und gewollt wird. Eine Ethnie kann daher auch eine Horde, ein Klan, ein Stamm, sogar eine Kaste sein; was sie *de facto* ist, kann nur empirisch festgestellt werden, indem man versucht, in die kollektive Intentionalität einzudringen" (ibid.: 57; Hervorhebungen im Original).

Auch der Völkerkundler Barth sieht Selbst- und Fremdzuschreibung als wichtigste Merkmale einer Ethnie. Ihn beschäftigte das Problem des Bestandes ethnischer Einheiten. Wenn, wie in der Ethnologie oft vorausgesetzt, eine Ethnie einer Kultur entspreche, die sich nicht verändere und sich von anderen Kulturen unterscheide, so lasse sich ethnische Zugehörigkeit nur anhand eines Inventars kultureller Merkmale bestimmen. Empirische Befunde zeigten aber, daß das vergangene und gegenwärtige kulturelle Inventar einer ethnischen Einheit nicht übereinstimmten, daß kulturelle Institutionen auch in verschiedenen ökologischen und sozialen Umwelten unterschiedlich sein könnten, obwohl die ethnische Zugehörigkeit gleich bleibe, u.a.m. Daher sei Ethnie vor allem eine selbst- und fremdidentifizierte, von anderen unterscheidbare Kategorie. Merkmale wie Kultur oder wie "Rasse" seien nur Kriterien des Signalisierens von Mitgliedschaft und Ausschluß; Mitgliedschaft sei nicht ewig, sondern bedürfe des ständigen signalisierenden Ausdrucks und der Validierung. (Barth 1969: 9 - 16)

> "... some cultural features are used by the actors as signals and emblems of differences, others are ignored, and in some relationships radical differences are played down and denied. ... one cannot predict from first principles which features will be emphasized and made organizationally relevant by the actors. In other words, ethnic categories provide an organizational vessel that may be given varying amounts and forms of content in different socio-cultural systems" (ibid.: 14).

Keyes sieht - aufbauend auf Lévi-Strauss' "Social Structure" - eines dieser häufig als Signal für ethnische Abgrenzung dienenden Merkmale in einer Endogamieregel:

> "In specific, marriage proscriptions may serve to demarcate the boundaries between ethnic groups. ... Regulation of marriage exchanges does not universally serve to structure relationships (or, more precisely, non-relationships) between ethnic groups, but the potential always exists and is not rarely made use of" (Keyes 1976: 209).

Die wissenschaftliche Erörterung dessen, was eine ethnische Einheit sei oder nicht sei, ist zu umfangreich, um hier ausführlich wiedergegeben zu werden. Verwiesen werden kann in diesem Zusammenhang auf die Zusammenfassung von Bentley (Bentley 1983). Von mir ausgewählt und hervorgehoben wurden jene Definitionsmerkmale, die entweder in der Zwischenheirat-Diskussion häufig benutzt werden oder die mir dafür besonders sinnvoll erscheinen. Die von amerikanischen Soziologen oft verwendeten vagen Anwendungen des Begriffs "Ethnie", "ethnische Gruppe", die ihn auf gemeinsame Kultur und Abstammung sowie unfreiwillige Zugehörigkeit reduzieren, halte ich aus den oben erwähnten Gründen nicht für ausreichend. Gerade im Zusammenhang interethnischer Heiraten hängt die Definition dessen, was eigentlich als interethnisch betrachtet wird, offenbar stark von einer Selbstabgrenzung der jeweiligen Einheit ab: Selbstabgrenzung, die wichtiger sein kann als adäquate "Performance" (Barth 1969: 14) eines Fremden in der eigenen Kultur, wie einige Beispiele interethnischer Paare und ihrer Kinder in bestimmten Gesellschaften zeigen werden (s. Kap. 7.2). M. Gordon, Mühlmann und Barth folgend möchte ich daher das Wir-Gefühl, die Selbstabgrenzung als das wesentliche Merkmal einer Ethnie sehen; gemeinsame Kultur, Endogamie, gemeinsame Sprache und Institutionen, eine gemeinsame Landbasis oder "Rasse" hingegen allenfalls als notwendige, nicht hinreichende. Auch wenn sie kennzeichnend für viele Ethnien sind, so stellen sie nur Markierungen der ethnischen Zugehörigkeit dar: Sie sind der - durchaus wandelbare - Inhalt des Gefässes, nicht das Gefäß selbst, um Barths Bild aufzunehmen. Diese Markierungen sind aber empirisch feststellbar, und das auch im Zusammenhang mit interethnischen Ehen. Anzumerken bleibt noch, daß gerade die Ideologie einer gemeinsamen Abstammung, die nicht den Tatsachen entsprechen muß und manipulierbar sein kann, dennoch offenbar ein sehr wichtiges Merkmal ethnischer Zugehörigkeit ist: Andere selbstabgrenzende Einheiten, etwa religiöse oder politische Bewegungen, sehen sich ohne solch eine Ideologie nicht als ethnische Einheiten (vgl. die Beispiele in Smooha 1985: 267).

Wie Mühlmann werde ich die Begriffe "Ethnie" und "ethnische Einheit" synonym benutzen, den der "ethnischen Gruppe" aber vermeiden, wenn die Mitglieder dieser Kategorie nicht miteinander interagieren. Für diese Arbeit gilt folgende Definition:

*Eine **ethnische Einheit** sei eine Kategorie von Personen, die sich - fußend auf der Ideologie einer gemeinsamen Abstammung und Kultur - von anderen Personenpluralen abgrenzt und / oder von anderen als verschieden abgegrenzt wird. Als Markierungen dieser Abgrenzung dienen bestimmte kulturelle Merkmale.*

2.2 Ehe

Das Problem, was eine Ehe im interkulturellen Vergleich überhaupt ist bzw. was sie beispielsweise von einem Konkubinat unterscheidet, stellte sich kaum einem der mit interethnischen Ehen befaßten Autoren. Da die Mehrzahl von ihnen im Kontext der Vereinigten Staaten und mit (Anträgen auf) Heiratslizenzen arbeitete, gingen sie von einer durch die Landesgesetze definierten Heirat aus. Für die Zeit vor 1967, als in einigen Bundesstaaten die Eheschließung zwischen Angehörigen bestimmter "Rassen" verboten war (Barnett 1964, Weinberger 1966, Monahan 1979: 287), wurden in Interviews z. T. allerdings auch Paare einbezogen, die ohne Trauschein zusammenlebten. Auch die US-Zensen von 1960 und 1970 erfaßten neben legalen Ehen Konkubinate (Heer 1974: 247, Heer 1985: 191). Der Beginn einer Ehe mit der gesetzlich definierten Heirat gilt ebenso für Arbeiten über den europäischen Bereich; dort wurden aber zuweilen rechtliche Probleme interethnischer Heiraten thematisiert, wenn die Eheschließung nach den für einen Partner geltenden Gesetzen gültig, nach den für den anderen geltenden ungültig war: sei es im Zusammenhang der Eheschließung zwischen Angehörigen der Kolonialmacht und der Kolonien in Deutschland oder Frankreich (Hubrich 1913, Kehl 1955, Guiho 1955), sei es im heute noch aktuellen Falle einer "hinkenden Ehe" zwischen einer Muslimin und einem Nicht-Moslem. Da aber auch interethnische Ehen in vorstaatlichen Gesellschaften Thema dieser Arbeit sind, soll eine möglichst allumfassende Definition von Ehe zugrundegelegt werden.

Die Schwierigkeit, eine solche universal gültige Definition zu finden, ist ähnlich groß wie für den Begriff "Ethnie". Ohne diese in der Ethnologie geführte Diskussion hier noch einmal aufzunehmen, sei nur auf wenige, m. E. zentrale Aspekte verwiesen. So schreibt Linton:

> "Marriage is a socially recognized union between persons of opposite sex. It differs from non-marital sexual relationships primarily through this factor of social recognition and through the increased duration in time which such recognition assumes. It derives its importance as a social institution from the fact that it provides a stable foundation for the creation and organization of a conjugal group. Its intrinsic functions of providing for the sexual needs of the partners and through these for the production of offspring are secondary to this. Both these needs can be met satisfactorily without the marriage institution. However, conjugal groups cannot exist without marriage, and we find that in many societies a union is not considered really a marriage until the conjugal group has come into existence, i. e. until a child has been born" (Linton 1936: 173).

Während Linton also die soziale Anerkennung, Dauerhaftigkeit und Bedeutung von (sozialen) Kindern als wichtige Ehemerkmale hervorhebt, betont Murdock in seiner Definition das durch Normen geregelte Verhalten in der Ehe und das Vorhandensein von Heiratsregeln:

> "The family is to be distinguished from marriage, which is a complex of customs centering upon the relationship between a sexually associating pair of adults within the family. Marriage defines the manner of establishing and terminating such relationship, the normative behavior and reciprocal obligations within it, and the locally accepted restrictions upon its personnel" (Murdock 1949: 1).

Die beiden Bedeutungen von "marriage", welche im Deutschen durch zwei Wörter, nämlich Heirat und Ehe, ausgedrückt werden, tauchen in der Zwischenheirat-Forschung wieder auf, wo es z. T. um Eheschließungen, z. T. um bestehende Ehen geht. Murdock verweist in einem späteren Aufsatz auch darauf, daß offenbar in keiner Gesellschaft[2] (möglicherweise mit Ausnahme der Crow) Scheidung ein positiver Wert sei (Murdock 1950: 200, 201), und stützt damit Lintons Annahme einer auf Dauerhaftigkeit angelegten Beziehung.

Eine andere Definition von "Ehe" betont deren Funktion, Kindern eine rechtmäßige Position in der Gesellschaft zu gewährleisten:

> "Marriage is a union between a man and a woman such that children born to the woman are recognized legitimate offspring of both partners" (Notes and Queries 1951: 110).

Daraus folgt, daß auch die Heirat und der Bestand der Ehe rechtmäßig, d. h. gesellschaftlichen Normen entsprechend, sein müssen, wie Linton und Murdock postulieren.

Ohne auf die berechtigte Kritik an diesen Definitionen näher einzugehen (z. B. Gough 1959), daß sie nicht für alle bekannten Gesellschaften gültig sind, scheint gerade die soziale Plazierung von Kindern bei bestimmten interethnischen Heiratskombinationen ein kritischer Punkt zu sein (s. Kap. 7.2.3.1); auch die soziale Anerkennung, die Vereinbarkeit mit Heiratsregeln, das Bestehen von möglicherweise verschiedenen gesellschaftlichen Normen für das Verhalten der Ehepartner zueinander und zu ihren Verwandtschaftsgruppen und damit die Frage der Dauerhaftigkeit sind Kernfragen der Forschung über interethnische Ehen (s. Kap. 5.2 - 7.1).

Hervorzuheben ist noch die Bedeutung von Mann und Frau als sozialen, nicht biologischen, Konzepten: Es gibt auch Ehen zwischen gleichgeschlechtlichen Personen (s. z. B. Lang 1990: 228 - 235), darunter auch interethnische (Best 1989: 196).

In Anlehnung an die Definition von Howe, die die meisten der genannten Merkmale verwendet (Howe 1976: 257), soll für diese Arbeit gelten:

*Eine **Ehe** sei eine öffentlich anerkannte und kulturell definierte Verbindung zwischen (mindestens) einem Mann und (mindestens) einer Frau (als sozialen, nicht biologischen Kategorien) mit dem Ziel der Dauerhaftigkeit und exklusiven oder vorrangigen sexuellen Rechten aneinander.*

Nichteheliche interethnische Paarbeziehungen sollen nicht Gegenstand dieser Arbeit sein. Zwar sind sie in Industriegesellschaften ehelichen Lebensgemeinschaften vergleichbar. Die Frage der öffentlichen Anerkennung, der Dauerhaftigkeit und der sozialen Position eventueller Kinder scheint

---

2   zumindest seines interkulturellen Samples von 40 Gesellschaften; vgl. Murdock 1950: 195

dort aber gerade zum Zeitpunkt einer bevorstehenden Heirat Sanktionen auszulösen und selten vorher (s. Kap. 7.1). Die aufenthaltsrechtlichen Regelungen der europäischen und nordamerikanischen Staaten zwingen außerdem zumindest binationale Paare bestimmter interethnischer Kombinationen irgendwann zu einer Entscheidung über Trennung oder Heirat, in Deutschland beispielsweise alle jene, deren einer Partner Bürger eines nicht zur EU gehörenden Staates ist (vgl. Gesetz... 1990: 1356 - 1362; Fallbeispiele in Perlet 1983: 21, 38, 72 - 74).

2.3 Zwischenheirat und Intermarriage, Mischehe und Mariage Mixte, binationale und bikulturelle Ehe

Der schon des öfteren in dieser Arbeit verwendete Begriff "Intermarriage" heißt wörtlich übersetzt zunächst nichts anderes als "Zwischenheirat" (vgl. z. B. Lang 1974: 35), ohne daß die Kategorien von Menschen, zwischen denen Heiraten stattfinden, näher definiert sind. Es haben sich in dieser Zwischenheiratsforschung allerdings bestimmte Traditionen entwickelt, wie die Begriffe "Intermarriage", "Mischehe" und "Mariage Mixte" zu verstehen sind. Ein Problem dabei ist, daß der vage, undefinierte oder ganz allgemeine Gebrauch dieser Wörter im Sinn von "Zwischenheirat" parallel dazu weiter existiert.

Eine der für die Forschung pragmatischsten und daher häufig übernommene Definition, weil sich anhand ihrer vorgegebene statistische Kategorien auswerten lassen, stammt bereits von Drachsler:

> "Still another source of error that must be noted, is one arising out of the definition of what constitutes an intermarriage. Two interpretations are possible, a strict and a liberal one. According to the first, an intermarriage is a marriage between two persons of distinct national, religious or racial descent (the nationality of the father taken as the nationality of the child). ... A more liberal definition, however, might be framed. This would include all cases where either the fathers or the mothers of the parties of the intermarriage were of the same nationality" (Drachsler 1920: 250, 251).

Die Mehrzahl der amerikanischen Arbeiten bedient sich dieser Definition, wobei Ethnie z. T. als Synonym für Nationalität betrachtet wird (s. 2.1). Abstammung ist in diesen Untersuchungen also das einzige Kriterium für ethnische Zugehörigkeit; Selbst- oder Fremdabgrenzung kann nicht erhoben werden, oder allenfalls dann, wenn die Zensusdaten auf ethnischer Selbstzuschreibung beruhen. Problematisch ist auch die Zuordnung durch ein Elternteil: Ethnie kann so bei Zwischenheirat mit jeder Generation einer Familie wechseln. Auf die ähnlich uneinheitliche und unwissenschaftliche Definition von "Rasse" in den amerikanischen Statistiken wird noch einzugehen sein (Kap. 2.6).

Merton (1966: 129) geht von zwei Prämissen aus:

1. Jede Gesellschaft hat Heiratsregeln.
2. Jede Heirat ist eine Zwischenheirat in dem Sinne, daß die Ehepartner aufgrund des Inzest-Tabus aus sozialen Gruppen kommen, die auf eine oder andere Art verschieden sind.

Daher könne der Begriff "Intermarriage" nur dann sinnvoll verwendet werden, wenn die unterschiedlichen Gruppenzugehörigkeiten gesellschaftlich relevant seien:

"Intermarriage, then, will be defined as *marriage of persons deriving from those different in-groups and out-groups other than the family which are culturally conceived as relevant to the choice of a spouse*" (ibid.: 130; Hervorhebung im Original).

Davis, dessen Artikel ebenfalls 1941 und unabhängig von Mertons erschien (Merton 1966: 139), geht auch davon aus, daß jede Heirat als Zwischenheirat gesehen werden kann, schon weil sie zwischen Männern und Frauen stattfinde. Er schlägt darum vor, "Intermarriage" sinnvollerweise nur für regelverletzende, d. h. deviante Heiraten zu verwenden. (Davis 1941: 376) In dieser Bedeutung von Verletzung einer Endogamieregel wird der Begriff von verschiedenen Autoren übernommen (Barron 1946: 324; Smith 1971: 127, 128, 131; Cavan 1970: 312).

Beide Definitionen waren einflußreich und werden immer wieder zitiert (z. B. Stern 1954; Falk 1967: 267; Lazar 1971: 2). Zum Teil wird argumentiert, in den U.S.A. seien Nationalität (bzw. Ethnie als Synonym), Religion und "Rasse" genau diese relevanten Personenkategorien, die durch Endogamieregeln gekennzeichnet seien (z. B. Barron 1946: 5), so daß de facto wieder die Definition Drachslers verwendet wird.

Eine Mischung der drei Definitionen, allerdings nur bezogen auf interethnische Heiraten, verwendet in jüngerer Zeit Bagley:

"An inter-ethnic marriage is loosely defined as a marriage linking partners from differing cultural, racial or ethnic groups, when custom or sanction has traditionally discouraged such a union" (Bagley 1979: 1).

Diese Art der Verwendung schafft eher Konfusion als Klärung und steht in erstaunlichem Gegensatz zu Bagleys sonst so sorgfältigem Arbeiten. "Ethnic" scheint hier in zwei Bedeutungen verwendet, nämlich einmal der einer ethnisch definierten Minderheit[3], zum anderen als Oberbegriff für verschiedene Arten der Abgrenzung (nämlich "cultural, racial or ethnic"). Dies erklärt auch das unzulässige Auftauchen von "ethnic" in Definiens und Definiendum (vgl. Lang et alii 1981: 25 - 29).

Der französische Begriff "Mariage Mixte" und der deutsche Begriff "Mischehe" können als Übersetzungen von "Intermarriage" mit allen unterschiedlichen Bedeutungen aufgefaßt werden, aber auch als Übersetzungen voneinander. So benutzte beispielsweise Lautman beide in ihrem französischen und deutschen Text synonym (Lautman 1973 sowie Bensimon und Lautman 1974) und definierte in Anlehnung an Merton und Davis Mischehe als von der historischen, lokalen und kulturellen Vorstellung abhängig und (zunächst) als Verbotsehe (Lautman 1974: 107, 108).

In französischen Arbeiten wird des öfteren die Definition Albous verwendet (z. B. Michel 1959: 169), die sich von der Drachslers allerdings wenig unterscheidet:

"... nous définirons l'objet de cette étude comme 'un acte constitutif de communauté, qui lie des individus de sexe différent appartenant à des groupes ethniques, raciaux, religieux ou nationaux distincts, à l'intérieur d'un même ensemble'" (Albou 1957: 6).

Streiff-Fenart geht aufbauend auf der Idee von Mischehe als Verbotsehe einen Schritt weiter und betont die Merkmale Stigmatisierung und soziale Ablehnung:

"Les mariages mixtes sont, par définition, des mariages qui dérangent l'ordre social, et les couples mixtes, des couples socialement marqués" (Streiff-Fenart 1988: 145).

Der deutsche Begriff "Mischehe" scheint neben seiner abwertenden Konnotation in der Nazi-Zeit, die sich auf Ehen zwischen sogenannten "Ariern"

---

[3] wie in dem US-amerikanischen populären Sprachgebrauch: "ethnic" als nicht aus Europa stammende Minderheit, z. B. Dinnerstein und Reimers 1975: "Ethnic Americans"

und "Nicht-Ariern" bezog (Kleiber und Gömüsay 1990: 68), vor allem in bezug auf interkonfessionelle und interreligiöse Ehen[4] gebräuchlich. Er existiert aber, wie erwähnt, auch in der Bedeutung einer anderen oder nicht näher erläuterten Form von Zwischenheirat[5].

Auf Heers unpräzise Anwendung des Begriffs "bi-kulturelle Ehe" wurde oben schon verwiesen. In Publikationen der IAF findet er sich z. T. neben dem der "binationalen Ehe" (z. B. Wolf-Almanasreh 1982: 61). Abgesehen davon, daß auch die Definition dessen, was Kultur eigentlich ist, schwierig bleibt, kann sich unterschiedliche Kultur auch innerhalb einer ethnischen Gruppe finden. Eine bikulturelle Ehe ist daher nicht zwingend eine interethnische.

Um nach Darlegung der in der Literatur verwendeten Begriffe und ihrer Bedeutungsebenen Klarheit in den Gebrauch zu bringen, soll für diese Arbeit gelten:

1. *Zwischenheirat sei die allgemeine Bezeichnung für Heiraten zwischen Menschen zunächst nicht näher präzisierter Kategorien.*
2. *Die genauere Benennung erfolge in der Form von "**inter**ethnische",*
3. *"-religiöse", "-konfessionelle", "binationale" usw. oder "ethnisch", "religiös", "konfessionell", "national" usw. "**gemischten**" oder "**verschiedenen Heiraten**" / "**Ehen**".*
4. *Intermarriage sei der im englischen Sprachraum verwendete vage Oberbegriff, der sich meist auf Heiraten / Ehen zwischen Personen verschiedener nationaler Abstammung, Religion / Konfession und "Rasse" bezieht.*
5. *Aufbauend auf den Definitionen von "Ethnie" und "Ehe" sei eine **interethnische Ehe** eine öffentlich anerkannte und kulturell definierte Verbindung mit dem Ziel der Dauerhaftigkeit und exklusiven oder vorrangigen sexuellen Rechten zwischen (mindestens einem) (sozialen) Mann und (mindestens einer) (sozialen) Frau aus verschiedenen Personenkategorien, welche sich - fußend auf der Ideologie einer gemeinsamen Abstammung und Kultur sowie markiert durch bestimmte kulturelle Merkmale - von anderen Personenpluralen abgrenzen bzw. von anderen als verschieden abgegrenzt werden.*

---

[4] Vgl. Groeger 1973, Lell 1973, Huber 1984. Barron erwähnt denselben Sprachgebrauch von "mixed marriage" in den U.S.A. (1946: 7, 8); vgl. auch Traynor 1956, Mol 1970.

[5] Siehe Hubrich 1913, Anonymus 1973, Görres 1973, aber auch Little 1942 und Porterfield 1973.

Davis' Postulat einer prinzipiell regelverletzenden Heirat soll dabei zunächst nicht übernommen werden, sondern könnte möglicherweise ein Ergebnis der Literaturaufarbeitung sein.

2.4 Endogamie und Exogamie versus Homogamie und Heterogamie

Schon Merton benutzte "Endogamie" und "Exogamie" im Sinn von Heiratsregeln und Heiratsverhalten (1966: 130/131). Bei einer Reihe von Autoren herrscht Konfusion hinsichtlich des Gebrauchs dieser Begriffe; sie werden teilweise mit Homo- und Heterogamie, Intra- und Intermarriage gleichgesetzt (vgl. Lowry 1943: 588; Mittelbach und Moore 1968; Cavan 1970: 313; Cavan und Cavan 1971:10 - 13; Kourvetaris 1971: 43; Chang 1971: 137/138; Barron 1972: 52; Fisher 1977: 395; Pagnini 1990: 405).

In dieser Arbeit sollen sie aber - dem ethnologischen Sprachgebrauch folgend - ausschließlich Heirats*regeln* bezeichnen, Homo- und Heterogamie hingegen Heirats*verhalten*:

Endogamie *sei die Heiratsregel, innerhalb einer definierten Personenkategorie zu heiraten.*

Exogamie *sei die Heiratsregel, außerhalb einer definierten Personenkategorie zu heiraten.*

Homogamie *sei das Verhalten, innerhalb einer definierten Personenkategorie zu heiraten.*

Heterogamie *sei das Verhalten, außerhalb einer definierten Personenkategorie zu heiraten.*

Erstaunlicherweise wird in Cavan und Cavan (1971: 10, 13) zwischen Exogamie und Intermarriage - in der Bedeutung Heterogamie - unterschieden, der Unterschied zwischen Endogamie und Intramarriage - in der Bedeutung Homogamie - aber nicht gesehen.

2.5 Agathogamie und Kakogamie

Um Heiratsregeln und Heiratsverhalten in eine Beziehung zu setzen, werden in dieser Arbeit die von Merton (1966: 130) eingeführten Begriffe verwendet:

Agathogamie sei regelkonformes, *Kakogamie* regelabweichendes Heiratsverhalten.

2.6. "Rasse"

Montagu plädierte dafür, diesen Begriff weder in der physischen Anthropologie noch in den Sozialwissenschaften mehr zu verwenden: Er sei zu ideologisch belastet (Montagu 1962: 920, 926), er beinhalte eher ein erklärendes als ein noch zu klärendes Konzept (ibid.: 920, 921), und selbst aus biologischer Sicht sei er zu unpräzise (ibid.: 921 - 925). Da er in der Intermarriage-Forschung, die häufig mit der Auswertung U.S.-amerikanischer Statistiken arbeitet, aber eine große Rolle spielt, muß er hier dennoch berücksichtigt werden. Die populäre und falsche Auffassung, welche nach Montagu (ibid.: 926) in ihm mitschwingt, ist die einer unauflöslichen Beziehung zwischen physischen und geistigen Eigenschaften: Von wenigen phänotypischen Merkmalen wird auf andere, unsichtbare geschlossen (vgl. Berreman 1988: 492). "Rasse" in diesem Sinn ist also keine wissenschaftliche Kategorie, sondern ein soziales Konstrukt, wie Bohannan so treffend formuliert:

> "'Race' is or has recently been a concept used by some societies in the modern world to create and maintain pariah situations. ... Race is a folk concept, not an analytical concept. Like most folk concepts, its scientific validity is beside the point of its power to move people. Science can be used and misused to 'prove' anything at all about the matter - yet science stands aloof because the only thing it has proved is that 'race' is not a useable scientific category or concept. Races, however, exist. Races are social categories based on observable physical differences" (Bohannan 1963: 205).

Mühlmann unterscheidet wie Montagu zwischen biologischer und sozialwissenschaftlicher Bedeutungsebene und ergänzt letztere um einen wichtigen Aspekt:

"a-Rasse = Rasse im biologischen Sinne, ausgelesene Komplexe von Erbanlagen;
b-Rasse = Rasse im soziologischen Sinne, Gruppenbildungen bzw. -differenzierungen und kategorische Einordnungen auf Grund symbolisch vertretender Körpermerkmale bzw. vermuteter Abstammung. Im Extremfall gründet sich die kategorische Ein- und Zuordnung nicht auf die 'visibility', sondern auf das Wissen bzw. die Vermutung, daß jemand von Menschen der entsprechenden physischen Beschaffenheit abstamme..." (Mühlmann 1964: 82).

In Anlehnung an Bohannan und Mühlmann soll daher für diese Arbeit gelten:

"Rasse" sei definiert als soziales, nicht biologisches Konzept der Klassifizierung von Menschen aufgrund (angenommener) physischer Merkmale, von denen auf sozio-kulturelle und / oder psychische geschlossen wird.

Um die starke ideologische Belastung, auf die Montagu so eindringlich verweist, deutlich zu machen, wird der Begriff in dieser Arbeit nur in Anführungszeichen verwendet, ebenso wie alle in der Zwischenheiratsforschung verwendeten "Rassen"-Kategorien.

"Rasse" in diesem Sinn wird nur von wenigen Autoren reflektiert, die sich mit Zwischenheirat befassen, beispielsweise von Rose (1973: 41, 42) oder Harré (1966: 12); Broom (1956: 282) verweist in einer Fußnote seiner Arbeit über Hawaii darauf, den Begriff zu benutzen "in the loose sense employed in the Islands to refer to populations distinguished by racial or cultural criteria or by both".

C. E. Glick zeigt, wie sich allein in Hawaii die Kategorien "rassischer" Zuordnung für Volkszählungen seit 1847 geändert haben (Glick 1972: 278, 279). Der U.S.-Zensus von 1960 definiert "Caucasians" und "Hawaiians" als "reinrassige" Kategorien, die Kinder von "Hawaiians" mit Angehörigen anderer "Rassen" als "part-Hawaiian", die Kinder von "Caucasians" mit Angehörigen anderer "Rassen" nach letzteren und alle Kinder von Eltern verschiedener "Rassen", welche weder "Caucasians" noch "Hawaiians" sind, nach der "Rasse" des Vaters (Leon 1975: 776, 777).

Weinberger weist nach, daß die gesetzliche Definition von "Negro" je nach Bundesstaat unterschiedlich ist: Während in Arkansas "negro blood whatever" genügt, muß es in Florida "one-eighth" davon sein; und in Oklahoma gilt jede Person ohne afrikanische Abstammung automatisch als "white" (Weinberger 1966: 157, 160).

Norton zitiert ein Memorandum aus Maryland, das Beamten die Identifizierung von "Rassen" erlauben soll, wonach die "white race" aus den "Caucasian peoples of the world" bestehe, die "Negro race ... the black race" sei, die "yellow race ... Mongolian peoples ... Chinese and Japanese" beinhalte, während die "Malay race ... the brown race", inklusive "inhabitants of the Malay Peninsula and Oceania", sei (Norton 1970: 739).

Diese wenigen Beispiele mögen genügen, um die Uneindeutigkeit selbst der juristischen oder statistischen Zuordnung zu "Rassen" in den U.S.A. über Zeit und Raum hinweg zu zeigen. Es dürfte auch klar sein, daß es sich bei diesen Kategorisierungen noch nicht einmal um Versuche der Annäherung an biologische Klassifizierung handelt, sondern durchweg um Mühlmanns "b-Rassen" bzw. Bohannans "folk concepts". Die ideologische Komponente wird auch in den Rekrutierungsmechanismen dieser "Rassen" deutlich: Bis auf das Beispiel Oklahoma können die "Caucasians" oder "Whites" Mitglieder nur durch Homogamie rekrutieren, die "Negroes" hingegen auch durch Heterogamie[6]; bei ihnen folgt die Klassifizierung von Kindern sogar in einigen Gebieten immer dem "schwarzen" Elternteil, während sie bei anderen "Rassen"-Kombinationen nach dem Vater gerechnet wird. Das Bild des Blutes als einer "weißen" oder "schwarzen" Flüssigkeit macht die dahinterstehende Idee der Reinheit bzw. Verunreinigung deutlich: Die helle wird durch Beimischung jedes andersfarbigen Tropfens verändert, die dunkle verändert alle anderen durch ihre Beimischung.

Eine Reihe von U.S.-amerikanischen Wissenschaftlern übernimmt dennoch kritik- und kommentarlos die "Rasse"-Definitionen ihres Landes durch Auswertung entsprechender Statistiken oder undifferenzierte Verwendung dieser Konzepte. Mehr dazu in Kapitel 3.

2.7. Eigengruppe und Fremdgruppe

Da Zugehörigkeit zu einer ethnischen Einheit eng mit Selbst- und Fremdabgrenzung zusammenhängt und da auch Mertons Intermarriage-Definition darauf aufbaut (s. o.), soll kurz das aus der Soziologie stammende Konzept der Eigen- und Fremdgruppe (Synonyme: Wir- und Sie-Gruppe, In- und Outgroup) vorgestellt werden. So ist nach Fuchs et alii 1988: 175 eine **Eigengruppe**

---

[6] Im Zusammenhang dieses Satzes sollen beide Begriffe ausnahmsweise eheliche *und* nicht-eheliche Partnerwahl beinhalten, da es allein um Nachkommenschaft geht.

"... Bezeichnung für eine Gruppe, der man sich zugehörig fühlt und mit der man sich identifiziert. Die Mitglieder sind durch ein starkes Gefühl der Zusammengehörigkeit und Loyalität verbunden ('Wir-Gefühl') und grenzen sich von den 'Anderen' ab. ...";

eine **Fremdgruppe**

"... die Gruppe, von der man sich distanziert; sie steht im Gegensatz zur eigenen Bezugsgruppe, der man sich zugehörig fühlt (der Eigengruppe), und kann daher auch als 'negative Bezugsgruppe' bezeichnet werden. ..." (ibid.: 243)[7].

2.8. Primärgruppe und Sekundärgruppe

Dieses Konzept ist im Zusammenhang der Diskussion um interethnische Ehen und Assimilation und des Sanktionsverhaltens gegenüber interethnischer Heirat von Bedeutung. Gordon, für dessen Assimilationsmodell es eine wichtige Rolle spielt, schreibt:

"The **primary group** is a group in which contact is personal, informal, intimate, and usually face-to-face, and which involves the entire personality, not just a segmentalized part of it" (M. Gordon 1964: 31);

"In direct contrast, the **secondary group** is a group in which contacts tend to be impersonal, formal or casual, non-intimate, and segmentalized; in some cases, they are face-to-face, in others not" (ibid.: 32).

Klima kennzeichnet die Begriffe ähnlich:

"**Primärgruppe**, ... Bezeichnung für Gruppen, deren Mitglieder in relativ intimen, vorwiegend emotional bestimmten, direkten und häufigen persönlichen Beziehungen miteinander stehen, sich gegenseitig stark beeinflussen und so relativ ähnliche Einstellungen, Wertvorstellungen und Normen entwickeln. ..." (Fuchs et alii 1988: 589; Hervorhebung auch im Original);

---

[7] Vgl. auch Barron 1946: 342; Cavan und Cavan 1971: 14, 15 sowie Reinhold et alii 1991: 115, 175.

"**Sekundärgruppe**, ... Bezeichnung für Gruppen, deren Mitglieder in relativ unpersönlichen und spezifischen, wenig emotionalen Beziehungen zueinander stehen und die durch bewußte Zweck- und Zielorientierung des Zusammenschlusses und durch rationale Organisation gekennzeichnet sind. ..." (ibid.: 682; Hervorhebung auch im Original).

Obwohl beide Definitionen etwas vage sind ("entire personality", "relativ intimen", "relativ unpersönlichen"), dürfte klar sein, daß die eheliche Dyade bzw. die Fortpflanzungsfamilie, die Orientierungsfamilie und eine Gruppe von Freunden Primärgruppen darstellen. Bei anderen Beziehungen zwischen Personen, z. B. Kollegen, Nachbarn, Mitgliedern eines Klans o. ä., ist die Zuordnung nicht so eindeutig und muß empirisch festgestellt werden.

2.9. Akkulturation und Assimilation

Auch diese Begriffe sind in der Zwischenheirat-Forschung unterschiedlich verwendet worden; z. T. betrachtete man sie als Stufen voneinander. Da Zwischenheirat oft als Assimilationsindikator bezeichnet wird, ist eine Abgrenzung wichtig.
 Die "klassische" und in der Ethnologie immer wieder zitierte Akkulturationsdefinition stammt von Redfield, Linton und Herskovits:

"**Acculturation** comprends those phenomena which result when groups of individuals having different cultures come into continuous, first-hand contact, with subsequent changes in the original cultural patterns of either or both groups" (Redfield, Linton und Herskovits 1963: 149).

Direkt im Anschluß verweisen die Autoren darauf, daß Assimilation eine Phase von Akkulturation sein könne, allerdings ohne den Begriff zu definieren (ibid.).
 Umgekehrt sieht beispielsweise M. Gordon, der verschiedene Assimilationsdefinitionen diskutiert (Gordon 1964: 60 - 66), ohne explizit eine neue zu formulieren, Akkulturation als Phase von Assimilation, da erstere - Veränderung kultureller Muster - eine Bedingung für letztere - Verschmelzung zweier Sozialstrukturen - sei (ibid.: 71).
 Aufbauend auf Gordons sieben Aspekten von Assimilation, deren einer Akkulturation, ein anderer Zwischenheirat ist (s. Kap. 7.2.3), definiert Murguía vor Entwicklung seines eigenen Assimilationsmodells:

"**Assimilation** is defined as the process, or the end point of the process, by which two culturally, socially and genetically distinct populations move toward cultural, social and genetic homogeneity. Homogeneity does not imply that both populations contribute equally to the end state..." (Murguía 1982: 6).

Die Entwicklung dieser Konzepte und die Umstrittenheit einzelner Elemente[8] soll hier nicht dargelegt werden. Wichtig ist der Einfluß, den besonders Redfields, Lintons und Herskovits' Definition sowie Gordons Modell auf spätere Autoren, darunter auch solche, die sich mit Zwischenheirat befaßt haben, hatten.

Um der Klarheit willen soll in dieser Arbeit der Abgrenzung beider Begriffe durch Teske und Nelson 1974 gefolgt werden. Sie vergleichen eine Reihe von Definitionen und Untersuchungen und kommen zu folgenden Ergebnissen:

1. Akkulturation ist ein Prozeß, kein Endergebnis.
2. Dieser Prozeß kann als Gruppenphänomen oder individuelles Phänomen[9] aufgefaßt werden, wobei Akkulturation auf individueller Ebene allgemein von den Akkulturationsbedingungen auf Gruppenebene beeinflußt wird.
3. Akkulturation ist kein unilinearer Prozeß, sondern geht in beide Richtungen [10].
4. Direkter Kontakt ist eine notwendige Voraussetzung für Akkulturation.
5. Dominanz einer Kultur bestimmt wesentlich Richtung und Ausmaß von Akkulturation, ist aber keine Voraussetzung für sie.
6. Akkulturation ist nicht abhängig von Wertewandel; Werte können sich aber ändern.
7. Eine positive Orientierung gegenüber der Fremdgruppe ist keine Bedingung für Akkulturation.
8. Akzeptanz bzw. eine positive Orientierung von seiten der Fremdgruppe ist keine Bedingung für Akkulturation.

(Teske und Nelson 1974: 358)

---

[8] z. B. Rudolph 1964: 100, der auch indirekten Kontakt in die Akkulturationsdefinition einbezieht; z. B. die Frage ob genetische Homogenität, die in Gordons sieben Aspekten nicht auftaucht, zur Assimilationsdefinition gehört.

[9] Siehe z. B. auch Dohrenwend und Smith 1962: 35 - 37.

[10] Dies beinhaltet ja auch schon Redfields, Lintons und Herskovits' Definition. Vgl. z. B. auch Keefe 1980: 104, die zum selben Ergebnis kommt.

Auch Assimilation ist ein Prozeß, kann als Gruppen- oder Individualphänomen aufgefaßt werden und hat direkten Kontakt als Voraussetzung. Im Unterschied zu Akkulturation verläuft dieser Prozeß aber nur in eine Richtung[11], verlangt einen Wertewandel, eine positive Orientierung gegenüber und von seiten der Fremdgruppe. (ibid.: 364, 365) Während für Akkulturation Sekundärgruppenkontakte ausreichend sind, schließt Akzeptanz durch die Fremdgruppe Primärgruppenkontakte ein (ibid.: 360).

Die Autoren kommen zu dem Schluß, daß Akkulturation und Assimilation eigenständige Prozesse seien, keine Stufen voneinander; daß Akkulturation unabhängig von Assimilation auftreten könne; daß Akkulturation aber eine notwendige, wenn auch nicht hinreichende Bedingung von Assimilation sei und daß sich nicht feststellen lasse, wieviel Akkulturation stattgefunden haben müsse, bevor Assimilation beginne.

Das kritische Moment von Assimilation ist also - wie schon bei der Definition von Ethnie - soziale Abgrenzung: Nur wenn sie bei den beteiligten Einheiten entfällt, kann Assimilation stattfinden. Endpunkt wäre eine Verschmelzung der Art, daß die ursprünglichen Einheiten in der neu entstandenen nicht mehr auszumachen wären.

---

[11] Dies schließt nach Auffassung der Autoren nicht aus, daß gleichzeitig Mitglieder aus Einheit A Richtung Einheit B und Mitglieder aus Einheit B Richtung Einheit A assimilieren (ibid.: 364).

3 Methoden der Zwischenheirat-Forschung

Ein Blick in die Literaturliste (s. Kapitel 10) zeigt, daß die Zwischenheirat-Forschung sich mit einer Reihe von Themen befaßt hat, die allerdings unter die drei großen Komplexe Partnerwahl, Binnenbereich der ehelichen Dyade bzw. Familie und Außenbeziehung des Paares zu seiner sozialen Umwelt zusammengefaßt werden können: Problematisiert und untersucht wurden die Häufigkeit und ethnische Kombination von Zwischenheiraten an bestimmten Orten zu bestimmten Zeiten; die Verknüpfung der Partnerwahl mit sozialen oder persönlichen Merkmalen und Motiven; Ehestabilität; Kulturwandel, Akkulturation und Assimilation in Zusammenhang mit interethnischen Ehen; Haltungen gegenüber Zwischenheiraten; eheliche Anpassung und Probleme; Sanktionen aufgrund von Zwischenheirat; das soziale Netzwerk heterogamer Paare; soziale Plazierung, ethnische Identifikation und Persönlichkeitsanpassung von Kindern aus heterogamen Ehen.

Im Anhang (9.1) sind für alle in dieser Arbeit berücksichtigten empirischen und statistischen Untersuchungen jene Daten aufgeführt, welche einen Vergleich der Forschungsmethoden ermöglichen. Spalte 2 enthält die eigentliche Untersuchungskategorie bzw. die Art der betrachteten Ehen oder Heiraten. Alle können als interethnisch im Sinne der obigen Definition einer ethnischen Einheit (s. S. 21) interpretiert werden. Viele der aufgeführten Untersuchungskategorien sind Operationalisierungen zur annähernden empirischen Erfassung der Einheiten, da deren genaue Gesamtgröße normalerweise unbekannt ist[1]. Als Kriterien der Zuordnung finden sich regionale Herkunft; nationale Abstammung; Nachnamen, die auf nationale Abstammung schließen lassen; "Rassen"-Kategorien der offiziellen US-amerikanischen Statistik; Stamm[2]; Muttersprache; Selbstzuschreibung; Religion in

---

[1] Eine exakte zahlenmäßige Totalerfassung aller Mitglieder einer Ethnie ist wohl in der Regel nicht möglich, wenn man die flexible und situativ wandelbare Definition einer ethnischen Einheit wie in dieser Arbeit zugrundelegt.
[2] Tindale 1953 und Mitchell 1957 sind die einzigen Autoren der hier verwendeten Studien, die mit diesem Begriff arbeiten. Tindale (1953: 170) versteht darunter im Kontext der australischen Aborigines Einheiten, die sich - mindestens - durch ein gemeinsames Territorium und Heiratsschranken von anderen Einheiten abgrenzen, wohl auch von diesen abgegrenzt werden. Im Sinne meiner obigen Definition würde

Kombination mit einem der vorigen Merkmale; nicht näher erläuterte Einschätzung des Forschers sowie Kombinationen dieser Kriterien. Ist Selbst- *und* Fremdabgrenzung *und* eine eigene Muttersprache auch in Generationen nach der Einwanderung *und* unterschiedliche nationale Abstammung bei *jeder* der betrachteten Einheiten gegeben, wird die Untersuchungskategorie in Spalte 2 von mir als "interethnisch" be-zeichnet. Dies ist fast nur bei Werken über die polyethnischen Gesellschaften Singapur, Trinidad und Mauritius der Fall. Bei Studien über die Sowjetunion sind in den englischsprachigen Veröffentlichungen die Untersuchungsmethoden nur kurz angegeben, so daß die Bezeichnung "interethnisch" für die gemeinten "Nationalitäten" der UDSSR übernommen wurde.

Zentrum einiger Arbeiten ist eine bestimmte interethnische Zweierkombination, z. B. Finnen und Deutsche (Tuomi-Nikula 1987/88), z. T. verknüpft mit dem Geschlecht, etwa japanische Frauen und anglo-amerikanische Männer (Connor 1976); andere Studien gehen von einer einzigen Einheit und allen Zwischenheiraten ihrer Mitglieder unabhängig von der Kombination aus, beispielsweise Japanern und Ausländern (Nitta 1988), oder gar "white" - "non-white" (Aldridge 1973). Schließlich werden auch Heiraten zwischen Angehörigen der größten Einheiten einer Region untersucht, so vielfach der zehn "Rassen"-Kategorien der hawaiianischen Statistik.

3.1 Statistische Auswertungen

Der überwiegende Teil aller Studien, die sich *ausschließlich* statistischer Untersuchungsverfahren bedienen, beschäftigt sich mit dem Gebiet der U.S.A. inklusive Hawaii (vgl. Anhang 9.1). Eine Reihe solcher Arbeiten existiert auch über Singapur, allerdings hauptsächlich unter Mitarbeit bzw. im Umfeld eines Forschers (Hassan 1971; Hassan und Benjamin 1973 und 1976; Kuo und Hassan 1976 und 1979; Lee, Potvin und Verdieck 1974; Leon und Sakihara 1976; Mengchee Lee 1988); einige wenige behandeln Kanada (Castonguay 1982; Jansen 1982), die Sowjetunion (Borzykh 1973; Fisher 1977), je eine Brasilien (Willems 1956), Großbritannien (Bagley 1972) und Australien (Peach 1974).

---

es sich damit um ethnische Einheiten handeln. Für Mitchell (1957: 2, 12 - 15) bezeichnet der Begriff - mindestens - Einheiten gemeinsamer Sprache und gemeinsamer Art der Deszendenzrechnung, aber eine Teilkategorie einer ethnischen Einheit, die er nicht näher definiert. Seine Studie bezieht sich auf den "Kupfergürtel" Rhodesiens.

Ziel ist dabei zunächst die Feststellung der Häufigkeit und der Kombination von Zwischenheiraten, oft verbunden mit der Errechnung einer Zwischenheiratsrate der betrachteten Einheiten, manchmal aufgeteilt nach Geschlecht und Generation im Einwanderungsland (z. B. Marcson 1953: 153, 154). Den Ausgangspunkt bildet vor allem in den frühen amerikanischen, der australischen, brasilianischen und britischen Arbeit die Einwanderung von anderen Kontinenten, in den U.S.A. vor dem Idealbild eines assimilierenden Schmelztiegels[3] (z. B. Bossard 1939: 798; Nelson 1943: 585; Thomas 1954: 9; Bugelski 1961: 148). Auch Fisher (1977: 395) erwähnt einen in der UDSSR politisch angestrebten "melting pot".

Grundlage für viele amerikanische Arbeiten dieser Art, die sich mit der Zwischenheirat europäischer Einwanderer befassen, ist die Auswertung von Heiratslizenzen bzw. -urkunden (s. Anhang 9.2). Price und Zubrzycki (1962: 59 - 69) unterzogen deren *ausschließliche* Verwendung ohne unterstützende Interviews einer ausführlichen Kritik:

So entspreche der auf dem Formblatt verzeichnete Geburtsort oder die Nationalität nicht zwingend der ethnischen Zugehörigkeit. Zwar stellten beide eine Annäherung an diese dar, seien aber irreführend bei Staaten mit mehreren ethnischen Einheiten wie Jugoslawien, bei der Verteilung von Ethnien über mehrere Staaten, etwa den Griechen, bei Flüchtlingen oder bei ethnischen Gruppen auf religiöser Basis wie beispielsweise den Juden. Tatsächlich intraethnische Heiraten würden so in der Statistik zu interethnischen und umgekehrt.

Außerdem würden in Nachahmung Drachslers (1920: 103) häufig in Untersuchungen die Einwanderer mit der 1. Generation im Lande, ihre dort geborenen Kinder mit der 2. gleichgesetzt und aus dem Heiratsverhalten dieser Generationen dann Schlüsse über die Assimilation ethnischer Einheiten gezogen (z. B. Bossard 1939; Marcson 1951; Mittelbach et alii 1966; Fitzpatrick 1972: 148ff.; Fitzpatrick 1982; Pagnini und Morgan 1990). Die derart berechneten Zwischenheiratsraten seien mathematisch ausgedrückt also $B_1(s, b)$ und $B_2(s, b)$ oder $B_1(s, n)$ und $B_2(s, n)$.[4] Die Einwanderungsgeneration entspreche aber nicht in jedem Fall der "ethnologischen" oder "soziologischen" Generation: Für die ethnische Sozialisation eines Kindes mache es wohl wenig Unterschied, ob es im Alter bis zu ca. 12 Jahren eingewandert (2a, nicht 1) oder im Einwanderungsland von eingewanderten El-

---

[3] Die Vorstellung der Vereinigten Staaten als Schmelztiegel aller "Rassen" und Ethnien stammt ursprünglich aus Israel Zangwills Theaterstück "The Melting Pot" von 1908 und wurde später von den Sozialwissenschaften aufgegriffen (Kourvetaris 1971: 34).

[4] 1 = 1. Generation; 2 = 2. Generation; s = settlement; b = birthplace; n = nationality

tern geboren (2b) sei. Ethnische Identität müsse mit zunehmender Generation im Einwanderungsland auch nicht schwinden, so daß die auf den Heiratsformularen gemachten Angaben über den Geburtsort der Probanden und ihrer Eltern keine unbedingten Rückschlüsse auf interethnische Verbindungen oder gar Assimilation erlaubten; beispielsweise könne ein 1-Bräutigam italienischer Abkunft eine 2b-Braut italienischer Abkunft heiraten: Der Geburtsort sei in einem Fall Italien, im anderen die U.S.A., die Heirat laut statistischer Auswertung interethnisch, gemäß der Sozialisation der Frau aber vermutlich eher intraethnisch.

Eine häufig durchgeführte statistische Rechnung auf der Datenbasis von Heiratslizenzen und -urkunden ist der Vergleich der erhobenen Zwischenheiratsrate mit jener, die bei Zufallsverteilung der Heiratspartner daraus bestimmbar ist (z. B. Heer 1966; Carter und Glick 1970; Murguía und Frisbie 1977; Alba und Kessler 1979; s. Kapitel 3.1.1 zu den Rechenmethoden). Einige Autoren schließen aus diesen Raten oder aus der Bevölkerungs- und Altersverteilung an gegebenen Orten auf das "Zwischenheiratsrisiko", dem die Angehörigen der betroffenen Einheiten ausgesetzt sind (z. B. Marcson 1953: 153 - 156). Auch hier warnen Price und Zubrzycki vor Fallstricken (1962: 64, 65), da Einwanderer zum Teil in ihr Herkunftsland zurückreisen, dort heiraten und ihren Partner nachholen, so daß eine solche Eheschließung nicht in die Rate B (s) der am untersuchten Ort geschlossenen Heiraten eingeht. Auch ein eigens zum Zwecke der Heirat einreisender zukünftiger Ehepartner aus dem Herkunftsland des Einwanderers würde zwar in die Statistik eingehen, dürfte aber kaum einem "Zwischenheiratsrisiko" ausgesetzt sein[5]. Solche Verzerrungen ließen sich durch die zusätzliche Verwendung von Fragebogen und Interviews vermeiden. (Vgl. zur selben Problematik auch Lieberson 1962: 54.)

Ein weiterer Forschungsschwerpunkt, der überwiegend auf der Grundlage von Heiratslizenzen und -urkunden untersucht wurde, sind die sogenannten "interracial marriages" im Bereich der Vereinigten Staaten. *Ein* Aspekt dieses großen Interesses beruht auf der Tatsache, daß in den U.S.A. "interracial marriages" verschiedenster Kombination, besonders aber die Heiraten - und zum Teil Ehen - von "Weißen" mit den Angehörigen anderer Kategorien in vielen[6] Bundesstaaten verboten waren. Erst 1967 erklärte der

---

[5] Bei einer Untersuchung über italienische Einwanderer in Australien zwischen 1921 und 1940 fand Price, daß 38 % der Männer während eines Urlaubs in Italien heirateten und 44,9 % der Frauen einwanderten, um ihre Verlobten zu heiraten (Price und Zubrzycki 1962: 65).

[6] zu verschiedenen Zeiten insgesamt vierzig der fünfzig US-Bundesstaaten (Weinberger 1966: 157). Neben dem Verbot der Heirat zwischen "Schwarzen" und "Weißen", das für alle diese Staaten galt, betrafen die Gesetze zum Teil auch andere

Supreme Court diese Gesetze für verfassungswidrig, nachdem nach vielen anderen ein verschiedenen "Rassen" angehörendes Paar einen letztendlich erfolgreichen fast zehnjährigen Rechtsstreit geführt hatte (Henriques 1974: 25 - 39). Das Augenmerk der Sozialforscher richtete sich oft auf die Jahre vor oder nach einer Gesetzesänderung in Sachen "Intermarriage", um festzustellen, ob sich diese auf das Heiratsverhalten auswirkte. Dies gilt nicht nur für die Zeit um 1967 (z. B. Aldridge 1973: 641), die ja die gesamten Vereinigten Staaten betraf, sondern beispielsweise für das 1933 in Kalifornien erlassene Heiratsverbot zwischen Filipinos und "Weißen" (Panunzio 1942: 690, 691) oder die Aufhebung des entsprechenden Gesetzes in Kalifornien 1948 (Burma 1952: 587; Risdon 1954: 92).

In Heiratsstatistiken fanden sich auch immer wieder trotz des Verbotes verheiratete Paare, so daß ein Vergleich mit den Jahren ohne Verbot vorgenommen werden konnte (vgl. z. B. Pavela 1964: 209). Lynn (1956: 381) für Washington sowie Monahan für Philadelphia (1970a: 292 sowie Monahan und Monahan 1976: 178), den Staat New York (Monahan 1971: 97) und Kansas (Monahan 1979: 351) konnten zeigen, daß die "Rassen"-Zuordnung auf den Heiratspapieren mitunter lax gehandhabt worden war, zum Teil, weil Standesbeamte offenbar automatisch von legalen - also homogamen - Heiraten ausgingen. Da ein heiratswilliges Paar üblicherweise vor der Behörde erscheinen mußte (s. u.), läßt dies auf Nachlässigkeit, die in der Praxis oft schwierige "Rassen"-Zuordnung von Individuen aufgrund von Hautfarbe und / oder Abstammung[7] oder auf ein "Auge-Zudrücken" seitens der Beamten schließen.

"Rassen"-Kombinationen. Barnett (1964) und Weinberger (1966: 158, 159) listen ausführlich auf, welchen Personenkategorien die Vermählung mit "Weißen" oder untereinander 1964 bzw. 1966 in welchem Staat verboten ist, wie diese Kategorien definiert sind, ob eine anderswo geschlossene Ehe in diesen Staaten ungültig ist, und welche Geld- oder Gefängnisstrafen für das zuwiderhandelnde Paar und den vermählenden Geistlichen oder Beamten vorgesehen sind. Wirth und Goldhamer zeigen, daß im Jahre 1910 kein einziger Bundesstaat mit mehr als 5 % afro-amerikanischer Bevölkerung ohne ein Gesetz gegen "interracial marriage" existierte; Henriques weist nach, daß von den vierzehn Bundesstaaten, die zwischen 1950 und 1966 solche Gesetze abschafften, nur zwei einen nennenswerten Anteil afro-amerikanischer Bevölkerung hatten (Wirth und Goldhamer 1944: 360 - 363; Henriques 1974: 26). Für die meisten dieser Staaten war das Zwischenheiratsrisiko also auch bei Aufgabe dieser Gesetzgebung gering.

[7] Ein "gemischtrassiges" Paar baute seinen Prozeß 1964 darauf auf, daß der Mann aufgrund seines Aussehens und seiner "gemischtrassigen" Vorfahren sowie der vagen "Rassen"-Definitionen des Staates Florida nicht eindeutig zu klassifizieren war (Henriques 1974: 33, 34).

Henriques kommentiert die Willkürlichkeit der "Intermarriage"-Verbote in den verschiedenen Bundesstaaten sarkastisch:

"The range of non-Caucasians with whom the Caucasian may not mingle his seed is very wide - Mongolians (Mississippi), Chinese and Japanese (Georgia), Malayans (Maryland), Asiatic Indians (Virginia), Mulattoes (Delaware), Ethiopians (Nevada prior to the repeal in 1962), Koreans (South Dakota prior to repeal in 1957), Mestizos and half-breeds (South Carolina). One wonders if there were any practical grounds for this highly idiosyncratic choice - was there a period when Maryland was subjected to a sudden invasion of Malayans bent on destroying the racial purity of the State? Did an expedition of Ethiopians ever penetrate the fastnesses of Nevada there to rape and pillage?" (Henriques 1974: 34).

Die Uneinheitlichkeit solcher Kategorien - zum Teil Staatsangehörigkeiten, zum Teil Sammelbegriffe, die eine in früheren Generationen erfolgte "Rassenmischung" ausdrücken sollen, - und die gesetzliche Definition der "Rassen"-Zugehörigkeit einer Person als Grundlage der ausgewerteten Heiratsformulare ist problematisch, wie in Kapitel 2.6 schon angeschnitten wurde. Selbst ein Jurist mußte 1964 feststellen:

"These varying definitions mean that a person can find himself a white person in one state and a Negro under the statute of another state" (Applebaum nach Henriques 1974: 34; vgl. auch Henriques 1974: 180).

Der US-Zensus ordnete zeitweilig Personen mexikanischer, puertoricanischer und indo-europäischer Abstammung den "Weißen" zu. Mexikaner bildeten in der Volkszählung von 1930 aber noch eine eigene "Rasse". (Heer 1985: 198, 190)

Dank der Rekrutierungsmechanismen der verschiedenen Kategorien (vgl. Kapitel 2.6) ergeben sich für bestimmte von ihnen zahlenmäßige Besonderheiten mit jeder Nachkommenschaft durch heterogame Verbindung. So kann die Kategorie "white" oder "Caucasian" nur kleiner werden, da die Nachkommen aus jeder Verbindung mit einer anderen "Rasse" dieser zugeschlagen (Heer 1985: 189) werden. Umgekehrt gilt für die "blacks" oder "Negroes", daß ihre Anzahl mit jedem Kind aus einer heterogamen Verbindung wächst, da es automatisch zu diesen gerechnet (ibid.) wird. Kategorien, bei denen Männer deutlich häufiger herausheiraten als Frauen, wachsen in der Statistik ebenfalls an, da ihre Nachkommen laut US-Zensus ihnen zugerechnet werden; solche, bei denen mehr Frauen herausheiraten - wie nach dem zweiten Weltkrieg bis in die siebziger Jahre hinein Amerikaner japanischer Abstammung -, verlieren in der Statistik die aus diesen Verbindungen geborenen Kinder. In der hawaiianischen Statistik konnte aus demselben Mechanismus heraus die Zahl der (als "reinrassig" definierten) "Hawaiianer" nur abnehmen, die der "part-Hawaiians"[8] hingegen nur anwachsen, - zumal es sich bei Hawaii um eines der Gebiete mit der weltweit höchsten Zwischenheiratsrate handelt. Je mehr Zwischenheirat in früheren Generationen schon stattgefunden hat, umso stärker beeinflußt diese Tendenz die Grundgesamtheit der durch Statistiken festgestellten und zu untersuchenden Kategorien von zwischenheiratenden Personen.[9]

Auch die Ermittlung der Grundgesamtheit einer Einheit nur anhand des in (Anträgen auf) Heiratslizenzen oder -urkunden verzeichneten Nachnamens (Bean und Bradshaw 1970; Tinker 1973; Murguía und Frisbie 1977; Murguía 1982; vgl. Anhang 9.1) vernachlässigt die herein- und herausheiratenden Frauen früherer Generationen. Wenn dies auf den Formularen der entsprechenden Bundesstaaten verzeichnet ist, können die Nachnamen und Geburtsorte der Eltern des Brautpaares diese Verzerrung korrigieren (z. B. Mittelbach et alii 1966 und 1968; Tinker 1973: 53; Kikumura und Kitano 1973: 68; Kitano et alii 1984; Kitano und Yeung 1984; Kitano und Chai 1984; vgl. Anhang 9.1).

Bei den in Anhang 9.1 nicht ausdrücklich als Heiratslizenzen oder -formulare benannten Statistiken handelt es sich in den meisten Fällen um zusammenfassende und zum Teil veröffentlichte Daten von Ämtern. Zumindest in den Vereinigten Staaten beruhen deren Angaben aber häufig auf der Auswertung von Heiratsformularen, beispielsweise die Annual Reports des Department of Health in Hawaii (Leon 1975: 776) oder des Staates New York (Bossard 1939: 793 bzw. Nelson 1943: 585). Anders ist es mit dem alle zehn Jahre durchgeführten US-Zensus. Er mißt keine *Heiratshäufigkeit* ("Ereignishäufigkeit", vgl. Heer 1985: 185), sondern die *Anzahl der zu einem bestimmten Zeitpunkt bestehenden Ehen* ("Verbreitungshäufigkeit", ibid.). Vom US-Zensus werden interessierten Sozialwissenschaftlern repräsentative Stichproben bestimmter Regionen für eigene Forschungen zur Verfügung gestellt (Public Use Sample). So werteten etwa Blau et alii (1982: 48) die Public Use Samples der 125 größten städtischen statistischen Gebiete der U.S.A. aus, Pagnini und Morgan (1990: 412) das landesweite Public Use Sample von 1910, Tucker und Mitchell-Kernan 1990 das Public Use Sample

---

[8] Seit dem US-Zensus von 1970 existiert für die früheren Kategorien "Hawaiians" und "part-Hawaiians" nur noch die Klassifizierung "Hawaiians" (C. E. Glick 1972: 279).

[9] Diese Tendenz wird natürlich durch nicht-eheliche Nachkommenschaft verstärkt. Es besteht eine Dunkelziffer der vor der Aufhebung der Heiratsverbote oder gar durch die Machtverhältnisse zwischen "Weißen" und "Schwarzen" im amerikanischen Süden geborenen unehelichen Kinder.

von Los Angeles County (vgl. Anhang 9.1). Seit 1960 beruhen die "Rassen"-Daten des US-Zensus offiziell auf Selbstzuschreibung der Befragten; nur falls diese keine Auskunft erteilten, klassifizierte ein Beamter die Personen (P. C. Glick 1972: 292; vgl. auch Carter und Glick 1976: 477, 478). Laut Monahan (1974: 670) waren es 1960 dennoch überwiegend Fremdklassifizierungen, 1970 zu zwei Dritteln Eigenklassifizierungen, da im ersten Fall die Daten per Hausbesuch, im zweiten per Post erhoben wurden. Bei den Heiratslizenzen hingegen wurde zumindest bis in die siebziger Jahre hinein in den Bundesstaaten, wo eine Eintragung unter der Kategorie "race" oder "color" verlangt wird[10], die Eintragung von einem Beamten geprüft oder selbst vorgenommen (vgl. etwa Monahan 1970a: 292). Heer verweist darauf, daß die Zensuserhebungen von 1960 und 1970 auch nicht-verheiratete "gemischtrassige" Paare erfaßten, da gerade vor dem Urteil des Supreme Court Konkubinate in den Südstaaten der U.S.A. verbreitet waren (Heer 1985: 191).

Die Problematik der offiziellen U.S.-amerikanischen "Rassen"-Kategorien auf (später dann womöglich von Sozialwissenschaftlern als Datenbasis benutzten) Formularen aller Art ist kein Phänomen der Vergangenheit. 1997 flammte die öffentliche Diskussion darüber neu auf, als der prominente Golfspieler "Tiger" Woods sich unter Hinweis auf seine "weißen", "schwarzen", indianischen und asiatischen Vorfahren weigerte, als "schwarz" klassifiziert zu werden. (*USA Today* vom 8.5.1997)

Auch die Statistiken anderer Staaten bergen für die Zwischenheirat-Forscher Probleme. So tauchen in Großbritannien die mit Briten aus dem Commonwealth geschlossenen Ehen nicht in der Statistik auf. Kinder aus Ehen mit Immigranten werden - auch bei einem britischen Elternteil - als Immigranten gerechnet, so daß deren Zahl mit jeder Geburt steigt. Heiraten also zwei Immigranten zwei Briten statt einander und haben je zwei Kinder, so hat sich die Kategorie der Immigranten um vier Personen vermehrt; bei einer homogamen Heirat hätte sie sich nur um zwei Personen erweitert. (Bagley 1981: 37, 42, 43)

In Deutschland werden von heiratswilligen Paaren mit einem Partner aus einem nicht zur EU bzw. früher zur EG gehörenden Staat und von der IAF häufig die bürokratischen Schwierigkeiten in der fristgerechten Beibringung geforderter Papiere wie Geburts-, Gesundheits- und Ehefähigkeitszeugnisse, eidesstattliche Erklärungen von Verwandten und Behörden u. ä. beklagt (z. B. Wolf-Almanasreh 1982: 43, 44; Fallbeispiele in Perlet 1983: 21, 38, 75,

---

[10] Meist in der Folge von Bürgerrechtsbewegungen aufgehoben wurde diese Rubrik 1959 in Colorado, 1961 in Kalifornien und vorübergehend in New Jersey, 1965 in New York, 1966 in Michigan, 1970 in Maryland, 1971 in Massachusetts, 1975 im District of Columbia (Monahan 1976: 224).

76, 79). Oft ist es leichter, in einem anderen Staat zu heiraten und später in Deutschland durch Anlage eines Familienbuches die Eheschließung amtlich bestätigen zu lassen (ibid.: 85; IAF o. J.: 12). Die nicht in Deutschland erfolgten Heiraten sind allerdings eine statistische Dunkelziffer:

"... im Ausland geschlossene Ehen gehen nicht in die Statistik der Eheschließungen ein.
Bei der (späteren) Ausstellung des Familienstandes ist in der Bundesrepublik Deutschland eine Meldung zur Statistik nicht vorgesehen. Damit sind die auswärts geschlossenen Ehen auch nicht in der von Ihnen genannten Tabelle des Statistischen Bundesamtes enthalten. Angaben über den Anteil der im Ausland geschlossenen deutsch-ausländischen Ehen an allen Eheschließungen zwischen deutsch-ausländischen Partnern liegen im Bereich der amtlichen Statistik nicht vor" (Brief des Statistischen Landesamtes der Freien und Hansestadt Hamburg an mich vom 10.2.1992; Geschäftszeichen St 311-5011-7-g-ch).

Im Bericht der Ausländerbeauftragten der deutschen Bundesregierung heißt es ebenfalls:

"Eine Interpretation der Heiratsstatistiken ist zudem schwierig, da viele Faktoren (Bevölkerungsentwicklung, Wanderungssaldo, Heirat im Herkunftsland) in die Analyse einbezogen werden müßten, was aufgrund der Datenlage jedoch nicht möglich ist. ... Über Ehen, die im Ausland geschlossen werden, geben die hiesigen Statistiken keine Auskunft. ...
Wie die statistischen Angaben zu Eheschließungen müssen auch die zu Ehescheidungen mit Vorbehalt zur Kenntnis genommen werden" (Bericht... 1994: 29, 30).

Die Grundgesamtheit aller Heiratenden oder Verheirateten bestimmter Kategorien an einem definierten Ort zu einer vorgegebenen Zeit spielt in einigen Ansätzen zur Erklärung interethnischer Partnerwahl eine Rolle (vgl. Kapitel 5.3.2.2.1 und 5.3.2.2.2); sie ist aber auch Ausgangspunkt für die Ermittlung der Ehestabilität bei Zwischenheiraten. Verschiedene Methoden zur Berechnung von Scheidungsraten werden in Kapitel 3.1.1 vorgestellt.

Eine systematische Durchsicht aller von mir verwendeten Studien zeigt, daß von den meisten Forschern, die überwiegend oder ausschließlich mit den amerikanischen Statistiken arbeiten, deren Probleme nicht benannt oder reflektiert werden. Nur wenige Autoren deuten Widersprüche in der amtlichen Klassifizierung von Personen oder Heiraten an.

So rechnete etwa Barron, der Heiratslizenzen der Stadt Derby in Connecticut auswertete, zwar gemäß der üblichen Praxis bei Zwischenheirat die Nachkommen zur nationalen Abstammung des Vaters. Stellte er jedoch fest, daß Zwischenheiratende von Eltern unterschiedlicher nationaler Abkunft, aber in derselben Kombination, stammten, - z. B. der Bräutigam von einem italienischem Vater und einer polnischen Mutter, die Braut von einem polnischen Vater und einer italienischen Mutter -, klassifizierte er die Heirat der Kinder als intraethnisch. (Barron 1946: 5)

Thomas, der seine untersuchten Einheiten nicht offenlegt, sondern nur bemerkt, sie seien "national minorities" und gehörten hauptsächlich zur zweiten großen amerikanischen Einwanderungswelle der "New Immigration" nach 1880 aus Süd- und Zentraleuropa (1954: 10 - 12), schreibt:

"The term 'ethnic' as used here refers to those organized groups of immigrants and their progeny who exhibit characteristics of social organization and culture more or less divergent from those of American society" (ibid.: 9).

Bei einigen Autoren scheint immerhin ein gewisses Unbehagen über die Terminologie zu herrschen, so daß sie zumindest in Fußnoten oder kurzen Bemerkungen dazu Stellung nehmen. Dies gilt vor allem für die Untersuchungsregion Hawaii. Brooms Kommentar wurde schon in Kapitel 2.6 erwähnt.

Burma bezeichnet auch die in der Statistik genannten "Rassen"-Kategorien des amerikanischen Festlandes lieber als "Ethnien":

"'Interethnic intermarriage' is used to mean cases in which an Anglo or Mexican married either a Negro, Filipino, Japanese, Chinese, or Indian or member of another non-European racial-ethnic group" (Burma 1963: 156).

Schmitt setzt ebenfalls zunächst die "Rassen"-Kategorien der offiziellen Statistik Hawaiis mit Ethnien gleich:

"For many years, all marriages licensed in the state have been tabulated by the ethnic group ('race') of each partner..." (Schmitt 1963: 809).

Später schreibt er jedoch von:

"Nine distinct ethnic groups, representing five broad racial categories..." (Schmitt 1965: 464)

bzw. von "ethnic stock (or 'race')" (Schmitt 1971: 373).

Cheng und Yamamura setzen für den hawaiianischen Kontext fest:

"As used in this paper, the term 'race' merely refers to national origin and carries no genetic connotation" (1957: 77).

Lind bemerkt über Hawaii:

"The term race in these [marriage] records, as well as in the present study, is more nearly synonomous with ethnic group than with race in the strict biological sense" (Lind 1964: 26).

Leon erläutert die Annual Reports des hawaiianischen Department of Health:

"In these reports, the categories of Hawaiian, part-Hawaiian, Samoan, Puerto Rican, etc. are conceptualized as race. In this study these groups will be called ethnicities. Several of the groups are nationalities rather than races and one (part-Hawaiian) is a heterogeneous mixture. The concept ethnicity for these data incorporates race and nationality and is primarily determined by ancestry" (Leon 1975: 776).

Die wenigen kritischen Bewertungen der offiziellen statistischen Erfassung wurden zum Teil schon bei der Vorstellung des US-Zensus und der Heiratslizenzen als Datenbasis erwähnt. Nur einige wenige andere finden sich noch in der Literatur:

Monahan setzt ebenfalls im Kontext Hawaiis das Wort "interracial" zunächst in Anführungsstriche (Monahan 1966: 40) und führt später aus:

"The identification of persons by one 'race' or another, in an area where amalgamation is considerable and has been going on for some time is undoubtedly somewhat arbitrary. ... Hence, marriage and even population statistics that mask mixed-race persons undoubtedly understate the amount of amalgamation that has been and is taking place. The Vital Statistics Division of the Hawaii Health Department uses great care in its data classification; but as a recent report pointedly remarked, there is increasing difficulty in racial classification due to the extensive amalgamation, and such classification may soon become impossible. Incidental irregularities sometimes appear from one year to another in the published marriage and divorce statistics on race of husband by race of wife. In view of all this, any conclusion derived from these data should be regarded with considerable caution; but it is still believed that the errors are not so great but that conclusions of value can be drawn" (ibid.: 41).

Die ausführlichste und sorgfältigste Analyse der offiziellen "Rassen"-Kategorien Hawaiis nahm C. E. Glick vor. Unterschieden die Zensen von 1910, 1920 und 1930 (z. T. Adams' Datengrundlage) noch zwischen "Caucasian-Hawaiians" und "Asiatic Hawaiians", kannten jene von 1940, 1950 und 1960 nur noch die zahlenmäßig rapide anwachsende Kategorie der "part-Hawaiians", während seit 1970 im Zensus nur noch "Hawaiians" zu finden sind. "Spanier" und "Portugiesen" als Extrakategorien seit 1910 bzw. 1853 wurden 1940 den "Caucasians" zugeschlagen. Glick machte deutlich, daß Rückschlüsse auf genetische Verteilungen allein anhand dieser Personenkonglomerate nicht zu ziehen sind. Auch um eigene ethnische Einheiten handelte es sich zumindest noch einige Zeit nach der Einwanderung nicht, da etwa die chinesischen Punti und Hakka, die philippinischen Ilocanos, Tagalog und Visayan, die Japaner aus Okinawa und vom Festland sich jeweils als ethnische Einheiten mit Heiratsschranken - auch in Hawaii - betrachteten. Schließlich sei nicht nur die Einteilung der Kategorien, sondern auch die für jede von ihnen andere Rekrutierung so willkürlich, daß die statistischen Daten als Quelle mit den Jahren immer problematischer würden. (C. E. Glick 1972: 278 - 286)
Heer problematisiert erst in seinem jüngsten Werk:

"'Rasse' ist in Amerika ein sehr ungenaues Unterscheidungskriterium, da so viele Menschen im biologischen Sinn Mischlinge sind. Beispielsweise haben viele sogenannte Schwarze in den Vereinigten Staaten mindestens einen europäischen Vorfahren. ... Die Daten der Einzelstaaten über Ereignishäufigkeit gemischt-rassiger Ehen basieren ... auf spezifischen Definitionen, die von einem zum anderen Bundesstaat abweichen können. ... Jedoch wird die Definition von 'Rasse', wie sie die Regierung jedes einzelnen Staates für ihre standesamtlichen Statistiken verwendet, nicht notwendig mit der des US-Bureau of the Census übereinstimmen" (Heer 1985: 189);
"Über die Verbreitung gemischt-rassiger Ehen liefern die Volkszählungen von 1960 und 1970 umfangreiches Datenmaterial. Es wurden sowohl legale als auch nicht legalisierte Verbindungen gezählt. Das ist von großer Bedeutung, weil es im Süden viele ehe-ähnliche Verhältnisse zwischen Schwarzen und Weißen gibt. ...
... es muß immer wieder darauf hingewiesen werden, daß die Zensus-Daten eine hohe Fehlerquelle aufweisen können. ... Da 1960 schwarz-weiße Eheschließungen im Süden illegal waren, liegt die Vermutung nahe, daß in den Zahlen von 1960 viele Irrtümer stecken und daß der Zensus von 1970 weniger fehlerhaft war. ... Ehen zwischen schwarzen Frauen und weißen Männern gingen bundesweit von 0,8 auf 0,7 % zurück. Dieser Rückgang kann wohl einer Abnahme nicht-legalisierter Bezie-

hungen oder einer Verbesserung der Fehlerquote zugeschrieben werden" (ibid.: 191).

In Statistiken aus der Zeit der Jahrhundertwende schien es zumindest in regelmäßigen Abständen üblich zu sein, Fremde auch anhand der Muttersprache zu erfassen. Pagnini und Morgan erwähnen dies für den U.S.-Zensus von 1910 (1990: 406). Auch eine Durchsicht der Statistiken für Hamburg zeigt, daß sie - wie in diesen Jahren das gesamte deutsche Reich - für die Jahre 1900 und 1925 die im Stadtgebiet anwesenden Ausländer (bis 1871 gehörten übrigens auch Schleswig-Holsteiner und Niedersachsen dazu) nicht nur wie in anderen Jahren nach der Staatsangehörigkeit und / oder dem Geburtsland, sondern auch nach der Muttersprache aufführten. Für das Jahr 1900 lagen sogar Statistiken über Staatsangehörigkeit, Geburtsland *und* Muttersprache der Wohnbevölkerung Hamburgs vor. (Statistik... 1872: 63, 64, 81, 82; 1873: 33, 34, 42 - 49; 1902: 60 - 66, 80 - 84; 1912: 9, 10, 18; 1918: 18; 1919: 65 - 78; 1921: 32; 1927: 33 - 36, 96 - 103). Diese heute leider nicht mehr geübte Praxis war vielleicht ein besserer - sicher jedoch ein zusätzlicher - Indikator ethnischer Zugehörigkeit als die schon von Price und Zubrzycki kritisierte Staatsangehörigkeit vor Einwanderung bzw. der Geburtsort.

Die Datenbasis der statistischen Studien ist natürlich hoch; statistische Verfahren dienen ja u. a. dazu, große Datenmengen zusammenzufassen und für Forschungszwecke verwendbar zu machen (vgl. Blalock 1972: 4). Die Zahl der ausgewerteten Heiratspapiere bewegt sich bei den *ausschließlich* mit dieser Methode arbeitenden Untersuchungen üblicherweise im fünf- bis sechsstelligen Bereich, bei Autoren, die nur wenige Jahre zugrundelegen, zumindest aber noch im vierstelligen (vgl. Anhang 9.1).

3.1.1 Häufig verwendete mathematische Formeln

In den statistischen Auswertungen der Intermarriage-Forschung sind je nach Zielsetzung der Studie verschiedene Rechenmethoden angewandt worden. Die gängigsten Formeln sollen hier kurz[11] vorgestellt werden.

Zur Errechnung der Zwischenheiratsrate wird von mehreren Autoren der **Prozentsatz der zwischenheiratenden Personen bzw. der Zwischenheiraten einer vorgegebenen Grundgesamtheit** bestimmt:

---

[11] Die mathematische Herleitung findet sich in den jeweils angegebenen Werken.

$$r_① = \frac{\text{Alle zwischenheiratenden Personen / Zwischenheiraten einer Einheit}}{\text{Alle heiratenden Personen / Heiraten einer Einheit}} \times 100$$

Entsprechend der Untersuchungskategorie (vgl. Anhang 9.1) kann es sich bei dieser Grundgesamtheit z. B. um alle auf Heiratslizenzen auftauchenden spanischen Nachnamen (Murguía und Frisbie 1977) oder alle anhand von Heiratsformularen bestimmbaren Heiraten (Kitano et alii 1984) ausgewählter Jahre in einer bestimmten Region handeln. Rodman (1965b) macht deutlich, daß zur Vergleichbarkeit dieser Raten zwischen den für *Individuen* und den für *Heiraten* bzw. *Paaren* errechneten unterschieden werden muß. Haben nämlich beispielsweise in dem untersuchten Zeitraum bei einer ethnischen Einheit sechs homo- und vier heterogame Eheschließungen stattgefunden, beträgt die Zwischenheiratsrate für Heiraten 40 % (4 von 10 Heiraten), die Rate für Individuen jedoch 25 % (2 x 6 homogame Personen der betrachteten Ethnie + 4 Personen, die herausheiraten, = 16 Personen; 4 Personen von 16 = 25 %). Rodman zeigt an einer Beispieltabelle, daß beide Raten umso stärker divergieren, je niedriger sie sind. Handelt es sich bei Zwischenheiraten also um ein proportional kleines Phänomen, was in den meisten Gesellschaften der Fall zu sein scheint (vgl. Kapitel 5.3.4), fällt dieser Unterschied besonders stark ins Gewicht.

Da einige Sozialforscher die Rate für Heiraten (x), andere die für Individuen (y) bestimmen, führt Rodman eine **Umrechnungsformel** ein, um beide dennoch vergleichbar zu machen:

$$y = \frac{100x}{200 - x} \quad \text{bzw.} \quad x = \frac{200y}{100 + y}.$$

Rodman weist darauf hin, daß x = y, wenn die Gesamtzahl *aller Heiratenden*, nicht nur die der Heiratenden der betrachteten Einheit, zugrundegelegt wird: Zählt man im obigen Beispiel die aus der anderen Ethnie hereingeheirateten Partner mit, kommt man auf 20 Heiratende insgesamt, von denen 8 heterogam geheiratet haben; 8 von 20 = 40 %.

Price und Zubrzycki (1962: 67) schlagen zum **Vergleich der Verbreitungshäufigkeit von Zwischenheirat** dieselbe Rate vor:

$$r_② = \frac{\text{(Überlebende) heterogam Verheiratete einer Einheit}}{\text{Alle (überlebenden) Verheirateten einer Einheit}}.$$

Eine andere, z. B. von Burma (1952: 587) verwendete Rate **setzt die Zwischenheirat *einer* Einheit zu der Zwischenheirat *aller* betrachteten Einheiten in Beziehung:**

$$r_{\text{③}} = \frac{\text{Anzahl der Zwischenheiraten einer Einheit}}{\text{Anzahl der Zwischenheiraten aller Einheiten}} \times 100.$$

Eine Reihe von Autoren **vergleicht die aufgrund *empirischer Daten* ermittelten Zwischenheiratswerte mit denen, die sich für eine *Zufallsverteilung* der Ehepartner errechnen lassen**, bei der die erhobenen Merkmale wie Ethnie, "Rasse", Konfession usw. bei der Partnerwahl keine Rolle gespielt hätten. Grundlage für die so entwickelten Zwischenheiratsindices ist zunächst immer die Bestimmung der Verteilung von Werten bei statistischer Unabhängigkeit:

Ergibt die Auswertung der Daten (f^o = "observed frequency") eine Kreuztabelle mit folgender Verteilung,

	Männer			
Frauen	Ethnie 1	Ethnie 2	Ethnie 3	
Ethnie 1	a	b	c	a+b+c
Ethnie 2	d	e	f	d+e+f
Ethnie 3	g	h	i	g+h+i
	a+d+g	b+e+h	c+f+i	N

Beispieltabelle 1

so erlangt man die Verteilung bei rechnerischer Unabhängigkeit ("expected frequency" f^e) durch die Produkte der Randhäufigkeiten geteilt durch die Gesamtzahl der Merkmale (vgl. Blalock 1972: 278 - 280):

$$f^e = \frac{(a+b+c)(a+d+g)}{N}$$ wäre z. B. die Formel zur Errechnung für Zelle a.

Die Beispieltabelle ergibt umgerechnet auf f^e also folgende Werte:

$a^e = \dfrac{(a+b+c)(a+d+g)}{N}$	$b^e = \dfrac{(a+b+c)(b+e+h)}{N}$	$c^e = \dfrac{(a+b+c)(c+f+i)}{N}$
$d^e = \dfrac{(d+e+f)(a+d+g)}{N}$	$e^e = \dfrac{(d+e+f)(b+e+h)}{N}$	$f^e = \dfrac{(d+e+f)(c+f+i)}{N}$
$g^e = \dfrac{(g+h+i)(a+d+g)}{N}$	$h^e = \dfrac{(g+h+i)(b+e+h)}{N}$	$i^e = \dfrac{(g+h+i)(c+f+i)}{N}$

Beispieltabelle 2

Der einfachste so zu errechnende **Konnuptialindex zwischen zwei Einheiten** ist f^o / f^e (s. z. B. Rückert et alii 1979: 68), etwa

$$r_{④} = \frac{b+d}{b^e + d^e}.$$

Mitchell (1957: 16 - 18), dessen Datengrundlage zwar nicht die Auswertung von Statistiken, sondern ethnologische Feldforschung ist, entwickelt einen nur leicht abgewandelten, für jeden Stamm[12] zu berechnenden **Index der tribalen Zwischenheirat**[13]:

$$r_{⑤} = \frac{100\, f^o}{f^e}.$$

Die tatsächlich beobachtete Zahl der intertribalen Heiraten (f^o) bei den Männern definiert er als

$f^o = h - I$ \qquad (h = Gesamtzahl der Ehemänner des Stammes;
\qquad\qquad\qquad\quad I = Zahl der intratribalen Heiraten);

---

[12] Zu Mitchells Verwendung des Begriffes "Stamm" siehe Fußnote 2 von Kapitel 3.
[13] Mitchell (1957: 16, 17) nennt die bei rechnerischer Unabhängigkeit erwartete Heiratshäufigkeit E, die tatsächlich beobachtete Heiratshäufigkeit A. Aus Gründen der Einheitlichkeit habe ich im gesamten Kapitel 3.1.1. erstere als f^e, letztere als f^o (o = observed) bezeichnet.

f^e als

$$f^e = \frac{h(N-w)}{N}$$
(N = Zahl aller Heiraten der Stichprobe; w = Gesamtzahl der Ehefrauen des Stammes)

Sein Zwischenheiratsindex errechnet sich demnach

$$r_{\circledS}m = \frac{\frac{100(h-I)}{h(N-w)}}{N} = \frac{100Nh - 100NI}{Nh - hw}$$

Der Vorteil der so erzielten Maßzahl liegt darin, daß aufgrund des Multiplikators 100 auf den ersten Blick am Ergebnis zu erkennen ist, ob ein Stamm eher zu Homo - oder zu Heterogamie neigt: Ein Indexergebnis unter 100 weist auf mehr intratribale, eines über 100 auf mehr intertribale Heiraten (Mitchell 1957: 17).

Die Formel läßt sich natürlich auch für die heterogamen Heiraten der Frauen eines Stammes umwandeln:

$$r_{\circledS}f = \frac{100Nw - 100NI'}{Nw - hw}$$

Eine weitere Variante ist die Errechnung des **Index für** *zwei* **zwischenheiratende** *Einheiten*. Gemäß der oben dargestellten Beispieltabelle 2, in der die Berechnung von f^e anhand des Produktes der Randhäufigkeiten und der Division durch die Gesamtzahl der Fälle dargestellt wird, bestimmt auch Mitchell

$$f^e = \frac{(h_1 w_2)}{N}$$
(h_1 = Gesamtzahl der Männer von Stamm 1; w_2 = Gesamtzahl der Frauen von Stamm 2)

und f^o als Anzahl der intertribalen Heiraten zwischen beiden Einheiten. Der Zwischenheiratsindex hat dann die Formel:

$$r_{\circledS}s = \frac{100 f^o N}{h_1 w_2}$$

Einen anderen Zwischenheiratsindex, der f^o und f^e zueinander in Beziehung setzt, entwickelt Besanceney (1972: 94 - 96) aufbauend auf einer Arbeit P. C. Glicks über interkonfessionelle Heiraten. Ziel ist die **Ausschaltung des Einflusses der *Größe* der betrachteten Einheit auf die Zwischenheiratsrate** (vgl. dazu Kapitel 5.3.2.2.1)[14]. Besanceneys Formel legen Cretser und Leon (in Cretser und Leon 1984: 9) offen:

$$r_{⑥} = 1 - \frac{f^e}{f^o}.$$

Burma (1963: 160) kontrolliert mit seiner Rate den ***Anteil* der betrachteten Einheit an der Gesamtbevölkerung**. Zugleich soll das **Zwischenheiratsrisiko** für jede Person dieser Einheit damit ausgedrückt werden:

$$r_{⑦} = \frac{\text{Prozent der heterogam Verheirateten einer Einheit}}{\text{Prozent der Angehörigen dieser Einheit an Gesamtbevölkerung}}$$

Cretser und Leon (in Cretser und Leon 1984: 9) weisen darauf hin, daß die so erzielten Werte zwischen 0 und 100 liegen, wobei die höheren Werte mehr Zwischenheirat ausdrücken.

Parkman und Sawyer (1967: 598, 599) entwickeln einen **Index der Heiratsdistanz** zwischen zwei Einheiten, um die *Heiratshäufigkeit verschiedener Einheiten* miteinander vergleichen zu können:

Ausgehend von einer vierzelligen Kreuztabelle[15] teilen sie zunächst das Produkt der interethnischen Heiraten durch das der intraethnischen:

$$\frac{\text{(Heirat zwischen Ethnie 1 und Ethnie 2) (Heirat zwischen Ethnie 2 und Ethnie 1)}}{\text{(Heirat innerhalb Ethnie 1) (Heirat innerhalb Ethnie 2)}}$$

bzw. entsprechend Beispieltabelle 1:

---

[14] Einen anderen Ansatz mit demselben Ziel bietet auch Romney (1971), der die Randhäufigkeiten verschiedener Kreuztabellen zu diesem Zweck auf dieselbe Anzahl hochrechnet.

[15] nicht sechszelligen wie obiger Beispieltabelle, da jeweils nur zwei Ethnien gleichzeitig betrachtet werden

$$\frac{bd}{ae}.$$

Bei zufälliger Wahl der Heiratspartner zwischen beiden Einheiten würde der erzielte Quotient immer 1 sein, und zwar unabhängig von der Größe der betrachteten Einheiten, - ein Ergebnis, das durch die Multiplikation (statt etwa der Addierung) der Werte erreicht wird.

Als nächsten Schritt vertauschen die Autoren Zähler und Nenner dieses Bruches, damit bei häufiger Zwischenheirat der Heiratsdistanzquotient klein statt groß ist. Setzt man statt Zwischenheirat die Heiraten innerhalb derselben Einheit in die Formel ein, ist der Quotient gleichfalls 1. Damit die Heiratsdistanz in diesem Fall 0 beträgt, ziehen die Autoren nun den Logarithmus aus dem Quotienten (der Logarithmus von 1 ist 0):

$$\log \frac{a}{bd}.$$

Da Parkman und Sawyer in ihrer Heiratsdistanzrechnung für die "Rassen"-Kategorien Hawaiis auf eine Kombination stießen, in der b oder d 0 war, also zwischen zwei Einheiten in bestimmter Geschlechterkombination überhaupt keine Heiraten stattgefunden hatten, schlagen sie abschließend vor, von den Nennerwerten jeweils den Durchschnitt zu nehmen und ihn zu verwenden, das Produkt zu quadrieren, - sowie offenbar die 0 als Multiplikator in diesem Fall zu ignorieren?

Die endgültige Formel der Heiratsdistanz zwischen zwei Einheiten lautet also:

$$r_{\circledS} = \log \frac{(\text{Heiraten innerhalb Ethnie 1}) (\text{Heiraten innerhalb Ethnie 2})}{[(\tfrac{1}{2} \text{ Heiraten zwischen Ethnien 1} + 2)(\tfrac{1}{2} \text{ Heiraten zwischen Ethnien 2} + 1)]^2}$$

(vgl. auch Cretser und Leon 1984: 9). In leicht abgewandelter Form wurde diese Formel, die einen Vergleich der Heiratsdistanz zwischen verschiedenen Einheiten zu unterschiedlichen Zeiten und an unterschiedlichen Orten erlaubt, von Mengchee Lee (1988: 260) in ihrer Untersuchung über Singapur wieder aufgenommen.

Einen anderen **Heiratsdistanzindex** entwickelten Broom (1956: 279) und Leon (1975: 777). Die Formel beruht wieder auf der Idee, *tatsächliche* **und** *erwartete* **Zwischenheiraten zur Kontrolle der Größe der beteiligten**

Einheiten in **Beziehung zueinander zu setzen** und entspricht bis auf die Vertauschung von Zähler und Nenner sowie die Multiplikation mit 100 zur Prozentbildung der Besanceneys (s. o.):

$$r_{⑨} = \frac{f^o - f^e}{f^e} \times 100 \quad .$$

Raten, die eine mathematische Beziehung zwischen tatsächlichen und erwarteten Heiraten einer bestimmten Region zu einer bestimmten Zeit herstellen, setzen immer einen - in der Wirklichkeit nicht vorhandenen - geschlossenen Heiratsmarkt voraus, da sie von bereits stattgefundenen Heiraten ausgehen. Heiratspartner von außerhalb können in die f^e-Tabelle, außerhalb geschlossene Ehen in die f^o-Tabelle nicht einfließen. (Vgl. Heer 1966: 268)

Auch die tatsächliche Gesamtmenge der potentiell vorhandenen Heiratspartner (**"field of eligibles"** in der amerikanischen Literatur), die nur Unverheiratete ab einem und möglicherweise bis zu einem bestimmten Alter beinhaltet und von der Geschlechterproportion der betrachteten Einheiten abhängt, wird in den ausschließlich von stattgefundenen Heiraten ausgehenden Zahlen und Formeln nicht erfaßt (vgl. Leon 1975: 777). Ein individuelles "Zwischenheiratsrisiko" müßte anders errechnet werden. Dies ist eines der Probleme, die schon Price und Zubrzycki aufgriffen (vgl. S. 38, 39).

Scheidungshäufigkeit wird in den vorliegenden Arbeiten über Industriegesellschaften auf drei verschiedene Arten gemessen. Die erste verwendet beispielsweise Monahan (1966: 43; aber auch 1970b: 469 als Kontrolle von Methode 2), der **Heiraten eines bestimmten Zeitraumes mit Scheidungen eines *späterliegenden* Zeitraumes** in Beziehung setzt. Letzterer sollte möglichst von ersterem zeitlich soweit entfernt liegen wie die durchschnittliche Ehedauer des untersuchten Ortes beträgt. In Monahans Beispiel wird die Scheidungsrate für jede "Rassen"-Kategorie folgendermaßen errechnet:

$$r_{❶} = \frac{\text{Alle Scheidungen zwischen 1958 und 1962}}{\text{Alle Heiraten zwischen 1956 und 1962}} \quad .$$

Auch die zweite Methode läßt sich an einer Arbeit Monahans (1970b: 463 - 469) zeigen. Die **Ereignishäufigkeit von Heiraten** wird mit der **Ereignishäufigkeit von Scheidungen *derselben* Jahre** verglichen. Eine so erzielte Scheidungsrate kann z. B. sein (Barnes 1967: 62):

$$r_2 = \frac{\text{Zahl von Scheidungen in gegebenem Zeitraum}}{\text{Zahl von Heiraten im selben Zeitraum}}.$$

Heer (1974: 250) kann hingegen anhand von US-Zensusdaten für jede heterogame "Rassen"-Kombination den **Prozentsatz von Ehen** bestimmen, **die nach zehn Jahren noch** *bestehen*; das dritte Verfahren[16] mißt wie alle auf Volkszählungen beruhenden Daten also die **Verbreitungshäufigkeit**:

$$r_3 = \frac{\text{Nach zehn Jahren noch bestehende heterogame Ehen einer Einheit}}{\text{Alle nach zehn Jahren noch bestehenden Ehen einer Einheit}} \times 100.$$

Damit ist es das einzige der drei, das nach der Eheschließung an den untersuchten Ort gezogene Paare erfaßt[17]. Eine Fehlerquelle besteht allerdings darin, daß die eheliche Verbindung auch aufgrund von Todesfällen aufgelöst worden sein kann. Fortgezogene Paare werden in keiner der drei Rechenmethoden berücksichtigt.

Alle Zwischenheirats-, Heiratsdistanz- und Scheidungsraten dienen dem Zweck, die relative Häufigkeit von Zwischenheirat bzw. ihrer Scheidung über Zeit und Raum sowie mit der anderer Einheiten vergleichbar zu machen. So sollen allgemeine Aussagen und Gesetzmäßigkeiten gefunden werden.

---

[16] Barnes (1967: 62) erwähnt eine weitere Rate, nämlich den Quotienten aus der Verbreitungshäufigkeit von Scheidungen mit dem Durchschnitt der bestehenden Ehen desselben Zeitraums:

$$r_4 = \frac{\text{Zahl von Scheidungen eines Zeitraums}}{\text{Durchschnitt der Zahl von bestehenden Ehen desselben Zeitraums}}.$$

In den Arbeiten über Intermarriage wurde dieses Maß aber nicht verwendet.

[17] sofern sie an der Volkszählung teilnahmen (vgl. Heer 1974: 250)

3.2 Fragebogen

Fragebogen wurden in der Zwischenheirat-Forschung hauptsächlich dazu verwendet, um die *Einstellung* gegenüber bestimmten Formen von Zwischenheirat zu erheben. Alle in dieser Arbeit berücksichtigten derartigen Studien - mit einer Ausnahme - haben als Probanden ausschließlich Studenten bzw. Schüler höherer Bildungsinstitute und Ausbildungsabschnitte (Camilleri 1963; A. Gordon 1964; Wassink 1967; Martelle 1970; Brigham et alii 1976; Chew und MacDougall 1977; Bizman 1987; vgl. Anhang 9.1). Dies gilt erstaunlicherweise für Arbeiten, die sich mit ganz verschiedenen Ländern befassen: Tunesien, Marokko, Israel, den U.S.A., Singapur. Bis auf Bizmans Untersuchung, in der die Testpersonen über die Heirats-motive und eheliche Kompatibilität fiktiver interethnischer Ehekandidaten spekulieren sollten, enthalten die Fragebogen der restlichen Studien alle die Aufforderung, sich über die eigene Einstellung zu heterogamen Ehen zu äußern. Leider machen Brigham et alii (1976: 15) und Martelle (1970: 1008) nicht deutlich, ob sie allgemein nach "interracial marriages" fragten oder ob die Versuchspersonen zur Bereitschaft zu einer eigenen Zwischenheirat Stellung nehmen sollten. Dies ist eine wichtige Abstufung in der Bogardus-Skala (Bogardus 1933), anhand derer Grade der sozialen Distanz von Individuen zu ethnischen Einheiten bzw. Kategorien gemessen werden (vgl. Kapitel 7.1.1). Demgegenüber stellten etwa Chew und MacDougall (1977: 7) explizit Fragen nach der Intensität der Bereitschaft zu einer eigenen Heirat mit je einem Angehörigen aller Ethnien Singapurs, Wassink (1967: 581) nach der Wahrscheinlichkeit, daß entweder der Proband oder - falls bereits verheiratet - sein Bruder eine Europäerin heiraten würde.

Blood und Nicholson (1962a) erhoben mit ihrem Fragebogen die Stärke der Bereitschaft und Motive, sich mit ausländischen Studenten vorgegebener Weltgegenden zu verabreden ("dating"), sowie entsprechende Erfahrungen der - auch hier wieder ausschließlich befragten - Studenten und die Einschätzung, wie und warum Kommilitonen darauf reagieren würden. Barnett untersuchte, ebenfalls anhand einer ausschließlich studentischen Stichprobe, die Einstellungen zu "interracial dating", also dem Sich-Verabreden mit Partnern anderer "Rassen"-Zugehörigkeit. Mit einem Fragebogen erfaßte er die Rangfolge der erwarteten Ablehnung durch Personen aus dem Familien-, Religions-, Wohn- und Arbeitsumfeld, der Argumente für und gegen, die Meinung der Probanden zu eigenem und anderem "interracial dating". Es handelt sich zwar nicht um eine Studie heterogamer Ehen, viele der Argumente für und gegen "dating" werden aber mit der Aussage begonnen, daß Sich-Verabreden zur Heirat führen könne. (Barnett 1963b: 356; 1963d: 88; 1963e: 91)

Selbst wenn man als Forscher davon ausgeht, daß sich Schüler der Abschlußklassen und Studenten in einem Alter befinden, in dem der Prozeß der ehelichen Partnerwahl zum überwiegenden Teil stattfindet, und daß gerade in Instituten höherer Bildung die Wahrscheinlichkeit interethnischer Partnerwahl besonders groß ist (vgl. Kapitel 5.3.2.2.3, 5.3.2.3, 5.3.3.3 und 5.3.3.4), rechtfertigt dies meines Erachtens keine Beschränkung der Untersuchungen auf diese Personenkategorie. Zum einen kann so kein bevölkerungsrepräsentativer Querschnitt der Einstellungen zu heterogamen Ehen erreicht werden. Die Haltungen innerhalb des sozialen Umfeldes eines Paares sind für das Zustandekommen und den Verlauf einer Ehe aber durchaus relevant (vgl. Kapitel 7.1). Zum anderen sind interethnische Heiraten nicht ausschließlich eine Erscheinung der gebildeten Elite. Zwar mag dies in gewissen historischen und regionalen Zusammenhängen so sein, so daß beispielsweise gerade eine Befragung (männlicher) Studenten an den Universitäten Tunesiens und Marokkos in den sechziger Jahren durchaus angebracht erscheint, weil Studienaufenthalte solcher jungen Männer im Ausland oft eine Heirat mit einer Europäerin nach sich zogen. Es gibt jedoch auch Arbeiten, die eine Häufung der ethnischen Zwischenheirat in der Unterschicht feststellen (z. B. Wirth und Goldhamer 1944: 278). Orte des Kennenlernens und des Partnerwahlprozesses sind außerdem nicht nur Schulhof und Campus (vgl. Kapitel 5.3.2.2.3). Die Vermutung liegt nahe, daß Schüler und Studenten als Probanden vor allem deswegen gewählt wurden, weil sie für die untersuchenden Sozialwissenschaftler leicht und ohne große Kosten erreichbar waren, - aus Gründen der Zeit-, Aufwand- und Mittelökonomie.

Die zu Beginn erwähnte Ausnahme ist die Untersuchung von Lambert und Curtis, welche eine alle fünf Jahre durchgeführte gesamtkanadische Umfrage eines Meinungsforschungsinstituts (Canadian Gallup) auswertete (Lambert und Curtis 1984: 31, 33). Dort wurde eine Frage nach der Zustimmung oder Ablehnung gegenüber Heiraten zwischen Katholiken und Protestanten, Juden und Nicht-Juden, "Schwarzen" und "Weißen" gestellt.

Eine Reihe von Forschungen, die sich Fragebogen bedient, befaßt sich mit der ehelichen Dyade; dabei stehen immer Fragen der *ehelichen Anpassung* im Mittelpunkt (Barron 1946: 349 - 352; Jay 1963; Yinon 1975; Connor 1976; Lee 1980; Tuomi-Nikula 1983 und 1987/88; Weller und Rofé 1988; Shukert und Scibetta 1988). Neben der Erhebung sozialer und lebensgeschichtlicher Daten kreisen die Fragen um die Beibehaltung und Vereinbarkeit kultureller Unterschiede im Alltagsleben, institutionelle Bindungen an die eigene Ethnie, Probleme mit der sozialen Umwelt und Ehezufriedenheit. Yinon beschäftigte sich zwar stattdessen mit Vorurteilen und autoritären Persönlichkeitsmerkmalen bei intra- und interethnischen israelischen Paaren, führte seinen Befund bei ethnisch heterogamen Eheleuten aber dann auch auf eheliche Anpassung zurück (vgl. Kapitel 5.3.3.2). Er ist übrigens einer der wenigen Autoren, die mit einer homogamen Kontrollgruppe arbeiteten, - ein Gesichtspunkt, auf den weiter unten noch näher einzugehen sein wird.

Yinon, Connor, Lee sowie Weller und Rofé verwendeten in ihren Fragebogen psychologische Testskalen. Das ist auch das übliche Verfahren in den hier berücksichtigten Arbeiten aus der Psychologie, die sich mit *Kindern aus interethnischen Ehen* befassen. Hu (1939) führte Intelligenztests mit anglo-chinesischen und britischen Kindern an fünf Schulen durch. Die übrigen Studien untersuchen das Selbstkonzept, die ethnische Identität und psychische Grundstrukturen von Schülern (Aellen und Lambert 1969; Chang 1974) bzw. Studenten (Dien und Vinacke 1964; Stephan und Stephan 1989 und 1991).

Schließlich gibt es noch einige Autoren, die Fragebogen verwenden, um bestimmte *soziale Merkmale von interethnisch Verheirateten* zu erheben. Schmitt, Statistiker im Hawaii State Department of Planning and Economic Development (Schmitt 1971: 373), sowie Schmitt und Souza werteten eine repräsentative Umfrage unter den Bewohnern Oahus aus, um Charakteristika von "interrassischen" Haushalten zu finden (Schmitt 1962: 203; Schmitt und Souza 1963: 265). Auch Hong war bestrebt, feststellen, welche lebensgeschichtlichen und sozialen Züge kurz vor der Heirat stehende Koreanerinnen und amerikanische Soldaten aufweisen (Hong 1982: 22). Schramm und Steuer vom Gesundheitsamt Böblingen wollten die These testen, daß mit einer "negativen Auslese" bei deutsch-ausländischen Ehen zu rechnen sei (1965: 265). Nelson stellte anhand seiner Fragebogenaktion unter Schulkindern einfach fest, welche von ihnen aufgrund elterlicher Einwanderung aus binationalen Familien stammten (Nelson 1943: 587).

Die Datenbasis der Fragebogenuntersuchungen liegt zwischen 45 (Jay 1963; Schramm und Steuer 1965) bzw. 50 (Lee 1980) und 2.943 (Hu 1939) Probanden. In den meisten Fällen sind es mehrere hundert Personen, die befragt wurden. (Vgl. Anhang 9.1)

3.3 Befragungen, Tiefeninterviews und biographische Erhebungen

Eine der wichtigsten und am häufigsten verwendeten Methoden zur Untersuchung von Zwischenheirat ist das Interview. Die Beziehung eines interethnischen Paares zueinander läßt sich nur in den öffentlicheren Aspekten beobachten, und auch die Interaktion mit der sozialen Umwelt kann nur in eingeschränkten Bereichen von Forschern systematisch erhoben werden (vgl. dazu aber die Beispiele aus Kapitel 3.4). Eine intime Langzeitbeobachtung vom Beginn des Partnerwahlprozesses bis zu einer Ehedauer von mehreren Jahren verbietet sich aus denselben Gründen praktischer und ethischer Art. Folglich bleibt zur Erforschung der ehelichen Dyade und ihrer Beziehung zur Umwelt als eine der wenigen Möglichkeiten[18] die Befragung der Betroffenen. Sie erfolgt oft in Form von intensiven, mehrstündigen Tiefeninterviews anhand eines Gesprächsleitfadens. Steht nicht eine bestimmte Fragestellung im Vordergrund, sind diese Intensivbefragungen nicht selten biographische Erhebungen über erste Eindrücke des und Kontakte zu(m) "Fremden" seit der Kindheit, das Kennenlernen des späteren Ehegatten, den Partnerschaftsverlauf und / oder das Ehe- bzw. Familienleben der Gegenwart (z. B. Schnepp und Yui 1955, Lynn 1956, Hunt und Coller 1957; Kimura 1957, Michel 1959, A. Gordon 1964, Pavela 1964, Kim 1972).

Da interethnische Ehen bestimmter Kombinationen in vielen Gesellschaften als zum Scheitern verurteilt gelten und dieses Argument den Heiratswilligen nicht selten als Verhinderungsversuch von seiten der sozialen Umwelt nahegelegt wird (vgl. Kapitel 7.1), stehen solche heterogamen Paare der Außenwelt gegenüber unter einem gewissen Erfolgszwang. Dies kann sich auch auf die Interviewsituation auswirken, in der dem Sozialwissenschaftler möglicherweise ein besonders konfliktfreies Bild des Alltagslebens präsentiert wird. Das ist vermutlich einer der Gründe, warum eine Reihe von Forschern die Ehepartner getrennt interviewte (z. B. Strauss 1954: 100; Carisse 1966: 475; Saucier 1967a: 43; Kannan 1972: III; Fontaine und Dorch 1980: 333). Vor dem Partner ungern ausgesprochene Einschätzungen und Gefühle, die bei einem gemeinsamen Gespräch verschwiegen würden, können so möglicherweise doch Erwähnung finden. Golden (1953: 178) und Kannan (1972: III) befragten ihre Probanden sogar zuerst gemeinsam, dann getrennt. Strauss (1954: 100) ließ in seiner Untersuchung über Soldatenehen die Paare nicht nur getrennt, sondern zum Abbau von Distanz die japanischen Frauen von einer *Nisei*[19], die US-amerikanischen "kaukasischen" Männer von einem Ex-GI interviewen. Carisses Probanden wurden ebenfalls getrennt und in ihrer Muttersprache befragt (1966: 475). Andere Forscher versuchten hingegen, Paare (Connor 1976: 8, 9; Simon 1985b: 95, 176 - 179) oder Familien (Pandey 1988: 115, 116) zusammen zu interviewen. Dahinter kann die Absicht stehen, daß Ehepartner sich zwischen den Gesprächen nicht über die Darstellung bestimmter Gegebenheiten absprechen

---

[18] Eine andere Möglichkeit ist die Auswertung biographischer Selbstzeugnisse, wie es auch in dieser Arbeit anhand der vorliegenden Autobiographien in Kapitel 6 versucht wird.

[19] Japanische Einwanderer in die U.S.A. werden *Issei*, deren Kinder (die erste im Einwanderungsland geborene Generation) *Nisei* und die Kinder der Nisei *Sansei* genannt (Tinker 1973: 61).

sollen. Pandey begründet ihr Vorgehen hingegen ausdrücklich mit der "Natürlichkeit" eines solchen gemeinsamen Familiengesprächs im Gegensatz zu einer formalisierten Interviewsituation. Es habe ihr außerdem erlaubt, die Interaktion der einzelnen Personen zu beobachten. Pandey nahm, wenn möglich, ihren indischen Ehemann mit zu den Besuchen und stellte fest, daß er wie erhofft auf die indischen Ehemänner der von ihr untersuchten Familien "entkrampfend" wirkte, obwohl er sich selten an den Gesprächen beteiligte. (Pandey 1988: 115 - 118) Auch Simon ließ sich bei seinen Interviews von einer Koreanerin begleiten (1985b: 95 - 97).

Tuomi-Nikula (1983), deren Untersuchung dem Akkulturationsverhalten von in Deutschland verheirateten Finnen gewidmet ist, befragte dementsprechend nur die finnischen Ehepartner. Bei anderen Interviewern, die ebenfalls nur einen Partner aus interethnischen Heiraten befragten, schien hingegen der leichtere Zugang zu einer Person der eigenen Kultur für den Untersuchenden im Vordergrund zu stehen (z. B. Kambhu 1963). Dies gilt ganz besonders für die Diplomarbeiten an deutschen Fachhochschulen, deren Verfasser fast ausschließlich deutsche Frauen ausländischer Männer befragten (z. B. Khoudari 1982; Deul 1983; auch Brandenburger 1981 in der Schweiz; s. aber Vaughn 1983).

Mehrere Arbeiten widmen sich ausschließlich dem Thema der interethnischen Partnerwahl. Die früheste stammt von Lam: Anhand biographischer Interviews verfolgte sie die Heiratsentscheidungen einer hawaiianischen Familie mit vielen Zwischenheiraten über sechs Generationen zurück und versuchte, entscheidende Faktoren zu finden (1932: 159, 161, 162, 164).

Auch Freeman (1955), Das (1970, 1971) und Cottrell (1973) bemühten sich, durch Interviews begünstigende Umstände zu isolieren, Das sogar mit Stichproben aus zwei weit entfernten Ländern. Imamura (1986) war ebenso wie Das bestrebt, ihre Befragungsergebnisse mit einem bestimmten theoretischen Ansatz der Zwischenheirat-Forschung in Einklang zu bringen (vgl. Kapitel 5). Hecht-El Minshawis Untersuchung (1988) zielte auf bewußte Partnerwahlmotive und lebensgeschichtliche Merkmale der heterogamen Personen.

Devos (1973) ist der einzige Autor, der mit seinen Versuchspersonen neben Interviews zur Biographie und zur Ehe noch ein psychologisches Testverfahren durchführte, nämlich einen - für die japanischen Frauen modifizierten - Thematic Apperception Test. Eine Kombination von Test und Interview verwendete Wilson (1987), die zur Ermittlung der ethnischen und "rassischen" Klassifikationskategorien von sechs- bis neunjährigen Kindern mit einem "schwarzem" Elternteil in Großbritannien und zur Feststellung ihrer Selbstzuordnung und Präferenz innerhalb dieser Kategorien Fotos von Erwachsenen und Kindern benutzte und sowohl die Kinder als auch ihre Mütter befragte.

Catapusans (1938) Forschungsschwerpunkt waren *Probleme* zwischenheiratender Filipinos in den U.S.A.; Goldstein und Segalls (1985) die ethnische Selbstzuschreibung von Kindern aus heterogamen Ehen in den U.S.A., Pandeys (1988: 20, 21) die familiale Sozialisation von Kindern deutschindischer Familien in Deutschland.

In einigen mittels Interviews durchgeführten Studien geht es wie bei den schon erwähnten Fragebogen-Untersuchungen um die Erhebung von *Einstellungen* zu Zwischenheirat (Beaudry 1971; Chimbos 1971; Rodrigues 1973; Chew und MacDougall 1977: 5, 6). Bei allen diesen Arbeiten scheint es sich aber nicht um Intensivbefragungen zu handeln. So werteten Chew und MacDougall eine repräsentative Meinungsumfrage aller Wähler Singapurs der Jahre 1969/70 aus, die auch eine Frage nach Befürwortung und Intensität des Gefühls zur Zwischenheirat der eigenen Person, naher Verwandter und Angehöriger der eigenen Ethnie enthielt. Chimbos befragte holländische, slowakische und griechische Einwandererpaare in einer kanadischen Stadt, ob sie eine interethnische Heirat ihrer Kinder befürworten würden. Nach eigenen Angaben führte er getrennte Interviews mit beiden Ehepartnern, und zwar unmittelbar hintereinander, um eine gegenseitige Beeinflußung auszuschließen. Seine Stichprobe umfaßt 450 Paare; es handelte sich in diesem Fall nur um drei Fragen pro Person. (Chimbos 1971: 7, 8) Bei mehrstündigen Intensivbefragungen wäre solch ein Verfahren wohl kaum durchführbar.

Blood und Nicholson (1962 b, c) befragten U.S.-amerikanische Studentinnen und ausländische Studenten der University of Michigan zu ihren binationalen Verabredungen ("dating"). Wie schon bei Blood und Nicholsons sowie Barnetts Fragebogen-Untersuchungen erwähnt, handelt es sich beim "dating"[20] zwar nicht um Ehen, so daß diese Studien strenggenommen nicht Teil dieser Arbeit sind[21]. Die amerikanischen Autoren der frühen sechziger Jahre sind aber der Auffassung, daß "dating" unter College- und Universitätsstudenten ein wichtiger (Ehe-) Partnerwahlprozeß ist (s. Kapitel 5.3.2.2.3 und 5.3.3.1.4); daher sollen die Untersuchungen dieser Autoren hier der Vollständigkeit halber genannt und ihre Ergebnisse in den entsprechenden Kapiteln berücksichtigt werden.

---

[20] Der amerikanische Begriff "dating" läßt sich nur unvollkommen ins Deutsche übersetzen. Er impliziert sowohl eine einmalige Verabredung mit einem potentiellen Sexualpartner, - allerdings ohne daß es bei dieser zu erotischen oder sexuellen Handlungen kommen muß, - als auch eine Verabredung mit einem schon näher bekannten oder "festeren" Partner, altmodisch ausgedrückt also ein Rendezvous oder Stelldichein.

[21] Deswegen werden sie auch nicht in Anhang 9.1 aufgeführt.

Die Arbeit von Hecht-El Minshawi (1992), die allerdings nicht explizit den Anspruch einer wissenschaftlichen Studie erhebt, beruht auf Tiefeninterviews und Gesprächen mit interethnischen (Ehe-) Paaren und Kindern aus solchen Beziehungen, ergänzt durch Aussagen von Teilnehmern der von der Autorin durchgeführten Seminare und geleisteten Beratungsarbeit (1992: 9 - 11). Gerade bei letzteren, die oft über Seiten hinweg wörtlich wiedergegeben und zum Teil einschließlich der Mimik der redenden Personen geschildert werden (z. B. ibid.: 223 - 254), stellt sich die Frage, ob die Verfasserin nach ihrer Erinnerung oder einer Ton- und Bildaufzeichnung schrieb. Die Verwendung einer Tonaufnahme wird im Falle zweier Interviews ausdrücklich erwähnt (ibid.: 81). Die Auswahl der aufgeführten Sequenzen erweckt jedoch stellenweise den Eindruck von beispielhaften "Mustergesprächen" zum Thema, zumal die Autorin in der wiedergegebenen Form mehrfach das letzte, zuweilen belehrende Wort hat (z. B. ibid.: 76, 90, 110, 212).

Eine der schlechtesten Methoden, weil dem wissenschaftlichen Postulat der allgemeinen Nachprüfbarkeit nicht genügend, ist die Zuschreibung von "ehelichem Glück" durch den Untersuchenden. Da Glück ein sehr subjektiver und sich von einem Moment zum nächsten möglicherweise ändernder Zustand ist, versuchen ernsthafte Autoren, eheliche Anpassung anhand bestimmter Skalen, also für alle Probanden unveränderter und damit vergleichbarer Fragen, zu messen (vgl. Kapitel 3.2). Biesanz und Smith (1951: 819) ließen hingegen ihre panamaischen Interview-partnerinnen deren Eheglück werten, führten zugleich aber eine eigene Beurteilung durch, der sie dann mehr Objektivität zusprachen und die sie ihren Berechnungen zugrundelegten. Auch Baber (1937: 706) schätzte das Eheglück seiner - zudem sehr subjektiv ausgewählten[22] - Versuchspersonen selbst ein. Auf die Bewertung der so erzielten Ergebnisse wird in Kapitel 4.1 noch zurückzukommen sein.

Ein Beispiel für eine besonders miserable Arbeitstechnik ist die PH-Diplomarbeit von Strecker (1982). Es handelt sich zwar nicht um eine Studie über interethnische Ehepaare, sondern über deutsche Frauen, die Liebesbeziehungen zu "schwarzen" Männern haben bzw. hatten; sie soll als extremes Negativbeispiel einer empirischen Untersuchung an dieser Stelle dennoch erwähnt werden. Die Verfasserin führt dankenswerterweise den Wortlaut ihrer Interviews mit vier Frauen in voller Länge auf, und es ist ihr nicht abzusprechen, daß sie sicher großes persönliches Engagement und viel Zeit in diese Gespräche und ihre Transkription investiert hat. Ausgangsbasis und am ausführlichsten dargestelltes Fallbeispiel ist jedoch eine biographische

---

[22] Es handelte sich um Paare, die seinen Studenten persönlich bekannt waren (Baber 1937: 705).

Schilderung ihrer eigenen Sexual- und Partnerschaftsbeziehungen zu Amerikanern und Afrikanern in Berlin (ibid.: 2, 3, 7 - 38). Thesenformulierung und Fragebogen werden daraus entwickelt (ibid.: 3). Streckers Art der Fragestellung ist teilweise suggestiv im Sinne ihrer Thesen (ibid.: 43 - 46, 77, 78, 181). Behauptungen wie z. B. über den "hohen" Bildungsstand der Probandinnen (ibid.: 4) oder darüber, daß es sich bei der Berliner "Schwarzen-Szene" um eine eigene Subkultur handele, werden nicht belegt (ibid.: 2). Literatur verwendet die Verfasserin überhaupt nicht, und zwar mit der Begründung, daß alle Untersuchungen zum Thema interethnischer Partnerschaftsbeziehungen in den U.S.A. entstanden seien, deren soziale, kulturelle und politische Situation sich mit der deutschen nicht vergleichen lasse (ibid.: 3). Gerade diese Überlegung wäre aber näher auszuführen und zu diskutieren. Unerwähnt bleibt die 1982 immerhin schon existierende, wenn auch nicht wissenschaftlich intendierte IAF-Literatur. Selbst ein in einem der Interviews angesprochenes Buch (ibid.: 170, 177[?]) über die Beziehungen zwischen "weißen" Frauen und "schwarzen" Männern oder die von sexueller Obsession zwischen "schwarzen" Männern und "weißen" Frauen geprägten Aussagen von Autoren wie Fanon (vgl. z. B. die Fanon-Zitate in Murstein 1973: 32; Henriques 1974: 91) oder Cleaver (1975) dazu werden einer Literaturangabe nicht für wert befunden, hätten aber immerhin einen - zwar zu diskutierenden und gegenüber den Interviewergebnissen in Relation zu setzenden - Rahmen bilden können. Trotz dieser Mängel sieht Strecker ihre Arbeit als "wissenschaftliche Untersuchung" (ibid.: 2).[23]

---

[23] Gerade bei einigen FH-Abschlußarbeiten ist die mangelnde Beherrschung wissenschaftlicher Arbeitstechniken auffallend. So begründet Ludwig die Auswahl der von ihr verwendeten Texte, bei denen es sich z. T. um die *Stern*- und *Brigitte*-Serien zu Ehen mit Ausländern bzw. "Schwarzen" als Beispiel für die Lebenssituation in der Bundesrepublik handelt, kaum (1977: z. B. 23 - 27). NDiaye hat oft eine recht vereinfachende Darstellungsweise, etwa wenn sie die Haltung der Verwandten des ausländischen Mannes gegenüber der deutschen Frau nur davon abhängig macht, ob diese in der Bundesrepublik oder im Heimatland leben (1982: 30). Bei diesen und weiteren Arbeiten hapert es mit dem Belegen (NDiaye 1982: 22, 24, 27; Deul 1983: 3, 4, 6 - 9, 15; Benthamou und Keim 1984); bei NDiaye, Benthamou und Keim sowie Röckel 1986 bilden IAF-Materialien den wichtigsten Teil der verwendeten Literatur, was sich dann in manchen solcher Examensarbeiten im Referieren von IAF-Positionen als angebliche wissenschaftliche Arbeit erschöpft. Besonders Benthamou und Keim kann man den Vorwurf nicht ersparen, zu wenige und schlechte Quellen (z. T. nur Wörterbücher) methodisch schlecht ausgewertet sowie auf sprachlich und orthographisch niedrigem Niveau auch noch schlecht dargestellt zu haben. Röckel (1986) legt ihre Methode immerhin sorgfältig offen.

Naglers (1973: 287) Ansatz, Heiraten zwischen nordamerikanischen Indianern und "Weißen" nur unter dem Aspekt der "interracial marriages" zu betrachten und noch nicht einmal die ethnische Einheit der von ihm befragten Indianer zu nennen, ist ebenfalls zu kritisieren. So mögen zwar aus euroamerikanischer Sicht Indianer eine homogene Kategorie von Personen bilden, denen gegenüber Heiratsschranken bestehen. Es ist aber fraglich und empirisch zu überprüfen, ob, selbst vor dem Hintergrund einer panindianischen Bewegung, diese simple Dichotomie auch aus Sicht der vielen indigenen ethnischen Einheiten aufrechtzuerhalten ist.

Die Datenbasis der mit Interviews arbeitenden Untersuchungen liegt in der Mehrzahl zwischen 20 und 60 Personen bzw. Paaren bei gemeinsamen Befragungen (Biesanz 1950: 66 Personen; Golden 1953: 50 Personen, Strauss 1954: 45 Personen; Freeman 1955: 22 Personen; Lynn 1956: 53 Paare; Michel 1957: 37; Lind 1969: 50 Paare; Weiss 1970: 25; Paare; Devos 1973: 27 Paare; Nagler 1973: 45 Personen; Imamura 1986: 21 Personen; Wilson 1987: 51 Kinder und ihre Mütter; vgl. Anhang 9.1). Bei den meisten Examensarbeiten, besonders Diplomarbeiten der Fachhochschulen, ist die Zahl der Probanden verständlicherweise besonders gering (Vaughn1983: 1 Person; Khoudari 1982: 8 Personen, Simon 1985b: 6 Paare; Pandey 1988: 10 Familien; Brandenburger 1981: 9 Personen; Deul 1983: 15 Personen; Englert 1995: 17 Personen; Nerel 1996: 20 Personen; vgl. Anhang 9.1). Harré (1966) befragte aber immerhin 73 Paare, Samama (1977) 60, Hecht El-Minshawi (1988) 37, Wießmeier (1993) 63 Personen. Kannans (1972) Stichprobe bestand aus 100 Paaren, Cottrells (1973) aus 113, Fontaine und Dorchs (1980) aus 137. Außergewöhnlich hoch für die Arbeit mit Intensivinterviews ist Kimuras (1957) Zahl von 324 interviewten Frauen. Die höchste Anzahl von Befragungspersonen findet sich bei den Interviews, in denen nur wenige Fragen an jeden Probanden gestellt wurden bzw. bei den mit großem Mitarbeiterstab angelegten Meinungsumfragen (Chimbos 1971); Chew und MacDougall (1977) mit 990 Befragten).

3.4 Ethnologische Feldforschung

Zu den wichtigsten Standardverfahren der ethnologischen Feldforschung gehören Tiefeninterviews und teilnehmende Beobachtung. Charakteristisch für diese Methode sind die Untersuchung "natürlicher", d. h. auch ohne Beisein des Forschers stattfindender Lebenssituationen und die dem intensiven Kennenlernen und der Sozialisation in einer fremden Kultur dienende lange Forschungsdauer von - im Idealfall - einem Jahr oder mehr. (Fischer 1983: 70, 78) Traditionell für Gemeindestudien oder die Untersuchung kleinerer, "überschaubarer" (ibid: 71) Bevölkerungseinheiten angewandt, können mit der Methode der ethnologischen Feldforschung auch Daten zur Ehe als einem wichtigen Teilbereich der Verwandtschaftsethnologie erhoben werden. Wie schon zu Beginn von Kapitel 3.3 erwähnt, stoßen Befragung und teilnehmende Beobachtung allerdings in - wie auch immer von der jeweiligen Gesellschaft oder den Probanden definierten - intimen Bereichen an ihre Grenzen. Dies betrifft Aspekte des Binnenbereichs der Ehe. Nicht systematisch, sondern allenfalls in Ausschnitten beobachtbar sind auch der Prozeß der Partnerwahl und Sanktionsverhalten, wenn es nicht sehr gehäuft, sondern eher zufällig in schwer voraussehbaren Situationen auftritt.

Einige Völkerkundler sind über **verwandte Fragestellungen** zum Forschungsbereich der interethnischen Ehen gekommen. So studierten Aginsky und Aginsky (1949: 611 - 613) schon eine Reihe von Jahren die Familienstruktur der Pomo-Indianer Nord-Kaliforniens. Diese änderte sich nachhaltig, als mit den Kriegsjahren viele philippinische Erntearbeiter ins Pomo-Gebiet kamen und Pomo-Frauen heirateten. Die beiden Ethnologen erforschten durch Beobachtung und Befragung die Rollen- und Statusunterschiede der mit Pomo und mit Filipinos verheirateten Frauen. Sie manifestierten sich in der Teilnahme der Frauen an Feld- und Lohnarbeit sowie der Organisation von und Teilnahme an Festen, dem unbegleiteten Ausgehen und an der unterschiedlichen Beurteilung der heterogamen Paare durch Pomo-Männer und Pomo-Frauen.

Mitchells Feldforschung galt dem Heiratsverhalten der Bewohner Luanshyas, einer Stadt im rhodesischen Kupfergürtel, deren Bewohner zum überwiegenden Teil aus Angestellten der örtlichen Kupferminengesellschaft bestanden und aus diversen, oft weit entfernt liegenden Regionen oder sogar anderen Ländern stammten. Während die öffentliche Anerkennung einer Heirat auf dem Land durch einen formalen Geschenk-, Dienst- und Zahlungsaustausch zwischen Angehörigen der betroffenen
Verwandtschaftsgruppen stattfand, benötigten Stadtbewohner eine Heiratsurkunde. Diese konnte aber nur nach Zustimmung der Native Authorities, einer afrikanischen Lokalverwaltung, auf dem Land ausgestellt werden. An Heiratsurkunden war in Luanshya die Vergabe von Essensrationen, Wohnraum und anderen Privilegien geknüpft, so daß diese Papiere für viele Paare wichtig waren. Montag vormittags konnten Applikanten für Heiratsurkunden vor dem Gerichtshof Luanshyas erscheinen. Ziel von Mitchells Feldforschung war die Erhebung von Daten über die afrikanischen Bewohner des Kupfergürtels anhand einer Stichprobe von 10 % aller Haushalte, in denen er Befragungen durchführte. Schwerpunkt war offenbar der Bereich Heirat und Ehe. Die Untersuchung des Heiratsverhaltens der Bewohner Luanshyas war nur ein Teilbereich der Forschung und erfolgte neben der Haus-zu-Haus-Befragung durch Teilnahme an den Gerichtshofbefragungen der hei-

ratswilligen Paare an fast jedem Montag der Jahre 1951 und 1952. Neben der Mitschrift dieser Sitzungen wurden die meisten Applikanten direkt im Anschluß noch vom Forscher interviewt. Das Ergebnis dieser Erhebung, die zunächst ja nicht speziell auf die Untersuchung interethnischer Ehen angelegt ist, erlaubt Mitchell, Aussagen zu Partnerwahl, darunter auch heterogamer bezüglich des Herkunftsdorfes, der eigenen Verwandtschaftsgruppe, des eigenen Häuptlingstums ("chiefdom"), des eigenen Distrikts, des eigenen Stamms und der eigenen Ethnie[24], zu machen. Erfaßt wurden mit seiner Untersuchungsmethode auch wesentliche Aspekte der öffentlichen Anerkennung einer Heirat, manifestiert durch die Auswahl des traditionellen Ehevermittlers ("go-between") und Hochzeitsorganisators ("sponsor") sowie Brautpreiszahlungen. Dies nicht nur mit Bezug auf die unterschiedlichen Möglichkeiten im Dorf und in der Stadt, sondern auch hinsichtlich intertribaler Eheschließungen, bei denen beispielsweise die Höhe des Brautpreises und die postnuptiale Residenz unterschiedlichen Vorstellungen unterlag oder bei denen die ländlichen Native Authorities ihre für die Ausstellung einer Heiratsurkunde notwendige Zustimmung versagten. (Mitchell 1957: 1 - 4, 6, 12, 13, 19 - 24)

Orams Aufsatz behandelt Faktoren des Kulturwandels bei den Vulaa aus dem Dorf Hula südöstlich von Port Moresby, Papua Neuguinea. Während seiner Feldforschung zwischen 1963 und 1965 untersuchte er die soziale und ökonomische Organisation im Dorf, Handels- und Heiratsbeziehungen zu anderen Dörfern und Regionen sowie Migration. Durch genealogische Erhebungen und biographische Interviews (auch bei nicht mehr in Hula lebenden Migranten) stellte er besonders bei den Frauen Zwischenheirat fest. Aussagen von Hauptinformanten über die Vergangenheit und die früheste Vulaa-Besiedlung des Hood Point, die aufgrund genealogischer Erhebungen auf die Mitte des 18. Jahrhunderts geschätzt wird, führten Oram zu der Erkenntnis, daß eine Tradition der Zwischenheirat bei den Frauen der Hula[25] besteht. Dies ließ sich auch anhand von Archivmaterial erhärten. (Oram 1968: 243 - 250, 255, 256, 265 - 267)

Epstein führte 1986 eine Restudy seiner Feldforschung von 1960/61 in Matupit durch. Der Schwerpunkt lag auf ehelicher Partnerwahl und postnuptialer Residenz. Wie in der ersten Untersuchung arbeitete er mit der Erhebung eines Zensus und von Genealogien. Der Vergleich der früheren und späteren Daten erlaubte es ihm, Aussagen über die Zunahme von interethnischen Heiraten der Tolai Matupits zu machen und ein Kontinuum der Hei-

---

[24] Zu Mitchells Auffassung der Begriffe "Stamm" und "Ethnie" siehe Fußnote 2. in Kapitel 3.

[25] Oram bezeichnet als Hula die Vulaa aus dem Dorf Hula, einschließlich der nicht im Dorf lebenden Migranten.

ratspräferenz von Partnern außerhalb des Ortes zu erstellen. (Epstein 1991: 49, 50, 53 - 59)

Cronks Feldforschung bei den Mukogodo in Kenia fand 1985 bis 1987 statt. Ziel war die Klärung der Frage, warum die Mukogodo zwischen 1900 und ca. 1936 von Sammlern und Jägern zu Viehzüchtern wurden und damit einhergehend ihre Lebensweise als Höhlenbewohner und ihr früher wichtiges Nahrungsmittel Honig aufgaben. Aus Literaturstudien war bekannt, daß die britische Kolonialmacht Nachbareinheiten zunächst in die Nähe der Mukogodo, später in andere Gebiete umsiedelte, da sie Farmland für Europäer haben wollte. Die von diesen viehzüchtenden Ethnien wegen ihrer Wirtschafts- und Wohnweise sowie Armut verachteten Mukogodo wurden nun als potentielle Heiratspartner attraktiv, da Verwandtschaft gegenüber den Briten als Rechtfertigung des Anspruchs auf Landnutzung im Mukogodo-Gebiet galt. In der Folge kam es zu einer Reihe von Zwischenheiraten von Mukogodo-Frauen mit Männern der Nachbareinheiten; die Brautpreiszahlungen erfolgten in Form von Vieh. Cronk interessierte die Frage, ob die Zunahme des Viehbestands der Mukogodo und die damit einhergehende Änderung in anderen Lebensbereichen eine Heiratsstrategie[26] der Mukogodo-Männer gewesen sei, die nun ihrerseits gezwungen waren, heterogam zu heiraten und Brautpreise in Form von Vieh zu zahlen, oder eine Strategie der Eltern, mit qualitativ hochwertiger Nahrung in das Leben ihrer Kinder zu investieren. Zu diesem Zweck erhob er mit einer anderen Feldforscherin einen kompletten Zensus der Mukogodo, zum Teil bis Mitte des 19. Jahrhunderts zurückreichende Genealogien aller dreizehn Lineages, Schätzungen der Brautpreiszahlungen für mehr als vierhundert Heiraten seit dem 19. Jahrhundert, Daten zur Geschichte, sozialen Organisation und Bräuchen der Mukogodo und ihrer Nachbarn, Daten über alle Schwangerschaften und Geburten fast aller menstruierenden oder beschnittenen Frauen. Die Schätzungen der Brautpreiszahlungen konnten auch von den Angehörigen einer Nachbarethnie erhoben werden, mit denen viel Zwischenheirat stattgefunden hatte. Dabei stimmten die Daten aus beiden Quellen weitgehend überein. Als Resultat konnte Cronk feststellen, daß Mukogodo für Frauen der anderen

---

[26] Stephens (1988: 354) übernimmt von Richard W. Wrangham (An Ecological Model of Female-Bonded Groups, *Behavior* 1980, 75: 262 - 300; S. 263) folgende Definition von Strategie, die sich sowohl auf biologische als auch auf kulturelle Ziele beziehen kann:
> "... a set of decisions which produce behavior patterns with a particular result: namely, the ultimate probable outcome is to increase the behaver's access to a given resource specific to the strategy".

Stephens weist zugleich darauf hin, daß Strategien bewußt und unbewußt sein können.

Ethnien sehr viel höhere Brautpreise in Form von Vieh erbringen mußten als von diesen für Mukogodo-Frauen bezahlt wurden. Hinweise auf eine Abnahme der Ressourcen an jagbarem Wild oder sammelbaren Kleintieren und Pflanzen in den Jahren des Subsistenzwandels fand er nicht. Folglich sah er seine These vom Wandel der Wirtschaftsweise als Heiratsstrategie der Mukogodo-Männer bestätigt. (Cronk 1989a)

Einige Völkerkundler haben das Thema der interethnischen Ehen zum **zentralen Untersuchungsgebiet** ihrer Feldforschung gemacht.

So ist Harrés Studie ausschließlich der Untersuchung von Maori-Pakeha[27]-Ehepaaren in Auckland gewidmet. Er arbeitete mit Intensivinterviews zur Erhebung sozialer Merkmale, zur Geschichte des Partnerwahlprozesses sowie zum Binnen- und Außenbereich der Ehe. Daneben befragte er andere Maori und Pakeha über interethnische Liebesbeziehungen und Ehen. Nicht für diese Publikation verwendet ist eine zusätzliche Auswertung von Heiratsformularen und (von ihm erhobener?) Genealogien. Um die Kontakte junger Maori und Pakeha zueinander zu untersuchen, führte er eine Reihe von Beobachtungen in Schulen, Lehrerseminaren, bei Tanzveranstaltungen und dem zentralen Unterhaltungsgebiet der Stadt durch. (Harré 1966: 12 - 14, 30 - 142)

Benson absolvierte 22 Monate lang eine stationäre Feldforschung in einem Stadtteil Londons. Es handelt sich um Brixton, ein Gebiet, das - zur Zeit der Studie - als Unterschicht-Stadtteil galt, durch Armut, hohe Arbeitslosigkeit, eine große Zahl von Einwanderern meist aus der Karibik und Afrika sowie eine starke ethnische Abgrenzung gekennzeichnet war (Benson 1981: 23, 24, 29 - 31, 39 - 46). Die Autorin lebte während der Feldforschung in Mietshäusern in Brixton und verbrachte den ersten Teil der Feldforschung überwiegend "walking, watching and listening", also mit teilnehmender Beobachtung auf der Straße, in Cafés und Pubs sowie Treffpunkten von Gemeindeorganisationen (ibid.: 1981: 151). Danach führte sie Intensivinterviews mit zwanzig "interracial" Paaren, zusammen und getrennt, durch. Spätere informelle Besuche ergänzten die Befragungen und resultierten in

---

[27] Pakeha ist die Maori-Bezeichnung für einen Nicht-Maori (sichtbarer und am kulturellen Verhalten identifizierbarer) europäischer Abstammung. Bei Williams (1957) findet sich die Übersetzung "A person of predominantly European descent", "Foreign". Nach Kawhia (1945: 234) gilt der Ausdruck nur für Personen anglo-europäischer Herkunft, während spezielle Benennungen für Angehörige anderer Nationen und Abstammung existieren. Baker (1945: 226 - 228) verweist zusätzlich darauf, daß das Wort sich noch um 1834 gewöhnlich auf Männer bezog, während die weibliche Form den Zusatz "vahine" erhielt, und daß das Adjektiv pakeha maori neben anderen Bedeutungen einen mit einer Maori-Frau verheirateten Pakeha bezeichnen konnte.

vielen Fällen in weitreichender Teilnahme am Familienleben, sogar noch Jahre nach der eigentlichen Forschung. (ibid.: 154)

Benson erwähnt als eine der wenigen mit ethnologischer Feldforschung arbeitenden Autoren Schwierigkeiten mit der Datenerhebung. In Brixton herrschte extremes Mißtrauen gegen Behörden; eine wissenschaftliche Studie wurde vor allem von den Einwanderern als im besten Falle nutzlos, im schlimmsten Falle gegen sie verwendbar betrachtet. Die Völkerkundlerin mußte sich des Verdachts erwehren, für bestimmte Ämter zu spionieren. Auch ihr physisches Äußeres - sie hatte ein "schwarzes" Großelternteil -, half ihr nur wenig, die Fremdheit zwischen ihr und den Untersuchten abzubauen: Sie wirkte zu "middle-class, educated and essentially white" (ibid.:151), war also kein nicht klassifizierbarer Fremder, sondern einer aus dem britischen Gesellschaftssegment, gegen das sich das größte Mißtrauen richtete. Mit dem ursprünglichen Ziel einer größeren Anzahl von Interviews hatte sie sich an das zuständige Standesamt gewandt, um Adressen interethnischer Paare zu erhalten. Alle so gefundenen Probanden reagierten jedoch verschlossen, wenn sie die Herkunft ihrer Adressen erfuhren, im Gegensatz zu den Gesprächspartnern, die Benson durch persönliche Kontakte kennengelernt hatte. Daher konnte sie nur die erwähnten zwanzig Paare befragen. (ibid.: 151, 152)

Bests Feldforschung bei den Südniloten war eine vergleichende Untersuchung von intra- und interethnischen Ehen. Da die Ethnien der Südniloten vor langer Zeit eine Einheit bildeten und ähnliche Sprachen, jedoch zum Teil ähnliche, zum Teil unähnliche sozio-kulturelle Strukturen aufweisen, hielt Best eine Studie zu intra- und interethnischen Ehen bei ihnen für besonders geeignet. Die Fragestellungen seiner Arbeit bezogen sich auf die Häufigkeit bestimmter interethnischer Heiratskombinationen, die Bedeutung der Stadt für interethnische Partnerwahl und Ehe, den sozialen Status der gewählten Partner und das Vorkommen von Hyper- und Hypogamie, das eventuelle Vorhandensein interethnischer reziproker Heiratssysteme, Kulturwandel und Assimilation durch interethnische Heiraten bzw. Ehen, die Art und Häufigkeit von Konflikten, die durch unterschiedliche Kultur begründet waren, sowie die Existenz von interethnischer Polygynie.

Die Feldforschung wurde 1981/82 bei den Marakwet durchgeführt. Der Autor wohnte in dem Marktort Kapsowar und besuchte von dort aus die umliegenden Gehöfte. Neben Einladungen zu Hochzeiten intra- und interethnischer Paare, bei denen er mit den Gästen sprach, konnte er seine Daten als Gast auf Gehöften, Besucher von Rechts- und Heiratsverhandlungen sowie Altersklassentreffen erheben. Ihm unverständliche Sachverhalte ließ er sich von mehreren Hauptinformanten erläutern. So erhielt Best Angaben zu 52 intra- und 54 interethnischen Ehen. Zusätzlich befragte er in Kapsowar und anderen Marktorten 209 Besucher in genealogischen Interviews, um mehr quantitative Daten zu Homo- und Heterogamie zu erhalten. (Best 1989: 3 - 19)

Nitta macht in seinem Aufsatz keine näheren Angaben zu seinen Methoden; er erwähnt nur, daß seine Daten neben der Auswertung von Statistiken auf eigener Feldforschung beruhen. Bei Angaben zu Ort und Umständen des Kennenlernens der Paare und bei deren sozio-ökonomischem Status beruft er sich auf seine eigenen Daten. Die erwähnten Ergebnisse scheinen alle auf Befragung zu beruhen; Ziel seiner umfangreicheren, hier nicht vorliegenden Arbeit war die Untersuchung der Sozialisation von Kindern interethnischer Paare. Die 55 interviewten Ehepaare bestanden mit zwei Ausnahmen aus japanischen Männern mit nordamerikanischen und europäischen bzw einer mexikanischen Frau. (Nitta 1988: 207, 214 - 216) Da der Autor als Referenzadresse das Department of Anthropology der Universität in Honolulu angibt (ibid.: 205), scheint es sich um eine ethnologische Feldforschung gehandelt zu haben.

Beer (1996: 1 - 8, 42 - 46, 241 - 249) untersuchte Ehen philippinischer Frauen und deutscher Männer schwerpunktmäßig in Hamburg. Ihr Hauptaugenmerk galt dem Einfluß kultureller Herkunft und ethnischer Zugehörigkeit im Alltag der Ehen. Zu diesem Zweck führte sie eine Feldforschung mit teilnehmender Beobachtung sowie Aufnahme eines Gesamtnetzwerks in der philippinischen Gemeinde der Hansestadt durch und befragte dort heterogame Ehepaare und Spezialinformanten. Zusätzlich besuchte sie in jener Region der Philippinen, aus der die meisten Frauen stammten, viele von deren Familien, - bzw. in einem Fall ein dorthin übergesiedeltes deutsch-philippinisches Paar -, bei denen sie ein paar Tage wohnte. So konnte sie Grunddaten über insgesamt 167 Paare sammeln, von denen sie vier zwecks Intensivuntersuchung in Form von Interviews, Aufnahme von Genealogien und persönlichen Netzwerken, Besuchen und gemeinsamen Aktivitäten auswählte. Neben einer Einbettung in das für diese Ehen wichtige kulturelle Umfeld Deutschlands und der Philippinen erbrachte diese methodische Vorgehensweise vor allem Ergebnisse über Heirat als Migrationsstrategie sowie den Einfluß gegenseitiger Fremdvolksstereotypen auf den Binnenbereich der Ehe.

Für andere Ethnologen war der Themenbereich der **interethnischen Beziehungen**, darunter auch der der heterogamen Ehen, zentrales Untersuchungsgebiet ihrer Feldforschungen:

Barths Studie im Hochland von Neuguinea befaßte sich mit intertribalen und -ethnischen Beziehungen. Unter ethnischen Einheiten versteht er Sprach-, unter tribalen Dialektgruppen. Die wichtigste politische und nicht unter sich kriegführende Einheit war jedoch das gewöhnlich sehr isoliert liegende (im Falle von Weilern zentrale) Dorf. Endogamie und überwiegend Homogamie sowie eine starke Bindung an das umliegende Territorium kennzeichneten die Bewohner der Dörfer. Durch Interviews, genealogische Erhebungen und Beobachtung erhielt Barth im Bereich der Faiwol-Sprecher und ihrer benachbarten Ethnien Daten zu Heirats-, Klan-, Handels- sowie Zeremonialbeziehungen zwischen Dörfern. Vor allem durch die genealogische Methode und Befragung über die Motive stellte er fest, daß fast 15 % der Faiwolmin aus anderen Dörfern stammten als die, in denen sie lebten. Ursache waren Zwischenheiraten, die meist auf unzufriedene und daher abwandernde Frauen zurückgingen. Verwandte der Frauen zogen in der Folge ebenfalls in das andere Dorf. Dialekt- und Sprachgrenzen zwischen Dörfern sowie weite Entfernungen oder auffällige kulturelle Unterschiede schienen für die Heirat besonders bei den Angehörigen von in Weilern zerstreut lebenden politischen Einheiten keine große Rolle zu spielen. (Barth 1971: 171 - 179)

Trotz Barths impliziter Gleichsetzung von ethnischer Einheit mit Sprachgruppe und tribaler Einheit mit Dialektgruppe (z. B. ibid.: 178, 179) ist nach seiner früheren Definition einer ethnischen Einheit (Barth 1969: 13) die Situation am Oberlauf des Fly River nach seiner eigenen Beschreibung nicht so eindeutig. Wenn Selbst- und Fremdabgrenzung die zentralen Aspekte von ethnischer Zugehörigkeit sind, so kann in diesem Fall theoretisch ein isoliertes und autonomes Dorf eine ethnische Einheit bilden. Kulturelle Unterschiede, besonders im Zeremonialbereich um das Männerhaus und die Knabeninitation, schienen hingegen mit den Dialektunterschieden zusammenzufallen, so daß diese tatsächlich für eine ideologische Markierung der Selbst- und Fremdabgrenzung besonders geeignet sind (Barth 1971: 180, 181).

Arens und Arens führten ihre Feldforschung in einer erst seit den zwanziger Jahren bestehenden tansanischen Siedlung, Mto wa Mbu, durch, die sich vor allem durch ihre in verschiedenen Schüben eingewanderte polyethnische Bevölkerung auszeichnete: Personen aus ca. 70 ethnischen Einheiten, hauptsächlich tansanische Bantu-Sprecher, lebten dort. Ethnische Identität wurde aber zugunsten allgemeinerer Selbstbezeichnungen heruntergespielt. Die Untersuchungsmethode war eine systematische Befragung der männlichen Haushaltsvorstände jedes fünften Haushalts zur eigenen ethnischen Zugehörigkeit und der ihrer Frauen, zur Religion, Ankunft in Mto wa Mbu, Zeit und Ort der Heirat sowie zum sozialen Hintergrund der Ehefrauen. Arens und Arens konnten so die Häufigkeit interethnischer Ehen feststellen und ihr Zustandekommen mit der Religion und Ehezahl der Partner, ökonomischen Bindungen an den Herkunftsort sowie der Dauer des Wohnens in Mto wa Mbu in Beziehung setzen. (Arens und Arens 1978: 149 - 156)

Die Autoren verwenden "ethnic" und "tribal" synonym (ibid.: 153). Da sie aber in den ethnischen Eigenbezeichnungen der Befragten nicht immer bedeutende kulturelle Unterschiede der benannten Einheiten entdecken, kontrollieren sie die Häufigkeit von interethnischen Ehen nicht nur anhand der emischen Aussagen: Zum Vergleich teilen sie die Probanden noch nach Murdocks "ethnic clusters" (Murdock 1959), beruhend auf Kriterien der Wirtschaft, sozialen Organisation, Sprache, Bräuche und geographischen Nähe, ein, was einen Unterschied von 4 % bewirkt (emisch: 38%, etisch: 34 % interethnische Ehen) (ibid.).

Cohen untersuchte in seiner Gemeindestudie einer israelischen Stadt die Beziehungen zwischen jüdischen und arabischen Bewohnern. Interethnische Ehen interessierten ihn dabei zunächst nur am Rande; erst bei der Auswertung der Felddaten erkannte er ihre Bedeutung für das Thema. So gewann er seine Informationen in keinem Fall durch direkte Befragung der Paare, obwohl er einige von ihnen zu Hause besuchte. Es waren durchweg andere Informanten wie Sozialarbeiter, arabische und jüdische Beamte und führende Persönlichkeiten sowie hauptsächlich junge Araber, die ihm von den Ehen, ihrer Vorgeschichte und ihrem Verlauf berichteten und sie kommentierten. Nur in einem Fall sprach Cohen mit dem Vater einer jüdischen Frau, die einen Araber geheiratet hatte. Seine Daten stammen also nicht direkt von den Paaren und erlauben Angaben über den Binnenbereich der Ehe allenfalls aus zweiter Hand. Sie ermöglichen aber stattdessen Aussagen über die verbale Instrumentalisierung der Existenz und Beurteilung dieser Ehen durch Araber und Juden hinsichtlich der interethnischen Beziehungen zwischen beiden Einheiten. (Cohen 1969: 41 - 43, 45 - 50)

Dieser Themenbereich spielt auch in einer weiteren Veröffentlichung Cohens über dieselbe Feldforschung (1971) und in seinen späteren Feldforschungen 1981 bis 1984 über thailändische Prostituierte und ihre westlichen Kunden in einem Slum Bangkoks (1982, 1984, 1986) eine Rolle. Auch hier handelt es sich nicht um Studien zu interethnischen Ehen. Dennoch wird die Idee der Heirat mit Touristen sowohl von den jungen Arabern als auch den thailändischen Frauen in einem bestimmten Kontext instrumentalisiert. (Vgl. Kapitel 5.3.3.7)

Jensens Gemeindestudie des Dorfes Trou-d'Eau-Douce an der Ostküste von Mauritius galt der Erforschung von interethnischen Beziehungen zwischen den Einwohnern. Seine Arbeit zeichnet sich gegenüber den meisten anderen hier verwendeten dadurch aus, daß er die als *Markierungen* der ethnischer Abgrenzung dienenden kulturellen Merkmale untersucht, benennt und von anderen kulturellen Unterschieden zwischen den ethnischen Einheiten analytisch trennt. Einer der untersuchten Aspekte interethnischer Abgrenzungen und Beziehungen sind auch Ehen zwischen Angehörigen der im Dorf vertretenen sieben Ethnien. Jensen erhob anhand eines Haushaltszensus Daten zu bestehenden und anhand der genealogischen Methode zu früheren heterogamen Heiraten. Durch Interviews und teilnehmende Beobachtung bekam er zusätzlich Informationen zu Namensgebung und Erziehung der Kinder, der ethnischen und religiösen Orientierung der heterogamen Paare sowie den Beziehungen zu ihren Herkunftsfamilien. (Jensen 1987: 119, 120, 125, 128 - 130, 147 - 149)

Bei **monographischen Gemeindestudien** erhoben einige Feldforscher unter anderem auch Daten über interethnische Ehen:

So führte Banton eine Feldforschung über die afrikanischen und karibischen Einwanderer im "coloured quarter" des Stadtteils Stepney in London durch, wo sehr viele Immigranten lebten. Die sexuellen und ehelichen Beziehungen zwischen "weißen" Britinnen und "schwarzen" Einwanderern waren ein Teilbereich seiner Studie. Die Informationen hierzu erlangte er hauptsächlich im Rahmen von Interviews mit den betroffenen Männern und Frauen oder mit anderen Bewohnern Stepneys. Teilnehmende Beobachtung in den Straßen, Treffpunkten, Cafés, Pubs und Gaststätten, Schulen und bei Tanzveranstaltungen fand während der gesamten Feldforschung statt und ergänzte offenbar auch teilweise die Daten zu Zwischenheirat. (Banton 1955: 150 - 181)

Gregor forschte bei den Mehinaku, einer von zehn sich kulturell und in der Sozialstruktur sehr ähnlichen, aber zu vier Sprachgruppen gehörenden Einheiten, die jeweils am oberen Xingú in Zentralbrasilien ein Dorf bewohnen und die er als Stämme bezeichnet. Dabei erhob er durch Befragung und teilnehmende Beobachtung auch Daten zu intertribalen Ehen, vor allem zur Häufigkeit, Bewertung und Sanktionierung. (Gregor 1977: 13, 17, 25, 316 - 318)

Loewen führte eine Feldforschung in verschiedenen Orten des U.S.-Bundesstaates Mississippi bei Chinesen durch. Schwerpunkt seiner Arbeit waren interethnische Beziehungen und Status der Chinesen in einer Gesellschaft, die sehr stark von der Polarisierung zwischen "Schwarzen" und "Weißen" geprägt ist. Da Chinesen sich zu einem geringen Teil mit Afro- und zu einem noch geringeren mit Anglo-Amerikanern verheiratet hatten, waren auch heterogame Ehen Teil seiner Untersuchung, ebenso das "dating"-Verhalten der jungen Chinesen. Neben Tiefeninterviews mit chinesischen, "weißen" und "schwarzen" Probanden und an College- und Universitätsbesucher ausgegebene Fragebögen arbeitete der Autor mit teilnehmender Beobachtung, etwa durch Teilnahme an nächtelangen Mahjong-Spielen oder aktive Mitwirkung im Kirchenchor der chinesischen Baptistengemeinde Clevelands. Zu Ehen zwischen Afro-Amerikanern und Chinesen konnte er hauptsächlich Daten über Sanktionen sammeln; zum Binnenbereich der Ehen mit Afro- und Anglo-Amerikanern Vergleiche im Dominieren der chinesischen Partner ziehen. Über die Bewertung der Zwischenheiraten von chinesischer, "weißer" und "schwarzer" Seite erhielt er die meisten Informationen. (Loewen 1971: 4 - 7, 61 - 64, 74 - 81, 86, 87, 96, 113 - 119, 135 - 153)

Weiss' Feldforschung war zwar nicht der Untersuchung interethnischer *Ehen* gewidmet, sondern der von "dating" zwischen "weißen" und chinesischen Amerikanern, sie soll hier aber dennoch aufgeführt werden, da auch schon "Sich-Verabreden" eine Stufe des ehelichen Partnerwahlprozesses sein kann (aber nicht muß). Der Autor führte eine ethnologische Feldforschung in der chinesischen Gemeinde einer ungenannten Stadt der U.S.-amerikanischen Westküste durch. Einen Teil seiner Daten gewann er durch einzelne und gemeinsame Tiefeninterviews mit Jugendlichen bzw. jungen Erwachsenen und ihren Familien. Am örtlichen Junior College ließ er außerdem von 80 der 400 chinesischen Schüler Fragebogen ausfüllen und interviewte anschließend noch 25 von ihnen. Teilnehmende Beobachtung betrieb er schließlich bei Tanzveranstaltungen, Parties, Treffen von Organisationen, Feiern und Abendessen der chinesischen Gemeinde sowie anderen Veranstaltungen. So konnte er signifikante Unterschiede in den "dating"-Standards und -Erwartungen weiblicher und männlicher chinesischer Amerikaner feststellen, die vielleicht auf späteres intra- oder interethnisches Partnerwahlverhalten hindeuten. (Weiss 1970: 273, 274, 278)

Zwei Autoren beschäftigten sich mit **Einheiten, die aus früherer Zwischenheirat bzw. heterogamen sexuellen Beziehungen entstanden waren**.

Gists Feldforschungen galten einer aus sexuellen und ehelichen interethnischen Beziehungen entstandenen ethnischen Einheit, den Anglo-Indern. Zunächst untersuchte er ein Jahr lang das Leben einer Gemeinde von Anglo-Indern in Indien, dann führte er im Großraum London halbstrukturierte Interviews mit meist aus der Gegend von Kalkutta stammenden anglo-indischen Einwandererfamilien durch. Er erwähnt außerdem die Teilnahme an einem Fest. Leider macht Gist keine näheren Angaben zu seiner - wohl auch nicht publizierten - Feldforschung in Indien; sein hier verwendeter Artikel bezieht sich fast ausschließlich auf die Befragung in Großbritannien. Der Vergleich beider Studien läßt ihn Schlüsse hinsichtlich der unterschiedlichen sozialen und kulturellen Distanz der Anglo-Inder zur Mehrheitsbevölkerung in Indien und England ziehen. (Gist 1975: 39, 48, 49)

Yalman (1962) führte ihre Feldforschung in einem ceylonesischen Dorf durch, das durch häufige Zwischenheirat der Angehörigen zweier ethnischer Einheiten, Singhalesen und Tamilen, eine gemeinsame Kultur entwickelt hatte. Die Autorin zeigt die Verschmelzung der Deszendenzregeln und der Muster des postnuptialen Residenzverhaltens, die Vereinbarkeit der buddhistischen und hinduistischen Riten und die gleichzeitige Verwendung zweier Sets von Verwandtschaftstermini. Sie macht aber auch den Prozeß der Ethnisierung deutlich, der allmählich einsetzt und statt eines gemeinsamen oder zwei parallel verwendeten kulturellen Handlungsmustern wieder zu zwei sich anhand kultureller Merkmale voneinander abgrenzenden Einheiten führt.

Manche Arbeiten erwecken zwar den Eindruck, auf einer ethnologischen Feldforschung zu beruhen, lassen sich wegen mangelnder Angaben zur Methode jedoch nicht eindeutig zuordnen:

Bhattacharyas Aufsatz behandelt ebenfalls die in Bombay wohnenden Anglo-Inder. Zwar wird der Autor als Ethnologe bezeichnet; über seine Methoden macht er neben der Verwendung von Interviews allerdings nur die Aussage, während der Vorbereitung seiner Doktorarbeit mit Anglo-Indern "closely associated" gewesen zu sein (Bhattacharya 1968: 163).

Clarkes Arbeit über San Fernando in Trinidad ist nach eigenen Angaben eine Feldforschung und wurde in einem Vortrag der Tagung der Society for Applied Anthropology vorgestellt. Methodisch gleicht sie allerdings sehr einer soziologischen Arbeit; ob der Autor neben der genannten Vorgehensweise stationäre ethnologische Feldforschung mit teilnehmender Beobachtung betrieben hat, legt er nicht offen. Clarke wertete zunächst Zensusdaten über Wohngebiete und den sozio-ökonomischen Status der Angehörigen verschiedener ethnischer Einheiten aus. Dann zog er für fast alle Ethnien repräsentative Stichproben und erhob mit einem strukturierten Fragebogen Daten zu religiöser und ethnischer Homo- bzw. Heterogamie. (Clarke 1971: 198 - 213)

Collins bezeichnet seine Arbeit als "sociological study" (1951: 796), ohne nähere Angaben zur Methode zu machen. Seine Studie führte er aber für das Department of Social Anthropology der Universität Edinburgh durch, und sie umfaßte - mit Unterbrechungen - die Zeit zwischen April 1949 bis April 1951 (ibid.). Thema sind die "Moslem Community" und "Negro group" der Stadt Tyneside als Beispiele für "colored minority groups". Die Gemeindestudie, Langzeituntersuchung und Arbeit für das ethnologische Institut könnten auf eine ethnologische Feldforschung hinweisen, die Betonung der soziologischen Studie, Veröffentlichung in einer soziologischen Zeitschrift und Kategorisierung der Untersuchungseinheit anhand der Dichotomie "white" - "colored" hingegen auf eine soziologische Arbeit. Ob es sich bei den beiden betrachteten Einheiten durch Selbst- und / oder Fremdabgrenzung seitens der britischen Gesellschaft anhand von Religion und Aussehen um interagierende Gruppen oder gar neu entstehende ethnische Einheiten handelte, bleibt aufgrund der fehlenden Angaben des Autors offen. Die Herkunftsregionen der Personen innerhalb der beiden Kategorien waren heterogen. Die Mehrzahl der Individuen war männlich, von Beruf Seemann und mit einer "weißen" Britin verheiratet. Wie Aginsky und Aginsky untersuchte Collins vor allem die eheliche Rolle der Frauen. Geschlechtliche Arbeitsteilung und der in diesem Fall spezielle Einfluß des durch längere Abwesenheit gekennzeichneten Seemannsberufes, religiöse

Anpassung, Freizeitverhalten im Zusammenhang mit Geschlechtertrennung sowie Kindererziehung gemäß bestimmter kultureller Vorstellungen werden thematisiert und das entsprechend "korrekte" Verhalten mit dem Status der Frauen in den beiden "colored communities" in Beziehung gesetzt. Ob Collins seine Ergebnisse ausschließlich durch Befragung oder auch durch Beobachtung erlangte, legt er leider nicht offen.

Auch über die Methode Abramzons liegen nur spärliche Angaben vor. Der seine in der Zeitschrift *Sovetskaya Etnografiya* erschienene Arbeit zusammenfassende Artikel im *Central Asian Review* erwähnt neben der Analyse anderer Studien eigene Beobachtungen in Kirgisien. Leider läßt sich so die Datengewinnung nicht näher ermitteln, was gerade bei diesem offenbar stark ideologisch geprägten Befund (vgl. Kapitel 4.1) von besonderem Interesse wäre. (Anonymus 1963: 5)

Ein besonders schlechtes Beispiel für eine ethnologische Feldforschung - oder zumindest deren schriftliche Darstellung in Form einer Examensarbeit - bildet die Untersuchung Kamalkhanis (1988) über iranische Immigranten in Bergen. Schon die formalen Standards lassen derart zu wünschen übrig, daß es erstaunt, wie eine solche Arbeit überhaupt ohne Einwände vom Herausgeber veröffentlicht werden konnte. So finden sich in der Literaturliste (ibid.: 203 - 214) bei über der Hälfte aller Buchtitel keine Ortsangaben, bei mehr als einem Zehntel wird noch nicht einmal das Erscheinungsjahr genannt. Die Autoren von Aufsätzen lassen sich nicht von den Herausgebern der sie publizierenden Sammelbände unterscheiden; auf die Angabe von Seitenzahlen der Aufsätze, ob in Zeitschriften oder Sammelbänden, wurde durchgehend verzichtet, - einmal sogar auf den Namen der Zeitschrift. Direkte Belege aus den Feldforschungsdaten fehlen für viele Behauptungen der Autorin (ibid.: 18, 88, 94, 95, 103, 104 als krasseste Beispiele), und die Angaben zu Dauer, Ort und Methode der empirischen Arbeit finden sich im Text verstreut - wenn überhaupt: So erfolgt etwa keinerlei Aussage zur Anzahl der befragten Probanden. Eine Untersuchung in Bergen mit dem Buchtitel "Iranian Immigrants and Refugees in Norway" zu belegen zeugt von einer gewissen Vollmundigkeit: Wenn es jedoch tatsächlich nur in dieser einen Stadt iranische Einwanderer geben sollte, wäre das eine Erwähnung und Erklärung im Text wert gewesen. Auch der Verweis darauf, daß bestimmte schon dargestellte oder in Kürze zu behandelnde Aspekte "key concepts" der Integration oder eine "concrete description" der Lebensläufe seien (ibid.: 94), zeugt angesichts der mangelnden Definition des Begriffs "Integration" und der Kürze und Oberflächlichkeit der Darstellung von Großspurigkeit.

3.5 Klinische Studien

Aus der Psychiatrie liegen einige klinische Fallstudien zu interethnisch Verheirateten oder ihren Kindern vor. Die Veröffentlichungen beruhen auf - wohl per Protokoll oder Tonträger festgehaltenen - Gesprächen mit Patienten. Zwar können die theoretischen Ansätze dieser Studien hier wegen mangelnder fachlicher Kompetenz nicht beurteilt werden. Es muß allerdings auf ein methodisches Manko der meisten von ihnen verwiesen werden.

Teicher und seine Mitarbeiter des Los Angeles County Hospitals begannen eine Untersuchung zu den Identitätsproblemen von Kindern aus "schwarz"-"weißen" Ehen. Teichers Veröffentlichung stellt drei Fallstudien sowie die zukünftigen Ziele der noch nicht abgeschlossenen Erhebung vor. Alle Probanden waren und sollten auch in Zukunft Patienten der kinderpsychiatrischen Abteilung des Krankenhauses sein. (Teicher 1968: 249 - 255)

Druss, Psychiater bei einer Militärbasis in den U.S.A., gewann ebenso wie andere Mitarbeiter den Eindruck, daß unverhältnismäßig viele Ratsuchende Probleme mit heterogamen Ehen hätten. Daraufhin verglich er systematisch die Akten der 56 Patienten von insgesamt 680 neuen Fällen, die vom 1.7. bis 31.12.1963 zur Beratung gekommen und zugleich interethnisch verheiratet waren. Die meisten Paare bestanden aus einem amerikanischen Mann und einer deutschen Frau. (Druss 1965: 220 - 222)

Beigel, offenbar Psychiater und Eheberater (Beigel 1967: 311), stellt in seinen beiden hier vorliegenden Veröffentlichungen Fallstudien von Patienten in "interracial" Ehen oder Liebesbeziehungen vor, die wegen Partnerschaftsproblemen oder aus anderen Gründen seine Praxis aufsuchten. (Beigel 1966; 1967)

Bourgeois und Hébert (1969) legten - offenbar auf einer Tagung - die Fallstudie einer minderjährigen, mit einem madegassischen Studenten verheirateten Französin vor, die nach einer Schwangerschaft eine starke Psychose zeigte und in klinische Behandlung kam. Der Titel des Aufsatzes "Le mariage interracial et sa psycho-pathologie" sowie die Darstellung des Falles zeigen die enge Verbindung, welche die Autoren zwischen der Tatsache einer interethnischen Ehe und psychischer Krankheit sehen; die in dem Aufsatz ebenfalls erwähnten ungünstigen Lebensumstände im Kindesalter der jungen Frau, nämlich ein alkoholabhängiger Vater, der das Malergeschäft der Familie durchbrachte und der Tochter sexuelle Avancen machte (ibid.: 428, 430, 431), finden hingegen als Erklärungsansatz nicht explizit Berücksichtigung.

Die sorgfältigste hier vorliegende Arbeit mit klinischen Fallstudien stammt von Saucier. Ausgehend von einer Richtung in der Psychiatrie, die besagt, daß psychisch Kranke dieselben Handlungsmotive und Probleme wie psychisch Gesunde, nur in stärkerem Maße, haben, wollte der Autor Motive interethnischer Partnerwahl untersuchen. Als Probanden wählte er fünfzehn anglo-franko-kanadische Paare, von denen jeweils ein Partner sich mit der - bei dreizehn Personen von einem anderen Psychiater getroffenen - Diagnose einer Neurose oder Psychose in einer Klinik Montreals befand. Als Kontrollgruppe bediente sich Saucier fünfzehn homogamer frankokanadischer Paare, von denen ebenfalls ein Partner in Behandlung war. Alle Eheleute stammten aus der Arbeiter- oder Mittelschicht, waren katholisch und hatten ethnisch homogame Eltern, um bei den heterogamen Paaren eine die Zwischenheirat begünstigende Situation im Elternhaus auszuschließen. (Saucier 1967b: 74) Saucier führte mit allen sechzig Personen Einzelinterviews zu Kindheit, Adoleszenz, dem Prozeß des Kennenlernens und zur Ehe (Saucier 1967a: 43). Da in seinem Erklärungsansatz zur Partnerwahl ein dominanter Elternteil von Bedeutung ist (vgl. Kapitel 5.3.2.3), befragte er zur Verifizierung der Angaben auch den Ehepartner jedes Probanden zu den Machtverhältnissen und Entscheidungsträgern in dessen Orientierungsfamilie (Saucier 1967b: 77).

Sowohl Druss (1965: 21) als auch Beigel (1967: 311) und Saucier (1967a: 45; 1970: 133) verweisen darauf, daß sich ihre Ergebnisse je nach psychiatrischer Schule nur auf psychisch Kranke und Problemfälle beziehen bzw. bei Gesunden nicht in dieser Intensität zutreffen. Dennoch liegt ein methodischer Mangel all dieser Studien darin, daß nicht mit gesunden Kontrollgruppen gearbeitet wird. Die beinahe unausweichliche Verknüpfung von Zwischenheirat und psychischer Krankheit wird bei Teicher (1968: 249 - 251) und Beigel (1966: 185 - 187) auch dadurch suggeriert, daß sie in ihren Einleitungen auf die Problembefrachtung heterogamer Ehen hinweisen. Saucier bediente sich immerhin einer homogamen Kontrollgruppe, was bei Arbeiten über interethnische Ehen die große Ausnahme darstellt, - egal zu welchem Aspekt.

3.6 Zusammenfassung und Bewertung

"... the best research is multimethod, multiinvestigator, multicultural, longitudinal and theory-related" (Lonner nach Sundberg 1976: 162)

Diese in Hinblick auf die Grundlagen der interkulturellen Beratungsarbeit von Sundberg zitierte Forderung Lonners läßt sich auch auf die Forschung über interethnische Ehen übertragen: Die erwähnten Eigenschaften erhöhen sowohl die Wahrscheinlichkeit, bestimmte Aspekte eines Phänomens nicht zu übersehen, als auch die Nachprüfbarkeit der gewonnenen Ergebnisse, womit ein wesentliches Kriterium von Wissenschaftlichkeit erfüllt ist.

Voraussetzung für die Überprüfbarkeit ist zunächst die Offenlegung der verwendeten Methoden. Dies ist in der berücksichtigten Literatur nicht immer der Fall gewesen, wie an einigen Werken gezeigt werden konnte:

In Publikationen, die auf Auswertungen von Statistiken beruhen, werden zwar sowohl die Untersuchungskategorien als auch die Rechenmethoden meistens dargelegt. Thomas (1954) verschweigt jedoch die von ihm untersuchten Einwanderernationalitäten katholischer Konfession, und die von Besanceney (1972) entwickelte Formel, die ihrerseits auf der nach Besanceneys Vermutung von Glick angewandten und erst später von diesem bestätigten Rechenmethode beruht, wird erst von Cretser und Leon (1984) veröffentlicht (Vgl. S. 53). In einigen der per Fragebogen erhobenen Studien zur Haltung gegenüber Zwischenheirat sind die eigentlichen Fragen in der Veröffentlichung nicht genannt (vgl. S. 57). Dies läßt eine Bewertung der Ergebnisse kaum zu, da gerade in der Beurteilung einer potentiellen eigenen heterogamen Ehe, der einer Person der eigenen Primärgruppen und der irgendeiner hypothetischen Person Grade der sozialen Distanz ausgedrückt werden können. Hecht-El Minshawi (1992) macht in ihrem Buch nicht immer deutlich, wie die von ihr veröffentlichten Gesprächssequenzen so wörtlich wiedergegeben werden konnten bzw. nach welchen Kriterien sie diese für die Publikation auswählte (vgl. S. 63). Bei den als Feldstudien deklarierten Untersuchungen ist nicht in jedem Fall zu erkennen, mit welchen Methoden gearbeitet wurde bzw. ob es sich überhaupt um eine Feldforschung im ethnologischen Sinn handelte (vgl. S. 76, 77).

Lonners Postulat nach Verwendung mehrerer *Forschungsmethoden* kann für verschiedene Arbeiten über interethnische Ehen als erfüllt betrachtet werden:

So sahen Barron, Golden, Lynn und Pavela die statistische Auswertung von Heiratslizenzen nur als ersten Schritt ihrer Arbeiten, dem sie dann Intensivinterviews folgen ließen, und zwar nicht nur mit den heterogamen Paaren, sondern auch mit deren Verwandten, Freunden und Nachbarn sowie Leitern von staatlichen, religiösen und ethnischen Organisationen als Hauptinformanten. Ergänzende Informationen wurden durch Autobiographien, Briefe, Tagebücher und andere Archivalien im Besitz der Betroffenen erlangt. (Barron 1946: 11, 12; Golden 1953: 177, 178; Lynn 1956: 380 - 382; Pavela 1964: 209)

Auch Chew und MacDougall analysierten Daten, die auf verschiedene Weise erhoben worden waren: eine repräsentative Meinungsumfrage unter den Wählern Singapurs der Jahre 1969/70, die eine Frage nach der Befürwortung und Intensität der Haltung zur Zwischenheirat der eigenen Person, naher Verwandter und Angehörigen der eigenen ethnischen Einheit beinhaltete; einen Fragebogen, der an eine repräsentative Stichprobe aller Studenten des zweiten Jahres der University of Singapore ausgegeben wurde, und amtliche Statistiken (Chew und MacDougall 1977: 5 - 7).

Tuomi-Nikula versandte einen neunzehnseitigen Fragebogen an 692 in Deutschland lebende Finnen und wählte nach dessen Auswertung 87 Interviewpartner aus, bei denen sie einen Tag lang wohnte (Tuomi-Nikula 1983; persönliche Mitteilung).

Shukert und Scibetta bekamen durch Aufrufe in Artikeln in einem Fünf-Jahres-Zeitraum Kontakt zu 2.000 Kriegsbräuten des zweiten Weltkriegs; sie versandten Fragebogen und führten Interviews. Da sie ihre Veröffentlichung nicht als wissenschaftliche Studie, sondern als historische Dokumentation anhand von Archivmaterial und persönlichen Erinnerungen verstehen, legen sie die Zahl der ausgewerteten Fragebogen und Interviews sowie ihr genaues methodisches Vorgehen leider nicht dar. Dies ist umso bedauerlicher, als die Publikation in der Offenlegung der historischen Quellen, der Auswahl der autobiographischen Zitate und im Aufbau durchaus den Standard einer wissenschaftlichen Arbeit hat. (Shukert und Scibetta 1988: 1 - 3)

Ethnologische Feldforschung ist eine Methode, die schon per definitionem verschiedene Verfahren der Datenerhebung umfaßt, so daß Lonners "multimethod"-Postulat bei allen Untersuchungen dieser Art erfüllt ist.

Die Vorteile der Verwendung mehrerer Methoden zur Erforschung von Zwischenheirat liegen im wesentlichen in der Ergänzung und Relativierung oder gar Korrektur der gewonnenen Daten. Es konnte gezeigt werden, daß die Mehrzahl der Studien auf der statistischen Auswertung der sehr willkürlich festgesetzten und uneinheitlichen "Rassen"- und Nationalitäten-Kategorien der U.S.A. beruht. Durch den zusätzlichen Einsatz von Fragebogen und Interviews können Abweichungen zwischen amtlicher Fremd- und ethnischer Selbstzuschreibung festgestellt und berücksichtigt werden. Tiefeninterviews und Feldforschung erlauben das Erkennen ethnischer Abgrenzungen und von für Zwischenheirat relevanten Fremdgruppen im Sinne Mertons (vgl. Kapitel 2.3). Beobachtung gibt Aufschluß über das Interagieren heterogamer Paare miteinander und mit der sozialen Umwelt; sie ergänzt damit Befragungen, die die subjektive Wirklichkeit autobiographischen Erzählens und den normativen Bereich erfassen. Gerade die wenigen ethnologischen Feldforschungen konnten neben Zensusdaten über die Häufigkeit interethnischer Ehen, die für nicht-industrielle Gesellschaften oft nicht statistisch erfaßt sind, Ergebnisse zu Rollenerwartungen und -verhalten in heterogamen Ehen, zu die Partnerwahl beeinflussenden Faktoren wie der Brautpreishöhe und zu Bewertungen und Verhalten der sozialen Umwelt liefern.

Datenerhebungen durch *mehrere Personen* scheinen im Bereich der Zwischenheirat-Forschung vor allem angewendet worden zu sein, um soziale

Distanz abzubauen. Biesanz ließ seine panamaischen Studenten panamaische Frauen interviewen, während er und seine Gattin die U.S.-amerikanischen Ehemänner befragten (Biesanz 1950: 160). Carisses Interviewpartner wurden in ihrer Muttersprache befragt, Strauss' Probanden sogar zusätzlich von Personen desselben Geschlechts und - im Fall des Mannes - desselben Berufs (vgl. S. 60). "Multiinvestigator"-Datenerhebungen sind aber offenbar eher die Ausnahme als die Regel bei Studien zu interethnischen Ehen.

Interkulturelle Studien fanden in der Zwischenheiratsforschung kaum statt, wenn man davon absieht, daß die Zwischenheiratsraten verschiedener Einheiten im selben Land verglichen oder beide Partner einer heterogamen Ehe interviewt wurden. Großräumige statistische Analysen versuchten allerdings, soziale und lebensgeschichtliche Merkmale der betrachteten Personenkategorien und der heterogam Verheirateten zueinander in Beziehung zu setzen (s. Kapitel 5.3.2.3). Bei den meisten Arbeiten, besonders im Bereich der Fragebogen- und Interviewuntersuchungen sowie der klinischen Fallstudien, fehlen jedoch Kontrollgruppenuntersuchungen mit homogamen Paaren, die den gefundenen Ergebnissen ein anderes Gewicht geben könnten. Es findet sich unter den hier berücksichtigten keine einzige Studie, in der zu den aufgeworfenen Fragestellungen der Partnerwahl sowie des Binnen- und Außenbereichs der Ehe systematisch und umfassend Erhebungen innerhalb *beider* Ethnien einer Zwischenheiratskombination *und* innerhalb der Kategorie der sich aus ihnen rekrutierenden heterogamen Paare durchgeführt und verglichen wurden. So treten Merkmale wie Altersgruppe, Schicht, Bildung, Wohnort, Mehrfachehe etc. in vielen Studien hinter der Tatsache einer heterogamen Ehe als Erklärungsansatz zurück, wie Beispiele in den folgenden Kapiteln zeigen werden. Auch Vergleiche des Heiratsverhaltens bestimmter ethnischer Einheiten in verschiedenen Regionen sind allenfalls in Ansätzen vorhanden, nämlich in Form der Auswertung von Statistiken mehrerer U.S.-Bundesstaaten (z. B. Monahan 1979) oder des Literaturvergleichs über chinesische Einwanderer in Guayana und Jamaica (Patterson 1976: 323 - 347).

Eine Reihe von statistischen Arbeiten wertete Daten aus, die mehrere Jahrzehnte umfassen. Ethnologische Untersuchungen dauerten einige Monate oder länger; in manchen Fällen schlossen sich Folgestudien nach mehreren Jahren an. Änderungen im Heiratsverhalten bzw. der Zwischenheiratsrate der betrachteten Einheiten konnten so erkannt werden. Tatsächliche *Langzeitstudien*, die eine Anzahl von heterogamen Paaren über Jahre hinweg immer wieder untersuchen, hat es in der Zwischenheiratsforschung bisher allerdings nicht gegeben. Der eheliche Zyklus vom Partnerwahlprozeß über verschiedene lebensgeschichtliche Abschnitte bis zum Eheende durch Tod oder Trennung ist daher noch nicht erforscht. Auch hier würde sich ein

Vergleich mit homogamen Kontrollgruppen anbieten. Die bisher häufig durchgeführten biographischen Interviews geben zwar Auskunft über die persönliche Ehegeschichte der Befragten, spiegeln aber eher eine psychologische Vergangenheit[28]. Fragebogen, Interviews und möglicherweise teilnehmende Beobachtung in regelmäßigen Zeitabständen oder ausgerichtet an bestimmten lebensgeschichtlichen Ereignissen der untersuchten Paare könnten aktuellere Daten liefern.

Lonners letzte Forderung bezieht sich auf die *theoretische Begründung* empirischer Studien und ihrer Methoden. Hier finden sich die deutlichsten Mängel in der Zwischenheirat-Forschung. Schon die Auswahl der Untersuchungskategorien läßt in vielen Arbeiten zu wünschen übrig. Da wird in U.S.-amerikanischen Werken immer wieder behauptet, "Rasse", "Ethnie" im Sinne nationaler Abstammung und Religion / Konfession seien die wichtigsten Heiratsschranken in den Vereinigten Staaten. Ob die dann in großem Ausmaß und nach allen Regeln der Rechenkunst ausgewerteten Statistiken diese Kategorien überhaupt einer sozialwissenschaftlichen Definition gemäß messen, wird aber nicht thematisiert. Es ist zwar zu vermuten, daß die chinesischen, mexikanischen, etc., Amerikaner ebenso wie die Afro-Amerikaner ethnische Einheiten gemäß Selbst- und Fremdzuschreibung sowie kultureller Markierungen bilden. Strenggenommen müßte dies vor jeder Untersuchung in der entsprechenden Region aber empirisch überprüft werden. Auch das Folk Concept der meisten Anglo-Amerikaner entspricht wahrscheinlich mehrheitlich durchaus der offiziellen Lesart, die Nachkommen eines Afro-Amerikaners unabhängig vom anderen Elternteil zu den "blacks" und Nachkommen von zwei Einwanderern unterschiedlicher nationaler Abstammung zur Kategorie des Vaters zu rechnen. Zwischenheirat in mehreren Generationen, Sozialisation, Anzahl der Generationen im Einwanderungsland, physisches Äußeres und andere Faktoren verwischen jedoch die Selbst- und Fremdzuschreibungskriterien, wie besonders am Beispiel Hawaii gezeigt werden konnte. Daher ist nicht automatisch davon auszugehen, daß die statistischen Kategorien sozialwissenschaftlichen entsprechen. Sorgfältige Operationalisierungen, die auch Fehlerquellen berücksichtigen wie etwa in Murguías Arbeit (1982: 59), müßten bei jeder Untersuchung der erste Schritt sein.

Ebensowenig theorieorientiert ist die Auswahl von ausschließlich studentischen Probanden für Fragebogenerhebungen. Wie bei der kritiklosen Verwendung vorhandener Statistiken drängt sich der Verdacht auf, daß einfach untersucht wird, was oder wer bequem erreichbar ist. Dies läßt sich auch bei einer Anzahl deutscher Examensarbeiten vermuten, in denen nach

---

[28] Zu Möglichkeiten und Grenzen biographischer Interviews als Untersuchungsmethode vgl. Lehmann 1979/80 und Lehmann 1983.

Aufzählung der gängigsten Ansätze zur interethnischen Partnerwahl und einiger IAF-Positionen nur deutsche Frauen, womöglich noch zum Thema besonders beredte IAF-Mitglieder, als alleinige Interviewpartner ausgesucht werden. Klinische Fallstudien ohne Vergleichsgruppe gesunder Personen lassen ähnliche Motive erahnen. In solchen Arbeiten werden nicht der jeweiligen Fragestellung angemessene Untersuchungsmethoden entwickelt, sondern die Verfahren richten sich nach dem Vorhandensein leicht auszuwertender Materialien oder komplikationslos zu befragender Personen. Die vorliegenden Arbeiten werden von ihren Verfassern dementsprechend mitunter entschuldigend als Pilotstudien (z. B. Smythe 1958: 357; Wassink 1967: 579; Deul 1983: 23) bezeichnet. Bei der Fülle der mittlerweile zum Thema Zwischenheirat vorliegenden Publikationen wäre es nun aber an der Zeit, nicht weiterhin eine Pilotstudie an die andere zu reihen, sondern innerhalb eines theoretischen Gerüsts systematisch die bisher noch nicht bearbeiteten Lücken zu schließen.

Zusammenfassend bleibt festzuhalten, daß die methodische Qualität der empirischen Arbeiten über interethnische Ehen sehr unterschiedlich ist. Neben sorgfältig konzipierten Studien finden sich relativ unreflektierte Untersuchungen. Die Mehrzahl der Werke besteht aus Auswertungen von Statistiken, die zwar mit großer rechnerischer Akkuratesse durchgeführt wurden, aber weder auf natur- noch auf sozialwissenschaftlich definierten Untersuchungseinheiten fußen. Mehrere Ansätze zur Erklärung verschiedener Aspekte interethnischer Ehen beruhen auf diesen Arbeiten, wie Kapitel 5 bis 7 zeigen werden. Daher ist zu bedenken, daß trotz des durch die präzisen Zahlen und Rechenmethoden erweckten Anscheins von Exaktheit die Ergebnisse dieser Studien allenfalls Annäherungen an die soziale Wirklichkeit darstellen[29], Tendenzen aufzeigen. Nur als solche sollten sie auch bewertet werden.

Trotz einiger diffuser Untersuchungskategorien sollen alle in Anhang 9.1 aufgeführten Arbeiten als Studien zu interethnischen Ehen mit jeweils unterschiedlichen Operationalisierungen dieses Begriffs verstanden werden. Der Stellenwert einzelner Werke im Rahmen theoretischer Ansätze wird aber entsprechend der Qualität dieser Operationalisierungen und der empirischen Methoden gewichtet werden.

---

[29] Dies ist selbstverständlich bei allen mit anderen Methoden erzielten Ergebnissen der Sozialwissenschaft genauso, Zahlen und Rechenmethoden suggerieren m. E. aber ein größeres Ausmaß von Genauigkeit.

4 Fach-, methoden- und nationalitätsspezifische Schwerpunkte der empirischen Zwischenheirat-Forschung

Eine Durchsicht von Anhang 9.1 und der Literaturliste zeigt, daß sich verschiedene Datenerhebungsmethoden bestimmten Fächern und inhaltliche Forschungsschwerpunkte der Nationalität des Untersuchenden zuordnen lassen. So stammen fast alle Auswertungen von Statistiken aus der Soziologie und den Vereinigten Staaten. Für den deutschsprachigen Raum ist einzig die Studie von Vascovics et alii 1984 eine quantitative. Fragebogen zur Datenerhebung wurden zum größten Teil in soziologischen und psychologischen Arbeiten verwendet, bei letzteren oft in Form von schon erprobten Skalen. (Biographische) Interviews finden sich in Studien aus allen Fächern und verschiedenen Nationalitäten. Feldforschung ist bei den vor-liegenden Arbeiten zwar hauptsächlich eine Methode der Ethnologie; es wurden aber bereits in Kapitel 3.4 Untersuchungen angesprochen, die möglicherweise in anderen Disziplinen beheimatet sind (z. B. Shapiro 1979; Clarke 1971).

Inhaltlich befassen sich die U.S.-amerikanischen soziologischen Arbeiten bis in die Gegenwart hinein (Pagnini und Morgan 1990; Tucker und Mitchell-Kernan 1990) fast ausschließlich mit den Häufigkeiten und der Stabilität von Zwischenheirat an verschiedenen Orten zu bestimmten Zeiten und davon ausgehend mit Erklärungsversuchen für heterogame Partnerwahl sowie mit Assimilation. Auffallend ist dabei sowohl in den verwendeten Statistiken als auch in den Studien selbst eine starke "WASP"-Zentriertheit[1] und eine Konzentration auf die Dichotomie "Schwarz" und "Weiß": Statistisch sorgfältig aufgeführt und untersucht werden seit Drachslers Arbeiten (1920, 1921) immer wieder Heiraten von "WASP"s mit Nicht-"WASP"s, nämlich "Schwarzen" und "Orientalen", Süd- und Osteuropäern, die mit einer späteren Einwanderungswelle kamen und denen Vorurteile der Minderwertigkeit entgegengebracht wurden (M. Gordon 1964: 136), mit Katholiken und Juden. Parallel dazu laufen Forschungen über Hawaii, wo die auf dem amerikanischen Festland geltenden Heiratsschranken außer Kraft gesetzt scheinen, und das daher als ein "natürliches Laboratorium" (z. B. Adams

---

[1] "WASP" ist im populären amerikanischen Sprachgebrauch ein Kürzel für White, Anglo-Saxon und Protestant, den Charakteristika der früh eingewanderten und politisch dominierenden Amerikaner.

1937: V; McDermott 1977: X) ungehinderter Zwischenheirat betrachtet wird.

Auch den im deutschen Sprachraum entstandenen empirischen Arbeiten verschiedener Fächer läßt sich mehrheitlich ein einheitlicher Untersuchungsschwerpunkt und eine bestimmte Methode zuordnen: Die Daten werden fast durchweg per biographischem Interview erhoben, meist handelt es sich bei den Studien um Examensarbeiten und bei den Verfassern um Betroffene, d. h. um (ehemals) binational Verheiratete (Hecht-El Minshawi 1988; Khoudari 1982; Pandey 1988; Shams 1983; Tuomi-Nikula: persönliche Mitteilung; Vaughn 1983) oder Liierte (Deul 1983; Strecker 1982), in der Mehrzahl Frauen. Inhaltlich zielen die Befragungen auf den Binnen- und Außenbereich der Ehe, wobei erste Kontakte mit (dem) Fremden und Partnerwahlmotive jedoch nicht ausgeklammert werden.

Auf die Forschungsschwerpunkte amerikanischer und israelischer Arbeiten aus der Psychologie und Psychiatrie sowie amerikanischer, britischer, israelischer und deutscher aus der Ethnologie wurde an anderer Stelle schon eingegangen (vgl. Kapitel 3.2, 3.4, 3.5). Psychologische Studien befassen sich überwiegend mit Kindern aus heterogamen Verbindungen, psychiatrische mit heterogamen Patienten, ethnologische mit interethnischen Beziehungen und Kulturwandel.

Ethnologen arbeiten meist im Gebiet fremder, zum Teil vorstaatlicher Gesellschaften; Banton (1955) und Benson (1981) jedoch in der eigenen. Alle übrigen Forscher aus anderen Disziplinen beschäftigen sich an ihrem (derzeitigen[2]) Wohnort mit dem Thema Zwischenheirat. Folglich analysieren die meisten Arbeiten interethnische Ehen in Industriegesellschaften, in polyethnischen Staaten oder Gebieten und in Großstädten bzw. deren Stadtteilen (s. Anhang 9.1), vermutlich auch, weil sich dort mehr heterogamen Paare finden (vgl. Kapitel 5.3.3.2).

---

[2] beispielsweise Kambhu, die in Thailand verheiratet ist (Kambhu 1963: 1), Imamura, die anscheinend vorübergehend in Lagos weilt (Imamura 1986: 34), und Kannan, der offenbar eine Gastprofessur in London hat (Kannan 1972: Waschzettel)

4.1 Zwischenheirat-Forschung als Bestätigung ideologischer Haltungen der Untersuchenden?

Interethnische Heiraten scheinen ein Thema zu sein, das in informellen Gesprächen spontan als "interessant" eingestuft wird (persönliche Erfahrung), das aber offenbar auch Wissenschaftler nicht immer unberührt - und damit streng sachlich sein - läßt[3]. Einige Überlegungen hierzu sollen in diesem Kapitel dargelegt werden. Unzweifelhafte Belege dafür sind jedoch schwer zu erbringen, vor allem wenn die Methoden der Datengewinnung in den empirischen Arbeiten nur unzureichend offengelegt werden.

Das Extrembeispiel ist in dieser Hinsicht die Arbeit Burton-Bradleys (1968) über Port Moresby. Der Autor benennt an keiner Stelle seiner Veröffentlichung die von ihm benutzten Methoden der Datengewinnung, und der Leser kann nur erahnen, daß es sich dabei um - allenfalls oberflächliche - Beobachtung sowie Befragung von Hauptinformanten handelt. Ohne nähere Begründung dichotomisiert der Verfasser gemäß dem häufig in U.S.-amerikanischen Arbeiten angewandten Verfahren ausschließlich zwischen "Schwarzen" und "Weißen"; ob dies eine für Port Moresby bzw. Papua Neuguinea angemessene Kategorisierung hinsichtlich Zwischenheirat ist, thematisiert er nicht. Belege für seine Behauptung, die Nachfahren aus solchen heterogamen Verbindungen bildeten eine eigene ethnische Einheit ähnlich der der Anglo-Inder und seien Individuen mit den ungünstigen Persönlichkeitsmerkmalen von "marginal men" (ibid.: 42) (vgl. Kapitel 5.3.3.5.1), fehlen ebenfalls.

---

[3] Bedenkenswert sind in diesem Zusammenhang die Vermutungen einiger Autoren über wissenschaftliche "Tabuthemen", die sich durch weitreichende emotionale Involvierung und voyeuristisches Interesse der breiten Öffentlichkeit (Allport 1963: X), durch Ansprechen potentiell den Gruppenbestand gefährdender Bereiche (Farberow in Farberow 1963: 3), oft schwer beschaffbare oder unzuverlässige Daten (Shneidman 1963: 37) auszeichneten. Pratt bemerkte schon 1908 zu letzterem:
"Fondness for facts seems at times almost a blind craving. Meaning and perspective are often disregarded and forgotten in the worship of the naked fact" (Pratt nach Douglas 1963: 81).
Heterogame Ehen sind potentiell bedrohlich für den Bestand einer Wir-Gruppe (vgl. Kap. 5.1); Daten zu tatsächlich inter*ethnischen* Heiraten sind meist nur mit Sorgfalt und Aufwand zu beschaffen (vgl. Kap. 3.6), während die leicht verfügbaren statistischen Daten nicht sehr zuverlässig sind (vgl. Kap. 3.1), dennoch aber mit allen Regeln der Rechenkunst exakt ausgewertet werden.

Ein anderes Beispiel bilden die schon erwähnten Arbeiten von Baber (1937: 706) sowie Biesanz und Smith (1951: 819), in denen die Untersuchenden das Eheglück der Probanden nach subjektiven, nicht nachvollziehbaren Kriterien einschätzen. Baber kommt anhand seiner selbstentwickelten und -zugeschriebenen Glücksskala hinsichtlich der "interracial marriages" zu dem Schluß:

> "As might be expected, the average happiness rating for the total group is not high, being only one-half step above neutral. This is lower than the rating for intermarriages involving both nationality and religion... ... The greater the color difference the smaller the chance of happiness - at least in these cases" (Baber 1937: 707),

eine Bewertung, die die betroffenen Ehepaare teilen würden oder die nur Babers persönlicher Grundeinstellung entspringt? Biesanzs und Smiths Glückszuschreibungen hatten in den von ihnen aufgestellten Kategorien "very happy", "happy" und "average" deutlich weniger Paare als die Eigenzuschreibungen der Befragten (Biesanz und Smith 1951: 819).

Was ist davon zu halten, wenn Kannan, selbst Inder, in seiner Londoner Untersuchung feststellt, daß ausgerechnet in heterogamen Ehen mit Hindus die Partner besonders kompatibel und die aus diesen Verbindungen hervorgegangenen Kinder außergewöhnlich erfolgreich im Bildungssystem sind (Kannan 1972: 102, 112)? Wie wissenschaftlich oder im Gegenteil ideologisch begründet ist ein solches Ergebnis?

Ein anderes Beispiel ist Abramzon: Er formuliert in seinem hier nur in englischer Zusammenfassung vorliegenden Artikel Ehen zwischen Angehörigen verschiedener "Nationalitäten" der UDSSR als politisches Ziel des Staates. In der vorrevolutionären Zeit hätten unterschiedliche Religionen Zwischenheiraten in den zentralasiatischen Republiken verhindert; in der Zeit danach würden sie stetig ansteigen. In der Folge werden russische Frauen zentralasiatischer Männer als Innovatorinnen in bezug auf moderne Technologie und Ideen dargestellt. Der Verfasser der englischen Inhaltsangabe des Aufsatzes schreibt, Abramzon habe sein Material den Berichten anderer Ethnologen und eigenen Beobachtungen in Kirgisien entnommen. (Anonymus 1963) Da die genaue Angabe der Quellen und Methoden fehlt, ist es unmöglich zu unterscheiden, inwieweit dieser Artikel nur der Propaganda dient oder auf sorgsamer Datenerhebung beruht. Der letzten Sätze lauten:

> "Up to now Soviet ethnographers have paid little attention to the importance of mixed marriages in family and marriage relationships. Yet it is an area of everyday life where there is both a hidden and an open

struggle of the new with the old and research conducted by ethnographers can and should assist the victory of the new over the old in this field" (Anonymus 1963: 11).

Ohne dies im Einzelfall belegen zu können, weisen möglicherweise auch die großen Untersuchungsschwerpunkte der amerikanischen Soziologen und der deutschen Examensarbeiten auf bestimmte gesellschaftliche bzw. persönliche Grundhaltungen hin. Jeder Wissenschaftler ist ebenso wie andere Menschen von dem ihn umgebenden kulturellen Umfeld geprägt[4]. So fällt auf, daß die U.S.-amerikanischen Arbeiten sich intensiv dem Thema der interethnischen Partnerwahl und der Assimilation widmen, und dies mit einer starken "WASP"-Zentrierung (vgl. Kapitel 3.6): Die Frage nach der Genese und dem vielleicht einmal möglichen Unsichtbarmachen des Phänomens ist wichtiger als beispielsweise die Frage nach seiner gesellschaftlichen Funktion[5]. Außer in Hawaii werden Heiratskombinationen von Nicht-"WASP"s untereinander nie ausschließlich, allenfalls einmal zusätzlich untersucht.

Der Themenschwerpunkt Binnen- und Außenbereich der Ehe in den deutschen Examensarbeiten kann zumindest im Fall der selbst binational gebundenen Verfasser ebenfalls persönliches Interesse spiegeln: Das Leben des Paares miteinander und mit seiner sozialen Umwelt wird als wichtiger erachtet als die Ursache des Zusammenlebens. Am Beispiel der Arbeit Streckers (1982) wurde gezeigt, daß persönliche Betroffenheit *und zusätzlich* schlechte methodische Arbeitsweise den Untersuchenden nur bemerken lassen, was er voraussetzt.

Persönliche Betroffenheit per se muß kein Nachteil für eine wissenschaftliche Untersuchung sein. Ein Outsider geht möglicherweise distanzierter und objektiver an das Thema Zwischenheirat heran, ein Insider vielleicht mit mehr Sensibilität und Erfahrung (Simpson und Yinger 1985: 7). Die Gefahr nicht-theorieorientierten, nachlässigen und nicht offengelegten methodischen Vorgehens besteht jedoch darin, daß die Ergebnisse beliebig werden: Der Forscher findet, was er erwartet, die Nachprüfbarkeit und eventuelle Anfechtbarkeit seiner Resultate sind nicht möglich.

Vor diesem Hintergrund wird die Schwierigkeit deutlich, bestimmte Werke zu beurteilen, etwa jene, die interethnische Partnerwahl als Ausdruck

---

[4] Vgl. dazu die Ausführungen in Simpson und Yinger 1985: 7.

[5] Devereux vermutet, daß Verhaltenswissenschaftler sich für sie mit schweren narzistischen Kränkungen verbundenen Themen dadurch entziehen, indem sie eine "Theorie auf zwei Ebenen" entwickelten: Sie formulierten eine Theorie, die den weniger angstbesetzten Teil des Themas angemessen berücksichtige. Als zweiter Schritt würde diese systematisch ausgearbeitet, um die Illusion der Vollständigkeit des behandelten Themas zu erwecken (Devereux 1984: 118, 119).

oder Ursache sozialer oder psychischer Defekte, die die Nachkommen heterogamer Paare als instabile Persönlichkeiten kennzeichnen (s. Kapitel 5.3.3.5.1 und 5.3.3.6). Aldridge bemerkt in diesem Zusammenhang hinsichtlich der wissenschaftlichen Arbeiten über Partnerwahl aufbauend auf Washingtons Analyse (Washington 1970: 301 - 404):

> "In interracial marriages, there is a tendency to look for ulterior motives. ... It is commonly conceived that there are kinds of unconscious bizarre reasons which propel racially different individuals into marriages. People may marry their 'own kind' for the most weird reasons, yet these reasons do not make each marriage suspect. Perhaps, the imputation of ulterior motives to interracial couples says more about the individual making these interpretations and about the society we live in than about the couple who intermarry" (Aldridge 1978: 358, 359).

Manche Autoren trennen Wertaussagen von ihrer wissenschaftlichen Untersuchung. Beispielsweise stellt A. Gordon nach seiner Umfrage an Colleges und Universitäten fest, daß Zwischenheiraten zunehmen werden, wenn die geäußerten Meinungen sich in Taten niederschlagen. Im Kapitel "Conclusion. A Personal View" warnt er als Rabbi jedoch vor heterogamen Heiraten, die in mindestens jedem dritten Fall scheiterten bzw. im Fall "interrassischer" Ehen zu starken gesellschaftlichen Belastungen ausgesetzt seien. Er empfiehlt gelebte Religiösität in den Elternhäusern, um jungen Menschen Wertschätzung der eigenen kulturellen Tradition zu vermitteln und sie so vor einer unüberlegten Zwischenheirat zu bewahren. (A. Gordon 1964: IX, 349 - 351)

Bagley leitet seine Zusammenfassung von Forschungsergebnissen über die Entwicklung von Kindern aus heterogamen Ehen folgendermaßen ein:

> "The classic advise offered to a couple in a mixed marriage is: But what about the children? The research answer to this question is that children do nicely, thank you" (Bagley 1981: 41);

und schließt seinen Aufsatz mit der Aussage:

> "It will be clear that I am optimistic about the future of race relations in Britain, despite the racist aspect of British culture... It may be that in a short span, say a century, British culture and biology may be remarkably changed as the metropolitan country absorbs so many people from its former Commonwealth. I am not alone in rejoicing at that future" (ibid.: 43, 44).

Auch in die *Darstellung* und *Interpretation* der Resultate von wissenschaftlichen Studien können beabsichtigt oder unbeabsichtigt Wertaussagen einfließen. Zwei Autoren verweisen am Beispiel der Literatur über religions- bzw. konfessionsverschiedene Ehen darauf; ihre Erkenntnisse lassen sich ebenfalls auf Arbeiten über interethnische Ehen übertragen. So zeigt Vernon anhand einer einfachen Auflistung der Scheidungsraten im Vergleich zu den Stabilitätsraten religiös homogamer und heterogamer Ehen, daß die Scheidungsraten der heterogamen Ehen 200 bis 300 % höher liegen als die der homogamen, die Stabilitätsraten der heterogamen aber nur ca. 10 % niedriger als die der homogamen. Da in Veröffentlichungen gewöhnlich nur die Scheidungsraten aufgeführt würden, werde dem Leser hohe Instabilität religionsverschiedener Ehen suggeriert, ohne die prozentual große Zahl der stabilen Ehen zu berücksichtigen. Korrekterweise sollten in Publikationen immer beide Raten angegeben werden. (Vernon 1965) [6]

Geschiedene Ehen

Beide Katholiken	4,4 %
Beide Juden	5,2 %
Beide Protestanten	6,0 %
Katholik-Protestant	14,1 %
Beide konfessionslos	17,9 %

Andauernde Ehen

Beide Katholiken	95,6 %
Beide Juden	94,8 %
Beide Protestanten	94,0 %
Katholik-Protestant	85,9 %
Beide konfessionslos	82,1 %

Tabelle 1: Vergleich der Prozentzahlen von geschiedenen und andauernden Ehen nach Vernon 1965

Auch Vincent warnt vor der leichtfertigen Interpretation von Scheidungsraten interkonfessioneller Ehen. Am oft strapazierten Beispiel des gleichzeitigen Vorkommens von vielen Störchen und einer hohen Geburtenrate weist er darauf hin, daß ohne Untersuchung anderer Faktoren nicht einfach postuliert werden könne, die Tatsache der Heterogamie erhöhe die Instabilität; Statistiken zeigten zwar Korrelationen, die aber nicht notwendigerweise Ursache und Wirkung darstellten (vgl. Huff 1954: 87 - 91). Vincent vermutet außerdem eine Selektivität wissenschaftlicher Forschung in den Bereichen, die als gesellschaftliche Probleme betrachtet würden, etwa den bireligiösen,

---

[6] Dies ist nur *ein* Beispiel für den manipulierenden Umgang mit Prozentzahlen bzw. Statistiken. Für einen leicht lesbaren ersten Überblick über weitere siehe Huff 1954.

binationalen und "interrassischen" Zwischenheiraten, weil diesen die größten Vorurteile entgegenschlügen. Provozierend fragt er, warum Ehen von Personen unterschiedlicher politischer Ansichten, stark divergierender physischer Kräfte oder aus städtischen und ländlichen Gegenden nicht auf ihre Stabilität untersucht würden:

> "We don't know, for example, how much marital discord results when two people bring quite different physical constitutions to a marriage. ... Ministers may emphasize that marital strife can result when husband and wife attend separate churches and seek to rear their children in different faiths. But do physiologists stress that marital strife can result when the cup of physical energy and health runneth over for one spouse, but runneth dry for the other? Or when 365 nights a year the husband wants three blankets - the wife but one[7]? And when husband wants car windows closed - wife wants them open? (To be consistent with this degree of overstatement, we should perhaps propose a basal metabolism test as part of the premarital medical examination) (Vincent 1972: 183).

Vincent schlägt vor, statt des "Symptoms" Zwischenheirat die Forschung auf die "Krankheit" gesellschaftliche Vorurteile und institutionelle Interessen zu konzentrieren. (Vincent 1972: 181 - 183, 193, 194)

4.2 Zusammenfassung

Intensive Auswertung von Statistiken über Zwischenheirat ist ein Charakteristikum der U.S.-amerikanischen soziologischen Arbeiten. Zentrales Forschungsinteresse ist dabei das Aufspüren von Häufigkeiten und Korrelationen, die Erklärungsansätze für heterogame Partnerwahl, Ehestabilität und Assimilation liefern. Statistiken und Untersuchungen sind stark "WASP"-zentriert bzw. "schwarz"-"weiß"-dichotomisiert.

Im Gegensatz dazu befassen sich deutsche Studien, gewöhnlich Examensarbeiten, oft von binational gebundenen Frauen, meist mit dem Binnen-

---

[7] Tuomi-Nikula erwähnt das Befremden finnischer Ehepartner über die nicht geheizten Schlafzimmer in Deutschland und zählt es sogar zu jenen Merkmalen, die zu einer anfänglichen Akkulturationsblockade beitragen (Tuomi-Nikula 1987/88: 14). Ein Konfliktpotential dieses auf den ersten Blick banal wirkenden Bereichs für den Ehealltag läßt sich also durchaus vermuten und ist auch für die von Vincent gemeinten homogamen Paare vorstellbar.

und Außenbereich heterogamer Ehen; die empirische Datenerhebung erfolgt fast immer in Form von (biographischen) Interviews.

Fragebogenuntersuchungen finden sich überwiegend in soziologischen und psychologischen Arbeiten, Interviews in Studien aus allen Fächern. Feldforschung ist zum größten Teil die Methode von Ethnologen.

Außer Ethnologen, die sich in das Gebiet fremder Kulturen begeben, forschen Vertreter aller anderen Disziplinen mehrheitlich in ihren Heimatländern. Untersuchungseinheiten sind Heiraten mit Angehörigen ethnischer Minderheiten oder Einheiten in der eigenen Gesellschaft. Untersuchungsgebiete sind meist Industriegesellschaften, polyethnische Gesellschaften und Großstädte.

In die Auswahl von Forschungsschwerpunkten, die Anwendung von Methoden sowie die Darstellung und Interpretation von Ergebnissen können ideologische Haltungen der Untersuchenden einfließen, wozu das Thema der interethnischen Ehen besonders prädestiniert scheint. Belege für wertende Untersuchungen, die mit ihren Ergebnissen entweder die Propagierung oder die Ablehnung von Zwischenheirat stützen, lassen sich allerdings nur selten finden, da dies häufig an ungenügender Offenlegung der Methoden seitens des Untersuchenden scheitert.

5 Interethnische Partnerwahl

Wie in den vorangegangen Kapiteln schon festgestellt, handelt es sich beim Bereich der ethnisch bzw. religiös / konfessionell heterogamen Partnerwahl um das meistuntersuchte Gebiet der Zwischenheiratsforschung. Vor der Diskussion von Erklärungsansätzen sollen aber einige Grundannahmen über die Beziehung zwischen Ehe und Gesellschaft sowie allgemeine Partnerwahlmodelle betrachtet werden.

5.1 Einige Grundannahmen über die Beziehung zwischen der Institution Ehe und der Gesellschaft

Trotz der Schwierigkeiten, eine weltweit gültige Bestimmung des Begriffs "Ehe" zu finden (vgl. Kap. 2.2), ist davon auszugehen, daß es sich bei der Ehe im Sinne der für diese Arbeit entwickelten Definition um eine Universalie handelt: Jede bekannte menschliche Gesellschaft hat die Institution der Ehe (Murdock 1949: 8; Ember und Ember 1979: 37[1]). Dies erklärt sich vermutlich aus der stammesgeschichtlichen Entwicklung des Menschen, in der eine auf Dauerhaftigkeit angelegte Paarbindung, geschlechtliche Arbeitsteilung sowie vorrangige oder exklusive sexuelle Rechte der Partner aneinander von evolutionärem Vorteil waren (Ember und Ember 1979: 39, 43 - 47; Vogel 1973: 19 - 21; Murdock 1949: 7, 8; Linton 1936: 135, 136).

Wenn also Ehen in allen Gesellschaften existieren und bestimmte Funktionen erfüllen, so ist davon auszugehen, daß stabile Ehen für den Bestand und das Funktionieren einer Gesellschaft vorteilhafter sind als instabile (vgl. Coppinger und Rosenblatt 1968: 310). Diese Annahme wird auch durch Murdocks interkulturellen Vergleich bezüglich Ehestabilität gestützt, da

---

[1] Murdocks Werk beruht auf einem interkulturellen Vergleich von 250 sorgfältig ausgewählten Gesellschaften (Murdock 1949: VIII - XI). Da Ember und Ember keine eigene Definition geben, dürfte sich ihre vorsichtige Formulierung "nearly every society known to us" auf die Diskussion um verschiedene Ehedefinitionen und Grenzfälle beziehen, etwa den der südindischen Nayar (Asad 1960; Gough 1959), der in Kap. 7 näher erläutert werden wird.

Scheidung in keiner Gesellschaft positiv bewertet wird (vgl. Kap. 2.2). Wenn man funktionalistisch eine Gesellschaft als einen Organismus, ein System, ansieht, das versucht, sich selbst zu erhalten, sind folglich in jeder Gesellschaft Mechanismen zu erwarten, die Faktoren ehelicher Instabilität auszuschalten versuchen.

Je ähnlicher der kulturelle Hintergrund der Ehepartner, umso weniger Unterschiede in der Wahrnehmung, der Art der Kommunikation, den Werten, der Auffassung von Ehepartnerrollen, der adäquaten "Performance" im Sinne Barths (s. S. 20) lassen sich vermuten (z. B. Fontaine und Dorch 1980: 329, 330).

"If so, then intercultural couples, almost by definition, would be expected to have more difficulties" (ibid.: 330).

Hinzu kommt, daß von vornherein kulturell ähnliche Ehepartner mit großer Wahrscheinlichkeit auch ihre Kinder gemäß der gemeinsamen Kultur sozialisieren werden, also zu deren Perpetuierung beitragen. Murdock stellte anhand seines interkulturellen Vergleichs fest, daß kulturelle Sozialisation hauptsächlich Aufgabe der Kernfamilie mit weitgehend gleicher Aufteilung auf Eltern und Geschwister ist und als eine der Funktionen der Kernfamilie zu betrachten sei (Murdock 1949: 10, 92). Heer formuliert mit Bezug auf nicht näher bestimmte Wir-Gruppen:

"Die wichtigen sozialen Beziehungen sind innerhalb der Gruppe ausgeprägter als außerhalb. Folgerichtig ist die Eheschließung die Form von Interaktion in der Gruppe, die dazu dient, die kulturelle Prägung zu erhalten. ... Gruppen, die ihren Charakter behalten wollen, reagieren deshalb auf Eheschließungen mit Außenstehenden ablehnend" (Heer 1985: 179).

Milton M. Gordon, der sich mit ethnischen Einheiten in den U.S.A. und ihrer möglichen Assimilation beschäftigt, sieht Ethnien nicht nur als Quelle der Identifikation, sondern auch als ein geordnetes Netzwerk von Gruppen und Institutionen, die dem Individuum während aller Phasen des Lebenszyklus' erlauben, Primärbeziehungen auf die eigene ethnische Einheit zu beschränken (M. Gordon 1964: 38). Je mehr Interaktionen zwischen Personen derselben ethnischen Einheit stattfinden, umso größer ist die Wahrscheinlichkeit des Bestehenbleibens der Ethnie (Francis 1976: 250).

Parsons weist in seiner Charakterisierung des Wesens ethnischer Einheiten darauf hin, daß diese sich nur in dem - rein theoretischen - Fall exakt voneinander abgrenzen ließen, wenn ihre Mitglieder absolut homogam heiraten würden (Parsons 1976: 57).

Einen weiteren wichtigen Aspekt haben zuerst Davis und Merton hervorgehoben. Zumindest in geschichteten Gesellschaften, mit abgeschwächter Intensität auch in akephalen mit uni-, vor allem patrilinearer Deszendenzregel, hätten Ehepartner denselben sozialen Status: Selbst wenn die Heirat nicht homo-, sondern hyper- oder hypogam ist, wird den Partnern durch die Eheschließung derselbe[2] Rang zugeschrieben, und zwar nach Ansicht Davis' bei regelkonformen Heiraten der höhere, bei kakogamen der niedrigere (Davis 1941: 376 - 379; Merton 1966: 141, 142). Nur auf diese Weise kann eine eindeutige Statusplazierung des Ehepaars und seiner Kinder stattfinden, die das Aufrechterhalten von Vorrechten und Immunitäten gewährleistet und die Verteilung von Macht, Autorität und Status an andere Einheiten verhindert. In den meisten Gesellschaften verbindet Heirat nicht nur zwei Individuen, sondern auch zwei Verwandtschaftsgruppen mit gegenseitigen Rechten und Pflichten (z. B. Fox 1967: 232): Bei agathogamer Hyper- und Hypogamie sowie bei Homogamie findet die Interaktion mit den Verwandtschaftsgruppen der Partner in gesellschaftlich vorgegebenen und geregelten Bahnen statt. Die Kinder des Paares wachsen ohne durch verschiedene elterliche Wir-Gruppen bedingte Loyalitätskonflikte auf; die eindeutige In-Group-Zuordnung setzt ihre Mitglieder auch symbolisch gegen die anderer Einheiten ab und wirkt zugleich durch die Enkulturation in den Gruppenwerten integrierend, also stärkend, für die Wir-Gruppe. (Merton 1941: 140, 141) Das Prinzip der Statusgleichheit der Ehepartner im Zusammenhang mit rangbedingten Privilegien und der eindeutigen Plazierung von Kindern wurde auch von anderen Autoren betont, etwa Winch (1973: 446) und Henriques (1974: X), der darauf hinweist, daß gerade bei "interrassischen" Heiraten die Gesellschaftsstruktur einer "rassischen" Schichtung bedroht würde. Ein anschauliches historisches Beispiel für dieses Dilemma und die unumgängliche Gleichheit der Ehepartner ist folgende in der deutschen Kolonial-

---

[2] Dies ist nicht für alle Gesellschaften ganz korrekt. In einigen behalten die Ehepartner den Rang, welchen sie von Geburt an hatten, etwa bei den Trobriandern (Malinowski 1929: 108, 109). Die eindeutige Statusplazierung der Kinder ist dann aber offenbar auf andere Weise gewährleistet, zum Beispiel durch unilineare Deszendenzregeln oder durch ein Bemühen um relativ schichthomogame Partnerwahl zumindest bei hochrangigen Personen (siehe etwa Malinowski 1929: 70, 71, 113, 114). Davis und Merton meinen daher zu Recht, daß der intime Charakter einer Ehe wenigstens annähernd gleichen Rang der Partner beinhalten muß, da sonst weder Sexualität noch Dienstleistungen wie zum Beispiel Kochen für den Partner oder seine Verwandtschaftsgruppe möglich wären, wenn diese dadurch rituell verunreinigt würden.

zeit 1912 vom südwestafrikanischen Landesrat eingebrachte und angenommene Entschließung zur Ernennung "Ehrenweißer":

"...'der Landesrat bittet das Kaiserliche Gouvernement, dafür eintreten zu wollen, daß alle bis zum Jahre 1905 geschlossenen Mischehen anerkannt werden, da, wo nach Beurteilung des zuständigen Bezirksrates das Leben der Eltern und die Erziehung der Kinder den allgemeinen Anforderungen an Sitte und Moral entspricht. Den Betroffenen soll eine diesbezügliche Bescheinigung gegeben werden, die es ausspricht, der oder die soundso gilt weiß. Es ist dafür zu sorgen, daß den als Weiße anerkannten Personen ihre Rechte gesetzlich garantiert werden...'" (Zeitschrift für Kolonialpolitik XIV, 675 nach Hubrich 1913: 498, 499).

Davis sieht die U.S.-amerikanischen Südstaaten, Mair die Apartheidsgesellschaft Südafrikas als ein anhand von "Rassen" definiertes Kastensystem, das wie alle Kastensysteme durch strenge Heiratsschranken gekennzeichnet sei (Davis 1941: 388; Mair 1977: 34). In westlichen Industriestaaten besteht zum Teil entsprechend der Wohndauer im Einwanderungsland ein Gefälle im sozio-ökonomischen Status von Einheimischen und Immigranten, das gemäß den Einwanderungswellen verschiedener Nationalitäten grob einer Schichtung von Ethnien entspricht. Goffman geht so weit, im Kontext der U.S.-amerikanischen Gesellschaft "nicht-weiße" "Rassen"- und Ethniezugehörigkeit als unilinear weitergegebenes und für alle Familienmitglieder gültiges Stigma[3] zu sehen (Goffman 1963: 4) und zu postulieren:

"By definition, of course, we believe the person with a stigma is not quite human" (ibid.: 5).

Lévi-Strauss betrachtet ebenso die Grenzen der Zuerkennung des Menschseins im Fall vieler ethnischer Einheiten durch einen starken Ethnozentrismus definiert und als Grundlage für Heiratsschranken:

---

[3] Er definiert Stigma als ein stark herabsetzendes Attribut, das eine Person von dem Stereotyp eines kontextabhängig konstruierten "normalen" Individuums abweichen läßt. Eigentlich sei die *Beziehung* zwischen dieser Person und anderen, nicht das Attribut, entscheidend; letztere werde aber häufig in der Wahrnehmung auf dieses Attribut reduziert und einer entsprechenden Kategorie zugeordnet. Beispiele für ein Stigma in den U.S.A. wären körperliche oder geistige Behinderung, psychische Auffälligkeiten, Kriminalität, aber eben auch bestimmte "Rassen"- und ethnische Zuschreibungen. (Goffman 1963: 2 - 4)

"L'endogamie vraie est seulement le refus de reconnaître la possibilité du mariage en dehors de la communauté humaine; celle-ci étant sujette à des définitions très diverses, selon la philosophie du groupe considéré. Un très grand nombre de tribus primitives se nomment d'une appellation qui signifie seulement, dans leur langage, 'les hommes', montrant par là qu'à leurs yeux, un attribut essentiel de l'humanité disparaît quand on sort des limites du groupe" (Lévi-Strauss 1949: 57).

Die Eigenzuschreibung eines höheren Status für die Wir-Gruppe kann also durchaus auch in nicht-geschichteten Systemen virulent sein. Je höher der Rang und die zu verteidigenden Werte von Macht, Prestige und Ressourcen, umso stärker dürfte jedoch die Abgrenzung gegenüber rangniedrigeren Einheiten sein: Wer viel zu verlieren hat, wird seinen Besitz umso eifriger behüten. Entsprechend finden sich die stärksten Endogamieregeln in sehr hierarchischen Gesellschaften bzw. in deren oberster Schicht (Jacobsohn und Matheny 1963: 103; Goode 1964: 24, 80, 81; Hollingshead 1965). Letztere kann (auch) ethnisch definiert sein, muß es aber nicht, wie das Beispiel der schicht-homogamen, aber ethnisch heterogamen Heiraten von Angehörigen der europäischen Fürstenhäuser in den vergangenen Jahrhunderten zeigt (Görres 1964: 8). Pearlin konnte für die Vereinigten Staaten anhand der Auswertung eines U.S.-Zensus-Samples von 2.300 Haushalten nachweisen, daß Schicht-Heterogamie bei ausgeprägter Wahrnehmung dieses Aspekts, besonders bei Personen, die nach höherem Status streben, ein die Ehestabilität bedrohendes Element darstellt (Pearlin 1975).

Ein anderer Argumentationsstrang geht wieder von der biologischen Determinierung des Menschen aus: Frauenverlust sei negativ für eine Wir-Gruppe, da ihr mit diesen Frauen deren Reproduktionskraft verlorengehe; Frauen stellten in vielen Gesellschaften "soziale Wertgegenstände", zum Teil sogar die wichtigsten, dar (Lévi-Strauss 1949: 53; Barbara 1989a: 210; Fox 1967: 179, 203; Needham 1971: 28). Allerdings ist fraglich, ob man dabei so weit gehen muß wie Devereux[4], der in seinem psychoanalytischen Ansatz behauptet:

---

[4] Abgesehen davon, daß in der neueren feministischen Ethnologie die Auffassung von Frauen als mehr oder weniger willenlos verhandelbaren "Wertgegenständen" zugunsten von als sich durchaus verweigernden oder selbst die Initiative ergreifenden Personen über Bord geworfen wurde (z. B. Bossen 1988; Collier 1988), - diese "neue" Idee sowie zahlreiche Belege dafür finden sich übrigens auch schon bei Westermarck (1925, Bd. II: 286 - 327) -, erscheint Devereux' in diesem Zitat ausgeklammerte Begründung, "eine normale Frau ... fühlt sich im Grunde nicht einmal durch eine Vergewaltigung gedemütigt" (Devereux 1978: 186), in höchstem Grade fragwürdig und menschenverachtend.

"Mit der Frau eines anderen[5] Geschlechtsverkehr zu haben bedeutet, diesen zu feminisieren und symbolisch zu töten. Das verlangt jedoch eine Erklärung. Warum wird der Beischlaf ohne Gegenleistung als eine gesellschaftliche Entwürdigung und Tötung - weniger der Frauen selbst als - des Bruders, Vaters oder Gatten der Frau angesehen?
...
So kehre ich entgegen der allgemein anerkannten Auffassung Ursache und Wirkung um: nicht die Demütigung der Frau durch den Koitus erklärt die Schande der männlichen Familienmitglieder; im Gegenteil: diese [sic] erklärt jene. Die Frau demütigt mit ihrem Verhalten ihre Männer.

Die Demütigung, die ein Mann empfindet, wenn ein anderer eine 'seiner' Frauen verführt, kann auf mehreren Ebenen analysiert werden; dabei ist die nächstliegende die am wenigsten wichtige: der [sic] sich 'seine' Frau nehmen läßt, ohne eine andere als Gegenleistung zu fordern, zeigt darin seine Schwäche, ganz gleich ob er ein Bauer ist, der seinen Herrn das *ius primae noctis* ausüben läßt, oder der von einem Überlegenen angegriffene Australier. Die psychologische Gleichung Potenz = Macht vorausgesetzt, fühlt sich der Mann, der unfähig ist, seine Frau zu verteidigen oder zu rächen oder eine Gegenleistung zu fordern, im gesellschaftlichen Zusammenhang herabgesetzt und gleichzeitig symbolisch kastriert und feminisiert" (Devereux 1978: 186, 187; Hervorhebungen im Original).

Wenn es für eine Wir-Gruppe, - im Kontext dieser Arbeit eine ethnische Einheit -, notwendig ist, Frauen als "soziale Wertgegenstände" innerhalb der Gruppe zu behalten oder nur gegen "Gegenwert" abzugeben, wenn es in ihrem Perpetuierungsinteresse liegt, instabile Ehen zu verhindern, Kinder eindeutig sozial zu plazieren und zu sozialisieren, durch Allianzen zwischen statusgleichen oder -ähnlichen Verwandtschaftsgruppen mittels Heirat die Gruppenintegration zu fördern, sich mehr oder weniger ethnozentristisch gegen Sie-Gruppen abzugrenzen und all dies anhand kultureller Markierungen und Symbole zu tun, so muß diese Ethnie Heiratsregeln entwickeln und durchsetzen. Das Vorhandensein von Heiratsregeln ist tatsächlich genau wie das von Ehe eine Universalie, die sich in allen bekannten menschlichen Gesellschaften findet (Merton 1966: 128; Barron 1946: 15; Goode 1964: 32; Lazar 1971: 1; Rückert et alii 1979: 10).

Die Personen, welche sich kulturell am meisten gleichen und damit obiger Annahme entsprechend die idealen Ehepartner wären, sind diejenigen,

---

[5] Er spricht dabei sowohl von der individuellen Ebene als auch von Vergewaltigungen oder Offerten von Frauen im Rahmen des Krieges zwischen ethnischen Einheiten.

die in derselben Kernfamilie sozialisiert wurden. Da aber alle Gesellschaften ein - wie auch immer definiertes - Inzestverbot haben, muß Heirat außerhalb des als Kreis der nächsten Verwandten betrachteten Bereichs stattfinden. Ohne hier auf die verschiedenen Erklärungsansätze zur Universalität des Inzesttabus näher eingehen zu wollen, sei auf zwei seiner Funktionen hingewiesen:

1. das Ausschalten von sexueller Rivalität in der davon betroffenen Verwandtschaftsgruppe und damit von zerstörerischem Konfliktpotential;
2. die Notwendigkeit, mit anderen Familien Kontakt zu pflegen und zu interagieren, was zugleich die Solidarität unter diesen Familien und damit die Integration der gesamten Einheit fördern kann.

(Westermarck 1925: 82 -136, 170 - 218; Murdock 1949: 269 - 271; Lévi-Strauss 1949: 53; Rodman 1965a: 48 - 50; Fox 1967: 54 - 76)

Folglich findet sich in allen Gesellschaften ein Spektrum von Endogamie und Exogamie, das die Eheschließung mit sozial zu nahen und zu weit entfernten Personen verbietet. Diese beiden Heiratsschranken bilden die Pole, innerhalb derer das Feld der wählbaren Ehepartner ("field of eligibles" in der amerikanischen Literatur) liegt. Die Intensität des Verbots ist jedoch - ebenso wie die Definition der untersagten Heiratskategorien - in jeder Gesellschaft anders: Sie kann von Präferenzen über lockere Vorschriften bis zu strengen Verboten reichen. Die Kontrolle der Heiratsregeln wird durch Sanktionen ausgeübt; ihr Grad entspricht der Strenge der Vorschrift. (Merton 1966: 128, 129; Goode 1964: 33; Rodman 1965a: 60, 61) Cerroni-Long erklärt das gleichzeitige Vorhandensein von Endo- und Exogamie in jeder Gesellschaft allianztheoretisch: Heirat sei eine Austauschform; Austausch verliere aber seine Bedeutung, wenn zwei Einheiten nicht verschieden genug seien, um Reziprozität sinnvoll zu machen, und wenn sie nicht ähnlich genug seien, um gleiche Werte zu teilen (Cerroni-Long 1984: 25).

Ein Idealschema der Partnerwahl unter diesen Voraussetzungen skizzierte Rodman (Rodman 1965a: 60):

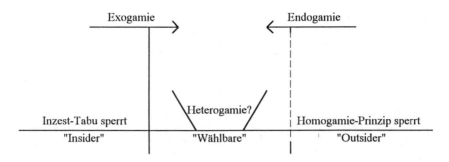

Abbildung 1: Idealschema der durch das Inzest-Tabu, Homogamie-Prinzip und - nach Winch 1958 - durch Heterogamie im Feld der Wählbaren bestimmten Partnerwahl (nach Rodman 1965a)

Murdock fand in seinem interkulturellen Vergleich nur eine einzige Gesellschaft, die tribale Exogamie aufwies; alle anderen waren tribal endogam (Murdock 1949: 265): Auf das Beispiel der Quinault wird in Kapitel 5.3.4. bei der Diskussion verschiedener Ansätze zu interethnischer Partnerwahl noch näher eingegangen werden.

Auch das tatsächliche Heiratsverhalten ist - zumindest in den statistisch untersuchten nationalstaatlich definierten Gesellschaften[6] - überwiegend ethnisch homogam[7]. Die Ausnahme ist Hawaii, wo - erschwert durch die

---

[6] Auf die Probleme, ethnische Selbst- und Fremdzuschreibung und damit auch die Häufigkeit interethnischer Heiraten anhand von Statistiken zu messen, wurde in Kapitel 3 schon eingegangen.

[7] Drachsler (1920: 108) fand für 1908 - 1912 in New York City 13,6 % Eheschließungen zwischen Einwanderern unterschiedlicher nationaler Herkunft, Risdon (1954: 93) für 1948/49 in Los Angeles County weniger als 0,5 %, Barnett (1963: 424 - 427) für 1955 in Kalifornien 1,2 % und für 1958 1,4 %"interrassische", Pavela (1964: 209) für 1958/59 in Indiana 0,1 % "schwarz"-"weiße" Heiraten. Carter und Glicks (1976: 412) Analyse des U.S.- Zensus ergab für 1960 einen Anteil von 0,4 % und für 1970 einen fast verdoppelten von 0,75 % "rassisch" heterogamen Ehen. Porterfield (1984: 17 - 19) schätzt unter Verweis auf die unzulänglichen U.S.-Statistiken die Verbreitungshäufigkeit von Ehen zwischen "Schwarzen" und "Weißen" für 1981 auf unter 1 % aller bestehenden Ehen in den Vereinigten Staaten. Meine Hochrechnung der in Anonymus 1973b abgedruckten Statistiken ergibt in der Bundesrepublik Deutschland für 1960 1,9 %, für 1970 2,9 %, in der Schweiz für 1960 17,9 % und für 1970 15,8 %, Australien für 1970 21,4 %, in Liechtenstein für 1971 sogar 47,2 % binationale Eheschließungen. Colemans (1985: 9) Auswertung einer Volkszählung für 1981 in Großbritannien ergab einen Anteil von 1 % existierenden Ehen zwischen "Weißen" und "Nicht-Weißen" (inkl. Konkubinate). Mengchee Lee (1988:

statistische Zuordnung von Kindern aus solchen Verbindungen - heterogame Heiraten seit den dreißiger Jahren immer häufiger waren als an anderen Orten und wo in den Sechzigern von 37 %, in den siebziger Jahren bereits von mehr als 50 % Zwischenheiraten gesprochen wurde (Schmitt 1965: 465; Parkman und Sawyer 1967: 594; McDermott 1977: X).

Murdock formuliert am Ende seines Buches ein Kontinuum der Wahl von Sexualpartnern (1949: 314 - 322). Er macht nicht ganz deutlich, ob er dabei ausschließlich von gesellschaftlichen Regeln mit dem Schwerpunkt auf Heiraten oder auch von bloßen Sexualpartnern spricht; gemeint ist vermutlich das erstere. Personen fremder Kultur und Nationalität rangieren in dieser Skala der Ablehnungsgrade direkt hinter Tieren (ibid.: 315), ein Gedanke ähnlich dem von Lévi-Strauss und Goffman, die die Grenzen des als menschlich Erachteten außerhalb der eigenen ethnischen Einheit sehen. Murdocks Annahme ist hinsichtlich *gesellschaftlich* weltweit bevorzugter bzw. ausgeschlossener *Heirats*partner, also Partnerwahl-Regeln, sicher richtig, wie sein interkultureller Vergleich zeigt. In bezug auf Sexualpartner, vor allem kurzfristige, aber auch eheliche, also auf Partnerwahl-*Verhalten*, kann allerdings nicht von einem allgemein menschlichen Abscheu ausgegangen werden: Genau wie bei der Diskussion um die Ursprünge des Inzest-Tabus wäre hier zu argumentieren, daß nicht verboten werden muß, was sowieso niemand möchte (z. B. Fox 1967: 60). Murdock mag in dieser Beziehung vielleicht auch ein Kind seiner Zeit und Gesellschaft sein, in der der Begriff der "Intermarriage" vor allem mit der stark abgelehnten Heirat zwischen "Weißen" und "Schwarzen" assoziiert wurde. Er beruft sich außerdem in seinem Vorwort ausdrücklich auf den Einfluß, den die Werke von Davis und Merton auf die Abfassung seines Buches hatten (Murdock 1949: XIII), ja, er

---

262) fand für Singapur ca. 5 - 6 % Zwischenheirat für die Jahre 1955 - 1984, Nitta (1988: 209) einen Anstieg der in Japan geschlossenen japanisch-ausländischen Ehen von 0,4 % für 1965 auf 1,7 % für 1985. Fisher berechnet auf der Grundlage einer Statistik über Zwischenheirat von 1969 für 14 nichtrussischen Sowjetrepubliken den Prozentsatz der "nationalitäten"-heterogamen Paare: Er beträgt zwischen 5,7 % (Kirgisen in Kirgisien) und 31,0 % (Letten in Lettland) (Fisher 1977: 397, 398). Auch für Gemeindestudien liegen einige Zahlen vor: McFarlane (1979: 194) fand in dem von ihm untersuchten Dorf in Nordirland 3,6 % katholisch-protestantische Heiraten zwischen 1945 und 1975; Jensen (1989: 27, 29) in Trou-d'Eau-Douce auf Mauritius 1984 unter 0,5 % interethnische Ehepaare. In der Bundesrepublik Deutschland lag in den Jahren um 1980 der Anteil von Heiraten mit Ausländern um 8 % aller Eheschließungen; bei den Heiraten *aller Ausländer in Deutschland* betrug der Prozentsatz von Heiraten mit Deutschen sogar 75 % (Vaskovics 1984: I). Zum Vergleich: 1990 waren 9,6 % aller Eheschließungen solche zwischen Deutschen und Ausländern (Bericht... 1994: 29).

übernimmt sogar Davis' Beispiel der Natchez, bei denen trotz Hypergamie-Regel die Frauen der obersten Schicht Männer der untersten heiraten sollen (vgl. Davis 1941: 382, 383; Murdock 1949: 266), und verweist bei der Erwähnung von Heiratsregeln auf Mertons Artikel von 1941 (Murdock 1949: 261; vgl. Merton 1966: 129). Beide Autoren geben das Beispiel "schwarz"-"weißer" Heiraten in den U.S.A. als einen Beleg für ihre Zwischenheiratsthesen (Davis 1941: 388 - 390; Merton 1966: 134 - 141; s. u.).

Wenn also interethnische Heirat für Individuen so viele Nachteile mit sich bringt wie es das skizzierte funktionalistische Idealmodell der Beziehung zwischen Ehe und Gesellschaft suggeriert, nämlich innereheliches Konfliktpotential und instabile Ehen durch kulturelle Unterschiede, Loyalitätskonflikte und uneindeutige Statusplazierung für das Ehepaar und die Kinder sowie Sanktionen von seiten der sozialen Umwelt, warum - und unter welchen Umständen - finden dann überhaupt interethnische Eheschließungen statt? Und warum sind sie in bestimmten Gesellschaften oder polyethnischen Konstellationen häufig, in anderen kaum existent? Bevor Forschungsansätze zur Annäherung an diese Fragen diskutiert werden, sollen allgemeine Modelle der Partnerwahl vorgestellt werden.

5.2 Allgemeine Partnerwahlmodelle

Partnerwahl sei von nun an als Gattenwahl definiert, wenn nicht anders erwähnt:

"Partnerwahl ist der Prozeß, in dem heiratsfähige und -willige Männer und Frauen Ehepartner suchen und finden" (Pohl 1973: 25).

Auf die biologischen Ansätze zur Erklärung von Partnerwahl bzw. Paarungssiebung möchte ich an dieser Stelle nicht eingehen, da mir die Untersuchungsmethoden und der Forschungsstand der physischen Anthropologie für eine Bewertung zu wenig vertraut sind. Hinzuweisen ist in diesem Zusammenhang auf die Arbeiten von Schwidetzki (1950), Knußmann (1960, 1961a, 1961b, 1965), Stegemann und Knußmann (1984), Hagen (1987) sowie Fauss (1988).

Die Grundannahme für alle Modelle von Partnerwahl ist, daß sie wie ein **Marktsystem** mit Angebot und Nachfrage funktioniert, unabhängig davon, ob die sozio-kulturelle oder die psychologische Ebene betrachtet wird. Heiratsregeln, Altersstruktur, Geschlechterproportion und räumliche Erreichbarkeit (vgl. Kap. 5.3.2.2.2 und 5.3.2.2.3) begrenzen das **"field of eligibles"** (s. S. 55), - das deshalb vielleicht treffender mit Kerckhoff als **"field of avai-**

lables and desirables" (Kerckhoff 1974: 62) zu bezeichnen wäre -, innerhalb dessen von Verwandten, Heiratsvermittlern oder den zukünftigen Eheleuten selbst potentielle Heiratspartner evaluiert werden. So wie die auswählenden Personen sind auch die an einem Ehemann oder einer Ehefrau geschätzten Qualitäten je nach Gesellschaft unterschiedlich. Jede Person versucht, soziale Interaktion so profitabel wie möglich zu gestalten, wobei Profit die Belohnungen unter Abzug der Kosten dieser Interaktion beinhaltet. Belohnungen sind Annehmlichkeiten und Vorzüge materieller, gesellschaftlicher und psychischer Art, Kosten hingegen Unannehmlichkeiten und Nachteile[8]. Jede Person, auch jeder Heiratspartner, hat Eigenschaften, die in Interaktionssituationen Belohnungen oder Kosten versprechen. Im Marktsystem gilt das Gleichwertigkeitsprinzip: Passende Partner sollten eine ungefähr gleich große Anzahl bzw. Wertigkeit von als positiv erachteten Eigenschaften im "Angebot" haben, unabhängig davon, ob es sich in der entsprechenden Gesellschaft dabei um Macht und Prestige, Bildung, Verfügung über bestimmte Ressourcen, einen Ruf als guter Jäger oder exzellente Töpferin oder um außergewöhnliche Schönheit handelt. Goode weist darauf hin, daß in jeder Gesellschaft bestimmte Qualitäten eine höhere Wertigkeit besitzen als andere (z. B. in den U.S.A. Familienprestige mehr als die Fähigkeit, gut tanzen zu können) und daß sie geschlechtsspezifisch sein können (z. B. in den U.S.A. die Eigenschaft, ein guter materieller Versorger zu sein, wichtiger für Männer, Schönheit wichtiger für Frauen). Wenn also in einem solchen Heiratsmarkt mehrere Individuen als mögliche Ehepartner zur Verfügung stehen, so ist für die Auswahl entscheidend, daß die Wertigkeiten ihrer Eigenschaften ungefähr übereinstimmen. Ist das nicht der Fall, müssen Nachteile in dem einen durch Vorteile in einem anderen Bereich kompensiert werden können (Goodes Beispiel: Eine besonders schöne Frau heiratet in eine sehr viel höhere Schicht, als es ihr bei durchschnittlichem Aussehen möglich gewesen wäre.). (Goode 1964: 32 - 35; Murstein 1973: 26, 27)

Vor allem in den Gesellschaften euro-amerikanischer Kultur besteht die durch Sozialisation verstärkte populäre Auffassung, **Liebe** sei das ausschlaggebende Partnerwahlmotiv: Verlieben könne man sich blitzartig und in jede mögliche Person. Betrachtet man sich jedoch die Heiratsstatistiken, so wird deutlich, daß sich die Partnerwahl durchaus nach ungeschriebenen Regeln vollzieht: In Deutschland beispielsweise sind Ehemänner selten jünger als ihre Frauen, noch seltener um mehrere Jahrzehnte, und sie stammen nur in wenigen Fällen aus einer Schicht, die von der ihrer Frau extrem nach unten abweicht (vgl. Jürgens 1973: 34, 36, 37). Auch Verlieben oder Anziehung ("attraction") vollzieht sich also innerhalb kultureller Wertsysteme und normativer Muster. So analysieren Berscheid und Walster Liebe als körper-

---

[8] Vgl. auch Francis 1976: 393.

liche Erregung und kulturelle Interpretation derselben ; "attraction" bedeute "making social comparisons" und bedürfe als Verstärkung (auch eingebildeter oder nur erwarteter) psychischer Belohnungen (1974: 360, 371 - 378).
Winch, dessen Ansatz der komplementären Bedürfnisse gleich noch vorgestellt werden wird, definiert Liebe und Partnerwahl folgendermaßen:

> "Love is the positive emotion experienced by one person (the person loving, or the lover) in an interpersonal relationship in which the second person (the person loved, or love-object) either (1) meets certain important needs of the first or (2) manifests or appears (to the first) to manifest personal attributes (e.g., beauty, skills, or status) highly prized by the first, or both" (Winch 1958: 88);

> "In mate-selection each individual seeks within his or her field of eligibles for that person who gives the greatest promise of providing him or her with maximum need gratification" (ibid.: 88, 89).

Goode definiert Liebe als starke emotionale Bindung zwischen Heranwachsenden oder Erwachsenen mit den Mindestkomponenten des Wunsches nach Geschlechtsverkehr und Zärtlichkeit (Goode 1959: 41). Er beschreibt ein Kontinuum von Gesellschaften hinsichtlich der Institutionalisierung von Liebe als Partnerwahlelement: Es reicht vom klassischen China und Japan, wo Liebe als tragischer Irrtum, aber nicht als Grundlage für die Wahl eines Ehegatten betrachtet wurde, bis zu den Gesellschaften der euro-nordamerikanischen Kultur und Polynesiens mit Liebe als notwendigem - und bei Fehlen einer Rechtfertigung bedürfendem - Partnerwahlmotiv (Goode 1959: 41, 42; Goode 1964: 39, 40). Vermutlich hängen Partnerwahl aus Liebe und durch die potentiellen Ehepartner selbst statt durch Verwandte oder Heiratsvermittler mit postnuptialer Neolokalität und ökonomischer Unabhängigkeit von der Verwandtschaftsgruppe zusammen, wie auch ein interkultureller Vergleich über die Verknüpfung von Formen der Werbung und von freier Partnerwahl nahelegt (Rosenblatt und Cozby 1972). Liebe, d. h. Partnerwahl aus emotionalen Motiven statt beispielsweise Gründen der wirtschaftlichen Effizienz oder eindeutigen Schichtplazierung, kann die soziale Struktur bedrohen; deshalb wurden in einigen Gesellschaften Lösungen wie Kinderheirat, Bewachung und Seklusion von jungen Mädchen oder arrangierte Heirat gefunden (Goode 1959: 43, 44; Goode 1964: 40, 41). Wenn interethnische Ehen meist gegen Heiratsregeln verstoßen, wie dies die allgemeinen Annahmen in Kapitel 5.1 vermuten lassen, muß davon ausgegangen werden, daß ihnen zum großen Teil freie Partnerwahl durch die Heiratenden selbst zugrundeliegt. Ein daher für die gesellschaftliche Akzeptanz heterogamer Eheschließungen wichtiger, an einer interkulturellen Stichprobe überprüfter

(Rosenblatt und Unangst 1974) Indikator, auf den in diesem Zusammenhang bei der Darstellung von Fallbeispielen in späteren Kapiteln verwiesen werden wird, sind Heiratszeremonien: In ihnen manifestiert sich durch Elaboriertheit und Anwesenheit vieler Personen der Aspekt der öffentlichen Anerkennung der Ehe, oder, wie es in den "Notes and Queries" schlicht formuliert heißt:

> "Ceremonies mark the difference between a legal marriage and an irregular[9] union" (Notes and Queries 1951: 121).

Eine Hypothese, die in mehreren Schichten und Subkulturen der U.S.A. sowie mit Stichproben aus Japan, Indien und Mexiko getestet und bestätigt wurde, postuliert eine **Korrelation zwischen Ähnlichkeit in den Wertvorstellungen und Sympathie bzw. Anziehung** (Byrne et alii 1971; Griffitt 1974). Dieser Zusammenhang beruht vermutlich auf der psychischen Notwendigkeit zu einem logisch konsistenten Weltbild: Menschen, die ein Individuum in seinen Wertvorstellungen bestätigen, bestärken es in der Richtigkeit seiner Interpretation der Umwelt. Da kulturelle Sozialisation weitgehend die gleichen Werte vermittelt, könnte hierin *eine* Erklärung für den weltweit überwiegenden Trend zu Homogamie liegen: Sozial und kulturell ähnliche Personen sind nicht nur in ihren Handlungen und Gedanken berechenbarer füreinander, sondern sich auch sympathischer.

Ein anderer immer wieder zitierter Ansatz ist Winchs **Theorie der komplementären Bedürfnisse**. Ausgehend von der Frage, wie man das diffuse Konzept der Liebe psychologisch besser erklären könne, formulierte der Forscher die These, ein Mensch liebe eine Person, die signifikant anders sei als er, indem sie seine psychischen Bedürfnisse befriedige. Dies sei kein Widerspruch zur Homogamietendenz im Bereich der Sozialstruktur und auch keiner zu dem eben dargestellten Postulat eines Zusammenhangs zwischen Sympathie und gleichen Werthaltungen sowie Interessen: Vielleicht handele es sich bei letzterem um eine den Probanden bewußte, bei den komplementären Bedürfnissen um eine ihnen unbewußte Ebene der Beobachtung. Soziokulturelle und Werte-Ähnlichkeit schaffe das "field of eligibles", in dem dann jene Person gesucht werde, die die maximale Bedürfnisbefriedigung verspricht. Die größte Gratifikation für beide Partner sei zu erwarten, wenn Person A durch Ausleben ihres Bedürfnisses x Person Bs Bedürfnis y be-

---

[9] Gemeint ist wohl eher eine nicht legalisierte Verbindung, die zur heutigen Zeit in westlichen Industriegesellschaften jedoch durchaus regulär, d. h. gesellschaftlich akzeptiert und üblich, sein kann. In Kapitel 7 wird jedoch deutlich werden, daß gerade im Fall interethnischer Liebesbeziehungen Sanktionen oft gegen die Eheschließung, nicht gegen ein Konkubinat, einsetzen.

friedige und umgekehrt[10]. Folglich sei bei der Partnerwahl das Bedürfnismuster beider nicht ähnlich, sondern komplementär. Winch erhebt nicht den Anspruch, daß seine Theorie für alle Gesellschaften Gültigkeit habe. Er testete sie an einer Stichprobe von fünfundzwanzig Paaren "weißer" städtischer junger gebildeter Mittelschicht-Amerikaner im Norden der Vereinigten Staaten und konnte im Rahmen dieses *sample* seine Hypothesen bestätigen. Er hebt hervor, daß in diesem Gesellschaftssegment die Erfüllung emotionaler Bedürfnisse und damit die Persönlichkeit der Partner funktional wichtiger für die Ehe sei als Kompetenz im wirtschaftlich-haushälterischen Bereich, da letztere von Institutionen bzw. Geräten zunehmend ersetzt würde. In anderen Gesellschaften hingegen könne die Aufgabenorientierung und die Effizienz in der Ehepartner*rolle*[11] für die Partnerwahl sehr viel wichtiger sein. (Winch 1958: XV - XVII, 3 - 15, 77, 93, 96, 104, 105, 119, 120, 307 - 309; vgl. auch Winch et alii 1954 sowie Winch 1955 zum Test von Unterhypothesen zu einzelnen Bedürfnispaaren)

Goode verweist darauf, daß dieser Ansatz komplexer ist, als er scheint, und eine Reihe von Fragen offen lasse. So erlaube er keine Aussagen über Eheglück oder -stabilität, denn die Rollenerwartungen und persönlichen Vorlieben der Ehepartner könnten trotz einer komplementären Bedürfnisstruktur divergieren. In der Partnerwahl gehe es außerdem um die - wenn auch zum Teil unbewußte - *Wahrnehmung* einer Person, deren Psychostruktur die eigenen Bedürfnisse zu befriedigen verspreche; diese Wahrnehmung könne allerdings auch falsch sein. Der Autor fragt, ob die *intensive* gegenseitige Befriedigung *eines* Bedürfnisses oder die *oberflächliche* gegenseitige *mehrerer* eine stabilere Ehe verspreche. (Goode 1964: 38, 39)

Einige Sozialwissenschaftler testeten Winchs Hypothesen mit anderen Stichproben, konnten sie allerdings nicht bestätigen (Rodman 1965a: 59, 60; Murstein 1967: 689; Rückert et alii 1979: 36). Murstein versuchte, die drei Konzepte Homogamie, komplementäre Bedürfnisse und (das von ihm befürwortete der) Rollen-Kompatibilität mittels der Korrelation von Selbst- und Partnerkonzept sowie Konzept des idealen Selbst und idealen Partners seiner Probanden zu vergleichen. Seiner Ansicht nach ist dem Ansatz der

---

[10] A hat sadistische, B masochistische Bedürfnisse; A hat das Bedürfnis nach Dominanz, B nach Unterwürfigkeit; etc.

[11] Winch versteht in diesem Zusammenhang Rolle im Sinn von geschlechtlicher Arbeitsteilung, etwa des Mannes als guter Jäger und der Frau als erfolgreicher Sammlerin. Darüber hinaus sind natürlich auch in dem von ihm untersuchten Gesellschaftssegment Rollen hinsichtlich emotionaler Gratifikation denkbar, etwa des Ehepartners als verständnisvollem Zuhörer und Tröster. Empirische Untersuchungen aus den U.S.A., etwa die von Murstein (1967) oder Kerckhoff und Davis (1962), faßten den Begriff der Rolle in dieser umfassenderen Bedeutung auf.

Rollen-Kompatibilität der Vorzug zu geben, der der Homogamie stimme in einigen Bereichen, während er keine Belege für komplementäre Bedürfnisse bei den - meist studentischen - jungen Paaren fand. (Murstein 1967)

Kerckhoff und Davis schickten im Abstand von sieben Monaten Fragebogen mit psychologischen Testskalen, in denen Wertkonsens und Bedürfniskomplementarität erhoben wurden, an Studentinnen und ihre Partner. Zunächst fanden sie ebenfalls hauptsächlich Belege für Werteübereinstimmung statt für komplementäre Bedürfnisse. Als sie ihre Ergebnisse hingegen mit der Dauer der Partnerschaft korrelierten, ergab sich ein differenzierteres Bild, so daß die beiden Autoren ein neues Dreistufen-Filter-Modell der Partnerwahl entwickelten: In der ersten Stufe filterten soziale Faktoren die potentiellen Partner gemäß homogamen Gesichtspunkten; in der zweiten Stufe, die durch Idealisierung des Partners geprägt sei, werde gemäß Wertkonsensus bzw. Rollenvorstellungen gefiltert, da der Partner eher stereotyp als als Persönlichkeit wahrgenommen werde; in der dritten Stufe schließlich gemäß komplementärer Bedürfniserfüllung, also Persönlichkeitsfaktoren. (Kerckhoff und Davis 1962)

Auch wenn die Gültigkeit dieser Ansätze zur Partnerwahl zum Teil noch umstritten ist, bleiben dennoch folgende Annahmen, die sich auch durch die Literatur zur Zwischenheirat ziehen, festzuhalten:

1. Partnerwahl funktioniert wie ein Marktsystem mit Angebot und Nachfrage von kulturell evaluierten Ehepartner-Attributen innerhalb eines Feldes der erreichbaren und gewünschten potentiellen Heiratspartner.
2. Falls interethnische Heirat gegen Regeln verstößt, ist von freier Partnerwahl der potentiellen Eheleute selbst, nicht von arrangierter, auszugehen.
3. Liebe oder Anziehung ist körperliche Erregung, positive Emotion mit dem Mindestwunsch nach Zärtlichkeit und Geschlechtsverkehr oder (erwartete) Befriedigung psychischer und / oder sozialer Bedürfnisse verknüpft mit kultureller Interpretation sowie Evaluierung innerhalb eines kulturell vorgegebenen Wertsystems.
4. Wenn Liebe als Partnerwahlmotiv emotionale vor wirtschaftliche oder statuserhaltende Aspekte setzt, kann sie die Sozialstruktur bedrohen.
5. Liebe als institutionalisiertes Element der Partnerwahl scheint mit postnuptialer Neolokalität und wirtschaftlicher Unabhängigkeit des Ehepaars von den Verwandtschaftsgruppen verknüpft.
6. Auch in Gesellschaften mit Liebe als institutionalisiertem Element der Partnerwahl sorgen Mechanismen wie z. B. segregiertes Wohnen, Arbeiten und Freizeitgestalten (euro-amerikanische Kulturen) oder Tabus (polynesische Kulturen) für ein sozio-ökonomisch homogenes Feld der Interagierenden und damit erreichbaren und wählbaren Partner.

7. (Wahrgenommene) Ähnlichkeit oder Übereinstimmung in Werthaltungen fördert vermutlich Sympathie und Anziehung.
8. (Wahrgenommene) Komplementarität in psychischen Bedürfnissen fördert vermutlich Sympathie und Anziehung.
9. (Wahrgenommene) Rollen-Kompatibilität fördert vermutlich Sympathie und Anziehung.
10. Möglicherweise erfolgt Partnerwahl mittels Sympathie und Anziehung in Form eines dreistufigen zeitversetzten Filters:
    a) Auswahl nach sozialen Kriterien
    b) Auswahl nach Wertkonsens- und Rollenkompatibilitätskriterien
    c) Auswahl nach Komplementarität in psychischen Bedürfnissen.

5.3 Ansätze zur Erklärung interethnischer Partnerwahl

Ausgehend von der Idee eines Heiratsmarktes, in dem jede Person gemäß ihrer Vor- und Nachteile in bezug auf andere beurteilt werde, entwickelte Murstein ebenfalls einen dreistufigen Ansatz, den er ausdrücklich auch zur Erklärung von "rassisch" heterogamer Partnerwahl in den U.S.A. vorschlug. Sein **Stimulus-Wert-Rollen-Modell** ("stimulus-value-role") geht davon aus, daß in einem "offenen", d. h. nicht durch erzwungene Interaktion gekennzeichneten[12] Feld der Wählbaren Anziehung zunächst aufgrund interaktionsunabhängiger Stimuli stattfinde: physischen, sozialen, geistigen oder den Ruf betreffenden Attributen. Wenn diese Anziehung gegenseitig sei, begännen und vermehrten die potentiellen Partner die Interaktion. In dieser zweiten Phase evaluierten sie ihre Werte sowie erneut jene Stimuli, die die Anziehung hervorgerufen hätten: Temperament und Interaktionsstil. Bei Wertekonsens und Fortbestand der Stimuli verstärke sich die Anziehung. In der dritten und letzten Phase finde schließlich eine Prüfung der Rollenkompatibilität, also des situationsspezifischen Verhaltens des Partners, statt.

In "geschlossenen" Feldern hingegen, wo Interaktion unabdingbar sei, nehme der Einfluß von Stimuli zugunsten der verbal erfolgenden Werte-Evaluation ab: Auch physisch oder vom sozialen Homogamieprinzip her wenig attraktive Personen, mit denen in einem "offenen" Feld gar nicht erst interagiert worden wäre, bekämen eine Chance, ihre Qualitäten im Feld der Erreichbaren sichtbar zu machen. Murstein glaubt, daß Partnerwahl zwi-

---

[12] z. B. einer Diskothek statt eines gemeinsamen Arbeitsplatzes

schen "Schwarzen" und "Weißen" mehrheitlich in "geschlossenen" Feldern ihren Anfang nehme. (Murstein 1973: 22 - 28)

Imamura (1986) ordnete die von ihren Probandinnen gemachten Aussagen über Partnerwahl und Ehe Mursteins drei Phasen zu. Von 21 Frauen, darunter auch fünf Afro-Amerikanerinnen und Afrikanerinnen, trafen zehn ihren zukünftigen Mann offenbar jedoch in einem "offenen" Feld; zwei weitere waren bereits länger in afrikaspezifische Tätigkeiten involviert. Nur vier Frauen, darunter zwei Afro-Amerikanerinnen, maßen in der Stimulus-Phase der nigerianischen Nationalität des Mannes eine eine Partnerschaft möglicherweise belastende Wirkung zu. Zwei weitere wurden von dem Heiratsantrag überrascht, die drei übrigen wollten ursprünglich überhaupt keine Liebesbeziehung zu diesem Mann; - dies sind Beispiele für Paare, deren Partner nicht gleichzeitig durch die Phasen gingen.

Mit Ausnahme der beiden sich widersprechenden Auffassungen von interethnischer Heirat als Heterogamie oder Homogamie, die gleich vorgestellt werden sollen, gibt es keine weiteren Modelle oder Theorien, die sich *ausdrücklich* auf Zwischenheirat beziehen. Hingegen wurde in der Forschung eine große Anzahl von begünstigenden Faktoren festgestellt, die auf den bisher genannten Annahmen zur Partnerwahl und Beziehung zwischen Ehe und Gesellschaft aufbauen oder sich in die Austausch- oder Summationstheorie (s. Kap. 5.3.1) einfügen lassen. Diese Faktoren sind strukturalistischen und kulturalen Denkansätzen zuzuordnen.

Untersuchungen zu interethnischer Partnerwahl machen den Löwenanteil aller bisher zur Zwischenheiratsforschung existierenden Arbeiten aus. Da das Ziel *meiner* Studie eine Aufarbeitung, Ordnung und kritische Bewertung dieser Fülle von Werken ist, bleibt ihre ausführliche Darstellung unumgänglich. Um dennoch eine bessere Übersichtlichkeit und Lesbarkeit zu gewährleisten, sollen in den folgenden Kapiteln all jene Absätze, in denen *empirische* Untersuchungen referiert werden, die einen der von mir unterschiedenen Forschungsansätze *stützen, ohne wesentlich zu seiner Formulierung beigetragen zu haben oder einen neuen Aspekt hinzuzufügen*, mit diesem Zeichen ■ eingeleitet werden. Zusammenfassungen theoretischer und *grundlegender* empirischer Arbeiten, meine eigenen Bewertungen und Analysen derselben sowie meine aus diesen Werken und ethnologischen Ansätzen entwickelten Hypothesen finden sich hingegen wie bisher im üblichen Schreibbild. Es versteht sich von selbst, daß auch die bloße Auswahl und Darstellung der mit ■ gekennzeichneten Studien gerade bei der Vielzahl der zum Thema vorliegenden Untersuchungen schon eine eigene Analyse und Bewertung beinhalten. Dennoch mag es für einige Leser zu mühselig sein, jede Facette jeder empirischen Arbeit zu einem bestimmten Ansatz der Partnerwahlforschung zu verfolgen, wie ich dies aus Gründen der Sorgfalt für eine kritische Diskussion der bisher in der Zwischenheiratsforschung vorliegenden Ergebnisse zu tun gezwungen war.

5.3.1 Kompensatorischer Austausch oder Summation? Die Heterogamie-Homogamie-Diskussion

1941 erschienen unabhängig voneinander zwei Artikel von Davis und Merton. Davis postuliert in seinem "Intermarriage in Caste Societies" genannten Aufsatz zunächst wie schon dargestellt die Gleichheit von Ehepartnern in Kasten- oder Klassenstatus als Prinzip in geschichteten Systemen und unabdingbar für die eindeutige Statusplazierung von Kindern. Dies leite sich nicht nur von den gesellschaftlichen Funktionen der Ehe her, sondern auch von ihrem intimen Charakter:

> "If some persons are 'untouchable', they must also be unmarriageable, and if food which they cook is 'uneatable', they must also be 'unusable' in the kitchen" (Davis 1941: 378).

Da jede Ehe als Zwischenheirat zu betrachten sei, schon weil sie von einem Mann und einer Frau geschlossen werde, sei der Begriff nur sinnvoll als Synonym für regelverletzende Ehen.

Hypergamie finde gewöhnlich nur zwischen Angehörigen benachbarter Schichten oder Kasten statt. Sie erlaube den Mitgliedern der höheren Einheit ein größeres Feld der Wählbaren[13] und im Falle von Brautpreis- oder Mitgift-Verpflichtungen eine vorteilhafte Ausgangsbasis. (Davis 1941: 376 - 386) Ist - etwa im Fall der von Davis beschriebenen Natchez des Mississippi-Tales - die Deszendenzregelung matrilinear, so muß ein rangniedrigerer Mann für eine ranghöhere Frau einen größeren Brautpreis zahlen als für eine gleichen Rangs. Bei patrilinearer Deszendenzregel - wie im Fall des Hindu-Kastensystems Indiens - profitiert die Familie des ranghöheren Mannes bei Hypergamie von einer größeren Mitgift, als sie sie von einer Frau derselben Kaste bekommen hätte.

Davis unterscheidet nun zwei Arten von Kastensystemen. Im ersten sei Abstammung, die sich in ökonomischen Merkmalen symbolisiere, das Kri-

---

[13] Davis bedient sich nicht dieses 1941 wohl noch nicht entwickelten Begriffs; es wird aber deutlich, daß er genau dies meint (Davis 1941: 385 - 389). Zum besseren Verständnis des Zusammenhangs mit den in Kap. 5.1 und 5.2 dargelegten Argumentationssträngen ist er daher hier von mir verwendet worden.

terium der Zugehörigkeit. Klassisches Beispiel sei die Hindu-Kastengesellschaft Indiens[14]. Im zweiten, das er "racial caste system" nennt, sei die Abstammung durch physische Merkmale mit angenommenen sozio-ökonomischen Unterschieden symbolisiert und zugleich das Kriterium der Zugehörigkeit. Im Gegensatz zu "non-racial" könne es in "racial" Kastensystemen keine Hypergamie im obigen Sinne geben: Die "Rassen"-Merkmale seien sofort erkennbar und unabänderlich; eine Gleichheit zwischen den Ehepartnern sei daher nicht herstellbar. In den U.S.A. finde sich ein solches "rassisches" Kastensystem.

In jedem dieser "racial caste systems" existiere eine rassistische Mythologie mit mehr oder weniger Bezug zur Wahrheit. So entspricht die Schichtung anhand von "Rassen" in den Vereinigten Staaten nicht in jedem Fall der sozio-ökonomischen. Davis fiel auf, daß in den wenigen Fällen von Heiraten zwischen "Schwarzen" und "Weißen" nicht entsprechend dem in geschichteten Systemen mit patrilinearer Deszendenz üblichen Muster der Hypergamie geheiratet wurde: Statt eines "weißen" Mannes mit einer "schwarzen Frau finde sich viel häufiger die umgekehrte Konstellation. Er bietet dafür mehrere Erklärungen an:

1. Im Rahmen eines wie ein Marktsystem funktionierenden Partnerwahlmodells könnten afro-amerikanische Männer mit hohem sozio-ökonomischen Status "weiße" Frauen mit niedrigem heiraten: Der hohe Schichtstatus des Mannes kompensiere seinen niedrigen "Rassen"-Status, der hohe "Rassen"-Status der Frau ihren niedrigen sozio-ökonomischen.
2. Da in den Vereinigten Staaten Männer die Versorgerrolle inne hätten, sei die Kombination "schwarze" Frau mit sozio-ökonomisch hohem Status - "weißer"Mann mit sozio-ökonomisch niedrigem Status unwahrscheinlich: Der Mann hätte keinen Vorteil aus dieser Art von Ehe.
3. Die institutionalisierte Ungleichheit zwischen "Schwarzen" und "Weißen" in den U.S.A. erlaube den "weißen" Männern, "schwarze" Frauen sexuell auszunutzen, ohne sie heiraten zu müssen.

---

[14] Hierzu ist zu bemerken, daß die Ideologie einer "rassisch"-biologischen Unterscheidung der Angehörigen verschiedener Kasten auch im indischen System sehr stark ist und eine der Wurzeln des Kastensystems bildet (Gespräch mit Prof. Dr. Bhiku Parikh, University of Hull, 18.5.1991). Die Übersetzung des aus dem Portugiesischen stammenden Wortes "casta", das auf das hinduistische System angewendet wurde, bedeutet "Geschlecht" im Sinne von Abstammungsgemeinschaft. Hautfarbe spielt auch innerhalb derselben Kaste bei der Wahl eines Ehepartners, in Form von Segenssprüchen (z. B. "Ich wünsche Dir eine helle Frau!") oder als Schönheitsideal eine Rolle (persönliche Erfahrung).

folge diesem jedoch gemäß dem patrilinearen Prinzip in seinen "Rassen"-Status.

Davis bezeichnet Brasilien und Hawaii als Gesellschaften, die aus historischen Gründen kein "rassisches" Kastensystem entwickelt hätten. Diesem entgegenwirkende Bedingungen seien eine ungleiche Geschlechterproportion der "weißen" Einwanderer, mehr als zwei "Rassen", viele einheimische Frauen und eine früh in der Kontaktgeschichte entstandene hohe Anzahl von "Gemischtrassigen". Ohne es explizit zu kennzeichnen, übernimmt Davis damit die Analyse von Adams. Dieser hatte den Begriff eines "racial caste systems" bereits 1937 geprägt (Adams 1937: 45) und für Hawaii die genannten entgegenwirkenden Faktoren als einige der ausschlaggebenden erkannt. (Davis 1941: 386 - 395; Adams 1937: 43 - 71)

Auch Merton (1966) geht in seinem Artikel "Intermarriage and the Social Structure: Fact and Theory" davon aus, daß der Begriff der Zwischenheirat per se nichts aussage: Jede Heirat sei insofern eine Zwischenheirat, als das Brautpaar aufgrund des Inzest-Tabus aus unterschiedlichen Elementarfamilien stamme[16]. Folglich sei er nur dann sinnvoll zu verwenden, wenn die heiratenden Personen aus Wir- und Sie-Gruppen kämen, die als kulturell relevant für die Partnerwahl betrachtet würden (vgl. das Zitat auf S. 20 in Kap. 2.3).

Verhalten	Regel	
	Wir-Gruppen-Heirat vorgeschrieben Sie-Gruppen-Heirat verboten	Wir-Gruppen-Heirat verboten Sie-Gruppen-Heirat vorgeschrieben
Regelkonformität: Agathogamie[17]	Endogamie[18] (Binnenheirat)	Exogamie[18] (Zwischenheirat)
Regelabweichung: Kakogamie[17]	Mesalliance zwischen Gruppen (Zwischenheirat)	Mesalliance innerhalb der Gruppe (inzestuöse Binnenheirat)

Tabelle 2: Kombination von Regeln und Verhalten der Partnerwahl hinsichtlich Binnen- und Zwischenheirat nach Merton 1966: 132

---

[16] und damit aus unterschiedlichen interagierenden Gruppen mit einer eigenen Familienkultur, wie Merton wohl meint, aber nicht schreibt (Merton 1966: 131, 132)
[17] Vgl. die Erläuterung der Begriffe in Kapitel 2.5.
[18] Im Gegensatz zu Merton habe ich Endogamie und Exogamie nicht als regelkonformes Heirats*verhalten*, sondern als Heirats*regel* definiert; vgl. Kap. 2.4. So werden die Begriffe um der Klarheit willen auch weiter verwendet, auch wenn die referierten Autoren andere Termini benutzen. Nach meinen Definitionen gehörten beide Begriffe in dieser Tabelle in die Kopfzeile und müßten in der Tabelle durch "Homogamie" bzw. "Heterogamie" ersetzt werden.

Nach der Entwicklung und Diskussion einer Vierermatrix von Heiratsregeln und Heiratsverhalten, die verschiedene Arten von regelkonformer und -verletzender Binnen- und Zwischenheirat aufzeigt (Tabelle 2), wendet er sich der Heirat zwischen "Schwarzen" und "Weißen" in den U.S.A. zu.

Wenn man von den drei Merkmalen "Rassische" Kaste, Schicht und Geschlecht ausgehe, könne man rein analytisch acht Personen-Typen zugrundelegen:

	"Rassische" Kaste	Schicht	Geschlecht
A	"Schwarz"	Unterschicht	weiblich
B	"Weiß"	Unterschicht	weiblich
C	"Schwarz"	Oberschicht	weiblich
D	"Weiß"	Oberschicht	weiblich
E	"Schwarz"	Unterschicht	männlich
F	"Weiß"	Unterschicht	männlich
G	"Schwarz"	Oberschicht	männlich
H	"Weiß"	Oberschicht	männlich

Tabelle 3: Die logisch möglichen Personen-Typen bei Zugrundelegung der Merkmale "Schwarz", "Weiß", Oberschicht, Unterschicht, Mann, Frau nach Merton
(Merton 1966: 135)

Daraus ließen sich rein logisch sechzehn Paarkombinationen bilden, die aber in der Realität nicht gleich wahrscheinlich seien. Vielmehr sei aufgrund der gruppenerhaltenden Charakteristika von endogam agathogamen Ehen, die Merton ausführlich analysiert und die zum Teil seiner Argumentation folgend in Kap. 5.1 dargelegt wurden, in der überwiegenden Mehrzahl der Fälle mit "rassen"- und schicht-homogamen Heiraten zu rechnen, also den Kombinationen AE, BF, CG, DH. Die demokratischen Werte der U.S.A. und der Komplex der romantischen Liebe als Partnerwahlmotiv würden allerdings die Schranken zwischen verschiedenen Schichten etwas aufweichen; alle aus der Sozialstruktur begründbaren Partnerwahlmechanismen müßten im übrigen durchaus nicht auf bewußter Ebene ablaufen.

Eine Erklärung, warum "Rassen"-Schranken dennoch überschritten werden, und zwar laut den von Merton eingesehenen Statistiken mit deutlicher Mehrheit in den Kombinationen BG, BE, DE und DG, versucht der Autor anhand ähnlicher Argumentation wie Davis zu geben. Wie dieser ist er der Ansicht, daß aufgrund der Ehemann-Rolle als Ernährer und der institutionalisierten Ungleichheit zwischen "Schwarzen" und "Weißen" Heiraten zwischen "weißen" Männern und "schwarzen" Frauen selten seien. In der Sozialstruktur der Vereinigten Staaten erhalte eine Frau ihren sozio-ökonomischen Status durch ihren Vater oder Ehemann. Außerdem sei es der Mann, der im Partnerwahlprozeß aktiver vorgehe. Dies vorausgesetzt, vermutet auch Merton, daß die BG-Kombination die häufigste sei, da nur sie beiden Partnern einen kompensatorischen Ausgleich erlaube. Hingegen seien Heiraten nach dem Muster BE nur unter den Parias der Gesellschaft zu finden, die sich aufgrund ihrer Benachteiligung von den Normen der Gesellschaft entfernt hätten. Stammten sowohl die "weiße" Frau als auch der "schwarze" Mann aus der Oberschicht (DG), handele es sich bei ihnen vermutlich um "Emanzipierte" oder "Radikale" in dem Sinne, daß sie die Rechtmäßigkeit der "rassischen" Schichtung zurückwiesen. Am seltensten sei jene Kombination zu erwarten, in der eine "weiße" Oberschicht-Frau einen "schwarzen" Unterschicht-Mann heiratet (DE). Merton zitiert als Beispiel für ein entsprechendes Partnerwahlmotiv eine Probandin Babers (1937) mit der Aussage, daß ihr "schwarzer" Unterschicht-Mann der einzige sei, der sie sexuell befriedige.

Davis und Merton betonen in ihren Artikeln, wieviel sie sich in den theoretischen Grundlagen an Werke des jeweils anderen anlehnen (Davis 1941: 376, 377; Merton 1966: 139, 141, 142, 146, 149, 152). Als Datenbasis zum Beleg ihrer Zwischenheirat-Thesen verwenden beide neben älteren Arbeiten über Afro-Amerikaner sowohl die methodisch gute Studie Drachslers (1921) als auch die hervorragende von Adams (1937), die allerdings den Schwerpunkt auf europäische Immigranten in New York bzw. auf die "Rassen" Hawaiis legen (vgl. Anhang 9.1) und so gut wie gar keine Aussagen über Afro-Amerikaner beinhalten (Davis 1941: 389, 391; Merton 1966: 132, 137). In bezug auf "schwarz"-"weiße" Zwischenheirat berufen sich beide jedoch unter anderen auf Baber (1937) und Reuter (Davis 1941: 387, 388, 390; Merton 1966: 137, 145, 146, 148, 149, 150). Babers methodisches Vorgehen wurde schon in Kapitel 3.3 und 4.1 kritisiert. Reuters mir vorliegende Arbeiten können aus heutiger Sicht nur als rassistisch bezeichnet werden. In seiner Doktorarbeit (1918) und - immerhin schon deutlich relativiert in - dem Buch von 1931 geht er beispielsweise von angeborenen Unterschieden in den kulturbildenden Fähigkeiten zwischen "Schwarzen" und "Weißen" aus und sieht die "Mulatten" - bei strenger Trennung von den "Weißen", da sie sonst als Unruhestifter Anspruch auf deren Status erhöben, - als "erhebendes Element" für die "Schwarzen", denen sie überlegen seien (z. B. Reuter 1931: 112 - 126, 150 - 163, 209 - 216).

Die **Davis-Merton-Hypothese vom kompensatorischen Austausch** zwischen "Rassen"-/ Kasten-Status und Schicht-Status mit der Grundannahme der BG-Heiratskombination als der wahrscheinlichsten und häufigsten ist vielfach zitiert und einer ganzen Reihe von Zwischenheiratsuntersuchungen als theoretisches Gerüst zugrundegelegt worden (z. B. Carter und Glick 1976: 129). Auch die Erklärungsansätze von BE-, DE- und DG-Partnerwahlmotiven waren einflußreich und wurden in Form der Partnerwahl-Hypothesen von mangelnder ethnischer Solidarität, Marginalität zur eigenen Gesellschaft, psychischen Defekten bzw. krankhaft begründetem deviantem Verhalten aufgenommen oder weiter ausgebaut (vgl. Kap. 5.3.3.4 bis 5.3.3.6).

Die Grundannahme, daß gesellschaftlich abgelehnte Heterogamie für den gemäß der ethnischen Schichtung ranghöheren Partner durch Vorteile wirtschaftlicher oder psychischer Art kompensiert werden müsse, wurde auch auf Paarkombinationen anderer "Rassen" oder Ethnien sowie auf Gebiete außerhalb der U.S.A. angewendet:

■ So griff etwa Das (1971) die Davis-Merton-Hypothese auf und verglich in seiner Untersuchung das Heiratsverhalten zwischen "Schwarzen" und "Weißen" in den U.S.A. mit dem von Berührbaren und Unberührbaren in Indien. Von seiner nicht-repräsentativen, nach dem Schneeballsystem ausgewählten Stichprobe von 21 indischen und 33 amerikanischen Paaren fielen 19 bzw. 31 in Mertons Kategorie BG, d. h. niedrigkastiger Mann mit Oberschicht-Beruf - hochkastige Frau mit Unterschicht-Beruf. (Das 1971: 26 - 28)

■ Loewen schilderte in seiner Feldstudie, wie sich die Chinesen des Mississippi-Deltas den sozialen Aufstieg durch Akzeptanz der anglo-amerikanischen Normen der Ungleichheit ermöglichten: Die meisten bekannten sich zur Doktrin der "rassischen" Segregation, was bedeutete, daß zwar viele Konkubinate, aber kaum Heiraten mit Afro-Amerikanern stattfanden und Ehen mit "Weißen" tabu waren. In den zwanzig Jahren vor dem Untersuchungszeitraum gab es nur sieben Heiraten mit "Weißen"; bei allen handelte es sich um die Kombination chinesischer Lebensmittelhändler - anglo-amerikanische Frau von niedrigerem sozio-ökonomischem[19] Status, also Mer-

---

[19] Die Operationalisierungen von sozio-ökonomischem Status variieren von Studie zu Studie. Untersuchungen der U.S.-amerikanischen Verhältnisse messen meist den Grad der Schul- bzw. Universitätsbildung und / oder das Einkommen und / oder den Grad der Wertschätzung eines Berufs. Vor allem in älteren Arbeiten werden für Frauen wegen häufiger Hausfrauen- statt Berufstätigkeit zudem die Daten ihrer Väter und / oder Ehemänner zugrundegelegt. Dies steht mit der Diskussion in Zusammenhang, ob Frauen in westlichen Industriegesellschaften in ihrer Gattenwahl einem "Zug nach oben" folgen, also eine Tendenz zu Hypergamie hätten (vgl. Schwidetzki 1950: 195, 196; Rubin 1968). Harré legt, Havighurst folgend, in seiner empirischen Arbeit Wohnviertel und Beschäftigung als Kriterien für sozio-ökonomischen Status in Neuseeland fest (Harré 1966: 34), wobei die Wohngegend meines Erachtens als abhängig vom Einkommen betrachtet werden kann. Jürgens (Jürgens in Jürgens (Hrsg.) 1973: 37) liefert eine Schichtgliederungstabelle für die Bundesrepublik Deutschland anhand von empirisch ermitteltem Sozialprestige bestimmter Berufe;

tons klassische BG-Konstellation. Im Gegensatz dazu waren die afro-amerikanischen Frauen der Lebensmittelhändler vom Berufsstatus her gleich oder höher und vom Bildungsstatus her höher anzusiedeln. Während in den Ehen mit mexikanischer oder "schwarzer" Partnerin der chinesische Mann eindeutig dominierte, kam es in den Ehen mit "weißen" Frauen zu Autoritätskonflikten. Loewen führt dies darauf zurück, daß "Rassen"- und Schicht-Status kollidieren und keinem Partner eindeutig einen höheren Rang zuweisen. (Loewen 1971: 74 - 79, 115 - 118, 148 - 152)

■ Tinker (1973) stellte bei Analyse des Heiratsverhaltens von Amerikanern japanischer Abstammung fest, daß seit den sechziger Jahren das Übergewicht heterogamer Frauen von einer großen Anzahl herausheiratender Männer nivelliert wurde. Er bietet dafür mehrere Erklärungen an, auf die in anderen Kapiteln (5.3.2.2.3, 5.3.3.1, 5.3.3.5, 6.1.1) noch eingegangen wird. *Ein* Ansatz geht davon aus, daß *Sansei*[20]-Männer zu ca. 90 % einen sehr hohen (durch Bildung und Beruf bestimmten) sozio-ökonomischen Status aufwiesen und damit als potentielle Ehepartner besonders attraktiv würden.

■ Beigel kommt nach Darstellung seiner klinischen Fallstudien zu dem Schluß, daß nur ein Defekt physischer, psychischer, ökonomischer oder sozialer Art, der die Partnersuche in der eigenen Wir-Gruppe erschwert, den Partner mit dem höheren "rassischen" oder ethnischen Rang dazu bringen könne, jemandem mit entsprechend niedrigerem Rang zu ehelichen. Der andere Partner tausche wirtschaftlich oder psychisch Defekt-Kompensierendes gegen hohes Prestige. (Beigel 1967: 319, 321, 322)

■ Goldman veröffentlichte bereits im Jahr vor der schriftlichen Formulierung der Davis-Merton-Hypothese ein historisches Beispiel von der Nordwestküste Nordamerikas, das alle Züge des wechselseitigen kompensatorischen Ausgleichs einer BG-Partnerkombination aufweist: Die Alkatcho Carrier tauschten mit den Bella Coola Pelze und waren gezwungen, sie wegen Kälte und Hunger im Winter zu besuchen, was sich besonders gut rechtfertigen ließ, wenn durch Zwischenheirat Verwandte unter ihnen zu finden waren. "Carrier" war ein Schimpfwort unter den Bella Coola, die die Angehörigen dieser ethnischen Einheit verachteten. Bei den Wintertänzen sahen die Bella Coola Carrier aber gern als Gäste, da diese als uninitiierte Zuschauer getäuscht und beeindruckt werden konnten. Die Bella Coola waren strikt schicht-endogam und in ihren Heiraten auf Statusmaximierung bedacht. Dies ging so weit, daß symbolische Heiraten eines Mannes mit einem seiner Gliedmaßen belegt sind, um Privilegien und ehrenvolle Familiennamen nicht zu verlieren. Wie die Bella-Coola-Namen der Alkatcho Carrier

---

Samama (1977: 56) zitiert eine auf den Arbeiten verschiedener Autoren beruhende Statustabelle für die Bundesrepublik.

[20] Vgl. Fußnote 19 in Kapitel 3.

beweisen, heirateten letztere hauptsächlich Adlige. Das hängt mit dem für einige Nordwestküsten-Ethnien typischen Wettbewerb um Ressourcen im Rahmen des Potlatch-Komplexes zusammen: Als Ende des 18. Jahrhunderts die euro-amerikanische Nachfrage nach Pelzen stieg, gewann der Tauschhandel mit den Carrier eine neue Bedeutung für die Bella Coola. Wohlhabende Männer wurden als Schwiegersöhne akzeptiert, wozu sicher auch der bei den Carrier übliche Brideservice beitrug. Dennoch blieben solche Ehen selten, nicht nur wegen der strikten Endogamie der Bella Coola, sondern auch wegen des ökonomischen Drucks, der für Carrier mit einer solchen Heirat verbunden war: Die Verpflichtungen gegenüber den Affinalverwandten hinsichtlich der Beiträge zu Potlatches, welche an Bella-Coola-Vorstellungen ausgerichtet waren, ließen nur wenige erfolgreiche Jäger, Glücksspieler oder geschickte, rührige Händler unter den Carrier eine solche Ehe wirtschaftlich verkraften. (Goldman 1963: 339 - 344)

Aber es gibt auch Beispiele für kompensatorischen Ausgleich bei interethnischen Heiraten, der nicht der Prestigeschicht-Hypogamie, sondern der von Davis als in "nicht-rassischen" Systemen mit patrilinearer Deszendenz üblich bezeichneten Hypergamie entspricht:

■ Henriques referiert, daß während der Kolonialzeit in der Karibik "Mulattinnen" zwar oft als öffentliche Haushaltsvorstände in den Häusern ihrer "weißen" Liebhaber fungierten. Heiraten konnten sie diese aber nur in den seltenen Fällen, wenn sie viel Geld oder großen Landbesitz mit in die Ehe brachten. (Henriques 1974: 95)

■ Burton-Bradley behauptet, bei Ehen zwischen Papua-Frauen und "Mixed-Race"-Männern in Port Moresby, Neuguinea, stamme der Mann oft aus der Unterschicht: Solche Heiraten stellten für die Frau eine Statusmaximierung und für den Mann häufig die einzige Möglichkeit einer Heirat dar (Burton-Bradley 1968: 22, 23). Vorausgesetzt, daß diese Aussage stimmt, - der Autor legt seine Untersuchungsmethoden wie bereits erwähnt ja nicht offen -, würde es sich ebenfalls um einen Fall von kompensatorischem Austausch im Kontext eines Heiratsmarktes handeln, wenn Ehe an sich als ökonomischer und / oder psychischer Vorteil angesehen wird.

■ Cronk (1989a: 229) macht deutlich, daß die Mukogodo aufgrund ihrer Wirtschaftsweise als Sammler und Jäger von den benachbarten Viehzüchtern als "il-torrobo" oder "Dorobo" betrachtet wurden:

> "This word's origins are obscure, and it is difficult to translate, but it is highly derogatory. ... People called Dorobo are associated with offensiveness, meanness, poverty, cowardice, womanishness, degradation, imperfection, degenerateness, and contamination... . ... Maasai and Samburu hire Dorobo to perform disgusting and polluting tasks such as circumcisions... . Samburu consider it shameful to marry one's daughter to a

Dorobo and believe that Dorobo girls make unruly and disrespectful wives... . ...Mukogodo carried the greatest stigma because of their heavy and more recent reliance on hunting" (ibid.)

Hinzu kam, daß die Mukogodo ärmer waren als ihre viehzüchtenden Nachbarn. Dennoch wurden bei letzteren Heiraten mit Mukogodo-Frauen zusehends erwünscht, da durch sie der Anspruch auf Land in die Ehe kam (vgl. Kap. 3.4). (ibid.: 228, 229)

Die Davis-Merton-Hypothese erklärt also interethnische Heiraten mit einer bestimmten Konstellation von Statusverteilung der Geschlechter. Meines Erachtens ist es jedoch für ihre Anwendung auf andere Kombinationen sinnvoll, sie allgemeiner zu formulieren und folgendermaßen auszuweiten: In den meisten (oder allen?) hierarchisch organisierten Gesellschaften gibt es nicht nur ein, sondern zwei oder gar mehrere Prinzipien der Schichtung, nämlich einmal gemäß dem Kriterium Prestige / zugeschriebener Status und zum zweiten gemäß tatsächlicher Macht und Ressourcen / erworbenem Status. Sozial-Prestige mag meist mit dem Vorhandensein von Macht und Ressourcen einhergehen, es kann aber auch ein bloßes Survival sein, das auf vergangener Macht und Ressourcen beruht. Kompensatorischer Austausch ist zwischen *zwei* Elementen von *erworbenem* Status denkbar, - etwa im euro-amerikanischen Kontext hohe Bildung gegen ranghohen oder einträglichen Beruf[21] -, aber eben auch zwischen Elementen von *zugeschriebenem* und *erworbenem* Status. Merton selbst nennt zur Veranschaulichung die amerikanische Erbin, die einen verarmten europäischen Adligen heiratet (Merton 1966: 149). Auch die von Das untersuchte Hindu-Kastengesellschaft ist ein Beispiel für zwei parallel existierende Hierarchien: Die rituelle Schichtung mit Brahmanen und Kshatrias an der Spitze und Unberührbaren am Fuß der Pyramide entspricht nicht mehr der ökonomischen; ganz abgesehen davon, daß Brahmanen trotz ihres höheren religiösen Ranges vermutlich auch in der Vergangenheit im Durchschnitt ärmer waren als Kshatrias.

Eine derart modifizierte These des wechselseitigen kompensatorischen Ausgleichs paßt weiterhin in die Annahme von Partnerwahl als Marktsystem mit einem Feld der Wählbaren, erlaubt aber auch die Berücksichtigung anderer Formen von zugeschriebenem Status als allein solchen, die der Markierung ethnischer Zugehörigkeit dienen.

Lautman sieht in heterogamen Eheschließungen der geschilderten Art eine dynamische Stärke von Gruppen: Durch Heiraten mit wechselseitigem

---

[21] Dies ist beispielsweise der Fall bei den von Tuomi-Nikula untersuchten binationalen Ehen zwischen finnischen Frauen und deutschen Männern. Die Partnerinnen hatten einen höheren Bildungsgrad, die Ehegatten einen höheren Berufsstatus. (Tuomi-Nikula 1987/88: 10).

kompensatorischen Ausgleich werde ein subtiles Gleichgewicht der beidseitigen Gruppen-Vorteile und eine Erlangung des bestmöglichen Status für deren Individuen angestrebt (Lautman 1973: 113).

Während die eben dargestellten Studien die Davis-Merton-Hypothese im wesentlichen bestätigten, kam eine ganze Reihe von Untersuchungen zu anderen Ergebnissen:

■ Schon Wirth und Goldhamer (1944: 294 - 296) konnten mittels der Auswertung von Heiratsstatistiken für Boston zwischen 1914 und 1938 feststellen, daß bei Zwischenheirat die Mehrzahl der afro-amerikanischen Ehemänner, unabhängig von ihrem eigenen Berufsstatus, ungelernte "weiße" Arbeiterinnen *oder* Frauen mit demselben Berufsstatus geheiratet hatte:

> "Actually marriages of skilled, semi-skilled and unskilled Negro workers to unskilled white women constitute approximately 45 per cent of the Negro-white intermarriages in Boston (where both partners are gainfully employed).
> ... It appears, then, that although the proscribed character of Negro-white marriages tends to keep the white partner in the low occupational strata where, as Merton points out, disadvantaged persons for whom the norm has little sanction are mostly found, the principle that to some extent counteracts this is the same principle that operates in white marriages, namely, for persons to marry partners close to their own occupational rank" (Wirth und Goldhamer 1944 a: 295, 296).

■ Golden fand heraus, daß seine "schwarzen" Interviewpartner in Philadelphia von der Bildung her überwiegend homogame Ehen mit Anglo-Amerikanerinnen[22] eingegangen waren. Sowohl die Auswertung der Heiratslizenzen der Jahre 1922 bis 1947 als auch die Interviews ergaben, daß die Mehrzahl der afro-amerikanischen Ehemänner einen ihren "weißen" Frauen ebenbürtigen oder höheren Berufsstatus aufwiesen; dasselbe galt für anglo-amerikanische Ehemänner mit "schwarzen" Frauen. (Golden 1953: 180 - 182)

■ Pavela (1964: 209, 210) kam durch den Vergleich von Heiratslizenzen "schwarz"-"weißer" Paare mit denen aller Paare der Jahre 1958 und 1959 im

---

[22] Korrekterweise sollte statt von "Anglo-Amerikanern" eigentlich von "Euro-Amerikanern" gesprochen werden, da nicht alle europäischen Einwanderer und ihre Nachfahren (nur) britischer oder englischsprachiger Herkunft sind. Im Rahmen dieser Arbeit soll der Begriff aber weiter verwendet werden, da er sich ebenso wie "Afro-Amerikaner" im amerikanischen und deutschen Sprachgebrauch etabliert hat. In den Vereingten Staaten setzt sich in den letzten Jahren immer mehr die Version "afrikanische Amerikaner" usw. durch.

Bundesstaat Indiana sowie durch Interviews mit 35 heterogamen Paaren zu dem Ergebnis, daß die Kombination des Berufsstatus der Eheleute jener *aller* Partner in Indiana entsprach: Er stimmte in groben Zügen zwischen Mann und Frau überein. Die meisten befragten Personen gehörten vom ökonomischen Hintergrund her der Mittelschicht an. Mertons Annahme könne daher nicht verifiziert werden.

■ Burma, Cretser und Seacrest (1970) überprüften die Anträge auf Heiratslizenzen für 1960/61 in Los Angeles County hinsichtlich des Berufsstatus. Sie fanden nur bei Anglo-Amerikanerinnen, die mit Chinesen verheiratet waren, einen niedrigeren Berufsstatus der Frau; in allen anderen Kombinationen hatte die "weiße" Partnerin einen höheren als ihr Mann. Für "rassisch" homogame Paare wurde kein höherer Anteil von Berufsschicht-Homogamie gefunden als für "rassisch" heterogame.

Monahan und Monahan (1976: 176 - 179) sind der Ansicht, daß die Davis-Merton-Hypothese meist unkritisch übernommen und kaum getestet wurde. Durch Auswertung von Philadelphias Heiratsstatistiken ausgewählter Jahre zwischen 1960 und 1970 (vgl. Anhang 9.1), bei der nicht nur die Berufe der Ehepartner, sondern auch ihrer Eltern berücksichtigt wurden, versuchten sie eine solche Überprüfung. Als Ergebnis konnten sie jedoch im Gegensatz zu einem wechselseitigen kompensatorischen Status-Austausch meist Homogamie oder höheren Berufsstatus des "weißen" Ehepartners feststellen und bemerken abschließend:

"It is interesting to note that the marriages of white men to Negro women have been 'explained away' and not really accounted for in the sociological theory. And in searching for an answer to the questions as to why so many white women chose to marry Negro men (compared to white men with Negro women), the class-striving or economic motive of the white women was chosen as the principal and 'rational' explanation, and not personal, emotional, sexual, or associational reasons. Certainly, as Washington points out (1970)[23], there has been in all of the elaborations aud [sic] explanations of Negro-white marriages, a partisan use of information and an appearance of unconscious bias not supported by the facts of the case" (Monahan und Monahan 1976: 188, 189).

Bruce und Rodman (1973: 157, 158) fragen, ob die Statushomogamie in "schwarz"-"weißen" Ehen möglicherweise eine neuere Entwicklung sei und seit Mertons Zeiten ein Wandel im Heiratsverhalten stattgefunden habe.

---

[23] Vgl. dazu auch das Zitat auf S. 89.

Auch Simpson und Yinger gehen in ihrer jüngsten[24] Zusammenfassung der Zwischenheirat-Forschung davon aus, daß Ehen zwischen Afro- und Anglo-Amerikanern in der Gegenwart von sozio-ökonomischer Homogamie geprägt seien (Simpson und Yinger 1985: 301).

Auch für andere interethnische Kombinationen fanden Sozialforscher Schicht- und Bildungshomogamie statt wechselseitigem kompensatorischen Austausch, so Hunt und Coller in ihrer Untersuchung philippinisch-amerikanischer Ehen im Umfeld einer US-Militärbasis auf den Philippinen (1957: 223, 224) und Nitta für seine Stichprobe japanisch-ausländischer Ehen (1988: 215, 216). Schramm und Steuer verglichen in ihrer Studie das Bildungsniveau ausländisch-deutscher Ehepartner, konnten aber kein einheitliches Bild gewinnen (Schramm und Steuer 1965: 491). Kannan fand 50 % seiner Probanden bezüglich des Sozialstatus ihrer Herkunftsfamilien homogam (Kannan 1972: 23).

Großräumige Untersuchungen wiesen ebenfalls nur bedingt auf kompensatorischen Austausch im Sinne von Davis und Merton. Bernard (1966) wertete den U.S.-Zensus von 1960 aus und kam zu dem Ergebnis, daß für die Mehrzahl der "schwarz"-"weißen" Ehen Bildungshomogamie gelte.

Carter (1968) weist darauf hin, daß vor 1966 nur eine einzige Veröffentlichung existierte, die für die gesamten Vereinigten Staaten Angaben über "interrassische" Heiraten enthalte. In dieser aus dem Jahre 1959 stammenden Studie finde sich eine ungefähr gleich große Zahl von "rassen"-hyper- und hypogamen Ehen. Carter analysierte daraufhin verschiedene Stichproben des U.S.-Zensus' von 1960. Für die gesamte Nation fand er wiederum einen etwa gleich großen Prozentsatz hyper- und hypogamer Ehen. Als er jedoch Stadt- und Land*samples* verglich, ergab sich für die Städte, besonders des amerikanischen Nordens und Westens, ein Überwiegen der hypogamen Kombination. Der Autor schließt daraus, daß die "Hypogamie-Mythe" ungerechtfertigterweise deshalb in der Zwischenheiratsliteratur tradiert wurde, weil die meisten Untersuchungen auf Daten aus städtischen Regionen beruhten.

Die Feststellung, daß heterogame Heiraten in vielen Fällen nicht dem von Davis und Merton postulierten Muster folgten, warf erneut die Frage auf, warum sie trotz der vielen gesellschaftlich und persönlich ungünstigen

---

[24] Die fünfte Auflage ihres Buches unterscheidet sich beträchtlich von der von 1953 bzw. der vierten von 1972: Alte, ideologisch belastete Positionen zu Minderheiten in den U.S.A., etwa die These von der Zerrüttung "schwarzer" Familien, oder zu Zwischenheirat wurden über Bord geworfen und die Zusammenfassung auf den neuesten Forschungsstand gebracht. Die Autoren bemerken, vielleicht auch mit Hinblick auf die früheren Auflagen ihres Buches, wissenschaftliche Theorien änderten sich so schnell wie Gruppen-Beziehungen; frühere Koryphäen und Theorien würden heute als unzulänglich und Rechtfertigung von Vorurteilen betrachtet (1985: 6).

Implikationen stattfanden. Schon Barron fiel in seiner Untersuchung über Derby auf, daß räumliche Nähe und Ähnlichkeit in sozialen und kulturellen Merkmalen eine Rolle spielten, und er formuliert in einem der abschließenden Kapitel seiner Doktorarbeit:

> "A final point to be made about the influence of propinquity and similarity is that the more numerous they are in the relations of two or more groups, the more likely they are to intermarry. Conversely, the fewer the factors of propinquity and similarity and the greater the social distance and more numerous the dissimilarities, the less likely is intermarriage. Thus, to take an example, where the difference between Protestants and Catholics in some southern cities of the United States is only a religious distinction, antagonism to intermarriage between the two groups is at a minimum. In northern cities, however, where the majority of Catholics differ from Protestants in ethnic stock, degree of education and economic status as well as religion, there is comparatively greater difficulty involved in intermarriage between the two groups" (Barron 1946: 306).

Das Prinzip, daß Ähnlichkeit in anderen Merkmalen den Unterschied in der ethnischen Zuschreibung ausgleicht, bemerkte auch Haavio-Mannila in ihrer Studie über Lokalhomogamie in Finnland. Sie führte dafür den von einem anderen skandinavischen Sozialwissenschaftler, Gunnar Boalt[25], geprägten Begriff der **Summationstheorie** in die englischsprachige Literatur ein:

> "This result can, perhaps, also be tied to the summation theory of Gunnar Boalt. He combines the theories of homogamy and heterogamy by saying that the main principle in mate selection is that the final result is the equality of partners. Negative characteristic [sic] in one respect are compensated by positive characteristics in the others. We may regard differences in some central social characteristics - language, social class, place of residence - as negative, similarities as positive attributes of the mates. A negative trait is compensated by a positive one when a linguistically or socially heterogamous couple is locally homogamous" (Haavio-Mannila 1964: 161).

Gemeinsamkeiten im Sinn der Summationstheorie wurden nicht allein auf klassische soziale Merkmale wie Konfessionszugehörigkeit, Sprache oder Schicht bezogen, sondern schon sehr früh auch auf Solidaritäten gegenüber

---

[25] In ihrer Fußnote verweist sie auf Gunnar Boalts schwedische Veröffentlichungen "Familjesociologi", Stockholm 1959, und "Familjeproblem", Stockholm 1962 (Haavio-Mannila 1964: 161, 162).

der eigenen Wir-Gruppe und auf Einstellungen. Barron weist in seiner von 1951 stammenden Zusammenfassung des Forschungsstandes über Zwischenheiraten bereits darauf hin, daß Kulturkonflikt in diesen Verbindungen nicht zwingend sei, weil die nominelle[26] Zugehörigkeit zu einer (konfessionellen oder ethnischen) In-Group viele dennoch bestehende Ähnlichkeiten zwischen den heterogamen Partnern bzw. Unterschiede zwischen den Mitgliedern derselben Wir-Gruppe verschleiere (Barron 1951: 250).

Freeman entwickelte anhand seiner - allerdings etwas unsystematischen - Befragung von 22 Studenten der University of Hawaii (vgl. Anhang 9.1) die These, daß alle Probanden schon in früher Jugend eine Ablehnung der eigenen ethnischen Einheiten, - verstärkt durch zu Ablehnung durch diese führendem deviantem Verhalten -, und Identifizierung mit einer idealisierten anderen Ethnie aufwiesen. Da diese Tendenz bei beiden Partnern wirksam sei, könne man die Heiraten eigentlich als Homogamie betrachten, denn es handele sich bei den Eheleuten um Rebellen mit gleicher Lebensgeschichte der aktiven und passiven Zurückweisung der ethnischen Zugehörigkeit. (Freeman 1955: 371 - 377)

Gordon greift in seiner Analyse der Assimilation ethnischer Minderheiten in den U.S.A. eine These von Warner auf, nach der ethnische Bindungen bei wachsendem Schicht-Status zugunsten der amerikanischen Mittelschicht-Identität schwächer würden. Er macht diese Tendenz von der Stadtgröße abhängig, die durchaus auch eine eigene Mittel- und Oberschicht für jede ethnische Einheit gewährleisten könne. Allerdings seien nach seiner Annahme die Handlungen von Intellektuellen, - d. h. Menschen, für die bestimmte Ideen, Konzepte, Arten von Literatur, Musik, Malerei und Tanz *wesentliche* Bedeutung hätten und Teil ihrer sozial-psychologischen Athmosphäre im Sinne einer lebensnotwendigen Atemluft seien -, einem so eigenen kulturellen Muster unterworfen und diese Personenkategorie so groß, daß sie von ihrer Struktur her als eigene Subgesellschaft betrachtet werden könne. Die Intellektuellen unterhielten ein Netzwerk von bedeutsamen Sub-Gruppen, in denen hauptsächlich interagiert würde, beispielsweise bestimmten Berufsfeldern, und räumliche Entfernung zwischen ihnen sei nicht so wichtig, solange ein gemeinsames Bezugssystem, z. B. bestimmte Zeitschriften, Geschmacksrichtungen u. ä. existierten. Diese von Statusposition und Lebensstil her meist in der oberen Mittelklasse sowie Berufen der Lehre, Forschung, dem oberen Bereich des Journalismus und der Kunst angesiedelten Personen wären durch die Werte des Intellektualismus so verbunden, daß Ethnizität und damit auch Heiratsschranken zweitrangig für sie seien. Leider existierten noch kaum Untersuchungen über diese Subgruppe; die weni-

---

[26] und, - von ihm nicht erwähnt -, damit von den Statistiken gemessene

gen vorhandenen wiesen aber in diese Richtung. (M. Gordon 1964: 224 - 232)

■ Parkman und Sawyer (1967) versuchten mit einer Berechnung der Heiratsdistanz zwischen verschiedenen "Rassen"-Kategorien Hawaiis (vgl. Formel r® in Kapitel 3.1.1), begünstigende Faktoren der Zwischenheirat zu isolieren. Sie entdeckten zwei Tendenzen, die der Nähe-Distanz-Verteilung der "Rassen"-Kategorien in ihrem Koordinatensystem entsprachen: Ähnlichkeit auf einer kulturell definierten Ost-West-Skala mit Japanern und Puertoricanern als Extrempunkten und Ähnlichkeit in der für jede Kategorie prozentzahlenmäßig belegbaren räumlichen Orientierung zum Stadtleben. Die Autoren vermuten daher, daß Ähnlichkeit in den Wertorientierungen, und zwar sowohl den traditionell ethnischen als auch den modernen und zukunftsorientierten stadttypischen, Zwischenheirat begünstigt.

■ Cottrell (1973) richtete ihr Augenmerk bei der Untersuchung westlichindischer Paare in Indien auf voreheliche internationale Erfahrungen der Partner. Per definitionem seien mindestens 50 % der binational verheirateten Personen ihrer Stichprobe Menschen mit vorehelichem Kontakt zu Individuen anderer Nationalität. Auffällig sei jedoch, daß tatsächlich 95 % in diese Kategorie fielen und daß bei 70 % dieser Kontakt nicht nur oberflächlich gewesen sei. Während vier Fünftel der aus westlichen Ländern stammenden Ehemänner vor der Heirat zwischen sechs Monaten und 27 Jahren in Indien gelebt hätten, wäre deren Kontakt auf Inder oder Landsleute beschränkt gewesen. Hingegen hätte die Mehrzahl der indischen Ehemänner vor der Heirat nicht nur viele Jahre im Ausland gelebt, sondern sei aktiv in internationalen - nicht nur binationalen - Organisationen und verfüge über enge Freunde aus verschiedenen Ländern. Ca. 40 % der Probanden identifizierten sich schon vor der Eheschließung mit Indien *und* dem Westen, andere mit übergreifenden Kategorien wie "Weltbürger", religiösen, internationalen oder wissenschaftlichen Gemeinschaften. Cottrell bemerkt dazu:

"Although all the couples in this sample are cross-national they are not necessarily primarily cross-cultural" (Cottrell 1973: 739).

Auch Steinberg vertritt die Ansicht, ethnisch bestimmte Schranken und Solidarität träten besonders bei jungen Leuten, die durch College und Beruf in häufigen Kontakt mit Gleichaltrigen anderer ethnischer Herkunft kämen, zugunsten gemeinsamer Grundhaltungen und Lebensstile zurück, so daß interethnische Heirat nicht mehr als soziale oder persönliche Abweichung gesehen werden könne (Steinberg 1981: 69, 70).

Rodman weist darauf hin, daß die Definitionen, wer ein "Wählbarer" und wer ein "Outsider" sei (vgl. S. 101), von Gesellschaften, Wir-Gruppen und Individuen getroffen würden. Sie könnten entsprechend variieren; und folglich könne Zwischenheirat aus Sicht des Individuums als akzeptabel, ja sogar homogam gelten, aus Sicht der Wir-Gruppe aber nicht[27]:

> "For example, what is statistically recorded as a religious intermarriage between a Catholic and a Protestant may not be a mixed marriage at all from the point of view of the individuals if religion plays no part in their lives" (Rodman 1965a: 61).

Banton fand in seiner Feldforschung über den Londoner Stadtteil Stepney zunächst ein Muster der Partnerwahl, das der Davis-Merton-Hypothese entsprach. Er schildert die niedrige wirtschaftliche Stellung und geringen Verdienstmöglichkeiten sowie emotionale Unsicherheit und eine Geschichte der persönlichen Zurückweisung als Hauptmerkmale der "weißen" Frauen, die mit Einwanderern aus Afrika und der Karibik lebten bzw. sie heirateten:

> "The principal factors attracting English women to coloured immigrants are social in origin: when a white woman has lost all status with her own people she can still go to a coloured man and receive a certain amount of attention. ... Although she may experience hostility from whites on account of it, there are many compensations the woman receives for taking this step. These are largely personal: she acquires an emotional and economic security which she may not have had before and which is of the greatest importance. She is treated with more consideration by a coloured man than she would be by a white..." (Banton 1955: 168, 169).

Banton weist darauf hin, daß Aufgaben wie der Umgang mit Behörden, das Ausfüllen von Formularen, Anmieten von Wohnungen, Klären von Mißverständnissen vor der Arbeitsvermittlung oder dem Shipping Office u. ä. den Männern von ihren in England heimischen Frauen abgenommen würden und sie durch eine solche Beziehung Vorteile gegenüber ungebundenen Immigranten hätten. Andererseits sei es auffallend, daß sich diese Männer und Frauen in sozialen Eigenschaften mehr glichen als dies die "Rassen"-Unterschiede vermuten ließen: Die Frauen stammten aus Arbeiterfamilien, ihre Väter hätten oft weniger verdient als jetzt ihre Ehemänner. Viele der

---

[27] Aus diesem Grund fügte Rodman in seiner Skizze zwischen "Wählbare" und "Outsider" nur eine gestrichelte Linie; vgl. S. 101. Es sei in diesem Zusammenhang darauf verwiesen, daß die Aufhebung des Gesetzes gegen "interrassische" Heiraten 1948 in Kalifornien durch ein "schwarz"-"weißes" Paar mit gemeinsamer katholischer Konfession herbeigeführt wurde: Die Partner argumentierten, das Gesetz verweigere ihnen die von der Verfassung garantierte freie Religionsausübung, da es ihnen das Sakrament der Ehe vorenthalte (Burma 1963: 158).

Frauen vom Lande oder aus dem Ausland wären mit ähnlich unrealistischen Erwartungen nach London gekommen wie ihre Gatten und seien mit ihrem Glauben an Flüche, Talismane und in der Schwangerschaft zu vermeidende Dinge ebenso abergläubisch wie diese, auch wenn sich die Inhalte der Vorstellungen kulturell unterschieden.

Der Forscher stellte eine Vorliebe der Einwanderer für ausländische Frauen fest: Diese seien genauso einsam wie die Männer aus Afrika oder der Karibik und außerdem nach Aussage eines Informanten weniger "rassen"-bewußt, weniger pro-britisch, verläßlicher, flirteten nicht so viel mit anderen Männern, teilten Leben und Besitz bereitwilliger, wären weniger statusbewußt und herablassend, gewöhnlich von höherer Bildung und Herkunft als die erreichbaren Engländerinnen und schließlich ohne Verwandte im Land, die etwas gegen die Beziehung zu einem "Schwarzen" haben könnten. (Banton 1955: 152 - 158, 165 - 171)

Bantons Studie zeigt also sowohl Partnerwahlelemente des kompensatorischen Ausgleichs als auch der Summation. Daß dies auf unterschiedlichen Untersuchungsebenen für alle interethnischen Heiraten gilt, ist sicher eine plausible Annahme. Festzuhalten bleibt, daß weder die Auffassung von Zwischenheirat als Heterogamie, in der wechselseitiger kompensatorischer Austausch stattfindet, noch die von Zwischenheirat als Homogamie, in der die Gemeinsamkeiten der Partner in Form von Summation die Unterschiede überdecken, als alleiniges Erklärungsmodell hinreicht. Für beide Theoreme lassen sich aber empirische Belege finden.

5.3.2 Strukturale Ansätze

Ein Komplex von Annahmen geht davon aus, daß bereits die demographische Struktur einer Gesellschaft Zwischenheirat begünstigen kann, ohne daß kulturelle Unterschiede eine bedeutende Rolle spielten. Dem Aspekt der "Availables" wird aus dieser Sicht Vorrang vor dem der "Desirables" im "Field of Eligibles" (vgl. S. 103, 104) eingeräumt. Studien, die im Verhältnis zur betrachteten Grundgesamtheit nur kleine Stichproben zugrundelegen, werden in diesem Kapitel nicht berücksichtigt, sofern sie keine *repräsentativen* Daten über demographische Faktoren liefern.

5.3.2.1 Blaus Theorem der "Intersecting Social Affiliations"

Der weitestgehende Ansatz dieser Art ist der von Blau und seinen Kollegen entwickelte. Er geht zunächst aufbauend auf Simmel davon aus, daß in komplexen Gesellschaften die Sozialstruktur sich überlappende Gruppen-Bindungen beinhalte, während letztere in einfachen Gesellschaften eher konzentrischen Kreisen glichen[28]:

> "People live in a neighborhood, have an occupation, belong to an ethnic group, work for a firm, are more or less educated, and have a socioeconomic status, and most of their fellow members in these various groups and positions are not the same (Blau et alii 1984: 586).

Durch diese überlappenden Gruppen-Bindungen ("intersecting social affiliations") habe das Individuum eine größere Wahlmöglichkeit zu entscheiden, welchen Gruppen-Normen der verschiedenen Wir-Gruppen es sich beuge. Blaus Theorem besagt nun, daß überlappende soziale Unterschiede, also Heterogenität einer Gesellschaft, Beziehungen zwischen diesen In-Groups fördern: Je heterogener eine Gesellschaft, umso mehr Beziehungen, - ganz gleich, welcher Art, - gibt es zwischen den Angehörigen ihrer Wir-Gruppen. Die intimste Beziehung und damit der beste Indikator sei die Eheschließung. Oder, als Umformulierung der Summationstheorie: Wenn Personen, die sich in einer Hinsicht unterscheiden, sich in einer anderen ähnlich werden, korrelieren die beiden Unterscheidungskategorien nicht miteinander, sondern überlappen sich. Wenn die Positionen in bestimmten Referenzgruppen miteinander korreliert sind, ergibt sich eine Clusterbildung von Personen mit ähnlichen Merkmalen, die Homogamie in all diesen Merkmalen begünstigt[29]. Bei sich überlappenden Beziehungen kann Homogamie je-

---

[28] Diese Annahme läßt sich nicht in jedem Fall verifizieren. So macht etwa Gregor deutlich, daß gerade für die nur aus einem Dorf bestehende ethnische Einheit der Mehinaku (vgl. S. 74) die Gradierung und Validierung von sozialen Beziehungen wichtig ist:
> "Being a Mehinaku is a matter of degree.... . Hence a villager can reasonably explain that he is a lot Mehinaku, a little Waura, and a tiny bit Kuikuru" (Gregor 1977: 318).

[29] Barrons Zitat von S. 121 ist ein gutes Beispiel. Bei den von ihm genannten Katholiken und Protestanten in Städten des Nordens bildet die Konfessionszugehörigkeit mit Bildung, sozio-ökonomischem Status und ethnischer Zugehörigkeit ein Clu-

doch nur in einem oder wenigen Merkmalen stattfinden. Gemäß dem oben zitierten Beispiel läge eine Clusterbildung vor, wenn Zugehörigkeit zu einer ethnischen Einheit mit einem bestimmten Beruf, Wohnviertel, Bildungsstand korrelierten; wenn nicht, so sei Homogamie nur in einem oder wenigen dieser Merkmale möglich. (Blau et alii 1984: 585 - 591) Die diesem Ansatz zugrundeliegende Annahme besagt, daß strukturelle Faktoren das Heiratsverhalten stärker als kulturelle beeinflußen:

"The theorem that heterogeneity promotes intermarriage implies that the structural constraints in heterogeneous communities counteract the ingroup tendencies even of salient parameters. ... Here again tests of the heterogeneity theorem would simultaneously constitute tests of the underlying assumption ... that cultural values discouraging intermarriage are not sufficient to nullify influences encouraging it. Note that marriage patterns ... furnish severe tests of the theory's structural assumption, because marriage is a profound relation undoubtedly more influenced by people's values than superficial contacts are..." (Blau et alii 1982: 48).

Blau und seine Mitarbeiter überprüften ihre These anhand einer sorgfältigen, mit vielen Kontrollrechnungen unterstützten Auswertung der Daten des U.S.-Zensus von 1970 für die 125 größten Standard Metropolitan Statistical Areas (SMSAs). Als Heterogenitätsparameter wählten sie

1. die Dichotomie "weiß"- "nicht-weiß",
2. nationale Abkunft: beide Eltern in den U.S.A. geboren, ein Elternteil außerhalb geboren mit elf regionalen Wahlmöglichkeiten,
3. Muttersprache: Englisch oder nicht Englisch
4. "Schwarzer", Indianer, "Orientale" sowie zwölf Kategorien nationaler Abstammung,
5. Geburtsregion entsprechend den neun des U.S.-Zensus,
6. Berufszweig
7. Hauptbeschäftigung (Blau et alii 1984: 603).

Die Forscher konnten ihre Annahme für fast alle Variablen mit unterschiedlicher Intensität der Ergebnisse verifizieren. Aber bei "rassischen" Unterschieden ergab sich erst eine Bestätigung, als dieser Parameter nach rechnerischer Ausschaltung des Einflusses von Einkommensunterschieden noch einmal geprüft wurde. Blau et alii betrachteten ihre Annahme damit als richtig, sehen "rassische" Zugehörigkeit in den Vereinigten Staaten aber

---

ster von Merkmalen. Wer konfessionell heterogam heiratet, tut dies zugleich schicht- und ethnienheterogam.

stark mit Einkommen korreliert, so daß diese beiden Bereiche nicht als überlappend bezeichnet werden können. (Blau et alii 1982, 1984)

■ Labov und Jacobs griffen das Blau'sche Theorem auf und überprüften es anhand von Auswertung der Statistiken zwischen 1950 und 1983 für Hawaii, weil dort die Heterogenität in puncto "Rassen" besonders ausgeprägt ist und weil sie die historische Entwicklung statt nur eines Jahresquerschnitts mitberücksichtigen wollten. Blaus Annahme, daß Heterogenität in verschiedenen Merkmalen mit Zwischenheirat verknüpft ist, konnte bestätigt werden. Als Erklärung für Zu- oder Abnahme von Heterogamie über die Jahre erwies sie sich jedoch als unzureichend. (Labov und Jacobs 1986)

■ South und Messmer gingen von Blaus Idee aus, daß Heterogenität *jede* Art von Beziehungen zwischen Wir-Gruppen erhöht, und wählten für ihre Untersuchung Zwischenheirat als Beispiel für eine herzliche Beziehung, kriminelle Gewalt zwi-schen In-Groups für eine konfliktgeprägte. Provokativ formulierten sie daher ihre zu überprüfende Hypothese: Die Häufigkeit "interrassischer" Heirat korreliert positiv mit der Häufigkeit von "interrassischen" Gewaltverbrechen. Tatsächlich konnten die Autoren einen schwachen Zusammenhang zwischen beiden Phänomenen feststellen, der für sie die gemeinsame Ursache, nämlich die Annahme, daß alle Arten sozialer Beziehungen auf Gelegenheiten zum Kontakt beruhen, durchaus bestätigt. Allerdings weisen sie darauf hin, daß Zwischenheirat stärker mit sozio-ökonomischer Gleichheit korreliert und Gewaltverbrechen mit Opfern einer anderen "Rasse" mit nicht-segregiertem Wohnen. Als Erklärung vermuten sie, daß sich Freundschaft und Ehe in bestimmten sozialen und langandauernden Settings entwickeln, während Verbrechen eher in bestimmten räumlichen Settings anzusiedeln und außerdem von sehr kurzer zeitlicher Dauer seien. (South und Messner 1986)

5.3.2.2 Begünstigende demographische Faktoren

5.3.2.2.1 Geringe Anzahl der Mitglieder einer Ethnie

Blau und seine Kollegen untersuchten und bestätigten noch einen weiteren Aspekt, der positiven Einfluß auf Zwischenheirat vermuten läßt: Je kleiner die Anzahl von Personen einer Einheit im Vergleich zur Zahl der Gesamtbevölkerung ist, umso eher müssen ihre Angehörigen mit denen anderer Einheiten interagieren bzw. umso höher muß die Anzahl der Beziehungen, - gemeint ist wieder *jede* Art von Beziehungen, einschließlich Heirat, - sein:

"In its relation with any group that is larger, a group's rate of outgroup associations (per group member) exceeds the rate of the other group, and in its relation with any group that is smaller, a group's rate of outgroup associations is less than the rate of the other group. Since this is the case for all groups, it implies that group size and the proportion outmarried are inversely related" (Blau et alii 1982: 47);

oder, umgekehrt aus Sicht der größeren Einheit, aber etwas anschaulicher formuliert:

"Most American whites cannot have a best friend who is black, even if there were absolutely no prejudice, because there are too few blacks in the United States" (Blau et alii 1984: 591).

Die Entdeckung des Einflusses von Gruppengröße wurde - wie übrigens die aller wichtigen begünstigenden Faktoren von Zwischenheirat - bereits von Adams (1937: 191) in seiner Untersuchung über Hawaii gemacht. Von ihm stammt das Beispiel einer Gesellschaft mit drei Einheiten, von denen eine 60 %, die zweite 30 % und die dritte 10 % der Gesamtbevölkerung ausmache. Unter Voraussetzung einer ausgeglichenen Alters- und Geschlechtsstruktur sei zu erwarten, daß bei zufälliger, nicht von anderen Faktoren beeinflußter Partnerwahl aus der ersten Einheit ca. 60 % der Männer homogam heiraten würden, aus der dritten jedoch nur 10 %, weil dies dem Anteil der Frauen der Einheiten an der Gesamtbevölkerung entspreche.

Der Einfluß der Gruppengröße wurde vor allem bei interkonfessionellen oder -religiösen Heiraten beobachtet (Thomas 1972: 176; Vincent 1972: 189; Rückert et alii 1979: 26). Beispiele für ethnische oder "rassische" Zwischenheirat finden sich jedoch ebenfalls. So stellten Cheng und Yamamura, wiederum für Hawaii, fest, daß zwischen 1945 und 1954 die beiden kleinsten Einheiten, Koreaner und Puertoricaner, die höchste Zwischenheiratsrate aufwiesen, nämlich 80,9 % bzw. 64,6 %. Umgekehrt hatten die beiden größten Kategorien, Japaner und "Kaukasier", nur einen Anteil von 22,4 % bzw. 41,3 % heterogamer Eheschließungen von allen Eheschließungen in ihrer Einheit. (Cheng und Yamamura 1957: 80, 81) Diese Ergebnisse wurden von Schmitt und Souza (1963: 265) bzw. Schmitt (1965: 468, 472) für 1961 und 1962 sowie Labov und Jacobs (1986: 83, 84) für die Jahre 1950 - 1983 bestätigt.

Hassan und Benjamin (1973: 732, 733) fanden dieselbe Tendenz für Singapur. Sowohl für Männer als auch für Frauen galt: Je größer die ethnische Kategorie, der sie angehörten, umso weniger Zwischenheirat fand statt, - bzw. umso mehr, je kleiner diese Kategorie war. Für die Jahre 1962 - 1968 variierte der Anteil interethnischer Ehen an allen Heiraten der Einheit für die größte Kategorie der Chinesen zwischen 0,52 % und 0,93 % bei den Männern bzw. 2,88 % und 3,90 % bei den Frauen sowie für die kleinste Kategorie der Eurasier[30] zwischen 50,00 % und 60,86 % bei den Männern bzw. 42,85 % und 65,85 % bei den Frauen.

Chew und MacDougall kamen hingegen aufgrund ihres Vergleichs der Partnerwahl bei zufälliger Verteilung mit der tatsächlichen für die Heiratsstatistiken der Jahre 1966 - 1968 und 1973 - 1974 zu dem Ergebnis, daß nur die heterogamen Heiraten von Chinesen erklärungsbedürftig seien. Sie stellten aber fest, daß die *Befürwortung* von interethnischer Heirat bei ihrer großen Stichprobe aus allen Wählern Singapurs der Jahre 1969/70 (vgl. Kapitel 3.2 und 3.3 sowie Anhang 9.1) in umgekehrtem Verhältnis zur Größe der Einheiten stand: Die Chinesen mit einem Bevölkerungsanteil von 76 % lehnten zu 70 %, die Inder[31] mit einem Anteil von 7 % jedoch nur zu 46 % Zwischenheirat ab.

■ Fisher (1977: 400, 401, 404) konnte für 14 ethnische Einheiten der Sowjetunion des Jahres 1969 ebenfalls den Einfluß der Gruppengröße auf die Heterogamierate zeigen. Monahan fand bei Auswertung der Statistiken von Kansas für die Jahre 1947 bis 1969, daß zwar nur 0,5 % *aller* Heiraten dieser Jahre "rassisch" gemischt waren. Für die (Grundgesamtheit der) Afro-Amerikaner betrug die Rate jedoch 3 %, für die Mexikaner 35 %, für die Chinesen 44 %, für die Indianer 62 % und für die Japaner sogar 91 %. (Monahan 1979: 355)   Carter und Glick (1976: 122, 123) werteten den U.S.-Zensus von 1960 aus und stellten ebenfalls einen direkten Zusammenhang zwischen "rassischer" Heterogamie und relativer Kleinheit der entsprechenden Einheiten fest. Und für die von Gregor untersuchten Mehinaku am Oberen Xingú war Zwischenheirat wegen der geringen absoluten Größe der Ethnie, - sie bestand nur aus 77 Personen -, unumgänglich, da sonst Partnermangel aufgetreten wäre. Dennoch herrschte bei den Mehinaku die allgemeine Auffassung, daß die beste Art der Heirat innerhalb des Dorfes und damit derselben Sprachgruppe stattfinde. (Gregor 1977: 23, 315, 316)

Entgegen der Annahme von Blau et alii ist eine im Verhältnis zur Gesamtbevölkerung geringe Anzahl von Mitgliedern einer Ethnie jedoch kein Parameter, der *zwingend* eine höhere Zwischenheiratsrate nach sich zieht

---

[30] Die Einheit der Eurasier ist nach Angaben der Autoren nicht einfach eine sich ständig erweiternde Mischkategorie, sondern offenbar eine zu einem bestimmten historischen Zeitpunkt entstandene und sich anhand kultureller Merkmale abgrenzende und perpetuierende, also durchaus eine eigenständige ethnische Einheit (Hassan und Benjamin 1973: 731).

[31] In dieser Untersuchung wurden die kleinsten Ethnien nicht berücksichtigt, sondern nur Chinesen, Malaien und Inder (Chew und MacDougall 1977: 5, 6).

bzw. diese *allein* erklärt. Wirth und Goldhamer (1944: 277 - 279) konnten bereits für die Jahre 1900 - 1923 zeigen, daß die Rate der Heiraten zwischen "schwarzen" und "weißen" Bewohnern Bostons rapide sank, obwohl der prozentuale Anteil der Afro-Amerikaner an der Stadtbevölkerung sich in dieser Zeit fast gar nicht veränderte.

Kikumura und Kitano (1973: 74) verglichen aufgrund der Daten des U.S.-Zensus das Heiratsverhalten von Japanern in verschiedenen Gebieten der U.S.A. in den siebziger Jahren. Sie stellten fest, daß in Hawaii, das den größten Anteil der japanischen Bevölkerung aufweist (217.307 Personen im Jahr 1970), 47 % ihrer Ehen heterogam waren. In Fresno, einer Stadt mit nur 6.209 Japanern, war die Rate ungefähr genauso hoch (48 % im Jahr 1970); San Francisco mit einer etwa doppelt so hohen Zahl von japanischer Bevölkerung (11.705 im Jahr 1971) wies dagegen eine Rate von 58 % auf. Zu bedenken ist hierbei allerdings, daß die Autoren von einer anderen Grundgesamtheit ausgehen: Sie vergleichen absolute Zahlen der japanischen Wohnbevölkerung in verschiedenen Regionen, während in den bisher referierten Arbeiten der relative Bevölkerungsanteil verschiedener ethnischer Einheiten im selben Gebiet zueinander in Beziehung gesetzt wurde. Ohne den relativen Anteil der japanischen Bevölkerung in den genannten Orten zu kennen, ist es daher nicht zu beurteilen, ob Kikumuras und Kitanos Schlußfolgerung, daß die Größe einer Einheit höchst belanglos für deren Zwischenheiratsrate sei, so übernommen werden kann.

Besanceney (1972: 93) warnt davor, den Einfluß von Gruppengröße als soziologischen Faktor überzubewerten; er sieht darin eher eine mathematische Erscheinung. So könne bei einer kleinen Einheit die Zwischenheiratsrate sehr schnell den Grenzwert von 100 % erreichen, während sie bei einer großen nicht nur langsamer steige, sondern auch de facto nie volle 100 % betragen könne, einfach, weil nicht genügend Heiratspartner aus der kleineren Einheit zur Verfügung stünden. Dies entspricht Blau et aliis oben zitierter Aussage über die schiere zahlenmäßige Unmöglichkeit, daß jeder Anglo-Amerikaner eine (andere Anglo-Amerikaner ausschließende) Beziehung zu einem Afro-Amerikaner haben könne. Um den rein mathematischen Einfluß der Gruppengröße auszuschalten, empfiehlt Besanceney daher, jeweils auch die Verteilungshäufigkeit bei zufälliger Partnerwahl zu berechnen und zu der empirisch gefundenen in Beziehung zu setzen (ibid.: 94 - 96). Seine entsprechende Formel wurde schon vorgestellt (r⑤ auf S. 53). Auch Broom hatte bereits 1956 eine ganz ähnliche benutzt (r⑨ in Kap. 3.1.1). Lee et alii (1974: 113, 114) und auf ihrer Arbeit aufbauend Leon und Sakihara (1976: 29) verwendeten hingegen bei ihrer Untersuchung Singapurs die Methode Romneys zur Ausschaltung des Einflusses von Gruppengröße auf die Zwischenheiratsergebnisse (vgl. Fußnote 14, Kap. 3.1.1). Gurak und Fitzpatrick (1982: 927, 928) übernahmen zum gleichen

Zweck die Formel von Parkman und Sawyer (r⑧ in Kap. 3.1.1). Dennoch konnten sie den Einfluß der großen Anzahl von Puertoricanern in New York auf deren hohe Homogamierate bestätigen.

5.3.2.2.2 Ungleichgewicht der Geschlechterproportion

Adams war es, der wieder am Beispiel Hawaiis darauf hinwies, daß ein weiterer begünstigender Faktor für Zwischenheirat in einem Ungleichgewicht der Geschlechterproportion liegt:

> "It is evident that if there is, among any of the peoples, such as the Chinese and Portuguese, a strong sentiment favorable to marriage within the group, the actual practice may be pretty much according to the sentiment if the marriageable men and the marriageable women are about equal in number. But if there are only about seven women to a hundred men, if the seven women are already married, and if further immigration is prohibited, what are the ninety-three bachelors to do? This was about the numerical and legal situation of the Chinese at the beginning of the century" (Adams 1937: 192).

Lynn (1956: 380, 381) sah nach Auswertung der Heiratslizenzen Washingtons für die Jahre 1940 - 1947 den Einfluß einer unausgeglichenen Geschlechterproportion auf die Zwischenheiratshäufigkeit der einzelnen "Rassen" bestätigt. Ihre Grundgesamtheit bestand jedoch nicht in allen *heiratbaren* Personen, sondern, wie aus der Verwendung von Heiratslizenzen als Datenbasis leicht ersichtlich, in allen Personen, die in diesem Zeitraum *geheiratet* (bzw. eine Lizenz erhalten) *hatten*. Auf diesen Unterschied wird gleich noch einzugehen sein.

Schmitt (1965: 472) fand für Hawaii einen schwachen statistischen Zusammenhang zwischen einem Ungleichgewicht der Geschlechterproportion und Zwischenheirat der "rassischen" Gruppen. Seine Ergebnisse beruhen nicht nur auf der Auswertung der Heiratsstatistiken von 1961 und 1962, sondern auf dem Vergleich mit den laut U.S.-Zensus von 1960 errechneten Geschlechterproportionen der einzelnen Einheiten *für alle über dreizehnjährigen unverheirateten, verwitweten und geschiedenen Personen*. Dies ist eine sehr viel exaktere Annäherung an das tatsächliche "field of eligibles", als wenn alle Männer oder Frauen einer Kategorie, unabhängig von Alter und Familienstand, zur Bestimmung der Geschlechterproportion als Grundgesamtheit gezählt werden oder, wie im Fall von Lynns Arbeit, nur alle, die sich verheiratet hatten bzw. - im Falle der Erhebung von Verbreitungshäufigkeit - verheiratet sind.

Wie mit dem Zitat von Adams schon angedeutet, sind es vor allem Situationen der **Einwanderung**, in denen eine starke Ungleichgewichtigkeit der Geschlechter einer Einheit zu finden ist. Belege für einen Zusammenhang mit heterogamem Heiratsverhalten von Immigranten finden sich in großer Zahl. Migration geht normalerweise auch mit einer kleinen Gruppengröße der Einwanderer im Gastland einher; zwei begünstigende Faktoren für Zwischenheirat kommen damit zusammen.

■ Bereits Catapusan (1938: 264, 265) verwies auf die Situation der philippinischen Arbeitsmigranten in den Vereinigten Staaten: Laut Auswertung des U.S.-Zensus von 1930 standen 40.904 Filipinos (älter als 15 Jahre), von denen 18,1 % verheiratet waren, 1.640 Filipinas (älter als 15 Jahre) gegenüber, von denen 76,7 % verheiratet waren. Der Autor vermutet, daß es sich bei den Ehen der Frauen hauptsächlich um homogame handelt und daß viele der verheirateten Filipinos eine Gattin in ihrem Herkunftsland hätten. Nur für 1.778 Filipinos ließen sich heterogame Ehen nachweisen. Fast 82 % der Filipinos waren also unverheiratet.

■ Panunzio (1942) stellte in seiner Auswertung der Heiratslizenzen von Los Angeles County für die Jahre 1924 - 1933 fest, daß die Filipinos zwar laut U.S.-Zensus von 1930 nur 0,2 % der Bevölkerung ausmachten, aber von allen berücksichtigten Minderheiten die höchste Zwischenheiratsrate von 70,1 % aufwiesen. Er führt dies besonders darauf zurück, daß diese Personenkategorie sich fast nur aus jungen Männern zusammensetzte: Unter der Berücksichtigung aller 15- bis 44-jährigen kamen 1920 nur 12 Filipinas auf 242 Filipinos und 1930 170 auf 4.107. Auch für Indianer konnte er den Einfluß von niedriger relativer Gruppengröße und ungleicher Geschlechterproportion zeigen: Ihr Bevölkerungsanteil betrug nur 0,1 %, und sie wiesen einen Frauenüberschuß auf, da 350 Frauen nur 256 Männer gegenüberstanden. Ihre Zwischenheiratsrate lag bei 56,9 %. Fast zwei Drittel der heterogamen Individuen waren weiblich. Hingegen stellten die Mexikaner mit 7,6 % Bevölkerungsanteil die größte Minderheit und verfügten über eine ziemlich ausgeglichene Geschlechterproportion (114 Männer zu 100 Frauen). Laut Statistik und Panunzios Berücksichtigung der Tatsache, daß aus Gründen der "rassischen" Klassifizierung auch viele intramexikanische Heiraten als "interrassisch" gezählt wurden, heirateten sie nur zu 17 % heterogam. Schwieriger war die Beurteilung im Fall der anderen von ihm untersuchten Einheiten, da für sie die Heirat mit "Weißen", der zahlenmäßig größten und daher zumindest von der Zufallsverteilung her wahrscheinlichsten Heiratskategorie, gesetzlich verboten war. Die Geschlechterproportion der Japaner war bei einem Bevölkerungsanteil von 1,6 % mit 166 Männern zu 100 Frauen 1920 bzw. 125 zu 100 im Jahr 1930 deutlich unausgeglichen. Dennoch heirateten nur ca. 0,3 % heterogam. Dieselbe Tendenz zeigte sich bei den Chinesen (836 Männer zu 182 Frauen 1920; 1.487 Männer zu 394 Frauen 1930 bei 0,2 % Anteil an der Gesamtbevölkerung). Ihre Zwischenheiratsrate betrug zwar 23,7 %; bei der absoluten Zahl von Heiraten handelt es sich jedoch nur um 97. Die Afro-Amerikaner stellten 2,1 % der Bevölkerung und wiesen einen Frauenüberschuß auf (86 Männer zu 100 Frauen). Dennoch betrug ihre Zwischenheiratsrate nur verschwindende 0,11 %; mehr als vier Fünftel der herausheiratenden Personen waren weiblich. Gruppengröße, Ungleichgewicht der Geschlechterproportion sowie die Heiratsverbote des Staates Kalifornien erklären also durchaus nicht alle Tendenzen in Panunzios Stichprobe.

Nicht nur für Arbeitsmigranten im strengeren Sinne, sondern auch für andere Einwanderer läßt sich der Einfluß von Gruppengröße und Ungleichgewicht der Geschlechterproportion zeigen.

Europäische Siedler in den Indianergebieten des amerikanischen Kontinents heirateten beispielsweise indianische Frauen (vgl. Boas 1911: 252, 253). Smith erwähnt für die Puyallup im Puget-Sound-Gebiet in Washington, daß um 1857/58 oft Eheschließungen von Frauen mit Einwanderern stattfanden, da kaum europäische Frauen in diesem Gebiet lebten und ein U.S.-Gesetz von 1850 Verheirateten den Anspruch auf doppel soviel Land wie Ledigen zugestand. Einige Jahre später wurden dann jedoch Bürgerkriegswitwen aus anderen amerikanischen Gebieten angeworben, um Siedler zu heiraten. Fremde Affinalverwandte waren von den Puyallup traditionell akzeptiert und Frauen sowieso auf eine komplette Neuorientierung nach der Heirat hin erzogen, was das Konfliktpotential dieser Eheschließungen verminderte, von denen ein großer Prozentsatz stabil gewesen sein soll. (Smith 1963: 27, 28)

■ Kourvetaris' (1971: 42) Daten für das Heiratsverhalten von griechischen Arbeitsmigranten in zwei Gemeinden des amerikanischen Mittelwestens weisen ebenfalls auf den Einfluß von kleiner Gruppengröße und starkem Männerüberschuß auf das Eingehen von interethnischen Ehen. Dies ist zumindest die Aussage des Verfassers, der seine Forschungsmethode und genauen Ergebnisse in seinem Artikel nicht offenlegt.

■ Elkholys (1971: 74, 77) Studie muslimischer Einwanderer in den U.S.A. und Kanada zeigt, daß 68 % dieser Personenkategorie unverheiratet kamen und letztere außer wenigen Studentinnen und Ehefrauen überwiegend aus jungen Männern bestand. Die Mehrzahl von ihnen heiratete Frauen der eigenen ethnischen Einheit im Heimatland und ließ sie nachkommen; 38 % vermählten sich jedoch mit Europäerinnen, Amerikanerinnen oder Kanadierinnen. 2/3 der heterogam Verheirateten waren Männer. Dies ist nicht nur durch das Ungleichgewicht der Geschlechterproportion zu erklären, sondern auch durch jene Vorschrift des Islam, nach der Muslime zwar Angehörige der anderen Buchreligionen heiraten dürfen, Musliminnen hingegen nicht bzw. nur dann, wenn die Männer zum Islam konvertieren.

Wie schon bei der Gruppengröße, so zweifeln Kikumura und Kitano (1973: 74, 75) an der tatsächlichen Bedeutung einer ungleichgewichtigen Geschlechterproportion für Heterogamie. Zwar hätten die von ihnen untersuchten Japaner in den Vereinigten Staaten einen Frauenüberschuß. Dieser sei aber nicht so groß, daß er die Unterschiede in den Zwischenheiratsraten japanischer Männer und Frauen erkläre: Die Frauen heirateten nämlich doppelt so häufig aus ihrer Einheit heraus wie die Männer.

Lind (1964: 73) stellt in Hinblick auf Hawaii ohne nähere Begründung die These auf, daß relativ kurze Aufenthaltsdauer im Einwanderungsland und ein Ungleichgewicht der Geschlechterproportion zum Eingehen von *schnellen, unüberlegten Zwischenheiraten* beitragen würden. Er vermutet dies aufgrund der Instabilitätsraten von Ehen der Filipinos, Afro-Amerikaner und Militärangehörigen auf Hawaii.

■ Hassan und Benjamin (1973: 732) führen die hohe Zwischenheiratsrate europäischer Männer im Vergleich zu europäischen Frauen im Singapur der Jahre 1962 - 1968 darauf zurück, daß die Mehrzahl der im Stadtstaat befindlichen Europäer dort nicht eingebürgert waren, sondern Angehörige der britischen Streitkräfte und verschiedener ausländischer Firmen. Folglich habe diese Personenkategorie hauptsächlich aus Männern bestanden, und die wenigen europäischen Frauen hätten keinem Zwischenheiratsrisiko unterlegen, weil es sich bei ihnen meist um Familienangehörige dieser Männer gehandelt habe.

■ Mitchells (1957: 2) Erhebung einer 10-%-Stichprobe der Haushalte in Luanshya, einer Stadt im rhodesischen Kupfergürtel, zeigte, daß die Geschlechterproportion dort für *alle* Personen zwar ausgeglichen war. Bei einer Aufsplittung der Bewohner nach ethnischen Einheiten ergaben sich jedoch für einzelne Ethnien große Unterschiede, die die These einer Begünstigung von Zwischenheirat durch ein Ungleichgewicht der Geschlechterproportion stützen.

■ Auch Bagley (1972: 376 - 378) und Kannan (1972: 25, 27) führen das Überwiegen von heterogamen Männern unter den Einwanderern Großbritanniens unter anderem darauf zurück, daß diese den Großteil der Immigranten ausmachten.

■ Simon (1985a: 40, 52 - 54) verweist darauf, daß Einwanderer aus Korea in die Bundesrepublik Deutschland zwischen 1972 und 1982 überwiegend weiblich waren. 1976 standen 100 Männern 165 Frauen gegenüber; 1982 immerhin noch 128 Frauen. Bei Berücksichtigung des Familienstandes ergibt sich eine noch größere Diskrepanz; so kamen 1973 auf 100 ledige Koreaner 300 ledige Koreanerinnen. Bei einer Aufsplittung nach Bundesländern zeigt sich zudem eine unausgeglichene Wohnverteilung; beispielsweise lebten 1980 in Bremen viermal soviele koreanische Frauen wie Männer. All dies erklärt, warum 1970 - 1981 die Koreanerinnen 90 % der mit Deutschen verheirateten Migranten aus Korea ausmachten und ihre männlichen Landsleute nur 10 %.

Eine ungleichgewichtige Geschlechterproportion mag auch dafür verantwortlich sein, daß 1950 - 1990 doppelt soviele deutsche Frauen die Ehe mit einem Ausländer eingingen wie deutsche Männer mit einer Ausländerin: Die meisten Arbeitsmigranten in der Bundesrepublik waren männlich; hinzu kamen bis vor kurzem die ebenfalls überwiegend männlichen Vertreter der alliierten Streitkräfte. (Vgl. die Statistiken in Bericht... 1994: 52, 53, 59, 66)

Eine besondere Situation der "Einwanderung" ergibt sich durch die kriegsbedingte oder auch in Friedenszeiten aus bestimmten historischen oder politischen Konstellationen erfolgte **Entsendung von Soldaten in fremde Länder**. Bei den Angehörigen solcher Truppen handelt es sich in der Mehrzahl um junge Männer; kleine Gruppengröße, Ungleichgewicht der Geschlechterproportion und eine für die Partnerwahl besonders günstige Altersstruktur sind also auch hier gegeben. Empirisch untersuchte Beispiele sind ausschließlich Heiraten von amerikanischen Soldaten, und zwar mit - ebenfalls einen Geschlechterproportionsüberschuß aufweisenden - Panamaerinnen in der Kanalzone Panamas (Biesanz 1950), Filipinas im Umfeld einer U.S.-Militärbase auf den Philippinen (Hunt und Coller 1957), Japanerinnen und Koreanerinnen als Folge der Besetzung nach dem zweiten Weltkrieg bzw. Koreakrieg (Strauss 1954, Schnepp und Yui 1955, Kimura 1957, Kim 1972, Devos 1973) oder aufgrund von noch im Lande existierenden militärischen Einrichtungen (Hong 1982; Lee 1980). Wie gewaltig die demographischen Umwälzungen allein durch das Heiratsverhalten als Folge des zweiten Weltkrieges waren, mögen einige Zahlen belegen: Zwischen 1952, dem Jahr, in welchem durch den Widerruf des Immigrationsverbots für Asiaten von 1924 erstmalig japanische Kriegsbräute in die Vereinigten Staaten einwandern durften, und 1955, als Schnepp und Yuis Untersuchung veröffentlicht wurde, fanden ca. 15.500 Heiraten zwischen GIs und Japanerinnen statt; Shukert und Scibetta schätzen die Gesamtzahl der aus dem Ausland eingewanderten Kriegsbräute bis zum Jahr 1952 auf fast 1 Million (Schnepp und Yui 1955: 48; Shukert und Scibetta 1988: 1, 2, 216). Das statistische Überwiegen von Heterogamie japanischer Frauen im Gegensatz zum Heiratsverhalten japanischer Männer in den Dekaden nach dem Krieg scheint auf das Messen der Verbreitungshäufigkeit japanisch-amerikanischer Ehen und damit eine Berücksichtigung der Kriegsbräute in der Grundgesamtheit zurückzugehen (z. B. Heer 1985: 192). Bei den Heiraten nach dem Krieg ist zudem nicht nur von einer ungleichen Geschlechterproportion der Besetzer und Befreier auszugehen, sondern auch der Besiegten und Befreiten: Viele Männer waren gefallen oder in Gefangenschaft, so daß in den kriegsinvolvierten Ländern Europas und Asiens ein Frauenüberschuß herrschte.

Neben den zahlreichen Befunden, die einen Zusammenhang zwischen einem Ungleichgewicht der Geschlechterproportion und einer hohen Zwischenheiratsrate postulieren, gibt es aber auch eine Reihe von widersprechenden Ergebnissen. Bereits Drachsler (1920: 108, 147; 1921: 34 - 37) stellte in seinen Studien von europäischen Immigranten in New York fest, daß die erste Generation der Einwanderer zwar den größten Männerüberschuß aufwies, daß jedoch in der zweiten mit einer fast ausgeglichenen Geschlechterproportion zu 300 % mehr heterogam geheiratet wurde.

Nelsons Untersuchung (1954: 51) ergab, daß die armenischen Einwanderer in der amerikanischen Stadt Fresno zwar einen großen Männerüberschuß aufwiesen, ihre Zwischenheiratsrate aber zwischen 1890 und 1932, als dann mehr Armenierinnen immigrierten, durchgängig bei fast 0 lag. Leon (1975: 780) fand für Hawaii die gegenteilige Tendenz: Obwohl seit Ende der sechziger Jahre die Geschlechterproportion innerhalb der "Rassen"-Kategorien relativ ausgeglichen war, trat Zwischenheirat vermehrt auf.

Burma (1963: 158 - 161) hielt den Einfluß einer unausgeglichenen Geschlechterproportion nicht für besonders bedeutend, da in seiner Stichprobe gerade die beiden Einheiten mit einem Frauenüberschuß, Anglo- und Afro-Amerikaner, einen hohen Prozentsatz von herausheiratenden Männern aufwiesen. Andere Partnerwahlfaktoren mußten daher sehr viel stärker wirksam sein. Dies gilt auch für Orams Studie der Hula (1968: 265, 266): Trotz eines Männerüberschusses waren es die Frauen, die zu einem größeren Teil heterogam waren; es existierte seit mehreren Jahrzehnten eine Tradition, Männer aus anderen Einheiten zu heiraten.

Beaudry (1971: 61, 62) untersuchte nicht das Heiratsverhalten, sondern die Einstellung von Chinesen dazu in Stadt und Staat New York. Wie bei Chew und MacDougalls Erhebung in Singapur (1977) war die Unausgeglichenheit der Geschlechterproportion bei den Chinesen mit einer positiven Haltung gegenüber Zwischenheirat gekoppelt.

Lee et alii (1974: 113, 114) sowie Leon und Sakihara (1976: 29) versuchten in ihren Untersuchungen Singapurs nicht nur den rein mathematischen Einfluß der Gruppengröße (vgl. Kap. 3.1.1), sondern auch jenen der Geschlechterproportion auszuschalten, indem sie nach Romneys Methode auch das Verhältnis von Männern und Frauen der einzelnen Ethnien auf einen gemeinsamen Nenner hochrechneten. Auch Pagnini und Morgan (1990: 416) kontrollierten den rechnerischen Einfluß der Gruppengröße und Geschlechterverteilung innerhalb ihrer Stichprobe. Ruft man sich noch einmal Besanceneys Aussagen über den Einfluß der relativen Größe ins Gedächtnis (vgl. S. 133), so wird deutlich, daß gerade in kleinen Einheiten eine sehr unausgeglichene Geschlechterproportion deren demographische Zwischenheiratsmechanismen beschleunigt (vgl. dazu auch Gurak und Fitzpatrick 1982: 927).

Wie am Beispiel der Arbeiten von Lynn und Schmitt schon angedeutet wurde, gibt es in den empirischen Forschungen, die ein Ungleichgewicht der Geschlechterproportion berücksichtigen, Unterschiede in der Berechnung. Die häufigste, - weil einfachste? - Methode ist die Betrachtung aller Heiratenden als Grundgesamtheit, aus der dann das Geschlechterverhältnis der einzelnen Kategorien extrahiert wird. Mit Price und Zubrzycki (vgl. S. 38, 39) muß hier allerdings kritisch angemerkt werden, daß auf diese Art und Weise die Gesamtheit der einem "Zwischenheiratsrisiko" ausgesetzten Personen verfälscht wird: Unverheirateten oder allein zum Zweck der Eheschließung Einreisenden wird dabei nicht Rechnung getragen. Jürgens (Jürgens 1973: 31) weist am Beispiel der Bundesrepublik Deutschland darauf hin, daß außerdem die Altersstruktur, kleinräumigere regionale Verteilung und soziale Differenzierung der ledigen Männer und Frauen berücksichtigt werden müsse, da eine gleiche Anzahl beider Geschlechter an sich noch überhaupt nichts über die Möglichkeiten der Partnerwahl aussage. Das Feld der Erreichbaren und Wählbaren ist also wesentlich komplexer als oft durch die empirischen Arbeiten zugrundeliegenden statistischen Berechnungen suggeriert. Eine der wenigen löblichen Ausnahmen ist die schon erwähnte Arbeit von Schmitt. Auch hier wie bei anderen, schon in Kapitel 3 behandelten methodischen Problemen drängt sich der Verdacht auf, daß von einigen Forschern möglicherweise die unkomplizierteren mathematischeren Verfahren gewählt wurden. Schmitt ist bezeichnenderweise kein Sozialwissenschaftler, sondern Statistiker (Schmitt 1971: 373), beherrscht also eventuell die entsprechenden Rechenmethoden besser?

Daß die alleinige Bestimmung des Geschlechterverhältnisses aus der Grundgesamtheit aller Heiratenden durchaus das Feld der Wählbaren verfälschen kann, läßt sich auch an empirischen Beispielen belegen. Um noch einmal Adams' Frage vom Anfang des Kapitels aufzugreifen: Was *können* die dreiundneunzig chinesischen Junggesellen tun, deren sieben Landsmänninnen bereits verheiratet sind? Rein theoretisch haben sie mehrere Möglichkeiten. Beispielsweise könnten sie ihre Heiratsform zu Polyandrie wandeln. Neu-entwickelte Polygamie ist jedoch eine Lösung, die sich für *keinen einzigen bekannten* Fall eines Männer- oder Frauenüberschusses einer Ethnie findet. Dafür gibt es vermutlich mehrere Gründe. Zum einen ist gerade Polyandrie ein Phänomen, das nur in sehr wenigen menschlichen Gesellschaften existiert (Murdock 1949: 28; Prinz Peter 1963: 51, 517). Historisch betrachtet sind die meisten Einwanderungssituationen aber solche, in denen zunächst Männer immigrieren, also einen Überschuß aufweisen. Zum zweiten sind zwar Gesellschaften mit Polygynie als bevorzugter Eheform weltweit am häufigsten; das Geschlechterverhältnis beträgt aber auch in solchen Gesellschaften ungefähr 1 : 1 (Murdock 1949: 27, 28)[32]; d. h. daß andere Gründe als ein Frauenüberschuß zu dieser Erscheinung führten und führen. Zum dritten scheint die Eheform bevorzugte Polygynie oder Monogamie ein gegen Kulturwandel besonders resistentes Element zu sein. Dies läßt sich nicht nur eben daraus schließen, daß ein Wandel in der Eheform auch bei Migration und Bevölkerungsdruck offenbar nie von irgendeiner ethnischen Einheit als Möglichkeit in Betracht gezogen wurde[33], sondern wird auch bei jenen Fällen von Zwischenheirat deutlich, wo ein Partner aus einer Gesellschaft mit bevorzugter und (in seiner Schicht) üblicherweise praktizierter Polygynie, die Partnerin aus einer mit Monogamie stammt. Wie entsprechende Beispiele in Kapitel 6.1.2 zeigen werden, gehört die Eheform offenbar zu den konservativsten und stark unbewußt verankerten Kulturelementen, die sich auch durch bewußte Versuche der ehelichen Anpassung schwer modifizieren lassen und damit bei entgegengesetzten Auffassungen der Partner erhebliches Konfliktpotential aufweisen.

Die dreiundneunzig Junggesellen aus Adams' Zitat könnten sich natürlich auch den Annahmen der hier vorgestellten Zwischenheiratsforscher ent-

---

[32] Es sei daran erinnert, daß auch in Gesellschaften mit Polygynie als bevorzugter Eheform die Mehrzahl der (meist jüngeren) Männer gezwungenermaßen monogam sind (Murdock 1949: 27, 28). Meines Wissens wurde bisher noch nicht untersucht, ob und unter welchen weiteren Umständen ein Männerüberschuß aus Gründen der Polygynie interethnische Heiraten begünstigt. Hier könnten Möglichkeiten zum Kontakt mit fremden Frauen (vgl. Kap. 5.3.2.2.3) eine Rolle spielen.

[33] Stephens (1988) vertritt dagegen die These, daß gerade in Situationen kulturellen Überlappens und begrenzter Ressourcen Männer aus der erobernden oder kolonisierenden ethnischen Einheit dazu neigen, polyandrische Verbindungen zusammen mit Männern und Frauen der unterlegenen Ethnie einzugehen. Da sie in ihrer Herkunftsgesellschaft häufig aus ressourcenarmen Lebensverhältnissen stammten, ergriffen sie Beschäftigungen als Soldaten und Kolonisten und verfolgten eine unbewußte reproduktive Strategie durch die Beziehungen zu den kolonisierten Frauen, da der Zugang zu Frauen in der eigenen Gesellschaft aufgrund der Ressourcenarmut dieser Männer schwer sei. Die Ko-Ehemänner der kolonisierten Frauen profitierten ebenfalls, da die Verwandtschaft mit Männern aus der Gruppe der Überlegenen ihnen Vorteile brächte. Außer dem historischen Beispiel der Nayar nennt Stephens allerdings nur einen einzigen Fall, auf den sie während ihrer eigenen Feldforschung bei kanadischen Eskimo stieß. In den von ihr erwähnten Kolonial- oder Kriegssituationen wäre außerdem sorgfältig zu prüfen, ob es sich tatsächlich um Ehen im Sinne zumindest einer der beteiligten ethnischen Einheiten handelt oder nur um Konkubinate / Cicisbeate. Bis zu überzeugenderen Belegen betrachte ich ihre Hypothese daher nicht als verifiziert.

sprechend bewogen fühlen, interethnisch zu heiraten, ja, sie könnten sogar eine aktive Heiratspolitik dieser Art betreiben. Dieser historische Fall ist beispielsweise für die Portugiesen an der indischen Malabarküste belegt. Zwar schickte die Regierung des Heimatlandes zunächst Frauen aus Portugal, dies erwies sich aber bald als zu teuer. Da es kaum andere europäische Frauen in Goa gab, ermutigte der Gouverneur Alfonso de Albuquerque 1510 in offiziellen Verlautbarungen zur Heirat mit hellhäutigen und christianisierten Inderinnen aus guten Familien. Auch die britische East Indian Company versuchte es ca. 150 Jahre später zunächst mit auf ihre Kosten einreisenden Engländerinnen, mußte aus denselben Gründen wie die portugiesischen Vorgänger aber bald das Reisegeld den potentiellen Ehemännern aufbürden bzw. 1684 eine Direktive verabschieden, die die Soldaten zur Heirat mit Hindu-Frauen zu bewegen versuchte. Allerdings stießen die Bemühungen der Portugiesen meist auf den Widerstand der favorisierten Brahmanen-Familien, und die ärmeren Engländerinnen des 17. und 18. Jahrhunderts sparten sich häufig die Überfahrt nach Indien zusammen, um eine gute Partie mit einem Company-Angestellten zu machen. (Henriques 1974: 18, 163 - 165) De facto wird trotz aller Bemühungen also relativ wenig Zwischenheirat stattgefunden haben.

Die ursprüngliche Strategie der Portugiesen und Briten stellt eine weitere Möglichkeit dar, einen Männerüberschuß auszugleichen: Frauen können aus dem Herkunftsland der Einwanderer zwecks Heirat angeworben, Ehen auf einem Heimaturlaub geschlossen oder über Verwandte bzw. Heiratsvermittler vermittelt werden. Für dieses Vorgehen sind in der amerikanischen Literatur über Hawaii und das Festland besonders die ersten japanischen Immigranten bekannt: Sogenannte "Picture Brides", Frauen, die nach ihren eingesandten Photos ausgewählt wurden, reisten zum Zweck der Eheschließung aus Japan in die Vereinigten Staaten ein, oder die Heirat fand mittels eines Stellvertreters vor der Ausreise in Japan statt (Adams 1937: 162 - 165, 168; Panunzio 1942: 693; Kitano et alii 1984: 185). Dies ist natürlich nur möglich, wenn keine Einwanderungsverbote bestehen, wie dies zum Beispiel ab 1924 für Asiaten im gesamten Gebiet der U.S.A. der Fall war.

Eine letzte Möglichkeit für die dreiundneunzig Chinesen aus Adams' Zitat besteht schlicht darin, *überhaupt nicht* zu heiraten. In der Tat zeigen die vorliegenden Untersuchungen, daß dies gerade bei chinesischen Einwanderern in ganz verschiedenen Gegenden der Welt eine übliche Verhaltensweise war. So verweist Adams (1937: 145 - 151) darauf, daß die Mehrzahl der frühen chinesischen Immigranten in Hawaii zum großen Teil ihren Verdienst an die Familie in China schickte und die Kosten für eine Reise nach China bzw. für eine Ehefrau nach Hawaii für sie zunächst zu teuer, ab 1900 aufgrund der anti-chinesischen Einwanderungsgesetze dann verboten war. Bis auf die relativ kleine ethnische Einheit der Hakka existierte bei den meist aus Fukien und Kanton stammenden Chinesen jener Zeit noch die Sitte, die Füße der Frauen einzubinden, so daß eine aus China geholte Ehefrau ökonomisch betrachtet auch keine große Hilfe darstellte. Die zu Beginn noch gehegten Rückkehrträume der Männer konnten gewöhnlich nicht realisiert werden, der Kontakt zur Familie in China wurde im Laufe der Jahre oberflächlicher. Diese Generation der chinesischen Einwanderer war daher bis auf eine dünne Schicht von Wohlhabenden, die Festlandchinesinnen geheiratet und nach Hawaii geholt hatten, im Alter durch Vereinsamung und Armut gekennzeichnet und stellte ein soziales Problem dar. Panunzio (1942: 693 - 695, 697, 698) legt in seiner Studie offen, daß auch in Los Angeles County der Männerüberschuß der Chinesen zwar ungefähr so hoch war wie der der Japaner; im Gegensatz zu letzteren, die ihn durch die Anwerbung von "Picture Brides" im Lauf der Jahre nivellierten, heirateten von den Chinesen in der betrachteten Dekade jedoch nur ganze 97 Personen.

Mehrere Untersuchungen zeigen, daß eine übliche Lösung chinesischer Auswanderer darin bestand, Konkubinate mit Frauen der Einwanderungsländer einzugehen. So beschreibt Loewen (1971: 5, 61 - 64, 74 - 79, 85, 86, 96, 97, 117, 118) das Dilemma, vor dem die Chinesen im Staat Mississippi standen, der durch eine starke "Schwarz"-"Weiß"-Polarisierung gekennzeichnet war: Heiraten mit Anglo-Amerikanerinnen waren gesetzlich verboten und fanden kaum statt. Eine gesellschaftliche Akzeptanz durch die "weiße" Oberschicht war nur dadurch zu erreichen, daß sich die Chinesen zur Doktrin der anglo-amerikanischen Überlegenheit bekannten und deutlich machten, daß sie solche Ehen auch nicht anstrebten. So konnten zumindest in kleineren Orten beispielsweise chinesische Kinder die "weiße" Schule besuchen und Erwachsene Mitglieder anderer, nur "Weißen" vorbehaltenen, Institutionen werden. Heiraten von Chinesen mit Afro-Amerikanern stießen sowohl auf Ablehnung der ortsansässigen "Weißen", die diese Paare dann als "schwarz" klassifizierten, als auch der chinesischen Gemeinde, da die meisten Afro-Amerikaner keine den Händlern gleichwertigen Berufe ausübten, ihre soziale Position zwischen "Weiß" und "Schwarz" dadurch weiter geschwächt wurde und eine starke Endogamieregel existierte. Diese Zurückweisung konnte auch ökonomische Folgen haben, da die Chinesen in Mississippi meistens Lebensmittelhändler waren und nicht nur das unterstützende Netzwerk der chinesischen Gemeinde verloren, sondern auch Kunden. Von allen Seiten akzeptiert bzw. bei den Afro-Amerikanern zum Teil traditionell waren hingegen Konkubinate "schwarzer" Frauen und chinesischer Händler.

Auch Kouwenhoven (1987) schildert ein ähnliches Verhalten für die Chinesen auf Mauritius. 1830 kamen die ersten Einwanderer, dreißig Jahre später stieg aufgrund politischer Spannungen und des Opiumkrieges ihre Zahl sehr stark an. 1881 waren von 3.549 Chinesen nur neun weiblich; Heiraten und viele Konkubinate mit Kreolinnen waren die Folge. 1911 waren nur 258 der 3.313 chinesischen Männer heterogam verheiratet; es lebten nur 355 Chinesinnen auf der Insel. Die meisten Männer hatten entweder eine Frau in China oder blieben unverheiratet. Als 1920 die Einreiseerlaubnis für chinesische Ehefrauen erteilt wurde, sank die Zwischenheiratsrate rapide. Die starke Internalisierung der Endogamie wird unter anderem auch dadurch deutlich, daß Kinder aus heterogamen Verbindungen mit einem Ausdruck bezeichnet wurden, den Kouwenhoven als "Half-Brain" übersetzt.

Die hohe ethnische Solidarität der Chinesen zeigt sich in einigen Bereichen auch am Beispiel der Babas oder "Straits Chinese" in Singapur, obwohl diese anhand von kulturellen Markierungen zu einer eigenen Ethnie wurden. Diese ethnische Einheit entstand daraus, daß in Malacca die ersten chinesischen Siedler, meist aus der Provinz Fukien, einheimische malaiische Frauen heirateten; sie wanderten später nach Singapur aus, und ihre Kinder wurden Babas genannt. Trotz der eigenen malaiischen Gattinnen ließen die chinesischen Väter ihre Töchter aber ungern Malaien heiraten, sondern vermählten sie vorzugsweise mit Chinesen. Die Söhne wurden zur Ausbildung nach China geschickt, die Töchter mit jeder Generation auch äußerlich "chinesischer" und damit akzeptabler als Ehefrauen chinesischer Männer. Obwohl schon seit 1826 kaum noch malaiische Elternteile unter den Babas zu finden sind, hat sich diese Personenkategorie jedoch aufgrund des Baba-Malaiischen als gesprochener Sprache, einer aus chinesischen, malaiischen und europäischen Elementen bestehenden Kultur sowie einer stärkeren Bindung an die Briten bzw. Singapur als an China erhalten. Zur Zeit von Pngs Studie war das Baba-Malaiische jedoch im Verschwinden begriffen. (Png 1969)

Patterson (1976) verglich das Heiratsverhalten chinesischer Einwanderer in Jamaica und Guayana. Für die Karibikinsel fand er ein ähnliches Muster wie in den gerade geschilderten Fällen. 1880 kamen die ersten chinesischen Kontraktarbeiter nach Jamaica, die sich in den neunziger Jahren des letzten Jahrhunderts im Kleinhandel etablierten. Wie der Zensus von 1911 zeigt, herrschte ein großer Männerüberschuß, so daß diese viele Konkubinate mit einheimischen Frauen eingingen. 1943 hatten fast 50 % der auf Jamaica lebenden Chinesen "schwarze" Vorfahren. Da Konkubinate wie am Beispiel Mississippis erwähnt sowohl bei chinesischen Männern als auch afro-amerikanischen Frauen traditionellen kulturellen Mustern entsprachen, sieht Patterson diese Lösung als "a nice set of cultural congruence" (ibid.: 328). Bei ihrer Ankunft waren die Chinesen wie in Hawaii keine ethnische Einheit, sondern wurden erst im Kontext Jamaicas durch physische und kulturelle Andersartigkeit, also Fremd- und Selbstzuschreibung, dazu. Aufgrund des Frauenmangels definierten die Chinesen sich hier im Gegensatz zu anderen Einwanderungsgebieten, etwa Mississippi, eher kulturell als "rassisch". Die

Söhne aus den Verbindungen mit "schwarzen" Frauen wurden daher auch oft schon im Alter von fünf oder sechs Jahren zur Erziehung nach China geschickt und kamen erst als junge Männer zurück. Zum Teil wurden für sie chinesische Bräute geholt. Aufgrund dieses Verhaltens existieren die Chinesen bis heute als von sich selbst und anderen Chinesen bestimmte Kategorie bzw. Ethnie in Jamaica. Patterson sieht die Hauptursache für diese "ethnische Strategie" in den ökonomischen Vorteilen, die durch ein ethnisches Netzwerk eine Monopolisierung des Kleinhandels erlaubte. Diese These läßt sich auch auf Loewens Beispiel der Mississippi-Chinesen anwenden, da dort nur die Akzeptanz der Normen "rassischer" Ungleichheit wirtschaftliche und soziale Vorteile brachte. Im Gegensatz zu Jamaica war der Kleinhandel bei Ankunft der ersten chinesischen Einwanderer in Guayana schon in der Hand der Portugiesen. Das dortige Streben der Chinesen nach schneller Kreolisierung sieht Patterson ebenfalls als eine wirtschaftliche Strategie, um bessere Möglichkeiten für die eigene Einheit zu erlangen.

Die Berechnung des Ungleichgewichts der Geschlechterproportion allein aufgrund der Personen, die im untersuchten Zeitraum geheiratet haben, kann also das eigentlich vorhandene "field of eligibles" sehr verfälschen, wenn Personenkategorien beteiligt sind, die kaum geheiratet haben, wie das Beispiel chinesischer Einwanderer in verschiedenen Gegenden der Welt zeigt. Es macht aber noch etwas anderes deutlich: In einigen polyethnischen Konstellationen und bei bestimmten ethnischen Einheiten mag der Einfluß demographischer Gegebenheiten so bedeutend für das Zustandekommen von Zwischenheirat sein wie von Blau et alii postuliert; er ist es aber nicht in jedem Fall. Gerade am Beispiel der Chinesen zeigt sich, daß bestimmte kulturelle Charakteristika, in diesem Fall religiöse Verehrung der eigenen Vorfahren, Treue und Gehorsam gegenüber den Eltern, Ethnozentrismus und Endogamie selbst in bezug auf andere chinesische Sprachgruppen, sehr viel stärker sein können. Chew und MacDougall (1977: 9) sprechen davon, daß in Singapur selbst der Faktor der höheren Bildung, der sonst in vielen Fällen die Bereitschaft zur Zwischenheirat verstärkt, die Homogamietendenz der Chinesen nicht "knacken" kann. Da Ehe laut meiner Definition eine öffentlich anerkannte und kulturell definierte Bindung ist, bleibt die entscheidende Frage weiterhin offen: Was motiviert Personen, trotz aller vermuteten sozialen Nachteile interethnisch zu *heiraten*, statt sexuelle, psychische und wirtschaftliche Bedürfnisse anhand eines - möglicherweise dauerhaften - Konkubinats zu erfüllen? Pattersons These könnte *eine* Antwort geben, warum dies geschieht und soll in Kapitel 5.3.3.7 noch einmal aufgenommen werden. Vor der Diskussion kultureller Faktoren, die Zwischenheirat begünstigen, soll aber noch die Darlegung eines oft mit kleiner Gruppengröße und Ungleichgewichtigkeit der Geschlechterproportion verknüpften Merkmals und von lebensgeschichtlichen und sozialen Charakteristika der beteiligten Partner stehen.

5.3.2.2.3 Kontakt, räumliche Nähe, nicht-segregiertes Wohnen

Daß ein Paar bei freier, nicht-vermittelter Partnerwahl die Möglichkeit haben muß, miteinander in Kontakt zu kommen, um sich überhaupt kennenzulernen und eine Beziehung aufzubauen, ist auf den ersten Blick eine Binsenweisheit. Demographische und infrastrukturelle Gegebenheiten einer Gesellschaft können aber gerade in dieser Hinsicht wesentliche Auswirkungen auf den Heiratsmarkt bzw. das Feld der Wählbaren haben, wie von vielen Forschern festgestellt wurde.

Bossard (1932) und in seiner Folge Davie und Reeves (1939) werteten alle Heiratslizenzen des ersten Halbjahres von 1931 in Philadelphia bzw. des ganzen Jahres in New Haven aus und trugen die darauf angegebenen Adressen in Karten ein, um festzustellen, wie weit die Partner vor der Eheschließung voneinander entfernt gewohnt hatten. Die Stadtpläne waren nach Blöcken unterteilt, wobei ein Block als das kleinste, von mindestens drei Straßen begrenzte Gebiet definiert wurde. Trotz einiger Unterschiede zwischen den beiden Städten war das wichtigste Ergebnis für sie identisch: 51 % aller Heiraten fanden zwischen Personen statt, die in einem Radius von nicht mehr als zwanzig Blöcken voneinander entfernt gewohnt hatten. Bei Eheschließungen, die zwischen sehr dicht wohnenden Paaren stattgefunden hatten, d. h. bei Partnerwahl innerhalb von fünf Blöcken, entdeckten Davie und Reeves (zumindest für ihre Zeit) "atypische" Paarkonstellationen: jüngere Ehemänner als -frauen, sehr junge (unter 25) oder sehr alte (über 40) Bräutigame, Mehrfachverheiratete, geschiedene oder verwitwete Bräute. Auffällig war das fast vollständige Fehlen von Zwischenheirat "rassischer", nationaler, religiös-konfessioneller und sozio-ökonomischer Art. Die Autoren vermuteten daher, daß in den Großstädten der U.S.A., zumindest jedoch in den beiden untersuchten, eine Tendenz zu nach diesen Kriterien segregiertem Wohnen existiere. Die Folgerung aus diesen Studien war, daß die Heiratswahrscheinlichkeit mit wachsender Entfernung der Wohnorte potentieller Partner abnehme, und Bossard formulierte den einprägsamen und vielzitierten Satz:

> "Cupid may have wings, but apparently they are not adapted for long flights" (Bossard 1932: 222).

Wenn dem so ist, so erklärt sich hiermit ein weiterer Aspekt der weltweit verbreiteten Tendenz zu Homogamie bzw. zu Abschottungsmechanismen potentieller Heiratspartner: Wenn kulturell, "rassisch" und sozial ähnliche Personen dicht beieinander wohnen, so ist die Wahrscheinlichkeit für homogame Eheschließungen auch bei freier Partnerwahl groß: Es bilden sich, um eine Formulierung von König (1969: 243) aufzunehmen, selektive Verkehrskreise. Bei anderen Wohnstrukturen oder als zusätzliche Vorsichtsmaßnahme gegen kakogame Partnerwahl können gesellschaftliche Regelungen wie die Seklusion oder Überwachung junger Leute bzw. eines Geschlechts die Homogamietendenz unterstützen. (Vgl. S. 105 bzw. Goode 1959: 43, 44) Andererseits könnte der Homogamiebefund vieler Untersuchungen zumindest teilweise darauf zurückzuführen sein, daß Personen, die in derselben Gegend leben, gemeinsame Normen entwickeln und daher kulturell ähnlich werden bzw. daß Ehepaare sich im Laufe der Jahre ähnlich werden, wie Kerckhoff (1974: 65 - 67) zu bedenken gibt. Diese Idee wird in Kapitel 6.1 noch einmal aufgenommen.

Ende der fünfziger Jahre unterzogen Katz und Hill (1958) die inzwischen erfolgten Forschungen über pränuptiale räumliche Nähe einer kritischen Bilanz. Eine schon von Bossard angedeutete mögliche Fehlerquelle war darin zu sehen, daß die Nähe des Wohnortes möglicherweise erst eine Folge des kurz vor der Heirat ja doch weit fortgeschrittenen Partnerwahlprozesses war; tatsächlich konnte eine weitere Studie zeigen, daß 43 % der Paare zur Zeit des ersten Kennenlernens weiter auseinander gewohnt und sich daraufhin um dichter zusammenliegende Wohnungen bemüht hatten. Dies bedeutete zwar eine empirische Erhöhung der zwischen den Wohnorten liegenden Distanzen, die Grundtendenz zu relativer räumlicher Nähe blieb jedoch bei Prüfung der ursprünglichen Wohnorte erhalten. Kennedy, geborene Reeves und Ko-Autorin von Davie in der 1939 veröffentlichten Untersuchung, konnte in einer späteren Studie (1943) zeigen, daß Heiraten über größere Entfernungen hinweg zu über 50 % ethnisch homogam waren. Die Annahme, daß das räumliche Heiratsverhalten von segregiertem Wohnen und von Heiratsregeln bestimmt werde, erfuhr aber noch weitere Verfeinerungen. So formulierte Harris 1935 den Interaktion-Zeit-Kosten-Ansatz, der nach Katz und Hill von drei Prämissen ausgeht:

1. Die Heiratsentscheidung folgt einer Zeit der Partnerwahl-Interaktion. Je mehr von dieser Interaktion stattfindet, umso größer ist die Heiratswahrscheinlichkeit.
2. Die Menge der potentiellen Interaktion entspricht einer umgekehrten

Zeit-Kosten-Funktion: je höher die Kosten[34], umso weniger potentielle Interaktion.
3. Die Zeit-Kosten-Funktion ist direkt mit Entfernung verknüpft.

Kosten können nach diesem Ansatz auch ganz wörtlich gemeint sein: Harris stellte in seiner Untersuchung fest, daß Personen mit höherem im Gegensatz zu solchen mit niedrigerem sozio-ökonomischen Status weiter voneinander entfernte pränuptiale Wohnorte hatten, weil sie sich die Überwindung größerer Distanzen eher leisteten (vgl. auch Goode 1964: 34). Entsprechend formulierte der Sozialforscher Koller Bossards "geflügeltes" Wort zu einem neuen um:

> "Yes, Cupid has wings, but he doesn't fly very far, and even with five cents bus fare, he still prefers to remain close to home" (M. R. Koller, Residential Propinquity of White Mates at Marriage in Relation to Age and Occupation of Males, Columbus, Ohio. *American Sociological Review* 1948, 13, nach Rückert et alii 1979: 15).

Katz und Hill entwickelten aus den dargestellten und einem auf einer Arbeit von Stouffer beruhenden Ansatz über "dazwischenkommende Möglichkeiten"[35] folgende neue Grundannahmen:

1. Heirat folgt Regeln.
2. In einem durch Regeln bestimmten Feld der Wählbaren variiert die Heiratswahrscheinlichkeit direkt mit der Interaktionswahrscheinlichkeit.
3. Die Interaktionswahrscheinlichkeit ist proportional zu einem Wert, der sich aus den Gelegenheiten in einer gegebenen Entfernung im Vergleich zu den dazwischenliegenden / -kommenden Gelegenheiten zusammensetzt.

Die Verfasser weisen darauf hin, daß neben einer guten Verkehrsverbindung auch bestimmte räumliche Organisationspunkte außerhalb des Wohnorts, etwa eine Kirche, ein Arbeitsplatz, ein Freizeitzentrum, usw., Nähe im Sinne von vielen Interaktionsmöglichkeiten bedeuten können.

Alle bisher referierten Studien bezogen den Raumfaktor auf Heiraten innerhalb ethnischer, "rassischer", religiös-konfessioneller und sozio-ökonomischer Kategorien. Er spielt aber auch für das Zustandekommen von Zwischenheiraten eine große Rolle. Einfacher und deutlicher, mit allen Impli-

---

[34] im Sinne von Unannehmlichkeiten oder Nachteilen; vgl. S. 104
[35] S. A. Stouffer: "Intervening Opportunities. A Theory relating Mobility and Distance." *American Sociological Review* 1940, 5: 845 - 867

kationen sexueller und emotionaler Art, als der von Shukert und Scibetta zitierte Soldatenwitz aus der Zeit direkt nach dem zweiten Weltkrieg läßt sich die Bedeutung von Kontakt- und Interaktionsmöglichkeit durch über einen längeren Zeitraum gegebene räumliche Nähe kaum formulieren:

> "GIs were constantly quizzed by their families, friends, and former sweethearts about why they had chosen to marry women from foreign countries. One of the standard GI jokes was the one about the girl back home who wrote to her boyfriend overseas and asked him what those foreign women had that she didn't have. His answer: 'Nothin', honey, but they got it over here!'" (Shukert und Scibetta 1988: 31).

Adams (1937: 126) war wiederum einer der ersten Forscher[36], die auf den Zusammenhang zwischen räumlicher Nähe und Zwischenheirat bzw. auf segregiertes Wohnen als dieser entgegenwirkend aufmerksam machten. Schon Drachsler (1921: 38, 41) erwähnte allerdings die Konzentration einer Bevölkerungskategorie bzw. die räumliche Nähe als wichtige Partnerwahlfaktoren, ebenso die erhöhte Mobilität, die mit höherem sozio-ökonomischen Status einhergeht und damit ein weiteres Feld der Wählbaren ermöglicht. Dieses schließe auch Personenkategorien ein, zu denen bei einem begrenzteren räumlichen Umfeld kaum Kontakte bestanden hätten. Golden (1959: 274 - 277) führt eine Reihe von Beispielen an, wo sich Paare seiner Stichprobe oder durch die Medien bekannte "schwarz"-"weiße" Eheleute trotz der institutionalisierten Segregation, die sich in den U.S.A. nicht nur auf das Wohnen, sondern auch auf viele andere Bereiche erstreckte[37], kennenlernten: am Arbeitsplatz eines oder beider Partner, an "rassisch" integrierten Schulen oder Universitäten, an mit der Freizeit verknüpften Orten und Organisationspunkten wie einer Musikkapelle oder einem Reitstall, in der Nachbarschaft, durch Freunde und Verwandte oder durch Organisationen, die sich direkt mit "Rassen"-Beziehungen befaßten. Heer (1966) entdeckte bei Auswertung der Statistiken Kaliforniens und ihrem Vergleich mit denen von drei anderen amerikanischen Bundesstaaten die Bedeutung nicht-segregierten Wohnens für das Zustandekommen von Heiraten zwischen "Schwarzen" und "Weißen". Harte (1959: 216, 219, 220) zeigt am Beispiel der Brandywines[38] Marylands, daß zwischen 1820 und 1956 in den ländlichen Gebie-

---

[36] Siehe Lam 1932: 161, 162 für einen noch früheren, wenn auch oberflächlicheren Hinweis mit Bezug auf Hawaii.

[37] Daß Afro-Amerikaner in den Vereinigten Staaten kaum sozialen Zugang in Form von gemeinsamen Primärgruppen zu "Weißen", vor allem zu Frauen, hatten und haben, bestätigen beispielsweise auch Simpson und Yinger (1985: 301).

ten mit größeren und segregierteren Brandywine-Siedlungen weniger Zwischenheirat als in der Stadt stattfand.
- ■ Lieberson (1962: 53 - 55) wertete den U.S.-Zensus von 1930 für neun Großstädte aus, um den Zusammenhang zwischen nicht-segregiertem Wohnen und Zwischenheirat zu messen. Selbst bei dem von ihm verwendeten groben Maß der interethnischen Heirat, nämlich der zu seinem Bedauern ausschließlich im Zensus erhobenen Abstammung von einer im und einer außerhalb des Landes geborenen Person für Angehörige der zweiten Einwanderergeneration[39] ergab sich eine deutliche Korrelation zwischen segregiertem Wohnen und Binnenheirat einer Einheit.
- ■ Peach (1974: 221 - 228) führte eine ähnliche Studie mit demselben unbefriedigenden Maß von Zwischenheirat anhand von Statistiken für Großstädte im australischen New South Wales durch. Auch hier wurde für alle untersuchten Einwandererkategorien - mit Ausnahme der Malteser - ein Zusammenhang zwischen Heterogamie und nicht-segregiertem Wohnen nachgewiesen. In einer Folgestudie von Kennedys Untersuchung in New Haven konnte Peach (1980b) anhand der Auswertung ihrer Stichprobe ebenfalls bestätigen, daß Zwischenheiratsraten in einem umgekehrten Verhältnis zum Grad der Segregation einer Personenkategorie standen.
- ■ Gurak und Fitzpatrick (1982: 923, 931 - 933) werteten alle Heiratsurkunden des Jahres 1975 für New York City aus, die Eheschließungen mit mindestens einem lateinamerikanischen Partner zeigten. Dabei stießen sie auf eine sowohl für die Stadt als auch im Vergleich zu anderen Untersuchungen, die sich mit Heiraten von "Hispanics" beschäftigten, sehr niedrige Zwischenheiratsrate der Puertoricaner mit Personen nicht-lateinamerikanischer Abkunft. Als eine der wichtigsten Erklärungen vermuten sie das im Vergleich zu anderen "Hispanics" stark segregierte Wohnen und die hohe Anzahl der Puertoricaner in der Stadt.
- ■ Kitano und Chai (1984: 76) weisen darauf hin, daß die ersten koreanischen Einwanderer in Hawaii nicht nur eine zahlenmäßig kleine Einheit wa-

---

[38] Es handelt sich bei den Brandywines um eine Personengruppe, die zum Zeitpunkt der Untersuchung nur ca. 5.000 Personen umfaßte und unter denen sich typische Familiennamen sowie bestimmte Kulturelemente fanden. Nach der Definition dieser Arbeit sind diese sich von Indianern, Afro- und Anglo-Amerikanern herleitenden Menschen als ethnische Einheit zu betrachten, da sie zwar von den meisten anderen Amerikanern sowie von den staatlichen Statistiken als "Schwarze" klassifiziert werden, sich selbst jedoch von anderen Personenkategorien anhand kultureller Markierungen und der Ideologie einer gemeinsamen Abstammung abgrenzen. (Harte 1959: 216, 217)

[39] Vgl. dazu auf S. 33, 34 die ausführliche Kritik von Price und Zubrzycki (1962) an dieser Vorgehensweise, der sich auch Lieberson anschließt.

ren, sondern auch sehr verstreut lebten. Ihre Möglichkeiten der intraethnischen Partnerwahl waren daher gering, und sie wiesen eine hohe Zwischenheiratsrate auf (vgl. S. 131).

■ Schmitt (1964: 312) stellte in seiner Untersuchung Hawaiis fest, daß bei heterogamen Heiraten die Partner öfter auf derselben als auf verschiedenen Inseln gewohnt hatten.

■ Tinker (1984: 67) sieht eine der Erklärungen, warum *Sansei*[40] in den U.S.A. häufiger heterogam heiraten als die japanischen Einwanderergenerationen vor ihnen, daß sie mit den *Nisei*[37] bereits in größerem Ausmaß in Wohngegenden zogen, die nicht überwiegend Japaner beherbergten.

Best (1989: 256) führte am Ende seiner Untersuchung eine Clusteranalyse der in der Feldforschung erhobenen Kulturelemente der verschiedenen ethnischen Einheiten durch. Dabei kam er zu dem Ergebnis, daß die Marakwet nicht etwa die meisten interethnischen Ehen mit den Kipsigis schlossen, welche ihnen kulturell am ähnlichsten waren, sondern viel häufiger Keyo und Pokot heirateten, die geographisch am dichtesten bei ihnen siedelten.

Schmitt (Schmitt 1962: 204, 205; Schmitt und Souza 1963: 266, 267) stellte beim Vergleich von "rassisch" homogenen und heterogenen Haushalten auf Hawaii fest, daß letztere durch geringeres Einkommen, niedrigere Berufsschicht, weniger Hauseigentümer, gehäuftes Wohnen in heruntergekommenen Häusern und von mehr als einer Person pro Raum gekennzeichnet waren. Er zog daraus die Schlußfolgerung, daß diese Haushalte einen niedrigeren sozio-ökonomischen Status hatten als die anderen. Einer der dafür von ihm angebotenen Erklärungsansätze liegt in der Vermutung, daß sich eine größere ethnische Wohnhomogenität in den höheren Einkommensgruppen finde. Zwar sei im Falle Hawaiis kaum von einer bewußt herbeigeführten Segregation zu sprechen, doch begrenze eine informelle Trennung die Kontaktmöglichkeiten und damit die Heiratswahrscheinlichkeit von Personen aus wohlhabenderen Familien verschiedener "Rassen". Auf die Frage, ob interethnische Heiraten in den untersuchten hierarchischen Gesellschaften eher ein Phänomen der Unterschicht oder der Oberschicht, wie ja von Drachsler angedeutet, sind, wird in Kapitel 5.3.2.3 noch zurückzukommen sein.

Fast alle Studien, die sich mit dem Einflußfaktor der räumlichen Nähe für die interethnische Partnerwahl auseinandersetzen, beschäftigen sich mit Städten. Dies mag zum einen daran liegen, daß vielfach nur in größeren urbanen Strukturen eine Konzentration von Angehörigen einer ethnischen Einheit vorhanden ist, die segregiertes Wohnen überhaupt ermöglicht. Zum anderen treffen Personen vieler verschiedener Ethnien wegen der besseren

---

[40] Siehe Fußnote 19 in Kapitel 3.

Arbeitsmöglichkeiten gewöhnlich wohl eher in Städten aufeinander, unabhängig davon, ob es sich dabei um kleinere Orte wie Mto wa Mbu (Arens und Arens 1978) oder um Metropolen handelt. So erwähnt Strauss (1954: 100), daß die Japanerinnen seiner Stichprobe ihre amerikanischen Ehemänner fast alle in Städten kennenlernten: Die GIs waren da stationiert, die Frauen arbeiteten dort. Kikumura und Kitano (1973: 72, 73) verweisen darauf, daß in den Vereinigten Staaten ungefähr achtmal soviele Personen japanischer Abstammung in Städten wie auf dem Lande leben. Hier könnte ein weiterer Einflußfaktor der von Tinker beobachteten zunehmenden Zwischenheiratsrate dieser Personenkategorie liegen.

Kennedy (1943: 582) fand in ihrer *restudy* New Havens, daß sich von allen Einwanderernationalitäten die pränuptiale Distanz der irischen Partner in einer überdurchschnittlich hohen Anzahl von Häuserblocks ausdrückte. Die Autorin führt dies auf eine besonders starke Homogamietendenz dieser Personenkategorie zurück, so daß für eine endogame Eheschließung auch weitere Entfernungen, also höhere Kosten im Sinn von Harris, in Kauf genommen würden. Hingegen war für die italienischen Einwanderer sehr große räumliche Nähe der Wohnungen vor der Heirat kennzeichnend; diese Tendenz konnte Kennedy in einer späteren Untersuchung auch für die heterogamen Eheschießungen der Italiener feststellen, die auch bei interethnischer Heirat einen sehr dicht wohnenden Partner wählten (Kennedy 1944: 339).

Auch physische Anthropologen bestätigten, daß Populationen bei homogener Verteilung meist räumlich nah heiraten. Schwidetzki (1950: 202) konnte für Heiratskreise in Oberschlesien nachweisen, daß kulturelle Barrieren wie konfessionelle Zugehörigkeit jedoch stärker sein können als geographische, etwa schwer überwindliche Bergketten zwischen Dörfern. Dies bestätigt sich besonders deutlich für ethnische Einheiten oder andere Wir-Gruppen mit strenger Endogamie und / oder vermittelten Ehen. Kashyap (1981) zeigte beispielsweise für die in Indien und Pakistan unter Sunniten verstreut lebende islamische Religionsgemeinschaft der Amadiyya, daß zur Aufrechterhaltung der Homogamie Partner von sehr weit her gefunden werden mußten.

Die Bedeutung des Infrastrukturfaktors der guten Verkehrsverbindungen für die Wohndistanz der potentiellen Partner wurde auch von Haavio-Mannila (1964: 155, 157) in ihrer Studie über Lokalhomogamie in Finnland betont: Trotz nicht-vorhandener Endogamie oder sogar einer laut Meinungsumfrage bevorzugten Exogamie waren die Verkehrsverbindungen in vielen finnischen Dörfern so schlecht, daß das Heiratsverhalten der Bewohner homogam blieb. Bei besonders kleinen Gemeinden zwang jedoch der Mangel an möglichen Heiratspartnern dennoch zur Heterogamie, eine Tendenz, auf die auch Schwidetzki (1950: 202) hinweist. Es muß daher stets das

Zusammenwirken der drei die Zwischenheirat begünstigenden demographischen Faktoren Gruppengröße, Ungleichgewicht der Geschlechterproportion und räumliche Nähe / Kontakt- und Interaktionsmöglichkeit berücksichtigt werden.

Jay (1963: 871) erwähnt neben einem nationale Zwischenheirat begünstigendem sozialen Klima in Tunesien ebenfalls die erhöhte Mobilität, die mit den dreißiger Jahren einsetzte:

"Ces années 30 doivent aussi retenir notre attention d'un autre point de vue. C'est l'époque où vont se généraliser les voyages entre la Tunisie et l'Europe. D'abord, évidemment les voyages des étudiants qui viennent étudier en France ou dans un autre pays d'Europe (c'est à cette époque que se créent à Paris les associations d'étudiants maghrébins). N'oublions pas non plus que les voyages ne se sont pas effectués dans un seul sens. Les années 30 sont aussi celles qui voient se développer le tourisme en Tunisie où on vient de plus en plus et de plus en plus loin pour visiter les ruines qui ont été mises à jour ou restaurées par les services du Protectorat. (On est Allemande, on est Hollandaise, on est venue visiter Carthage et puis...)" (Jay 1963: 871).

Die weltweit zunehmende Mobilität in Form von Migrations- und Flüchtlingsbewegungen, der politischen Verflechtung Europas mit verstärkter Durchlässigkeit von Grenzen, der touristischen Möglichkeiten sowie beruflichem Engagement und Ausbildungsmöglichkeiten in anderen Ländern sieht auch Kunze (1993: 190, 192) als Kontaktmöglichkeiten, die ein Ansteigen von binationalen Heiraten rein praktisch erst ermöglichen. Die in Kapitel 5.3.2.2.2 gegebenen Beispiele von Migranten, Soldaten und Studenten zeigen ebenfalls, daß durch eine hohe Mobilität Interaktionsmöglichkeiten, die zu interethnischen Ehen führen konnten, erst geschaffen wurden.

Für zentrale räumliche oder institutionelle Organisationspunkte, an denen zukünftige interethnische Ehepaare sich kennenlernten bzw. immer wieder trafen, gibt es in vielen empirischen Arbeiten Beispiele. So lernten sich in dem von Barron (1946: 300, 319, 320, 328) untersuchten Derby die Hälfte aller Paare bei Freizeitaktivitäten kennen, 18 % bei der Arbeit oder Ausbildung und der Rest durch gemeinsame Freunde. In Schnepp und Yuis (1955: 48, 49) Stichprobe lernten sich 3/4 der amerikanischen Soldaten und Japanerinnen am Arbeitsplatz kennen, die übrigen während Parties und Picknicks. Die Paare aus verschiedenen indischen Kasten in Kannans Stichprobe (1963: 59 - 62) trafen sich ebenfalls meist in gemeinsam besuchten Bildungseinrichtungen, andere durch einen gemeinsamen Arbeitsplatz, in der Freizeit oder als Nachbarn.[41] Von den tunesischen und ausländischen Probanden Jays (1963: 875) lernten sich 69 % über nahe Verwandte kennen. Die von Kannan (1972: 13 - 19) befragten Paare trafen sich in einem Viertel der Fälle bei Tanzveranstaltungen, sonst am Arbeits- oder Ausbildungsplatz, Ferienorten, der Kirche, öffentlichen Verkehrsmitteln bzw. Bahn- und Busstationen; einige wenige wohnten in der Nachbarschaft oder im selben Haus. Samamas (1977: 62, 63) Interviewpartner lernten sich meist bei Freunden, am Arbeitsplatz oder auf dem Campus kennen, Wießmeiers (1993: 58) ebenfalls zu rund 40 % am Arbeits- oder Ausbildungsplatz. Hier wäre ein Vergleich über die räumlichen Organisationspunkte, an denen sich homogame Paare treffen, untersuchenswert, um Gemeinsamkeiten oder Unterschiede festzustellen.

Ein Beispiel, daß trotz geringer Wohnsegregation Zwischenheirat selten sein kann, liefert Clarke (1971) mit seiner Untersuchung der Stadt San Fernando in Trinidad. Bis auf die Personen europäischer Abstammung, die stark abgetrennt von allen übrigen Teilen der Bevölkerung lebten, waren alle Wohnviertel sowohl von Kreolen als auch von Personen indischer Herkunft besetzt; die höchste Konzentration betrug nicht mehr als 64 % einer Personenkategorie pro Viertel. Die Kreolen wiesen eine Zwischenheiratsrate von 11,9 %, die christlichen Inder von 10,7 % auf; für andere Religionen war sie bedeutend niedriger.

Kulturelle Elemente waren in dieser multi-ethnischen Situation also wesentlich bedeutender für die Partnerwahl als räumliche. An dieser Stelle sei noch einmal an das Beispiel der Chinesen in Kapitel 5.3.2.2.2 erinnert, für die Kontakt, Interaktionsmöglichkeit und räumliche Nähe natürlich die Zwischenheirat begünstigenden Faktoren der kleinen Gruppengröße und des Ungleichgewichts der Geschlechterproportion noch verstärkten, die aber dennoch in vielen gesellschaftlichen Konstellationen *nicht* heterogam heirateten. Der Schritt von einer temporären oder auch dauerhaften Liebesbeziehung zur Eheschließung kann also nicht allein durch demographische

---

[41] In diesem Zusammenhang sei auf die Arbeit von Amir (1969) verwiesen, in der die Bedingungen, die in Kontaktsituationen von Angehörigen verschiedener ethnischer Einheiten zu Meinungsänderungen oder Verstärkung von Vorurteilen (meist bei den Mitgliedern der Mehrheitsgruppe) führen, untersucht werden. Demnach wird Meinungsänderung begünstigt durch gleichen Status der sich treffenden Personen, durch höheren Status der Person der Minderheitsgruppe, intimen statt oberflächlichen Kontakt, "Belohnungen" durch die Kontaktsituation und gemeinsame Ziele. Vorurteilsverstärkend wirken hingegen durch Konkurrenz, Unfreiwilligkeit, Prestigeverringerung und Frustration gekennzeichnete Kontaktsituationen sowie ein niedrigerer Status des Mitglieds der Minderheitsgruppe.

Strukturen erklärt werden, oder, um es mit Ponces plastischer Formulierung zu sagen:

> "A Hawaiian beachboy strolling on the beach of Waikiki may be the perfect embodiment of a woman tourist's fantasy about a casual holiday affair, but other forces must be brought into focus if the question of mate selection is brought up as a possibility" (Ponce 1977: 30)

5.3.2.3 Patterns sozialer oder lebensgeschichtlicher Merkmale

Neben der Isolierung demographischer Charakteristika von ethnischen Einheiten bzw. Kategorien galten viele Bemühungen in der Zwischenheirat-Forschung der Untersuchung individueller Merkmale, die gehäuft bei heterogamen Personen zu finden waren. Das Augenmerk richtete sich dabei sowohl auf die Frage, ob in einer bestimmten Schicht mehr Zwischenheirat stattfinde als in den anderen, als auch auf "typische" Muster lebensgeschichtlicher Charakteristika.

Schon Drachsler (1921: 38 - 41, 60) stellte fest, daß die von ihm untersuchten europäischen Einwanderer um 1910 in New York in der zweiten Generation sehr viel heterogamer heirateten als in der ersten. Ein Vergleich mit der Berufsschicht für jede Personenkategorie ergab, daß die Immigranten der zweiten Generation einen **höheren sozio-ökonomischen Status** aufwiesen als ihre Vorfahren. Aufgrund des sehr viel größeren Anstiegs von Zwischenheirat als von Einkommen sieht Drachsler allerdings diesen Faktor nicht als den ausschlaggebenden; auf seine Hypothese wird in Kapitel 5.3.3.1, 5.3.3.5 und 5.3.3.6 noch näher eingegangen.

Risdon (1954: 92, 94) verglich seine Stichprobe von "interrassischen" Paaren mit einer gleich großen Kontrollgruppe homogam Heiratender in Los Angeles County. Dabei kam er zu dem Ergebnis, daß die Bildung der heterogamen Paare, auch im Verhältnis zum nationalen Durchschnitt, hoch war.

■ Auch Mittelbach und seine Mitarbeiter (Mittelbach et alii 1966: 19 - 24; Mittelbach und Moore 1968: 55 - 58) werteten Heiratslizenzen von Los Angeles County aus, um das Heiratsverhalten der mexikanischen Einwanderer zu untersuchen. Bis auf kleine Abweichungen ergab sich daraus für alle drei Generationen und für beide Geschlechter ein Überwiegen von heterogamen Eheschließungen bei Personen aus der höchsten Berufsschicht.

■ Carter und Glick (1976: 414) analysierten die U.S.-Zensen von 1960 und 1970. Für jene "schwarz"-"weißen" Paare, die 1960 geheiratet hatten, deren Ehe 1970 noch bestand und deren Ehemann Afro-Amerikaner war, konnten die Autoren feststellen, daß sich ca. zwei- bis viermal soviele Männer in der obersten sozio-ökonomischen Schicht - gemessen an Bildung und Einkommen - wie in der untersten befanden, als die Eheschließung stattfand. Von den Frauen waren doppelt soviele in der obersten wie in der untersten Schicht zu finden. Carter und Glick schließen daraus, daß Zwischenheirat in dieser Paarkombination mit größerer Wahrscheinlichkeit bei Personen mit hoher Bildung und hohem Einkommen auftritt.

■ Monahan und Monahan (1976: 177 - 184, 190) analysierten Heiratslizenzen der Jahre 1969 und 1970 aus Philadelphia. Gemäß der Unterteilung der "Rassen" in "Negroes", "Whites" und "Others" konnten sie feststellen, daß in allen Personenkategorien bei Zwischenheirat *jede* sozio-ökonomische Schicht stark vertreten war, die "professional and white collar groups" jedoch "remarkably well".

■ Cohen (1977: 1001, 1002, 1005 - 1008) wertete eine Meinungsumfrage des Jahres 1972 unter New Yorker Immigranten neuerer Einwandererwellen aus. Eines seiner Ergebnisse war die Feststellung, daß interethnische Heiraten besonders von den gebildeteren Individuen der untersuchten Immigrantenkategorien eingegangen wurden.

Die jüngste und aktuellste Untersuchung stammt von Tucker und Mitchell-Kernan (1990: 212 - 214) und beruht auf einer Auswertung des U.S.-Zensus bzw. des Public Use Samples von 1980 für Los Angeles County. Demnach neigten afro-amerikanische Männer höherer Bildung eher zu heterogamen Ehen, wenn sie jünger waren, mit geringerer Bildung jedoch dann, wenn sie mittleren oder höheren Alters waren.

Die wenigen Ausagen in Untersuchungen außerhalb der amerikanischen (Industrie-) Gesellschaft deuten ebenfalls eher auf eine Beteiligung von Personen mit höherem sozio-ökonomischen Status in interethnischen Heiraten. Das historische Beispiel der Alkatcho Carrier, von denen sich überhaupt nur die wohlhabendsten eine Ehe mit Bella-Coola-Frauen leisten konnten, während letztere durchweg aus der Adelsschicht stammten, wurde bereits erwähnt. Für koloniale Situationen müßte die Schichtzugehörigkeit der interethnisch Heiratenden aber noch näher untersucht werden.

Tuomi-Nikula (1987/88: 5, 9) macht für ihre Zehn-Prozent-Stichprobe aller Finnen in Deutschland deutlich, daß in dem verbreitetsten Typ[42] finnisch-deutschen Ehen, einer finnischen Frau und einem deutschen Mann, die Partnerinnen zu 70 % die Hochschulreife, zu 30 % einen Universitätsab-

---

[42] Ca. 80 % der Finnen in Deutschland waren zur Zeit der Studie weiblich (Tuomi-Nikula 1987/88: 5).

schluß hatten, also gewöhnlich von hoher Bildung waren, während von ihren deutschen und ausländischen Partnern jeder dritte einen Universitätsabschluß, jeder fünfte einen Managerposten, aber nur jeder zehnte eine manuelle Tätigkeit innehatte. Die Männer verfügten also zum großen Teil über einen hohen Berufsstatus.

Nittas (1988: 215) Stichprobe, über deren Auswahl er in seinem Artikel allerdings keine Aussage macht, zeigt eine überwältigend hohe Zahl von ca. 81 % japanischen Männern und ca. 74 % ausländischen Frauen mit Universitätsabschluß. Da diese Studie jedoch im Gegensatz zu den bisher referierten nur mit einer sehr kleinen Stichprobe arbeitet und nicht große Zahlen von Heiratsformularen oder die Anzahl aller Eheschließungen in einem gegebenen Jahr an einem gegebenen Ort berücksichtigt, sind ihre Resultate nicht repräsentativ.

In anderen Untersuchungen waren die Ergebnisse nicht so eindeutig. Wirth und Goldhamer (1944: 289 - 294) fanden bei der Auswertung der Statistiken für das Boston der Jahre 1914 bis 1938 und einem Vergleich mit dem U.S.-Zensus von 1930, daß in "schwarz"-"weißen" Ehen die afro-amerikanischen Ehemänner bessere Stellen innehatten als in homogamen Verbindungen: Unter ersteren fanden sich nur 40 %, unter letzteren 60 % ungelernte Arbeiter. Hingegen waren die anglo-amerikanischen Bräutigame, Bräute und die afro-amerikanischen Frauen durchschnittlich[43] von niedrigerem Berufsstatus, wenn sie "interrassisch" heirateten.

---

[43] Da wegen der von fast jedem in dieser Arbeit berücksichtigten Autor anders gewählten Grundgesamtheit, auf der die Berechnungen beruhen, meines Erachtens eine Vergleichbarkeit der Ergebnisse nur in Tendenzen, nicht in exakten absoluten oder relativen Zahlen, möglich und sinnvoll ist, habe ich bei der Darstellung der Ergebnisse dieser Studien darauf verzichtet, zwischen den drei Arten von Mittelwerten zu unterscheiden, und sie alle als "Durchschnitt" bezeichnet. Der Vollständigkeit halber seien sie hier aber noch einmal genannt:
1. der Modus (engl.: "mode"): der häufigste auftauchende Wert bzw. das Merkmal einer Verteilung, auf das die meisten Merkmalsausprägungen entfallen
2. der Median (engl.: "median"): der Zentralwert bzw. das Merkmal einer Verteilung, unterhalb dem die Hälfte aller Merkmalsträger liegt
3. das arithmetische Mittel (engl.: "mean"): die Größe, die sich ergibt, wenn die Merkmalssumme gleichmäßig auf die Merkmalsträger aufgeteilt wird.

Eine leicht verständliche und lustige zeichnerische Darstellung der drei Mittelwerte findet sich in dem auch sonst zum allerersten Einstieg in die Statistik sehr empfehlenswerten Buch von Huff (1954: 33) mit dem schönen Titel "How to Lie with Statistics".

Heer (1974: 247 - 249, 252) wertete zwei Jahre vor Carter und Glick ebenfalls die U.S.-Zensen von 1960 und 1970 aus. Im Gegensatz zu ihnen verglich er jedoch die Partner in jenen "schwarz"-"weißen" Paaren, die 1960 und 1970 ihre Ehe eingingen. Dabei kam er zu dem Ergebnis, daß bei allen Afro-Amerikanern mit einer Ausbildungszeit von dreizehn oder mehr Jahren, also Hochschulreife bzw. College- oder Universätsabschluß, der Prozentsatz heterogam Heiratender deutlich höher war als bei jenen mit geringerer Bildung. Dagegen galt für die Anglo-Amerikaner, daß eine Ausbildungszeit von acht Jahren oder weniger ihren Anteil an Zwischenheiraten deutlich erhöhte. Nach dieser Studie wäre für die untersuchten Jahre also heterogame Heirat ein Oberschicht-Phänomen für die Afro-Amerikaner und ein Unterschicht-Phänomen für die Anglo-Amerikaner.

Wie in Zusammenhang mit der Untersuchung der Davis-Merton-Hypothese durch verschiedene Sozialforscher schon erwähnt, stellte Pavela (1964: 210) bei seiner Auswertung der Heiratsurkunden des Bundesstaates Indiana für die Jahre 1958 und 1959 fest, daß alle "schwarz"-"weißen" Paare zur Mittelschicht gehörten. Er vermutet zwar, daß seine Stichprobenauswahl die Mittelschicht begünstige, doch ist dies nicht recht nachvollziehbar: Ausgewertet wurden die Urkunden aller 95 in den beiden Jahren geschlossenen Ehen zwischen Afro- und Anglo-Amerikanern. Heiraten zwischen Angehörigen dieser Personenkategorien waren in Indiana zu jener Zeit illegal, so daß die betrachteten Eheschließungen in irgendeiner Form durch die Maschen der Gesetze gerutscht waren. Daraus ist meines Erachtens allerdings nicht zwingend eine Mittelschicht-Gewichtung ersichtlich.

In Kapitel 5.3.2.2.3 wurden schon einige Ergebnisse aus Schmitts Studie über Hawaii vorgestellt. Sie weichen von den eben referierten insofern ab, als Zwischenheirat hier vor allem als **Phänomen, das in der unteren Schicht** auftritt, charakterisiert wird. Während ein Teil der Untersuchung (Schmitt 1962; Schmitt und Souza 1963) auf einer für Teilnehmer mit einem Warenkorb belohnten Meinungsumfrage des Honolulu Star-Bulletin beruhte, überprüfte Schmitt (1963) die Beziehung zwischen "rassischer" Heterogamie und sozio-ökonomischem Status dann auch noch anhand der Auswertung von Statistiken des Hawaii State Department of Health für 1960 und 1961. Auch hier war das Resultat so, daß "White Collar Workers" geringere Zwischenheiratsraten hatten als "Blue Collar Workers". In einer späteren Untersuchung legte Schmitt (1965: 465, 469) die Heiratsstatistiken der Jahre 1961 und 1962 zugrunde. Auch hier ergab sich eine eindeutige Beziehung zwischen heterogamer Eheschließung und niedrigem Berufsstatus. Die letzte Studie Schmitts (1971) ist ein Vergleich der Ein-Jahres-Zeiträume 1956/57 und 1967/68 aufgrund von Daten des Hawaii State Department of Health. Zwar zeigt sich ein allgemeines Ansteigen der Zwischenheiratsrate um ca. 7 % in diesen zehn Jahren, doch war heterogame Eheschließung auch 1967/68 noch mit niedrigem Einkommen verknüpft. Andere Studien konnten **keinen eindeutigen Zusammenhang zwischen Schicht und heterogamer Heirat** nachweisen. So hatte Cretser (Burma, Cretser und Seacrest 1970) in seiner Magisterarbeit aufbauend auf den Untersuchungen Schmitts drei Hypothesen zu Zwischenheirat und Berufsstatus entwickelt:

1. Zwischenheiratende Personen werden unverhältnismäßig mehr in niedrigen Statuspositionen beschäftigt sein.
2. Die Minderheitsgruppen mit dem höchsten Berufsstatus werden niedrigere Zwischenheiratsraten haben als andere Minderheiten.
3. Frauen der Mehrheitsgruppe, d. h. Anglo-Amerikanerinnen, die ethnisch heterogam heiraten, werden einen niedrigeren sozio-ökonomischen Status haben als ihre Minderheiten-Ehemänner.

Bis auf die zweite Hypothese, für die sich wenigstens ein schwacher Zusammenhang bei zwei Personenkategorien ergab, führten Cretsers Ergebnisse zur Widerlegung seiner Annahmen. Burma, Cretser und Seacrest formulierten daraufhin neue Hypothesen:

1. Homogame Heiraten werden einen größeren Prozentsatz von Ehepartnern derselben oder benachbarter Berufsstatus-Kategorien enthalten als heterogame.
2. Die Berufsschicht wird bei der Grundmenge aller zwischenheiratenden Paare im Durchschnitt höher sein als bei der Grundmenge aller binnenheiratenden.
3. Die Berufsschicht wird bei der Grundmenge aller zwischenheiratenden Männer im Durchschnitt höher sein als bei der Grundmenge aller binnenheiratenden.
4. Die Berufsschicht wird bei der Grundmenge aller zwischenheiratenden Frauen im Durchschnitt höher sein als bei der Grundmenge aller binnenheiratenden.
5. Die durchschnittliche Berufsschicht bei Zwischenheirat wird zwischen den durchschnittlichen Berufsschichten der beiden beteiligten Personenkategorien liegen.
6. Bei Zwischenheirat besteht eine größere Chance, daß zwischen den Partnern mehrere Stufen der Berufsschicht liegen und nicht nur eine.

Anhand von Cretsers Daten, den Anträgen auf Heiratslizenzen für die Jahre 1960 und 1961, den einzigen, auf denen in Los Angeles County "Rasse" *und* Beschäftigung vermerkt wurden, überprüften die Autoren ihre Thesen. Für die erste bis dritte fanden sie ein so geringes Überwiegen höherer Berufsschicht bei "interrassisch" Heiratenden, daß sie von einer Widerlegung und stattdessen von *derselben* Tendenz "rassisch" homo- und heterogamer Paare und Personen zu sozio-ökonomisch homogamen bzw. im berufsschichthöheren Bereich liegenden Heiraten ausgingen. Hypothese 5 konnte für dreizehn von zwanzig Paarkombinationen verifiziert werden. Bezüglich Annahme 6 stellten sie fest, daß in zwölf der zwanzig Kombinationsmöglichkeiten der durchschnittliche Berufsstatus von Braut und Bräutigam mehr als drei Positionen voneinander entfernt war.

Fitzpatrick (1972: 148, 149, 151 - 153) analysierte die Heiratslizenzen aller Eheschließungen von Puertoricanern der ersten oder zweiten Einwanderergeneration für die Jahre 1949 und 1959 in New York City. Einen eindeutigen Zusammenhang zwischen sozio-ökonomischem Status und Zwischenheirat konnte er dabei nicht feststellen; das Heiratsverhalten schien eher mit der Generation im Einwanderungsland zu korrelieren (vgl. Kapitel 5.3.3.1).

Auch Monahans (1973: 633, 634, 637 - 639) Auswertung der Heiratsstatistiken des Bundesstaates Indiana für die Jahre 1962 bis 1967 ergab in dieser Hinsicht kein klares Bild. Wegen des immer noch bestehenden Verbots waren die Zwischenheiratsraten noch genauso niedrig wie schon zur Zeit von Pavelas Untersuchung. Monahan legte gemäß den Kriterien des U.S.-Zensus von 1960 zehn Berufskategorien zugrunde und errechnete den Anteil der "rassisch" heterogamen Männer pro Kategorie. Dabei wiesen die an der Spitze stehenden "Professionals" ebenso wie die Arbeiter einen Anteil von 40 - 50 % auf, während sich in der Kategorie "Service" ein Satz von 92 %, bei den Landarbeitern und Handwerkern hingegen nur von 20 - 22 % fand.

Hassan und Benjamin (1973: 734 bzw. 1976: 209) konnten bei ihrer Erhebung des Berufsstatus und Bildungsstandes von heterogamen Personen verschiedener ethnischer Einheiten Singapurs für die Jahre 1966 bis 1969 ebenfalls keinen Zusammenhang zwischen Schicht und Zwischenheirat feststellen. Dem widerspricht die Untersuchung von Kuo und Hassan (1976: 549, 556 - 559), die zum Teil auf derselben Datenbasis wie Hassan und Benjamin 1973 und 1976[44] beruht. Demnach finden sich von fünf Berufsschichten die oberste ("Professional, Technical and Related Workers") und die vierte ("Craftsmen, Production process workers, Workers in transport, communication, service, sport and recreation") bei interethnisch heiratenden Männern überrepräsentiert. Die Autoren führen das unter anderem darauf zurück, daß in der Mittelschicht im Gegensatz zur Ober- oder Unterschicht

---

[44] Hassan und Benjamin 1976 ist bis auf wenige Absätze Wort für Wort identisch mit Hassan und Benjamin 1973.

stärkere soziale Kontrolle existiere, die das Eingehen von heterogamen Ehen erschwere.

Die Versuche von seiten der Sozialforscher, bestimmte sozio-ökonomische Merkmale mit gehäufter Zwischenheirat zu verknüpfen, blieben also weitgehend auf die U.S.-amerikanische Gesellschaft beschränkt und ergaben selbst da keine eindeutigen Ergebnisse. Zu vielfältig sind vermutlich die Parameter von ethnischer Zugehörigkeit der beteiligten Ehepartner, orts- und zeitbedingten Besonderheiten sowie dem Einwirken weiterer Partnerwahlfaktoren. So weisen Jürgens (Jürgens 1973: 31 - 37) und Paula (1973: 68) wie schon Merton darauf hin, daß in der Bundesrepublik wie anderen geschichteten Systemen patrilateraler Betonung unter Voraussetzung einer Hypergamie-Tendenz Frauen der obersten und Männer der untersten Schicht oft einen Überhang bilden, der schwer mit Heiratspartnern zu versorgen ist. Dasselbe gelte in Deutschland für Männer unter und Frauen über einem gewissen Alter. Unabhängig von der ethnischen Zugehörigkeit können auch in diesem Bereich demographische Gegebenheiten den Heiratsmarkt formen, so finde sich etwa in den Großstädten der Bundesrepublik ein Überschuß älterer Frauen.

Merkmale wie Heiratsalter oder bestimmte lebensgeschichtliche Charakteristika wurden von Zwischenheiratsforschern ebenfalls erhoben und zur Häufigkeit heterogamer Eheschließungen in Beziehung gesetzt. Eines der meistgenannten Ergebnisse, das in einer Anzahl von Studien bestätigt wurde, ist das **Vorliegen einer Mehrfachheirat bei heterogam Verheirateten oder Heiratenden**.

Wirth und Goldhamer (1944: 296 - 298) schreiben hinsichtlich der von ihnen betrachteten Ehen der Jahre 1914 bis 1938 in Boston, als Scheidung noch ungewöhnlicher war als heute:

> "Particular interest attaches to the previous marital status of the partners in Negro-white marriages since we may hope to derive from such data an indication of the degree of personal maladjustment present in such individuals, as well as of the extent to which the desirability of marital partners is affected by previous marital involvement" (Wirth und Goldhamer 1944: 296).

Die Autoren vergleichen den Prozentsatz der bei Eingehen einer heterogamen Ehe schon einmal geschiedenen Partner mit dem Prozentsatz aller Geschiedener dieser Personen- und Alterskategorie laut dem Zensus von 1930 für Boston. Demnach waren 11,5 % der heterogamen afro-amerikanischen Männer gegenüber 1,3 % aller afro-amerikanischen Männer, 12,2 % der heterogamen afro-amerikanischen Frauen gegenüber 2,5 % aller afro-amerikanischen Frauen und 11,9 % der heterogamen anglo-amerikanischen Frauen gegenüber einer nichtgenannten, aber wohl ebenfalls sehr geringen Zahl aller anglo-amerikanischen Frauen bereits verheiratet gewesen. Hingegen weisen die heterogamen anglo-amerikanischen Männer keinen einzigen Geschiedenen auf. Auch der Anteil Verwitweter an "interrassisch" Heiratenden war bedeutend höher als der aller Verwitweter der entsprechenden Personen- und Alterskategorien.

Schmitt (1965: 466) ging für Hawaii davon aus, daß Erstheirat der Normalfall bei Eheschließungen sei. Aufgrund der für Frauen errechneten Rate von heterogamen Erstheiraten von 35,3 % stufte er die Rate von verwitweten heterogamen Bräuten mit 30,1 % als niedrig, die von geschiedenen heterogamen Bräuten mit 44,6 % als hoch ein.

■ Mittelbach und seine Kollegen (1966: 37 - 41) kamen durch die Analyse von Heiratslizenzen in Los Angeles County zu dem Ergebnis, daß ein etwas höherer Anteil von heterogamen als von homogamen Mexikanern bei der Eheschließung schon einmal verheiratet gewesen war.

■ Monahan (1970a: 294, 295) stellte fest, daß die Partner "schwarz"-"weißer" Ehen in Philadelphia, welche 1960 bis 1962 und 1965 bis 1966 heirateten, etwas häufiger als homogame Paare ihrer "Rassen" eine geschiedene Person aufweisen.

■ Ratliff und seine Kollegen (1978: 222) erwähnen, daß es sich bei den Männern koreanischer Soldatenbräute laut früheren Studien oft um Geschiedene handle, sie nennen allerdings weder Zahlen noch die Untersuchungen.

Murguía (1982: 101 - 104, 109 - 111) stellte bei der Auswertung von Heiratslizenzen in vier Counties des amerikanischen Südwestens fest, daß für Heiraten zwischen Personen mit spanischen Nachnamen, - seiner Operationalisierung von mexikanischer Abstammung -, und Anglo-Amerikanern *nur für Frauen* eine Beziehung zwischen Heterogamie und Mehrfachheirat bestand. Für mexikanische Frauen erhöhte eine Scheidung die Wahrscheinlichkeit von Zwischenheirat, für Anglo-Amerikanerinnen verringerte sie sie hingegen. Der Autor vermutet, daß im Falle der Mexikanerinnen ein Nachlassen der ethnischen Solidarität und / oder sozialen Kontrolle mit der Scheidung verknüpft sei. Da für noch nie verheiratete anglo-amerikanische Bräute mexikanischer Männer auch ein besonders niedriges Heiratsalter festgestellt wurde, spekuliert Murguía, daß es sich bei diesen Eheschließungen um solche handele, die der Davis-Merton-Hypothese entsprächen: Die Anglo-Amerikanerinnen hätten demnach vermutlich geringen sozio-ökonomischen Status, der mit einem niedrigen Heiratsalter einhergehe.

■ Lind (1969: 16, 17) wertete für das Jahr 1967/68 alle offiziell in Papua Neuguinea registrierten Heiratsurkunden, die einen europäischen Partner aufwiesen, aus. Demnach waren 24,4 % der heterogamen europäischen Männer im Gegensatz zu 10 % der homogamen geschieden.

Kuo und Hassan (1976: 551, 552, 558) stellten fest, daß im Singapur des Jahres 1967/1968 nur 5,7 % aller Eheschließungen einen früher verheirateten Partner aufwiesen, während es bei interethnischen Heiraten im selben Zeitraum 19,3 % waren. Der Prozentsatz der polygamen Muslime war dabei mit weniger als 0,5 % so gering, daß er keinen Einfluß auf dieses Ergebnis hatte. Höher als bei allen Paaren gemeinsam war unter den heterogamen Paaren auch der Anteil der Verwitweten. Die Autoren führen die "Anfälligkeit" Geschiedener und Verwitweter für Zwischenheirat darauf zurück, daß diese Personen älter und damit nicht nur unabhängiger von sozialer Kontrolle, sondern auch unattraktiver im Feld der Wählbaren seien, daß Heiratsregeln in einer zweiten oder weiteren Eheschließung vielleicht nicht mehr so starke Gültigkeit besäßen und daß Geschiedene aufgrund ihrer enttäuschten Erwartungen offener für bisher nicht als "Wählbare" klassifizierte Personenkategorien seien. Alle diese Faktoren begünstigten eine Erweiterung des Feldes der Wählbaren. Kuo und Hassan sehen dies als einen Beleg für den Devianzcharakter interethnischer Heiraten.

■ Tucker und Mitchell-Kernan (1990: 213) stellten bei ihrer statistischen Analyse der Daten des Public Use Samples vom U.S.-Zensus 1980 fest, daß sowohl afro-amerikanische Frauen als auch Männer bei Zwischenheirat mit höherer Wahrscheinlichkeit als bei Binnenheirat schon einmal verheiratet gewesen waren.

Andere Autoren fanden nicht so eindeutige Zusammenhänge zwischen Ehestand und Zwischenheirat. So kam Pavela (1964: 209) zwar zu dem Ergebnis, daß von den heterogam Heiratenden 29 % der afro-amerikanischen Frauen und 25 % der afro-amerikanischen Männer sowie 18 % der anglo-amerikanischen Frauen und 21 % der anglo-amerikanischen Männer in Indiana bereits geschieden waren. Ein Vergleich mit den homogamen Personen dieser Geschlechts- und "Rassen"-Kategorien zeigte jedoch, daß diese Werte durchaus im Bereich des Üblichen lagen.

In Schnepp und Yuis (1955: 50) - allerdings kleiner und nicht repräsentativer - Stichprobe fand sich nur ein Paar aller japanischen Frauen und amerikanischen Soldaten, dessen einer Partner bereits eine Ehe hinter sich hatte.

Ein weiteres, von vielen Studien bestätigtes Charakteristikum zwischenheiratender Personen ist ein **überdurchschnittlich hohes Heiratsalter**. Schon Wirth und Goldhamer (1944: 298) stellten dies in ihrer Bostoner Stichprobe von Heiratsurkunden der Jahre 1914 bis 1938 fest. Sie führten diese Tendenz allerdings unter anderem darauf zurück, daß für über dreißig Prozent der untersuchten Personen der heterogamen Ehe eine andere, geschiedene, vorangegangen war. Golden (1953: 180) entdeckte bei der Auswertung der Heiratslizenzen der Jahre 1922 bis 1947 in Philadelphia ebenfalls ein höheres durchschnittliches Heiratsalter der heterogamen Partner und brachte es wie Wirth und Goldhamer mit dem hohen Anteil der bereits Geschiedenen in Verbindung. Auch Schnepp und Yui (1954: 50) sowie Connor (1976: 10 - 12, 57) erwähnen für ihre - jedoch nicht repräsentative und kleine - Stichprobe der japanisch-amerikanischen Heiraten ein um zwei Jahre höheres Heiratsalter als im amerikanischen Durchschnitt. Die Autoren sehen dies als einen Stabilitätsfaktor für die Ehen, da das höhere Alter keine leichtfertige, sondern eine reife Heiratsentscheidung beinhalte.

Burma (1963: 157, 161 - 164) verglich das Heiratsalter *aller*[45] "interrassisch" Heiratenden der Jahre 1958 und 1959 in Los Angeles County mit den Durchschnittswerten für homogame Afro- und Anglo-Amerikaner. Er fand dabei sowohl für Männer als auch Frauen in heterogamen Verbindungen meist ein erhöhtes Heiratsalter, wenn dieses auch je nach "Rassen"-Kombination variierte. Eine Ausnahme bildeten jene Paare, bei denen die Eltern mindestens eines Partners bereits eine Zwischenheirat eingegangen waren: Ihr durchschnittliches Heiratsalter lag niedriger.

Auch Kuo und Hassan (1976: 553 - 556) fanden zunächst ein erhöhtes durchschnittliches Heiratsalter für interethnisch Heiratende zwischen 1966 und 1969 in Singapur. Als sie jedoch nur die Zahlen für die Erstheiratenden berechneten, ergab sich ein anderes Bild: Das Heiratsalter der heterogamen Personen entsprach dem der homogamen und lag bei den Männern sogar ein wenig unter deren Durchschnitt.

Risdon (1954: 93, 94) konstatierte zwar für die "interrassisch" heiratenden Männer in Los Angeles County des Jahres 1948/49 ein um drei Jahre höheres Alter als bei den homogamen Männern der Kontrollgruppe; die heterogamen Frauen waren jedoch im Durchschnitt bei der Eheschließung drei Jahre jünger als jene der Kontrollgruppe.

Bei den heterogamen Heiraten von Personen mexikanischer Abstammung in vier Counties des amerikanischen Südwestens hatte Murguía eine Beziehung zu Mehrfachheirat nur für die beteiligten Frauen festgestellt. Dieselbe Korrelation entdeckte er auch für das Heiratsalter: Bei Frauen spanischen Nachnamens lag es höher als bei Homogamie, bei Frauen nicht-spanischen Nachnamens niedriger. Der Autor verknüpft diese Merkmale wie schon erwähnt mit Schicht: In der Unterschicht werde allgemein jünger geheiratet; dies gelte auch für Anglo-Amerikanerinnen, die einen Mexikaner ehelichten. Bei den heterogamen Mexikanerinnen stellte er eine Tendenz zu Schichthypergamie fest. Diese Tatsache des sozialen Aufstiegs durch Heirat sah er als Beleg für sozio-ökonomischen Status als eigentliche Ursache in den abweichenden Heiratsalter-Durchschnitten der Frauen und für seinen

---

[45] Es wäre zu überlegen, ob er dann nicht korrekterweise das durchschnittliche Heiratsalter auch aus den Werten aller "Rassen"-Kategorien und nicht nur der Anglo- und Afro-Amerikaner hätte berechnen sollen.

Erklärungsansatz von Zwischenheirat als durch das "Lösen von Bindungen" ("breaking of ties") bedingt, da dies vermutlich bei den konservativeren mexikanischen Frauen auch erst nach einem längeren Zeitraum und als eine reife Heiratsentscheidung stattfinde. (Murguía 1982: 99 - 101, 108 - 110) Dieses Konzept und das der Statusmaximierung durch Heirat werden in Kapitel 5.3.3.5 und 5.3.3.7 noch näher erläutert.

Auch Monahan (1973: 636, 637) fand bei der Auswertung der in Indiana für die Jahre 1962 bis 1967 registrierten Heiraten keine eindeutige Verknüpfung zwischen Heiratsalter und Zwischenheirat: Es variierte je nach beteiligter "rassischer" Kategorie und Geschlecht. Um dem Einfluß eines höheren Heiratsalters durch Mehrfachehe auf die Daten zu entgehen, hatte der Autor nur Erstheiraten in seine Analyse einbezogen.

Mittelbach et alii (1966: 7, 29 - 35) stellten mittels der Auswertung von Heiratslizenzen in Los Angeles County für 1963 hingegen fest, daß Männer mexikanischer Abstammung, zumindest in der ersten und zweiten Einwanderergeneration *jünger* als ihre Landsleute waren, wenn sie heterogame Ehen eingingen. Sie bieten dafür mehrere mögliche Erklärungen an. So sei die Altersstruktur der Mexikaner in Los Angeles County relativ hoch, so daß homogame Personen mit größerer Wahrscheinlichkeit einen älteren Partner wählen würden. Höheres Heiratsalter als in den U.S.A. sei außerdem in Mexiko die Regel, in vielen Fällen verknüpft mit zu großer Armut, um sich eine Eheschließung in jungen Jahren leisten zu können. Konservativere Personen würden daher eher zu einem mexikanischen und älteren Partner tendieren. Einige Interviews der Autoren ergaben außerdem Hinweise auf Zweckehen älterer Personen, um in die Vereinigten Staaten einreisen zu können.

Tucker und Mitchell-Kernan (1990: 211 - 213) kamen in ihrer Auswertung des Public Use Samples vom U.S.-Zensus 1980 für Los Angeles County zu dem Ergebnis, daß heterogame afro-amerikanische Männer und Frauen ein niedrigeres Heiratsalter aufwiesen als homogame. Es sei daran erinnert, daß diese Personen- kategorie dennoch eine größere Wahrscheinlichkeit zeigte, schon eine geschiedene Ehe hinter sich zu haben.

Barron (Barron 1972: 44) weist darauf hin, daß in einigen Studien über interkonfessionelle und -religiöse Studien **Beziehungen zwischen der Geschwisterfolge und Heterogamie** festgestellt wurden: Jüngste Kinder hätten die höchsten, einzige, mittlere und älteste Kinder die niedrigsten Zwischenheiratsraten. Aufbauend auf Arbeiten von Adolf Adler[46] würden Unterschiede in der Persönlichkeitsentwicklung und Sozialisation für diese unterschiedlichen Positionen in der Familienstruktur postuliert.

---

[46] Vgl. dazu auch König (1969: 252, 253).

Ausschließlich in nicht-repräsentativen, qualitativen Studien wurde immer wieder ein lebensgeschichtliches Merkmal genannt, daß Barnett in seiner Zusammenfassung bisheriger Ergebnisse der Zwischenheiratsforschung folgendermaßen charakterisiert:

> "Persons who have experienced disorganized and stressful parental families are more likely to marry members of other nationalities and races than those who were raised in cohesive and stable families"
> (Barnett 1963: 106).

Hinter dieser Formulierung verbirgt sich meist der Tatbestand der sogenannten "unvollständigen" Familie eines alleinerziehenden, verwitweten oder geschiedenen, Elternteils[47]. Barnett beruft sich unter anderen auf die Arbeiten von Strauss (1954) sowie Schnepp und Yui (1955), in denen allerdings keinerlei Hinweise auf **Familiendesorganisation** in irgendeiner Form zu finden sind. Von den von Barnett genannten Autoren stellten einzig Hunt und Coller (1957: 224) in ihrer Untersuchung fest, daß von ihren zwanzig männlichen Probanden neun aus Familien mit getrennten Eltern, drei aus Familien mit Alkoholismus und zwei zwar aus nicht-getrennten, aber mit akuten Konflikten kämpfenden Familien stammten. Die Verfasser merken an, daß auch andere Studien dieses Desorganisationsmerkmal gezeigt hätten, und nennen Biesanz 1950 sowie Golden 1954. Biesanz (1950: 162) schreibt jedoch nur, daß das panamaische Familienleben an sich desorganisiert sei, weil Heirat in dieser Gesellschaft eher die Ausnahme als die Regel darstelle. Und Golden (1954: 144) vermerkt lediglich, daß seine Interviewpartner in "schwarz"-"weißen" Ehen durch Leben in einer anderen Stadt bei der Eheentscheidung sehr unabhängig von dem Einfluß ihrer Eltern gewesen seien, eine Aussage, die sich auch in den angeblich auf Desorganisation hindeutenden Arbeiten von Strauss sowie Schnepp und Yui findet. Der Urheber dieser fast ohne Belege durch die theoretische Zwischenheiratsliteratur spukenden Desorganisationsthese, auf den Hunter und Coller auch verweisen,

---

[47] König (1969: 254) charakterisiert in seiner Zusammenfassung zur Familiensoziologie den Zusammenhang zwischen unvollständigen und desorganisierten Familien folgendermaßen: Bei unvollständigen Familien sei durch den Ausfall im personalen Inventar der Kleingruppencharakter gelockert, da durch Übernahme der Aufgaben der fehlenden Person zwangsläufig eine geringere Interaktionsintensität der Mitglieder als in vollständigen Familien vorliege. Durch weniger Interaktion sei geringere soziale Kontrolle gegeben, welche dazu führe, daß unvollständige Familien oft desorganisiert seien. König definiert Desorganisation der Familie entsprechend als einen "Zustand der 'Anomie', der durch abnehmende Kontakte der Gruppenmitglieder und einen entsprechenden Mangel an sozialer Kontrolle bedingt" sei (ibid.).

ist J. S. Slotkin, der 1942 in einer Untersuchung über jüdisch-nichtjüdische Heiraten in Chicago eine Reihe von acht psychologischen Typen postulierte, die für Heterogamie besonders anfällig seien, nämlich der "Delinquente"[48], der "Promiskuöse" ohne Bindungswunsch, der nach neuen Stimuli suchende "Abenteurer", der "Sozial Isolierte"[49], der "Rebell" gegen Werte der eigenen Kultur, Religion oder die Sozial- und Familienstruktur, der "Marginale" im Sinne eines sozialen Aufsteigers aus einer Minderheitsgruppe, der "Akkulturierte" mit Werten aus der dominanten statt der eigenen Kultur oder der "Emanzipierte", welcher die ethnozentrischen Standards der eigenen Einheit überwunden hat.

Die wenigen mir vorliegenden Arbeiten, die auf einen desorganisierten oder schwierigen Familienhintergrund der interethnisch Heiratenden hinweisen, haben aber fast alle eines gemeinsam: Sie beschreiben überwiegend Paare, die sich aus amerikanischen Soldaten in Übersee und Frauen des Stationierungslandes zusammensetzen. So waren die Koreanerinnen und Japanerinnen, die Kim (1972: 275 - 277) im Rahmen ihrer Sozialarbeit 1958/59 und 1961/62 begegneten, zu drei Vierteln Waisen, der Rest zum Teil Halbwaisen, die durch die Kriegsumstände ab ihrem zehnten Lebensjahr meist bei Verwandten oder in Waisenhäusern lebten. Die meisten von ihnen wurden Prostituierte, lebten ökonomisch und in ihren Wertvorstellungen unabhängig von einer Familie und für das Hier und Jetzt. Diese Lebenseinstellung teilten sie mit ihren Ehemännern, von denen durch Tod, Verlassen, Trennung, Scheidung, Ehekonflikte ebenfalls weniger als die Hälfte bis zum Alter von zehn Jahren mit ihren Müttern, noch weniger mit ihren Vätern gelebt hatten. Die übrigen waren bei Verwandten oder in Pflegeheimen aufgewachsen.

Auch Devos (1973: 26) stellte fest, daß 25 % der japanischen Frauen und 49 % der amerikanischen Männer seiner Stichprobe nicht mit beiden Eltern aufgewachsen waren. Er hält diese Zahlen zumindest im Fall der Männer für signifikant hoch. Von Connors (1976: 17, 18) fünfzig japanischen und amerikanischen Probanden waren zehn durch den Tod oder die Trennung eines Elternteils im Alter zwischen sechs und dreizehn Jahren nur noch mit dem

---

[48] Dieser wäre nach Slotkins Beschreibung identisch mit dem nicht an die Normen der Gesellschaft gebundenen "Paria" oder Slumbewohner der Davis-Merton-Hypothese; auch der "Emanzipierte" entspricht deren Typisierung.

[49] Slotkin gibt das Beispiel eines jungen Emigranten, der allein in den U.S.A. ohne die soziale Kontrolle seiner Familie in einer Gemeinde mit sehr wenig Juden lebte, - ein typischer Fall von kleiner Gruppengröße als begünstigendem Faktor für Zwischenheirat. Offenbar verstehen die sich auf Slotkin stützenden Autoren den Hintergrund einer unkompletten oder desorganisierten Familie als ein Merkmal vom Typ des Delinquenten oder häufiger vom Typ des Sozial Isolierten.

anderen Elternteil aufgewachsen. Der Autor macht allerdings keine Angaben darüber, wie hoch der Prozentsatz unvollständiger Familien bei seiner Kontrollgruppe homogamer anglo-amerikanischer Paare war.

Ratliff und seine Mitarbeiter (1978: 222) verweisen auf eine nicht näher bezeichnete ältere Armeestudie, nach der 78 % der koreanischen Frauen nur mit einem oder ohne Elternteil aufgewachsen seien und 76 % von ihnen als Prostituierte arbeiteten. Die Männer seien bei Eheschließung recht jung, ihr Auslandseinsatz bei der Armee sei oft der erste überhaupt, und es handele sich bei ihnen um unselbständige, abhängige Persönlichkeiten.

Außer diesen Untersuchungen von Ehen amerikanischer Soldaten mit überseeischen Frauen erwähnt auch Harré, daß 46 von 73 Partnern in Maori-Pakeha-Ehepaaren aus "disrupted homes" stammten: "... they had lost one or both parents by death or divorce, or for some other reason they lacked a normal home background" (Harré 1966: 40). Es fiel auf, daß dies bei Männern von Maori-Abstammung, die kulturell als Pakeha lebten, nicht der Fall war.

Wießmeier (1993: 206) verweist ebenfalls darauf, daß mindestens die Hälfte der von ihr in Berlin untersuchten Partner aus binationalen Ehen Trennung oder Disharmonie im Elternhaus erlebten.

Banton (1955: 152 - 159) bemerkte, daß in Stepney meist jene Frauen Beziehungen oder Ehen mit den Einwanderern aus Afrika oder der Karibik eingingen, die einen Hintergrund von persönlicher Zurückweisung hatten. Dieser ging zwar nicht immer, aber auch auf die Familie zurück, die in diesen Fällen offenbar nie ein Gefühl der Zugehörigkeit hatte vermitteln können.

Hecht-El Minshawi (1988: 172, 173) fiel auf, daß keine der von ihr interviewten Frauen ein Leben wie ihre Mutter bzw. wie ihre Eltern führen möchte; alle grenzten sich deutlich von den elterlichen Lebensentwürfen (für sie) ab. Zudem stellte sie geringe elterliche Kontrolle durch Verlust eines Elternteils oder Aufwachsen bei der Großmutter bei einigen Probandinnen fest.

Tuomi-Nikula (1987/88: 9, 10, 16, 17) schreibt, daß beim häufigsten Typ der deutsch-finnischen Ehen, einem deutschen Mann und einer finnischen Frau, die Männer durch Tod, Scheidung oder Krieg zu einem Drittel aus inkompletten Familien ohne Vater stammten, keine Geschwister hatten und allein mit ihrer Mutter aufwuchsen. Wahrscheinlich suchten sie bewußt oder unbewußt mit den im Vergleich zu deutschen Frauen sehr selbstbewußten Finninnen wieder ein frauenzentriertes Familienmodell. Dank der starken Mutter-Sohn-Beziehung entstehe ein typischer Konflikt in diesen deutsch-finnischen Ehen durch die dominante deutsche Schwiegermutter.[50]

---

[50] Bei diesen Ergebnissen Hecht-El Minshawis und Tuomi-Nikulas wäre eine Kontrollgruppenuntersuchung mit homogamen Frauen bzw. Männern erhellend gewesen:

Auch andere Sozialforscher sahen eine abhängige Persönlichkeit und / oder eine dominante Mutter als eine lebensgeschichtliche Konstellation, die Zwischenheirat begünstige. Saucier (1967a: 43 - 46; 1967b: 74 - 79; 1970: 130 - 133) verglich fünfzehn heterogame anglo-franko-kanadische Psychiatriepatienten und ihre Ehepartner mit fünfzehn homogamen franko-kanadischen Patienten und ihren Ehepartnern als Kontrollgruppe. Die Paare waren alle katholisch, stammten aus dem Facharbeiter- oder Mittelschicht-Milieu und hatten mindestens ein Kind. Neben den klinischen Studien führte der Autor auch Interviews mit den Ehepartnern und Verwandten aus der Orientierungsfamilie durch. Dabei testete er das Vorhandensein von psychischen Faktoren, die laut psychiatrischer Literatur Zwischenheirat begünstigten: Rebellion gegen die elterliche Autorität, Zurückweisung durch die Orientierungsfamilie, Kompensierung von Inzesttendenzen, Flucht aus einem bedrückenden Familienmilieu. Zu seinem Erstaunen fand er alle Tendenzen gleichermaßen auf die hetero- und homogame Gruppe verteilt; der einzige größere Unterschied zeigte sich bei den interethnisch verheirateten Patienten in der Machtkonstellation in der Herkunftsfamilie: Dort fand sich in neunzehn von dreißig Fällen eine dominante[51] Mutter, die zum Teil ab einem gewissen Alter der Kinder alleinerziehend war; bei den homogamen Paaren hingegen nur in sieben von dreißig Fällen. Hingegen war bei letzteren in sechzehn Fällen eine dominante Vaterfigur vorhanden, bei den interethnischen Paaren nur in zweien. Diese Korrelation war besonders für die Frauen rechnerisch signifikant. Saucier schließt daraus, daß es für kleine Mädchen in einer stark mutterdominierten Familie schwieriger sei, einen Ödipuskomplex mit auf den Vater bezogenen Inzestwünschen zu lösen. Die Partnerwahl eines vom Vater eindeutig verschiedenen, weil ethnisch anderen Partners sei vielleicht daraus zu erklären. Allerdings fanden sich in der homogamen Gruppe mehr Frauen mit bewußter oder uneingestandener Inzestangst. Die genannte Korrelation stellte Saucier auch bei jenen heterogamen Frauen fest, die von katholischen Schwestern - ebenfalls dominanten Frauenfiguren, die die Mutter ersetzten -, erzogen wurden. Der Autor weist darauf hin, daß seine Ergebnisse nur für die untersuchten psychisch Kran-

---

Ist es tatsächlich nur ein Merkmal heterogamer Frauen, sich von elterlichen Lebensentwürfen zu emanzipieren? Suchen auch homogame Männer, die allein mit ihrer Mutter aufwuchsen, selbstbewußte bis dominante Ehepartnerinnen, welche dann daraufhin in Konflikte mit ihren Schwiegermüttern geraten?

[51] Der Begriff der "Dominanz" wird nicht in allen Studien in derselben Bedeutung verwendet. Saucier prüfte Entscheidungsstrukturen in Haushalts- und Erziehungsfragen, Tenhouten (s. u.) darüber hinaus sehr differenziert Einstellungen zu "männlichem" und "weiblichem" Verhalten, Entscheidungen in Geld- und Kaufangelegenheiten.

ken - die Ehepartner der Patienten wiesen ebenfalls häufig Krankheitsmerkmale auf (s. Kap. 5.3.3.6) - gültig seien.

Auch Devos (1973: 245 - 247) fand auf der Grundlage der Interviews und Thematic Apperception Tests Hinweise darauf, daß die Männer seiner Stichprobe Persönlichkeitsmerkmale der Abhängigkeit aufwiesen. Die Tatsache, daß viele der Männer jünger als ihre Frauen waren, stellte für ihn eine Bestätigung dieser Annahme dar.

Wilson (1987: 118, 148) erhob in ihrer Studie der "rassisch"-ethnischen Identität von sechs- bis neunjährigen Kindern mit einem "schwarzen" Elternteil in Großbritannien auch die Selbstzuordnung und "Rassenklassifizierung" ihrer Mütter. Bei den "weißen" Frauen fand sie zwei Typen: solche, die meist aus der Arbeiterklasse stammten, in ihrer Ehe viele Elemente der Kultur und des Lebensstils ihrer aus der Karibik stammenden Männer übernommen hatten und sich hauptsächlich in einem Netzwerk multikultureller Bekannter und Freunde bewegten, und jene Frauen, die im Gegensatz zu ersteren meist aus der Mittelschicht stammten, eine gute Ausbildung aufwiesen und sich auch nach der Heirat weiterhin als "weiß" betrachteten. Letztere waren charakteristischerweise behütet aufgewachsen, christlich orientiert und entsprechend der Auffassung, daß alle Menschen gleich und kulturelle oder "rassische" Schranken unwichtig seien; als Teenager hatten sie gegen strenge oder gar rassistische Familien rebelliert, indem sie freiwillig in Übersee arbeiteten oder international orientierten Bewegungen beitraten. Mehrere dieser Frauen erwähnten im Interview ungefragt die enge Beziehung, die sie in der Kindheit zu ihrem Vater, und die gespannte, die sie zu ihrer Mutter oder Stiefmutter gehabt hatten. Wilson sieht die Heirat dieser Frauen mit "schwarzen" Männern als in Übereinstimmung mit den Thesen der psychoanalytischen Literatur: Der Inzestwunsch bezüglich des Vaters werde durch die Eheschließung mit einem schon äußerlich ganz anderen Mann sichtbar umgangen; aufgrund der in westlichen Gesellschaften vorhandenen Stereotypen bezüglich der sexuellen Potenz "schwarzer" Männer sei diese Partnerwahl aber auch eine Art Bestrafung des Vaters, da solch ein Ehegatte das Maximum an sexuellem Wettbewerb für den Vater symbolisiere.

Die WASP-Zentrierung der amerikanischen Sozialforscher und vor allem das Erscheinen des Moynihan-Reports[52] führten dazu, daß Familien alleinerziehender dominanter Mütter mit afro-amerikanischen Familienstrukturen in Verbindung gebracht und im Vergleich mit der anglo-amerikanischen Mittelschichtfamilie als "pathologisch" betrachtet wurden (Tenhouten 1973). Da die Untersuchung von Zwischenheirat sich in großem Ausmaß auf

---

[52] D. P. Moynihan (Hrsg.): The Negro Family: The Case for National Action. Washington 1965

Heiraten zwischen "Schwarzen" und "Weißen" konzentrierte, hatte dieses Konzept auch Implikationen für die Bewertung heterogamer Eheschließungen. Hinzu kam, daß jene von der "Norm" abweichenden Merkmale wie hohes Heiratsalter und höhere Scheidungsrate ebenfalls für die afro-amerikanische Familie typisch waren oder zumindest zeitweilig als charakteristisch erachtet wurden (Herskovits 1941; Tenhouten 1973; Simpson und Yinger 1985: 281 - 288). Die Dominanz der afro-amerikanischen Frau in verschiedenen Bereichen des häuslichen Lebens und die Frauenzentrierung ihrer Familie ist allerdings umstritten, wie Tenhoutens Untersuchung zeigt: Viele sogenannte Charakteristika der "schwarzen" Familie finden sich auch bei "weißen" Familien mit niedrigem sozio-ökonomischem Status, - es scheint sich eher um Schichtmerkmale als um "rassenspezifische" Familienstrukturen zu handeln.

Überspitzt formuliert könnte man aus den isolierten lebensgeschichtlichen Charakteristika eine "Pathologie" der "schwarzen" Familie *und* der zwischenheiratenden Individuen postulieren, was die Ideologisierung und WASP-Zentrierung der Intermarriage-Forschung erneut deutlich macht. Inkomplette Familien müssen aber, abgesehen davon, daß sie bei den heutigen Scheidungsraten eher die Norm darstellen als noch vor einigen Jahrzehnten, nicht zwangsläufig disfunktional sein. Sie können durch ein Netz anderer Verwandter oder von *kindred* ergänzt werden, so daß die in ihnen aufwachsenden Kinder nicht unbedingt von den Normen der Gesellschaft marginalisiert aufwachsen und diese nicht verinnerlichen können, wie einige Ansätze zu Zwischenheirat andeuten. Zudem kann eine nicht getrennte, aber konfliktreiche Ehe ein wesentlich disfunktionalerer Familienhintergrund für die Entwicklung der Kinder sein als eine geschiedene. Die Zusammenhänge von demographischen, sozialen und lebensgeschichtlichen Merkmalen mit Zwischenheirat sind nicht monokausal, sondern komplex: Wieder zeigt sich, daß großräumige statistische Erhebungen durch sorgfältige qualitative Studien kleinerer Einheiten gestützt werden müssen, um zu verläßlichen Aussagen über Verknüpfungen von Ursachen und Wirkungen zu kommen.

5.3.3 Kulturale Ansätze

Betonten die strukturalen Ansätze eher die "Availability", also die durch die Gesellschaft oder eines ihrer Segmente ermöglichte Kontaktmöglichkeit zu und Zugänglichkeit von potentiellen Heiratspartnern, so stehen im Mittelpunkt der kulturalen Ansätze Überlegungen der "Desirability": Unter welchen die Normen beeinflußenden Bedingungen weiten heterogam Heiratende das Feld der Wählbaren derartig aus, daß auch Personen anderer ethnischer Zugehörigkeit darin als akzeptable Ehepartner Platz finden?

5.3.3.1 Zahl der Generationen im Einwanderungsland

Auf den Heiratsurkunden verschiedener Bundesstaaten der Vereinigten Staaten waren bzw. sind die Geburtsorte der Eheschließenden und ihrer Eltern verzeichnet. Dies erlaubte den amerikanischen Sozialforschern, die Heiratenden in drei Kategorien einzuteilen, nämlich

1. von ausländischem Geburtsort,
2. von amerikanischem Geburtsort, aber mit Eltern(teil) von ausländischem Geburtsort,
3. von amerikanischem Geburtsort mit Eltern(teil) von amerikanischem Geburtsort.

Ausgehend von einer vor allem um die Zeit der Jahrhundertwende bis in die vierziger / fünfziger Jahre hinein bestehenden Ideologie der Vereinigten Staaten als eines Schmelztiegels aller Immigranten, die mit zunehmender Aufenthaltsdauer in die amerikanische Kultur und Gesellschaft assimiliert würden, setzten viele Forscher diese Kategorien mit Generationen gleich, die Assimilationsstufen entsprechen sollten, nämlich Kategorie 1. mit der ersten Generation der Einwanderer, die noch durch die Kultur ihres Herkunftslandes geprägt sei, Kategorie 2. mit der zweiten Generation der Einwanderer, die zwar noch viele Elemente der alten Kultur innehatte, sich aber schon auf dem Weg zur amerikanischen Kultur befand, und Kategorie 3. mit der dritten Einwanderergeneration, die meist als amerikanisch zu betrachten sei und nur noch symbolische Elemente der Herkunftsethnizität pflege (vgl. dazu auch Kap. 7.2.3.1). Generation in diesem Sinne wird in amerikanischen Arbeiten bis in die jüngste Zeit hinein verwendet (z. B. Pagnini und Morgan 1990), wurde aber vermutlich von Drachsler das erste Mal definiert und so benutzt:

> "The term 'generation' here denotes not an age group, but a 'nativity' and a 'parentage' group; that is, it refers to the fact of the birth of a person in the United States or in a foreign country, whether of foreign born parents or of native born parents. Differences between persons of different 'generations', then, do not mean differences of age, at all, but rather differences of traditions, social attitudes, outlooks, in short, differences of civilization and culture. The 'first' generation would thus be the one furthest removed from what we think of as 'American' life, the 'second' ge-

neration would mark the transition period, the 'third' generation would very nearly represent the 'Americanized' product" (Drachsler 1920: 103).

Diese Definition erlaubte zwar über Jahrzehnte hinweg eine bequeme Auswertung der vorhandenen Heiratsstatistiken, an die in ihr enthaltenen Denkfehler und Verfälschungen, wie sie Price und Zubrzycki (1962) sowie Lieberson (1962) offenlegten, sei an dieser Stelle aber noch einmal erinnert (vgl. Kap. 3.1, S. 38, 39).

Drachsler (1920: 102 - 120, 130 - 140, 146 - 149; 1921: 32 - 43, 53 - 59, 66 - 68) fand in seiner Studie von Immigranten der Jahre 1908 - 1912 in New York folgende charakteristische Merkmale für die verschiedenen Einwanderergenerationen:

1. 74 % der bi-nationalen Heiraten fanden zwischen Männern und Frauen derselben Immigrantengeneration statt, d. h. Einwanderer der ersten Generation heirateten unabhängig von der Nationalität bevorzugt andere Einwanderer der ersten Generation, Immigranten der zweiten Generation andere Immigranten der zweiten Generation:

   "Strange as it may appear, immigrants of the first generation belonging to different national groups have more in common with one another than they have with persons of the second generation" (Drachsler 1920: 103).

   Diese Tendenz war nicht durch ein Ungleichgewicht der Geschlechterproportion zu erklären, da beispielsweise die Proportionen der heiratbaren Männer der ersten Generation und Frauen der ersten Generation im Vergleich zu den Proportionen der heiratbaren Männer der ersten Generation und Frauen der zweiten Generation fast gleich waren.
2. Die Zwischenheiraten betrugen 14 % aller Heiraten des betrachteten Zeitraums. Mit den Generationen nahm Heterogamie jedoch zu: Während in der ersten Einwanderergeneration ca. 11 % der Individuen binational heirateten, waren es in der zweiten Generation bereits ungefähr 32 %. In Kapitel 5.3.2.2.2 und 5.3.2.3 wurde bereits erwähnt, daß Drachsler diesen Anstieg um fast 300 % nur bedingt auf ein Ungleichgewicht der Geschlechterproportion und auf ein größeres Feld der Wählbaren durch bessere ökonomische Möglichkeiten der zweiten Generation zurückführt. Er vermutet als grundlegende Ursache eher ein Nachlassen der ethnischen Solidarität in dieser Generation, ein Erklärungsansatz, dem noch ein eigenes Kapitel (5.3.3.5) gewidmet werden wird.

3. Je niedriger die Zwischenheiratsrate in der ersten Generation einer Nationalitätenkategorie, umso höher ist sie in deren zweiter Generation; bzw. je höher die Zwischenheiratsrate in der ersten Generation, umso geringer ist der Anstieg in der zweiten. Dies hat zwar zum einen die mathematische Ursache, daß bei einer kleinen absoluten Grundgesamtheit schon sehr wenige bi-nationale Heiraten einen relativ hohen Zuwachs verursachen, während bei einer großen absoluten Grundgesamtheit auch eine größere Anzahl von Zwischenheiraten nur einen mageren relativen Zuwachs ergibt. Nach den Analysen des Autors geht die beobachtete Tendenz jedoch über rein rechnerische Mechanismen hinaus.
4. Während in der ersten Generation Männer und Frauen jeder Nationalität durchschnittlich mit Personen aus zwölf anderen Nationalitäten die Ehe schlossen, heirateten in der zweiten Generation sowohl Männer als auch Frauen nur Partner aus durchschnittlich sechs anderen Nationalitäten, und zwar unabhängig von der eigenen Herkunft bevorzugt aus nord- und nordwesteuropäischen Ländern. Drachsler führt dies darauf zurück, daß letztere ca. 60 % aller Einwanderer ausmachten und damit die größte statistische Wahrscheinlichkeit bei zufälliger Partnerwahl hatten, als Ehegatten gewählt zu werden, und daß sie wegen der längeren Wohndauer in den U.S.A. höhere ökonomische Stabilität besaßen als andere Personenkategorien. Wie bereits in Kap. 5.3.2.3 gezeigt wurde, konnte Drachsler für seine Stichprobe ein Überwiegen von Zwischenheirat bei Personen mit höherem sozio-ökonomischem Status nachweisen.

Pagnini und Morgan (1990) überprüften Drachslers Stichprobe 1990 noch einmal mit ausgefeilteren Rechenmethoden, kamen aber zu denselben Ergebnissen.

Adams (1937: 197 - 198) stellte am Beispiel der Koreaner, Chinesen und Filipinos in Hawaii fest, daß ein großes Ungleichgewicht der Geschlechterproportion in der ersten oder zweiten Generation zu einer hohen Rate von Zwischenheirat führen könne, dem dann aber unweigerlich in der nächsten ein rapider Abfall folge, sobald Frauen der eigenen ethnischen Einheit, zum Teil aus den heterogamen Verbindungen hervorgegangen, als Heiratspartner zur Verfügung stünden. Dieser Trend wurde auch schon am Beispiel der Babas oder "Straits Chinese" in Singapur deutlich, die nach der Zwischenheiratsphase mit den Malaien in der ersten Generation fast durchweg nur Chinesen heirateten (vgl. Kap. 5.3.2.2.2, S. 144).

Bossard (1939: 793 - 798) wertete für das Jahr 1936 Heiratsstatistiken für den Staat New York aus und verwendete dabei sinngemäß dieselben Arbeitsdefinitionen von Zwischenheirat und Generation wie Drachsler (s. o. und vgl. Kap. 2.3), allerdings ohne sich explizit auf diesen zu beziehen. Ihn interessierte dabei nicht so sehr das absolute Ausmaß von Heterogamie, sondern die Frage, inwieweit die Immigranten in "the old native stock", d. h. "native-born whites of native-born white parents", also die dritte Einwanderergeneration, einheirateten. Seine Ergebnissen waren denen Drachslers ähnlich, wenn auch nicht identisch: In der zweiten Generation wurde wesentlich häufiger Zwischenheirat mit der dritten Generation festgestellt als in der ersten. Eine signifikante Ausnahme stellten Italiener, Polen und Russen, - meist russische Juden -, dar, deren Heterogamie-Rate mit ca. 10 % sehr niedrig war. Bossard führt dies auf die kulturelle Unähnlichkeit dieser Personenkategorien mit den meist angelsächsischen frühen Einwanderern, dem "old native stock", im Vergleich mit den englischsprachigen Einwanderern aus Kanada, Großbritannien und Irland zurück. Hierzu muß ich jedoch kritisch anmerken, daß gerade den süd- und osteuropäischen Einwanderern um diese Zeit eine Welle von Ablehnung und Vorurteilen seitens der angelsächsischen Mehrheitsgesellschaft entgegenschlug (M. Gordon 1964: 136), die auch ihre Auswirkungen auf die Bereitschaft zur Zwischenheirat gehabt haben wird. Die Aspekte der kulturellen Ähnlichkeit als begünstigender Faktor interethnischer Partnerwahl, der sozialen Distanz zwischen Individuen und ethnischen oder sozialen Kategorien sowie das damit verknüpfte Assimilationsmodell M. Gordons werden in späteren Kapiteln (5.3.3.2, 5.3.3.3, 7.2.3.1) noch nähere Erläuterung finden.

Barron (1946: 279 - 281) konnte in seiner Studie der Stadt Derby einige von Drachslers Ergebnissen bestätigen. Auch hier nahm die bi-nationale Zwischenheirat in der zweiten Generation zu; sowohl bei Homo- als auch bei Heterogamie wurde zu mehr als 75 % in derselben Einwanderergeneration geheiratet. Barron sieht damit die Einwanderergeneration als einen weiteren begünstigenden Faktor für Zwischenheirat, *sofern andere Faktoren dem nicht entgegenwirkten*. Er schreibt:

"The factor of time *per se* is insignificant, but the usual but unavoidable accompaniment of brief or lengthy residence in terms of a weakening ethnocentrism, cultural change and acculturation are important"
(Barron 1946: 279; Hervorhebung im Original).

■ P. Glick (1972: 296) wertete den U.S.-Zensus für 1960 aus und bemerkte ebenfalls einen deutlichen Unterschied in den Zwischenheiratsraten der Einwanderer erster und zweiter Generation: Nur 38 % aller Ehemänner erster Generation waren heterogam, jedoch 61 % aller Ehemänner zweiter Generation.

■ Nelson (1954: 45 - 48) stellte fest, daß die Zwischenheiratsrate der Armenier in der Stadt Fresno für die Jahre 1920 bis 1952 zwar äußerst niedrig war, aber ein leichter Anstieg in der zweiten Einwanderungsgeneration stattgefunden hatte.

■ Auch Mittelbach und seine Mitarbeiter (1966: 7 - 11; 1968: 52 - 55) entdeckten für die mexikanischen Einwanderer in Los Angeles County dieselbe Tendenz: Zwischenheirat nahm mit der Generation im Einwanderungsland zu. Nicht nur bei homogamen Eheschließungen heirateten die Mexikaner bevorzugt Partner der eigenen Einwanderergeneration, sondern für die Angehörigen der zweiten und dritten Generation war eine heterogame Gattenwahl wahrscheinlicher als eine aus den Individuen der ersten Einwanderergeneration. Die dritte Generation wählte sogar bevorzugt Ehepartner aus anderen ethnischen Einheiten.

■ Fitzpatrick (1972: 148 - 153) verglich die Heiratsdokumente von Puertoricanern der Jahre 1949 und 1959 für New York City. Seine Ergebnisse bestätigen die von Drachsler gewonnenen Erkenntnisse: In der zweiten Generation fand mehr Zwischenheirat statt als in der ersten. Ein Ungleichgewicht der Geschlechterproportion schied als Ursache aus; höherer sozioökonomischer Status schien für den Anstieg in der zweiten Generation nur in sofern eine Rolle zu spielen, als puertoricanische Frauen bevorzugt hypergam heirateten.

In einer späteren Untersuchung widmeten sich Gurak und Fitzpatrick (1982: 923 - 933) dem Heiratsverhalten von "Hispanics" im New York des Jahres 1975. Auch bei diesen stieg die Zwischenheiratsrate in der zweiten Generation an; auffällig war jedoch, daß sie bei den Puertoricanern sehr viel geringere Werte erreichte als bei anderen Lateinamerikanern. Die zweite Generation der Puertoricaner von 1975 heiratete zudem weniger heterogam als die zweite Generation von 1949 / 1959. Bevorzugte Heiratspartner waren andere "Hispanics". Die Autoren erklären das Heiratsverhalten dieser Personenkategorie neben den schon in früheren Kapiteln (5.3.2.2.3 und 5.3.2.3) genannten Aspekten vor allem mit kutureller Ähnlichkeit zwischen den Lateinamerikanern und mit dem Aufrechterhalten ethnischer Institutionen und Solidarität (vgl. dazu Kap. 5.3.3.2 und 5.3.3.5).

■ Murguía und Cazares (1984: 95) sowie Tinker (1984: 65 - 67) kamen bei der Auswertung mehrerer Studien über Mexikaner sowie Japaner in den Vereinigten Staaten ebenfalls zu dem Ergebnis, daß die Zwischenheiratsrate mit den Generationen im Einwanderungsland ansteige.

■ Michels (1965: 172, 173) Untersuchung des Heiratsverhaltens von europäischen Ausländern in Frankreich ergab, daß bei Italienern und Polen die Zwischenheirat in der zweiten Generation zunahm, sehr viel langsamer auch bei den Spaniern, die offenbar eine besser integrierte Gruppe darstellten. Die Autorin legt ihre Datenbasis nicht genau offen, deutet aber an, daß ihre Statistiken aus ihrem Buch (Michel 1959) stammen.

Marcson (1951) verglich das Heiratsverhalten mehrerer europäischer Einwanderernationalitäten in einer ungenannten Stadt des amerikanischen Nordostens. Dabei stellte sich zwar bei den meisten Personenkategorien das Muster der mit der Generation zunehmenden Zwischenheiratsrate heraus, bei den ältesten Einwanderernationalitäten aus dem angelsächsischen Raum setzte mit der vierten Generation aber wieder eine Tendenz zu Homogamie ein.

5.3.3.2 Ähnlichkeit in kulturellen Merkmalen

Kennedy (1944) verglich aufgrund der Auswertung von Heiratslizenzen der Jahre 1870 bis 1940 das Heiratsverhalten der europäischen Einwanderernationalitäten in New Haven, um herauszufinden, ob der amerikanische "Schmelztiegel" tatsächlich eine einheitliche Struktur von Zwischenheirat bewirke. Stattdessen ergaben ihre Analysen bevorzugte national heterogame Eheschließungen innerhalb der katholischen und protestantischen Konfession sowie der jüdischen Religion bzw. besonders für die bikonfessionellen Heiraten der katholischen Einwanderer eine Tendenz des nicht-katholischen Partners zur Konvertierung. Die Autorin formulierte daher die **"Triple Melting-Pot"-Hypothese**: Die Rate nationaler Zwischenheirat steige zwar an, doch nicht mit dem Resultat einer undifferenzierten Assimilation, sondern innerhalb konfessionell-religiöser Kategorien; während in der Vergangenheit nationale Abstammung Heiratsschranken zwischen Personen errichtete, seien diese für die Zukunft vor allem durch die katholische und protestantische Konfession sowie die jüdische Religion zu erwarten.

Hollingshead (1950: 621 - 625) zog seine Stichprobe ebenfalls in New Haven. Ausgehend von den Heiratslizenzen aller im Jahre 1948 vermählten Paare fand er über die darauf vermerkten Adressen von Eltern oder Trauzeugen alle Anschriften der noch in der Stadt lebenden Paare; etwas mehr als die Hälfte. Von diesen ließ er wiederum die Hälfte interviewen. Die in den Lizenzen vorhandenen Angaben wurden für alle Heiratenden von 1948 verglichen. Aufgrund dieser Auswahl kam der Autor hinsichtlich nationaler Herkunft und Konfession/Religion zu denselben Aussagen wie Kennedy: Zwischenheirat fand über Nationalitätengrenzen überwiegend in derselben Konfession statt:

> "From the viewpoint of assimilation, marriages across religious lines are crucial if the triple melting-pot is to become a single melting-pot. But as Kennedy's and our data show, we are going to have three pots boiling merrily side by side with little fusion between them for an indefinite period" (Hollingshead 1950: 624).

Hollingsheads weitere Ergebnisse, daß "Rasse" die undurchlässigste, Religion die folgende und nationale Abstammung ("Ethnic Origin") die dritte Heiratsschranke darstellten, während Alter und Schicht eher innerhalb dieser Kategorien von Bedeutung seien, sollte über Jahre hinweg in der Zwischenheiratsforschung tradiert werden, ebenso seine Beschränkung kultureller Ähnlichkeitsfaktoren auf die genannten fünf Kategorien.

Kennedy (1952) erweiterte ihre Untersuchung in einer Folgestudie um die Jahre bis 1950. Trotz einer Zunahme der nationalen Heterogamie blieb die Grundtendenz zu einem dreifachen Schmelztiegel innerhalb der Konfessionen jedoch gleich.

Barron (1946: 302, 303) stellte in seiner Untersuchung des Ortes Derby in Connecticut fest, daß Personen irischer und italienischer Abstammung sowie britischer und skandinavischer Abstammung jeweils eine gemeinsame örtliche Kirche besuchten und sich auch heirateten. Insgesamt waren fast 31,6 % aller Zwischenheiraten von Personen verschiedener nationaler Abstammung konfessionell homogam und durch den Organisationspunkt eines gemeinsamen Kirchengebäudes gekennzeichnet.

Laut Biesanz (1950: 163) war der typische Amerikaner seiner Stichprobe genau wie seine panamaische Frau katholisch. Die Soziologin Schwester Marie Annella, vor ihrem Übertritt in einen Orden Anne Q. Lynn und Verfasserin einer Magisterarbeit über "schwarz"-"weiße" Ehen in New York, vermutete, daß Gesetze gegen diese Eheschließungen und Diskriminierung der Kinder in (überwiegend) katholischen Ländern seltener seien als in (überwiegend) protestantischen[53].

Die "Triple Melting-Pot"-Hypothese wurde jedoch von anderen Autoren angegriffen. Schon der Soziologe und Pater John L. Thomas (1972) hatte 1951 die Ergebnisse in New Haven aufgrund eines Vergleichs mit Raten konfessioneller Zwischenheirat in anderen amerikanischen Städten als sehr untypisch selbst für Connecticut, weil besonders niedrig, zurückgewiesen. Da er in Städten mit einer Bevölkerungszahl von über 100.000 Einwohnern

---

[53] Diese Annahme könnte zwar einerseits durch den Wunsch dieser Nonne hervorgerufen sein, ihre Konfession als toleranter als die in den U.S.A. dominierenden protestantischen Glaubensrichtungen darzustellen. Andererseits zeigt die in Fußnote 27 erwähnte juristische Begründung sowie der in einigen älteren Veröffentlichungen gegebene Hinweis auf die im Vergleich zu den Briten geringere Abscheu der spanischen und portugiesischen Kolonialherren vor "Rassenmischung", daß die Umsetzung der christlichen Glaubensgrundsätze der Gleichheit von Angehörigen verschiedener "Rassen" und Nationen vielleicht in katholischen Gemeinden tatsächlich stärker war. Es gibt jedoch durchaus Gegenbeispiele (etwa Barron in Barron (Hrsg.): 74; Porterfield 1973: 78). Meines Wissens ist diese Frage allerdings noch nicht systematisch historisch untersucht worden.

(und einem Anteil von Katholiken um die 50 %) weniger heterogame Heiraten fand als in kleineren, schloß er auf das Vorhandensein von ethnischen Minderheiten, die dort zahlreich genug waren, um soziale Kontrolle gegenüber ihren Mitgliedern auszuüben. Dies sieht er als die eigentliche Ursache für Konfessionshomogamie auch bei nationaler Zwischenheirat.

Cizon (1954: 244, 251 - 253), ebenfalls von einer katholischen Universität, fand in dem von ihm nur mit "X" benannten Parish 1929, 1939 und 1949 jeweils eine höhere Zahl von binationalen als von bikonfessionellen Heiraten, 1929 sogar keine einzige konfessionell heterogame. Er betrachtet dies aber dennoch nicht als Stützung der These von dreifachen Schmelztiegel, sondern schließt sich in der Bewertung dieser Ergebnisse ausdrücklich Thomas an: Seiner Vermutung nach zeige die Zunahme beider Arten von Zwischenheirat über die Jahre eine Tendenz zur allgemeinen Assimilation, die konfessionelle Heiratsschranke sei einfach ein bißchen stabiler als die nationale und werde daher langsamer aufgelöst.

Besanceney (1972: 93, 94) geht in seiner Ablehnung der "Triple Melting-Pot"-Hypothese von anderen Überlegungen aus. Seine Feststellung, daß aus rein mathematischen Gründen in kleineren Einheiten die Zwischenheiratsrate schneller steigt als in größeren, überträgt er auf die Befunde mehrerer empirischer Arbeiten, daß die Rate binationaler Heiraten gewöhnlich höher sei als die der bikonfessionellen. Konfessionen seien in den Vereinigten Staaten größere Kategorien als "Ethnien" (gemeint sind Kategorien nationaler Abstammung); folglich sei dieses Ergebnis zunächst allein rechnerisch zu erklären, ohne eine bevorzugte konfessionell homogame Partnerwahl in binationalen Heiraten zu beinhalten. Zudem könne man seine Konfession wechseln, was bei Eheschließungen in vielen Fällen nachweislich gemacht werde, während die nationale Herkunft ein unveränderliches Merkmal sei. Dies sei ein weiterer Grund, beide Bereiche nicht zu vergleichen.

Peach (1980 a + b) stellte fest, daß Kennedys Hypothese zwar seit über dreißig Jahren zu den Klassikern der Soziologie gehöre, aber einen inhärenten Widerspruch enthalte: Die Wohnverteilung und Segregation der einzelnen Nationalitätenkategorien war gemäß Untersuchungen in anderen amerikanischen Städten nicht so, daß sie Zwischenheirat der katholischen und protestantischen Einheiten untereinander begünstigen würde. Also überprüfte er Kennedys Stichprobe von Heiraten in New Haven mit eigenen Rechenmethoden auf konfessionell homogame Heirat und auf Wohnsegregation. Dabei berücksichtigte er sowohl "Hitlisten" der gewählten Partner aus bestimmten Nationalitäten für Männer und Frauen *getrennt*, - nicht für alle Angehörigen jeder nationalen Personenkategorie gemeinsam -, als auch das Verhältnis von bei Zufallswahl erwarteter im Vergleich zu tatsächlicher Häufigkeit. Der Autor kam zu dem Ergebnis, daß räumliche Nähe bzw. segregiertes Wohnen tatsächlich die ausschlaggebenden Faktoren für oder gegen Zwischenheirat auch in New Haven seien und daß eher ein "Triple Melting-Pot" der Afro-Amerikaner, Juden und "weißen" Nicht-Juden zu beobachten sei.

Für Singapur fand Hassan (1971: 316 - 320), daß in etwas mehr als der Hälfte aller 1965 geschlossenen interethnischen Ehen beide Partner Muslime waren und in ungefähr einem Viertel aller Fälle Christen. Ethnische Heterogamie unter Muslimen war ebenso wie unter Christen ca. dreimal so häufig wie bei allen Heiratenden. In Anlehnung an Kennedy und Hollingshead spricht der Autor daher von einem "Double Melting-pot" in Singapur. Chew und MacDougall (1977: 40) bestätigten Hassans Ergebnisse: Nur 3 % der interethnischen Ehen, an denen mindestens ein Moslem beteiligt war, wurden mit Nicht-Muslimen, nur 27 % der interethnischen Ehen, an denen mindestens ein Christ beteiligt war, wurden mit Nicht-Christen geschlossen. Die neueste Untersuchung stammt von Mengchee (1988: 257, 258), und auch sie fand einen "Melting Pot" der beiden Religionen: Jede zehnte Eheschließung von Muslimen sei interethnisch, bzw. ungefähr 50 % aller interethnischen Heiraten in Singapur würden von Muslimen eingegangen. Ein großer Anteil, nämlich ungefähr ein Fünftel aller interethnischen Vermählungen fänden in christlichen Kirchen statt, was die Rolle des Christentums als "Schmelztiegel" nahelege. Beachtenswert sei ferner, daß ca. 80 % aller Zwischenheiraten durch Ziviltrauungen geschlossen würden. Die Autorin fragt, ob möglicherweise gerade nicht-religiöse Personen eher interethnische Ehen eingehen würden als religiöse. Obwohl Ziviltrauungen auch ein Indikator für mangelnde Akzeptanz von Seiten des sozialen Umfelds des Ehepaars sein könnten, ist dieser Aspekt durchaus bedenkenswert (vgl. Kap. 5.3.3.4).

Auch Parkman und Sawyer (1967: 604 - 607) führen für das Heiratsverhalten der Jahre 1928 bis 1934 und 1948 bis 1953 auf Hawaii Gründe der kulturellen Ähnlichkeit an. Die Heiratsdistanz der verschiedenen Personenkategorien verteile sich anhand eines **Ost-West-Spektrum**s. Auf der einen Seite stünden Japaner, Koreaner und Chinesen, die eine buddhistische Tradition hätten, obwohl viele Chinesen und Koreaner Christen seien. Am anderen Ende des Kontinuums fänden sich die Puertoricaner, etwas mehr zum Zentrum hin die Filipinos, mit denen sie die katholische Konfession und den Einfluß der spanischen Kultur teilten. Es folgten die Europäer, während sich in der Mitte des Koordinatensystems die Hawaiianer befänden. Die Verteilung der Einheiten aufgrund der Heiratsdistanz lasse sich jedoch auch anhand eines Spektrums der **Orientierung hin zum Stadtleben** darstellen: Personenkategorien mit einem ähnlichen Grad an Urbanisierung, sei er nun hoch oder niedrig, heirateten häufiger untereinander als solche mit einem unähnlichen Grad an Urbanisierung. Auch dies lasse auf kulturelle Ähnlichkeiten schließen, da das Wohnen in der Stadt durch gemeinsame Lebensweise und kulturelle Orientierungen gekennzeichnet sei (vgl. dazu auch Kap. 5.3.3.4).

Wenn nach der Definition dieser Arbeit kulturelle Markierungen zur ethnischen Selbst- und Fremdabgrenzung dienen, so folgt daraus, daß kulturelle Ähnlichkeiten bzw. die Wahrnehmung oder Verdrängung derselben durchaus Einfluß auf ethnisch definierte Heiratsschranken haben sollten. Um diesen Komplex systematisch zu erforschen, müßte allerdings eine Definition und empirische Überprüfung solcher für die ethnische Markierung relevanter kultureller Charakteristika zweier oder mehrerer Einheiten in einer gegebenen Zeit und Gesellschaft am Anfang stehen. Erst dann könnte durch ein Erheben des Vorhandenseins oder Fehlens dieser Merkmale und ein vergleichendes Auszählen der Grad kultureller Ähnlichkeit bestimmt werden. In den meisten Arbeiten zur Zwischenheirat wird Ähnlichkeit jedoch einfach ohne nähere Begründung postuliert und scheint bei näherer Betrachtung meist auf den schon genannten Faktoren der gemeinsamen Konfession / Religion oder auf **ähnlichen Sprachen** zu beruhen.

Ein Beispiel dafür ist die bereits erwähnte Studie Bossards (1939: 796), in der die Heiratshäufigkeit von Einwanderern um 1900 mit den früheren Immigranten, dem "old native stock", untersucht wird. Sie scheint mir eher ein Beispiel für die - allerdings sicher von vielen seiner amerikanischen Zeitgenossen geteilten - ethnisch-kulturellen Markierungen des Autors zu sein als für objektiv begründbare kulturelle Ähnlichkeiten oder Unterschiede:

"Even more striking confirmation of the role of cultural factors is to be found in the way in which the ten nationalities group themselves. Group A, in Table 1, composed of nationalities which have come out of a southeastern background, marries rather less into the old native stock than does the more culturally similar northeastern European Group B. Furthermore, within each group, the individual nationality varies on the basis of the similarity or difference of its cultural background to that of the old native element in New York State. In Group A, for example, Austria and Hungary differ from Italy, Poland and Russia; while in Group B, the English and Canadian nationalities differ from the others" (Bossard 1939: 796).

Es ist nicht recht einsichtig, warum sich beispielsweise Italiener und Russen kulturell ähnlicher sein sollten als etwa Italiener und Ungarn, oder was Kanadier und Engländer ähnlicher macht als Engländer und die in Gruppe B ebenfalls vertretenen Schotten, Waliser oder Iren. Gemeinsam ist den Nationalitäten in Gruppe A und einigen wie etwa Irland in Gruppe B aber zu jener Zeit meiner Ansicht nach ein Stereotyp armer, zurückgebliebener Regionen aus Sicht des "old stock" (vgl. M. Gordon 1964: 136).

Panunzio (1942: 690 - 695, 697, 698, 700, 701) vertrat die These, daß neben einem Ungleichgewicht der Geschlechterproportion vor allem kulturelle Ähnlichkeit ausschlaggebend für Zwischenheirat sei. Bei seiner Untersuchung von Los Angeles County stellte er fest, daß Mexikaner bei heterogamen Eheschließungen vor allem Partner der "Latin culture" wählten: Andere Lateinamerikaner, Italiener, Spanier und Filipinos. Japaner und Chinesen gingen Zwischenheiraten jeweils zu über 50 % mit Angehörigen der jeweils anderen Nationalität ein. Der Autor sieht durch diese Ergebnisse seine Annahme von kultureller Ähnlichkeit als äußerst wirksamem Partnerwahlfaktor bei Heterogamie bestätigt.

Risdon (1954: 93, 94) bemerkte, daß 35 % der in Los Angeles County als "interrassisch" klassifizierten Heiraten zwischen Mexikanern[54] und Filipinos stattgefunden hatten. Er führt dies auf kulturelle Ähnlichkeit in Sprache und Religion sowie auf **ähnlichen physischen Typus** [!] zurück.

Auch Burma (1963: 159, 160) sah die Ursache dafür, daß in Los Angeles County zwei Drittel aller Filipinos Mexikanerinnen heirateten, in der gemeinsamen Sprache und der "color homogamy". Ihm fiel jedoch auf, daß kulturelle Ähnlichkeit keine Begründung für andere verbreitete Kombinationen von Zwischenheirat liefern konnte, etwa für die Chinesinnen, die trotz eines chinesischen Männerüberschusses bevorzugt "weiße" Ehegatten wählten.

Hingegen hatte bereits Adams (1937: 179, 180) die Idee, physische Ähnlichkeit würde Zwischenheirat begünstigen, entschieden zurückgewiesen. Die Filipinos Hawaiis wohnten zwar sogar in denselben Gebieten wie die Japaner, denen sie im Typus nach Meinung des Autors am meisten ähnelten, heirateten jedoch bevorzugt Portugiesen, Puertoricaner, Spanier, Hawaiianer und "Teil-Hawaiianer". Adams sieht den Grund dafü in der gemeinsamen christlichen Religion.

Mittelbach und seine Mitarbeiter (1966: 11, 12) stellten fest, daß Mexikaner und andere Lateinamerikaner sich nur zu einem geringen Prozentsatz heirateten, so daß die Autoren Panunzios Ergebnisse in Zweifel ziehen.

Bests (1989: 256) Clusteranalyse zur Feststellung von kultureller Ähnlichkeit der in seiner Feldforschung untersuchten Ethnien wurde bereits erwähnt (s. S. 151). Der Ethnologe kam zu dem Ergebnis, daß Zwischenheirat eher aufgrund von geographischer Nähe als von kultureller Ähnlichkeit stattfand.

---

[54] Mexikaner wurden je nach Bundesstaat und Jahr manchmal als "Caucasian" klassifiziert, manchmal als Sonderkategorie geführt, vgl. Kap. 3.1.

Im Gegensatz zu den vorgestellten älteren Arbeiten begründet Epstein (1991: 56) das Heiratsverhalten der Tolai nicht mit tatsächlicher, sondern mit **von den Akteuren *wahrgenommener* kultureller Ähnlichkeit**: In Matupit würden Ehen vor allem mit Frauen aus Neu-Irland, Manus und Bougainville geschlossen, Regionen, deren Bewohner im Gegensatz zu früher heute als ähnlich oder in gewissem Sinne verwandt betrachtet würden. Der Pidgin-Ausdruck "wan islan"[55], eine Insel, mache diese gemeinsame Identität deutlich. Im Gegensatz dazu gälten die Bewohner des Festlandes, besonders des Hochlands von Neuguinea, aber auch der Hochland-Gebiete Neu-Britanniens, als kulturell entfernt und zum Teil rückständig. Dies leitet zum Komplex der Verknüpfung von Zwischenheirat und sozialer Distanz über.

5.3.3.3 Abwesenheit oder Abbau von sozialer Distanz

Mitte der zwanziger Jahre formulierte Emory S. Bogardus seine Skala der sozialen Distanz, die er in den kommenden Jahrzehnten noch verfeinerte und vielfach erprobte (Simpson und Yinger 1985: 95 - 97). Der Sozialwissenschaftler (Bogardus 1933) listete sechzig Alltagsaussagen auf, die er in Unterhaltungen über andere Personen mit Bezug auf verschiedene soziale Situationen gehört hatte, und legte sie hundert Versuchspersonen vor, die den darin ausgedrückten Grad der sozialen Distanz beurteilen und die Kärtchen mit den Sätzen entsprechend in sieben Untergruppen ordnen sollten. Die ersten drei Aussagen waren die Sätze:

"Would marry";
"Would be willing to have my brother or sister marry";
"Would be willing to have my son or daughter marry"
(Bogardus 1933: 266).

Der Autor definierte soziale Distanz folgendermaßen:

"Social distance was defined ... as the degree of sympathetic understanding that exists between two persons or between a person and a group (personal distance, or personal-group distance)" (ibid.: 268).

---

[55] Epstein gibt das Wort für "Insel" wohl in Anlehnung an das englische "island" so wieder; korrekterweise müßte es "ailan" heißen (persönliche Auskunft von Herrn Prof. Dr. Hans Fischer, Institut für Ethnologie der Universität Hamburg).

Gemäß den Bewertungen der Versuchspersonen errechnete Bogardus das arithmetische Mittel der Zuschreibungen zwischen 1 und 7 für jede Aussage und wählte jene sieben aus, die rechnerisch genau Abstände von 1 aufwiesen. So kam er zu Beschreibungen sozialer Situationen, die mathematisch exakt gleich weit und sozial zumindest ungefähr gleich weit voneinander entfernte Grade sozialer Distanz darstellten:

"1. Would marry
2. Would have as regular friends
3. Would work beside in an office
4. Would have several families in my neighborhood
5. Would have merely as speaking acquaintances
6. Would have live outside my neighborhood
7. Would have live outside my country"
(ibid.: 269)

Diese Skala der sozialen Distanz sollte nun in einem in regelmäßigen größeren Zeitabständen wiederholten Test Versuchspersonen vorgelegt werden, die die Aussagen für ein durchschnittliches, kein spezifisches, Mitglied von vierzig "races", gemeint sind Ethnien- oder Nationalitätenkategorien, dreißig Berufen und dreißig Religionen ankreuzen sollten; Mehrfachkreuze waren gestattet. Wie Simpson und Yinger in ihrem Kompendium über Vorurteilsforschung und Minderheiten in den Vereinigten Staaten anmerken, hatten offenbar die wenigsten Probanden Probleme damit, sich solch ein "typisches" Mitglied einer Personenkategorie vorzustellen, was für die Entstehung und Beibehaltung von Vorurteilen bezeichnend ist.

Kritik an den frühesten Formen der **Bogardus-Skala** ist vor allem hinsichtlich der Versuchspersonen zu äußern, die die sechzig Aussagen ordneten; bei ihnen handelte es sich nämlich ausschließlich um Studenten und Lehrkräfte. Der Test wurde im Laufe der Jahre allerdings Verfeinerungen unterzogen, die sich zum Teil auch in anderen Aussagen an den Stellen 2. bis 7. niederschlugen. Für den Kontext *dieser* Arbeit bleibt jedoch nur festzuhalten, daß die Bereitschaft einer Person, ein Individuum aus einer anderen Sie-Gruppe zu heiraten, unumstößlich und bis heute als der geringste Grad der sozialen Distanz gilt.

Folglich betrachteten auch eine Reihe von Autoren die Zwischenheiratsrate als ein direktes Maß sozialer Distanz. Bossard (1939: 792) ging sogar davon aus, daß Heiratsstatistiken nicht nur die konkretesten verfügbaren Angaben über die *Beziehungen* zwischen Bevölkerungselementen lieferten, sondern sogar über deren *Haltungen* gegenüber der jeweils anderen Einheit. Wirth und Goldhamer (1944: 281) setzten die empirisch ermittelte **Zwi-**

schenheiratsrate mit dem Bedürfnis, heterogam zu heiraten, gleich und bemerkten - wohl mit Blick auf Bogardus - etwas verächtlich:

> "Such [intermarriage] indices suggest methods of measuring interracial 'social distance' that might prove far more satisfactory than many of the currently used pencil-and-paper attitude tests"
> (ibid.; Einschub in der eckigen Klammer von mir).

Mittelbach und seine Mitarbeiterin (1968: 54) stellten fest, daß Mexikaner zu Generationshomogamie tendierten, und sahen dies als Beleg dafür, daß die soziale Distanz zwischen den Generationen größer sei als zwischen anderen Kategorien von Mexikanern und Anglo-Amerikanern. Parkman und Sawyer (1967: 593) betrachteten aufbauend auf Bossards Arbeit Zwischenheirat als Maß der sozialen Distanz zwischen Gruppen; Gurak und Fitzpatrick (1982: 927, 928) sowie Mengchee Lee (1988: 262) verwendeten zur Analyse ihrer statistischen Daten die von Parkman und Sawyer entwickelte Formel zur Messung von Heiratsdistanz (vgl. Kap. 3.1.1, S. 50), bezeichneten sie jedoch als Formel zur Messung von sozialer Distanz. Desgleichen war für Lee und seine Mitarbeiter (Lee et alii 1974: 113), allerdings etwas vorsichtiger formuliert, Heterogamie ein Meßwerkzeug, das zur vergleichenden Analyse von sozialer Distanz tauge. Auch Pagnini und Morgan (1990: 422) sahen ihr Maß der Zwischenheirat als Indikator für soziale Distanz.

Die genannten Autoren begehen damit meines Erachtens allerdings eine Vereinfachung, da die *Einstellungen* gegenüber Zwischenheirat und das tatsächliche Heirats*verhalten* sowohl bei Individuen als auch bei Personenkategorien zwei verschiedene Dinge sind, die sich zwar womöglich, vielleicht sogar mit großer Wahrscheinlichkeit, jedoch nicht *zwangsläufig* entsprechen und die damit genau unterschieden werden müssen. Die Bogardus-Skala mit der ihr zugrundeliegenden Definition von sozialer Distanz mißt ausschließlich Einstellungen, die verschiedenen Maßzahlen der Heiratsdistanz hingegen Verhalten. Es ist etwa durchaus vorstellbar, daß ethnisch heterogame Personen zwar die soziale Distanz zu ihrem Ehepartner[56] abgebaut haben, die zu den Angehörigen seiner ethnischen Einheit jedoch beibehalten oder - zum Beispiel aus Gründen der Eifersucht auf seine diesbezüglichen Sozialkontakte - sogar verstärkt haben. Die soziale Distanz von heterogam Verhei-

---

[56] Es gehört zu den Charakteristika von Vorurteilen, daß sie auch gegen positive Erlebnisse mit den Angehörigen der stereotypisierten Personenkategorie resistent sind: Die Einzelperson, mit der die guten Erfahrungen gemacht werden, wird nicht als "typischer" Vertreter, sondern als Ausnahme, die die Regel bestätigt, klassifiziert. (Vgl. Simpson und Yinger 1985: 21, 76, 77.)

rateten zu der ethnischen Einheit ihres Ehepartners wurde meines Wissens noch nie getestet, doch ist keinesfalls ohne Belege wie selbstverständlich davon auszugehen, daß sie in der Mehrzahl der Fälle gering ist. Umgekehrt kann man nicht von Einstellungen der Angehörigen einer Personenkategorie zu interethnischer Heirat auf tatsächliche Heiratshäufigkeit schließen. So konnten etwa Chew und MacDougall (1977: 44, 45) nachweisen, daß in Singapur außer bei den Chinesen bei den Probanden aller Ethnien die Bereitschaft, eine heterogame Ehe einzugehen, wesentlich höher war als die tatsächliche Zwischenheiratsrate dieser Ethnien. Zwar scheint plausibel, daß bei sozialer Nähe von zwei Personenkategorien im Sinne obiger Definition Zwischenheirat wahrscheinlicher ist als bei sozialer Distanz, aber der Umkehrschluß entbehrt noch jeder empirischen Grundlage und müßte im Einzelfall, gerade auch hinsichtlich stark wirksamer demographischer Partnerwahl-Faktoren, untersucht werden.

Auch die von Poole[57] stammende Unterscheidung zwischen **sozialer und persönlicher Distanz** löst meines Erachtens die Definitionsfrage hinsichtlich des Phänomens der Zwischenheirat nicht befriedigend. Demnach sei soziale Distanz

"the degree of intimacy which group norms allow between any two individuals" (Poole 1927: 115 nach Simpson und Yinger 1985: 95),

während persönliche Distanz nicht von sozialen Normen, sondern von Überlegungen persönlichen Wohlergehens und Zufriedenheit bestimmt werde. Heiratsverhalten würde sich entsprechend dieser Begriffsbestimmungen aus Aspekten sozialer *und* persönlicher Distanz ergeben, aber weder ein ausschließlicher Indikator für die eine noch die andere sein, da das Wirkungsverhältnis der kausalen Faktoren unbekannt ist. Es wird ja in meinem gesamten Kapitel über Partnerwahl deutlich, daß trotz Isolierung vieler Zwischenheirat bestimmender Faktoren auf der gesellschaftlichen und der individuellen Ebene keiner als für jede interethnische Heirat ausschlaggebend betrachtet werden kann, sondern daß allein ihr Zusammenspiel in unterschiedlicher Gewichtung zu heterogamen Heiraten führt.

Eine weitere Bedeutungsebene, die Simpson und Yinger (ibid.) andeuten, stellt ebenfalls keine eindeutige Verknüpfung zwischen sozialer Distanz und Zwischenheirat her: Die Bogardus-Skala würde demnach ausschließlich persönliche Distanz, eben jene von einer einzelnen Person zu einer anderen oder zu einer Personenkategorie messen; soziale Distanz sei hingegen ein

---

[57] W. C. Poole: Social Distance and Personal Distance. in: *Journal of Applied Sociology* 1927, 11: 114 - 120

Konglomerat aus Einstellungen und Verhalten. Albas und Kesslers (1979: 1126) Formulierung

> "More broadly, the distance between any two groups can be taken as the probability of close relations between their members and can be seen as rooted in a variety of group characteristics...",

entspricht ungefähr dieser erweiterten Bedeutungsebene. Übernimmt man diese Auffassung des Begriffs, würden nach meiner Ansicht Erhebungen von persönlichen Haltungen und von Heiratsverhalten jedoch nur *Annäherungen* an eine Bestimmung von sozialer Distanz zwischen Individuen und Personenkategorien bzw. zwischen zwei Personenkategorien darstellen; soziale Distanz wäre zu komplex, um sie eindeutig messen zu können. Dies ist vermutlich der Grund dafür, daß Simpson und Yinger an anderer Stelle ihres Buches (1985: 296) "Intermarriage" als "sensitive indexes" von gleich einer ganzen Reihe von Erscheinungen bezeichnen, nämlich sozialer Distanz, der Art von Kontakt zwischen Gruppen, der Stärke von Gruppenidentifikation, der Heterogenität einer Bevölkerung und der Integrationsprozesse einer Gesellschaft. Selbst wenn Zwischenheirat ein "sensibler Index" all dieser Phänomene ist, - ein *eineindeutiger* im mathematischen Sinn ist sie offenbar nicht!

Verfeinerungen des Bogardus-Tests durch andere Sozialwissenschaftler brachten das Ergebnis, daß ethnisch-nationale Personenkategorien je nach dem vorgegebenen sozio-ökonomischen Status ihrer Mitglieder unterschiedliche Werte auf der Skala erhielten (Simpson und Yinger 1985: 96). Daß Ähnlichkeit in der Schicht bei Zwischenheirat Unterschiede der ethnischen Zugehörigkeit in den Hintergrund treten läßt, wurde schon im Zusammenhang mit der Homogamie- und Summationsthese erwähnt. Ein Beispiel sind die bi-nationalen Ehen des europäischen Adels in den letzten Jahrhunderten (Görres 1964: 8).

Willems (1956: 15, 16) studierte das Heiratsverhalten der deutschen Einwanderer in Brasilien, die sich in der Mitte des 19. Jahrhunderts zunächst als eine ländliche Mittelschicht zwischen den wenigen Großgrundbesitzern und den Peones etablierten. Erstere lehnten die Neuankömmlinge als nicht ebenbürtig ab und versuchten sie mit den Peones zu identifizieren. Um dem zu entgehen, grenzten sich die Immigranten durch eine starke Betonung der deutschen Kultur ihrerseits von den Landarbeitern ab. Diese Mittelposition löste sich aber in den dreißiger Jahren dieses Jahrhunderts allmählich durch wirtschaftliche Veränderungen auf: Einige gutsituierte Deutsche heirateten in die Landbesitzer-Schicht ein, andere verarmten, konnten die technischen und ökonomischen Symbole einer den Peones überlegenen

Gruppe nicht mehr aufrechterhalten und verloren dadurch den Kontakt mit ihren Landsleuten. Zwischenheirat mit den Landarbeitern war die Folge.

Milton M. Gordon (1964: 47 - 52) beschäftigte sich in seiner Arbeit über Assimilation in den Vereinigten Staaten mit jenen Mechanismen, die beim Entstehen von Subgesellschaften eine Rolle spielten, und identifizierte sie als ethnische Zugehörigkeit, sozio-ökonomischen Status, Stadt- oder Landleben sowie regionale Einflüsse. Für Bevölkerungssegmente einer ethnischen Kategorie mit einer bestimmten Schichtzugehörigkeit prägte er den Begriff der "**Ethclass**":

> "I propose, then, that we refer to the subsociety created by the intersection of the vertical stratifications of ethnicity with the horizontal statifications of social class as the *etchlass*. Thus a person's *ethclass* might be upper-middle class white Protestant, or lower-middle class white Irish-Catholic, or upper-lower class Negro Protestant, and so on.
> ...
> Succinctly, then, one may say that the ethnic group is the locus of a sense of *historical identification*, while the ethclass is the locus of a sense of *participational identification*. With a person of the same social class but of a different ethnic group, one shares behavioral similarities but not a sense of peoplehood. With those of the same ethnic group but of a different social class, one shares the sense of peoplehood but not behavioral similarities. The only group which meets both of these criteria are people of the same ethnic group *and* same social class"
> (M. Gordon 1964: 51, 53; Hervorhebungen im Original).

Der Begriff der Ethclass hat den Vorteil, zwei wesentliche Referenzgruppen für soziale Nähe in geschichteten heterogenen[58] Gesellschaften kurz und prägnant zu bündeln. Obwohl er ursprünglich nur für die Situation in den U.S.A. mit einer wirtschaftlich und kulturell dominierenden Personenkategorie und vielen Minderheiten formuliert wurde, läßt er sich zumindest auch auf andere westliche Industriegesellschaften übertragen, wäre aber beispielsweise auch im Kontext der Heiraten zwischen Bella Coola und Alkatcho Carrier sinnvoll zu gebrauchen, obwohl dort die Kriterien der Schichtung andere waren. Es ist jedoch zu fragen - und für jeden Einzelfall zu untersuchen -, ob in ethnischen Einheiten entgegen Gordons Annahme nicht auch und gerade Gemeinsamkeiten des Verhaltens, die nämlich als symbolische Markierungen der ethnischen Zugehörigkeit dienen, zu finden sind.

---

[58] im Sinne von Blau et alii, vgl. Kap. 5.3.2.1

In Kapitel 5.3.3.1 ist bereits im Zusammenhang mit Drachslers Arbeiten erwähnt worden, daß **Einwanderer** der ersten Generation trotz unterschiedlicher Herkunftsländer eher untereinander heirateten als Angehörige der zweiten oder dritten Generation. In einigen Studien wird postuliert, daß gerade bei Immigranten Heiraten mit im Gastland von der Mehrheitsbevölkerung als "andersrassig" klassifizierten Personen eher vorkommen würden, da erstere noch nicht die im Einwanderungsland übliche soziale Distanz zu diesen Personenkategorien aufgebaut hätten.

Schon Wirth und Goldhamer (1944: 285, 286) fiel auf, daß im Staat New York und in Boston mehr im Ausland als in den U.S.A. geborene Männer, nicht jedoch Frauen, afro-amerikanische Ehepartner heirateten. Die Verfasser bieten jedoch die Davis-Merton-Hypothese als Erklärungsmodell an und vermuten niedrigen sozio-ökonomischen Status dieser Männer.

Biesanz und Smith (1951: 820) erwähnen, daß die Heiratswahrscheinlichkeit der in die panamaische Kanalzone gezogenen Amerikaner mit Panamaerinnen im Laufe der Zeit abnehme: Zu Beginn seien die Männer "socially unorganized", doch allmählich würden sie Kontakte mit anderen Amerikanern aufbauen und deren Verachtung der und Abgrenzungsversuche gegenüber den Einheimischen übernehmen.

In Kapitel 5.3.1 wurde bereits auf Bantons Feldforschung in Stepney, einem Stadtteil Londons, hingewiesen. Der Autor stellte fest, daß seine Informanten aus der Karibik und aus Afrika Ausländerinnen den in ihrem Viertel anzutreffenden Britinnen als Lebensgefährtinnen vorzogen: Erstere seien nicht so "rassen"- und status-bewußt bzw. herablassend wie letztere.

Goldens (1959: 273, 277, 278) Interviews mit fünfzig "schwarz"-"weißen" Ehepaaren in Philadelphia zeigten ebenfalls, daß die Frauen, welche afro-amerikanische Männer als Soldat oder bei sonstigen Auslandseinsätzen kennengelernt hatten, ihnen nicht die starke soziale Distanz wie anglo-amerikanische Frauen entgegenbrachten. Dasselbe war bei jenen Partnerinnen der Fall, die als Migrantinnen in die Vereinigten Staaten kamen.

Auch Monahan (1970a: 296, 297) stellte fest, daß ca. ein Drittel aller Afro-Amerikaner, die 1960 bis 1962 und 1965 bis 1966 in Philadelphia heirateten, einen im Ausland geborenen Ehepartner und sogar die Hälfte einen Partner mit ausländischen Eltern hatten.

Für Boston, das ein Zentrum der Sklaverei-Abolitionisten und auch nach dem Sezessionskrieg "unusually and almost sentimentally receptive to Negroes" war, vermuten Wirth und Goldhamer (1944: 279) jedoch einen Rückgang der Zwischenheirat gerade durch die vielen neuen Einwanderer zu Beginn des 20. Jahrhunderts: Diese hätten Haltungen der sozialen Distanz zu Afro-Amerikanern in die Stadt gebracht.

Schon Burma (1963: 162) war aufgefallen, daß jene Personen seiner Stichprobe, in deren Familie schon einmal heterogame Heirat stattgefunden hatte, bei eigener Zwischenheirat ein niedrigeres Heiratsalter aufwiesen als andere Heterogame, die sich gerade durch ein über dem Durchschnitt liegendes hohes Heiratsalter auszeichneten (vgl. Kap. 5.3.2.3). Wenn Heiratsverhalten tatsächlich den Abbau sozialer Distanz widerspiegeln sollte, wie ja von mehreren Autoren postuliert, so zeigt dieses Beispiel, daß dieser Prozeß sehr viel schneller geht, wenn **im Primärgruppenbereich bereits heterogame Ehen** erlebt werden können, denn eine der Begründungen für das erhöhte Heiratsalter bei Zwischenheirat war ja die mit zeitlicher Länge verbundene Loslösung von Heiratsregeln und Ausweitung des Feldes der Wählbaren. Jay spricht hinsichtlich seiner Interviewpartner geradezu von einem Vorgang der Ansteckung:

> "On est plus étonné de constater que 69 % des époux interrogés se connaissent des parents proches ayant eux-mêmes contracté des mariages mixtes. On a parfois le sentiment de se trouver en face d'un phénomène de contagion. Un mariage mixte en entraîne souvent une cascade d'autres dans la même famille ce qui tendrait à prouver, par ailleurs, que ces mariages n'ont pas fait une impression aussi déplorable qu'on a bien voulu le dire quelquefois" (Jay 1963: 875).

Schnepp sowie Thomas hatten in den vierziger und fünfziger Jahren diesen "Ansteckungseffekt" auch schon für konfessionell gemischte Ehen in den Vereinigten Staaten entdeckt (Thomas 1972: 172, 176, 179, 180).

Abbau sozialer Distanz gegenüber anderen Personenkategorien, der zu Zwischenheirat führt, kann in einigen Fällen von **Idealisierung bzw. positiver Stereotypisierung der Angehörigen anderer Ethnien** vermutet werden. Freemans (1955) Untersuchung legt für seine allerdings etwas willkürlich gezogene Stichprobe diesen Verdacht nahe (vgl. Kap. 5.3.1). Ob die Idealisierung französischer Männer durch die arabischen Frauen der Kolonien in Nordafrika so ausgeprägt war, wie Marchand (1955: 6 -8) dies enthusiastisch schildert, sei hingegen dahingestellt.

Devos' (1973: 54 - 64) Fragebogen und TATs ergaben, daß die japanischen Frauen amerikanische Männer und die amerikanischen Männer japanische Frauen positiver einschätzten als deren Geschlechtsgenossen aus dem eigenen Land.

Die Zuschreibung positiver Eigenschaften auf Angehörige anderer Ethnien kann aber auch gerade zur Abgrenzung dienen und muß nicht mit der Verringerung von sozialer Distanz einhergehen. Einen Hinweis darauf gibt die Befragung Fischers (1984: 144 - 148) von in Samoa Urlaub machenden oder lebenden Europäern: Es waren gerade die kulturellen Werte des Lebens in einer Großfamilie, der Gastfreundschaft, der Großzügigkeit, des Mangels an Privatleben und persönlichem Besitz, die von einigen Probanden sehr bewundert, aber dennoch - oder gerade deshalb? - als Grund gesehen wurden, sich eine Heirat mit Samoanern *nicht* vorstellen zu können. Auch kulturelle Ähnlichkeit ist kein Garant für soziale Nähe; sie kann im Gegenteil ebenfalls eine Abgrenzung provozieren. Lell (1973:124) nennt vier mittelalterliche Konzilien, die den Christen Ehen mit Häretikern verboten und eher noch mit Nicht-Christen zuließen. Knutsson (1969: 94, 95) schildert die kulturell sehr ähnlichen südäthiopischen Stämme der Jille und Arsi: Ihre Dialekte sind kaum zu unterscheiden und die Wirtschaftsweise gleich. Dennoch betonen Angehörige beider Einheiten vor allem die Unterschiede, was der Autor darauf zurückführt, daß sie um dieselbe ökologische Nische konkurrieren:

"Thus paradoxically the geographically and 'politically' most articulated ethnic boundary in the Rift valley Arsiland obtains between the culturally most similar groups" (Knutsson 1969: 95).

Ein weiteres Beispiel liefert Jensens (1987: 129) Feldforschung in dem Dorf Trou-D'Eau-Douce auf Mauritius. Von den 23 interethnischen Ehen fanden nur zwei zwischen Angehörigen der verschiedenen indischen Einheiten statt; obwohl diese untereinander kulturell als ähnlicher zu klassifizieren sind als beispielsweise Tamilen und Kreolen oder aus dem Norden stammende Hindus und Chinesen, gab es immerhin zehn kreolisch-nordindische Ehen.

Kulturelle Nähe entspricht also nicht unbedingt sozialer; es läßt sich sogar die Hypothese formulieren, daß in bestimmten, vermutlich ökonomisch begründeten Konkurrenzsituationen gerade kulturell ähnliche Ethnien versuchen, sich voneinander abzugrenzen, - auch in Form von Heiratsschranken.

Zusammenfassend ist zum Konzept der sozialen Nähe zu bemerken, daß es in der Zwischenheiratsliteratur als diffuser Oberbegriff für Einstellungen zu heterogamen Heiraten *und* für Heiratsverhalten benutzt wurde. Beide sollten jedoch genau voneinander unterschieden werden, wobei Bogardus' Definition und Test auf Meinungen und nicht auf Verhalten zielen. Die empirische Untersuchung der Interdependenz beider ist noch nicht sehr weit fortgeschritten. Forschung über positive Stereotypisierungen und Idealisierungen von anderen Ethnien in Zusammenhang mit Heiratsverhalten, Bogardus-Tests von interethnischen Vermählten zur Erschließung der Haltung gegenüber der Einheit ihres Ehepartners sowie Studien über den Zusammenhang von kultureller Ähnlichkeit und sozialer Distanz würden sich anbieten. Eng damit verknüpft sind Fragen der Fremdvolkstereotypisierung, Vorurteilsbildung und -erhaltung, der ethnischen Zugehörigkeit durch Selbst- und Fremdabgrenzung sowie kulturelle Markierungen und der

Komplex von Kulturwandel, Akkulturation und Assimilation, dem in Zusammenhang mit interethnischer Heirat noch ein eigenes Kapitel gewidmet werden wird.

5.3.3.4 Wenig institutionalisierte soziale Kontrolle

Im Staat Athen zur Zeit des Perikles (um 450 vor Christus) gab es drei Kategorien von Bewohnern: Athener Bürger, Ausländer und Sklaven. Als Bürger galten bis zu einem 451/450 verabschiedeten Gesetz Kinder eines Athener Vaters, danach Kinder eines Athener Vaters *und* einer Athener Mutter. Nur Athener Bürger hatten das Recht, Land zu besitzen, und zahlten im Gegensatz zu den Ausländern keine Steuern. Letzteren war die Heirat mit Athener Bürgern verboten. (Barbara 1989: 38)

Nicht ganz so rigide war die Gesetzgebung im Römischen Reich. Zwar durften Besitzer des römischen Bürgerrechts nur andere römische Bürger heiraten; Bewohnern des Reiches konnte jedoch das Vorrecht der Eheschließung mit einem römischen Bürger gewährt werden. Heiratsverbote bestanden auch zwischen Römern mit patrizischem und plebejischem Rang, Senatorenfamilien und befreiten Sklaven oder Nachkommen von Schauspielern und -stellern. Soldaten und Angehörige anderer Berufe im Dienst des Kaisers mußten Einschränkungen ihrer Heiratsrechte in Kauf nehmen. Im Jahre 212 wurde allen freien Bewohnern des Imperiums das Bürgerrecht verliehen, was die Heiratsmöglichkeiten gesetzlich ausweitete. (Stern 1954: 152; Barron 1972: 74).

1697 wurde in Irland ein Gesetz verabschiedet, daß allen Protestantinnen, die im Besitz oder Erbrecht von Immobilien oder Dingen im Wert von mindestens £ 500,-- waren, die Eheschließung mit Katholiken verbot. Bei Zuwiderhandlung konnte ihr Eigentum konfisziert werden. (Stern 1954: 153)

Die legislativen Maßnahmen der Vereinigten Staaten gegen sogenannte "interrassische" Heiraten wurden schon zur Genüge erwähnt. Sie begannen 1661 in Maryland, um die Eheschließungen zwischen "weißen" Frauen und Sklaven zu verhindern. Die Frauen wurden bei Heirat per Gesetz selbst so lange zu Sklavinnen, wie ihr Ehemann lebte, ihre Kinder bis zu ihrem dreißigsten Lebensjahr. Wie bereits in Kapitel 3.1 erwähnt, dauerte die Gesetzgebung gegen "rassische" Zwischenheirat mit unterschiedlichen Definitionen der betroffenen Personenkategorien und Ausweitungen auf ganz verschiedene Bevölkerungselemente in vielen U.-S.-Bundesstaaten bis 1967 an und umfaßte bei Zuwiderhandlung Maßnahmen wie die Annullierung der Ehe, Gefängnis- und Geldstrafen für das Paar und den trauenden Geistlichen oder Friedensrichter. Bemerkenswert ist das vom Bundesstaat Oklahoma verabschiedete Gesetz, das die Vermählung von Indianern mit Afro-Amerikanern verbot, mit Anglo-Amerikanern hingegen gestattete: In Oklahoma besaßen viele Indianer Land mit Ölvorkommen (Barron in Barron 1972: 80).

"Rassen"-Gesetzgebungen, die Eheschließungen mit bestimmten Personenkategorien bei harten Strafen untersagten, waren auch die 1935 verabschiedeten Nürnberger Gesetze der Nationalsozialisten in Deutschland (Kleiber und Gömüsay 1990: 64 - 82) und die erst vor wenigen Jahren aufgehobenen Apartheidsgesetze Südafrikas, der "Immorality Act" von 1949, 1950 und 1952, welcher Heirat, Geschlechtsverkehr und "unmoralisches Verhalten" zwischen "verschiedenrassigen" Partnern verbot und im Ausland geschlossene Ehen für ungültig erklärte (Blank 1973: 129 - 131). 1986 verabschiedete das Sultanat Oman ein Gesetz, daß seinen Bürgern - außer älteren oder behinderten Personen - Heiraten mit Ausländern verbot. Sondergenehmigungen seien für Angehörige der Partnerländer im Golf-Kooperationsrat, nämlich Bahrain, Kuwait, Katar, Saudi-Arabien und Vereinigte Arabische Emirate, erhältlich. Gesetzesverstöße können mit dem Entzug der Staatsbürgerschaft geahndet werden. (IAF-Information 1986, 1: 9)

Diese Beispiele **staatlicher Regelungen** gegen interethnische Eheschließungen bilden gemeinsam mit den Vorkehrungen einiger Religionsgemeinschaften[59] die am stärksten institutionalisierte Form sozialer Kontrolle. Sie machen nach meiner Auffassung deutlich, daß der Schutz von Privilegien oder wirtschaftlichen Ressourcen durch Abschottung im Zentrum des Interesses solcher Gesetze steht. Dennoch fanden nachweislich selbst in Gesellschaften mit rigiden Strafen Heiraten statt. Kleiber und Gömüsay (1990: 9, 83 - 105), die die Akten des Auswärtigen Amtes für die Jahre des Nationalsozialismus in Deutschland durcharbeiteten, zeigten, daß für einige binationale Eheschließungen Sondergenehmigungen erteilt wurden, während sonst solche Heiraten laut Gesetz mit Zuchthaus oder Schlimmerem bestraft oder durch Nicht-Erteilung des zum Aufgebot nötigen Ehefähigkeitszeugnisses ganz verhindert wurden. Meist standen dabei diplomatische Überlegungen im Vordergrund, potentielle Bündnispartner des Dritten Reiches nicht durch eine von höchster Stelle abgelehnte Heirat zu verprellen, auch wenn der entsprechende Ehepartner gemäß der nationalsozialistischen "Rassen"-Ideologie eigentlich nicht akzeptabel gewesen wäre. Am Beispiel der Vereinigten

---

[59] Mennoniten stoßen jedes Mitglied ihrer Gemeinschaft bei Heirat mit einem Nicht-Mennoniten aus. In der jüdischen Religion kann trotz Reformbewegungen und verschiedener Glaubenstraditionen, deren Anhänger das heute nicht mehr umsetzen, ein Vater das Totengebet für ein heterogames Kind sprechen, als ob es verstorben sei. Zwischenheirat hat dennoch seit den biblischen Zeiten, aus denen das Verbot stammt, immer wieder stattgefunden. (Barron in Barron (Hrsg.) 1972: 53 - 61, 71)

Staaten wurde schon des öfteren darauf hingewiesen, daß selbst in Bundesstaaten mit "Rassen"-Gesetzen einige ausgestellte Heiratslizenzen sowie zu Interviewzwecken die entsprechenden afro-anglo-amerikanischen Paare gefunden werden konnten.

Meist findet Zwischenheirat jedoch in Kontexten statt, wo sie zwar gegen Normen und Heiratsregeln verstößt, ihre Ahndung allerdings nicht durch staatliche Institutionen, sondern durch Angehörige der Primär- und Sekundärgruppen der Individuen stattfindet. Es ist in diesem Zusammenhang, daß mehrere Sozialforscher auf wenig institutionalisierte soziale Kontrolle bei der Verhinderung, aber auch der Sanktionierung von Heterogamie hinweisen.

Adams (1937: 160 - 173, 274 - 295) stellte fest, daß jene Einwanderer, die sich von der Gruppengröße, Wohnkonzentration und den Traditionen her relativ schnell eigene Institutionen in Hawaii aufbauen konnten, nur eine sehr geringe Zwischenheiratsrate aufwiesen. Das galt besonders für die Japaner, die in eigenen Wohnvierteln Tempel und Sprachschulen sowie Organisationen für geschäftliche, soziale, politische und wohltätige Zwecke ins Leben riefen. Als zentral sieht der Autor in diesem Zusammenhang unter anderem die Tatsache, daß durch die relativ schnelle Einwanderung von japanischen Frauen auch die Familie als Sozialisations- und Sanktionsagent ihren traditionellen Stellenwert behielt. Adams stellte daher die These auf, daß **Desorganisation einer ethnischen Einheit** heterogame Heiraten begünstige.

Ausgehend von der Frage, warum ausgerechnet die Briten und Amerikaner im Gegensatz zu etwa den Portugiesen so viele hawaiianische Frauen heirateten, obwohl in ihren Heimatländern und Kolonien gewöhnlich rigide Regeln der "Rassen"-Trennung existierten, sieht Adams (1937: 121 - 125) als Hauptgrund ebenfalls den Mangel an sozialer Kontrolle, dem diese Männer durch ihre Abwesenheit von zu Hause ausgesetzt waren. Die Regeln ihrer eigenen Gesellschaft mit Sanktionen zu ihrer Duchsetzung seien in Hawaii außer Kraft gesetzt, und ein längerer Aufenthalt zwinge zur Anpassung an die hier gültigen Normen. Zudem seien zumindest die frühen Siedler oft Seeleute gewesen, die genau wie die jetzigen Angehörigen der hawaiianischen Militärbasen ohnehin kaum noch sozialer Kontrolle ihrer Familien und Herkunftsgesellschaft unterlegen hätten.

Barnett (1963b) führte 1961 im Rahmen seiner Magisterarbeit eine Fragebogenaktion unter "weißen" Studenten der ersten Semester der Oregon State University durch, um festzustellen, welche Personen und welche von deren Argumenten sie "interracial dating" gegenüber als am ablehnendsten und einflußreichsten auf ihre Entscheidung dafür oder dagegen erwarten würden. Etwas über 10 % der Studenten, die meist Soziologie studierten, hatte solche "dates" schon hinter sich. Die auf dem Fragebogen angegebenen

Personen waren Eltern, Brüder und Schwestern, andere Verwandte, Freunde, Nachbarn im Studentenwohnheim und religiöse Führer. Die Auswertung ergab, daß von Eltern die meiste und auf das eigene Verhalten einflußreichste Ablehnung, von religiösen Führern die geringste erwartet wurde, und zwar von weiblichen Probanden mehr als von männlichen. Das Argument, daß "dating" zur Heirat führen und die Kinder aus solchen Ehen unter Diskriminierung leiden würden, wurde als das gewichtigste und am häufigsten erwartete eingeschätzt, wogegen die angeblich negativen biologischen Folgen von "Rassen"-Mischung oder die Aussage, Gott habe verschiedene "Rassen" geschaffen, damit sie verschieden blieben, für die geringfügigsten erachtet wurden. Obwohl diese Studie nur einen kleinen Ausschnitt selbst der amerikanischen Bevölkerung untersucht hat und damit weit davon entfernt ist, repräsentativ zu sein, macht sie doch immerhin den Stellenwert der Eltern für die Ablehnung von Zwischenheirat deutlich.

In diesem Zusammenhang sind auch bereits an anderer Stelle als begünstigende Faktoren für Zwischenheirat aufgeführte lebensgeschichtliche Merkmale erklärbar. So weist Barron (Barron 1972: 43) darauf hin, daß der **Besuch von Colleges und Universitäten** junge Leute dem sanktionierenden Einfluß ihrer Eltern entziehe. Banton (1955: 152 - 159) stellte für den Londoner Stadtteil Stepney fest, daß die mit Männern aus Afrika oder der Karibik liierten oder verheirateten Frauen fast durchweg einen **Hintergrund der Zurückweisung durch oder Konflikte mit ihren Familien** aufwiesen. Sozialer Kontrolle von dieser Seite aus waren sie daher unzugänglich. Auch die bereits erwähnten Hinweise auf inkomplette bzw. "desorganisierte" Familien bei Hunt und Coller, Kim, Ratliff et alii dienen dazu, heterogame Eheschließungen durch den Mangel an Sozialisation in den Normen und an Sanktionen seitens einer "intakten" Familie zu erklären.

Das **Wohnen und Arbeiten in der Stadt** trägt ebenfalls zur Lockerung sozialer Kontrolle bei. Der der Chicagoer Schule angehörende Soziologe Wirth (1980: 35) formulierte bereits 1938 als klassische Minimaldefinition einer Stadt:

"For sociological purposes a city may be defined as a relatively large, dense, and permanent settlement of socially heterogeneous individuals".

Dabei sah er in der Siedlungsdichte viele Kontaktmöglichkeiten zwischen den heterogenen Bevölkerungselementen begründet, wobei die Heterogenität an sich eine Schwächung der Familienstrukturen mit sich bringe: Die Verzweigung des sozialen Netzwerks und die Größe der Bevölkerung brächten es mit sich, daß kein Individuum mehr mit allen anderen persönliche Kontakte pflegen könne. Folglich werde soziale Kontrolle durch formal organisierte Gruppen bzw. ihre Repräsentanten ausgeübt. Unter der Voraussetzung, daß sich in Städten nicht große Wohnviertel und Institutionen ethnischer Einheiten wie im Fall der von Adams genannten Japaner auf Hawaii entwickeln, ist daher davon auszugehen, daß durch die Schwächung von Familien und anderen Institutionen Normen und Sanktionen gegen Zwischenheirat nicht so stark wirksam sind wie in kleineren Lokaleinheiten.

Auf diesen Zusammenhang wurde in mehreren Studien hingewiesen. So erwähnt Strauss (1954: 100, 101), daß die japanischen Ehefrauen von GIs meist in der Stadt aufgewachsen waren und alle ihre Partner in Städten kennengelernt hatten, wo sie arbeiteten. Diese Frauen verdienten ihr eigenes Geld und lebten von ihren Familien entfernt, so daß sogar in vielen Fällen ohne Wissen der Angehörigen der Heirat ein für die Nachkriegsjahre in Japan noch unübliches Zusammenleben der Partner vorausging.

Auch Hunt und Coller (1957: 224) betonten, daß die Mehrzahl der mit amerikanischen Soldaten verheirateten Filipinas schon Jahre vor der Eheschließung in Manila oder anderen Großstädten gelebt hatten. Dies sei eine Umgebung, die keine Heiratsschranken gegen Heterogamie aufrichte; es existiere im Gegenteil in Städten der Philippinen eine gewisse Tradition der ethnischen Zwischenheirat.

Lind (1969: 7, 8, 49 - 52) stellte in seiner Arbeit über Neuguinea fest, daß Handelszentren und Städte als wichtiger Katalysator für das Zustandekommen interethnischer Ehen zu betrachten seien, weil die sozialen und traditionellen Bindungen und Kontrollen des Dorfes dort nachließen. Besonders Colleges und Hoch- oder Fachschulen begünstigten intertribale Heiraten; so seien 1968 bis auf einen alle einheimischen Ärzte mit Frauen aus anderen Distrikten und mit anderer Muttersprache verheiratet gewesen. Auch in der Stadt aufgewachsene Personen neigten eher zu Zwischenheirat.

Golden (1959: 278) weist darauf hin, daß **Migranten** durch ihre Kenntnis des Lebens in zwei Kulturen Normen nicht als allgemeingültig betrachten müßten und daher vielleicht Zwischenheirat gegenüber aufgeschlossener seien. Barbara (1989b: 131) deutet sogar eine besondere Anziehung zwischen Einwanderern und Mädchen vom Lande an, die beide in einer französischen Stadt einsam und fern der sozialen Kontrolle ihrer Heimat seien. Auch in Michels Studie (1959: 175) stammten mehr als drei Viertel der von ihr untersuchten heterogamen Hotelbewohnerinnen aus der Provinz.

Krieg ist eine weitere Situation, die zur Verminderung sozialer Kontrolle beiträgt. Kim (1972: 275 - 278) erwähnt, daß die damit verbundenen sozialen Umwälzungen durch Zerstörung, Millionen von Toten, Flüchtlinge und amerikanische Truppen im Land in Japan und Korea eine Schwächung traditioneller Autoritätsfiguren und Werte mit sich brachten. Zusätzlich oder als Folge dieser Umbruchsituation hatten die von ihr untersuchten späteren Ehefrauen der GIs schon lange getrennt von ihren Familien gelebt und waren ökonomisch unabhängig, oft als Prostituierte.

Der Heirat vorausgehende semi-permanente Konkubinate waren daher nichts Ungewöhnliches, obwohl sie den in Korea und Japan zu jener Zeit noch gültigen Traditionen der familiären Überwachung unverheirateter Töchter zuwiderliefen.

Auch Shukert und Scibetta (1988: 186 - 191) machen deutlich, wie der Krieg und die Zeit danach gerade in Japan die Frauenrolle erheblich veränderten: Lohnarbeit in Fabriken war schon während des Krieges durch den Männermangel im Land notwendig geworden; nach dem Krieg wurden viele Töchter zu den einzigen Ernährern ihrer Familie. Daß diese sich in solch einer Position keine Vorschriften im Heiratsverhalten machen ließen und ihre Verwandten über wenig oder gar keine Sanktionsmittel dagegen verfügten, darf parallel dazu auch für die Frauen der Nachkriegszeit in Europa vermutet werden.

Hingewiesen sei auch noch einmal auf Mengchee Lees (1988: 258) Hypothese, daß **nicht-religiöse Personen** eher interethnische Ehen eingehen. Anhaltspunkte, die auf die geringe Bedeutung hinweisen, welche unterschiedlicher Religion der Eltern etwa in puncto Kindererziehung zugewiesen wird, finden sich in mehreren qualitativen Studien.

Es gibt **Personenkategorien oder Situationen, bei denen soziale Kontrolle ohnehin nur sehr gering angelegt ist**. Der Politiker Albert Maori Kiki (1969: 22 - 28) schildert, wie sein Vater Kiki, damals ein Dorfpolizist, und seine Mutter Eau, die erste Parevavo-Frau, die außerhalb ihres Stammes heiratete, in Papua-Neuguinea dazu kamen, eine interethnische Ehe einzugehen:

"Kurz nachdem mein Vater freigesetzt worden war, nahm ihn der Inspektionsbeamte mit auf seine Rundreise, den Purari aufwärts. Mein Vater sprach [die Verkehrssprachen] Motu und eine Art Papua-Pidjin, das heute in diesem Landstrich nicht mehr gesprochen wird. Die Streife kam auch in das Dorf meiner Mutter. ... Mein Vater mußte seine Trillerpfeife ertönen lassen, und alle Einwohner mußten in Reih und Glied zur Zählung antreten. Man fragte sie, ob alle Dorfbewohner versammelt seien. Sie sagten ja. Aber eine Frau sei in ihrer Hütte geblieben, weil sie in Trauer sei. Mein Vater pfiff abermals, und da kam die Frau heraus. Sie war ganz mit Lehm bedeckt; denn sie trauerte um ihren zweiten Mann. Als der Inspektionsbeamte fragte: 'Wer ist dein Ehemann?', bekam die Frau Angst. Sie dachte, der weiße Mann würde sie mitnehmen, weil sie keinen Mann hatte. Um Schutz zu suchen, stellte sie sich neben meinen Vater. Bis dahin hatte keine Frau vom Stamm fortheiraten dürfen. Wie konnte sie also daran denken, meinen Vater zu heiraten, und wie kam es, daß ihre Leute es auch wirklich erlaubten und sie das Dorf verlassen durfte? Eau hatte zwei Männer verloren, und sie hatte von jedem ein

Kind. Sie wußte, daß ein anderer Mann ihres Stammes sie nicht mehr nehmen würde; denn es war nicht Sitte, daß eine Frau mehr als zwei Kinder gebar. ... Wäre sie ein junges Mädchen gewesen, ihre Sippe hätte es nicht geduldet. Aber obwohl sie durchaus noch keine alte Frau war, durfte sie nach den Stammesbräuchen nicht mehr heiraten und wurde für die anderen allmählich zur Last. ... Und mein Vater war zu lange Witwer gewesen, um nicht froh zu sein, daß er wieder heiraten konnte, dazu noch eine Frau, die er ohne die üblichen langen Verhandlungen und ohne Vereinbarung eines Brautkaufpreises bekam (Kiki 1969: 27, 28; Einschub in eckigen Klammern von mir).

Hinzu kam, daß in Orokolo, dem Herkunftsort des Vaters, Frauen sich den Ehemann auswählten (ibid.: 56), so daß Eaus Verhalten sich in dieser Hinsicht mit den Normen, unter denen Kiki aufgewachsen war, kompatibel zeigte.

Auch Gregor (1977: 316) berichtet von den südamerikanischen Mehinaku und ihren Nachbarstämmen, daß das grobe und oft demütigende Hänseln und Belästigen von eingeheirateten Männern anderer Ethnien zu einem bestimmten Zeitpunkt sein Ende finde:

"The tricks and practical jokes continue until the target's wife has had her first child at which time she is no longer considered attractive enough to bother about" (ibid.).

Der von Sozialwissenschaftlern postulierte Zusammenhang zwischen der Ablehnung heterogamer Heirat und Nachkommen, die der Wir-Gruppe zu ihrem Erhalt nicht verlorengehen dürfen, - und damit von Frauen als "Wertgegenständen" -, scheint sich in diesen beiden Beispielen also tatsächlich anzudeuten. In Kikis Schilderung läßt sich sogar die für Industriegesellschaften festgestellte Tendenz einer Mehrfachehe und höheren Heiratsalters wiederfinden. Ein großer Einsatz sozialer Kontrolle scheint sich für ältere oder bereits früher verheiratete Personen sowie für Frauen, die der Wir-Gruppe keine Kinder mehr schenken, also kaum zu lohnen, wenn man diese wenigen Beispiele verallgemeinert. Natürlich müßte dieser Zusammenhang noch sehr viel gezielter untersucht werden. Es wird sich allerdings bei den Beispielen in Kapitel 7.1 zeigen, daß auch in den relativ gutuntersuchten Industriegesellschaften Zwischenheirat von Frauen offenbar stärker sanktioniert wird und daß diese Sanktionen erst dann nachlassen, wenn an der Heiratsabsicht oder Nachkommenschaft eines solchen Paares nichts mehr zu ändern ist.

Landflucht und Arbeit oder Ausbildung in der Stadt, Emigration und Krieg setzen die Individuen also mehreren konfligierenden Normsystemen aus und schwächen den Einfluß der Herkunftsfamilie. Bestimmte Situationen von von vornherein wenig institutionalisierter sozialer Kontrolle oder ihrem Nachlassen stellen somit einen Faktor für das Zustandekommen von Zwischenheirat dar. Gerade in den genannten Konstellationen wird er jedoch oft von anderen begünstigenden Faktoren wie Konzentration von heterogenen Bevölkerungselementen, Kontakt über einen längeren Zeitraum, kleiner Größe einer ethnischen Einheit und Ungleichgewicht der Geschlechterproportion begleitet.

5.3.3.5 Nachlassen der ethnischen Solidarität und / oder Kohäsion

Drachsler formulierte bereits 1920 einen Zusammenhang von Zwischenheirat und dem Nichtvorhandensein oder Nachlassen von Solidarität gegenüber der Wir-Gruppe und einer damit verknüpften Bedrohung von deren Zusammenhalt:

"Intermarriage, as such, is perhaps the severest test of group cohesion. Individuals who freely pass in marriage from one ethnic circle to another are not under the spell of an intense cultural or racial consciousness. Consequently, the greater the number of mixed marriages, the weaker, broadly speaking, the group solidarity" (Drachsler 1920: 87).

Der Autor hatte festgestellt, daß die zweite Generation der Einwanderer wesentlich heterogamer war als die erste, und die beiden Erklärungsansätze eines Ungleichgewichts der Geschlechterproportion und eines Anstiegs im sozio-ökonomischen Status als zwar in Teilen richtig, aber nicht ausreichend zurückgewiesen (vgl. Kap. 5.3.2.2.2 und 5.3.2.3). Als einzige verbleibende plausible Hypothese sah er eine Schwächung oder Zerstörung der Gruppen-Solidarität, die unmittelbar an jene Faktoren gekoppelt sei, welche den Zusammenhalt einer ethnischen Gemeinschaft an sich schwächten: nicht-konzentriertes Wohnen, Fehlen nationalistischer Führer und "normaler" (nicht näher definierter) Bedingungen im Heimatland, starkes oder vollständiges Fehlen von gemeinsamen Organisationen, Fehlen persönlicher Bindungen zu Gemeinschaftsunternehmungen, Gleichgültigkeit gegenüber der Sozialisation der jungen Leute in der kulturellen Tradition, keine explizit formulierten Strategien bezüglich der zukünftigen Entwicklung der Gemeinschaft in der neuen Umgebung. Die zweite Einwanderer-Generation sei durch eine Orientierung hin zur Assimilation in die U.S.-Gesellschaft und weg von den alten Traditionen gekennzeichnet. (Drachsler 1920: 118 - 120; Drachsler 1921: 41 - 43)

Thomas schloß sich dieser Auffassung an und sah Zwischenheirat geradezu als Synonym für sich auflösende Gruppensolidarität:

"Prescinding from the semantic diversion of drawing neat distinctions between the processes of assimilation, acculturation, amalgamation, and so forth, we can assume, for the purpose of this paper, that when considerable numbers of a minority group tend to select their marriage mates outside the group, the solidarity of the group is undergoing disintegration. In other words, once the members of a minority group begin to marry outside the group, we have a clear indication that one of the principal means of maintaining group solidarity is no longer functioning and the group as a clearly identifiable entity is well on the way toward disappearing (Thomas 1954: 11).

Diese Auffassung wurde in der Zwischenheiratforschung vielfach aufgegriffen und tradiert; Murguía (1982: 3) verweist darauf, daß zur Zeit seiner Untersuchung Zwischenheirat als Indikator für die Schwächung von Gruppenzusammenhalt weithin in der wissenschaftlichen Gemeinschaft akzeptiert sei: Wie aus Thomas' Zitat ersichtlich geht dieser Gedankengang davon aus, daß eine Minderheit bei viel Zwischenheirat in die Mehrheitsgesellschaft assimiliert werde und damit zu existieren aufhöre. Murguía (ibid.: 60) sieht dies allerdings nur als Erklärung für Zwischenheirat von Angehörigen der Minderheiten und schlägt daher das allgemeinere Konzept des "Breaking of Ties" vor: Individuen der Minderheits- und der Mehrheitsbevölkerungseinheiten hätten Primärgruppenbindungen zu ethnisch homogenen gesellschaftlichen Subsystemen. Es müßten jene Faktoren und persönlichen Charakteristika untersucht werden, die das Auflösen dieser Bindungen begünstigten.

Trotz Tradierung der Idee vom Nachlassen der ethnischen Solidarität als verknüpft mit, Indikator für oder identisch mit Zwischenheirat ist meines Wissens der Zusammenhang zwischen beiden Phänomenen nie untersucht worden. Es fehlt schon eine Begriffsdefinition, was unter ethnischer Solidarität verstanden werden soll und was nicht, und damit die Voraussetzung, überhaupt eine Meßskala zu entwickeln, welche einen Vergleich mit Zwischenheiratsraten bzw. die Feststellung eines Nachlassens erst ermöglichen würde. Drachsler versteht unter nachlassender ethnischer Solidarität offenbar ein Assimilationsmerkmal von Individuen der zweiten Generation, Thomas - eher ausgehend von der katholischen Konfession als von den von ihm ebenfalls untersuchten Einwanderernationalitäten - anscheinend eher ein Gruppencharakteristikum, das erst in großer Anzahl wirksam wird und dann aber zwangsläufig zur Auflösung einer der beteiligten Einheiten führt. Nach dieser Auffassung wäre eine wesentliche Eigenschaft von Religionsgemeinschaften bzw. ethnischen Einheiten Homogamie. Murguía wiederum scheint das Aufbrechen von ethnischen Bindungen als individuelles Phänomen zu betrachten.

Zumindest auf der Mikroebene der Partner in interethnischen Dyaden und in Kontakt mit ihrer sozialen Umwelt, aber auch auf der Makroebene ganzer ethnischer Einheiten bleibt zu fragen, ob ethnische Solidarität und Kohäsion tatsächlich mit Zwischenheirat (ver)schwinden. Wird dies, wie etwa im Fall von Thomas' Zitat, geradezu als Merkmal von Zwischenheirat angesehen, erübrigt sich die Frage: Faktoren, die Heterogamie begünstigen, entsprächen jenen, die zum Nachlassen ethnischer Solidarität führen. Faßt man letztere hingegen als individuelle positive Einstellung gegenüber der eigenen ethnischen Einheit sowie ihren kulturellen Symbolen und die Bereitschaft, deren Mitglieder und Gemeinschaft zu unterstützen, auf - eine exakte Definition steht, wie gesagt, noch aus -, könnte man ähnlich wie bei den Skalen zur sozialen Distanz anhand von Fragen bei Partnern in interethnischen Ehen diese Solidarität im Vergleich zu homogamen Personen messen. Meiner Vermutung nach würde eine solche Untersuchung nicht zwangsläufig eine Distanz zur eigenen Ethnie bei Partnern in heterogamen Verbindungen ergeben: Ein vielzitiertes Beispiel in der amerikanischen Literatur sind die Führungspersönlichkeiten der afro-amerikanischen Bürgerrechtsbewegung, die - sehr zum Ärger vieler ihrer Anhänger - häufig mit anglo-amerikanischen Frauen verheiratet waren. Ein *Nachlassen* ethnischer Solidariät in diesem persönlichen Sinne ließe sich allerdings nur in einer Vorher-Nachher-Untersuchung erheben; eine solche ist jedoch nicht durchführbar, da zum Zeitpunkt einer interethnischen Heiratsabsicht die davor eingenommene Haltung gegenüber der eigenen Ethnie nicht mehr erhoben werden kann und sich schon verändert haben mag. Allenfalls wäre ein Vergleich mit homogamen Paaren möglich.

Lazar (1971) versuchte, ausgehend von Etzionis[60] Modell für formale Organisationen einige Hypothesen über den Grad der ethnischen Involvierung und das Ausmaß von Agathogamie bzw. Kakogamie aufzustellen. Er geht davon aus, daß ethnische Einheiten in bezug auf Heiratsregeln und andere Vorschriften normative Einheiten seien. Diese seien nach Etzionis Idealmodell im Gegensatz zu Zweck- oder Zwang-Organisationen, etwa großen Firmen oder Gefängnissen, durch einen hohen Grad von Regelsozialisation, aber eine niedrige Rekrutierungsqualifikation, beispielsweise allein

---

[60] Amitai Etzioni: A Comparative Analysis of Complex Organisations. New York 1961

durch Geburt, und einen minimalen Grad an qualifizierendem Verhalten[61], das schon durch die Sozialisation erworben sein sollte, gekennzeichnet. Unter dem Hinweis, daß Binnenheirat nicht zwangsläufig Agathogamie und Zwischenheirat nicht unbedingt Kakogamie bedeuten müsse, stellte Lazar folgende Hypothesen auf:

1. Bei niedriger Rekrutierungsqualifikation, - diese lasse sich am besten durch Selbst- und Fremdzuschreibung bestimmen, was mit meiner Definition einer ethnischen Einheit übereinstimmt, - und geringer interner Sozialisation ist viel Kakogamie zu erwarten.
2. Bei niedriger Rekrutierungsqualifikation und hoher interner Sozialisation ist wenig Kakogamie zu erwarten.
3. Je mehr Regelsozialisation stattfindet, umso mehr Wir-Gruppen-Involvierung ("scope")[62] ist zu erwarten.
4. Je mehr Wir-Gruppen-Involvierung der einzelnen Mitglieder vorhanden ist, desto mehr Agathogamie, je weniger Wir-Gruppen-Involvierung, desto mehr Kakogamie ist zu erwarten.
5. Wir-Gruppen-Involvierung ist direkt mit dem Ausmaß der Durchdringung des Individuums ("pervasiveness") von den in der Sozialisation vermittelten Werten verknüpft.
6. Das Ausmaß der Durchdringung des Individuums von den in der Sozialisation vermittelten Werten wirkt sich auf agathogame oder kakogame Partnerwahl aus.
7. Je mehr das Individuum von diesen Werten durchdrungen ist, desto mehr nimmt es sie als wichtig wahr und desto mehr persönlicher Druck, ihnen zu genügen, ist damit für das Individuum verbunden.
8. Je höher die Rekrutierungsqualifikation der Wir-Gruppe oder je größer die Kombination von Wir-Gruppen-Involvierung und Wertedurchdringung der Individuen, umso höher ist der persönliche Druck, den Werten zu genügen.
9. Je höher der Druck auf das Individuum, umso höher ist die Tendenz zu Agathogamie.

---

[61] Dieses entspräche dem von Barth geprägten und in dieser Arbeit schon des öfteren verwendeten Begriff der "Performance".
[62] Laut Lazar definiert Etzioni "scope" als
"The number of activities in which their participants are jointly involved... the extent to which the activities of the participants of an organisation are limited to other participants of the same organisation" (Etzioni 1961: 169 nach Lazar 1971: 6).

Lazar gibt zu, daß sein Ansatz viele Probleme offen lasse, schließt seine Überlegungen aber mit dem schönen Satz:

> "The implication of the present work for future theory in the area of intermarriage and mate selection is that some theory is better than none at all" (Lazar 1971: 8).

Dem muß, was den beklagenswerten Forschungsstand über das Zusammenspiel von ethnischer Solidarität und Zwischenheirat angeht, wohl zugestimmt werden.

Auch Reitz (1980) befaßte sich in jüngerer Zeit mit dem Zusammenhalt ethnischer Einheiten. Festinger[63] folgend definierte er Gruppen-Kohäsion als Ergebnis aller auf die Mitglieder einwirkenden Kräfte, in der Gruppe zu bleiben, und eine Gruppe aufbauend auf Merton[64] als Anzahl von Personen, die interagieren, sich selbst als Mitglieder betrachten und von anderen als Mitglieder betrachtet werden. Reitz vernachlässigte den Aspekt der Fremdzuschreibung und entwarf ein Idealmodell der möglichen Arten von ethnischen Gruppenbindungen anhand von Selbstzuschreibung und Interaktion für Individuen:

	Identifikation mit ethnischer Einheit	Keine Identifikation mit ethnischer Einheit
Interaktion mit Personen derselben ethnischen Abstammung	I. Vollständige Mitglieder	II. A. Latente Mitglieder
Keine Interaktion mit Personen derselben ethnischen Abstammung	II. B. Nominelle Mitglieder	III. Keine Mitglieder

I. Vollständige Mitglieder
III. Keine Mitglieder

II. Periphere Mitglieder
   A. Latente Mitglieder
   B. Nominelle Mitglieder

Tabelle 4: Arten ethnischer Gruppenbindungen für Individuen unter Berücksichtigung der beiden Merkmale Selbstzuschreibung und Interaktion (nach Reitz 1980: 93)

---

[63] L. Festinger: Informal Social Communication. in: *Psychological Review* 1950, 57: 274
[64] Robert K. Merton: Social Theory and Social Structure. 1957: 285, 286

Reitz untersuchte anhand einer Stichprobe aus fünf kanadischen Städten und eines Fragebogens diese beiden Merkmale sowie die von ihm als damit verknüpft betrachteten der Homogamie, Beibehaltung der Sprache des Herkunftslandes (der Vorfahren), ethnische Zusammensetzung der Nachbarschaft und Besuch ethnisch homogener Kirchen. Dabei stellte er fest, daß Binnenheirat keine überzeugende Korrelation zur Interaktion mit anderen Personen derselben ethnischen Abstammung aufwies; hingegen war die Beibehaltung der Sprache des Herkunftslandes (der Vorfahren) sowohl mit häufiger Interaktion mit Personen derselben ethnischen Herkunft als auch mit Homogamie und dem Besuchen ethnisch homogener Kirchen verknüpft, obwohl die beiden letzten Merkmale allein nicht miteinander korrelierten.

Eine ausführliche Diskussion der verschiedenen soziologischen und ethnologischen Modelle von ethnischen Einheiten und ihren Eigenschaften würde den Rahmen dieser Arbeit sprengen und wäre eine eigene umfangreiche Studie wert. Der Zusammenhang zwischen interethnischen Ehen und der Auflösung ethnischer Einheiten bzw. dem Nachlassen von ethnischer Solidarität ist aber keinesfalls so eindeutig, wie dies in der Zwischenheiratsforschung immer wieder behauptet und unkritisch tradiert worden ist. Lazars und Reitz' Ansätze mögen nur erste, noch unzureichende analytische Überlegungen sein, wie man ethnische Involvierung von Individuen in Haltungen und Handlungen mit Heterogamie in Verbindung bringen kann; ihre Vorschläge bieten aber immerhin Ansatzpunkte für Operationalisierungen und empirische Überprüfbarkeit, wie sie bisher in diesem Bereich der Zwischenheiratsforschung fehlen. Eine Ausnahme bilden die in der amerikanischen Literatur häufigen Annahmen bezüglich Assimilation von - meist nur durch ihre Abstammung definierten - ethnischen Minderheiten in die Mehrheitsgesellschaft, die allerdings alle mehr oder weniger von einem "Melting Pot"-Ideal, wie es wohl nur für die U.S.A. typisch ist, ausgehen. Diese Überlegungen und Modelle werden in Kapitel 7.2.3 vorgestellt.

5.3.3.5.1 Das Konzept der Marginalität

Eng verknüpft mit der Idee vom Nachlassen ethnischer Solidarität ist das Konzept der Marginalität. Der Begriff des "marginal man" stammt von dem Chicagoer Soziologen Robert E. Park (1928). Dieser postulierte, daß Migration zu Kulturkontakt und dieser zu Kulturwandel bei den Einwanderern führe: Besonders in den Städten seien diese daher von der Tradition, Sicherheit und sozialen Kontrolle der Herkunftsgemeinschaft gelöst und damit zugleich emanzipierter, freier und vorurteilsloser. Sie befänden sich auf dem möglicherweise durch äußere Umstände verzögerten, aber unausweichlichen

Weg von integrierten Individuen in der Herkunftsgesellschaft zu integrierten Individuen in der Aufnahmegesellschaft. Daher stünden sie zwischen zwei Kulturen, was eine persönliche Krise als permanenten Zustand, ein Fremdsein in beiden Welten sowie Ruhelosigkeit und Unglücklichsein als Persönlichkeitsmerkmale der marginalen Person mit sich bringe.

Ausgearbeitet wurde dieses Konzept von Stonequist[65], der marginale Persönlichkeiten typischerweise in kulturellen Übergängen und Konfliktsituationen vermutete, wo verschiedene "Rassen" oder Nationalitäten beteiligt seien, besonders auch bei Nachkommen aus heterogamen Verbindungen. Er erweiterte die marginalen Persönlichkeitsmerkmale um ein Gefühl der Ambivalenz, Minderwertigkeit, Übersensibilität und die Neigung zu Kompensationsreaktionen. Charakteristischerweise träten diese individuellen Züge dann auf, wenn Personen, die sich weitgehend mit der dominanten Personenkategorie identifizierten, aber von dieser zurückgewiesen würden, also eine Beziehung zwischen zwei Personeneinheiten zu einem persönlichen Problem des Einzelnen werde.

In der Folge ist das Konzept des "marginal man" von mehreren Autoren kritisiert und spezifiziert worden. Goldberg machte zunächst in seiner Zusammenfassung des Park'schen und Stonequist'schen Ansatzes deutlich, daß dieser sich auch auf Zwischenheirat bezieht:

"When an individual shaped and moulded by one culture is brought by migration, education, *marriage*, or other influence into permanent contact with a culture of a different content, or when an individual from birth is initiated into two or more historic traditions, languages, political loyalties, moral codes, or religions, then he is likely to find himself on the margin of each culture, but a member of neither"
(Goldberg 1941: 52; Hervorhebung von mir).

Der Autor unterscheidet dann zwischen marginalen *Persönlichkeiten* mit all den ungünstigen Eigenschaften, die von Park und Stonequist postuliert wurden, und dem aus der diffusionistischen Ethnologie entlehnten Konzept des marginalen *Gebiets* bzw. wohl korrekter der marginalen *Kultur*[66]: Dies sei eine Region von sich überlappenden Kulturkreisen, deren Bewohner Kulturzüge beider Kulturkreise aufwiesen. Goldberg bemerkt, daß diese Mischkultur für Personen, die mit ihr aufgewachsen und in ihr sozialisiert wurden, keine marginale, sondern eine integrierte Kultur darstelle und diese Indivi-

---

[65] Everett V. Stonequist: The Marginal Man. New York 1937
[66] Er bezieht sich dabei auf eine Arbeit von A. Goldenweiser mit dem Titel "Cultural Anthropology" in einem von A. E. Barnes in New York herausgegebenen Band namens "History and Prospects of the Social Sciences" von 1925.

duen folglich auch keine ungünstigen marginalen Persönlichkeitsmerkmale zeigten, da sie ja keinen Kulturkonflikt erlebten. Er nennt vier Bedingungen, unter denen dies der Fall sei:

1. Die Individuen sind dieser marginalen Kultur von Geburt an ausgesetzt.
2. Sie teilen den kulturellen Konditionierungsprozeß mit einer Vielzahl von anderen Personen in Primärgruppen.
3. Ihr Heranwachsen und Leben als Erwachsener spielt sich gemeinsam mit einer Vielzahl von anderen Personen in Institutionen ab.
4. Diese Position in der marginalen Kultur resultiert nicht in starken Frustrationen der erlernten Werte durch einen konfliktreichen Zusammenstoß mit der dominanten Kultur.

Green (1947) kritisiert das Konzept des "marginal man" vor allem, weil es schon von Park und Stonequist, aber auch von anderen Sozialwissenschaftlern äußerst vage und unkritisch verwendet werde und empirisch kaum untersucht sei. Park und Stonequist hätten hauptsächlich veröffentlichte Biographien von Juden in den Vereinigten Staaten zur Formulierung ihres Konstrukts zugrundegelegt, und die Begeisterung, mit der E. B. Reuter[67] das Konzept als zutreffende Beschreibung für die "Mulatten" in den U.S.A. aufgegriffen habe, werde von anderen Spezialisten der afro-amerikanischen Kultur, etwa Myrdal oder Wirth und Goldhamer, nicht geteilt.

Zur Klarstellung nennt und kommentiert Green noch einmal die Annahmen des Konzepts:

1. Die ungünstigen Persönlichkeitsmerkmale des "marginal man" treten nur bei dem Wunsch auf, die eigene Personenkategorie zu verlassen. Einigen wenigen empirischen Untersuchungen zufolge seien sie außerdem vermutlich mit enger Familienorientierung gekoppelt. So hätten polnische Einwanderer der zweiten Generation schon von ihrer Herkunftskultur her kein besonderes Respektsverhältnis gegenüber ihren Eltern, so daß laut einer empirischen Studie eine kulturelle Neuorientierung ihnen - etwa im Gegensatz zu Griechen der zweiten Generation - auch kaum Gewissensbisse verursachte.
2. Die Entwicklung der ungünstigen Persönlichkeitsmerkmale sei abhängig vom Grad der Identifikation mit beiden Personenkategorien sowie dem Grad der Anziehung der zu verlassenden und dem Grad der Ablehnung durch die angestrebte: Die Griechen der empirischen Studie seien durch ihre Familienorientierung auf Bildung und finanziellen Er-

---

[67] Zu meiner Einschätzung von Reuters "wissenschaftlichen" Arbeiten vergleiche S. 113, 114.

folg zur Erhöhung des Familienstatus geprägt, ebenso durch bestimmte moralische Standards hinsichtlich moralischem Verhalten gegenüber Frauen. Die an den amerikanischen Universitäten, dem einzigen Weg zu diesem Erfolg, üblichen Muster von Trink- und "Dating"-Verhalten als Statuskomponenten führten aber zu Konflikten und Schuldgefühlen. Im Gegensatz dazu sei das Streben nach Erfolg bei den jungen Polen nur insofern ausgeprägt, als sie nach Geld strebten, jedoch nicht nach den in der U.S.-Gesellschaft damit verbundenen kulturellen Bereichen von Bildung und kultiviertem Benehmen; viele Frustrationen durch ein Gefühl des Nicht-Dazugehörens oder durch Zurückweisung blieben ihnen daher im Vergleich zu den Griechen erspart. Ein weiteres Beispiel seien die Afro-Amerikaner, die wegen vollständiger Zurückweisung durch die anglo-amerikanische Gesellschaft keine "marginal men" seien: Absolute Zurückweisung sei psychisch gesünder als eine ambivalente und in konkreten Situationen nicht einschätzbare Haltung seitens der Mehrheitsgesellschaft.

Green hinterfragt außerdem, ob sich Gruppenkonflikte tatsächlich unausweichlich "in the mind of the individual" niederschlügen und sozialer Wandel, wie von Park angenommen, sich dort am besten studieren lasse. Kulturelle Unterschiede müßten von echten Gruppenkonflikten unterschieden werden, und Untersuchungen über neuentstandene Gruppen und Kulturen von Personen in der Übergangsphase zwischen zwei Kulturen stünden noch aus.
    Auch Antonovsky (1954) führt zunächst aus, was seiner Ansicht nach die Grundvoraussetzungen jener sozialen Situation, die Marginalität genannt wird, sind:

1. Zwei Kulturen oder Subkulturen sind in dauerhaftem Kontakt.
2. Eine, die nicht-marginale, ist dominant bezüglich Macht und Belohnungspotential. Ihre Mitglieder werden durch die andere, marginale, nicht wesentlich beeinflußt oder angezogen.
3. Die Schranken zwischen beiden sind so durchlässig, daß Mitglieder der marginalen Kultur auch Muster der dominanten neben ihrer eigenen internalisieren können.
4. Beide Kulturmuster in ihrer Gesamtheit lassen sich nicht leicht harmonisieren.
5. Nach Übernahme der Zielvorstellungen der dominanten Kultur werden Mitglieder der Marginalkultur von der Aussicht auf größere Belohnungen in der dominanten Kultur angezogen.

6. Die Schranken zwischen beiden Kulturen werden durch Diskriminierung seitens der dominanten Kultur und Druck gegen "Verrat" seitens der anderen Kultur verstärkt.
7. Marginalität ist besonders intensiv, wenn der Zusammenprall der Kulturen länger als eine Generation andauert.

Im Gegensatz zu den anderen Autoren außer in bedingtem Maße Goldstein sieht Antonovsky Marginalität also nicht als Konglomerat von Persönlichkeitsmerkmalen, sondern als Übergangsposition - einer Personenkategorie oder eines Individuums[68] - auf einem Kontinuum von Kulturwandel bzw. von Assimilation. Dies war nach Ansicht Parks und Stonequists die *Ursache* marginaler Persönlichkeitsentwicklung, nicht jedoch Marginalität selbst. Trotz der Ähnlichkeit der Konzepte stellt der Autor klar, daß Marginalität weder Kulturkontakt noch - als individuelles Phänomen - Entfremdung oder Anomie entspreche. Kulturkontakt und auch Anomie könnten unabhängig von Marginalität existieren, Marginalität unabhängig von Anomie.

Antonovsky weist ferner darauf hin, daß in modernen Industriegesellschaften, wo Menschen gewöhnlich mehreren Subkulturen angehören, Marginalität durchaus als verbreitetes Phänomen angenommen werden könne. Voraussetzung sei allerdings, daß die kulturellen Werte und Muster dieser Subkulturen miteinander in Konflikt stünden und *volle* Mitgliedschaft *in allen* schwer erreichbar sei.

Anhand einer Interview-Studie mit 58 jüdischen Männern in New Haven konnte der Autor außerdem feststellen, daß diese zwar in sieben verschiedene Kategorien der Bewertung ihres eigenen Jüdisch-Seins zerfielen, die sich in Aussagen, bevorzugten Verhaltensmustern, Zielen und Werten ausdrückten, jedoch nicht Marginalität im Sinne von Parks und Stonequists negativen Persönlichkeitsmerkmalen aufwiesen. Die Unvereinbarkeit der kulturellen Muster der jüdischen und U.S.-amerikanischen Kultur werde auf der persönlichen Ebene jedes Individuums durchaus zu einem Ganzen vereint, welches im Falle dieser Stichprobe eben jene sieben unterschiedlichen Grade von Jüdisch- bzw. Amerikanisch-Sein auf einem Kontinuum ergab. Antonovsky zieht daraus den Schluß:

"... it should be noted that the traditional associations one has with the concept of marginality - instability, perpetual conflict, uncertainty, etc. - do not seem to be generally true. With the exception of those holding the ambivalent type of orientation - 13,8 percent of this sample - the respon-

---

[68] Es sei daran erinnert, daß Assimilation nach der Definition dieser Arbeit als individueller und als gruppenspezifischer Prozeß aufgefaßt werden kann; vgl. Kap. 2.9.

dents have apparently arrived at a stable modus vivendi.... . Membership in a marginal group is not necessarily a position in a limbo.
... Looking at the marginal group as a sociological whole, one is confronted with conflicts and contradictions. Individuals, however, seem to develop definitions of the situation which are relatively smooth, satisfying, and livable. The marginal group as a whole remains in a conflicted state until it disappears or regains its independance. Individual members work out a way of life which can be relatively non-marginal. They do so by laying greater or lesser stress on their relations to one or the other culture" (Antonovsky 1954: 62).

Um dem Wirrwarr von definierenden und resultierenden Eigenschaften der Marginalität zu entgehen, sollte meines Erachtens bei der Verwendung dieses Begriffs immer zwischen der - im Einzelfall zu begründenden - marginalen *Position* von *Personenkategorien* oder *Individuen* sowie den ungünstigen *Persönlichkeitsmerkmalen*, die mit letzterer einhergehen können, aber nicht müssen, unterschieden werden. Das Konzept der Marginalität ist im Zusammenhang von ethnischer Zugehörigkeit und interethnischen Ehen wichtig, weil es eine Statusinkonsistenz in den zentralen Aspekten der Selbst- und Fremdzuschreibung ausdrückt: Im Extremfall überlappen sich Selbst- und Fremdzuschreibung einer Person überhaupt nicht.

Verschiedene Ansätze zur Auffassung von Marginalität wurden deshalb in dieser Ausführlichkeit dargestellt, weil sie in Kapitel 7.2 in Zusammenhang mit Selbst- und Fremdzuschreibung von Partnern in und Kindern aus interethnischen Ehen sowie mit der Verknüpfung von interethnischen Ehen und Kulturwandel, Akkulturation und Assimilation noch eine wichtige Rolle spielen werden. Im Kontext *dieses* Kapitels soll allerdings Marginalität als Erklärungsansatz für heterogame Partnerwahl näher betrachtet werden.

So bezeichnet M. Gordon (1964: 56) Personen, die systematische, nicht nur vereinzelte, Primärgruppenkontakte über ethnische Schranken hinweg unterhalten, als "marginal men". Interethnisch Verheiratete wären nach dieser Auffassung per definitionem marginale Individuen. Gordon sieht solche Personen als ursächlich in der möglichen allmählichen Entstehung bestimmter Subgesellschaften, etwa der durch geringe ethnische Bindung charakterisierten Künstler und Intellektuellen in den Vereinigten Staaten. Die geringe soziale Kontrolle von Heterogamie, wie sie beispielsweise Golden (1959: 278, 279) für "emanzipierte" Personenkategorien wie Sozialisten oder Künstler schildert, wären demnach entweder Ursache oder Folge von der Entstehung dieser Subgesellschaften durch marginale Individuen. Auch Freemans (1955) Ergebnisse, daß - zumindest für die Personen seiner Studenten-Stichprobe - Ablehnung der eigenen Kultur und Idealisierung einer anderen zur Identifikation mit letzterer und Wahl des Ehepartners aus ihr führten, ließen sich als charakteristisch für marginale Individuen beschreiben.

Einige Sozialwissenschaftler postulieren, zum Teil aufbauend auf ihren Forschungsergebnissen, daß Personen, die interethnisch heiraten, aufgrund eines in ihrer eigenen Gesellschaft äußerst niedrigen, quasi asozialen Status auch im ursprünglichen Wortsinne oder eines physischen oder psychischen Defekts Marginale hinsichtlich ihrer eigenen Gesellschaft seien. Schon Merton sprach von den "Parias der Gesellschaft", die sich nicht an deren Normen gebunden fühlten, weil ihre Einhaltung ihnen keine Belohnungen gewähre (vgl. Kap. 5.3.1).

So war der Grund für die Fragebogenaktion von Schramm und Steuer (1965: 487) vom Gesundheitsamt Böblingen die Überprüfung der Annahme, daß bei deutsch-ausländischen Ehen eine nicht näher definierte "negative Auslese" zu erwarten sei. Auf Beigels These, daß "Weiße" Beziehungen mit "Nicht-Weißen" eingingen, um einen Defekt zu kompensieren, wird in Kapitel 5.3.3.6 noch eingegangen.

Burton-Bradley behauptet hinsichtlich Port Moresby:

"Mixed-race - European marriage. ...
...most of these European husbands are in an anomic position in relation to their own culture, and many readily admit to religious agnosticism" (Burton-Bradley 1968:22),

allerdings wie immer, ohne seine Angaben in irgendeiner Form zu belegen oder die Relevanz des amerikanischen Mittelklassenideals der Religionsverbundenheit für diesen Kontext zu diskutieren.

Cohen (1969) führte 1966 eine ethnologische Feldforschung in einer israelischen Stadt mit meheren zehntausend jüdischen und arabischen Einwohnern durch, in der ungefähr ein Dutzend jüdisch-arabische Ehepaare lebten. Dies war äußerst ungewöhnlich, weil sich die Angehörigen beider ethnischer Einheiten nicht nur als Feinde betrachteten, sondern auch weil legale Heiraten nur durch Konversion oder Eheschließung im Ausland möglich waren. Folglich stellten permanente Konkubinate, die zumindest vom arabischen Teil der Bevölkerung als Ehen betrachtet wurden, ungefähr 50 % aller Paare. Die übliche Kombination bestand in einem arabischen Mann und einer jüdischen Frau; ein Muslim war zum Judentum konvertiert, ca. ein Viertel der Frauen zum Islam; eine Ehe wurde in Zypern geschlossen. Der Autor stellte fest, daß es sich vor allem bei den Jüdinnen, zum großen Teil aber auch bei den Arabern, um marginale Individuen handelte. Mehrere Frauen hatten das Elternhaus früh und im Streit verlassen und waren Prostituierte oder Obdachlose; eine Frau stammte aus einer Familie, die über die kommunistische Partei enge Kontakte mit Arabern pflegte und fast völlig isoliert von ihren jüdischen Verwandten lebte; zwei Schwestern waren Kinder aus einer jüdisch-katholischen Ehe. Unter den Männern fanden sich zwar rund ein Viertel, die respektable Berufe, allerdings zum Teil mit niedrigem Sozialprestige, ausübten, nämlich Angestellter im öffentlichen Dienst, Fischer und Zimmermann; die übrigen waren jedoch ebenfalls marginal im Sinne des untersten Spektrums ihrer Gesellschaft: Neben einer Anzahl von Zuhältern fand sich in einem Fall der Beruf des Wahrsagers. Entsprechend konnten diese interethnischen Paare nicht zu einer Annäherung zwischen den beiden Ethnien beitragen, sondern lebten zum großen Teil von beiden isoliert und wurden besonders von den Juden bevorzugt als warnendes Beispiel gegen Kontakte mit Arabern instrumentalisiert.

Im Gegensatz zu den vorgestellten Autoren gibt es einige wenige, die Vorteile in einer marginalen Position des Individuums sehen. So schreibt Patterson (1976: 312), die Charakterisierung amerikanischer Sozialwissenschaftler von ethnischer Identität als stark gefühlsmäßig, quasi angeboren und unabänderlich verkenne den rationalen Aspekt individuellen Handelns: Von Park bis M. Gordon würden sie Personen, die im zielgerichteten eigenen Interesse ihre Ethnizität modulierten, änderten oder aufgäben, als marginal und damit deviant abklassifizieren. Simpson und Yinger (1985: 124) weisen ebenfalls darauf hin, daß eine marginale Position auch mit besonderer Flexibilität und Offenheit gegenüber beiden Kulturen einhergehen könne, ja, daß ein "wandelbares Selbst" eine angemessenere Anpassung an die Situation in modernen Industriegesellschaften sein könne als die vollkommene Integration in eine traditionelle Kultur der Vorfahren. Dieser Aspekt wird in Kapitel 7.2.3.2 noch näher zur Sprache kommen.

Auch in einigen neueren Arbeiten aus den achtziger Jahren werden aufgrund empirischer Untersuchungen lebensgeschichtliche Merkmale mancher heterogamer Individuen geschildert, die den genannten Kriterien der Marginalität entsprechen, ohne daß dieser Begriff jedoch verwendet wird. So fand Hecht-El Minshawi (1988: 171 - 176) bei den von ihr befragten deutschen Frauen, die einen islamischen Mann aus einem anderen Land geheiratet hatten, mehrfach ein durch Nachkriegsflucht oder Umziehen der Eltern sowie durch eigenen sozialen Aufstieg bedingtes Fremdheitsgefühl in dem Sinne, daß die Frauen sich als Außenseiter in einer neuen Umgebung empfanden oder als Kind häufig empfunden hatten. Zivilisationsmüdigkeit, eine emanzipatorische oder pessimistische Phase zur Zeit der Partnerwahl und Ausgrenzungserfahrungen gehörten ebenfalls zu den in den Lebensgeschichten geschilderten Erscheinungen. Wolf-Almanasreh (1990: 143) ergänzt diese Charakteristika noch um prägende Kindheitserfahrungen bezüglich Fremder, hohen Gerechtigkeitssinn, Tendenz zum Helfersyndrom und ein Potential verleugneter Vorurteile.

Die von Michel (1959: 175) und Barbara (1989b: 131) zitierten Beispiele der ausländischen Migranten und der Arbeitermädchen vom Lande, die sich in der französischen Großstadt beide mit einem Hintergrund von Einsamkeit und Am-Rande-Stehen kennen- und liebenlernen, könnten ebenfalls mit einer marginalen Position der Partner erklärt werden. Dasselbe gilt für die mehrfach in der amerikanischen Literatur thematisierten häufigen Eheschließungen zwischen Einwanderern verschiedener Herkunftsländer.

Es bleibt jedoch zu fragen, inwieweit die von Hecht-El Minshawi und Barbara gefundenen lebensgeschichtlichen und persönlichen Dispositionen typischerweise zu Zwischenheirat führen[69]. Sind Flucht-, Umzugs- und Migrationserfahrungen, Gefühle der Fremdheit und Ausgrenzung, pessimistische, emanzipatorische und zivilisationsmüde Phasen tatsächlich charakteristisch für jene Personen, die dann daraufhin dazu tendieren, interethnisch zu heiraten, oder sind sie nicht vielmehr bereits "normale" Erscheinungen der mobilen Nachkriegsgenerationen in (den Großstädten der?) modernen Industriegesellschaften? Auch zur Klärung dieser Frage fehlen wieder Vergleichsuntersuchungen mit homogamen Paaren.

5.3.3.6 Persönliche Defekte und deviantes Verhalten

1942 veröffentlichte der Arzt George Little in der Zeitschrift *The Psychoanalytic Review* seinen Artikel "Analytic Reflections on Mixed Marriages". Darin stellte er eine Reihe von Behauptungen auf, die sich so oder ähnlich auch in den folgenden Jahrzehnten durch die psychoanalytische Literatur zum Thema Zwischenheirat, besonders in der Variante der Eheschließungen zwischen Afro- und Anglo-Amerikanern, ziehen sollten. Ausgehend von nicht näher bezeichneten Theaterstücken und Belletristik postulierte der Autor, daß in der U.S.-amerikanischen sowie anderen durch "Rassenschranken" gekennzeichneten Gesellschaften "Weiße" die "Schwarzen" als sexuell besonders potent und triebhaft[70] sahen. Aufgrund dieses Stereotyps und der

---

[69] Die Autoren behaupten dies nicht, sondern nennen nur Eigenschaften, die sie bei ihren interethnisch verheirateten Interviewpartnern fanden. Der Umkehrschluß, daß solche persönlichen oder lebensgeschichtlichen Merkmale einen Einfluß auf die heterogame Partnerwahl haben, bietet sich jedoch an.

[70] Ein bei Golden (1959: 281, 282) erwähnter, 1941 erschienener Aufsatz gibt dafür auch eine psychologische Erklärung: Die eigenen sexuellen Phantasien der Anglo-Amerikaner würden auf die Afro-Amerikaner projiziert. Golden kommentiert außerdem, daß die Idealisierung der "weißen" Frau besonders im Süden der U.S.A.

gesellschaftlichen Stellung der Afro-Amerikaner in der Gesellschaft der Vereinigten Staaten kämen folgende Motive für Anglo-Amerikaner in Betracht, "Schwarze" zu heiraten: sexuelle Verirrung wie Unersättlichkeit, Nymphomanentum oder Impotenz; Minderwertigkeitsgefühle, die die Individuen Angehörige statusniedriger Personenkategorien wählen ließen, denen sie sich müheloser überlegen fühlen könnten; Sadismus, der einen "sklavischen" Ehepartner, oder Masochismus, der einen das eigene Ego degradierenden Ehepartner wählen lasse. Afro-Amerikaner hätten als Rollenmodelle in einer rassistischen Gesellschaft nur "Weiße", denen sie sich daher unterlegen fühlten, - mit Ausnahme des von letzteren übernommenen Stereotyps der eigenen stärkeren Potenz. Literatur, Theaterstücke und Filme bewiesen außerdem, daß - abgesehen von der größeren Triebhaftigkeit der Afro-Amerikanerin -, Anglo-Amerikanerinnen das Schönheitsideal für Männer beider "Rassen" darstellten, weil es durch diese Medien ständig verstärkt werde. Da Männer bei der Partnerwahl eher Wert auf Äußerliches, Frauen hingegen auf Liebe und Versorgung legten, strebten die "schwarzen" Männer nach einer "weißen" Frau, die "schwarzen" Frauen hingegen nicht in dem Maße nach einem "weißen" Mann[71]. Motive der afro-amerikanischen Männer für eine Zwischenheirat seien daher vor allem in einem Dominationswunsch zu sehen: Die verhaßten Anglo-Amerikaner würden symbolisch in Form einer "weißen" Frau beherrscht und erniedrigt. Ein Motiv beider Partner sei zudem in der Erregung von Aufmerksamkeit, also einer exhibitionistischen Komponente, zu finden[72].

Little nennt - mit Ausnahme von Shakespeares "Othello" - keines der dramatischen oder belletristischen Werke, auf die er seine Postulate stützt. Auch auf empirische Grundlagen seiner Thesen verweist er nur vage, etwa auf ihm bekannte Paare oder von ihm befragte Prostituierte beider "Rassen"-Kategorien. Dieses Nichtbelegen von Behauptungen sowie seinen "Plauderton"-Stil mag ein kurzes Zitat verdeutlichen, das außerdem einen "schwarzen" Dienstboten in der Kindheit als weiteren vermuteten - ersatzödipalen - Faktor der Partnerwahl beinhaltet:

---

zuweilen an das Inzest-Tabu erinnere und sie damit in den Augen der "weißen" Männer beinahe sexuell "unberührbar" mache, was deren Phantasien und Projektionen bezüglich "schwarzer" Frauen und Männer hervorrufe.

[71] Dieser wäre nach den ein Jahr früher erschienenen Arbeiten von Davis und Merton aufgrund der männlichen Partnerwahlinitiative, der sozialen Kontrolle und der institutionalisierten Ungleichheit der Afro- und Anglo-Amerikaner in den U.S.A. auch nicht in dem Maße verpflichtet, eine Liebesbeziehung zu legalisieren; vgl. Kap. 5.3.1.

[72] Dies hatte, ebenso wie einen übermäßigen Sexualtrieb, auch schon Baber (1932: 708) für zwei Frauen seiner Stichprobe behauptet.

"In those whites with an urge towards self-destruction and yet without the courage to drink the hemlock, extra racial marriage leaves nothing to be desired. Sometimes we find an heiress marrying a negro or a scion of a wealthy ... family linking his destiny with a descendant of Ham. Besides the factors already mentioned, it is possible to find in many instances a negro wet nurse, coachman, or companion in the early childhood of the heiress or scion" (Little 1942: 22, 23).

Banton (1955: 151) postuliert eine der von Little geschilderten ähnliche sexuelle Stereotypisierung von "Schwarzen" in Großbritannien. Zugleich stellte er bei seiner Feldforschung in Stepney fest, daß jene Frauen, die Männer aus der Karibik oder Afrika als Partner wählten, überwiegend durch emotionale Unsicherheit, zum Teil sogar durch psychisch-geistige Störungen, gekennzeichnet waren (ibid.: 152 - 159).

Golden (1959: 283) schildert vom Hörensagen einen einzigen Fall eines afro-amerikanischen Musikers, der seine anglo-amerikanischen Freundinnen offenbar systematisch und aus unbewußten Motiven der Rache erniedrigte. In Goldens Stichprobe fanden sich solche Fälle nicht. Der Autor verweist jedoch auf ältere Arbeiten, unter anderem eine deutschsprachige[73] von 1886, in der diese Idee bereits auftaucht:

"Leidenschaftlich sucht der Mann die Frauen der gehassten Rasse, um die Gegner in dem empfindlichsten Teile, in [sic] Herzen zu treffen" (Mantegazza 1886: 216 nach Golden 1959: 282).

Beigel (1966: 186) schloß aufgrund der "Rassen"-Trennung in den U.S.A. und aus bestimmten Befunden früherer Zwischenheiratsforscher explizit auf eine Ausweichwahl der "statushöheren", d. h. der "weißen" Partner:

"Golden (1953) found, that in Philadelphia, almost one-fourth of the white brides were divorcees. Combined with the fact that their median ages were considerably higher than the median age for marrying women in general, this may suggest a possible rush for the second best if the best is no longer available. Wirth and Goldhamer (1944) found, that in Boston, between 1914 and 1935, 'the Negro grooms occupy superior occupational positions as compared with all gainfully employed Negro males,' [sic] whereas the white brides exhibit occupationally inferior positions when compared with all white gainfully employed females in Boston.'

---

[73] Paul Mantegazza: Anthropologisch-kulturhistorische Studien über die Geschlechtsverhältnisse des Menschen. Jena 1886

[sic] For these females their unions obviously meant an otherwise unattainable 'upward marriage' - yet for the men the women's only dowry, their white skin, must also have meant something special. Other important elements in attraction have been mentioned: the lure of the forbidden ..., curiosity ..., the naturalness, primitive sensuality and 'soul' of the Negro race ... and the supposedly irresistible virility of the Negro male... . The submissiveness of the Japanese woman is cited as a special attraction for many American men" (Beigel 1966: 186).

Wegen der wenigen Arbeiten zu diesem Thema stellte er daraufhin Beispiele von zwanzig heterogamen Paaren vor, die oder deren einer Partner aus verschiedenen Gründen in seine Beratungsstelle gekommen waren. Bei einigen ließ sich aus Sicht des Autors eine Tendenz zur materiellen oder emotionalen Ausbeutung des Partners erkennen: Eine Deutsche hatte im Nachkriegselend einen afro-amerikanischen Soldaten geheiratet; eine mittellose Immigrantin, die ihn nicht liebte, sowie eine vom Luxus träumende Frau aus armen Verhältnissen ebenfalls einen "Schwarzen"; ein Mexikaner hatte in einer Liebesbeziehung eine Anglo-Amerikanerin um Geld erleichtert; ein heruntergekommener Schauspieler sich nach einem Selbstmordversuch von einer afro-amerikanischen Frau aufnehmen und versorgen lassen, die er nun, da er gut verdiente, verlassen wollte; ein eigentlich rassistischer "Weißer", der unter körperlichen Störungen bis hin zu Tics und kompulsiven Bewegungen litt, duldete seine puertoricanische Freundin, weil sie die einzige Frau war, die sich für ihn interessierte. Tatsächliche oder eigenwahrgenommene physische und dadurch verursachte psychische Handicaps fand Beigel auch bei vier weiteren anglo-amerikanischen Männern seiner vierzig Untersuchungspersonen: einen Kleinwüchsigen, der wegen seiner vorzeitigen Ejakulationen einen Selbstmordversuch unternommen hatte; einen Mann, der bei "weißen" Frauen impotent war; einen weiteren, der unter seiner geringen Körpergröße inklusive der unterentwickelten Genitalien litt; und einen sexuell unterentwickelten, auf einem Auge blinden Stotterer, der nach Beigels Meinung "rather ugly even by tolerant standards" war (ibid.: 199). Ein psychisches Problem wies auch jener Sohn eines Rassisten auf, der seinen Vater durch die Heirat mit einer Amerikanerin japanischen Ursprungs bestrafen wollte, jedoch zunehmend selbst Aversionen gegen ihre körperlichen Merkmale entwickelte. Zwei der Anglo-Amerikanerinnen hatten tatsächliche oder eingebildete Inzesterlebnisse in der Kindheit, eine andere war gefühlsmäßig nicht in der Lage, ihren Vater, der ihr ebenfalls einmal sexuelle Angebote gemacht hatte, länger als eine Stunde allein zu lassen; zusätzlich litt sie unter so starker körperlicher Unförmigkeit und auffallenden Gesten, daß sie auf der Straße ausgelacht wurde. Beigels Schlußfolgerung lautet:

"These accounts suggest that in many instances members of the high-prestige group select members of a low-prestige group as partners in attempts to satisfy a material or a psychological need if they have little or no hope to satisfy it with a high-prestige group member" (ibid.: 200).

Bei mehreren der afro-amerikanischen Partner entdeckte Beigel eine starke Zurückweisung von Lebensweisen oder (stereotypen) Eigenschaften, die als "typisch schwarz" galten: nämlich arme und laute Kinder sowie unkultivierte Personen in einer afro-amerikanischen Wohngegend, Sinnlichkeit, Gewalt; mangelnde Verläßlichkeit, Herumstreunen, Kontakt mit Angehörigen der eigenen "Rasse"; bei zwei Männern fand er betonte Hinweise auf die Helligkeit der eigenen Haut bzw. eine sehr britische Art, sich zu geben. In vier Fällen artete diese "Überkompensierung" in sadistisches Verhalten gegenüber den "weißen" Partnerinnen aus, die nach Auffassung des Verfassers jedoch ohne größeren Widerstand damit lebten, weil sie selbst masochistische Bedürfnisse hatten.

Die von Beigel dargestellten klinischen Fälle aus seiner Beratungspraxis und seine daraus gezogenen Schlußfolgerungen wurden hier deshalb so ausführlich dargestellt, weil sie bis in die Gegenwart als Beleg für den Defektcharakter von heterogamen Beziehungen bzw. Personen herangezogen werden (z. B. Char 1977; Kunze 1993: 193). Abgesehen davon, daß der Autor erst in seinem zweiten Aufsatz über diese Paare vorausschickt, daß nur problematische Konstellationen vorgestellt wurden, da Paare ohne Schwierigkeiten nun einmal keinen Eheberater aufsuchten (Beigel 1967: 311), sind die Resultate meines Erachtens nicht so eindeutig, wie der Verfasser dies sieht. Schon das oben wiedergegebene Zitat über frühere Arbeiten unterschlägt Interpretationsmöglichkeiten, die von Zwischenheirat als Ausweichwahl divergieren: Eine überdurchschnittliche Zahl von Mehrfachheiraten, die im übrigen nur durch die eine Arbeit Goldens kaum ausreichend belegt wäre, sowie vor allem das - ja oft damit verknüpfte - höhere Heiratsalter von heterogamen Individuen werden von einigen Autoren etwa mit einer "reifen", d. h. wohlüberlegten und nicht überstürzten, Partnerwahl interpretiert, von anderen mit den Sanktionen, die nach der Heiratsentscheidung, doch vor der Eheschließung auf interethnische Paare ausgeübt werden (vgl. Kap. 7.1). Auch die Kritik an der These des kompensatorischen Austauschs hatte zu Beigels Zeit durchaus schon eingesetzt. Stereotype über das Rollenverhalten von Männern und Frauen bestimmter ethnischer Einheiten werden ebenso wie wirtschaftliche Vorteile durch Zwischenheirat als mögliche Partnerwahlmotive noch in Kapitel 5.3.3.7 behandelt; sie müssen allerdings keinesfalls immer krankhafter bzw. rein berechnender Natur sein, sondern können auch eine - mehr oder weniger unbewußte - Strategie des Individuums sein, den eigenen Status gegenüber den von der eigenen ethnischen

Einheit angebotenen Rollenmodellen zu verbessern. Auch Beigels Bewertung, daß die Ablehnung "typischer" "schwarzer" Eigenschaften oder Lebensweisen durch Afro-Amerikaner einer Selbstzurückweisung entspreche, ist meines Erachtens nicht zwingend. Zum einen sind diese Merkmale zunächst nichts anderes als Vorurteile von "Weißen"; es bleibt fraglich, ob sie tatsächlich mangels anderer Rollenmodelle so stark von "Schwarzen" internalisiert wurden, wie Little und Beigel dies postulieren[74]. Zum anderen scheint es sich bei den "überkompensierenden" Personen laut Beigels Schilderungen um soziale Aufsteiger zu handeln; wie schon bei der Frage nach den frauenzentrierten und "unvollständigen" Familien, die angeblich typisch für Afro-Amerikaner sind, wäre hier zu prüfen, ob es sich bei den genannten negativen Eigenschaften nicht eher um Unterschichtsmerkmale von "Schwarzen" *und* "Weißen" handelt; ihre Ablehnung durch soziale Aufsteiger wäre demnach nicht krankhaft im Sinne einer Selbstzurückweisung, sondern normal[75]. Schließlich fehlen wieder Kontrollgruppenuntersuchungen mit homogamen Paaren in Beigels Praxis bzw. mit heterogamen und homogamen Paaren ohne Bedarf für eine Beratung.

Auch die beiden afro-amerikanischen (Henriques 1974: 90) Psychiater Grier und Cobbs (1975) postulierten in ihrer zuerst 1968 erschienenen Arbeit, daß die Beziehungen "schwarzer" Männer sowohl zu "schwarzen" als auch zu "weißen" Frauen nur pathologischer Natur sein könnten. Die in der U.S.-Gesellschaft vorgegebene Männerrolle als überlegener Versorger könne der "Schwarze" gegenüber Afro-Amerikanerinnen nicht erfüllen, da die Mehrheitsgesellschaft ihn ständig degradiere. Gegenüber Anglo-Amerikanerinnen, die ihm dank des durch die Medien überall propagierten Schönheitsideals als "verbotene Frucht" erschienen, lebe der afro-amerikanische Mann seine Frustration und Aggression gegenüber den Unterdrückern aus, während die "weiße" Frau in solch einer Verbindung aufgrund der sexuellen

---

[74] Dies scheint zumindest teilweise zuzutreffen, wie die berühmten "Puppenstudien" der beiden afro-amerikanischen Sozialforscher Kenneth und Mamie Clark seit Ende der dreißiger Jahre zeigten: Viele afro-amerikanische Kinder zogen "weiße" Puppen "schwarzen" in einem Test vor, der ihre Eigenklassifizierung, ihr Selbstbild und ihre Präferenzen maß (vgl. Wilson 1987: 38 - 63; die Autorin führte selbst eine modifizierte "Puppenstudie" durch). Selbst wenn dies zur Zeit Beigels noch Gültigkeit haben sollte, wäre aufgrund der Tradierung seiner Thesen in der Zwischenheiratsforschung jedoch immerhin zu prüfen, ob etwa die "Black Pride"-Bewegung in den U.S.A. diese negative Eigenklassifizierung seit den sechziger Jahren verändert hat.

[75] zumindest im Rahmen der psychischen Probleme, die sozialer Aufstieg, der in der Mittelschicht westlicher Industriegesellschaften als erstrebenswertes Ziel gilt (z. B. Devos 1973: 6; Connor 1976: 59 - 62), nun einmal mit sich bringt.

Stereotypisierung des "Schwarzen" den von ihrer Erziehung unterdrückten geschlechtlichen Trieben und ihrem Bedürfnis nach masochistischer Erniedrigung nachgebe.

Vincent, dessen Aufsatz zuerst 1959 erschien und sich auf interkonfessionelle Eheschließungen bezieht, in der grundsätzlichen Kritik aber durchaus auf andere Arten der Zwischenheirat übertragbar ist, bemerkt zu solchen "Gründen":

> "The fifth factor represents a composite of adolescent rebellion and disaffiliation from a minority culture. ... The interpretations and reconstructions of the materials in these case histories frequently reflect that notion of 'heads, I win; tails, you lose.' When the focus is on the member of a majority culture who marries a member of a minority culture, the interpretation tends to point out how the former is using such a marriage to 'act out' rebellion and resentment against parental or other superego restraints. When the focus is on the member of a minority culture who marries a member of a majority culture, the interpretation tends to point out how the former is using such a marriage to improve his or her social status. Valid as such interpretations may be in some instances, they reflect the tendency to view intermarriages in areas of prejudice as being caused by 'bad' or at least negative factors. They also reflect our reluctance to admit that the contractants to interfaith marriages can be motivated positively by mutual love and respect" (Vincent 1972: 191, 192; Hervorhebung im Original).

Sauciers Arbeiten sowie seine sorgfältige Datenerhebungsmethode wurden schon in Kapitel 3.5 und 5.3.2.3 vorgestellt. Der Autor hatte jene psychologischen Konstellationen, die er in der Literatur als Ursache und Motiv für heterogame Partnerwahl vorgefunden hatte, nämlich Rebellion gegen elterliche Autorität, Zurückweisung durch die Orientierungsfamilie, extreme Kompensation von mehr oder weniger bewußten Inzesttendenzen (vgl. dazu z. B. Lehrman 1967), Bewunderung für eine Fremdgruppe seitens der Eltern oder Flucht aus einem unwürdigen Familienmilieu, in ungefähr gleichem Ausmaß bei seinen hetero- wie homogamen Patienten festgestellt; zu Sauciers Erstaunen zeigte sich die inzestuöse Motivation sogar häufiger bei den franko-franko-kanadischen Paaren, die außerdem deutlich öfter einen dominanten Vater gehabt hatten (Saucier 1967a: 44; Saucier 1967b: 75, 76). Hingegen wiesen die heterogamen Personen sehr viel häufiger eine dominante Mutter auf. Da der Forscher neben seinen Patienten auch deren Ehepartner untersuchte, stieß er bei den anglo-franko-kanadischen Paaren auf deutlich mehr Fälle, wo *beide* Partner, nicht nur der eigentliche Patient, psychische Krankheiten aufwiesen. Signifikant war dieser Unterschied jedoch nur für die Frauen. Saucier fragt, ob Zwischenheirat demnach eher latent psychisch kranke Frauen anziehe oder ob Frauen durch Zwischenheirat eher als Männer psychisch krank würden[76]. Auch die diagnostischen Befunde unterschieden sich je nach der Heiratsform: Depressive Neurosen und manisch-depressive Psychosen fanden sich fast doppelt so häufig bei den heterogamen, Schizophrenie doppelt so häufig bei den homogamen Probanden. (Saucier 1967a: 44) Der Verfasser verweist auf andere Erhebungen, in denen für bestimmte Stichproben Zusammenhänge zwischen Selbstzurückweisung und -vorwürfen, mütterlicher Dominanz in der Erziehung, Depressionen und Vorurteilslosigkeit auf der einen sowie zwischen dominanten Vätern, einem mit starken Schuldzuweisungen an andere verknüpftem Selbstwertgefühl[77], Paranoia, Schizophrenie und ethnischen Vorurteilen auf der anderen Seite festgestellt wurden (Saucier 1967b: 74, 75).

Devos' Thematic Apperception Test mit amerikanischen (Ex-) Soldaten und ihren japanischen Ehefrauen deutete wiederum Inzest-Assoziationen bezüglich einer dominanten Mutter sowie sadisitische Züge bei den Männern, masochistische Tendenzen bei den Frauen und persönliche Unsicherheit bei beiden Partnern an (Devos 1973: 248 - 254).

Beispiele für eine sexuelle Obsession "schwarzer" Männer mit "weißen" Frauen und "weißer" Frauen mit "schwarzen" Männern liefern auch die Schilderungen Franz Fanons (Henriques 1974: 91) und Eldridge Cleavers (1975) sowie Streckers Behauptung, mit "schwarzen" Männern liierte Deutsche entwickelten eine "Sucht" nach ihnen (Strecker 1982: 43 - 46). Auf das ungenügende wissenschaftliche Niveau von Streckers Arbeit wurde jedoch schon in Kapitel 3.3 eingegangen.

Hinweise auf eine interethnische Ausweichwahl finden sich bei Lind (1969: 21 - 23) und Hecht-El Minshawi (1988: 173), die sowohl die mit neuguinensischen Frauen verheirateten Europäer als auch die mit islamischen Männern verheirateten Deutschen als Personen schildern, welche ein mangelndes Selbstbewußtsein hinsichtlich des homogamen Partnerangebots bzw. schlechte Erfahrungen mit Partnern der eigenen Einheit aufweisen.

Auch in diesen Fällen wird aufgrund der fehlenden homogamen Kontrollgruppen jedoch nicht deutlich, in welchem Ausmaß die dargelegten Eigenschaften charakteristisch für Partner heterogamer Heiraten sind.

---

76 Etwa, weil Frauen als "soziale Wertgegenstände" in bestimmten Gesellschaften bei kakogamer Zwischenheirat möglicherweise stärkeren Sanktionen ausgeliefert sind und damit höhere psychische "Kosten" zu tragen haben als Männer? Vgl. Kap. 7.1.

77 Vgl. dazu auch das Konzept der autoritären Persönlichkeit als Erklärungsansatz für die Tendenz bestimmter Persönlichkeitsmerkmale, mit Vorurteilen zu korrelieren; eine Zusammenfassung findet sich in Simpson und Yinger 1985: 78 - 88.

Die Defektthese ist nur von wenigen Forschern kritisiert worden. Porterfield, der sich in seiner ethnologischen Doktorarbeit mit "schwarz"-"weißen" Ehepaaren beschäftigte, verwarf diesen Ansatz für die Mehrzahl seiner Interviewpartner als nicht haltbar. Wie auch für homogame Ehen postuliert, fand er hingegen gemeinsame Interessen, Haltungen und Wertvorstellungen, die am Anfang des Partnerwahlprozesses standen (Porterfield 1973: 72, 73). In einer späteren Veröffentlichung (1984: 22) wies er die Defektthese als unsystematisch, spekulativ und fragmentarisch zurück, da sie auf sehr kleinen Stichproben beruhe; als Erklärungsansatz für das Zustandekommen *aller* Zwischenheiraten tauge sie daher keinesfalls. Cretser und Leon (Cretser und Leon 1984: 7) schließen sich dieser Einschätzung an und machen darauf aufmerksam, daß systematische Erhebungen zu dem Komplex der Pathologie in der interethnischen Partnerwahl bisher weitgehend ausstehen, ja, daß bereits die Kernkonzepte schlecht oder kaum definiert seien und Operationalisierungen in ein überprüfbares Hypothesengerüst bisher fehlten. Auch Lee (1980: 25, 26) bemerkt bei der Vorstellung der Defektthese, daß diese bisher wenig empirisch belegt sei. Rodman (Rodman 1965a: 57) als einer der frühesten Kritiker hält sie sogar für eine Mythe, die der gesellschaftlichen Abwehr von Zwischenheirat diene. Diese von Golden für verschiedene gesellschaftliche Institutionen postulierte Funktion wird in Kapitel 7.1 noch näher ausgeführt. Nach Rodmans Ansicht spricht schon die steigende Zahl von heterogamen Eheschließungen gegen ihren pathologischen Charakter.

Während die Defektthese hauptsächlich psychische Anomalien, physische Handicaps und mangelnde Kompetenz im Sozialverhalten betont, geht die eng mit ihr verknüpfte und oft nicht analytisch getrennte Devianzthese nicht nur von der Persönlichkeit des handelnden Individuums, sondern von sozialen Strukturen aus, in denen das Verhalten stattfindet. Devianz wird nach A. K. Cohen[78] definiert als:

"behavior which violates institutionalized expectations, that is, expectations which are shared and recognized as legitimate within a social system" (Cohen 1959: 462 nach Dentler und Erikson 1959: 98).

Einige Autoren wollen Zwischenheirat ausschließlich als Devianz aufgefaßt wissen, da der Begriff andernfalls wenig sinnvoll sei und das Phänomen keiner soziologischen Untersuchung bedürfe, etwa Davis (1941: 376) oder Hassan (1971: 305). Dabei ist meines Erachtens allerdings zu berücksichtigen, daß selbst deviantes Verhalten gewissen normativen Mustern folgt: Devianz in einem Bereich kann Regelkonformität in einem anderen bedeu-

---

[78] Albert K. Cohen: The Study of Social Disorganization and Deviant Behavior. in: Robert K. Merton et alii (Hrsg.): Sociology Today. New York 1959: 461- 484.

ten oder mit Regelkonformität in einem anderen einhergehen; die in der Zwischenheiratsliteratur gegebenen Beispiele von sozialen Aufsteigern ethnischer Minderheiten oder den eigenen Normen von "Radikalen", "Emanzipierten", "Künstlern", "Intellektuellen" oder "Parias" verdeutlichen dies.

Die These von Devianz als Faktor interethnischer Partnerwahl geht im wesentlichen auf Freeman (1955) zurück. In seiner Untersuchung von heterogamen Studenten der University of Hawaii hatte er in den Lebensgeschichten Ablehnung der eigenen Kultur, die durch abweichendes Verhalten, etwa Delinquenz, aktive Mitwirkung in "marginal political or religious groups" sowie Rückzug aus und Verweigerung der Teilnahme an Gruppenaktivitäten, verstärkt wurde, festgestellt. Diese Form der Devianz rief ihrerseits Zurückweisung der Probanden durch Angehörige ihrer ethnischen Einheit hervor, so daß aus eigener Ablehnung und Zurückweisung ein Teufelskreis der Entfremdung entstand.

Wie bereits an anderer Stelle dargestellt, faßten Kuo und Hassan (1976: 558) die höhere Anzahl von Geschiedenen und Älteren unter den interethnisch Heiratenden Singapurs als "atypisch" oder "deviant" auf. Dies beinhaltet nach meiner Auffassung allerdings eine weitere Fassung des Begriffs als in obiger Definition, da von Abweichungen statistischer und nicht regelwidriger Art die Rede ist. Die Autoren wenden sich damit vor allem gegen die Summationsthese, da sie in den weiteren erhobenen Merkmalen keine Homogamie entdeckten, und befürworten stattdessen den Ansatz des kompensatorischen Austauschs.

Lautman (1973: 107, 108, 112 - 114) definiert zwar mit ähnlicher Argumentation wie Davis eine heterogame Eheschließung als Verbotsheirat, ist jedoch der Meinung, daß sich bei zunehmender Zwischenheirat Endogamieregeln abschwächten, so daß die heterogame Ehe keine "Außenseiterehe" mehr sei: Eine Zunahme bedeute keinen Indikator für uferlos wachsende Devianz, sondern vielmehr die Befolgung anderer Heiratsregeln gemäß gewandelten Kriterien der Allianzbildung. Eine Entwicklung zu einem neuen Gleichgewicht der Gruppen finde statt. Auch Steinberg (1980: 68 -70) schließt sich der Auffassung an, daß die starke Zunahme von Zwischenheirat kein Indikator für persönliche oder soziale Verirrung mehr sei. Diese Überlegungen sind in Einklang mit der Annahme Dentlers und Eriksons (1959: 100, 101), daß die Funktion von deviantem Verhalten für dauerhafte Gruppen in einem Aufzeigen, der Schaffung und Erhaltung ihrer definierenden Schranken liege und damit die Belohnungen für normgerechtes Verhalten bedeutungsvoll mache. Gruppen unterschieden sich von anderen neben weiteren Merkmalen dadurch, welche Devianzformen sie beinhalten und absorbieren könnten. Die Frage der Bedeutung von interethnischen Ehen für die Schaffung und Bewahrung ethnischer Einheiten wird unter Berücksichtigung dieser Überlegungen in Kapitel 7 erneut aufgegriffen.

5.3.3.7 Statusmaximierung und Rollenvorteil

Pierre van den Berghe führte 1960 in seinem Aufsatz "Hypergamy, Hypergenation and Miscegenation" den Begriff der Statusmaximierung (1960: 84) in die Zwischenheiratsforschung ein. Ausgehend von Hypergamie in geschichteten Gesellschaften postulierte der Autor, daß Frauen deshalb Ehen oder Konkubinate mit ranghöheren Männern eingingen, um ihren oder den Status ihrer Kinder damit zu erhöhen. Van den Berghes Konzept wurde meines Wissens in der Zwischenheiratsforschung nicht aufgegriffen, wenn man von de Jagers Erwähnung (1970: 16, 17) absieht. Da die Idee der Statusmaximierung nach meiner Auffassung jedoch eine Reihe von beobachteten Phänomenen bei interethnischer Partnerwahl erklärt, soll sie an dieser Stelle in leicht abgewandelter Form übernommen und als ein weiterer begünstigender Faktor benannt werden. Genau wie van den Berghe (1960: 83) möchte ich den Begriff des Status als mit Prestige verknüpfte Position innerhalb einer hierarchischen Skala auffassen. Statusmaximierung soll nach meiner Definition für Frauen *und* für Männer einen (von diesen selbst wahrgenommenen) Gewinn an Status bedeuten, unabhängig davon, ob dieser in ökonomischen Vorteilen, Prestigefaktoren, Zugangsmöglichkeiten zu einem - wieder definitionsabhängigen - "besseren Leben" oder in einer Kombination aus diesen drei Elementen zu suchen ist.

Einige Beispiele für Statusmaximierung wurden von mir bereits im Kontext der These vom komplementären Austausch gegeben: Beide Partner profitierten von ökonomischen Vorteilen bzw. Prestige, welche ihre Heirat ihnen gewährte, etwa die Bella Coola und Alkatcho Carrier.

Vincent (1972: 188) weist bei der Zusammenfassung und Bewertung von Arbeiten über interkonfessionelle Eheschließungen in den U.S.A. darauf hin, daß Frauen heterogamer seien als Männer, und zwar dann, wenn sie dadurch sozio-ökonomisch aufstiegen. Allerdings hätten Studien über jüdisches Heiratsverhalten eine höhere Anzahl von herausheiratenden Männern gefunden, so daß diese Ergebnisse mit Vorsicht zu betrachten seien.

Blood und Nicholson (1962b: 133) stellten bei der Untersuchung des "Dating"-Verhaltens unter Studenten fest, daß bei ausländischen Männern die Bemühungen um Anglo-Amerikanerinnen in bezug auf Freundlichkeit, charmantes Benehmen, Höflichkeit, Ritterlichkeit, Wunscherfüllung oder Investition von Geld ungefähr proportional zur Fremdheit der Männer waren: Bei Studenten aus Afrika, dem Nahen Osten oder Asien gehörte dies offenbar nicht nur zum kulturellen Repertoire in einer "Dating"-Situation, sondern wurde bewußt als Mittel gegen die amerikanische Konkurrenz eingesetzt.

Mehrere Autoren verweisen - allerdings immer nur am Beispiel westlicher Industriegesellschaften, die sich durch Schichtung und patrilaterale Betonung auszeichnen, - bei schichtheterogamen Heiraten auf einen "weiblichen Zug nach oben" (Schwidetzki 1950: 195, 196; Goode 1964: 82): Dieses hypergame Prinzip lasse unter ranghohen Frauen und rangniedrigen Männern einen Überschuß entstehen, da für sie das "Feld der Wählbaren" besonders klein sei. Es könnte außerdem als Erklärung für die obengenannten Beispiele dienen. Selbst für die Vereinigten Staaten ist die Gültigkeit jedoch umstritten (Rubin 1968; Scott 1969). Laut Jürgens ist in Deutschland - zumindest zur Zeit seiner Datenerhebung - die geringste Konzession (Jürgens 1973: 40) im Heiratsverhalten von Frauen in bezug auf den sozio-ökonomischen Status ihres zukünftigen Ehepartners beobachtbar. Kompromisse werden eher hinsichtlich der Körpergröße[79], des Alters oder der Konfession eingegangen.

■ Fitzpatrick (1972: 160) stellte fest, daß die puertoricanischen Frauen in New York mehr als die Männer herausheirateten, und zwar dann, wenn ihre Eheschließung mit einem sozialen Aufstieg verbunden war.

■ Burton-Bradley (1968: 42) behauptet, allerdings wie immer ohne jeglichen Beleg, daß die "Mixed-Race"-Frau in Papua Neuguinea nach Statusmaximierung und daher nach Heirat mit einem Europäer strebe.

In den wenigen Studien über vorstaatliche Gesellschaften gibt es ebenfalls Hinweise darauf, daß Männer, die eine Frau aus einer ethnischen Einheit mit niedrigerem Status[80] heiraten, sich damit ökonomische Vorteile verschaffen: Sie müssen einen niedrigeren Brautpreis zahlen, als dies bei der Eheschließung mit einer Frau ihrer eigenen Ethnie der Fall wäre. So schreibt Lind über Neuguinea, daß dies zumindest die vorherrschende Meinung von kirchlichen Gegnern intertribaler Heiraten sei:

---

[79] Körpergröße ist nach allen physisch-anthropologischen und jenen soziologischen Studien, die dieses Merkmal berücksichtigen, einer der gewichtigsten - selbst soziale Komponenten wie Schicht, Ethnie oder ähnliches zuweilen ausstechenden - Partnerwahlfaktoren: Männer bevorzugen kleinere Frauen, Frauen größere Männer.

[80] Barth (Barth 1969: 27) beschreibt geschichtete polyethnische Systeme als solche, in denen die ethnischen Einheiten sich durch ein ungleiches Maß an Zugang zu und Kontrolle von sozialen Wertgegenständen auszeichnen, die von all diesen Ethnien gleichermaßen geschätzt werden. Die Kulturen dieser ethnischen Einheiten teilen also bestimmte Wertmaßstäbe, auf deren Basis sie integriert sind.

"The scepticism about or opposition to inter-tribal or inter-district marriage among members of the clergy grows out of the difficulties associated with the conflicting tribal practices regarding bride-price and parental or kinship selection of marriage mates. It is claimed, for example, that men from districts where very high bride-prices are demanded, such as the Central District where figures of $ 500 to $ 1,000 or more are not uncommon, take advantage of the fact that little or no outlay of money for this purpose is required in other areas, such as the Morobe District. They marry outside their own group, it would seem, for expediency rather than because of genuine affection, and hence, according to the missionary observers, there is less likelihood that the marriages will last" (Lind 1969: 45).

Cronks (1989a: 232, 233) Feldforschung bei den Mukogodo kam zu ähnlichen Resultaten: Die viehzüchtenden Nachbarn akzeptierten Mukogodo-Frauen trotz ihres niedrigen "Dorobo"-Status (vgl. Kapitel 5.3.1), besonders als eine von mehreren Frauen in einer polygynen Ehe, wenn sie einen niedrigeren Brautpreis für sie zahlen mußten. Angenehme Begleiterscheinung oder ökonomische Strategie war das Anrecht auf Land, das während der britischen Kolonialzeit durch eine Heirat mit Mukogodo in die Familie kam (vgl. Kapitel 3.4). Die Mukogodo wiederum profitierten in dieser Hierarchie der Ethnien von Familienverbindungen mit Personen ranghoher und wohlhabender ethnischer Einheiten.

Best (1989: 100 - 102) führt aus, daß für die von ihm untersuchten Marakwet und andere südnilotische Ethnien der Brautpreis die soziale Vaterschaft und verwandtschaftliche Zugehörigkeit der Kinder legitimiert. Die Erwartung und Einschätzung von Brautpreisen seitens der verschiedenen Ethnien bei Zwischenheirat offenbart die Hierarchie zwischen ihnen:

"Die Marakwet erachten den Brautpreis der Tugen und Keyo niedriger als den der Eigengruppe, deshalb stellt für sie die Brautpreisfrage keinen Hinderungsgrund bei entsprechenden interethnischen Ehen dar. In bezug auf die nördlich benachbarten Pokot kommen für die Marakwet vorwiegend Töchter von Hackbauern in Frage, da der Brautpreis für sie erschwinglich ist. Die Marakwet sind der Meinung, daß sie aus zwei Gründen keine Töchter von Pokot-Nomaden heiraten: 1. ist der Brautpreis für sie zu hoch, und 2. halten sie die Nomaden-Töchter für das Leben auf dem Hof und für die Feldarbeit für ungeeignet. Nur wenige begüterte Marakwet heiraten Nandi- und Kipsigis-Frauen, da der Brautpreis bei diesen Ethnien weitaus höher ist als bei den Marakwet. Eine Nandi- oder Kipsigis-Frau zu ehelichen, bedeutet für einen Marakwet Prestigegewinn, da die fremde Frau einen weithin sichtbaren Beweis für seinen Reichtum und sein soziales Ansehen darstellt.

...

Nandi-Männer, die aufgrund des hohen Brautpreises keine Frauen innerhalb der Eigengruppe heiraten können, wählen Frauen der Marakwet, Tugen und Keyo, da der Brautpreis bei diesen Ethnien relativ niedrig ist .... Daß nur wenige Ehen zwischen Nandi und Okiek zustande kommen, wird sowohl mit den unterschiedlichen Wirtschaftsformen als auch mit dem extrem niedrigen Brautpreis bei den Okiek erklärt ..." (Best 1989: 101).

Eine Gesellschaft, die aus einer Hierarchie verschiedener ethnischer Einheiten besteht, ist auch das Modell, von dem die meisten U.S.-amerikanischen Forscher aufgrund der Situation ihres eigenen Staates als Einwanderungsland ausgehen. Heterogames Heiratsverhalten von Angehörigen der zweiten und dritten Immigranten-Generation, aber auch von Indianern und Afro-Amerikanern wird daher gewöhnlich als Aufstiegsassimilation interpretiert.

So vermutet Golden (1959: 283), daß einige der "schwarzen" Männer, die er interviewte, ihren gesellschaftlichen Aufstieg in die höchsten sozioökonomischen und kulturellen Bereiche quasi mit einer "weißen" Frau auch noch symbolisch bekräftigten. Zum Teil hätten diese Partnerinnen vielleicht auch eine wesentliche Rolle in dieser sozialen Mobilität gespielt.

■ Nagler (1973: 288), der allerdings weder die ethnische Einheit der von ihm befragten Indianer noch seine Methoden offenlegt und wohl Indianer jeglicher Herkunft als Angehörige derselben "Rasse" und damit Gruppe betrachtet, behauptet, über 80 % seiner männlichen Interviewpartner hätten den Wunsch geäußert, als "Weiße" durchzugehen und nicht aufzufallen ("to pass"), und Heirat mit einer Anglo-Amerikanerin sei ein solcher Aufstieg für Angehörige aller "nonwhites".

■ Murguía und Cazares (1984: 95, 96) zeigten einen Zusammenhang zwischen Heterogamie von mexikanischen Einwanderern in den Vereinigten Staaten und sozialer Mobilität. Andere Beispiele in den Arbeiten Drachslers und Fitzpatricks wurden bereits erwähnt.

Traumatische Lebensbedingungen in einer Kriegs- oder Nachkriegssituation und Armut sind als Motive für eine interethnische Eheschließung mehrfach belegt. So sagten 72,9 % der Koreanerinnen in Ratliffs, Moons und Bonaccis Stichprobe (1978: 222), daß sie die amerikanischen Soldaten aus finanziellen Gründen geheiratet hätten. In diesem speziellen Fall mag sich das noch daraus erklären, daß mehr als drei Viertel dieser Frauen zum Zeitpunkt des Kennenlernens als Prostituierte arbeiteten oder arbeitslos waren: Die Beziehung der Paare hatte in allen diesen Fällen offenbar mit einem

Austausch sexueller Dienstleistungen gegen Bezahlung begonnen, auch wenn die GIs dies nicht in jedem Fall als Prostitution auffaßten.

Shukert und Scibetta (1988: 8, 10 - 13, 111) zitieren aus mehreren Schilderungen von Kriegsbräuten verschiedener europäischer Länder, wie attraktiv nicht nur die lange nicht an Männern beobachtete Gesundheit und Fröhlichkeit der amerikanischen Soldaten, sondern auch deren offenbar grenzenloser Vorrat an Luxusgütern auf die Frauen und ihre Familien wirkten. Von Stone, der eine Untersuchung über Kinder afro-amerikanischer Soldaten im Nachkriegsdeutschland durchführte, stammt das Zitat:

> "Possibly, ... the racial equality some Germans now practice has an economic basis. In other words, there may be more democracy in cigarettes, chocolate, and food than in any social system" (Stone 1949: 579).

Cohen bringt in zwei seiner Arbeiten Beispiele dafür, daß interethnische Heirat für die betreffenden Personen einen - relativ unrealistischen - Fluchttraum aus der Deprivation darstellt. Die jungen Araber der von ihm während seiner Feldforschung untersuchten jüdisch-arabischen Stadt in Israel sahen sich in einer Situation ohne Zukunftsperspektiven. Der Zugang zur dominierenden jüdischen Gesellschaft mit ihren Aufstiegsmöglichkeiten und einem freieren Zugang zu Personen des anderen Geschlechts war ihnen versperrt; außerdem hätte er einen großen Konflikt mit den durch die Eltern vermittelten Wertvorstellungen bedeutet. Die Männer sahen sich drei wesentlichen Problemen gegenüber: dem der eigenen Identität zwischen der traditionellen Welt ihrer Eltern und der modernen der drei Viertel der Stadtbevölkerung ausmachenden Juden, dem der Sexualität, da die jüdischen Frauen durch jüdische Männer abgeschirmt und die arabischen behütet und nur nach Entrichtung eines hohen Brautpreises heiratbar waren, und dem Problem der eigenen beruflichen Karriere. Cohen fand drei Reaktionsweisen auf diese Situation, nämlich erstens den Rückzug in Drogen, zweitens Rebellion in Form von extremem arabischen Nationalismus und drittens den Traum von der Emigration, dem Verlassen des Systems. Vor diesem Hintergrund bot der Kontakt mit Touristinnen den Männern einen funktionalen (Pseudo-) Ausweg im Sinne des Fluchttraums. Die Frauen, besonders Skandinavierinnen, waren im Umgang mit den Männern sehr viel freier als arabische, sehr viel freundlicher als jüdische und galten als leichte Eroberungen, obwohl es wegen der traditionellen Erziehung der Männer offenbar selten zu sexuellen Intimitäten kam. Das Gewähren von Gastfreundschaft in den eigenen Familien und Sammeln von Adressen bot den Männern jedoch Gelegenheit zur Ego-Gratifikation und zum Gewinnen von Prestige bei den anderen Männern: Eine Frau zu "erobern" - und damit zu prahlen - war ehrenvoller als beispielsweise zu einer Prostituierten zu gehen. Die Touristinnen fühlten sich offenbar aber gerade deshalb von den Männern so angezogen, weil diese kaum sexuelle Avancen machten, sondern sie nach Aussage von Informanten in ihren Familien respektvoll "wie eine Schwester" behandelten. Die Frauen maßen diesen Gelegenheitsbekanntschaften anscheinend auch keine tiefere Bedeutung bei. Cohen war überrascht, wie wichtig diese hingegen für die Männer waren, nachdem er sie zunächst für die üblichen Urlaubsaffären in Mittelmeer-Touristenzentren gehalten hatte und erst später entdeckte, daß das Prahlverhalten der Männer die tatsächlichen Vorkommnisse weit überzog. Auf Nachfrage erklärten die Araber, daß ihr Interesse an den Touristinnen hauptsächlich in dem Erwerben von Kenntnissen über fremde Länder und Sprachen liege, die sie in ihren Schulen nicht lernen konnten. Cohen betrachtete dies zunächst als eine Ausrede, erkannte jedoch aufgrund weiterer Befragungen schließlich, daß die Beliebtheit der ausländischen Frauen in dem Fluchttraum begründet lag. Der Kontakt mit ihnen, der Austausch von Adressen und Briefen diente dazu, in der ausweglosen Lage dieser Männer eine Aktivität zu entwickeln, die wenigstens scheinbar dazu beitrug, sie ihrem Ziel näher zu bringen. Auch die Gastfreundschaft wurde zum Teil im Hinblick darauf gewährt, daß man sie später im Ausland bei den Familien der Frauen ebenfalls in Anspruch nehmen könne; einige Männer hofften außerdem, mit Hilfe der Touristinnen Arbeit in fremden Ländern zu finden. Drei Fälle von Arabern, die auf diese Weise Ausländerinnen geheiratet hatten, mit deren Unterstützung ausgewandert und - für arabische Verhältnisse - wohlhabend geworden waren, wurden immer wieder erwähnt. (Cohen 1971)

In einer späteren Feldforschung in einer Slumstraße Bangkoks fand Cohen (1982) einen ähnlichen Mechanismus. Wenige Arbeitsmöglichkeiten auf dem Lande und geringe Löhne für Ungelernte brachten viele thailändische Frauen dazu, in der Stadt als Prostituierte zu arbeiten, wobei der Empfang von *farangs* ("white foreigners") am lukrativsten war. Die Prostitution bot diesen Frauen zwar möglicherweise eine ökonomisch bessere Lebensperspektive als sie sie sonst gehabt hätten, war jedoch mit großem emotionalem Streß verbunden. Viele glaubten zunächst, nur für kurze Zeit in diesem Gewerbe arbeiten zu müssen. Ihr Leben war durch ein ständiges Schwanken des Einkommens geprägt, was zwar durch ein Netzwerk der gegenseitigen Hilfeleistung unter den Frauen aufgefangen wurde, das aber zugleich das Verbleiben im Beruf zementierte. Während für die Kunden Geldzahlungen als Zeichen für eine Geschäftsbeziehung galten, waren sie für die Frauen eines von Liebe und Wertschätzung (vgl. dazu auch Lindner 1987: 45 - 52). Bei längerem Zusammenleben mußte es daher zu Mißverständnissen kommen, die gewöhnlich zum Bruch führten. Auch hier war interethnische Eheschließung das erträumte Mittel zur Flucht aus der Deprivation: Einige wenige Frauen hatten ihre Kunden geheiratet und führten ein respektables Leben voller Wohlstand, andere lebten in einem permanenten Konkubinat, das sie aller materiellen Sorgen enthob.

Eine von Beigels klinischen Fallstudien beschäftigte sich mit Gertrud, einer Deutschen, die einen afro-amerikanischen Sergeanten geheiratet hatte, um dem Nachkriegselend zu entgehen, und sich nun zwecks Eheschließung mit einem Anglo-Amerikaner von ihm trennen wollte. Der Autor kommentiert:

> "Gertrud... is not likely to arouse sympathies on either side" (Beigel 1967: 313).

Auch Lind hatte kritisiert, daß Männer, die interethnisch heiraten, um einen niedrigeren Brautpreis zu zahlen, "from expediency rather than because of genuine affection" (Lind 1969: 45) die Ehe eingingen. Bevor nicht genauere empirische Untersuchungen solcher Fälle vorliegen, sollten Aussagen wie diese meines Erachtens jedoch mit Vorsicht betrachtet werden. Abgesehen davon, daß Statusmaximierung Zuneigung nicht ausschließen muß, stehen diese Bewertungen für eine ethnozentrisch-westliche Auffassung von Motiven für eine Eheschließung. Wie in Kapitel 5.2 ausgeführt wurde, ist Liebe jedoch bei weitem nicht in allen Gesellschaften das zentrale Partnerwahlmotiv; Überlegungen der Schichtplazierung von Kindern und wirtschaftlichen Effizienz der Ehepartner werden häufig als wichtiger erachtet. Deshalb findet Partnerwahl in vielen Gesellschaften auch zunächst durch Verwandte oder Ehevermittler statt. Über die eheliche Anpassung der Partner und die Ehestabilität sagen die Art der Partnerwahl und ihr Hauptmotiv zunächst nichts aus (vgl. dazu auch Kapitel 6.1 und 6.4). Funktional betrachtet und vor dem Modell von Partnerwahl als einem Marktsystem mit Angebot und Nachfrage ist Statusmaximierung auch bei Zwischenheirat also durchaus ein Erfolg für das handelnde Individuum, das seine Ressourcen strategisch optimal einsetzt. Geht das Individuum seiner ethnischen Einheit dadurch nicht verloren, kann es damit ebenfalls in ihrem Sinne funktional gehandelt haben.

Vor diesem Hintergrund sollte nach meiner Auffassung auch von einer vorschnellen Verurteilung und Stereotypisierung von "Katalogbräuten" aus armen Ländern Asiens, Afrikas, Lateinamerikas oder Osteuropas, die per Ehevermittlung Männer westlicher Industriestaaten heiraten (z. B. Lindner 1987; Hurst 1987; Wilson 1988; Beer 1996), sowie von Einwanderern, die zwecks Erlangung einer Aufenthaltsgenehmigung die Ehe schließen (z. B. Englert 1995: 48 - 50), abgesehen werden. Für die Bundesrepublik Deutschland ist überzogene Berichterstattung in der Regenbogenpresse (vgl. z. B. IAF-Information 1987, 1: 8; Lindner 1987: 43) über solche "Heiraten aus Berechnung" mehrfach dokumentiert, in extremen Fällen wurden fünfstellige Scheinehenzahlen pro Jahr behauptet. Röckel definiert in ihrer Diplomarbeit ähnlich wie das Bundesverwaltungsgericht (vgl. VIA 1986: 128):

"Eine Scheinehe ist eine voll rechtsgültige Ehe, die nur dem Zwecke dient, einem ausländischen Mitbürger eine Aufenthaltserlaubnis zu verschaffen, wobei kein gemeinsames Eheleben beabsichtigt ist oder geführt wird" (Röckel 1986: 96; Hervorhebungen im Original);

"Eine Zweckehe ist eine voll rechtsgültige Ehe, die zwar dem Zweck dient [sic] einem ausländischen Mitbürger eine Aufenthaltserlaubnis zu verschaffen, wobei hier aber ein gemeinsames Eheleben beabsichtigt ist" (ibid.: 97; Hervorhebungen im Original).

Zweckehen im Sinne dieser Definition, die meines Erachtens noch den Aspekt der gewünschten Dauerhaftigkeit beinhalten sollte, werden laut Dokumentation der IAF gewöhnlich dann angestrebt, wenn eine bisher nichteheliche deutsch-ausländische Liebesbeziehung aufgrund der Beendigung der Aufenthaltserlaubnis für den ausländischen Partner das Paar vor die Alternative stellt, sich zu trennen oder zu heiraten. Ein Großteil der Arbeit und Literatur der IAF besteht in der Dokumentation und Bekämpfung von Behördenwillkür bei der administrativen Abwicklung des Aufgebots durch Verschleppung oder illegale Auflagen sowie bei der behördlichen Einschätzung und Verfolgung von Zweckehen als Scheinehen. (z. B. Wolf-Almanasreh 1982: 43, 44; Fallbeispiele in Perlet 1983: 21, 38, 75, 76, 79; VIA 1986; IAF-Informationen 1982 - 1995; IAF o. J.)

Bis 1933 existierte in Deutschland übrigens legal die Form der sogenannten Namensehe: Eine Frau heiratete gegen entsprechendes Entgelt einen Mann vorwiegend oder ausschließlich deshalb, um seinen - meist adligen - Namen zu erhalten; eine eheliche Gemeinschaft war nicht beabsichtigt (VIA 1986: 128; IAF-Information 1987, 4: 26). 1976 wurde das Verbot der Namensehe ausdrücklich aufgehoben; der Gesetzgeber beabsichtigte damit, die Gültigkeit einer Ehe eindeutig von den Motiven zu trennen, aus denen sie geschlossen wird (Henrich 1991: 43, 44).

Vorteilserlangung durch Eheschließung ist also kein ausschließliches Merkmal interethnischer Heiraten. Auch hier wäre wie bei so vielen begünstigenden Partnerwahlfaktoren wieder anhand einer Kontrollgruppe zu prüfen, in welchem Maße und in welchen Bereichen in verschiedenen Gesellschaften Statusmaximierung auch bei homogamen Heiraten eine Rolle spielt.

Eng verknüpft mit Statusmaximierung und in der Zwischenheiratsliteratur ebenfalls nur punktuell erwähnt ist ein begünstigender Faktor für interethnische Partnerwahl, den ich als (vom handelnden Individuum *wahrgenommenen*) Rollenvorteil bezeichnen möchte. Ohne auf die komplexen Aspekte des Konzepts in der soziologischen Diskussion an dieser Stelle näher eingehen zu wollen, sei eine Rolle[81] hier definiert als

> "a set, or cluster, of types of interaction performable by one interactor. ... A role relates to actual interactive behaviour as a set of rules, a norm, a prescription - which reminds us of the derivation of the word from 'roll', i. e. an actor's script" (Southwold 1971: 46, 47)

bzw. als

> "the expected behaviour associated with a *social position*" (Mitchell 1979: 159; Hervorhebung im Original).

Eine soziale Position sei ein

> "... 'Platz' in einer Gesellschaft oder einer Gruppe; sozialer Ort, der sich einzelne Personen oder eine Kategorie von Personen im Verhältnis zu anderen solchen Orten in einem sozialen System zuordnen lassen. ... P. wird oft als der statische Aspekt einer Rolle bezeichnet; die gesellschaftliche Definition einer sozialen P. impliziert, daß ihre Träger bestimmten Verhaltenserwartungen ausgesetzt sind"
> (Fuchs et alii 1988: 579, 580)

bzw.

> "... the social rights and duties of a person (Francis 1976: 121).

Barth (Barth 1969: 25), dessen Konzept einer ethnischen Einheit für die Definition in dieser Arbeit in weiten Teilen übernommen wurde (vgl. Kap. 2.1), postuliert und belegt am Beispiel der von ihm untersuchten Pathanen folgenden Fall: Wenn die "Performance" einer Person im Werte-System der eigenen Ethnie als mangelhaft bewertet, dieselbe "Performance" im System einer anderen Ethnie hingegen belohnt wird, so ist dies für das Individuum ein Anreiz zum Wechsel der ethnischen Identität. Komponenten dabei sind die "Performance" der anderen Mitglieder der eigenen Ethnie und die offenen Alternativen für das Individuum, das heißt, ein Vergleich mit jenen Menschen, mit denen es interagiert, und die Möglichkeit des Zugangs zu einem alternativen Set von Identitäten und Standards. Ohne gleich von einem

---

[81] Vgl. auch Lintons Definitionen von Rolle und Status (Linton 1936: 113 - 119).

Wechsel der ethnischen Identität auszugehen, postuliert auch Novak (1982: 49), daß beispielsweise der mit Migration verbundene Eintritt in ein anderes kulturelles Wertsystem zwar problematisch und mit großem Streß für das Individuum verbunden sein kann, ihm aber möglicherweise auch Ventile und Belohnungen bietet, die die eigene Kultur ihm nicht geben konnte oder wollte. Ausgehend von diesen beiden Ansätzen möchte ich mit aller Vorsicht die These formulieren, daß ein vom Individuum *wahrgenommener* Rollenvorteil in der Kultur einer anderen Ethnie, etwa der Rolle als Ehemann oder -frau, als Schwiegersohn oder -tochter, ebenfalls ein begünstigender Faktor für interethnische Partnerwahl sein kann. Inwieweit eine solche Wahrnehmung mit Fremdvolksstereotypen verknüpft oder eine gegenüber den Forschern erhobene nachträgliche Rationalisierung der heterogamen Partnerwahl ist, müßte jedoch noch genauer untersucht werden. Einige wenige Befunde in empirischen und statistischen Arbeiten deuten diesen Zusammenhang jedoch an.

Ein plastisches, wenn auch nicht repräsentatives Beispiel findet sich in den Aussagen zweier von Adams zitierter Hawaiianerinnen, die auch die Subjektivität solcher wahrgenommenen Rollenvorteile deutlich machen, weil jede der Frauen Ehemännern der jeweils anderen Personenkategorie den Vorzug gibt. So sagte eine von ihnen:

"The Hawaiian men are not steady workers and good providers. The Chinese men are good to provide, but they are stingy. The white men are good providers and they give their wives more money" (Adams 1937: 48);

die andere, deren Aussagen Adams aus den unveröffentlichten Interviews von Lam (vgl. Lam 1932) übernahm, hingegen:

"The Hawaiians always did like Chinese people very much. ... Oh, they like to marry Chinese because they are good workers. ... .
... Hawaiian ladies like to marry Chinese better than *haole* [white]. The Chinese men take care of wife good. They no hit wife, they treat her good and they give them the best. Hawaiian lady marry Chinese man and she just like queen at home. ... Especially, Chinese New Year, they give their wives one week vacation to have good time. They give them one hundred dollars to spend for anything - to have a good time. ...
...
Hawaiian women say they don't like to marry *haole* men because they have to cook. If they marry Chinese they sit down like a queen - don't have to cook. The Chinese men cook. They used to say that if you marry

> *haole* your hair smell of smoke, because you have to do the cooking, but if you marry Chinese your hair smell of sandalwood"
> (ibid.: 95, 96; Hervorhebungen und Einschub im Original).

Marchand (1955) schreibt aus der Sicht des französischen Kolonialherren; daher ist schwer zu beurteilen, ob bei seinen Aussagen nicht eher der Wunsch Vater des Gedanken war, - belegen tut er sie nämlich nicht. So behauptet er:

> "Alors que les femmes françaises restent toujours et malgré tout un peu hésitantes lorsqu'il s'agit d'épouser un Nord-Africain, les femmes Arabo-Berbères ne demandent qu'à s'unir à des Français. C'est en réalité réaliser leur rêve qui les comble d'orgueil et de joie parce qu'il les élève à leurs yeux et surtout les arrache à des traditions plus ou moins barbares et les emancipie" (Marchand 1955: 25).

Weiss' (1970: 277) ethnologische Feldforschung in einer chinesischen Gemeinde der amerikanischen Westküste zeigte, daß junge Chinesinnen sehr viel lieber "Dates" mit Anglo-Amerikanern als mit Chinesen hatten. Erstere faßten die "Dating"-Situation als unverbindlich auf, letztere gemäß den Traditionen meist als Vorstufe zur Heirat. Taten sie dies nicht, kam es zu Klatsch in der chinesischen Gemeinde. Dieser Gefahr entgingen die jungen Frauen durch Verabredungen mit Anglo-Amerikanern ebenfalls, da ihre Treffen außerhalb chinesischer Einflußbereiche stattfanden und die Männer gewöhnlich keine weiteren Kontakte in der chinesischen Gemeinde hatten.

Barth (1971: 176) hatte während seiner ethnologischen Feldforschung über interethnische und intertribale Beziehungen im Hochland von Papua Neuguinea festgestellt, daß die Dörfer, d. h. die wichtigsten politischen und nicht unter sich Krieg führenden Einheiten, der Faiwol-Sprecher endogam und überwiegend homogam waren (s. Kap. 3.4). Bei der Erhebung von Lebensgeschichten bemerkte er jedoch, daß ungefähr 15 % der Erwachsenen aus anderen der meist sehr isoliert liegenden Dörfer stammten oder doppelte Mitgliedschaft besaßen. Dies hatte sich gewöhnlich aufgrund der Tatsache ergeben, daß unzufriedene Ehefrauen, Witwen und Töchter, die durch Ehemann, Vater oder Verwandte des verstorbenen Mannes schlecht behandelt wurden oder Hunger litten, geflohen und in anderen Dörfern Zwischenheiraten eingegangen waren. Im Laufe der Zeit waren ihnen dann andere Verwandte gefolgt.

Einige der von Lind (1969: 48) befragten Missionare und Regierungsbeamten glaubten, daß Frauen in Neuguinea gerne Männer aus anderen Ethnien heiraten würden, die aus wirtschaftlichen Gründen in ihr Dorf kämen und dort blieben, da diese sie nicht so dominieren könnten wie Männer aus dem eigenen Dorf.

Hassan und Benjamin (1973: 735 - 737) fiel in ihrer Studie Singapurs auf, daß chinesische Frauen fünfmal soviele Zwischenheiraten eingingen wie chinesische Männer. Sie versuchten dies mit dem Familiensystem zu erklären. Eine Tochter gelte einem Sprichwort gemäß als eine Ware, die ihr Vater verliere, weil sie in eine andere Familie hineinheirate. Investitionen in eine Tochter lohnten daher kaum. Im Gegensatz dazu seien Söhne auch im religiösen Sinne wichtig, da sie die Ahnenreihe der Patrilineage fortführten. Die Autoren vermuten, daß entsprechend das Heiratsverhalten von Söhnen stark, das von Töchtern hingegen kaum kontrolliert werde. Zudem seien letztere mit der Frauenrolle in ihrer eigenen Kultur wohl oft unzufrieden und nutzten daher die Gelegenheit zur Zwischenheirat in ein für sie günstigeres Familiensystem. Hassan und Benjamin argumentieren, daß auch für die anderen ethnischen Einheiten solche kulturalen Erklärungsansätze sinnvoll seien. So sei die Frauenrolle im hinduistisch-indischen Familiensystem ähnlich beschaffen, aber aufgrund des Kasten- und Mitgiftsystems werde großer Wert darauf gelegt, Frauen homo- oder hypergam zu verheiraten. Ihr Heiratsverhalten werde daher stärker kontrolliert als das der hinduistischen Männer, was die höhere Zwischenheiratsrate letzterer erkläre. Die Malaien hätten als Muslime zwar eine Betonung der Patrilinie im öffentlichen Bereich, im häuslichen sei ihr Familiensystem aber durch einen Matri- und Uxorifokus bezüglich der Kindererziehung und postnuptialen Residenz gekennzeichnet, was die Rolle der Frauen bei gleichzeitiger Kontrolle ihres Heiratsverhaltens erleichtere.

Mehr als die Hälfte der japanischen Frauen in Devos' (1973: 56) Stichprobe hoben Unterschiede zwischen japanischen und amerikanischen Männern hervor. Sie sahen die Amerikaner im Gegensatz zu den Japanern als freundliche, hilfsbereite und großzügige Ehemänner, die ihre Frauen nicht kommandierten und erniedrigten.

Tinker (1973: 53, 56, 57) vermutet ebenfalls, daß die fast doppelt so hohe Zwischenheiratsrate weiblicher wie männlicher *Nisei* in den U.S.A. zwischen 1948 und 1959 auf einen Rollenvorteil für diese Frauen zurückgeht. Einige Untersuchungen hätten gezeigt, daß die japanischen Einwanderer und ihre Söhne an dem traditionellen Familienmodell einer gehorsamen und unterwürfigen Ehefrau bzw. Schwiegertochter festhielten, während die Töchter sich eher an dem anglo-amerikanischen Mittelschicht-Familienmodell orientierten, das die Mehrheitsgesellschaft ihnen vorlebte. Diese Auffassung wird auch von Connor (1976: 63) geteilt. Kikumura und Kitano (1973: 77, 78) nehmen an, daß *Nisei*-Frauen zusätzlich durch Zwischenheirat mit Anglo-Amerikanern den Vorteil oder die Hoffnung auf schnellen sozialen Aufstieg hatten. Kitano, Yeung und Hatanaka (1984: 186) fanden die Ablehnung der traditionellen Frauenrolle und - damit verknüpft - Männerrolle als Grund für Zwischenheirat auch in informellen Äußerungen asiatischer Frauen chinesischer und koreanischer Abstammung.

Desgleichen vermuten Murguía und Cazares (1984: 96), daß die Rolle der anglo-amerikanischen Mittelschicht-Ehefrau im Gegensatz zur rigideren der eigenen Kultur für heterogame Mexikanerinnen einen zusätzlichen Anreiz zur Zwischenheirat darstellt.

In Streckers (1982: 61 - 67, 74 - 76, 78 - 80, 85 - 92) Arbeit, die allerdings keine Ehen behandelt, finden sich Aussagen der mit "schwarzen" Männern liierten deutschen Frauen, daß sie die durch Sprach- und andere Barrieren geprägte Nicht-Intellektualität dieser Liebesbeziehungen genossen, ebenso die Anerkennung von häuslichen Fähigkeiten und weiblicher Kleidung durch die Männer. Hingegen hätten ihre deutschen Partner stets Kompetenz in Diskussionen, emanzipiertes Verhalten und "Studentenkluft" von ihnen erwartet, was als Belastung und Einengung empfunden wurde.

Kamalkhani (1988: 97 - 101) erwähnt die geringen Heiratschancen von solchen Iranerinnen, die schon älter, geschieden oder nicht mehr jungfräulich seien. Die Eheschließung mit einem erfolgreichen, auch jüngeren, Norweger sei daher eine Möglichkeit, den persönlichen und sozio-ökonomischen Status auch aus Sicht der iranischen Immigrantengemeinde zu erhöhen. Zugleich bedeute solch eine Heirat im Vergleich zu einer homogamen den Vorteil, weniger Arbeit und Verantwortung für die Familie des Ehemannes mit sich zu bringen.

Auch auf (individuell wahrgenommene) Rollenvorteile für heterogame Männer gibt es Hinweise in der Literatur. Devos (1973: 54, 55) erhielt von ungefähr der Hälfte der amerikanischen Männer seiner Stichprobe Aussagen, in denen amerikanische Frauen als zu aggressiv, karriere-orientiert und fordernd charakterisiert wurden, während die japanischen Ehefrauen passiver, mehr auf das Heim orientiert und abhängiger von ihren Gatten seien, die sie als Haushaltsvorstand akzeptierten. Die Vorstellung von einer asiatischen Ehefrau als "oriental doll" (Wagatsuma 1973: 260) oder anschmiegsamer Dienerin (Char 1977: 37) ohne eigene Ansprüche, die dem durch die Emanzipation der Frauen überforderten Mann aus westlichen Industrienationen wieder zu einer tradtionellen, nicht hinterfragten Rolle als Ehemann und Herr im Haus verhilft, scheint auch manchen Heiraten mit "Katalogbräuten" aus Thailand oder den Philippinen zugrundezuliegen (Beer 1996); Wilson (1988: 123) weist zusätzlich darauf hin, daß solch ein Mann sich außerdem als "Held und Ritter" fühlen könne, der eine Dame durch diese Heirat aus Not und Elend rettet. Dies sei nicht nur eine Ego-Gratifikation, sondern verschaffe ihm das Gefühl von Macht und Autorität. Ein ähnlicher Mechanismus scheint schon für die "Kriegsbräute" existiert zu haben; den europäischen Frauen wurde von einigen GIs ebenfalls eine für die Männer bessere Ehenfrauen-Rolle zugeschrieben als amerikanischen Frauen (z. B. Shukert und Scibetta 1988: 31). Auch hier fehlt es aber an empirischer Forschung, um solche vermuteten Zusammenhänge zu belegen. Tuomi-Nikula (1987: 9, 10) vermutet, daß der in deutsch-finnischen Ehen häufige Typ des Mannes aus einer mutterdominierten Familie mit der Wahl einer finnischen Frau, die selbständiger und selbstbewußter wirke als eine deutsche, wieder ein uxorilokales Familienmodell suche. Im Gegensatz zu der Ehemann-Rolle in einer homogamen Verbindung werde er hier durch eine weniger mit Verantwortung behaftete entlastet.

Schlechte Erfahrungen in Beziehungen mit Partnern der eigenen ethnischen Einheit, die diese Einstellungen gefördert haben mögen, wurden außerdem von Probanden Linds (1969: 22), Devos' (1973: 54, 55), Hecht-El Minshawis (1988: 173, 174) und Beers (1996: 167, 168) genannt.

Wie bereits mehrfach erwähnt: Begünstigender Faktor für Zwischenheirat ist in diesem Fall die *Wahrnehmung* eines Rollenvorteils; diese muß nicht unbedingt der Realität entsprechen, oder sie kann andere Rollennachteile mit sich bringen. Von Wagatsuma (1973: 260) stammt die schöne Formulierung, daß mancher amerikanische Ehemann, der in seiner japanischen Ehefrau eine "oriental doll" erhoffte, sich stattdessen mit einem "tough cookie" verheiratet finde. Ein anderes Beispiel wären die Ehen jener Pomo-Frauen, die Filipinos geheiratet hatten (Aginsky und Aginsky 1949; vgl. Kap. 3.4). Zwar hatten sie den Vorteil von größerem Wohlstand, von mehr Freizeit und Arbeitsentlastung durch ihre Männer gewonnen, worum sie von ihren homogamen indianischen Geschlechtsgenossinnen beneidet wurden. Dafür waren sie aber abhängiger und isolierter als letztere, da die Filipinos öffentliche Veranstaltungen wie Initiationsfeste allein organisierten, - eine Tätigkeit, die bei den Pomo den Frauen oblag -, und öffentliche Veranstaltungen der Indianer gemäß ihrer eigenen Tradition ohne ihre Ehepartnerinnen besuchten. Aufgrund der Erhebungssituation, in der ja gewöhnlich Ehepaare befragt werden, also Personen, die schon eine Weile interethnisch verheiratet *sind* und es nicht erst planen, ist auch nicht auszuschließen, daß es sich bei Äußerungen über Rollenvorteile um nachträgliche Rationalisierungen zur Abschwächung des kakogamen Aspekts einer Zwischenheirat handelt. Dies müßte, auch in Zusammenhang mit Vorurteilen, Fremdvolksstereotypen und sozialer Distanz zu bestimmten Personenkategorien, für interethnische Paare noch von Grund auf untersucht werden. Sollte die erhoffte Erlangung eines Rollenvorteils tatsächlich als *ein* begünstigender Faktor für ethnische Heterogamie vorliegen, wäre es jedenfalls falsch, dies als bloße "Berechnung" des Individuums zu verurteilen, wie das etwa Baber (1937: 708, 709) im Falle einer Anglo-Amerikanerin tut, die Japaner für respektvollere Ehemänner hielt. Auch hier würde es sich vielmehr um eine mehr oder weniger bewußte Strategie des Individuums handeln, im Marktsystem der Partnerwahl seine Ressourcen zur bestmöglichen Erlangung von "Belohnungen" einzusetzen.

5.3.4 Zusammenfassung und Bewertung

Ausgehend von der Universalität der Institution Ehe und von Heiratsregeln sowie von einem Modell, nach dem Partnerwahl wie ein Marktsystem funktioniert, wurden in diesem Kapitel verschiedene Ansätze zu interethnischer Partnerwahl vorgestellt und diskutiert. Grundvoraussetzung war dabei die Annahme, daß stabile Ehen eine wesentliche Funktion für die Integration und den Bestand von ethnischen Wir-Gruppen haben, indem sie statusgleiche oder -ähnliche Partner und ihre Verwandtschaftsgruppen verbinden und die eindeutige Statusplazierung von Kindern sowie deren Enkulturation in den Gruppenwerten und -normen gewährleisten. Das Inzest-Tabu und Heiratsregeln schaffen ein Feld der Wählbaren, innerhalb dessen gemäß kulturellen Evaluierungsmaßstäben Ehepartner nach dem Prinzip von Angebot und Nachfrage gesucht werden. Homogamie in sozialen Merkmalen, Ähnlichkeit in Werten und Interessen sowie wahrgenommene Rollenkompatibilität scheinen Partnerwahl zu begünstigen; diese vollzieht sich vermutlich als ein Filterprozeß, in dem die entsprechenden Charakteristika der potentiellen Partner in den einzelnen Phasen mehr oder weniger bewußt geprüft werden. Möglicherweise spielt bei freier Partnerwahl eine Komplementarität von Bedürfnissen eine Rolle.

Da in allen von Murdock in seinem interkulturellen Vergleich geprüften menschlichen Gesellschaften mit Ausnahme der Quinault, deren Beispiel gleich noch vorgestellt wird, Homogamie als ideale Partnerwahl angestrebt wird, ist ethnische Heterogamie für die Mehrzahl der Angehörigen einer Ethnie gewöhnlich mit mehr oder weniger starken Sanktionen verbunden. Um zu erklären, warum sie dennoch und selbst in Fällen extremen Regelverstoßes stattfindet, wurden verschiedene Ansätze in der Zwischenheiratsforschung entwickelt. So betonte Murstein den Prozeßcharakter von Partnerwahl in seinem Stimulus-Value-Role-Modell und ging davon aus, daß die ersten Phasen bei kakogamer Partnerwahl in einem geschlossenen Feld der Wählbaren stattfänden. Davis und Merton prägten dagegen die These vom kompensatorischen Austausch der positiven und negativen Statuskriterien heterogamer Partner. Dem wurde von mehren anderen Sozialwissenschaftlern der Ansatz der Summation entgegengesetzt, welcher davon ausgeht, daß die Ähnlichkeit interethnischer Partner in bestimmten Merkmalen ihre ethnische Verschiedenheit überwiegt. Ein Großteil der Forschung der vergangenen achtzig Jahre widmete sich der Isolierung begünstigender Faktoren von Zwischenheirat. Diese können in strukturale und kulturale unterteilt werden, wobei erstere überwiegend den Aspekt der "Verfügbaren" und letztere den der "Erwünschten" im "Feld der Wählbaren" herauszukristallisieren versuchen. So ging Blau davon aus, daß die überlappenden Gruppenzugehörigkeiten der Menschen moderner, heterogener Industriegesellschaften zwangsläufig zu Zwischenheiraten in bezug auf Merkmalskategorien wie sozio-ökonomischer Status, ethnische Zugehörigkeit, Konfession usw. führen müßten. Andere Autoren sahen das "Feld der Verfügbaren" durch demographische Faktoren wie unterschiedliche Größen von ethnischen Einheiten, ein in ihnen vorhandenes Ungleichgewicht der Geschlechterproportion, Kontaktmöglichkeiten durch zentrale Organisationspunkte und nicht-segregiertes Wohnen beeinflußt. Auch lebensgeschichtliche Auffälligkeiten heterogamer Individuen versuchte man zu isolieren, etwa Mehrfachheiraten, erhöhtes Heiratsalter, das allerdings oft damit in Verbindung stand, die Position in der Geschwisterfolge, eine dominante Mutter oder "desorganisierte" Orientierungsfamilien mit alleinerziehenden Elternteilen oder Problembefrachtung wie Alkoholismus oder Gewalt. Dagegen betonten kulturale Ansätze Akkulturationsentwicklungen, die an die Zahl der Generationen im Einwanderungsland geknüpft wurden, Ähnlichkeit der interethnischen Partner in kulturellen Merkmalen, Abwesenheit oder Nachlassen von sozialer Distanz sowie von ethnischer Solidarität oder Kohäsion, wenig institutionalisierte soziale Kontrolle. Andere Autoren begründeten interethnische Partnerwahl mit "Marginalität", die jedoch nicht eindeutig definiert wurde, mit persönlichen Defekten oder deviantem Verhalten. Auch für erhoffte Statusmaximierung und Vorteile in der Rolle des Ehepartners oder Schwiegerkindes in der anderen Kultur fanden sich Hinweise. Bei allen Partnerwahlfaktoren ist davon auszugehen, daß sie sich mehr oder weniger unbewußt abspielen und daß neben den genannten Merkmalen auch nicht untersuchte wie physisches Äußeres, Charakter, Temperament u. ä. Einfluß auf Anziehung und Zuneigung haben.

Für alle Ansätze zur heterogamen Partnerwahl ließen sich empirische Belege, stets jedoch auch Gegenbeispiele finden. Keiner von ihnen erklärt daher allein und vollständig *jede* Form von interethnische Partnerwahl, sondern jeweils nur bestimmte Kombinationen in einem definierten Kontext. Zudem ließ sich in den durch empirische oder statistische Studien untersuchten Konstellationen häufig ein Zusammenspiel der genannten Faktoren beobachten, etwa ein durch Krieg oder Migration geschaffenes Ungleichgewicht der Geschlechterproportion in einer ethnischen Kategorie, das mit geringer Anzahl ihrer Mitglieder und deren Konzentration in urbanen Zentren einherging, welche institutionalisierte Kontrolle schwächte und Organisationspunkte für länger andauernden Kontakt von Angehörigen zweier ethnischer Einheiten ermöglichte. Die Ursachen für Zwischenheirat sind also gewöhnlich multikausal.

Cerroni-Long (1984: 31 - 40) versuchte, die begünstigenden Faktoren für heterogame Partnerwahl in notwendige und hinreichende zu unterteilen. Als unerläßliche Voraussetzung, und zwar nach Wichtigkeit in der genannten Reihenfolge aufgeführt, sieht sie

1. physische Erreichbarkeit durch Konzentration heterogener Einheiten;
2. ein geringes Maß an sozialer Kontrolle;
3. einen niedrigen Grad von Segregation hinsichtlich Wohnen und Arbeiten;
4. Häufigkeit von Kontakten und Interaktion;
5. Ähnlichkeit in den Kulturen und Wertorientierungen sowie die gegenseitige Erfüllung von Rollenerwartungen (Murstein);
6. Partnerwahl durch die Individuen selbst statt durch Verwandte oder Vermittler;
7. die Auffassung von Heirat als Erfüllung persönlicher emotionaler Bedürfnisse anstelle von Erwägungen ökonomischer Effizienz oder von Status.

Diese Bedingungen schafften aber nur ein notwendiges Umfeld für das Zustandekommen von Zwischenheirat. Andere Faktoren, die diesen Prozeß der Partnerwahl dann zuließen, seien entweder

1. eine persönliche Ungebundenheit an die Heiratsregeln, beispielsweise aus Gründen der Abwesenheit von der eigenen ethnischen Einheit durch Migration, Krieg, zeitweiligen Aufenthalt außer Landes u. ä. oder aufgrund der Auffassung, die eigene Partnerwahl folge anderen Regeln bzw. sei eine Ausnahme;
2. die Gewährung besonderer Belohnungen durch den Bruch der Heiratsregeln, etwa im Fall des kompensatorischen Austauschs oder von Rollenvorteilen;
3. persönliche Devianz im Sinn von dem Erreichen nonkonformistischer Ziele durch die Heirat oder als pathologisches Ventil für psychische Probleme und Defekte.

Diese Gewichtung der Partnerwahlfaktoren klingt im Großen und Ganzen plausibel, müßte aber zur genaueren Überprüfung für verschiedene Einzelfälle untersucht werden.

Methodisch betrachtet weisen die empirischen und statistischen Arbeiten, die zur Isolierung dieser begünstigenden Faktoren führten, eine Reihe von Problemen auf. Die meisten davon wurden schon in Kapitel 3 behandelt.

Selbst für die Vereinigten Staaten, das meistuntersuchte Gebiet der Welt hinsichtlich Zwischenheirat, sind die Befunde zu einzelnen Aspekten durchaus nicht eindeutig, sondern umstritten. So finden sich Widersprüche hinsichtlich dem Überwiegen afro- oder anglo-amerikanischer Männer in "schwarz"-"weißen" Ehen, dem häufigeren Auftreten von Zwischenheirat in der Ober- oder Unterschicht, sozio-ökonomischer Homo- oder Heterogamie in interethnischen Heiraten sowie einer Tendenz amerikanischer Frauen zu sozio-ökonomischer Homo- oder Hypergamie (vgl. Aldridge 1978: 356 - 360; Tucker und Mitchell-Kernan 1990: 211).

Zudem ist es äußerst schwierig, in statistischen Auswertungen Grundgesamtheiten von Personen zu erfassen, die annähernd das tatsächliche "Zwischenheiratsrisiko" abbilden. Zu komplex ist das Zusammenspiel von Faktoren wie Alter, Ehestand und vor allem Möglichkeiten und Gegebenheiten von Kontakt vor dem Hintergrund von infrastrukturellen Organisationspunkten und persönlicher Mobilität. Ist etwa ein Campus, ein Viertel, eine ganze Stadt oder gar ein Bundesland die adäquate Einheit, um die tatsächlichen Heterogamieraten und die mit ihnen verglichenen Verteilungen bei Unabhängigkeit zu errechnen? Auch einige Aspekte bei der Isolation lebensgeschichtlicher Merkmale, beispielsweise alleinerziehende Eltern oder Mehrfachheirat, würden aus heutiger Sicht in Industriegesellschaften nicht mehr als Indikator für persönliche Unangepaßtheit gelten, sondern sind mittlerweile wegen ihrer Häufigkeit beinahe die Norm.

Die Ansätze aus der Psychologie und Psychiatrie angemessen zu bewerten, ist mir aufgrund mangelnder Vertrautheit mit den innerfachlichen Diskussionen und dem neuesten Forschungsstand dieser Bereiche nicht möglich. Die Gültigkeit von Erklärungen wie Inzestangst und -verdrängung, exhibitionistisch-narzistischen Tendenzen, rebellierenden und ihre Eltern durch heterogame Partnerwahl strafenden Kindern, dominanten Müttern oder der Position in der Geschwisterreihe entzieht sich daher meiner Beurteilung. Wenn aber schon die methodische Grundlage bestimmter Arbeiten nach allgemein wissenschaftlichen Kriterien ungenügend ist, dürfen wohl auch die Ergebnisse angezweifelt werden. So mag Littles Bezugnahme auf Werke der Belletristik und Populärmedien zwar möglicherweise kulturelle Kollektivismen spiegeln, wenn er diese jedoch noch nicht einmal an konkreten Beispielen belegt, bleiben sie rein spekulativ. Beigels Gruselkabinett von physisch, psychisch und sozial abnormen Heterogamen ist zwar eindrucksvoll, müßte aber, wie schon mehrfach erwähnt, mit homogamen Klienten (s)einer Eheberatung bzw. mit nicht beratungsbedürftigen homo- und heterogamen Personen verglichen werden, um es zu relativieren. Daß dies methodisch durchaus möglich ist, zeigen die sorgfältigen Studien Sauciers.

Bei einer Reihe von Konzepten stellt sich mir außerdem die Frage nach ihrer genauen und einheitlichen Definition und Verwendung. Inwieweit sind

Begriffe wie Homogamie, soziale Distanz, ethnische Solidarität bzw. Kohäsion, Marginalität oder Devianz eigentlich in Bezug auf Zwischenheirat deskriptiv oder explikativ? Beschreiben sie Verteilungen von bestimmten "Patterns" in interethnischen Ehen, oder erklären sie deren Zustandekommen? Hat nicht das Label "marginal" oder "deviant" als Kennzeichnung einer heterogamen Person gerade in heterogenen pluralen Industriegesellschaften mit überlappenden Gruppenbindungen eine gewisse Beliebigkeit, die alles und gar nichts erklärt? Gerade in diesem Bereich klafft eine gewaltige Forschungslücke. Die genannten Konzepte müßten zunächst verbindlich definiert und zur empirischen Prüfung operationalisiert werden. Erst dann wäre es möglich, ihre Zusammenhänge untereinander und zu interethnischen Ehen zu erforschen, statt letztere als Indikator für gleich mehrere von ihnen zu postulieren.

Die von mir vorgestellten Erklärungsansätze zur Partnerwahl gehen teilweise von der Makroebene der Gesellschaft oder ethnischen Einheit und teilweise von der Mikroebene des Individuums aus. Beides hat meines Erachtens seine Berechtigung. Die Struktur einer Gesellschaft erklärt die in ihr vorhandenen sozialen Muster, diese wiederum persönliche Fälle. Umgekehrt wird in empirischer Forschung von der Untersuchung einzelner Fälle ein soziales Muster, von mehreren sozialen Mustern eine gesellschaftliche Struktur abstrahiert. (Vgl. Barth 1973) Auf der Makroebene scheinen Heiratsbarrieren die Grenzen und Schranken zwischen Wir-Gruppen aufrechtzuerhalten; ob sie tatsächlich in den meisten Fällen ein Definiens ethnischer Einheiten sind, wie etwa von Lévi-Strauss vermutet, bedarf jedoch zusammen mit dem gerade erwähnten Komplex von Konzepten noch weiterer Untersuchung. Murdock (1949: XII) charakterisiert die Kultur einer Gesellschaft als adaptiv und funktional in dem Sinne, daß sie den Grundbedürfnissen ihrer Träger diene und sich durch eine Art Massen-Versuch und -Irrtum allmählich, aber regelhaft, ändere. Von der Perspektive der Mikro-Ebene aus betrachtet haben Individuen die Freiheit zu Konformismus oder Rebellion gegen Normen und Regeln; dies scheint selbst bei einem Höchstmaß an institutionalisierter sozialer Kontrolle zumindest für *einige* Personen der Fall zu sein, wie die Beispiele der staatlichen Verbote von Zwischenheirat zeigten. Individuen tendieren des weiteren dazu, im besten eigenen Interesse zu handeln, das heißt im Modell des Marktsystems menschlicher Interaktion: Sie streben nach dem größtmöglichen "Profit" (vgl. S. 105). Mag kakogame interethnische Partnerwahl zu Beginn eine solche persönliche Strategie weniger Personen und damit deviantes Verhalten sein, so kann ihre Zunahme ein Hinweis auf die Änderung von Normen bedeuten. Das hängt jedoch davon ab, wie die entsprechende Gesellschaft mit solchen Regelverstößen umgeht. Dieser Aspekt wird in Kapitel 7 näher beleuchtet, wo es um die Selbst- und Fremdklassifizierung interethnischer Paare und ihrer Kinder, die Bewertung und Sanktionierung der Heiraten und den Bereich Kulturwandel, Akkulturation und Assimilation geht. Grundsätzlich muß die Störung des Gleichgewichts einer Gesellschaft durch viele Regelverstöße nicht in deren Instabilität oder gar Auflösung münden, wie offenbar von manchen Sozialwissenschaftlern hinsichtlich interethnischer Ehen befürchtet, sondern kann zu einem neuen Gleichgewicht führen. Wie bereits erwähnt, sehen Dentler und Erikson sowie Lautman die Flexibilität im Umgang mit deviantem Verhalten und ihre Fähigkeit, dieses unter Schaffung einer neuen Gruppen-Integration zu absorbieren, sogar als funktionalen Vorteil von Gesellschaften.

Zum Abschluß soll das Beispiel der Quinault vorgestellt werden, der einzigen ethnischen Einheit in Murdocks interkulturellem Vergleich, bei der interethnische Heirat für die Mehrzahl der Individuen die Norm und damit agathogam ist. Bestimmte Faktoren, die in der Forschung als begünstigend für Zwischenheirat isoliert wurden, sind nämlich auch hier zu beobachten.

Die Quinault werden ethnographisch den kulturell und sprachlich unter sich sehr ähnlichen südwestlichen Küsten-Salish der Nordwestküste Nordamerikas zugerechnet: Letztere umfassen neben den Quinault die Unteren und Oberen Chehalis und die Cowlitz; bei allen vier Einheiten handelt es sich um Ethnien mit eigenen, aber eben sehr ähnlichen Salish-Sprachen (Hajda 1990: 503). Das von den Quinault genutzte Territorium umfaßte im Prinzip das gesamte Gebiet entlang des Quinault River und einen breiten Küstenstreifen zwischen der Mündung des Raft River und Joe River. Die Winterdörfer gruppierten sich jedoch alle zwischen dem Quinault-See und der Küste entlang des Quinault River; nur ein der Seklusion von Mädchen während der Erstmenstruation dienendes sowie zwei sehr kleine Dörfer befanden sich außerhalb dieses Gebietes. Die heutige Quinault Reservation scheint ungefähr diesem schon im letzten Jahrhundert genutzten Gebiet zu entsprechen. (Olson 1936: 13; Hajda 1990: 504)

Die Quinault sahen sich als von den benachbarten Einheiten zu unterscheidende Wir-Gruppe, und zwar hauptsächlich aufgrund des Kriteriums der Sprache, des Siedlungsgebietes entlang des Quinault River und der Tatsache, daß sie sich alle untereinander als verwandt betrachteten. Dies kommt auch darin zum Ausdruck, daß sie sich untereinander häufiger mit Verwandtschaftstermini als mit Eigennamen anredeten. (Olson 1936: 89, 90) Sie bildeten jedoch keine politische Gemeinschaft; wie überall an der Nordwestküste war das Dorf die zentrale politische Einheit. Eine dorfübergreifende formale Organisation oder Autorität existierte ebensowenig wie Treffen oder Beratungen aller Dörfer, wenn man von den Potlatches absieht. Bei diesen waren jedoch stets auch Angehörige der Nachbarethnien anwesend. Schätzungsweise bestanden die Dörfer aus ein bis zehn Häusern und beherbergten zwischen 25 und 300 Personen. Häuser, manchmal auch ganze Dörfer, wurden im Idealfall von erweiterten patrilinearen Familien bewohnt, um die sich aber noch verarmte andere Verwandte und Sklaven gruppierten. (Olson 1936: 89, 93, 109, 126; Hajda 1990: 511)

Obwohl theoretisch die drei Schichten der Adligen, Gemeinen und Sklaven existierten, verschmolzen in der Praxis die beiden oberen, da alle Quinault sich als verwandt betrachteten und daher jeder adlige Vorfahren geltend machen konnte. Status ließ sich stattdessen durch Reichtum demonstrieren. Abstammung von auch nur einem Sklaven konnte hingegen auch durch ein Potlatch nicht getilgt werden und blieb ein dauerhaftes Stigma. (Olson 1936: 89; Hajda 1990: 510)

Krieg wurde mangels einer dorfübergreifenden politischen Organisation nie von *allen* Quinault gegen Angehörige anderer Einheiten geführt. Bewaffnete Konflikte fanden oft zwischen Verwandtschaftsgruppen, allenfalls zwischen ganzen Dörfern statt, und wenn eines davon zu einer anderen Ethnie gehörte, war das für nicht-involvierte Quinault von keinem Interesse. Krieg wurde als notwendiges Übel betrachtet, um Unrecht zu bestrafen, aber offenbar existierte kein Konzept von Prestige, das sich durch kriegerische Handlungen erwerben oder steigern ließ. (Olson 1936: 117)

In den ersten Berichten über die Quinault zu Beginn des 19. Jahrhunderts wird ihre Zahl auf ca. 1.250 geschätzt (Hajda 1990: 514). In den Jahren 1775, 1801, 1824, 1838 und 1853 gab es Pockenepidemien im gesamten Südküstengebiet der Nordwestküste (Boyd 1990: 156); 1857 soll die Zahl der Quinault nur noch 158 Personen, 1910 noch 288 betragen haben (Hajda 1990: 514). Olson zählte zur Zeit seiner Feldforschung zwischen 1925 und 1927 ungefähr 400 Einwohner des einzigen noch existierenden Dorfes auf der Quinault-Reservation; 200 davon wurden als Quinault gerechnet[82].

Die beiden wichtigsten Heiratsregeln der Quinault verboten Eheschließungen von Freien mit Sklaven und von Verwandten untereinander. Selbst Personen, zu denen in den Genealogien keine Verwandtschaft mehr hergestellt werden konnte, wurden als verwandt betrachtet, wenn sie aus demselben Dorf kamen oder einfach nur Quinault[83] waren. Olson schildert den Fall eines Mannes, der in den achtziger Jahren des letzten Jahrhunderts gegen den Widerstand seiner Eltern seine MMZSSD geheiratet hatte, - nach über vierzig Jahren war dies noch immer Ursache für Diskussion und Klatsch un-

---

[82] 1855 stimmten die Quinault einem Vertrag zu, auf der Quinault Reservation zu siedeln. Eine Anzahl von Angehörigen benachbarter Ethnien, für die eigene Reservate vorgesehen waren, zogen es vor, bei den Quinault zu leben. (Marino 1990: 171)

[83] Obwohl Olson dies nicht ganz deutlich macht, rechnete sich die Familien- und Stammeszugehörigkeit vermutlich über die Patrilinie; die Verwandtschaft mit Personen der Matrilinie wurde in der Wahl eines Ehepartners aber nicht vergessen, wie auch offenbar in den Verwandtschaftstermini für sie ausgedrückt wurde (Olson 1936: 91, 92; Hajda 1990: 511).

ter den Quinault. Das Paar wurde von ihnen fast komplett geschnitten, und es wurde kaum mit ihm gesprochen. Dieser "Inzesthorror" war nach Darstellung Olsons auch eine der kulturellen Markierungen, die die Quinault zu einer eigenen Ethnie machten. Folglich war es verständlich, daß der Autor aufgrund genealogischer Erhebungen 22 intratribale und 58 intertribale Eheschließungen zählte. Die Loyalitäten eines Individuums galten in erster Linie seiner Familie, dann dem Haushalt, weiterhin dem Dorf und schließlich vor allen anderen Quinault den eigenen Verwandtschaftsgruppen, unabhängig davon, ob diese zu den Quinault gehörten. Dies scheint für die benachbarten Einheiten ähnlich gewesen zu sein, wie aus einigen von Olson dokumentierten Erzählungen ersichtlich. In diesen verraten etwa mit einer kriegsführenden Quinault-Gruppe verwandte Queet, wo sie die verfolgten anderen Queet finden könnten; die Quileute-Verwandten warnen einen Quinault, der seine Ozette-Frau schlecht behandelt, im Gebiet der Ozette-Verwandten zu reisen; oder nach einem bewaffneten Überfall werden einige Quinault zurückgeschlagen und fliehen zu ihren jeweiligen Verwandten bei den Hoh oder Quileute. (Olson 1936: 89, 90,118, 119)

Der Fall der Quinault weist einige Merkmale auf, die auch in der Zwischenheiratsforschung als begünstigend für interethnische Partnerwahl festgestellt wurden. Am auffälligsten ist die kulturelle und sprachliche Ähnlichkeit zu den Nachbareinheiten; es ließe sich möglicherweise diskutieren, ob es sich bei ihnen und den Quinault überhaupt um ethnische Einheiten handelt. Olson arbeitete mit alten Hauptinformanten, die sich noch an die traditionelle Kultur erinnerten. Aufgrund des starken Kulturwandels läßt sich heute nicht mehr überprüfen, wie eindeutig die ethnischen Selbst- und Fremdzuschreibungen der südwestlichen Küsten-Salish waren; die vorhandenen Angaben stützen jedoch die Existenz von selbst- und fremddefinierten Wir-Gruppen mit der Ideologie einer gemeinsamen Abstammung und Verwandtschaft. Es ist allerdings deutlich, daß die Kohäsion und Solidarität dieser Einheit kaum existent war; sie kam allenfalls in Potlatches, einer gemeinsamen Sprache und eben dem Ausschluß von Heiratspartnern zum Ausdruck. Zudem handelt es sich um eine Ethnie, die aufgrund der Pockenepidemien eine geringe Anzahl von Mitgliedern umfaßte.

6 Die eheliche Dyade

Der Binnenbereich einer interethnischen Ehe, die Beziehung des Paares zueinander, wird durch viele Faktoren geprägt: Persönlichkeit, Lebensgeschichte, Sozialisation, kulturelle und gesellschaftliche Parameter, ethnische Selbst- und Fremdabgrenzung spielen eine Rolle. Die Forschung konzentrierte sich auf die Bereiche der ehelichen Anpassung, der Konflikte aufgrund unterschiedlicher kultureller bzw. ethnischer Herkunft sowie auf die Frage der höheren oder geringeren Stabilität heterogamer Ehen. Aus empirischen Arbeiten und Autobiographien lassen sich aber auch Belege zu Rollenvorteilen aufgrund unterschiedlicher ethnischer Herkunft und zu einem offenbar typischen Verlaufsmuster der Ehen von Soldaten in Übersee und Entwicklungshelfern extrahieren.

6.1 Eheliche Anpassung

Die Rede ist in *diesem* Kapitel von ehelicher Anpassung, die bei interethnisch Verheirateten *auch* Übernahme oder Aushandeln kultureller Muster betrifft, jedoch genauso das Angleichen von Erwartungen und Verhalten, die in der Persönlichkeitsstruktur begründet liegen. Kapitel 7.2.3 und 7.2.4 werden dagegen den Schwerpunkt auf Akkulturations-, Assimilations- und Kulturwandelprozesse legen, die Individuen in interethnischen Ehen, Paare bestimmter ethnischer Kombination oder ethnische Einheiten insgesamt betreffen. Obwohl beide Blickwinkel in bezug auf einzelne Personen oder die eheliche Dyade nicht komplett analytisch voneinander zu lösen sind, geht die Perspektive von Kapitel 6 von der Paarbeziehung, die von Kapitel 7 hingegen von der Beziehung des Paars zu seiner sozialen Umwelt aus.

Eheliche Anpassung ist vielfach definiert und operationalisiert worden. Hier interessieren sollen allerdings nur solche Definitionen, die entweder in der Zwischenheiratsforschung aufgegriffen wurden oder sich für den Themenkomplex der interethnischen Ehen als besonders sinnvoll erweisen. So arbeitete etwa Connor in seiner Untersuchung amerikanisch-japanischer Ehen mit der 1951 von Locke[1] formulierten Definition:

---

[1] Locke, Harvey J.: Predicting Adjustment in Marriage. New York 1951: 45

"Marital Adjustment: A process of adaptation by the husband and wife in such a way as to avoid or resolve conflicts sufficiently so that the mates feel satisfied with the marriage and with each other, ... and feel that the marriage is fulfilling their expectations" (Connor 1976: 6; Hervorhebung im Original).

Cutler und Dyer (1973: 251, 252) wiesen darauf hin, daß einige Forscher **eheliche Anpassung als gelungenen Endzustand, andere hingegen als Prozeß** auffaßten. Dyer (1973) stellte unter Verwendung eines rollentheoretischen Ansatzes ein Idealmodell von ehelicher Anpassung als Prozeß auf. Rollenverhalten, Rollenerwartung sowie positive und negative Sanktionierung sind dessen Parameter: Jeder Partner habe eine Vorstellung vom adäquaten eigenen Rollenverhalten und eine Erwartung an das des Gatten. Positive und negative Sanktionen dienten zur Verstärkung des der Erwartung entsprechenden bzw. Unterbindung des nicht der Erwartung entsprechenden Verhaltens. Cutler und Dyer (1973: 252, 253) definierten folglich:

"Adjustment is defined as the bringing into agreement the behavior of one person with the expectation of another accompanied by a feeling of acceptance of the modified behavior by the one making the adjustment".

Rein formal gebe es daher vier Arten des ehelichen Anpassungsprozesses in bezug auf Rollenaspekte:

1. Ein Partner kann sein Rollenverhalten vollständig hinsichtlich der Erwartung des anderen ändern.
2. Ein Partner kann seine Rollenerwartung vollständig hinsichtlich des Verhaltens des anderen ändern.
3. Beide Partner können ihr Verhalten und ihre Erwartung soweit ändern, daß sie sich entsprechen.
4. Beide Partner können ihr Verhalten und ihre Erwartung beibehalten und sich einigen, sich in diesem Aspekt nicht zu einigen, - das heißt für den erwartenden Partner, auch nicht zu sanktionieren.

Cutler und Dyer führten auf der Grundlage dieses Modells eine Fragebogenuntersuchung an Studenten durch, bei der sie Rollenerwartung, -verhalten, Sanktionierung des erwartenden Partners und Reaktion des sanktionierten hinsichtlich folgender Themenkomplexe erhoben:

1. verbales Ausdrücken von Zuneigung;
2. Häufigkeit sexueller Intimität;
3. Verbringen von Zeit zu Hause;

4. Mitteilen von Gedanken;
5. Haushaltspflichten;
6. persönliche Sauberkeit und Erscheinung;
7. Geldausgaben.

Ähnliche Studien sollten später auch in der Zwischenheiratsforschung stattfinden; es wird darauf noch zurückzukommen sein. Die Verwendung **rollentheoretischer Konzeptionen** bzw. des **Vergleichs von Rollenerwartung, Rollenwahrnehmung und Rollenverhalten** sind bis in die Gegenwart hinein gängige Ansätze der Erforschung von ehelicher Anpassung, Ehezufriedenheit, -erfolg und -stabilität (vgl. etwa Lee 1980: 10, 11; Jäckel 1980: 57 - 95). Manche Wissenschaftler entwickelten Skalen, die den Grad der ehelichen Anpassung vergleichbar machen sollten. So benutzte Lee (1980) in seiner Studie koreanisch-amerikanischer Ehen die Marital Adjustment Scale von Spanier[2], in der die Probanden den Grad von Übereinstimmung zu bestimmten Aufgaben und Haltungen, die Häufigkeit von Streit und Harmonie, Zärtlichkeiten und gemeinsamen Unternehmungen sowie eine Einschätzung zum Glück und der Bereitschaft zur Verbesserung ihrer Ehe ankreuzen mußten.

Andere Autoren wiesen ebenfalls darauf hin, daß die Ehe als Ereignisfolge mit ständig neuen Erfordernissen der Anpassung und die Partnerbindung als Sozialisationsprozeß zu verstehen seien (Harré 1966: 11; Mühlfeld 1982: 96).

Gerade in interethnischen Ehen ist zu erwarten, daß auch die *Rollenwahrnehmung* aufgrund unterschiedlicher kultureller Kommunikationsmuster von Bedeutung sein und zu Mißverständnissen führen kann: Möglicherweise interpretiert ein Partner Rollenerwartung und -verhalten des anderen anders als dieser selbst. Mehr dazu in Abschnitt 6.1.2.

Der allgemeine wissenschaftliche Konsens geht wie bereits im Partnerwahl-Kapitel dargestellt davon aus, daß Homogamie deshalb für das Funktionieren von Wir-Gruppen vorteilhafter sei als Heterogamie, weil die Partner in ihren Rollen- und Wertvorstellungen ähnlicher seien und daher ein geringeres Potential zu die Ehe gefährdenden Konflikten bestehe. Das Paar müsse - vor allem in den ersten Ehejahren, aber auch später -, eine Anpassungsleistung vollbringen, die durch große Unähnlichkeit erschwert oder unmöglich gemacht werde. Jegliche zusätzliche Schwierigkeit, beispielsweise durch Krankheit, Probleme mit der sozialen Umwelt, Not, Krieg o. ä. könne diese ohnehin diffizile innereheliche Anpassung noch schwieriger

---

[2] G. B. Spanier: Measuring Dyadic Adjustment: New Scales for assessing the Quality of Marriage and similar Dyads. in: *Journal of Marriage and the Family* 1976, 38: 15 - 28

machen, verzögern oder ganz verhindern. (Vgl. etwa Simpson und Yinger 1985: 306, 307) So schrieben etwa Mudd und Goodwin in ihrer zuerst 1963 erschienenen Veröffentlichung:

> "Marriage requires an adjustment of the feelings, attitudes, behavior, ideas and value systems of the two individuals. Anything that creates a great discrepancy in any one of these factors may intrinsically place greater stress on the adaptive resources of the partners.
> People are not just individuals - they are members of groups - and in any marriage between individuals of different groups both intrapersonal and interpersonal pressures exist. The strength of the pressures will vary from individual to individual, depending upon the degree of identification each partner has with his own group. In some situations the inner ties may be minimal, and only external or social involvements conflict; in other situations the outer group involvement may be minimal, and the inner identification strong. Partners of divergent backgrounds bring conflicting values, expectations and behavior into marriage and hence have less common ground on which to build. More consistent effort is therefore necessary to establish a mutual basis of understanding and functioning. When troubles arise, the sense of difference magnifies the difficulty. Insofar as the partners remain tied to their own groups, the solidarity of the marriage is threatened. ... 'Mixed marriages' are vulnerable to all the usual inlaw problems, and their resolution is more difficult.
> ...
> Mixed marriage involves greater psychological strain; and the greater the disparity between group identifications, the greater the potential problems and effort necessary to bring about a satisfactory adjustment" (Mudd und Goodwin 1967: 35, 36).

Die Autorinnen beziehen ihre Aussagen auf Wir-Gruppen ganz verschiedener Art. Speziell für interethnische Ehen würden ihre Annahmen unter Zugrundelegung meiner Definition heißen, daß aufgrund von Selbst- und Fremdabgrenzung, die auf der Ideologie einer unterschiedlichen Kultur fußt, Partner **mehr Anpassungsprobleme zugleich** zu lösen hätten als in einer intraethnischen Ehe.

Tseng (1977: 96 - 98) macht einen weiteren Aspekt der besonderen Anpassungsanforderung an heterogame Paare deutlich:

> "Any problems or differences which may exist within an intercultural marriage will not be solved easily just because cognitively the persons are aware of the reason for the difference and strategically there is a pre-

scribed solution for it. Culture is something which is learned through experiences in early life. An individual has developed strong emotional attachments to his culture - associated with his belief system, values, and habits - his style of life. In the process of intercultural marriage adjustment, he has to learn how to overcome, correct and adjust his emotional reaction to the necessary change and expansion of his cultural behavior. Since an individual has developed a set system of emotions associated with a set of behaviors, it usually takes a great deal of work and time to readjust. ... For instance, an American husband, conservatively raised, who marries a Micronesian wife and stays in Micronesia, has to learn to feel comfortable watching his wife expose her breasts in public as the other women do in her native land. Although he cognitively understands that this practice is customary and that the native husbands do not object, emotionally he cannot accept it. He must find some way to accept this cultural difference in such a way that he can feel comfortable with it" (ibid.: 96, 97).

Tseng vertritt die Ansicht, daß nur durch Trainieren des den Gefühlen oft diametral entgegengesetzten Verhaltens und der emotionalen Reaktion darauf eine Akzeptanz erarbeitet werden könne. Dies sei aber ein langer und mühevoller Prozeß.

Schnepp und Yui (1955: 49) halten hingegen kulturelle Unterschiede nicht zwangsläufig für instabilisierend für die interethnische Ehe:

> "On the one hand, cultural difference cannot be denied. On the other, the significant consideration for marital adjustment is not the difference itself but the way in which the couples adjust themselves to it".

Dem Problem der eheliche Anpassung von interethnischen Paaren versuchte sich eine Reihe von Forschern anhand von rollentheoretischen Ansätzen zu nähern.

So vermuten einige Autoren, daß bestimmte interethnische Paarkombinationen **von den Rollenerwartungen her kompatibler** seien als andere und daher weniger Anpassungsprobleme mit sich brächten. Smith (1963: 28) nennt das historische Beispiel der nordamerikanischen Puyallup-Indianer[3], deren Frauen sich zur Kontaktzeit oft mit weißen Siedlern vermählten: Die Puyallup akzeptierten traditionell fremde Affinalverwandte; Heiraten

---

[3] Die Puyallup werden in der aufgrund linguistischer und kultureller Kriterien vorgenommenen Unterteilung der amerikanischen Ethnien in Kulturareale den Südlichen Küsten-Salish an der Nordwestküste Nordamerikas zugerechnet (vgl. Suttles und Lane 1990: 486).

mit Dörfern so weit nördlich wie Skagit und so weit südlich wie im Gebiet der Cowlitz und Lower Chehalis sind belegt (ibid.: 21). Zudem wurden Puyallup-Frauen von frühester Jugend an auf eine komplette Neuorientierung nach der Heirat hin erzogen.

Biesanz und Smith (1951: 821) postulierten Rollenvorteile für beide Partner in Ehen zwischen panamaischen Frauen und U.S.-amerikanischen Männern: Panamaerinnen ordneten sich eher unter als Amerikanerinnen, seien leidenschaftlicher, zögen ein Hausfrauendasein vor und ließen ihren Männern größere Freiheit. Amerikaner seien treuer und aufmerksamer als Panamaer und gewährten ihren Gattinnen ebenfalls mehr Freiheit. Dies reduziere die Belastungen solcher Ehen, welche jedoch bei Heiraten von Amerikanerinnen und Panamaern in verstärktem Maß zu erwarten seien, da deren Rollenerwartungen an die Partner miteinander in Konflikt stünden.

Porterfield (1973: 74, 75) weist auf die Annahme mancher Wissenschaftler hin, daß afro-amerikanische Männer und Frauen weniger kompatibel seien als afro-amerikanische Männer und anglo-amerikanische Frauen: Durch die rassistische Gesellschaft, die ihnen berufliche Möglichkeiten und damit eine Ehemannrolle als erfolgreicher Ernährer meist verweigere, könnten "schwarze" Männer im Eheleben kaum dominieren. Hingegen hätten "schwarze" Frauen durch diese Situation eine Kultur der wirtschaftlichen und persönlichen Unabhängigkeit entwickelt. Der afro-amerikanische Mann stoße daher sowohl inner- als auch außerhalb der Familie generell auf Durchsetzungsschwierigkeiten. Hingegen sei die Anglo-Amerikanerin eher daraufhin erzogen, dem Ehemann zu gefallen und seinen Wünschen nachzugeben. Durch eine Heirat mit ihr sei der Afro-Amerikaner dann wenigstens "Herr im Haus". Porterfield fand in seiner eigenen Stichprobe allerdings nur äußerst fragmentarische Belege für diese in der Literatur oft geäußerte Annahme.

Hardach-Pinke (1988: 37 - 73) bemerkt, daß japanische und deutsche Geschlechterrollen in ihrer traditionellen Auffassung eigentlich kaum kompatibel seien, besonders in der Kombination japanischer Mann - deutsche Frau. Dennoch fanden solche Eheschließungen sofort nach Aufhebung des japanischen Heiratsverbotes von 1873 statt (ibid.: 37). Sowohl im populären Bereich als auch in der Forschung bestehe das Stereotyp, daß diese Heiraten Japanerinnen und Europäern Rollenvorteile, Japanern und Europäerinnen hingegen nur Rollennachteile brächten: Was bei Personen europäischer Herkunft das "Paradies für Männer" bedeute, sei zugleich die "Hölle für Frauen" (ibid.: 69). Da Partner in einer Ehe sich jedoch nicht ständig als Träger ihrer Kultur definierten, entwickele jedes Paar seine eigene interkulturelle Lebenswelt; andernfalls seien Ehen zwischen "reinen" Trägern verschiedener Kulturen auch nicht lebbar:

"Wären die Partner tatsächlich in ihren Gefühlen, Wahrnehmungen und Verhaltensweisen lebenslang kulturell festgelegt, könnten sie in der Ehe keine neue interkulturelle Lebenswelt konstruieren, sondern würden nebeneinander leben" (ibid.: 136, 137).

Imamura (1986) überprüfte Mursteins Stimulus-Value-Role-These zur Partnerwahl anhand von nigerianisch-ausländischen Paaren (vgl. Kap. 5.3). Sie definiert die Rollen-Phase geradewegs als Zusammenspiel von Erwartung und Verhalten, also dem, was andere Autoren, etwa Cutler und Dyer, als Anpassung in der (Ehe-) Partnerdyade bezeichnen:

"The final role stage is an assessment of the partner's ability to meet the individual's expectations regarding the behavior of her spouse" (ibid.: 34).

Sie merkt an, daß die ausländischen Frauen nigerianischer Männer wie alle Partner in diesem Modell bereits vor der Heirat durch die Rollen-Phase gingen. Im Fall ihrer Stichprobe im Gebiet von und um Lagos handele es sich aber zu zwei Dritteln um Paare, die sich im Heimatland der Frau kennengelernt, zunächst dort gelebt und erst später nach Nigeria gezogen seien. Das hätte sie gezwungen, nach dem Umzug wegen der extrem anderen physischen und kulturellen Umgebung erneut die Rollen-Phase zu absolvieren. (Imamura 1986: 34, 35, 41, 42)

Es wäre zu überlegen, ob aufgrund der Ansätze zu ehelicher Anpassung, die von einem Rollenmodell ausgehen, Mursteins Rollen-Phase nicht generell über den eigentlichen Partnerwahl-Prozeß hinaus als bis zum Eheende andauernd aufgefaßt werden sollte oder tatsächlich nur, wie Imamura dies zu tun scheint, für einschneidende lebensgeschichtliche Ereignisse nach der Heirat.

Hardach-Pinke (1988: 137) stellte für die von ihr in Japan interviewten deutsch-japanischen Paare fest, daß Rollenerwartungen nach der Heirat einen stärkeren Zwangscharakter hatten als im vorehelichen Zusammenleben. Inwieweit dies auf andere Kombinationen interethnischer Ehen zu übertragen ist, müßte genau empirisch untersucht werden. Wie im Fall der Sanktionen mehrfach angedeutet und weiter unten (Kap. 7.1) später noch ausführlicher begründet, könnte dies dafür sprechen, auch in westlichen Industriegesellschaften bei der Untersuchung heterogamer Heiraten strenger zwischen ehelichen und nicht-ehelichen Gemeinschaften zu differenzieren als dies bisher in der Forschung der Fall gewesen ist (vgl. Anhang 9.1 zu den jeweiligen Untersuchungseinheiten).

Die Befragung der offenbar überwiegend in japanischen Großstädten angesiedelten Paare ergab weiterhin, daß die Übersiedlung nach Japan oder

Deutschland am Eheanfang leichter war als später: Die schon geleistete eheliche Anpassung wurde in vielen Fällen der Stichprobe durch eine Vertauschung der Rollen Einheimischer / Fremder aufgrund des neuen kulturellen Umfeld gefährdet oder sogar zunichte gemacht; die vom Ehepaar geschaffene "interkulturelle Lebenswelt"[4] konnte nicht unverändert transportiert werden. Auch weitere "**Lebenskrisen**", allen voran die Geburt eines Kindes, brachten neue Rollenanforderungen an die eheliche Dyade und damit eine Veränderung der erarbeiteten, im relativen Gleichgewicht befindlichen Lebenswelt (ibid.: 181).

Dermott beschreibt denselben Sachverhalt:

"Yet, in intercultural marriages, the conscious synthesis between marriage partners may be temporarily lost with the arrival of children. A second deeper layer of beliefs and values based on the individual's own earlier childhood experiences when culture made its unconscious indelible imprint may emerge" (Dermott 1977: IX).

Wie Tseng, der seine Analyse offenbar auf Fälle seiner psychiatrischen Praxis gründete, stellte Hardach-Pinke fest, daß **kognitive Kenntnisse über die andere Kultur nichts über die Chance zur gelungenen ehelichen Anpassung aussagten**:

"Interesse und Aufgeschlossenheit gegenüber der jeweils fremden Kultur waren zwar eine Voraussetzung für eine interkulturelle partnerschaftliche Ehe, aber sie boten keine Garantie für eine harmonische Verbindung kultureller Ausrichtungen im Alltagsleben. Partner, die über ein hohes Bildungsniveau verfügten und besondere Kenntnisse über die Kultur des Partners erworben hatten, waren dadurch nicht automatisch eher in der Lage, eine harmonische Lebenswelt zu schaffen als Partner, die über diese Voraussetzungen nicht verfügten. Es zeigte sich in den Interviews, daß z. B. Ehen zwischen japanischen Germanisten und deutschen Japanologen nicht durchweg die harmonischsten und für die Partner befriedigendsten Kulturmischungen hervorbrachten, obwohl gerade diese Paare sich über das kulturelle Programm ihrer Lebenswelt viele Gedanken machten" (Hardach-Pinke 1986: 158, 159);

"Das Leben in der Fremde oder mit Fremdheit ist nicht nur eine intellektuelle Herausforderung, sondern auch eine emotionale: Man findet sich

---

4 Die Autorin übernimmt den Begriff der neu konstituierten "Lebenswelt" in einer Ehe von Alfred Schütz und Thomas Luckmann: Strukturen der Lebenswelt. Bd. 1. Frankfurt 1979: 25 ff. (Hardach-Pinke 1988: 10).

im Alltag einer fremden Kultur nicht um so besser zurecht, um so mehr Bücher man über sie gelesen hat, und es gelingt Menschen, sich in einer fremden Welt zu orientieren, ohne sich jemals mit interkultureller Kommunikation befaßt zu haben" (ibid.: 200).

Cizon (1954: 253) deutet am Ende seiner Untersuchung über interethnische und bikonfessionelle Heiraten in der von ihm nur mit X bezeichneten Gemeinde an, daß es sich für weitere Forschungen lohnen könne, bei Paarbindung in interethnischen Ehen nach **Gemeinsamkeiten**, etwa der Konfession, zu suchen, die die disruptiven Einflüsse unterschiedlicher Kultur und Herkunft ausgleichen könnten. Dies entspräche einem Äquivalent zur Summationstheorie im Bereich der Partnerwahl. Die Autobiographie einer mit einem Koreaner verheirateten und in seinem Heimatland lebenden Amerikanerin (Kim 1981) bestätigt dies: Agnes Davis Kim lernte ihren späteren Mann an einer christlichen Universität in den Vereinigten Staaten kennen und folgte ihm nach sechs Jahren Verlöbnis nach Korea. Aufgrund der Heirat mit einer Ausländerin erhielt ihr Partner jedoch keine Anstellung als Theologe, so daß das Paar mit der Mutter des Mannes zusammenzog und ein einfaches bäuerliches Leben mit viel Sozialarbeit führte, etwa medizinischer Versorgung der Bevölkerung und Unterricht für Kinder. Die Frau hatte sich bereits in den U.S.A. sehr gut auf allerlei praktische Tätigkeiten vorbereitet, so daß sie Nähen, Schlachten und landwirtschaftliche Arbeiten ausführen konnte; sie paßte sich stark an das koreanische Umfeld an. Nach fünf Jahren Ehe kam es bei ihr zu einem psychischen Zusammenbruch, der jedoch durch den mit ihrem Mann geteilten christlichen Glauben aufgefangen werden konnte: Das Christentum stellte ein äußerst starkes Bindeglied dieser Ehe dar.[5] Auch Simon (1985b: 133, 156) erwähnt, daß drei der sechs von ihm in Deutschland interviewten deutsch-koreanischen Paare im gemeinsamen katholischen Glauben eine wichtige gemeinsame Basis für ihre Ehe sehen.

In einer neueren Untersuchung richtete Wießmeier (1993) ebenfalls neben Trennendem ihr Augenmerk sehr konsequent auf Bereiche, die die von

---

[5] Wie bei allen Autobiographien interethnisch verheirateter Frauen muß hier natürlich quellenkritisch die Frage gestellt werden, was in ihnen *nicht* zur Sprache kommt. So erwähnt Kim zwar ihren psychischen Zusammenbruch, schreibt allerdings nicht, worin er begründet lag oder was zu ihm führte. Gerade in dieser Probleme nur oberflächlich thematisierenden und die Gemeinsamkeiten betonenden Biographie stellt sich mir die Frage, welche Belastungen - und durchaus unchristlichen Gefühle - verschwiegen wurden, - schon allein deswegen, weil der Ehemann das Buch möglicherweise lesen könnte.

ihr in Berlin untersuchten binationalen Partner verbanden und ihre Ehe damit stärkten (s. u.).

Bereits Strauss (1954: 102 - 105) war in seiner Untersuchung japanischer Frauen und amerikanischer (Ex-) Soldaten in Chicago aufgefallen, daß manche der für intraethnische Ehen typischen Belastungen ("strains") geringer waren oder ganz fehlten. So waren Probleme durch starke institutionelle Bindungen, etwa religiöser Art, durch Karriereorientierung der Ehefrau bzw. Druck auf den Mann, sich stärker beruflich zu engagieren, sowie durch Unverträglichkeit der weiblichen und männlichen Freundeskreise kaum oder gar nicht gegeben. Dies lag zum Teil allerdings offenbar daran, daß die Japanerinnen noch nicht lange genug in den U.S.A. lebten, um entsprechende Netzwerke und Beziehungen zu knüpfen, oder diese sich hauptsächlich im Bereich anderer amerikanisch-japanischer Paare abspielten. Statusansprüche der meist höher gebildeten Frauen an ihre Partner wurden durch den höheren Lebensstandard in den Vereinigten Staaten kompensiert. Strauss nennt hingegen Konflikte durch die tatsächliche oder symbolische Trennung der Frauen von ihren Herkunftsfamilien und Beziehungen zu den Schwiegerfamilien, die denen in intraethnischen Ehen an Intensität nicht nachstehen.

Es ist aufgrund dieser Studie zu vermuten, daß in interethnischen Ehen vielleicht **nicht weniger, aber andere Problembereiche** existieren als in intraethnischen. Eine weitere Studie aus den fünfziger Jahren zeigt ebenfalls am Beispiel heterogamer Heiraten von Japanern den auf den ersten Blick verblüffenden Fall, daß gerade **durch das Fehlen einer gemeinsamen Rollendefinition** eine **bessere Anpassung** erfolgte als bei deren Vorhandensein:

Kimura (1957) interviewte auf Hawaii 324 japanische und europäische Kriegsbräute, die amerikanische Soldaten japanischer und nicht-japanischer Abstammung geheiratet hatten. Sie ließ sie außerdem auf einer Skala ihre Ehe und ihre Beziehungen zur Schwiegerfamilie bewerten. Dabei stellte sich zu ihrer Überraschung heraus, daß die japanischen Frauen nicht-japanischer Männer zu 75 % und die europäischen Frauen japanischer Männer zu 70 % ihre Ehen als "gut" bewerteten; die mit Amerikanern japanischer Abstammung verheirateten Japanerinnen bildeten hingegen das Schlußlicht mit nur zu 39 % als "gut" und zu 51 % als "leidlich" ("fair") bezeichneten Ehen. Eine positive Einschätzung der Ehe war bei der Mehrzahl der Probandinnen mit einer ebensolchen Beziehung zur Schwiegerfamilie gekoppelt, eine negative mit einer schlechten Beziehung. So gestaltete sich bei den Japanerinnen mit nicht-japanischen Männern das Verhältnis zu deren Familien häufig so eng, daß Außenkontakte, auch zu Hawaiianern japanischer Abstammung, kaum gesucht wurden.

Durch die Interviews fand Kimura heraus, warum die so stark an das Verhältnis zur Schwiegerfamilie gekoppelte Ehezufriedenheit bei den ethnisch homogamen Japanerinnen viel geringer war als bei den mit hawaiianischen Japanern verheirateten Europäerinnen. Die Eltern der Männer kamen meist aus bäuerlichen Verhältnissen und hatten ihren wirtschaftlichen Standard nach der Einwanderung durch jahrelange mühevolle Arbeit unter vielen Entbehrungen aufgebaut. Sie hegten noch aus ihrer Generation stammende traditionelle Erwartungen an das Verhalten einer japanischen Schwiegertochter: Sie sollte ihnen gehorchen, Respekt erweisen, sie bedienen sowie bestimmte haushaltstypische Dinge von ihnen lernen und übernehmen. Die Befragung der jungen Frauen ergab allerdings, daß diese ohne Ausnahme bei der Heirat von einer Ehe mit einem Amerikaner, und sei er auch japanischer Abstammung, ausgegangen waren und sich schon vor der Abreise durch verschiedene Kurse auf ein Leben in den Vereinigten Staaten vorbereitet hatten. Ihre Eltern waren in der Mehrzahl gebildeter als ihre Schwiegereltern, hegten zum Teil ungünstige Einschätzungen über japanische Auswanderer nach Hawaii und bestärkten ihre Töchter darin, ein modernes, von den Schwiegereltern unabhängiges Eheleben anzustreben. In der Herkunftsfamilie war fast nie die Verpflichtung gegenüber der Familie ("filial piety") erwähnt worden; die Eltern des Mannes pochten hingegen ständig darauf. Neben den auf die Schwiegereltern "amerikanisch" statt "japanisch" wirkenden modischen Kleidungsstücken nebst selbstverständlichem Make-up zeichneten sich die Frauen durch Selbständigkeit im Denken und Handeln sowie durch vollkommene Beherrschung des Standard-Japanischen aus. Die Eltern des Mannes hatten diese komplexe und elegante Sprachform wegen ihrer ländlichen Herkunft und durch das lange Leben in Hawaii kaum geübt und angewendet; sie wirkten daher auch in diesem Bereich auf die jungen Frauen als zurückgeblieben und ungebildet, was den Unwillen, ihnen selbstlos zu gehorchen, noch verstärkte.

Im Gegensatz dazu wußten die europäischen Kriegsbräute weder etwas über japanische noch über irgendeine andere Kultur ihrer aus verschiedenen ethnischen Einheiten stammenden Ehemänner. Zur besseren Vergleichbarkeit betrachtete Kimura den Fall der mit Männern japanischer Abstammung verheirateten Frauen und ihrer Beziehungen zur Schwiegerfamilie näher. Sie stellte fest, daß es gerade die diffusen oder gar positiv "enttäuschten" Rollenerwartungen waren, welche eine Anpassung förderten: Die Eltern des Mannes pflegten in Hawaii kaum Kontakt zu Personen europäischer Abstammung und rechneten mit einer unabhängigen Europäerin, die kein Wissen über japanische Kultur oder die traditionelle Rolle einer Schwiegertochter mitbringen und daher extrem "schwierig" für sie sein würde. Die Frauen besaßen keinerlei Maßstäbe, die ihnen erlaubt hätten, das Verhalten ihrer Schwiegereltern kritisch zu beurteilen; wie immer es auch war, sie hielten es eben für "japanisch" und akzeptierten es als solches. Kommunikation fand auf Englisch statt, das beide Seiten nur unvollkommen beherrschten, so daß ein weiterer Punkt der gegenseitigen Verächtlichmachung entfiel. Viele der Schwiegereltern nahmen diese Situation mit Erleichterung auf und begannen die Frauen ihrer Söhne zu schätzen und sogar vorteilhaft mit den obstinaten Schwiegertöchtern aus Japan zu vergleichen, die sich nicht einfügen wollten. Das sich so entwickelnde gute Verhältnis wirkte offenbar in puncto Ehezufriedenheit auf die eheliche Dyade zurück.

Kimura entdeckte jedoch einen Faktor, der die Ehezufriedenheit und das Verhältnis zu den Schwiegereltern auch bei japanischen Frauen japanischer Hawaiianer verbesserte: ein **hoher Lebensstandard**. Der Befund, daß hoher sozio-ökonomischer Status, also Berufsstatus, Einkommen und / oder Bildung, in heterogamen Verbindungen **mit Ehezufriedenheit gekoppelt** sind, wird auch von anderen Autoren bestätigt. So stellte Kannan (1972: 119 - 122) bei seiner Befragung in London fest, daß jene heterogamen Paare mit höherer Berufsschicht und Bildung häufiger als "sehr glücklich" einzustufen waren. Methodisch ist sein Vorgehen allerdings nicht einwandfrei; seine Bewertung von Eheglück ist nämlich eine nicht näher erläuterte Kombination aus Selbsteinschätzung der Probanden und seiner Zuschreibung. Der Autor glaubte aufgrund seiner so entstandenen Ergebnisse auch Zusammenhänge von Eheglück zu höherem Heiratsalter, Bescheidenheit der Frau, hoher Kinderzahl, fehlendem Widerstand der Familie gegen die Heirat und guter Beziehung zur Schwiegerfamilie zu bemerken.

■ Einige Frauen aus Deuls (1985: 106 - 109) Stichprobe wiesen ebenfalls darauf hin, daß hoher sozio-ökonomischer Status die Anpassung erleichtere: Zum einen seien die Eliten verschiedener Länder in ihren Anschauungen und Lebensweisen nicht so verschieden; zum anderen stellten Einschränkungen für die im Gegensatz zum Leben in der ländlichen Türkei an Luxus gewöhnten Deutschen eine zusätzliche Belastung im ehelichen Zusammenleben dar.

■ Weller und Rofé (1988) verglichen in ihrer Studie die Ehezufriedenheit von israelischen Frauen westlicher und orientalischer Herkunft in homo- und heterogamen Ehen. Sie stellten folgende Thesen auf:

1. Heterogame Frauen haben eine geringere Ehezufriedenheit als homogame.
2. Kontrolliert man jedoch den Bildungsstand der Stichprobe, verringert sich dieser Unterschied oder verschwindet ganz.
3. Frauen westlicher Abstammung sind wegen des partnerschaftlichen statt des männlich dominierten Eheleitbildes zufriedener als Frauen orientalischer Abstammung.
4. Kontrolliert man jedoch den Bildungsstand der Stichprobe, verringert sich dieser Unterschied oder verschwindet ganz.

Die ca. 300 Probandinnen waren Patientinnen in Gesundheitszentren in und um Tel Aviv. Solche Einrichtungen werden laut Autoren von fast jeder Frau, die einen Schwangerschaftstest machen lassen möchte, schwanger ist oder gerade entbunden hat, aufgesucht. Im Rahmen einer größer angelegten Untersuchung, in der es auch um Ehezufriedenheit schwangerer und nicht schwangerer Frauen ging, verteilten die Forscher Fragebögen mit vier verschiedenen Skalen, welche neben der ethnischen Abstammung allgemeine Zufriedenheit, Ehezufriedenheit, Beteiligung des Mannes an der Hausarbeit und Inanspruchnahme von und durch Freunde bei Problemen erhoben. Weller und Rofé fanden ihre Thesen bestätigt: Da es sich bei den Frauen orientalischer Abstammung um solche der zweiten oder dritten Generation in Israel handelte, die folglich schon in Schule und Armee mit den westlich orientierten Ideen aufgewachsen waren, stellte sich in ihren Ehen der Konflikt zwischen dem männlich dominierten Ehemodell der Herkunftsfamilie und dem partnerschaftlichen der Erziehungsinstitutionen, so daß sie generell mit ihrer Ehe unzufriedener waren als die Frauen westlicher Abstammung. Dieser Unterschied verschwand jedoch, ebenso wie beim Vergleich homo- und heterogamer Frauen, wenn der Bildungsstand kontrolliert wurde. Die Autoren schließen daraus, daß Bildungsstand in Israel wichtiger für die Ehezufriedenheit sei als die ethnische Zugehörigkeit der Frauen oder die Art ihrer Heirat.

Einige Forscher warfen die Frage auf, **welcher der Partner in einer interethnischen Ehe sich mehr an die Rollenerwartungen des anderen anpasse**, - vielleicht die Frau an den Mann, der Ausländer an den Inländer? So beobachtete Banton (1955: 171, 172) während seiner Feldforschung im Londoner Immigranten-Viertel Stepney, daß es meist die britischen **Frauen** waren, die die größere Anpassungsleistung zu vollbringen hatten. Vor allem die afrikanischen Einwanderer besaßen festgefügte Vorstellungen von der Rolle der Frau im Haushalt, die sich besonders auf Gastfreundschaft gegenüber Landsleuten, Verhalten gegenüber Männern im allgemeinen, selbständige Verabredungen und alleiniges Ausgehen bezogen. Der Autor deutete an, daß die ja oft asozialen Frauen, welche in Stepney Konkubinate und Ehen mit "Schwarzen" eingingen, im Gegensatz zu den Männern über keine eigenen unterstützenden sozialen Netzwerke verfügten. Dies mag der Grund dafür sein, daß der Anpassungsdruck für sie größer war als für die Angehörigen der Minderheitsgruppe.

Hingegen formulierte El-Minshawi (1983: 23, 24) für die Ehen deutscher Frauen und **ausländischer Männer** jene Position, die auch in der IAF verbreitet und dort etwas salopp als "Big-Mama-Syndrom" bezeichnet wurde:

> "Selbst wenn zu Hause beipielsweise durch Teile der Wohnungseinrichtung, Musik, Essen und Formen der Gastlichkeit seiner Heimatkultur ein

gewisser Rang eingeräumt wird, so wird doch zumeist deutsch gesprochen, die Medien und die Technik sind deutsch, der Tagesablauf ist weitestgehend deutsch reglementiert usw. Vor allem aber denkt, fühlt, hofft und erwartet seine Frau deutsch und stellt ihn und seine Lebensart eben somit permanent in Frage. Ohnehin verunsichert und Fremder im Land, ist der Mann dabei gegenüber der Frau, auf die er zudem in mehrfacher, speziell in rechtlicher Hinsicht auch sehr konkret angewiesen ist, jeweils von vornherein im Nachteil und daher häufig zu einem Zurückstellen seiner Vorstellungen und Empfindungen gezwungen. Seine Rolle als Mann wird hierdurch grundsätzlich geschwächt, und dies kann für ihn, zumal er häufig auf eine eindeutig dominante Männerrolle hin erzogen worden ist, eine zusätzliche massive Statusverunsicherung bedeuten.

Die Hauptlast der Anpassung und Integration sowohl im Außen- als auch im Binnenbereich liegt somit bei dem ausländischen Mann, und der allgemeine Umweltdruck ist kaum dazu angetan, ihm diese Aufgabe zu erleichtern. ...

... Die Rollen zwischen den Ehegatten sind in dieser Partnerkonstellation somit in mancher Hinsicht vertauscht, und eben hieraus ergeben sich Risiken und Chancen.

Die Hauptgefahr dieser Machtverteilung besteht für die Frau [sic], daß sie ihre Position unbewußt auszunutzen und den Mann dadurch zu ducken beginnt. Dies geschieht jeweils eher indirekt und zwar besonders in Form eines Übermaßes an Hilfe für den Mann. Die spezielle Partnerkonstellation scheint dabei die Entwicklung einer Art 'Helfersyndrom' bei der Frau zu begünstigen" (El-Minshawi 1983: 23, 24).

Kamalkhani (1988: 104) spricht in Zusammenhang mit iranischen Immigranten in Bergen geradezu von einer Überanpassung, die in den ersten Jahren einer heterogamen Ehe so weit gehe, daß auf regelmäßige Kontakte mit Landsleuten und Teilnahme an kulturellen Aktivitäten der norwegischen Partnerin zuliebe verzichtet werde. Später folge dann eine Phase der Trauer um die verlorene eigene Kultur. Die Autorin führt zwar ein Beispiel aus ihrer Feldarbeit an; auf das mangelhafte Belegen und grobe Verallgemeinern in ihrer Arbeit wurde aber schon an anderer Stelle hingewiesen (vgl. Kap. 3.4).

Hardach-Pinke (1988: 214) stellte aufgrund ihrer empirischen Arbeit über deutsch-japanischen Ehen in Japan die These auf, daß Frauen in interethnischen Ehen solange höhere Anpassungsanforderungen hätten als Männer, wie Hausarbeit und Kindererziehung hauptsächlich weiblicher Verantwortungsbereich blieben: Der Grund liege in der Ähnlichkeit von - meist männlich besetzter bzw. orientierter - Erwerbsarbeit in Industriegesellschaften im Gegensatz zu den größeren kulturellen Unterschieden in weiblichen Rollen.

Graham et alii (1985) führten eine Leitfaden-Befragung unter inter- und intraethnischen Paaren auf Hawaii durch, die alle zur selben Konfession gehörten. Eines ihrer Ergebnisse war, daß heterogame Frauen signifikant mehr Probleme hatten, Aspekte der Kultur ihres Mannes zu akzeptieren. Bei den interethnischen Paaren wurden außerdem deutlich mehr außerhalb als innerhalb der ehelichen Dyade liegende Probleme wahrgenommen, etwa mit den Verpflichtungen gegenüber den Schwiegerfamilien; - dieser Bereich soll in Kapitel 6.1.2 noch ausführlicher zur Sprache kommen. Die Autoren vermuteten, daß Frauen in interethnischen Ehen sich mehr anpassen als Männer und auch einem größeren Anpassungsdruck unterliegen. Wie bei Bantons, El-Minshawis und Kamalkhanis Beobachtungen wäre hier zu fragen, bis zu welchem Grad diese Ergebnisse zu verallgemeinern sind bzw. welche Faktoren eine größere Anpassung eines Partners begünstigen oder erzwingen. Ist es das Fehlen unterstützender sozialer Netzwerke, die dominante Wohnort-Kultur oder das Geschlecht? Oder sind es kulturelle Regeln des anderen Partners, welche so bindend sind, daß ihre Nicht-Befolgung einem Verlust intrakultureller Beziehungen und vielleicht sogar der ethnischen Identität gleichkäme? Graham et aliis Studie könnte meines Erachtens darauf hinweisen, denn drei Viertel der Paare ihrer Stichprobe bestanden aus anglo-amerikanischen Frauen mit samoanischen Ehemännern. Die Verpflichtungen gegenüber der samoanischen Familie und Gemeinschaft, Geschenke zu machen und erarbeitetes Geld und Besitztümer - zum Teil komplett - abzugeben, stehen in diametralem Gegensatz zu euro-amerikanischen Vorstellungen der Erwirtschaftung von und individuellen Rechte auf Eigentum. Dies wurde bereits während der Kolonialzeit von europäischer Seite als Problem empfunden und wiederholt thematisiert (Fischer 1984: 145). Ein gutes Beispiel ist die Schilderung von Calkins, einer Amerikanerin, die in den fünfziger Jahren einen Samoaner heiratete und ihm nach Samoa folgte. Auch sie kam nicht umhin, sich weitgehend den samoanischen Gepflogenheiten anzupassen, verschweigt in ihrem Buch trotz einer von Sympathie getragenen Beschreibung der samoanischen Kultur jedoch nicht, wie schwer ihr dies oft fiel und wie ihr Ehepartner stets zwischen dem Bemühen, ihre Bedürfnisse und die der samoanischen Umgebung zu vereinbaren, jonglierte. Vai, ihr Mann, versuchte in seinem Geburtsort Salani eine Plantage aufzubauen und marktwirtschaftliche Ideen, die er während seines Studiums in den U.S.A. erworben hatte, mit der samoanischen Tradition zu vereinbaren. Seine Verpflichtungen gegenüber Verwandten und Dorfgemeinschaft nahmen zu, nachdem er zum *matai*, Titelträger, gewählt worden war:

"Vai was in distress. Somehow, something was wrong. Samoan custom and commercial farming just did not seem to mix... . Sadly, Vai withdrew from the life in Salani.
We no longer appeared at church where contributions were announced in a loud voice to an attentive congregation. What we could have contributed after we had paid our boys would have embarassed our relatives. Other matai, unharassed by payrolls and capital investments, gladly contributed their entire family income. They wouldn't understand our parsimony.
Vai no longer sat in fono[6] meetings with the other matai. Their young men would go on fishing or planting in their leisurely manner no matter how long the meeting. But our plantation had to be supervised every minute. We had shipping deadlines to meet. Time was important.
When visiting parties turned in the drive, we hid in the forest. I couldn't face the implications. If I admired another lady's sleeping mat she always presented it to me with a smile. But when she in turn admired my radio - I just couldn't bring myself to the proper Samoan response. Usually our visitors requested several hundred pounds of taro to meet an impending feast. We could have asked the same from them. The trouble was that we had it and they didn't. I had mortgaged my life's savings and my father's to raise it. I couldn't just give it away.
I retired from the fa'aSamoa[7] [sic] with a sigh of relief - but not Vai. He was miserable. He felt lonely away from the buzz of the fono and the clamor of the relatives.
'I just don't feel like a Samoan, anymore,' he sighed as he moped around the house. 'What's the use of building a good plantation, anyway, if I can't use it to impress the fono and feed my relatives.'
...
For several weeks Vai lay miserably on the living-room couch. He had lost interest in everything" (Calkins 1975: 132, 133).

In Deutschland war es offenbar vor allem die Position von IAF-Frauen, die in Publikationen über sie, von ihnen und schließlich in auf letzteren beruhenden Examensarbeiten weiter tradiert wurde, daß eheliche Anpassung interethnischer Paare oft deshalb kaum oder gar nicht zu leisten sei, weil **das Abwehren von Außendruck**, etwa von Ablehnung und Diskriminierung, die Partner schon zuviel Kraft koste (z. B. Rudolph 1981). Gegenüber der den Bruch der Ehe erwartenden Umwelt würden außerdem oft innereheliche

---

6 Ratsversammlung der Titelträger und damit politisches Entscheidungsgremium
7 *fa'a Samoa* ist der samoanische Ausdruck für die samoanische Art zu leben, die samoanischen Sitten und Traditionen.

Probleme beschönigt, um nicht noch mehr Angriffsfläche zu liefern bzw. diese Vorstellungen auch noch zu bestätigen.

Auch Ratliff et alii (1978: 222) gingen in ihrer Studie koreanischer Frauen, welche amerikanische Soldaten heirateten, davon aus, daß die massiven Vorurteile und der Widerstand beider Herkunftsfamilien sowie der Militärbehörden gegen diese Verbindungen die Anfangsphase der ehelichen Anpassung extrem erschwerten. In der Studie Deuls (1985: 112, 113) klingt im Fall einer besonders schlechten ehelichen Anpassung einer mit ihrem türkischen Mann nach Istanbul übergesiedelten Deutschen ebenfalls an, daß sowohl die Beziehung ihrer Eltern gegenüber dem Schwiegersohn als auch der Schwiegereltern gegenüber ihr schlecht war.

In der Forschung über eheliche Anpassung wurde der sogenannte **Romeo-und-Julia-Effekt**[8] beobachtet, der sich auch auf interethnische Ehen unter Außendruck übertragen läßt:

Er bezeichnet das empirisch beobachtete Phänomen, daß wie bei anderen (Klein-) Gruppen, so auch bei Liebes- oder Ehepaaren Opposition von außen die Wir-Gruppen-Solidarität verstärkt. Rubin (1974: 394 - 396) stellte die These auf, daß heterogame Paare, die mit mehr Widerstand gegen ihre Heirat leben müßten als homogame, sich folglich auch mehr liebten, - zum einen, weil sie ihre Beziehung trotz des Außendrucks nicht beendeten, zum anderen als Folge des Romeo-und-Julia-Effektes. Anhand einer Skala, die Liebe messen sollte, konnte der Autor seine Annahme im Vergleich von intra- und interkonfessionellen Paaren bestätigen, - allerdings nur für solche, die nicht länger als achtzehn Monate zusammen waren; danach erzielten die Partner derselben Glaubensrichtung höhere Werte auf der Skala, und die heterogamen zeigten verstärkt Merkmale wie Kritisieren des Partners, Wahrnehmen störenden Verhaltens und mangelndes Vertrauen. Rubin vermutete daher, daß der Romeo-und-Julia-Effekt nur eine begrenzte Zeit zusammenschweißen könne; wenn die Opposition seitens der Eltern oder anderer Personen der sozialen Umwelt konsequent und lang andauernd sei, würde die Beziehung des Paares irgendwann zu sehr belastet und geschwächt. Diese Interpretation ist in Übereinstimmung mit den Ergebnissen Kimuras und Kannans, daß die Beziehung zur Herkunfts- und Fortpflanzungsfamilie die Ehezufriedenheit beeinflusse, und auch mit den aus Selbsthilfegruppen und Eheberatung gewonnenen erwähnten Erkenntnissen der IAF-Frauen, daß bei zu starkem Außendruck nicht mehr genügend psychische Kraftreserven der Partner vorhanden seien, um unter zusätzlichen kulturell bedingten innerehelichen Mißverständnissen eine ausreichende eheliche Anpassung zu lei-

---

[8] Dieser Begriff wurde von R. Driscoll, K. E. Davis und M. E. Lipetz geprägt: Parental Interference and Romantic Love: The Romeo and Juliet Effect. in: *Journal of Personality and Social Psychology* 1972, 24: 1 - 10

sten. Hingegen waren alle von Smith (1966: 174) befragten "schwarz"-"weißen" Paare der Ansicht, daß der Widerstand gegen ihre Heirat sie in puncto ehelicher Anpassung noch besser zusammengeschweißt habe.

Einige andere Autoren glauben jedoch, daß es gerade die vor der Heirat durch Opposition oder eigenes Bewußtmachen möglicher Probleme erfolgte **Reflexion** sei, die Anpassung in heterogamen Ehen besonders begünstige. Schon Baber (1937: 709), der ja wie bereits erwähnt ohne seine Kriterien offenzulegen das Glück der von ihm untersuchten Paare bewertete und im Fall unterschiedlicher "Rassen" eher unglückliche Ehen klassifizierte, kam nicht umhin, auf einige glückliche bis sehr glückliche "interrassische" Partnerschaften zu stoßen. Er führte dies auf extrem starke persönliche Anziehung (wohl vergleichbar mit Rubins "Liebe") und eine im Angesicht des starken Widerstandes **sehr bewußt getroffene Eheentscheidung** zurück, - beides Parameter, die günstige Voraussetzungen für eheliche Anpassung darstellten.

Smith (1966: 174) schildert eine ähnliche Selbsteinschätzung bei Partnern "schwarz"-"weißer" Ehen seiner Stichprobe, die glaubten, im Angesicht der negativen Umwelt-Reaktionen mit mehr Bewußtsein als homogame Paare geheiratet und ihre eheliche Anpassung erarbeitet zu haben, schon um den Kritikern ihr Unrecht zu beweisen:

> "'We didn't want to give society the satisfaction of our marriage breaking up, so we worked at it harder...'" (ibid.).

Auch Barbara ist der Ansicht:

> "Knowing they are different, and knowing that they are regarded as fragile because of this difference, the mixed couple will tend to think more deeply about their marriage than the non-mixed couple for whom, even if there is not the question of a mixed relationship, there will still be married life in general to consider. This *mixed condition* shows up some very important questions which the non-mixed couple very often overlooks because they are not apparent" (Barbara 1989a: 98; Hervorhebung im Original);

> "'Forewarned' of what is likely to come between them, the partners may be more on their guard when the romantic glow of their first encounter has worn off. They are aware that they got married 'against all evidence'. Because they are a mixed couple, they may perhaps be more likely to tackle crises and disagreements with a less passionate approach" (ibid.: 180).

Er (1989a: 42, 198 - 200; 1989b: 134) geht sogar so weit, interethnische Ehen in puncto Anpassung als gut studierbares **"Laboratorium"** für alle, auch intraethnische, Ehen zu betrachten: Anpassungsaufgaben seien in beiden Typen ähnlich, aber in heterogamen tauchten sie früher und intensiver auf (vgl. dazu auch Groeger 1973: 121). Wegen der höheren "Kosten" der Partner gegenüber der sanktionierenden Umwelt müßten mehr Lösungen zugleich gefunden werden. Folglich würden in interethnischen im Vergleich zu intraethnischen Ehen Probleme entweder früher aufgefangen und Lösungen auf der Basis von Anpassung gefunden, oder sie zerbrächen früher.

All diese Annahmen klingen zwar vor dem Hintergrund der Modelle von Partnerwahl und der Funktion von homogamen Ehen für eine Wir-Gruppe plausibel und in sich logisch. Empirisch untersucht wurden sie jedoch kaum. Einige der wenigen Ausnahmen ist die Studie von Streltzer (1977), die sich speziell der Frage der **Auswirkung von zusätzlichem Streß** auf die Anpassung der Partner in interethnischen Ehen widmete. Der Autor wählte zu diesem Zweck eine Stichprobe von 56 ethnisch hetero- und homogamen Paaren auf Hawaii, deren einer Partner seit mindestens sechs Monaten der Heimbehandlung mit einer künstlichen Niere bedurfte. Diese war zwar finanziell günstiger als die Versorgung im Krankenhaus, gestaltete sich aber wegen der Bedienung und Überwachung der Maschine sowie etwaiger Komplikationen aufwendig und war nur mit Hilfe einer anderen Person, in diesem Fall des Ehepartners, zu Hause durchzuführen. Die meisten Patienten mußten sich dreimal pro Woche der Blutreinigung unterziehen, was für ihre Partner ein hohes Maß an Verantwortung, weniger freie Zeit und Mobilität als vor der Erkrankung sowie die Fähigkeit zur Zusammenarbeit bedeutete. Streltzer entwickelte drei sich ausschließende Hypothesen über den möglichen Ausgang des Vergleichs inter- und intraethnischer Paare:

1. Interethnische Ehen stehen per se schon unter besonderem Druck, und die Heimbehandlung mit der künstlichen Niere verstärkt diese Belastung noch zusätzlich, so daß heterogame Paare häufiger oder eher diese Art der Blutreinigung abbrechen.
2. Interethnische Ehen stellen besondere Anforderungen an die Anpassungsfähigkeit der Partner. Deshalb ist davon auszugehen, daß heterogame Paare auch besser mit einer zusätzlichen Belastung umgehen können als homogame und weniger oder später diese Art der Blutreinigung abbrechen.
3. Kulturelle Ähnlichkeit oder Unähnlichkeit hat nichts mit Streßbewältigung in einer Ehe zu tun. Deshalb lassen sich keine Unterschiede zwischen intra- oder interethnischen Paaren in der Abbruchquote oder -zeit dieser Art der Blutreinigung feststellen.

Der Forscher überprüfte nun die Krankenakten jener 56 Nierenkranken, von denen vierzehn interethnisch verheiratet waren. Das Zahlenverhältnis von männlichen zu weiblichen Patienten war ungefähr gleich, ebenso die Altersstruktur und der sozio-ökonomische Status. In dem betrachteten Zeitraum von sechs Monaten hatten neun der homogamen, aber kein einziges der heterogamen Paare die Dialyse zu Hause beendet. Rechnerische Kontrolle ergab, daß dieses Ergebnis mit weniger als 5 % Wahrscheinlichkeit auf Zufall zurückzuführen war. Streltzer sieht Hypothese 2 daher als für seine Stichprobe bestätigt, weist aber darauf hin, daß über einen längeren Beobachtungszeitraum vielleicht andere Ergebnisse möglich seien, etwa eine steigende Ausfallquote auch der interethnischen Paare. Besonders wichtig ist ihm ebenfalls der Hinweis auf die allgemeine polyethnische Situation in Hawaii: Schon das Krankenhauspersonal, das die Paare zu Hause mit dem Umgang der Maschine schule, stamme aus verschiedenen ethnischen Einheiten und erkläre die Funktion des Gerätes zum Teil in den Muttersprachen der Patienten oder ihrer Partner. Auch die hohe Zahl heterogamer Heiraten in Hawaii trage zu einem Klima bei, welches für interethnische Paare weniger Außendruck von der sozialen Umwelt bedeute als in anderen Gegenden der Welt. Dort könne eine ähnliche Studie möglicherweise andere Ergebnisse zeitigen. Streltzer wendet sich allerdings gegen die Defektthese, welche bei interethnischer Partnerwahl neurotische Persönlichkeiten und Motive unterstelle: In einem solchen Fall wäre ein besonders schlechtes Funktionieren unter Streß zu erwarten; seine Untersuchung weise aber im Gegenteil eher darauf hin, daß engere Bindungen und bessere eheliche Anpassung in hetero- als in homogamen Ehen vorlägen.

Eine Reihe von Autoren widmete sich in der Untersuchung meist kleiner Stichproben bestimmter interethnischer Paarkombinationen der Frage, ob sich bestimmte **"Patterns"** der ehelichen oder auch kulturellen Anpassung in verschiedenen Lebensbereichen ausmachen ließen.

So verglich Collins (1951) die Frauen von muslimischen mit den Frauen von "schwarzen" Seemännern in der britischen Stadt Tyneside. Letztere waren auch während der Heimaturlaube für Kindererziehung und Organisation des Haushalts allein verantwortlich, während erstere sich stark an den islamischen Regeln ihrer Männer orientieren mußten, um in der sie umgebenden Gemeinschaft nicht an Status zu verlieren. Islamische Werte wurden an die Kinder weitergegeben, und Speisevorschriften eingehalten. Im öffentlichen Auftreten war Geschlechtertrennung die Regel, und die Frauen vermieden während der Abwesenheit ihrer Männer auf See männlichen Besuch, um nicht ins Gerede zu kommen. Bis auf eine kurze Phase war ihnen auch der Zutritt zum als Moschee fungierenden Gebäude nicht gestattet und auch bei Konvertiten die Religionsausübung ausschließlich an die häusliche Umgebung gebunden. Im Gegensatz dazu agierten die Frauen von

"Schwarzen" im öffentlichen Leben gleichberechtigt neben ihren Männern: Sie waren genauso aktiv in einer Selbsthilfeorganisation und bei der Vorbereitung von deren Veranstaltungen, und sie nahmen ebenso hohe Positionen wie die Männer in der hierarchischen Struktur dieser Organisation ein. Während die Frauen von Muslimen auf deren Wunsch gewöhnlich keine Lohnarbeit annahmen, sondern zu Hause blieben, hatten die Frauen von "Schwarzen" meist sogar bessere Stellen als ihre Partner.

Schnepp und Yui (1955) versuchten sich dem Problem der ehelichen Anpassung von japanischen Kriegsbräuten in den U.S.A. dadurch zu nähern, daß sie sich in ihren Befragungen auf Wir- und Sie-Gruppen-Beziehungen, Rollen des Ehemannes und der Ehefrau, Sprache, Küche, religiöse Überzeugung und Praktizierung konzentrierten. Diese oder ähnliche Operationalisierungen sollten auch in der Folge von vielen Forschern angewandt werden, ohne daß sie sich dabei immer explizit auf eheliche Anpassung bezogen. Schnepp und Yui stellten anhand ihrer kleinen Stichprobe von fünfundzwanzig Paaren folgendes fest:

— Die Eheentscheidung war nach durchschnittlich zwei Jahren des Kennens nicht hastig getroffen worden, sondern überlegt.
— Der Widerstand der Familien gegen die Heirat war nach längstens einem Monat gebrochen.
— Die Japanerinnen wurden von den Herkunftsfamilien ihrer Männer herzlich aufgenommen; nur ca. ein Drittel der Frauen hatte Probleme mit ihnen. Bei letzteren handelte es sich um Paare, die mit der Familie des Mannes in einem Haushalt lebten.
— Die Frauen waren meist mit anderen japanischen Kriegsbräuten befreundet; oft entwickelte sich so der wichtigste Freundeskreis des Paares hin zu anderen japanisch-amerikanischen Paaren.
— Kooperation in Aufgaben und Entscheidungen schien bei den meisten Paaren der Fall zu sein. Allerdings gab die Meinung des Mannes oft bei jenen Angelegenheiten den Ausschlag, die amerikanische Sitten und Gebräuche betrafen. Die meisten Frauen waren nicht berufstätig, sondern - offenbar gerne - Hausfrauen.
— Alle Paare feierten amerikanische Feste wie Geburtstage, Weihnachten, Thanksgiving; keine der Frauen äußerte den Wunsch nach dem Begehen japanischer Feste.
— Gewöhnlich wurde amerikanisch gekocht, zum Teil, weil japanische Zutaten schwer zu bekommen und teuer waren.
— Religion spielte kaum eine Rolle für die Probanden.

Strauss (1954) war - auch hinsichtlich des Freundeskreises der von ihm untersuchten japanisch-amerikanischen Paare - zu ähnlichen Ergebnissen gekommen, wie zum Teil ja schon dargestellt.

Michel (1959: 201 - 203, 208, 216, 220, 225) untersuchte im Rahmen ihrer Studie auch heterogame Paare, die unter ärmlichen Verhältnissen in Hotels in und um Paris wohnten. Die Zimmer dort waren im Durchschnitt nur 12 m^2 groß. Die häufigste interethnische Kombination bestand aus einem algerischen Mann und einer französischen Frau. Obwohl dies den Traditionen der Männer zuwiderlief und in homogamen algerischen Verbindungen der Hotelbewohner nicht der Fall war, arbeiteten in den heterogamen Ehen zwei Drittel aller Frauen außer Haus. Der Grund dafür lag zum einen in den finanziellen Notwendigkeiten des Paares, zum anderen aber auch in der Verpflichtung und dem Wunsch vieler Männer, Geld an die Herkunftsfamilie in Algerien zu schicken. So halfen die Nordafrikaner, wenn auch zum Teil widerstrebend, bei der Hausarbeit, weil ihre Frauen später als sie vom Arbeitsplatz heimkehrten; sie kauften gemeinsam mit der Partnerin oder allein ein und kochten Gerichte aus ihrer Heimat, deren Zubereitung die Frauen nicht beherrschten. In Hotels mit einer fast rein algerischen Einwohnerschaft fielen ihnen solche Kompromisse jedoch schwerer, und die Französinnen klagten in den Interviews über Eifersucht der Männer und persönliche Unfreiheit. Michel konnte feststellen, daß die interethnischen Paare von allen Hotelbewohnern die niedrigste Kinderzahl hatten. Dies mochte zum einen in der höheren Kindersterblichkeit begründet liegen, die für diese beengten Verhältnisse festzustellen war. Andererseits schien es aber auch auf Entscheidungen der Frauen zurückzugehen, gerade wegen dieser engen Lebensumstände und auch wegen Anpassungsschwierigkeiten in der Partnerschaft bewußt auf Kinder zu verzichten: In Hotels mit national heterogener Einwohnerschaft tauschten offenbar vor allem die Französinnen untereinander Ratschläge zur Empfängnisverhütung und Abtreibung aus. Entsprechend gab es in den algerisch dominierten Hotels signifikant mehr Kinder in heterogamen Ehen, denn dort fanden die europäischen Frauen keine Komplizinnen. Auf Kinder als Indikator für Ehestabilität wird in Kapitel 6.1.4 noch zurückzukommen sein.

Kannan (1963: 140 - 145) hatte bei seiner Untersuchung von Heiraten zwischen Angehörigen verschiedener indischer Kasten und Ethnien festgestellt, daß bei unterschiedlichen Sprachgruppen der Partner eine gemeinsame Sprache des Paares gefunden wurde. Differierende Speisegewohnheiten[9] wurden entweder durch Übernahme eines Stils, wobei sich üblicher-

---

[9] Speisegewohnheiten, -tabus und -vorschriften sowie spezielle Zubereitungsarten stellen in Indien starke Markierungen von Wir-Gruppen wie Ethnien, Kasten und Subkasten dar. Diese entsprechen gewöhnlich Heiratsschranken, wie etwa in dem

weise gemäß hinduistischer Tradition die Frau anpaßte, durch Abwechslung oder Elemente aus beiden Küchen gelöst. Vegetarier[10] und Nonvegetarier tolerierten die Gewohnheiten des Partners, oder die Nonvegetarier aßen aus Rücksicht auf rituelle Reinheit der Küche oder Ekelgefühle des Partners Fleisch nur außer Haus.

Jays (1963: 875) Studie ergab, daß in den Ehen einheimischer Männer mit europäischen Frauen in Tunesien wichtige Familien-Entscheidungen gewöhnlich gemeinsam getroffen wurden. Betrafen diese die Kinder, entschieden meist die Frauen.

Die Zusammenfassung von Abramzons Forschung über Kasachstan (Anonymus 1963) zeichnet ein idealistisches Bild russischer Frauen, das diese geradezu als Kulturheroen in einer "zurückgebliebenen" Provinz des Sowjetreiches zeigt: Trotz einiger Widerstände würden die Russinnen meist willkommen geheißen. Ihre Ehen mit Kasachen seien üblicherweise sehr glücklich, die Kinder gut erzogen. Die Frauen lernten die einheimischen Sprachen fließend und könnten bald alle regionalen Gerichte kochen. Den üblichen Gepflogenheiten der Gastfreundschaft paßten sie sich problemlos an und würden auch bald zu guten Reiterinnen im Kirgisenaul, selbst wenn sie früher nie etwas mit Pferden zu tun gehabt hätten. Wegen der so gewonnenen Akzeptanz gelinge es ihnen, in diesen entlegenen Gebieten vorteilhafte Innovationen einzuführen, etwa durch Anpflanzen von Kartoffeln und Gemüse auf den Kolchosen, so daß eine abwechslungsreichere Ernährung möglich sei. Es wurde schon im Methodenkapitel darauf verwiesen, daß Abramzons Untersuchungsmethoden nicht offengelegt sind und es sich bei seinem Artikel eher um politische Propaganda als Sozialforschung handeln könnte.

Carisse (1966; 1969; 1971) interviewte getrennt 115 anglo-frankokanadische Paare in Montreal, die vierzehn Jahre zuvor geheiratet hatten. Beide Partner waren meist katholisch und schichtendogam, um die Einflüsse dieser Faktoren möglichst auszuschalten; die Anzahl der Paare mit anglo- und franko-kanadischen Ehemännern entsprach sich ungefähr. Die Autorin ging von einer These Lévi-Strauss' und anderer Sozialwissenschaftler aus, daß bei einem wie auch immer gearteten Austauschprozeß Gabe und Gegengabe sich einigermaßen ausgleichen müßten, - diese Idee hatte ja bereits die Grundlage für Partnerwahlmodelle gebildet. Carisse übertrug sie auf ein Modell von Anpassung in interethnischen Ehen, wo sich die "Gewinne" und

---

Hindi-Sprichwort "Meeri Rooti, meeri Beeti" ("mein Brot, meine Tochter") ausgedrückt: Wer auf dieselbe Art ißt wie ich, dem kann ich auch meine Tochter zur Frau geben. (Vgl. Pandey 1988: 164 - 168; persönliche Beobachtung)

[10] Die meisten Hindus sind, beruhend auf der Vorschrift, keine Tiere zu töten, Vegetarier (vgl. Pandey 1988: 165).

"Verluste" für die Individuen die Waage halten müßten. Da es in jeder Ethnie kulturelle Bereiche gebe, die besonders hoch, andere, die als nicht so wichtig bewertet würden, ließen sich in heterogamen Verbindungen vermutlich "typische" Muster der Anpassung finden. In Montreal stellten weder die Anglo- noch die Franko-Kanadier eine Mehrheits- oder Minderheitskultur, da die eine Einheit zahlenmäßig, die andere technologiemäßig dominiere, so daß der Einfluß der Umgebung in diesem Fall auszuschließen sei. Die Forscherin fragte nach Verhalten und Entscheidungen in kulturellen Konfliktsituationen, nach der von den Partnern miteinander gesprochenen Sprache, dem sozialen Netz von Primärbeziehungen, der gewählten Wohngegend sowie der Wahl von Zeitschriften und Fernsehprogrammen. Dabei kam sie zu folgenden Ergebnissen:

— Meist dominierte der kulturelle Bereich des Mannes.
— Meist dominierte der kulturelle Bereich des anglo-kanadischen Partners.
— Kompromisse waren selten, aber bei der Wahl des Freundeskreises signifikant höher als aus Untersuchungen intraethnischer Paare bekannt. 30 % des Freundeskreises bestanden ebenfalls aus anglo-franko-kanadischen Paaren.
— Trotz räumlicher Nähe beim Wohnen waren Kontakte zu Verwandten im Gegensatz zu denen zu Freunden signifikant seltener als aus Untersuchungen intraethnischer Paare bekannt.
— Die französische Seite setzte sich meist in den Bereichen Wohngegend, Religion, Verwandtschafts- und Freundschaftsbeziehungen durch.
— Die englische Seite setzte sich meist in den Bereichen Zeitschriften, Fernsehprogramm, Mitgliedschaft in Organisationen durch.

Carisse sieht in den beiden letzten Ergebnissen eine Bestätigung der unterschiedlichen Gewichtung von Kulturelementen in beiden Ethnien: Für die Franko-Kanadier seien Gemeinschafts- und Primärbeziehungen, für die Anglo-Kanadier Sekundärbeziehungen sowie Kommunikations- und Machtstrukturen unentbehrlicher. Sie hält die Kombination franko-kanadische Frau - anglo-kanadischer Mann für potentiell konfliktreicher, da das Gleichgewicht der "Gewinne" und "Verluste" dort eher gestört sei: Der Mann und der Anglo-Kanadier setzten ihre Kulturbereiche eher durch. Einen Anhaltspunkt dafür sah sie in der Tatsache, daß bei den getrennten Interviews Paare dieser Kombination eher in der Beschreibung der wahrgenommenen Realität differierten als anglo-kanadische Frauen und franko-kanadische Männer.

■ Kannans (1972: 83 - 92) Stichprobe ergab folgende Anpassungslösungen für kulturell bedingte Unterschiede der Partner:

— Die hinduistischen Vegetarier schwenkten gewöhnlich um und begannen Fleisch zu essen: Regional gemischte Küche war bei den meisten Familien üblich.
— Bei sehr religiösen Personen konvertierte meist der Partner.

■ Blasius (1982) interviewte ein deutsch-koreanisches Ehepaar in Bonn. Die Frau war katholisch, der Mann evangelisch; dies führte allerdings nicht zu Schwierigkeiten, da die Koreanerin von ihrer heimatlichen Kultur her an viele verschiedene Religionen gewohnt und ihnen gegenüber tolerant war. Da der Ehemann sich zur Zeit der Heirat gerade ein Geschäft aufgebaut hatte, war der Lebensmittelpunkt - auch in den Zukunftsbetrachtungen - Deutschland. Deutsch wurde daher auch die Sprache, welche das Paar untereinander und mit den Kindern benutzte. Durch das Umfeld von Beruf, Kindergarten und Schule war auch der Bekanntenkreis überwiegend deutsch; er schloß jedoch auch deutsch-koreanische Paare und Koreaner ein. Die Frau kochte vor allem für die Kinder gern koreanisch, hatte von ihrer Schwiegermutter aber auch einige deutsche Lieblingsgerichte ihres Mannes gelernt.

■ Zu ähnlichen Ergebnissen kam auch Simon (1985b: 100 - 160) in seinen sechs Interviews mit deutsch-koreanischen Paaren: Fast alle Koreanerinnen waren nach ursprünglicher Berufstätigkeit im sozialpflegerischen Bereich inzwischen nur Hausfrauen; dies mag aber auch an der relativ hohen Kinderzahl dieser Haushalte bzw. im Vorschul- oder frühen Schulalter mindestens eines der Kinder pro Haushalt begründet liegen. Die Erziehung der Kinder war durchweg deutschsprachig; die deutschen Ehemänner beherrschten alle nur sehr wenig Koreanisch. Es dominierte die koreanische Küche.

■ Deul (1985: 86 - 113) interviewte deutsche Frauen, die mit ihrem türkischen Ehemann nach Istanbul übergesiedelt waren. Der Freundeskreis des Paares war im Fall ihrer Stichprobe direkt abhängig von den Türkisch-Kenntnissen der Frauen. Religion spielte in diesen Ehen keine Rolle; entweder war sie für einen oder beide Partner unwichtig und damit kein Konfliktbereich. Bei den Paaren mit relativ hoher Ehezufriedenheit wurden sowohl deutsche als auch türkische Festtage begangen.

■ Pandeys Untersuchungsschwerpunkt galt zwar der Erziehung von Kindern in deutsch-indischen Familien im Raum Frankfurt / Main; einige Ergebnisse lassen aber auch Rückschlüsse auf "Muster" ehelicher Anpassung zu. So wurde in allen zehn Familien sowohl deutsch als auch indisch gekocht; Vegetarier hatten meist in der Bundesrepublik angefangen, Fleisch zu essen. Familiensprache war gewöhnlich Deutsch; Englisch hatte jedoch ebenfalls einen wichtigen Stellenwert. Unterschiedliche Religionen stellten für keine der befragten Familien ein Problem dar, weil die Partner ihre Religion nicht oder kaum praktizierten oder an den Festen und Riten des anderen teilnahmen. Im Fall einer katholisch-katholischen Ehe wirkte der gemeinsame Glaube hingegen wieder als ein Bindeglied zwischen den Partnern. (Pandey 1988: 164 - 204)

Wießmeiers Studie (1993: 99 - 107) wurde am Anfang des Kapitels bereits erwähnt. Die Ethnologin charakterisierte aufgrund ihrer Interviews in Berlin Gemeinsamkeiten von Paaren bestimmter regionaler Kombinationen. So seien in deutsch-lateinamerikanischen Ehen beide Partner durch ein starkes gemeinsames Interesse an lateinamerikanischer Sprache und Kultur gekennzeichnet. In deutsch-europäischen Ehen finde sich meist die klassische Rollenaufteilung der Frau als Hausfrau und des Manns als Brotverdiener. Deutsch-orientalische Ehen zeigten von Seiten des deutschen Partners ein starkes Interesse an Kommunikation und an der Einbindung in größere Familienstrukturen. Ferner lasse sich beobachten, daß deutsche Frauen mit orientalischen Männern vor der Ehe lange allein gelebt hatten und ein feministisches Umfeld aufwiesen. Die in diesen Ehen gemäß außereuropäischen Traditionen in vielen Bereichen praktizierte Trennung der Geschlechter erlaube den Frauen eine Perpetuierung ihres unabhängigen Lebensstils auch in der Ehe. Deutsch-asiatische Ehen wiesen eine besonders familienorientierte Haltung beider Partner auf. Gemeinsames Interesse an Politik und Auslandserfahrungen stellten ein Bindeglied zwischen den Eheleuten dar. Der Mann in diesen Beziehungen verdiene gewöhnlich wesentlich mehr als die Frau und setze in der Ehe damit seine Rolle als einziges oder ältestes Kind fort, die Frau hingegen ihre als oft unbeachtetes Kind: Sie passe sich an und lebe oft ausschließlich die Hausfrauenrolle.

6.1.1 Rollenvorteile aufgrund unterschiedlicher ethnischer Herkunft

Einige Sozialwissenschaftler versuchten, nicht nur in bezug auf interethnische Partnerwahl, sondern auch auf das eheliche Zusammenleben Rollenvorteile für einen oder beide Partner in einer heterogamen Ehe zu isolieren oder zu postulieren.

So erhielt Lind (1969: 48) in seiner Untersuchung über Papua Neuguinea von als Spezialisten zum Thema befragten Beamten und Geistlichen die Auskunft, Frauen heirateten gern intertribal, da ein fremder Mann sie - bei Uxorilokalität - **nicht so dominieren** könne wie einer aus dem Dorf. Zwar ist dies nur eine Aussage aus zweiter Hand; sie ist allerdings nicht ganz unplausibel, denn die unterstützende Verwandtschaftsgruppe des zugeheirateten Mannes wohnte in diesen Fällen nicht so nahe wie dies bei einer intratribalen Heirat der Fall gewesen wäre.

Zu einem ähnlichen Schluß kam Best (1989: 188, 189) in seiner Studie der Südniloten. Den Ehepartnern sei bewußt, daß es sich bei einer heterogamen gewöhnlich um eine freiwillige, keine vermittelte Verbindung handle. Folglich wage es kein Mann, seine von der Verwandtschaftsstruktur her starke Position gegenüber seiner Frau auszunutzen oder sie schlecht zu behandeln. Dies werde etwa daran deutlich, daß interethnisch verheiratete Männer mit ihren Frauen nicht autoritär, sondern als Partnerinnen umgingen und sie in Auseinandersetzungen äußerst selten schlugen. Durch die freiwillige und nicht vermittelte Eheschließung könne der Mann nämlich im Konfliktfall nicht auf die Unterstützung der Verwandtschaftsgruppe seiner Frau rechnen, wenn letztere bei ihr Zuflucht suche.

Einen völlig anderen Ansatz entwickelte De Jager (1970: 17, 18, 30, 31). Er fragt zunächst, ob die in vielen Studien verlobter und verheirateter Paare festgestellte Ähnlichkeit tatsächlich die Ursache oder erst die Folge der Partnerwahl in Form von Anpassung sei. Er kritisiert dann die traditionelle Familiensoziologie, welche seiner Ansicht nach zu sehr die Aspekte der Homogamie, Harmonie, Stabilität und Anpassung in den - zumeist untersuchten - Mittelschichtfamilien betone. In diesem Zusammenhang sei auf bisher wenig rezipierte Arbeiten über individuelle Auseinanderentwicklung, Spannungen und Frustrationen der Individuen in diesen so "gut angepaßten" homogamen Ehen zu verweisen. Persönlichkeitsentwicklung und -wachstum, die in demokratischen Gesellschaften Grundwerte darstellten, entständen aber oft erst durch Auseinandersetzung oder gar Konflikt. Der Autor formuliert die abschließende These:

"Too much consensus may render communication partly superfluous. It would therefore be interesting to test the hypothesis that the heterogeneous marriage provides better opportunities for creativity than the homogeneous marriage, although, it may also be the case that the more creative type of person is more likely to enter into a mixed marriage than less creative persons" (De Jager 1970: 31).

Kreativität und Persönlichkeitsentwicklung in Korrelation zu ehelicher Anpassung sind meines Wissens bisher noch nicht für interethnische Ehen operationalisiert oder untersucht worden, und schon gar nicht mit einer homogamen Kontrollgruppe. So bleibt De Jagers Annahme bisher reine Spekulation ohne empirische Untermauerung. Mit Vincent (vgl. Kapitel 4.1) wäre hier zu fragen, ob möglicherweise eine Selektivität der Forschung hinsichtlich Problemen statt Vorzügen heterogamer Heiraten besteht.

Diese könnte auch erklären, warum nur in einer verschwindend geringen Anzahl von empirischen Untersuchungen nach als positiv empfundenen Aspekten der interethnischen Ehen gefragt wurde:

Cottrell (1975: 406) interviewte europäische und nordamerikanische Frauen, die ihren indischen Ehemännern in deren Heimat gefolgt waren und mit ihnen in der patrilateralen Großfamilie lebten. Folgende Vorteile gegenüber einer intraethnischen Ehe bzw. dem Leben in einer Nuklearfamilie wurden von den Probandinnen genannt:

— auch für Introvertierte immer Gesellschaft anderer Menschen,
— stets Verfügbarkeit von Babysittern und von Spielkameraden für die Kinder in Form anderer Familienmitglieder,
— stets materielle Sicherheit durch Reziprozität innerhalb der Großfamilie,
— (in einigen Fällen sehr großer Haushalte) Flexibilität durch eine eigene und eine gemeinsame Küche unter demselben Dach.

Connor (1976: 62, 63) vermutete aufgrund seiner Untersuchung einen Rollenvorteil für die japanischen Kriegsbräute amerikanischer Männer. Im Gegensatz zu den traditionellen Erwartungen, die eine japanische Schwiegerfamilie an eine junge Frau stellen würde, wie etwa von Kimura (1958) geschildert, seien die einer amerikanischen äußerst permissiv. Folglich könne von einem ehestabilisierenden Faktor im Vergleich zu intraethnischen japanischen Ehen ausgegangen werden.

Lees (1980: 192) amerikanische Probanden nannten als "Gewinn" gegenüber homogamen Heiraten das von ihnen allmählich entwickelte Verständnis für Kultur und Persönlichkeit ihrer Frauen sowie deren Beitrag zur Gestaltung eines familienorientierten Lebens. Die koreanischen Ehefrauen erwähnten hingegen vor allem Aspekte von persönlicher Freiheit, materielle Sicherheit und Annehmlichkeit, persönliche und sexuelle Gleichheit mit den Männern, erweiterten Horizont, Gelegenheit zu persönlicher Entwicklung und Wachstum sowie ein partnerschaftliches Verhältnis.

Laut Kamalkhani (1988: 97, 98) sehen norwegische Männer in der Ehe mit einer Iranerin eine bessere Chance auf Dauerhaftigkeit als in einer homogamen Verbindung, außerdem eine bessere Akzeptanz der Rolle als Hausfrau und Mutter ohne zusätzliche Berufstätigkeit. Die iranischen Gattinnen norwegischer Männer profitierten hingegen von geringem Einfluß der und kaum vorhandener eigener Verantwortlichkeit für die Schwiegerfamilie.

Wie allein der Umfang des folgenden Kapitels 6.1.2 deutlich machen wird, überwiegt in der Zwischenheiratsforschung die Behandlung innerehelicher Konflikte. Dafür bieten sich verschiedene Erklärungsansätze an:

1. Die innerehelichen Probleme in interethnischen Verbindungen sind tatsächlich zahlreicher als die Vorteile, und dies spiegelt sich in den Untersuchungen wider.
2. Die Probanden sahen keine besonderen Vorteile gegenüber intraethnischen Heiraten, sondern betrachteten ihre Ehe als genauso vorteils- oder konfliktbelastet wie eine homogame.
3. Die Forschung konzentrierte sich auf das Konfliktpotential interethnischer Ehen und vernachlässigte verbindende und für die eheliche Anpassung oder die Partner vorteilhafte Aspekte[11].

6.1.2 Konflikte aufgrund unterschiedlicher ethnischer Herkunft

Die durch verschiedene ethnische Herkunft der Partner bedingten Konflikte in heterogamen Ehen lassen sich meiner Einschätzung nach im wesentlichen zu zwei großen Komplexen zusammenfassen:

1. Es existieren in den beiden Kulturen der Partner unterschiedliche oder sich gar widersprechende kulturelle Regeln und Muster für bestimmte Lebensbereiche, so daß im ehelichen Zusammenleben eine Lösung gefunden werden muß.
2. Die Bewertung bestimmter Lebensbereiche ist in den beiden Kulturen unterschiedlich (stark).

Besonders anschauliche Beispiele für den ersten Bereich zeigen die Untersuchungen in vorstaatlichen Gesellschaften Neuguineas und Ostafrikas:

So erwähnte Lind (1969: 44 - 46) bei intertribalen Heiraten Konflikte des Paares wegen unterschiedlicher **postnuptialer Residenzregeln**. Auch Vorstellungen über den Brautpreis würden oft zum Problem: In manchen Gegenden des Markham-Tales sei er gar nicht üblich, und in verschiedenen ethnischen Einheiten existierten sehr unterschiedliche Vorstellungen von seiner Höhe und Form. Bei Arbeitsmigranten seien wegen der weiten Entfernung zwischen den Wohnorten der Herkunftsfamilien der Partner die traditionell vorgeschriebenen Verhandlungen um den Brautpreis meist schwer zu führen und spezielle Zahlungsmittel wie Schweine oder Muschel-

---

[11] Vgl. dazu Goldens in Kapitel 7.1 vorgestellte These.

armringe kaum zu beschaffen. Zwar beträfen diese Unstimmigkeiten eher die Verwandtschaftsgruppen als das Paar selbst. Da die Beziehungen zur Herkunftsfamilie aber üblicherweise eng und ökonomisch wichtig seien, spielten sie auch für den Binnenbereich der Ehe eine Rolle.

Auch Mitchell (1957: 13) wies auf diese Probleme hin. Besonders wenn der Stadtaufenthalt in Luanshya beendet würde, tauche für die intertribalen Paare die Frage nach der postnuptialen Residenzregel auf. Zerbreche die Ehe, käme außerdem bei matri- versus patrilinearer Deszendenzregel der Konflikt über den Verbleib der Kinder hinzu.

Best (1989: 231 - 233) fand bei interethnischen Ehen der Südniloten ebenfalls unterschiedliche Regeln für den Fall der **Eheauflösung** vor: Bei drei Ethnien war es üblich, daß die Kinder beim Vater verblieben und der Brautpreis bei der Familie der Mutter. Bei den Nandi konnte der Vater zwischen Kindern und Brautpreis wählen. Hingegen pflegten die Kipsigis-Frauen ihre Kinder mitzunehmen und den Brautpreis zurückzuzahlen. Konfliktpotential beschränkte sich allerdings nicht auf den speziellen und bei Eheschließung wohl selten intendierten Fall der Scheidung. So gab es etwa verschiedene kulturspezifische Strategien bei Unfruchtbarkeit. Best nennt den Fall eines zeugungsunfähigen Marakwet-Mannes mit einer Pokot-Frau: Den bei den Marakwet in solchen Fällen hinzugezogenen Zeugungshelfer, einen agnatischen Verwandten des Mannes, lehnten die Pokot-Frau und ihre Familie ab, da sie seine geschlechtliche Verbindung mit der Frau als Inzest klassifizierten. Unfruchtbarkeit der Frau war für die Marakwet ein Scheidungsgrund; für ihre Nandi- und Kipsigis-Partnerinnen hingegen nicht: Sie wichen dann auf die Institution der Frauen-Ehe aus, bei der das biologische Kind der geheirateten Frau als das eigene gesehen wurde.

Ein Konfliktfeld, das in vielen Arbeiten thematisiert wird, ist das der **Kommunikation**. Dabei kann es sich sowohl um Verständigungsschwierigkeiten aufgrund verschiedener Sprachen, die vom jeweils anderen Partner nicht (genügend) beherrscht werden, als auch um unterschiedliche kulturelle Muster von verbaler und nonverbaler Kommunikation handeln (z. B. Markoff 1977: 51 - 54; Canisius 1980: 9; Hecht-El Minshawi 1992: 117 - 133).

Lind (1969: 50) erwähnte mehrere Streitigkeiten bei intertribalen Paaren in Neuguinea, die aus dem Mißtrauen eines Partners entsprangen, in der fremden Sprache würde schlecht über ihn geredet oder eine für ihn negative Absprache getroffen.

Ratliff et alii (1978: 223 - 225) beschrieben Fallstudien von Patienten, bei denen verbale und nonverbale Kommunikation zum Problem wurden. Den Koreanerinnen, die in dieser Stichprobe oft nur eine geringe Schulbildung aufwiesen, fiel es schwer, Englisch zu lernen, und viele GIs versuchten gar nicht erst, sich mit der koreanischen Sprache zu befassen. Aufgrund ihrer Sozialisation zeigten die Koreanerinnen außerdem wenig Gefühle, was ihren Männern befremdlich erschien.

Laut Lees (1980: 191) "Dyad Adjustment Scale" stellten Sprach- und Kommunikationsprobleme den wichtigsten Konfliktfaktor in Ehen zwischen amerikanischen GIs und koreanischen Frauen dar.

Hongs (1982: 26) Untersuchung ergab jedoch, daß entgegen der häufigen Erwähnung in älteren Arbeiten ihre Probandinnen Kommunikation nicht als großes Problem in ihren Ehen ansahen. Das war umso bemerkenswerter, als auch laut dieser Studie beide Partner nur geringe Kenntnisse in der Sprache des anderen hatten. Als störend wurde die "Sprachlosigkeit" bei Streit empfunden, wenn die Beherrschung und das Verstehen der fremden Sprache zu unzureichend waren, um den gewünschten schnellen und hitzigen Austausch in dieser emotionalen Situation zu ermöglichen.

Dies nennen etwa auch Auer und Solano (1983: 99, 100) als eigene Erfahrung sowie Tuomi-Nikula (1996: 228) in ihrer Untersuchung, und es wird besonders plastisch in dem Gesprächsverlauf, den Agbono-Puntigam in ihrem hervorragenden autobiographischen Roman[12] über ihre Ehe mit einem Mann aus Nigeria widergibt. Gemeinsame, aber von ihr nur mäßig beherrschte Sprache war Englisch; ihr Mann hatte gerade angefangen, Deutsch zu lernen:

"Bisweilen nahmen die Streitereien aufgrund unserer Sprachschwierigkeiten absurde Formen an. Einer schrie den anderen an, der verstand nicht und antwortete 'Wie bitte? Könntest du das noch einmal langsam und leise wiederholen?' Ich litt unter einer permanenten Affektverzögerung. Endlich einmal glaubte ich, die prognostizierte Beleidigung verstanden zu haben, doch hatte ich mich schon wieder verhört. Manchmal hatte ich das Gefühl, mit mir selbst zu streiten. Mein Affektpartner reagierte jedenfalls nie so, wie ich mir das vorgestellt hatte. Emeka schien

---

[12] Die Autorin verweist selbst darauf, daß sie (wegen der auch im Buch thematisierten häufigen Briefbombenanschläge von Rechtsextremen in ihrem Wohnort Wien?) unter Pseudonym schreibe, obwohl sie lieber ihren richtigen Namen verwendet hätte (1995: 175). Wie bei ähnlichen Werken (vgl. Kap. 1, Fußnote 6) wird nicht ganz deutlich, welche Teile des Inhalts tatsächliche Erlebnisse und welche Fiktion sind. Die geschilderten Begebenheiten, Gefühle, Erfahrungen und Probleme entsprechen jedoch so genau den aus wissenschaftlichen Untersuchungen, IAF-Publikationen, autobiographischen Skizzen und (mir persönlich aus) informellen Gesprächen bekannten von deutschsprachigen Frauen mit einem außereuropäischen Partner, daß sie meines Erachtens als authentisch oder auf authentischen Erfahrungen beruhend zu bewerten sind. Neben dem Inhalt ist zudem der Stil der Autorin als äußerst gelungen zu bezeichnen, was das Buch umso lesenswerter macht.

es ähnlich zu gehen. Bisweilen brüllte er mich an wie einen lahmen Esel, und ich antwortete wieder einmal: 'Pardon?'" (Agbono-Puntigam 1995: 142).

Auer und Solano (1983: 99, 100) geben beide an, daß die eigentlichen Konflikte um die Kommunikation dann begannen, als sie anfingen, die Sprachen des Ehepartners besser zu verstehen. In der ersten romantischen Phase der Beziehung fand der Austausch fast nur nonverbal, radebrechend oder über mehr oder weniger gut beherrschte Drittsprachen statt. Das Kennenlernen der Partner über das Medium Sprache fiel zeitlich mit der "ernüchternden" Alltagsphase der Ehe zusammen.

Auch für Kambhus (1963: 41 - 75) und Deuls (1983: 86 - 89) Probandinnen war Sprache einer der wichtigsten Integrationsfaktoren in das neue Land. Bei den von Deul befragten, in der Türkei mit ihren Männern lebenden deutschen Frauen bestand eine direkte Korrelation zwischen dem Aufbau eines Freundeskreises, dem Erlernen der türkischen Sprache und der Ehezufriedenheit.

Grahams, Moeais und Shizurus Befragung interethnisch Verheirateter gleicher Konfession auf Hawaii (1985: 430, 431) ergab, daß trotz der durchschnittlichen Ehedauer von elf Jahren Sprache als drittwichtigster Problembereich - nach (Einfluß der) Familie und (schwer zu akzeptierenden) Sitten - thematisiert wurde.

Neben der ungenügenden Beherrschung der Sprache des Partners können auch **kulturell unterschiedliche Kommunikationsmuster** ein Problem darstellen. Die Schilderung einer Deutschen mit einem iranischen Partner von der Anfangszeit ihrer Beziehung möge dies verdeutlichen:

"Meiner Überzeugung 'wir können über alles reden' setzte er sein stoisches Schweigen entgegen. 'Du willst immer über alles reden' und 'Ich will mit Dir nicht darüber reden, dafür habe ich meine (männlichen) Freunde' oder 'Bei uns in Persien reden wir auch nicht darüber und verstehen uns trotzdem': diese [sic] Sätze hörte ich jetzt öfter. In meinem Anspruch, ein Problem zu besprechen, war ich hartnäckig, widersetzlich und unerschöpflich. H. hatte nie gelernt, über seine Gefühle zu reden. Ich dagegen konnte mein Herz ohne Scham von innen nach außen kehren!" (Wenner 1991: 66, 67).

In Wießmeiers (1993: 83, 106) Untersuchung deutsch-ausländischer Paare in Berlin waren unterschiedliche Kommunikationsstile besonders bei deutsch-asiatischen Paaren ein Problem: Die asiatischen Partner artikulierten sich vorsichtig-zurückhaltend, was ihnen als Ablehnung ausgelegt wurde, die deutschen hingegen sehr direkt, was als verletzend und aufdringlich aufgefaßt wurde. Auffällig war, daß die hohe Fremdsprachenkenntnis der deutschen Männer mit einer geringen Kommunikationsbereitschaft zusammenfiel.

Auch Tuomi-Nikula (1996: 230, 231) verweist auf unterschiedliche Kommunikationsstile der von ihr untersuchten finnischen Frauen und ihrer deutschen Ehepartner: Während die Männer ihre Partnerinnen als diskussionsunfähig und zu indirekt in der Wunschäußerung wahrnahmen, warfen die Finninnen ihren Gatten vor, sich häufig als rechthaberische Besserwisser zu gebärden. Die Autorin stellt der deutschen "Streitkultur", in der schon bei der Sozialisation Werte wie Durchsetzungsfähigkeit, gutes Argumentieren und offensives Handeln gefördert würden, die finnische "Schweigekultur" gegenüber: Hier seien in den verbalen Äußerungen eher Bescheidenheit und Rücksicht sowie eine indirekte Äußerung von Wünschen Erziehungsziele. Lange Gesprächspausen würden von den deutschen Partnern als unangenehm, von den finnischen Frauen hingegen als normal empfunden.

Atkeson (1973) beschreibt die Therapierung ähnlicher Schwierigkeiten, die ein philippinischer Mann und seine amerikanische Frau durch ihre unterschiedlichen Kommunikationsstile hatten. Das direkte, eloquente und lautstarke Zeigen negativer Gefühle der Frau wirkte auf den Mann bedrohlich, der gemäß seiner eigenen Kultur im Vermeiden solchen Verhaltens sozialisiert worden war. Seine Weigerung, darauf verbal zu reagieren, und sein Verlassen des Hauses, bis die Emotionen abgeklungen waren, anstelle einer offenen Auseinandersetzung[13] wurden von der Frau als Gefühllosigkeit und Gleichgültigkeit gegenüber den Dingen interpretiert, die sie bewegten. Ihr Mann teilte ihr Ereignisse aus seinem Arbeitsalltag zwar mit, diskutierte sie aber gemäß philippinischer Auffassung von Ehepartner-Rollen eher mit seinen Freunden bzw. holte sich Ratschläge von seinen Eltern. Dies wurde von der Frau ebenfalls als mangelnde Zuneigung gewertet. Der Kommunikationsstil des Mannes beinhaltete entsprechend seiner Sozialisation das Ausrichten von Aussagen an den antizipierten Wünschen seiner Gesprächspartnerin; auch dies wurde von der Ehefrau als mangelnde Dialogbereitschaft, also oberflächliches Nach-dem-Munde-Reden aufgefaßt. Die "Übersetzung" der Botschaft von Sender zu Empfänger war empfindlich gestört, was sich auf alle anderen Probleme des Paares verschärfend auswirkte. Die Arbeit der Therapeutin bestand während einer zehnmonatigen Behandlung darin, nicht das Kommunikationsverhalten des Paares zu ändern, son-

---

[13] Devos (1973: 254, 255) entdeckte ebenfalls Schweigen und Ignorieren statt lautem Streiten und Argumentieren als Charakteristikum der japanischen Ehefrauen von Amerikanern in seiner Stichprobe; die Männer konnten mit dieser Art der Kommunikation oft nicht umgehen.

dern beiden Partnern die kulturelle Sozialisation in den unterschiedlichen Kommunikationsstilen und deren Implikationen bewußt zu machen. Zuvor hatte sie Mann und Frau darin bestärkt, ohne Schuldgefühle zu den eigenen kulturellen Präferenzen zu stehen, und ihnen geholfen, Empathie füreinander aufzubauen. Neben dem Lernprozeß, den die amerikanische Psychiaterin selbst dadurch durchlief, daß sie auf den Philippinen ein philippinisch-amerikanisches Paar therapierte, nennt sie drei weitere Ergebnisse der gemeinsamen Arbeit:

> "A second kind of learning in the therapeutic sessions was the wife's new ability to interpret the husband's silence and avoidance of conflict as an indirect expression of anger rather than indifference, and to respond to it as such. The Filipino husband on his part reacted in his accustomed ways to his wife's criticism, but he came to know that it was not intended as a devastating attack. A third form of learning was the couple's appreciation of the different meanings of the same word in the two cultures and an ability to translate accordingly. Fourthly, the couple learned to recognize each other's expressions of affection, although they were culturally dissimilar" (Atkeson 1970: 406).

Gerade auch das Zeigen von Zärtlichkeiten kann unterschiedlichen Formen der kulturell gelernten Kommunikation unterworfen sein. Hierzu wieder ein anschauliches Zitat aus Agbono-Puntigams Buch; die dargestellte Episode gab ihm zugleich den Titel:

> "Erschwerend kam hinzu, daß Emeka für mein Bedürfnis nach Nähe wenig Verständnis zeigte, was ich ihm als emotionale Kälte auslegte, und das wiederum nährte mein Mißtrauen.
> Vertrauen wollte ich mir durch Liebe holen, von seinem Körper. Daher küßte ich ihn dauernd. Ich küßte ihn jedesmal, wenn ich ein Zimmer betrat oder verließ, küßte ihn, wenn ich von einem Raum in den anderen wechselte. Er wunderte sich, doch sagte nichts, ließ es mit sich machen, erwiderte den Kuß halbherzig und sah mir erstaunt nach. Wie sollte er auch verstehen, daß ich Sphären wechselte und zwischen Welten balancierte... .
> Einmal küßte ich Emeka, weil ich in die Küche gehen wollte, um dort eine komplizierte griechische Mahlzeit zu kochen. Ich hatte Angst, daß er sie nicht mögen würde, Angst, als Frau auf allen Fronten zu versagen - als seine Frau, denn afrikanisch kochen konnte ich natürlich nicht. ...
> 'Warum hast du mich jetzt geküßt?' fragte er mich, nachdem ich ihn losgelassen hatte.

Ich sah ihn an. In mir brach eine Welt zusammen. So etwas fragt man doch nicht!
'Ich hab dich geküßt, weil... weil... weil... einfach so eben.'
'Was machst du denn jetzt?'
'Ich gehe in die Küche.'
'Küßt ihr euch immer, wenn ihr in die Küche geht?'
'Nein.'
'Ja, warum hast du es dann gemacht?'
'Weil ich es wollte.'
Und warum wolltest du es?'
'Weil ich jetzt... in die Küche gehe.'
'Ah ja! Bist du sicher, daß du dich selbst verstehst?'
'Nein, aber ich bin sicher, daß ich dich küssen wollte.'
'Ahhh ja. Verstehe. Soll ich das in Zukunft auch machen?'
'Was?'
'Dich küssen, wenn ich in die Küche gehe?'
Ich sah ihn verdutzt an und wußte nicht recht, was ich antworten sollte.
'Na, also stören...! würde es mich nicht - glaube ich.'
Nigerianer küssen einander selten, erklärte er mir... .
...
Am nächsten Tag kam Emeka plötzlich unmotiviert aus seinem Zimmer, stürzte auf mich zu und küßte mich: schmatz, schmatz links, schmatz, schmatz rechts.
Ich erschrak. 'Was machst du denn da?' fragte ich und sah ihn erstaunt an.
'Ich gehe jetzt in die Küche', antwortete er" (Agbono-Puntigam 1995: 69 - 72).

Die wissenschaftliche und autobiographische Literatur thematisierte häufig - oft aus Sicht europäischer und euro-amerikanischer Frauen - einen weiteren großen Problemkomplex: **die unterschiedliche Bewertung von Herkunfts- und Fortpflanzungsfamilie**, und damit die Auffassung von Ehe, durch die Partner (z. B. Catapusan 1938: 269, 270; Markoff 1977: 54 - 59; Graham et alii 1985: 430 - 432). Meist geschah dies in Form einer Aneinanderreihung von Fallbeispielen oder Auswertungen von Erhebungen zu einer bestimmten interethnischen Ehekombination. Da eine analytische Klammer für jenen Bereich noch weitgehend fehlt, möchte ich an dieser Stelle einen in der Zwischenheiratsforschung bisher nicht wahrgenommenen Ansatz aus der Verwandtschaftsethnologie vorstellen und den weiteren Ausführungen zugrundelegen. Er liefert meines Erachtens ein hervorragendes Erklärungsmodell für eine Reihe von in der Literatur benannten Konflikten interethnischer

Paare. Es handelt sich um die Klassifizierung zweier Familientypen, nämlich den konjugalen und den konsanguinalen, von Linton:

> "In societies organized upon the conjugal basis we can picture the authentic functional family as consisting of a nucleus of spouses and their offspring surrounded by a fringe of relatives. In those organized on the consanguine basis we can picture the authentic family as a nucleus of blood relatives surrounded by a fringe of spouses. Under the first system it is the fringes of relatives which interlock and connect family with family. Under the second it is the marriages which, by their interlocking, link family to family. Under the first system the blood relatives of the spouses are of only incidental importance to the functioning of the family unit. Under the second, the spouses are of only incidental importance" (Linton 1936: 159);

> "Although nearly all societies recognize both conjugal and consanguine groupings, most societies tend to put their emphasis on one or the other, making it the basis for the authentic, functional family as far as their own social system is concerned" (ibid.: 162, 163).

Heiraten Partner aus ethnischen Einheiten, von denen die eine ein **konsanguinales und** die andere ein **konjugales Familienideal** hat, kann dies Implikationen für viele Bereiche des täglichen Lebens haben:
Jay (1963: 875), der tunesisch-europäische Paare in Tunesien untersuchte, stellte beispielsweise fest, daß 40 % der Probanden bei der Familie des tunesischen Mannes[14] lebte; ungefähr die Hälfte dieses Personenkreises erwähnte regelmäßige, darauf zurückzuführende Konflikte um Besuche, Feste, Kindererziehung, Küche und Geld.

Kambhu befragte euro-amerikanische Frauen, die ihren Männern nach Thailand gefolgt waren. Ihre Auswertung der Interviews ergab, daß die Probleme mit Mitgliedern der Großfamilie - und damit mit dem Ehemann - umso stärker waren, je dichter die Frauen bei ihnen wohnten: Im selben Gehöft war es einfacher als im selben Haus, und bei einer eigenen Wohneinheit wurden die Beziehungen als durchweg zufriedenstellend eingestuft. Aus Sicht der Frauen verloren die Männer, - allerdings ohne sie zu vermissen -, ihre Entscheidungsfreiheit und Unabhängigkeit, sobald sie unter demselben

---

[14] Bis auf eine Ausnahme waren alle tunesischen Probanden seiner Stichprobe männlich. Da sie außerdem durchschnittlich dreieinhalb Jahre in Europa gelebt hatten, und alle in Berufen mit einer akademischen Ausbildung arbeiteten (Jay 1963: 874, 875), handelte es sich vermutlich um Paare, die sich beim Studium des Mannes in Europa kennengelernt hatten.

Dach mit ihrer Herkunftsfamilie wohnten. Konfliktfelder zwischen dem konjugalen und konsanguinalem Familientyp ergaben sich im Fall dieser Stichprobe besonders bei der Verfügung über das vom Mann verdiente Geld und bei der Kindererziehung, da sowohl die thailändische Schwiegermutter als auch die euro-amerikanische Frau glaubten, daß ihnen in diesen Bereichen die wichtigen Entscheidungen zuständen. (Kambhu 1963: 76 - 87)

Die ausführlichste und sorgfältigste Analyse der aus den beiden Familientypen resultierenden Probleme wurde von Cottrell (1975) durchgeführt. Sie hatte eine Erhebung unter Frauen gemacht, die mit ihren indischen Ehemännern in deren patrilateraler Großfamilie lebten. Ihrer Sammlung von Aussagen (allerdings eben nur aus Sicht der Frauen) stellte sie einen Vergleich des hinduistischen und des euro-amerikanischen Familienmodells gegenüber. Die wichtigsten Unterschiede bestanden demnach darin, daß im indischen System die Kollektivität Vorrang vor individuellen Wünschen hatte und daß eine Autoritätsstruktur nach Alter und Geschlecht vorhanden war. Nur auf dieser Grundlage konnte ein aus Eltern und verheirateten Söhnen mit Frauen und Kindern bestehender Haushalt als ökonomische Einheit funktionieren. Nach der Häufigkeit der Nennung wurden folgende Erfahrungen von den Frauen als belastend und konfliktfördernd empfunden:

— Die Größe, Komplexität und Ubiquität der Familie bestimmte die Entscheidungen in den meisten Lebensbereichen gemäß der alters- und geschlechtsdefinierten Autoritätsstruktur (Ältere vor Jüngeren, Männer vor Frauen).
— Eine Privatsphäre im euro-amerikanischen Sinne war nicht vorhanden:
 a) Physisches Alleinsein, verknüpft mit dem Rückzug und "Auftanken" anhand kulturell bedeutsamer Referenzen (z. B. Büchern) wurde von den Affinalverwandten nicht verstanden oder akzeptiert, ebensowenig der Wunsch nach häufigerem Alleinsein mit dem Ehemann.
 b) Neugier auch der entfernteren Verwandtschaft erstreckte sich auf als in der euro-amerikanischen Kultur intim empfundene Lebensbereiche.
 c) Das Konzept von persönlichem Besitz unterschied sich vom euro-amerikanischen: Über das vom Ehemann verdiente Geld wurde gemeinsam von der Familie bzw. von deren Autoritätsträgern entschieden; auch entfernt lebende Verwandte wurden finanziell unterstützt. In einigen Familien benutzten Affinalverwandte Kleidungsstücke oder belegten Schlafzimmer, die die Frauen entsprechend ihrer Sozialisation als ausschließlich ihre eigenen wahrgenommen hatten.
— Rollenrestriktionen aufgrund der Altersstruktur behinderten Entscheidungen und Verhalten der Frauen: Schwiegereltern und älteren Schwä-

gern und Schwägerinnen mußte gehorcht und Respekt bezeigt werden; in einigen Fällen bestimmten Ältere darüber, was die Frauen aßen und anzogen, wohin sie gingen oder nicht, wann und mit wem sie bestimmte Dinge taten. Auf der anderen Seite mußte für Jüngere Verantwortung übernommen werden; so sollte eine Frau zwei Wochen nach ihrer Ankunft eine aufwendige Hochzeit für mehrere hundert Personen organisieren, weil sie die älteste Schwägerin war.

— Rollenrestriktionen aufgrund des Geschlechts behinderten Entscheidungen und Verhalten der Frauen: Innerhalb der Familien und bei öffentlichen Auftritten außerhalb des Hauses war vielfach Geschlechtertrennung üblich. Die euro-amerikanischen Frauen hatten jedoch meist mehr mit indischen Männern als mit indischen Frauen gemeinsam, denn erstere sprachen häufiger Englisch und kannten öfter Lebensbereiche außerhalb des Haushalts. In traditionellen Familien ging eine Frau gewöhnlich nicht allein aus dem Haus und aß nicht früher als ihr Mann, was eine Reihe von im industrialisierten Westen üblichen Aktivitäten einschränkte oder verhinderte.

— Die traditionellen Beziehungen und Verhaltensweisen zwischen Ehemännern und Ehefrauen unterschieden sich stark von den euroamerikanischen: Viele Frauen empfanden, daß die Gefühle ihrer Männer zuerst deren agnatischen Verwandten galten, und fühlten sich vernachlässigt. Gedankenaustausch zwischen den Ehepartnern war wegen der Ubiquität der Familie und der Geschlechtertrennung nur selten möglich und fand gemäß dem konsanguinalen Familienmodell eher zwischen Personen desselben Geschlechts statt. Von der Autoritätsstruktur her waren die Eheleute keine gleichberechtigten Partner, sondern der Mann stand über der Frau. Physischer Kontakt oder Zärtlichkeiten vor anderen waren unüblich; Männer mußten zum Teil wie alle Älteren gesiezt und durften in Gegenwart anderer nicht mit dem Vornamen angesprochen oder erwähnt werden.

— Kindererziehung nach ihren eigenen Vorstellungen war für die Frauen kaum möglich: Das letzte Wort hatten ihre Schwiegereltern, bei Verboten konnte sich das Kind jederzeit an einen anderen Erwachsenen wenden, und was den übrigen Kindern im Haushalt erlaubt war, erwies sich als resistent gegen Unterbindung. Erziehungsziele wie bestimmte Schlafenszeiten oder Tischsitten ließen sich daher kaum durchsetzen, ebensowenig die Rationierung von Süßigkeiten.

Cottrell stellte abschließend fest, daß das Empfinden von Konfliktpotential und Problemen für die Frauen jedoch nicht so sehr davon abhing, wie traditionell die Familie des Mannes war, sondern davon, auf welche Weise die Persönlichkeiten und Haltungen der einzelnen Akteure, nämlich des Mannes, der Frau und der anderen Familienmitglieder, das Leben innerhalb der verschiedenen Vorstellungen von Familie formten: Kulturelle Vorgaben waren nicht zwingend, sondern konnten gestaltet werden.

Lindner (1987: 45 - 52) schilderte die unterschiedliche Auffassung von Ehe, die die Beziehung eines deutsch-thailändischen Paares in Berlin gefährdete. Der deutsche Mann, ein vorsichtiger Beamter der Bundesversicherungsanstalt, hatte seine Frau über eine Asien-Ehevermittlung kennengelernt. Ausgehend von dem Ideal der "intimisierten und individualisierten" (ibid.: 49) Ehegemeinschaft, hatte er seiner Frau von Anfang an erklärt, daß er wenig Geld verdiene und von ihr Mitarbeit zum Einkommen erwarte, ja, all dies war sogar in einem auch auf Thai übersetzten Ehevertrag unterschrieben worden. In Haushaltsfragen und wichtigen Entscheidungen dominierte seine im Nachbarhaus wohnende Mutter; die Ehefrau sprach kaum Deutsch. Sie stammte aus dem Slumadel Bangkoks und hatte ganz andere Vorstellungen von einer Ehe, die sich auf Vermittlung über eine Agentur gründete. Für sie war die Versorgerrolle des Mannes eine Kompensation für Sex; entsprechend betrachtete sie das in einer Fabrik verdiente Geld als ihr eigenes, lehnte es ab, davon zum Haushaltsgeld beizutragen und schickte es stattdessen an ihre Familie in Thailand. Auch eine andere Frau, die Lindner über ihre Sprachkurse für Thailänderinnen kannte, stellte ihre aus erster Ehe in Thailand lebenden Kinder ins Zentrum des Interesses: Für sie arbeitete sie in zwei Jobs im wohlhabenden Deutschland; ihr deutscher Ehemann war offenbar eher Mittel zu diesem Zweck (ibid.: 56 - 59).

Hurst (1987) hatte genau wie Lindner zunächst das Stereotyp der bedauernswerten, ohnmächtigen "Katalogbraut" im Sinn, als er ein philippinisch-deutsches Ehepaar im Odenwald[15] besuchte. Von der Wohnungseinrichtung über die Kochgewohnheiten bis zum von der Frau in der Küche geträllerten populären Liedgut ("Ein Heller und ein Batzen") stieß der Reporter ausschließlich auf deutsche Kultur der biederen Art. Dennoch mußte er zugeben, "kein Haar in der Suppe" finden zu können: Die Filipina verfügte über ein eigenes Auto, mit dem sie ihre Schwestern in nahegelegenen Dörfern besuchte, wohnte in einem Eigenheim und war bereits im ersten Ehejahr mit ihrem Baby auf Heimaturlaub gewesen; einen unglücklichen oder unterdrückten Eindruck machte sie nicht auf den skeptischen Berichterstatter. Wenn seine Impressionen aufgrund des kurzen Besuches korrekt waren, wäre auch hier möglicherweise eine andere Auffassung von Ehe als die mittel-

---

[15] Dort hat sich Anfang bis Mitte der achtziger Jahre über die ersten per Agentur vermittelten Heiraten ein regelrechtes Netzwerk gebildet, so daß inzwischen eine ganze Reihe von Männern in ländlichen Gemeinden über persönliche Kontakte von im Odenwald verheirateten Filipinas mit ihren Frauen zusammengebracht wurden (Hurst 1987: 15).

europäische eine Erklärung für die offenbar erreichte Ehezufriedenheit beider Partner.

■ Michel (1959: 197, 198, 234) fand in ihrer Untersuchung von armen Hotelbewohnern in und um Paris ebenfalls Beispiele für unterschiedliche Familienmodelle und kulturelle Regeln bei den interethnischen Paaren. Ein Konfliktpunkt zwischen nordafrikanischen Männer und französischen Frauen war die Verwaltung des Geldes: Die Französinnen stammten meist aus Arbeiterfamilien, in denen die Frauen von ihren Männern üblicherweise den Monatslohn abgeliefert bekamen, davon die Haushaltsausgaben bestritten und den Männern ein Taschengeld auszahlten. Hingegen waren es die Araber gewohnt, daß die Männer das Geld verwalteten. Auch in dieser Studie erwies sich Geld als ein Kristallisationspunkt oder Symbol der Konflikte aufgrund unterschiedlicher Familientypen: Einige Französinnen stritten mit ihren Männern darüber, daß diese Geld nach Hause schickten, und faßten den gemeinsamen Verdienst als ausschließlich für das Ehepaar und seine Kinder bestimmt auf. Michel interviewte eine Hotelbewohnerin, die sich gerade von ihrem Mann getrennt hatte, weil es immer wieder zu Streit um das gemeinsam betriebene Café kam: Während der Mann seinen Verwandten dort unbegrenzt Kredit erteilte, sah die Frau dadurch den wirtschaftlichen Erfolg des Unternehmens gefährdet. Andere Probandinnen wehrten sich gegen die häufige Anwesenheit von in Paris oder gar im selben Hotel wohnenden Schwagern oder Schwiegereltern, weil sie im Gegensatz zu ihren Männern die Ehe als exklusive Zweiergemeinschaft, als Zentrum der Familie und nicht als Randbereich, betrachteten.

Michel vermutete (ibid.: 258), daß solche Konflikte zum Teil auch auf **verschiedene Wirtschaftsformen der Herkunftsgesellschaften** zurückzuführen seien: eine bäuerliche und eine industrielle. Dieser Zusammenhang ist meines Wissens noch nicht näher untersucht worden; es wäre zu fragen, ob konsanguinale Familientypen (historisch) mit bäuerlicher Lebensweise korrelieren und konjugale mit industrieller, oder ob Gesellschaften existier(t)en, die diese These falsifizieren. In der Literatur zur Zwischenheiratsforschung habe ich nur zwei vage Andeutungen gefunden, daß bestimmte, für Europäer in interethnischen Ehen mit Außereuropäern relativ typische Konfliktfelder in bezug auf die affinalen Verwandtschaftsgruppen bei ländlicher Herkunft nicht so gravierend seien: Catapusan (1938: 268) erwähnte, daß Lebensweise und Anschauungen der vom Lande stammenden Amerikanerinnen mit denen ihrer Filipino-Ehemänner weitgehend übereinstimmten, während die der Städterinnen ihnen diametral entgegengesetzt seien. Und Lind (1969: 33, 34) nannte als eines der Probleme euro-amerikanischer bzw. -australischer Ehemänner mit Frauen aus Papua Neuguinea Konflikte um den Brautpreis, den sie oft nicht zahlen wollten, und um Verpflichtungen gegenüber den Affinalverwandten. Für Männer, die aus einer bäuerlichen Familie stammten, träfe dies jedoch offenbar kaum zu.

Wolf-Almanasreh (1982: 57, 58) zeigte exemplarisch ein in der IAF-Beratungspraxis als typisch empfundenes Mißverständnis auf, das auf unterschiedliche kulturelle Vorstellungen von Entspannung zurückzuführen war: Der arabische Mann einer deutschen Frau kam nach Hause und sagte, er sei müde und wolle sich ausruhen. Die Frau verstand darunter gemäß ihrer eigenen Sozialisation bequemes Sitzen in einem ruhigen Raum mit einer stillen Beschäftigung wie etwa Zeitunglesen. Ihren Wunsch, mit dem Mann auszugehen, stellte sie daher für diesen Abend zurück. Als jedoch kurz darauf ein Landsmann des Mannes anrief, lud dieser ihn ein, und die Frau sah zu ihrem Ärger, daß ihr Gatte hellwach mit ihm den ganzen Abend verbrachte. Im Beratungsgespräch wurde ihr klargemacht, daß Entspannung im Gegensatz zu ihrer eigenen Auffassung für einen in einer großen Familie aufgewachsenen Mann aus dem Vorderen Orient Gesellschaft, Plauderei und einen gewissen Geräuschpegel bedeutete.

Pandey (1988: 170, 235 - 251), die deutsch-indische Familien in Deutschland interviewte, zeigte mehrere Konfliktfelder zwischen den Ehepartnern auf, die sich vordergründig auf unterschiedliche Erziehungsziele bezogen; sie interpretierte sie in ihrer Analyse aber als "Stellvertreter" für den Wunsch nach Bewahrung der eigenen kulturellen Ideale. So stritt ein Paar darüber, ob die noch nicht schulpflichtige Tochter ein eigenes Zimmer brauche, ein anderes erörterte, ob das unruhig schlafende Kind bei einem Indienbesuch zusammen mit vielen Verwandten auf dem Boden schlafen könne, und ein drittes, ob es besser sei, das Baby bei den häufigen großen Einladungen (deutsch-) indischer Familien dabeizuhaben oder lieber in Ruhe in einem abgeschiedenen Bereich schlafen zu legen. Auch diese Probleme lassen sich meines Erachtens im Rahmen eines konsanguinalen versus eines konjugalen Familienmodells erklären, wenn man davon ausgeht, daß ersteres eher mit einer erweiterten Familie als Haushalt und Kollektivität als Ideal korreliert, letzteres hingegen mit einer Kernfamilie als Haushalt und Individualität als Ideal.

Dies gilt auch für den in den Selbstzeugnissen heterogamer euro-amerikanischer Frauen mehrfach problematisierten Bereich der **Gastfreundschaft** bzw. **Besuche**. Schwierigkeiten mit spontanen, uneingeladenen Besuchern bzw. langewährendem Aufenthalt von Familienmitgliedern des Mannes nennen etwa eine Französin mit einem iranischen Partner (Internationales Kulturwerk 1991: 22, 23), mehrere Frauen aus Hecht-El Minshawis Seminaren (1992: 185 - 188) oder Probanden aus Wießmeiers Stichprobe (1993: 82). Gail Mathabane, eine Anglo-Amerikanerin mit einem afrikanischen Mann, dessen drei jüngere Geschwister wegen der unsicheren Verhältnisse in Südafrika zwecks Schulbildung nur wenige Wochen nach Gails und

Marks Hochzeit bei ihnen einzogen, schilderte ihre zwiespältigen Gefühle angesichts einer solchen Situation:

> "I cannot deny that it was, at first, difficult to give up my dreams and expectations of having my new husband all to myself, of feeling free to dance around and act silly together in privacy, of being able to run downstairs in the middle of the night for some juice without having to pull on a robe... .
> ... No more spontaneous tackling or surprise kisses.
> Suddenly we were surrogate parents. I had to take on roles I'd never known. I became role model, teacher of English as a fifth language (after Tsonga, Venda, Zulu, and Sotho), homework tutor, house chef, and family accountant. ...
> At times I would go into the woods behind our apartment complex, sit down to listen to the rustling leaves, and weep. Though I had no hard feelings against George, Linah, or Diana, it took a lot of time and effort for me to come to terms with the changes in my life, to realize that I had to give up certain expectations in exchange for new, and perhaps better realities and sources of happiness and fulfillment.
> For as long as I could remember, way back to my childhood in Ohio, I had always had a room of my own, privacy, independence, and a great deal of freedom and security. I was the youngest child, so I never learned to reprimand, teach, or guide a younger sibling. Taking on so many adult responsibilities, and so suddenly, made me fantasize about packing up a few necessary items and hitchhiking to Alaska or Santa Fe or California, wherever I could find peace in solitude and nature, set down new roots, and live a life of my own.
> ...
> But an hour or so of reveling in such memories, or imagining future travels and adventures in foreign lands, inevitably ended as soon as I heard Mark's gentle voice or Diana's laughter or Linah's excited chatter emanating through the open windows, beckoning me to leave the dark woods and come into the warmth of a loving home" (Mathabane + Mathabane 1992: 146, 147).

Wießmeier (1993: 77 - 83) versuchte, die von ihr erfragten Alltagsprobleme deutsch-ausländischer Paare in Berlin bestimmten Paarkombinationen zuzuordnen. In ihrer Stichprobe gab es vor allem zwischen deutsch-orientalischen Paaren den Konfliktpunkt Gastfreundschaft:

> "... und bis auf eine Interviewpartnerin ist der Tenor klar, denn die ausländischen Partner und Partnerinnen möchten mehr Gäste, mehr Kom-

munikation als ihre deutschen Lebensgefährten, die eher Schwierigkeiten mit der Häufigkeit von Besuch und auch den Verpflichtungen in diesem Zusammenhang haben" (ibid.: 82).

Konflikte um Geld waren in Wießmeiers Stichprobe bei deutsch-europäischen Paaren besonders häufig (ibid.: 78, 79). Lateinamerikanerinnen und deutsche Frauen orientalischer Männer bezeichneten sich jeweils als sparsamer als ihre Partner.

Neben Spannungsfeldern, die sich mit einem unterschiedlichen Familienmodell erklären lassen, kamen in der Berliner Untersuchung auch **Verschiedenheiten der Lebenseinstellung in bezug auf Zielstrebigkeit und Organisation** zum Tragen. So wurden Konflikte um die Haushaltsführung, aber auch um planvolles Verhalten besonders in Heiraten mit Asiaten, Orientalen und Lateinamerikanern thematisiert: Der deutsche Partner hatte in diesen Bereichen ein größeres Bedürfnis nach Ordnung und System; und besonders mit lateinamerikanischen Partnern gab es Reibungsflächen, wenn es um die Art und Weise, Ziele zu verfolgen bzw. spontane versus geplante Entscheidungen ging. Das Selbstzeugnis einer Französin mit iranischem Mann erwähnt dasselbe Problem (Internationales Kulturwerk 1991: 22), ebenso einige Teilnehmer an Hecht-El Minshawis Seminaren (Hecht-El Minshawi 1992: 71 - 73, 77 - 79). Wießmeier weist darauf hin, daß offenbar ein Spannungsverhältnis zwischen diesen in der Partnerwahlphase als anziehend betrachteten Eigenschaften und ihrem Auftreten im Alltag empfunden wird und stellt ein Probandenpaar vor:

"... Kritik ... an der 'arbeitsamen' bis ehrgeizigen Haltung der Deutschen... ... ... Besonders bei diesem Aspekt der Alltagsprobleme wurde der Kreislauf von Partnerwahl wegen des anziehenden (anderen) Temperaments und Konflikten gerade wegen der Unterschiedlichkeit deutlich. Hier als Beispiel: Der ernste, introvertierte, arbeitsame deutsche Mann sieht in der fröhli-chen, extrovertierten, kommunikativen Frau eines lateinamerikanischen Landes eine gute Ergänzung für eine Paarbeziehung. Er genießt die Anregungen für sein Privatleben sehr, merkt aber bald die Festlegungen auf diese Unterschiede: gerade [sic] mit dieser Frau und ihrem Umfeld erlebt er sich immer ernster, introvertierter und sehr auf seine Arbeit fixiert. Ihre fröhliche, kommunikative Art erscheint ihm in kritischen Situationen dann oberflächlich, und er wünscht sich mehr Introvertiertheit, mehr Anteilnahme an seiner Arbeit und seinen Gedanken, letztlich eine Partnerin mit ähnlichen Lebensideen, wie er sie hat. Aber auch seine Frau erlebt diesen Kreislauf: Sie fühlt sich durch die ruhige, ernste, pflichtbewußte Ausstrahlung des deutschen Mannes angezogen, hat viel Vertrauen zu ihm, leidet dann aber unter der vorrangig scheinenden Hinwendung zu Arbeit und Beruf und seiner Ernsthaftigkeit, sie wünscht ihm in dieser Hinsicht mehr Lockerheit und Fröhlichkeit, die sie eher bei einem Mann ihres Heimatlandes zu finden denkt" (Wießmeier 1993: 81, 82).

Neben tatsächlichen kulturellen Unterschieden könnte dieser Problembereich auch mit **Fremdvolkstereotypen** der Partner, mit Wahrnehmung, zu tun haben (vgl. Markoff 1977: 58). Devos (1973: 253 - 256), der mit amerikanischen (Ex-) GIs und ihren japanischen Frauen neben Interviews Thematic Apperception Tests durchführte, entdeckte bei den Männern eine Diskrepanz zwischen ihrer Einschätzung japanischer Frauen als unaggressiv und dem nur oberflächlich nachgiebigen, aber dennoch versteckt aggressiven Verhalten der Japanerinnen. Um bewußt oder unbewußt einer fordernden amerikanischen Ehefrau zu entgehen, hatten mehrere dieser Männer gemäß ihrem Stereotyp eine "nachgiebige", "sanfte" asiatische Frau gewählt und konnten mit deren Reaktionen nicht adäquat umgehen: Sie zeigten sich hilflos, frustriert und oft ebenfalls aggressiv in Streitsituationen.

Wolf-Almanasreh (1990: 124, 135, 136, 148) erwähnt ein Beispiel aus der IAF-Beratungspraxis: Die deutsche Frau eines indischen Mannes beklagte sich, daß sie schon vor der Eheschließung meditiert und Yoga-Kurse absolviert habe, während er nur an sein Geschäft denke und damit gar kein "echter Inder" sei. Die Autorin spekuliert, ob auch vielleicht der Mann im Gegensatz dazu bei der Partnerwahl das Bild einer vernunftzentrierten Europäerin gehabt habe, die eine gute Hilfe im Geschäftsleben darstellen könne.

Unwissenheit über die Kultur des Partners, mangelnde Anpassungsbereitschaft und Ethnozentrismus erwähnte besonders Arki (o. J.: 20 - 65) als Problemfaktor in einer interethnischen Ehe. Er bezog sich dabei auf das Buch von Mahmoody (Mahmoody und Hoffer 1990), das Ehekrise, gewaltsames Festhalten und schließlich Flucht einer Amerikanerin aus dem Iran und vor ihrem persischen Ehemann in autobiographischer Form schildert. Ein Zwischen-den-Zeilen-Lesen und Analysieren des Textes ergibt in der Tat, daß die Autorin sehr einseitig und - womöglich unter Einfluß ihres mitherausgebenden Ghostwriters - sehr suggestiv die iranische Seite der Familie belastete, aber offenbar selbst kaum um Anpassung bemüht war. So verbrachte sie sogar jene ersten zwei Wochen, von denen sie vor dem gewaltsamen Festsetzen durch den Ehemann dachte, daß sie den gesamten Iran-Aufenthalt darstellen würden, bevorzugt mit ihrer Tochter in dem ihnen zur Verfügung gestellten Schlafzimmer, ohne Kontakt zur Schwiegerfamilie zu suchen.

Auch Kambhu (1963: 28 - 40) erwähnte, daß auffälligerweise praktisch keine einzige der von ihr befragten amerikanischen Frauen thailändischer

Männer Vorkenntnisse über Thailand und seine Kultur gehabt habe. Das lege beinahe den Verdacht einer bewußten Verdrängung bzw. Nicht-Auseinandersetzung mit diesem Thema nahe, und zwar sowohl von den Frauen selbst als auch von ihren Männern. Entsprechend hart sei für viele von ihnen die Anpassung in Thailand gewesen. Hodgkin (1964: 20) nannte ebenfalls das Fehlen realistischer Vorstellungen bei jenen Australierinnen, die ihren Ehemännern nach Asien folgten

Tuomi-Nikula (1996: 227) nennt als zentralen Streitpunkt in den von ihr untersuchten Ehen zwischen finnischen Frauen und ihren deutschen Ehepartnern die **unterschiedlichen Vorstellungen über die Ehefrauenrolle**. Während die Männer eine Priorität ihrer beruflichen Entwicklung als selbstverständlich voraussetzten und ihre Partnerinnen auch gern ausschließlich als Hausfrauen sahen, war für die Finninnen ihre eigene Berufstätigkeit ein wichtiges Symbol für persönliche Freiheit und Selbstbestätigung.

Ein Konfliktpunkt, den offenbar vor allem Laien in vielen interethnischen Ehen vermuten, ist der der unterschiedlichen **Religion**. Besonders in Ratgeberbroschüren der Kirchen (Anonymus 1968: 4; Fingerlin + Mildenberger 1983: 34 - 41; Huber 1984) und in Streitschriften (Bint 1956[16]), aber etwa auch in Romanen (Memmi 1956 bzw. 1991) taucht dieses Thema auf[17]. Durch die wissenschaftlichen Studien wird diese Idee jedoch überhaupt nicht gestützt. Mehrere Autoren, zum Teil wohl selbst etwas erstaunt, daß dieser laut populärer Auffassung so problemträchtige Komplex praktisch keine Rolle im täglichen Zusammenleben spielt, weisen explizit auf sein Fehlen hin. Manche vermuten, daß sehr gläubige Personen, die mit ihrem Bekenntnis einen Ausschließlichkeitsanspruch verbinden, möglicherweise gar nicht erst religiös heterogam heiraten. In den empirisch untersuchten ehelichen Dyaden gehörten in der Regel entweder ein oder beide Partner nur nominell ihrer Religion an, so daß daraus kein Zusammenstoß entstehen konnte, oder ein oder beide Eheleute waren zwar gläubig, konnten in ihrer religiösen Auffassung jedoch das andere Bekenntnis des Partners als gleichberechtigtes Anliegen akzeptieren oder gar integrieren[18]. (Schnepp + Yui 1954: 50; Smith 1966: 172; Connor 1976: 28 - 30, 57; Lee 1980: 189 - 191; Deul 1983: 92 - 94; Mengchee 1988: 258; Pandey 1988:

---

[16] Für die Übersetzung dieses Artikels aus dem Arabischen danke ich meiner Freundin Rana Anabtawi-Friedrichs.

[17] Auf die Funktion dieser Art von Literatur als Verhinderungsmechanismus im Sinne der These von Golden wird in Kapitel 7.1 noch näher eingegangen.

[18] Es sei in diesem Zusammenhang daran erinnert, daß laut Partnerwahlstudien offenbar häufig nicht-gläubige Personen oder Angehörige derselben Religion / Konfession heiraten (vgl. Kapitel 5.3.3.2 und 5.3.3.4).

195 - 204; Wolf-Almanasreh 1990: 147; Hecht-El Minshawi 1992: 194 - 201; Wießmeier 1993: 75, 76)

Konflikte scheinen jedoch zuweilen durchaus um Traditionen zu kreisen, die oberflächlich an die Religion gebunden sind. Ein typisches Beispiel ist das Begehen von Festen, welche laut Akkulturationsforschung ja auch besonders resistent gegen Veränderungen von Verhaltensritualen sind. Der Grund scheint in deren **Symbolik für die eigene Kultur** und in den - oft unbewußten - **Emotionen** zu liegen, die seit der Kindheit daran gebunden wurden (vgl. Kap. 6.1). Um es mit den Worten eines tunesischen Leserbriefschreibers zu sagen:

"... toi jeune tunisien, quels souvenirs, quelles émotions réveille en toi le son de la cloche de la nuit de Noël? Et toi etrangère mariée à un Tunisien, que ressens-tu les nuits de ramadan...?" (*Confluent* 1963, 35: 865).

Pandey (1988: 202, 203) erwähnt die Auseinandersetzung eines deutschindischen Paares, das Weihnachtsfest ruhig und besinnlich - nach deutschem Modell - oder lustig und mit vielen Gästen - nach angelsächsischem Brauch - zu begehen. Tseng (1977: 94 - 96) nennt unterschiedliche Traditionen über das Feiern von Geburtstagen: Die amerikanische Ehefrau war enttäuscht, daß sie von ihrem chinesischen Ehemann noch nicht einmal ein winziges Geburtstagsgeschenk erhielt; in seiner Kultur war dies jedoch nur für Kinder oder alte Leute üblich. Auch nicht religiös begründete Traditionen und von Kindheit an existierende Gewohnheiten können Konfliktpotential bergen, etwa Nahrungsgewohnheiten: Tseng (ibid.) gibt das Beispiel von Kartoffeln versus Reis in einer westlich-asiatischen Ehe; Agbono-Puntigam (1995: 72, 73) stellte fest, daß für ihren afrikanischen Ehemann Fleisch zu einer kompletten Mahlzeit gehörte, eine mit einem Iraner verheiratete Frau, daß für ihn warmes, gekochtes Essen zweimal pro Tag (Internationales Kulturwerk 1991: 66) unabdingbar war. Barbara (1989: 206, 207) erfuhr, daß der Wunsch nach einem Grab in der Heimaterde für einige Männer aus dem Vorderen Orient so stark wurde, daß er nach Jahrzehnten in Europa die Ehe mit den französischen Frauen gefährdete. Mögen diese Beispiele kultureller Divergenz auf den ersten Blick als unerhebliche, leicht ausräumbare Unterschiede, als funktionslose kulturelle Survivals erscheinen, so zeigt sich doch gerade darin, daß sie zu Kristallisationspunkten von Konflikten werden, wie wenig trivial sie sind. Offenbar bilden sie Symbole für die eigene Kultur, an die sich Gefühle von Verlust, von Heimweh, knüpfen (vgl. auch Hecht-El Minshawi 1992: 208 - 221).

Eine Reihe von Problemen interethnischer Paare werden dadurch ausgelöst oder verstärkt, daß die Eheleute oft nicht in einem "neutralen", d. h. für beide fremden Drittland, sondern im Heimatland des einen Partners wohnen bzw. dorthin übersiedeln. Dort ist die **kulturelle Dominanz einer Seite** durch das Umfeld besonders gegeben. Mehrere der obengenannten Beispiele nehmen Bezug auf eine solche Situation, etwa die Untersuchungen Jays (1963) und Cottrells (1975).

Alle zu diesem Bereich vorliegenden Arbeiten, egal ob wissenschaftliche Studie oder autobiographischer Roman, sind allerdings aus Sicht euro-amerikanischer Frauen geschrieben; die entsprechenden Probleme von Männern oder Angehörigen anderer ethnischer Kategorien wurden bisher nicht thematisiert[19]. Allenfalls gibt es einige kurze Kommentare, wie unliebsam diese den "role shift" zum Helfer und Experten für die neue Wohnumgebung und Kultur empfanden (Smith 1971:133; Hardach-Pinke 1988: 138, 139). Hodgin (1964: 25, 26) weist noch darauf hin, daß die Männer sich als Studenten in Australien gewöhnlich schon ein wenig an die dortige Kultur angepaßt bzw. ein unterstützendes Netzwerk aufgebaut hätten, was im Vergleich ihren australischen Frauen zum Beginn in Malaysia fehle. Das mag auch auf andere Heiraten in der Folge von Migration übertragbar sein: Der schon länger vor der Partnerwahl eingewanderte Gatte hat in manchen Fällen sicher schon eine Anpassungsphase an das Heimatland seines zukünftigen Partners hinter sich.

Die Euro- und Gynozentrik der Literatur spiegelt sich auch in den in solchen Werken genannten Problemfeldern.

Eines davon, das offenbar auch auf den Binnenbereich der ehelichen Dyade zurückwirkt, ist eine **Verschlechterung des Lebensstandards** durch

---

[19] Es ließe sich darüber spekulieren, ob etwa für Frauen der Anpassungsdruck (und damit Leidensdruck?) in interethnischen (oder allen?) Ehen besonders hoch ist (vgl. Kap. 6.1). Vielleicht erschwert auch das westliche Ideal der konjugalen Familie, partnerschaftlich-gleichberechtigten Beziehung zwischen Ehepartnern, der Neolokalität als postnuptialer Residenz und Kernfamilie als Haushaltseinheit gerade Mitteleuropäerinnen und Euro-Amerikanerinnen die Anpassung an andere Verwandtschaftssysteme, die die Entscheidungs- und Verhaltensfreiheit von Frauen stärker reglementieren? Möglicherweise existiert für Frauen aus Mitteleuropa und Nordamerika bzw. aus einer bestimmten Schicht eine gewisse (entlastende?) Tradition darin, Bücher zu schreiben? Eventuell spiegelt sich in der Beschäftigung der wissenschaftlichen - und ja überwiegend westlichen - Literatur mit den Problemen heterogamer Frauen der eigenen ethnischen Einheit eine Tendenz gegen solche Ehen von Frauen der eigenen Gruppe (vgl. Kap. 4)? Eine Klärung dieser Fragen könnte nur durch bisher ausstehende empirische Untersuchungen erfolgen.

die Übersiedlung in die Heimat des Mannes.[20] Schon Catapusan (1938: 271) wies darauf hin. Smythe erwähnte (1958: 354, 355) in seiner Pilotbefragung von in Westafrika verheirateten Europäerinnen und Amerikanerinnen nicht nur die auch bei Kambhu (1963) und Cottrell (1975) genannten Anpassungsschwierigkeiten an eine niedrigere Rolle der Frau und kaum ebenbürtige einheimische Gesprächspartnerinnen in Gesellschaften mit häufig praktizierter Geschlechtertrennung, sondern auch:

"As regards adjusting to their new cultural matrix, from the reports it seems that most of the non-African spouses have taken an attitude of resignation to try to live with patterns in most cases completely foreign to their background. ... Many of the things taken for granted 'back home', such as hot shower baths, frozen food, insect-proof homes, general sanitary practices, window screens, sewage disposal systems, and a balanced diet have had to be compromised. Entertainment patterns have had to be revised, for the variety of outlets for the enjoyment of leisure to which Westerners are accustomed are not as yet a part of the West African scene" (Smythe 1958: 354).

Alle diese Probleme werden auch in den Kurzgeschichten von Assamaoua (1984) behandelt, die das Leben von Europäerinnen mit afrikanischen Ehemännern in Westafrika zum Thema haben und wie andere schon genannte Werke dieses Genres eine Mischung aus Fiktion und Autobiographischem zu sein scheinen. Auch der von Smythe als unlösbar und gewöhnlich zum Eheende führend bezeichnete Konflikt kommt darin vor: Einige Männer strebten gemäß ihrem hohen Status im Heimatland eine polygyne Verbindung an, was von ihren europäischen Frauen jedoch in keinem Fall akzeptiert wurde.

■ Die amerikanischen Ehefrauen thailändischer Männer in Kambhus Studie (1963: 41 - 75) hatten ebenfalls große Probleme, sich an den Lebensstandard in Thailand anzupassen, - zumal keine von ihnen ein realistisches Bild dessen mitbrachte, was sie erwartete (s. o.). Auch sie litten unter dem Klima, den fehlenden bzw. unerschwinglichen elektrischen Haushaltsgeräten, winzigen, ungepflegten und von vielen Personen bewohnten Häusern, Schmutz, Insekten, Schlangen und Eidechsen in den Wohnräumen sowie ungewohntem Essen.

■ Hodgkins (1964: 24, 25) Befragungen australischer Frauen, die ihren Männern nach Malaysia gefolgt waren, ergaben neben Anpassungsproble-

---

[20] Vgl. dazu aber auch Kapitel 6.1.3, das dieses Thema für europäische, asiatische und afrikanische Frauen behandelt, die Soldaten und Entwicklungshelfern in deren gewöhnlich reichere Herkunftsländer folgten.

men an das Leben in der Großfamilie ungestillte Bedürfnisse nach australischem Essen, einer eigenen Wohnung, einer englischsprachigen Schule für die Kinder sowie Australienreisen, - alles teure und meist unerschwingliche Sehnsüchte.

■ Zwei von Deuls (1983: 106 - 109) Probandinnen wiesen darauf hin, daß die Übersiedlung deutscher Frauen zu ihren türkischen Ehemännern früher leichter gewesen sei, als der Lebensstandard im Vergleich zur Türkei noch nicht so hoch und die Freiräume der Frauen noch nicht so groß waren, bzw. daß es leichter sei, wenn sie einen reichen oder zumindest nicht ärmeren Mann als sie selbst heirateten. Sonst könne das Leben in der Türkei einen "Rückschritt" für die Frauen bedeuten. Auch Yurtdas (1983) beschreibt in ihrem offenbar stark autobiographisch beeinflußten Roman die täglichen Probleme einer deutschen Frau mit der ungewohnten Infrastruktur auf dem türkischen Land.

In diesem Zusammenhang sei noch einmal an die Untersuchung von Pearlin (1975) erinnert: Auf der Grundlage einer mehrere tausend Haushalte umfassenden Stichprobe hatte der Sozialwissenschaftler - für die U.S.A. - herausgefunden, daß nicht Statusungleichheit an sich zu Streß und ehelicher Unzufriedenheit führe, sondern Statusungleichheit bei hypogamen Personen, die Status als besonders wichtig erachteten und nach höherem Status strebten (vgl. Kap. 5.1). Falls seine Ergebnisse auf Verhältnisse außerhalb der U.S.A. bzw. auf interethnisch verheiratete Euro-Amerikanerinnen und Europäerinnen, welche ihren Männern in deren Heimatland folgten, übertragbar sein sollten, so ließe sich spekulieren, ob unterschiedliche kulturelle Auffassungen von guten Wohngegenden und -verhältnissen den von Pearlin beschriebenen Streß aufgrund wahrgenommener Statusungleichheit und Hypogamie in Gang setzten.

Innereheliche Konflikte aufgrund unterschiedlicher ethnischer Herkunft, symbolisiert durch verschiedene Kultur, wurden also in der Literatur zur Zwischenheirat in großer Anzahl benannt. Nun existieren in jeder Ehe Probleme; auch in intraethnischen Beziehungen sind etwa unterschiedliche Kommunikationsstile, Loyalitätskonflikte zwischen Herkunftsfamilie und Ehepartner oder für den anderen schwer zu akzeptierende Gewohnheiten denkbar, ebenso Ehekrisen durch soziale Mobilität oder Umzug. Was kann daher als **typisches Problem einer heterogamen Kombination**, was als **individuelles aufgrund zweier Persönlichkeiten** betrachtet werden?

Diese Fragestellung drängte sich aufgrund von empirischen Untersuchungen auch manchen Forschern auf, und so relativierte eine Reihe von ihnen die von anderen suggerierte Unausweichlichkeit des kulturellen Zusammenstoßes im Binnenbereich einer heterogamen Ehe. Zuerst wurde dies in bezug auf bikonfessionelle Verbindungen wahrgenommen. Groeger (1973: 120, 121) bemerkte etwa, Ehekonflikte würden "sekundär konfessionalisiert": Obwohl Eheberater kaum Fälle von Krisen vorfänden, die hauptsächlich oder ausschließlich auf bikonfessionelle Heiraten zurückgingen, insinuierten Warnungen in kirchlichen Schriften und Traktaten diesen Zusammenhang. Und bereits Barron, dessen Arbeitsweise sich stets durch sorgfältige Methodik auszeichnete, schrieb 1951 auch in Hinblick auf andere Formen der Zwischenheirat:

> "Not infrequently the problem-mentality of those resistant to the practice, especially clergymen, is expressed in terms of ' culture conflict', a concept borrowed from the social scientists. Intermarriage, it is maintained, should be avoided because conflict almost invariably results between culturally disparate mates and harmfully affects their children" (Barron 1951: 250);

> "First, one should be reminded that such research has been challenged by the vested interest, social myopia, and wishful thinking of many laymen. To be sure, few but racists and fundamentalist zealots now argue against intermarriage on the grounds of detrimental biological consequences. But there are numerous people who insist on a consequence of overwhelming doom for those who intermarry in social and cultural matters.
> ...
> For the most part they have assumed that extreme differences in background should foster marital discord rather than rapport. [Others] have suggested ... that the element of mixture is a focal point for conflict in some cases of intermarriage in that it becomes the scapegoat for tensions which originate elsewhere in the marital relationship; it is an easy substitute explanation for a couple's poor adjustment in, let us say, financial affairs. At the same time ... the theorists have maintained that the consequences of any marriage depend upon the total situation and not merely upon the fact of mixture. That is, a marriage's inner solidarity is affected not only by its various parts but also by the influences of those with whom the couple has had and continues to have social ties. Theoretically, no type of marriage contains within itself the germs of its own inevitable failure. Success or failure depends upon total adjustment rather than upon the mere elements of difference" (ibid.: 252).

Smith (1966: 169, 173, 174) hatte für seine Doktorarbeit "schwarz"-"weiße" Paare in New York befragt. Alle seine Probanden waren der Ansicht, daß nicht "Rassen"-Unterschiede, sondern Konflikte, die auf unterschiedlichen Persönlichkeiten der Partner beruhten, für sie am gravierendsten waren.

Fontaine und Dorch (1980: 331 - 334) gingen das Problem systematisch an: Sie wiesen auf die Kulturbedingtheit von Wahrnehmung hin und fragten, ob in engen interethnischen Beziehungen, etwa Ehen, Sachverhalte gleich oder unterschiedlich wahrgenommen und ob dies von Vorteil oder von Nachteil für die eheliche Anpassung sei. Als erste[21] empirische Untersuchung in einem auf diesen Themenkomplex angelegten Forschungsschwerpunkt führten sie unter Anglo-, Afro- und Latino-Amerikanern Interviews von interethnischen amerikanischen und amerikanisch-ausländischen Paaren durch. Unter anderem wurde nach dem Gewicht von Problemen innerhalb der eheliche Dyade, dem Gewicht von Problemen mit Verwandten, Freunden und dem sozialen Umfeld sowie nach der allgemeinen Ehezufriedenheit gefragt. Die interethnischen amerikanischen Paare gaben mehr Probleme außerhalb der Paarbeziehung und eine größere Ehezufriedenheit an als die binationalen. Letztere suchten die Ursachen für Konflikte hingegen eher im Binnenbereich der Partnerschaft. Die Autoren vermuteten, daß dieses Ergebnis auf die größere Wahrscheinlichkeit der interethnischen amerikanischen Paare, von ihrer Umwelt wegen der Heirat Ablehnung und Sanktionierung zu erfahren, zurückzuführen sei und wiesen auf den Romeo- und-Julia-Effekt hin. Bei einer Aufsplittung nach Ehedauer ergab sich jedoch, daß die länger verheirateten interethnisch-amerikanischen Paare in allen Bereichen mehr Probleme als die jungverheirateten nannten. Hingegen bekannten sich die binationalen Langzeitpaare zu insgesamt weniger Problemen als die erst kurz verheirateten dieser Kategorie.

Auch die Probandinnen in Hongs (1982: 28, 29) Studie sahen die Vorurteile der koreanischen und amerikanischen Umwelt als gravierender als Unterschiede in Sprache oder Kultur an.

Graham, Moeai und Shizuru (1985) beriefen sich in ihrer Arbeit ausdrücklich auf die Untersuchung von Fontaine und Dorch. Entsprechend richteten sie ihr Augenmerk auf von den Probanden wahrgenommene Vorzüge und Probleme interethnischer Ehen. Zu diesem Zweck interviewten sie einen Partner, meist die Frau, von konfessionell homogamen, aber mehrheitlich ethnisch heterogamen Paaren auf Hawaii: Ihre Probanden waren Euro-Amerikaner, Neuseeländer, Samoaner, Tonganer, Hawaiianer, Chinesen, Filipinos und Japaner. Das Ergebnis war eindeutig: Die Partner in interethnischen Verbindungen nannten signifikant mehr externe, als kulturell bedingt klassifizierte Probleme mit dem familiären und sozialen Umfeld, ihre Ehezufriedenheit entsprach jedoch der der intraethnisch Verheirateten.

Hardach-Pinke identifizierte sowohl die "Sündenbockfunktion" und psychische Entlastung (1988: 134) durch das Konstrukt und die Betonung kultureller Unterschiede für Konflikte, bei denen die Partner keine Lösung finden, als auch die dem entgegengesetzte Meinung von Probanden, die Ursache für Probleme liege eher im Individuellen:

---

[21] und bisher offenbar einzige?

"Kollektive Wahrnehmungen kultureller Unterschiede als Resultat ähnlicher Sozialisationserfahrungen werden im dauerhaften Umgang mit der Fremde individualisiert. Das kann soweit gehen, daß die Existenz kultureller Unterschiede bestritten wird. Einige Partner in deutsch-japanischen Ehen nahmen keine kulturellen Unterschiede zwischen ihrem Ehepartner und sich selbst wahr, weil sie sich in wesentlichen Einstellungen, Werten, Interessen und Kommunikationsformen als ähnlich erlebten, weil sie sich bewußt von der eigenen Kultur distanziert hatten oder weil sie sich in einer eigenen Paarkultur gegen den Rest der Welt absetzten" (Hardach-Pinke 1988: 200);

"Der Prozeß der Konstruktion einer neuen interkulturellen Wirklichkeit in der Ehe wurde den Partnern gar nicht bewußt, weil sie ihre Lebenswelt als selbstverständliche, immer schon gegebene Daseinsgrundlage wahrnahmen. Kulturelle Gegensätze, die sich nicht in die interkulturelle Synthese einfügen ließen und sich als Verhaltens- und Meinungsunterschiede im Alltag manifestierten, konnten als Probleme aus der Umwelt an diese zurückverwiesen werden: Nicht die Partnerin oder der Partner waren fremd und unverständlich, sondern die andere Kultur. Das Fremde blieb außerhalb der gemeinsamen Lebenswelt, die kulturelle Andersartigkeit der Partnerin oder des Partners wurde zum Vertrauten. Wo jedoch die interkulturelle Ehewelt nicht mehr die Fremdheit des Anderen überwog, brach die eheliche Konstruktion der Wirklichkeit auseinander" (ibid.: 217).

Wießmeier (1993: 164) macht aufgrund ihrer empirischen Untersuchung deutlich, daß auch in interethnischen Ehen Anpassung der Partner stattfinde. Der Prozeßcharakter solch einer Beziehung werde in der Literatur aber häufig zugunsten eines statischen Bildes von zwei nicht kompatiblen Kulturen vernachlässigt.

Englert (1995: 160, 161) konnte feststellen, daß ihre deutsch-ghanaischen Probanden zwar alle ähnliche Konfliktbereiche thematisierten; welche von diesen gelöst wurden oder ein unüberwindliches Problem für die Eheleute darstellten, war jedoch von Paar zu Paar verschieden. Sie vermutete, daß kulturelle Lernschritte nur dann stattfinden könnten, wenn sie nicht die kulturelle und emotionale Identität eines Partners grundsätzlich bedrohten und wenn beide Partner zu Zugeständnissen bereit seien.

Wolf-Almanasreh (1990: 147, 148) wies anhand ihrer Beratungspraxis als Gründerin der IAF auf den "Symptomcharakter" hin, den unterschiedliche Religion oder das "Ausländersein" des Mannes hätten: Konflikte müßten aufgrund dieser Konstellation nicht zwangsläufig kulturell bedingt sein.

Erklärungsansätze anderer Art böten sich oft an, wenn fiktiv die Ehepartner als homogam gedacht und Probleme mit Generation, Ehe oder Familie an sich in Verbindung gebracht würden.

Wießmeier (1993: 77 - 84, 87, 88, 164) fragte ihre Interviewpartner nicht nur nach Alltagsproblemen, sondern auch nach deren Ursache in der Wahrnehmung der Probanden. So sahen vor allem deutsch-asiatische Paare ihre Konflikte um die Haushaltsführung und die Kommunikation, deutsch-orientalische Paare ihre Konflikte um Gastfreundschaft und Paare verschiedenster Kombination den hohen Stellenwert von Arbeit und Beruf für die Deutschen als durch den kulturellen Unterschied bedingt. Bis auf diese Nennungen wurden jedoch Problemkreise meist mit der spezifischen Sozialisation des entsprechenden Individuums oder der Persönlichkeitsstruktur erklärt. Die Ethnologin ließ ihre Interviewpartner auch differenzieren, welche Konflikte sie selbst und welche andere Personen ihres sozialen Umfeldes auf unterschiedliche Kultur zurückführten. Viele Befragte wurden durch diese Unterscheidung überrascht, weil sie offenbar die Meinung anderer für die eigene Beziehung als irrelevant betrachteten. Wießmeier sieht dies als Hinweis, daß der oft in der wissenschaftlichen und Betroffenen-Literatur genannte belastende Einfluß der Außenwelt übertrieben werde. Sie teilt aufgrund der empirischen Untersuchung aber den oben wiedergegebenen Eindruck mehrerer Autoren von einer "Sündenbockfunktion" oder einem plakativen "Symptomcharakter" des Konstrukts der unvereinbaren Kulturen:

"Allerdings soll der Hinweis auf die problematische Zuordnung 'kulturbedingt' nicht fehlen, denn an vielen Stellen schienen die Interviewten 'kulturbedingt' negativ, im Sinne von ausländerfeindlich, zu werten. Die Erfahrung der Befragten zeigte, daß sich einige Partner zu leicht durch derartige Begründungen der Probleme entziehen, wie eine Frau aus Lateinamerika bemerkt: 'Er will sich mit solchen kulturellen Zuweisungen im Konflikt entziehen'" (ibid.: 87);

"Bei der Betrachtung bikultureller Ehen hatte ich es mit dem weitverbreiteten Mythos zu tun, nach dem solche Ehen besonders viele Probleme durch zwei Kulturen haben. Es bleibt die Frage, warum dieses Bild derartig aufrechterhalten wird und mit welchem Interesse dies geschieht. Nach meinen Recherchen ist dieses Bild einmal durch die weitgehend fehlenden empirischen Untersuchungen und durch das dadurch bedingte Zitieren früher Aussagen aus problemorientierter 'Betroffenen'-Literatur beständig. Zum anderen hat es auch mit der bisherigen Sichtweise zu tun, die bei den 'Betroffenen' nicht wesentlich anders zu sein scheint als allgemein in der Gesellschaft. Auf der einen Seite wird tabuisiert und verleugnet und auf der anderen Seite in groben Zügen problematisiert.

Dazu kommt, daß menschliches Verhalten häufiger durch Bezug auf Kulturnormen 'legitimiert' wird, als daß es dadurch institutionalisiert bzw. in seinen psychischen Grundlagen gelenkt wird ... . Die Gefahr, daß dem Begriff Kultur in diesem Zusammenhang eine ähnlich abgrenzende Bedeutung wie dem Begriff Rasse zugewiesen wird, ist nicht gebannt" (ibid.: 165; Hervorhebung im Original).

Auf die Beziehung zwischen der ehelichen Dyade und der sozialen Umwelt, an die laut diesem Argumentationsstrang ein Großteil der Konflikte in der interethnischen Paarbeziehung gebunden ist, sowie auf verschiedene Verhinderungsmechanismen des Zustandekommens solcher Heiraten wird in Kapitel 7 eingegangen. Zuvor sollen aber ein Sonderfall einer offenbar "typischen" Konfliktentwicklung in bestimmten interethnischen Ehen und die bei der Behandlung von Problemen naheliegende Frage der Ehestabilität näher beleuchtet werden.

6.1.3 Das "Soldatenbraut"-Pattern

Shukert und Scibetta (1988: 88 - 91, 120, 121, 221 - 228) werteten Erfahrungsberichte und schriftliche Quellen über die Kriegsbräute amerikanischer Soldaten aus. Die meisten dieser Frauen aus verschiedenen besetzten, befreiten oder verbündeten Ländern hatten es schwer, sich an ein neues Leben in den Vereinigten Staaten anzupassen. Viele erwarteten aus Unwissenheit, durch Zeitschriften und Filme oder aufgrund schönfärberischer, übertriebener Erzählungen ihrer Ehemänner einen höheren Lebensstandard als den, den sie vorfanden. Die Freigebigkeit und der finanzielle Wohlstand der GIs hatten in den durch den Krieg ausgelaugten Ländern Europas und Asiens den Eindruck eines reichen Landes und ebensolcher Ehemänner in spe erweckt. Fehlender Wohnraum und hohe Arbeitslosigkeit zählten entgegen den Erwartungen jedoch auch in den U.S.A. zu den Kriegsfolgen. Manche der Frauen fanden schlechtere Lebensbedingungen vor als die, welche sie verlassen hatten.
  Druss (1965), Psychiater bei einer Militärstation in den U.S.A., entdeckte unter den von ihm betreuten Patienten eine Reihe von interethnisch verheirateten Personen. In der Regel handelte es sich um männliche amerikanische Soldaten, welche in Übersee stationiert gewesen waren, und ihre dort geehelichten Frauen. Die Mehrzahl bestand in dieser Studie aus Deutschen, die durch die als Kriegsfolge in Deutschland stationierten amerikanischen Truppen ihren Mann kennengelernt hatten, aber es waren etwa auch Japanerinnen, Koreanerinnen, eine Tschechin, Italienerinnen u. a. Diese

"War Brides" hatten große Schwierigkeiten, sich in den Vereinigten Staaten anzupassen; sie litten besonders unter Ablehnung oder gar Diskriminierung ihrer unmittelbaren Umgebung, beispielsweise der Nachbarn. Hinzu kam, daß sie in ihrem - oft als Kriegsfolge verarmten - Heimatland die zukünftigen Ehemänner als außergewöhnlich wohlhabend wahrgenommen hatten. Eine Frau aus Japan hielt ihren Partner dort gar für einen Millionär, um sich einige Monate nach der Übersiedlung in die U.S.A. hochverschuldet wiederzufinden. Die Männer berichteten, sie hätten bei ihrem Übersee-Einsatz oft ein starkes Gefühl persönlicher Freiheit erlebt. Im Umgang mit den einheimischen Frauen, die sie als weniger fordernd und "weiblicher" als Amerikanerinnen empfanden, sei es ihnen gelungen, soziale Fähigkeiten zu entwickeln und sexuelle Befriedigung zu erleben wie nie zuvor. Der Hilflosigkeit der Frauen in den Vereinigten Staaten, ihrer Unangepaßtheit und häufigen Depressivität mit allen möglichen Begleiterscheinungen begegneten die GIs dann jedoch mit Unwillen, Ungeduld oder gar Aggressivität. Einige flüchteten sich in Alkoholmißbrauch und setzten damit eine verhängnisvolle Spirale von mangelnder Effizienz beim Militär, Problemen mit den Vorgesetzten und verstärktem Druck, der sich auch im Innenbereich der Ehe auswirkte, in Gang. Das Verlassen der Armee konnte neue Schwierigkeiten bringen, da beim Militär trotz aller Probleme interethnische Ehen nicht so ungewöhnlich waren wie im zivilen Umfeld.

Einen sehr ähnlichen Konfliktablauf schilderte Kim (1972). Die von ihr als Sozialarbeiterin betreuten Japanerinnen und Koreanerinnen hatten meist als Prostituierte ihre späteren Ehemänner kennengelernt. Aus einer Situation ökonomischer und seelischer Deprivation heraus strebten sie nach finanzieller und emotionaler Sicherheit. Bei den Soldaten handelte es sich wie in Druss' Studie um Männer, die sich von asiatischen Frauen weniger als von Amerikanerinnen in ihrer Männlichkeit bedroht fühlten. Auch hier war der Sold der Männer verglichen mit U.S.-Verhältnissen nicht gerade hoch; dennoch ermöglichte er zusammen mit Armee-Privilegien und aufgrund des niedrigeren Lebensstandards in Japan und Korea den Paaren ein Leben im Luxus. Aufgrund des militärischen Umfeldes, in dem es relativ viele interethnische Paare gab, hielten sich Sanktionen oder Diskriminierungen in Grenzen. All dies änderte sich mit dem Umzug in die Vereinigten Staaten: Die Männer empfanden die Unsicherheit und Unterwürfigkeit ihrer Frauen plötzlich nicht mehr als Vorteil, sondern als Belastung, wenn deren "Funktionieren" in Form von Erledigung der Alltagsaufgaben nicht mehr ohne Unterstützung durch die Männer gewährleistet war. Viele der Frauen, welche von Kim betreut wurden, lebten aufgrund dieser Situation schon von ihren Partnern getrennt. Sie wiesen Merkmale von Armut auf, da laut der Autorin die in der Beratungsstelle vorgebrachten Probleme um geringes Einkommen, schlechte Wohnverhältnisse und unzureichende medizinische

Versorgung kreisten. Im Gegensatz zu ihrem Herkunftsland fehle ihnen in den U.S.A. ein unterstützendes Netzwerk von Freunden und Verwandten. Auch Ratliff et alii (1978) deuteten an, daß es sich bei amerikanischen GIs oft um sehr junge, unsichere Männer mit dem ersten Aufenthalt in Übersee, bei ihren koreanischen Ehefrauen häufig um Prostituierte handele. Für letztere sei daher meist der Aspekt der guten finanziellen Versorgung wichtig, zumal von ihr erwartet werde, ihre Familie zu unterstützen. So fänden sich in der Beratungsarbeit viele Konflikte um Geld: In Korea liege der Sold eines amerikanischen Soldaten sehr viel höher als das Durchschnittseinkommen eines Einheimischen; in den U.S.A. sei es hingegen eher unterdurchschnittlich.

Lee (1989) schilderte ähnliche Mechanismen im amerikanischen Foreign Service: Auch dieser sei eine "Insel" mit eigener Subkultur und immerhin 30 - 40 % Ehepartnern aus anderen Ländern, so daß Diskriminierung durch das soziale Umfeld gering sei. Bei einer Versetzung in die Vereinigten Staaten mutiere der als bedeutender Würdenträger wahrgenommene Diplomat in den Augen seiner Frau oft zum Durchschnittsamerikaner, zum kleinen Rädchen im Foreign Service.

Gloth und Fricke (1983) wiesen darauf hin, daß in Deutschland jeder zehnte Entwicklungshelfer im Gastland heirate; meist handele es sich um Männer, die dann nach Beendigung ihrer Mission mit ihrer Frau nach Deutschland zurückkehrten. Die in der Folge geschilderten Probleme der Frauen gleichen den obengenannten: Während im Heimatland der Partnerin der eheliche Lebensstandard ebenso wie die gesellschaftliche Anerkennung als hoch zu bewerten seien, ginge diese privilegierte Stellung in Deutschland verloren. Der Entwicklungshelfer sei mit eigenen Reintegrationsproblemen beschäftigt, was eine emotionale Unterstützung seiner Frau erschweren könne. In ihrer Heimat aktiv und mit einem unterstützenden Netzwerk von Verwandten und Bekannten umgeben, finde sie sich hier isoliert, oft ohne Deutschkenntnisse und auf die vielfach unbefriedigende Hausfrauenrolle zurückgeworfen, - nicht zu reden von Taktlosigkeiten, Unkenntnis oder gar Ausländerfeindlichkeit des sozialen Umfeldes. Um diesem Konfliktpotential entgegenzuwirken, bietet der DED Seminare für die interethnischen Paare unter seinen Heimkehrern an.

Der geschilderte Konfliktverlauf in Ehen von Männern im Auslandseinsatz, meist Soldaten, die dort heiraten, und ihrer späteren Rückkehr in ihr Heimatland zeigt ein gewisses prozeßhaftes Muster, weshalb er hier thesenhaft als "Soldatenbraut"-Pattern aus den anderen genannten Problemfeldern interethnischer Paare herausgehoben werden soll. Eine Beurteilung der gerade in den psychologischen Studien postulierten unreifen Persönlichkeiten als Konfliktursache kann hier nicht vorgenommen werden; der Ansatz der interethnischen Partnerwahl aus überwiegend krankhaften Motiven wurde jedoch bereits kritisch betrachtet (vgl. Kap. 5.3.3.6). Es soll aber selbstverständlich hier gar nicht darum gehen, die Partner in den Soldaten- oder Entwicklungshelfer-Ehen als asozial oder psychisch abnorm anzuprangern, wie dies ältere amerikanische Militärstudien offenbar häufig intendieren. Es ist vielmehr beabsichtigt, ein charakteristisches Verlaufsmuster aufzuzeigen, das durch Rollen- und Statuswechsel bei Umzug und die daraus resultierenden innerehelichen Konflikte gekennzeichnet ist. Empirische Forschung steht zu diesem Komplex des "Soldatenbraut"-Patterns allerdings noch weitgehend aus; es fehlen systematische Studien. Deutungsansätze finden sich allerdings in den oben bereits benannten Konfliktbereichen: Erwartung und Verhalten der Ehepartner an- und zueinander divergieren und müssen für eine befriedigende eheliche Anpassung in Übereinstimmung gebracht werden. Wie die geschilderten Beispiele zeigen, spielen Kommunikationsprobleme, konjugales versus konsanguinales Familienmodell, Unwissenheit und mangelnde Beschäftigung mit der Kultur und der sozialen Herkunft des Partners, fehlende unterstützende Netzwerke im Einwanderungsland sowie möglicherweise besonderer Streß von enttäuschten "Statusstrebern" (Pearlin 1975) eine Rolle.

6.1.4 Ehestabilität

Connor, der eine Untersuchung über amerikanische (Ex-) Soldaten und ihre japanischen Ehefrauen durchführte, definierte "marital stability" als

> "a state of marriage relatively free of disruptive influences. As a concept it is deduced from the presence of such stabilizing factors as age at time of marriage, adjustment of the couple, duration of the marriage, children, adequate income, etc." (Connor 1976: 6).

Die weitaus üblichere Definition bzw. Operationalisierung des Begriffs scheint jedoch die der Scheidungshäufigkeit zu sein (z. B. Murdock 1950; Fischer 1990a: 29, 39).

Murdock (1950: 197, 198) nennt in seinem interkulturellen Vergleich von außereuropäischen Kulturen mehrere Faktoren, die zur Ehestabilität beitragen. Einer davon ist der Brautpreis; als Konfliktpotential interethnischer Ehen in Neuguinea und Ostafrika wurde er in Kap. 6.1.3 bereits genannt. Ein weiterer hat mit den Partnerwahlagenten zu tun:

> "An even more frequent device is to take the choice of a marital partner largely out of the hands of young men and women and vest it in their pa-

rents. Most cultures reflect a marked distrust of sexual attraction as a primary motive in marriage, as it is likely to be in the minds of young people, and it seems to be widely recognized that parents, with their greater wordly experience, are more likely to arrange matches on the basis of factors better calculated to produce a durable union. Having been responsible for a marriage, parents tend to feel humiliated when it shows signs of breaking up, and are likely to exert themselves to restore harmony and settle differences" (ibid.).

In Kapitel 5.1 und 5.2 wurde von mir dargelegt, daß interethnische Partnerwahl vermutlich meist durch die zukünftigen Eheleute selbst stattfindet und oft gegen Heiratsregeln verstößt. Auch Fontaine und Dorch wurden dort bereits zitiert; ihre auf Homogenität als Stabilitätsgrundlage beruhende Annahme und Murdocks Beobachtung lassen den Schluß zu, daß interethnische Ehen - quasi per Definition - instabiler seien als intraethnische. Es wurde ebenfalls deutlich gemacht, daß offenbar in allen Gesellschaften Mechanismen existieren, um die Ehen ihrer Mitglieder stabil[22] zu halten. Murdock weist in seinem Aufsatz des weiteren darauf hin, daß zwar bei freier Partnerwahl das unterstützende Netzwerk von Verwandten fehlen könne, wenn diese mit dem Schwiegerkind nicht einverstanden seien. Er nennt aber auch Beispiele, wo Verwandte - sogar in institutionalisierter Form - Ehen auseinanderbringen können, obwohl die Partner keine Probleme miteinander haben (ibid.). Den negativen Einfluß, welchen ein schlechtes Verhältnis zwischen Schwiegereltern und -kindern laut einigen empirischen Untersuchungen offenbar auf die eheliche Anpassung heterogamer Paare hat, sowie die häufige Nennung von Konflikten als von außen in den Binnenbereich der Ehe hineingetragen zeigten die Kapitel 6.1 und 6.1.2 Murdock (ibid.) weist ebenfalls darauf hin, daß in vielen Gesellschaften mit hoher Scheidungshäufigkeit diese stark abnimmt, sobald Kinder geboren wurden. Der Zusammenhang zwischen der Stärke von Heiratsregeln bzw. der Sanktionierung heterogamer Paare und dem Vorhandensein von Kindern wurde ebenfalls bereits angesprochen (Kap. 5.3.3.4) und wird in Kapitel 7.1 noch ausführlicher erläutert.

Fischer (1990a) griff Murdocks Studie über Ehestabilität im interkulturellen Vergleich wieder auf und relativierte bzw. ergänzte sie unter sorgfäl-

---

[22] Es sei daran erinnert, daß Ehestabilität und Ehezufriedenheit zwei unterschiedliche Phänomene sind; eine Messung ersterer sagt also zunächst nichts über letztere aus.

tiger Analyse neuerer Arbeiten um mehrere Ergebnisse. So kam er zu dem Schluß, Ehestabilität[23] sei

— unabhängig von den Partnerwahlagenten (Partner selbst, Familien oder Heiratsvermittler);
— *ein* Ausdruck von gesellschaftlicher Striktheit oder Flexibilität, die sich beispielsweise auch in der Strenge von Regelbefolgung manifestiere;
— vor allem bei Gesellschaften mit starken patrilinearen Verwandtschaftsgruppen nicht selten das Ergebnis von Zwang bzw. Verfügungsgewalt über Frauen und Kinder: Scheidungen seien in *solchen* Gesellschaften häufiger, wo Frauen auch nach der Heirat enge Beziehungen zu ihrer eigenen Verwandtschaftsgruppe pflegen könnten und nicht alle Rechte an die Familie des Ehemannes verlören, sondern noch welche in ihrer Herkunftsfamilie hätten;
— nicht selten mit ökonomischen Zwängen korreliert, die eine Eheauflösung mit hohen Kosten verbinde: Brautpreis- oder Mitgiftrückzahlungen, Kompensation für Arbeitsleistungen oder Gewährleisten bzw. eigene Erarbeitung von Unterhalt;
— korreliert mit dem Vorhandensein von Kindern:
  a) Unreife Eheentscheidungen, oft von besonders jungen Partnern, führten in vielen Gesellschaften relativ schnell zur Scheidung, so daß Kinder in solchen Ehen selten seien.
  b) Erst nach der Geburt von Kindern setze in vielen Gesellschaften das starke Interesse und damit die Einflußnahme von Verwandtschaftsgruppen am Erhalt der Ehe ein.
  c) Kämen die Partner aus räumlich weit entfernten Gegenden, könne einer von ihnen bei einer Scheidung den Kontakt zu den Kindern nicht aufrechterhalten, so daß solche Beziehungen deswegen oft weitergeführt würden.
  d) In den Vereinigten Staaten und Mitteleuropa sei die Scheidungshäufigkeit erst angestiegen, als nach allgemeiner Auffassung Kinder eher unter kaputten Ehen als unter Trennung der Eltern litten;
— vermutlich eher mit geringen Erwartungen an persönliche und emotionale Übereinstimmung zwischen den Partnern korreliert als mit einer Auffassung von Ehe als ausschließlicher Zuneigungsgemeinschaft, die das Aushalten von Unvereinbarkeiten erschwere.

---

[23] Gemeint ist auch hier natürlich die Ehestabilität aus *gesamtgesellschaftlicher* Sicht bzw. aus Sicht der vergleichenden Betrachtung mehrerer Gesellschaften, nicht etwa die Stabilität jeder einzelnen Ehe.

Manche dieser Faktoren lassen sich auch zu der Forschung über interethnische Ehen in Beziehung setzen. So wurde etwa bereits mit Bezug auf eheliche Anpassung oder Konflikte (vgl. Kap. 6.1 und 6.3) der Einfluß eines **unterstützenden, aber auch sanktionierenden Netzwerks** genannt, das in vielen Gesellschaften aus der eigenen Verwandtschaftsgruppe besteht: stärkerer Anpassungsdruck für den Partner, dessen Herkunftsfamilie weit entfernt und / oder dessen Schwiegerfamilie nah ist, als wohltuend empfundene Befreiung von Verpflichtungen gegenüber einer weit entfernten Herkunfts- und / oder Fortpflanzungsfamilie, konfligierende Auffassungen von konjugalem und konsanguinalem Familienmodell, Zuschreibung von Problemen auf externe Ursachen, worunter nicht selten die Herkunfts- und Schwiegerfamilie verstanden wurden. Auch in Kapitel 7.1 wird der familiäre Einfluß in Verbindung mit Sanktionen gegen und Verhinderungsmechanismen von interethnischen Heiraten noch einmal zur Sprache kommen; in diesem Zusammenhang ist wiederum das Vorhandensein von Kindern nicht unerheblich. Dies gilt auch für den ökonomischen Aspekt, wenn etwa ein heterogamer Partner die Erwartungen der Schwiegerfamilie in bezug auf sozio-ökonomischen Status, Brautpreis, Mitgift oder reziproke Verpflichtungen in einem komplexen wirtschaftlichen Geflecht ihrer endogamen Wir-Gruppe nicht erfüllt. Schließlich kann die weite räumliche Entfernung eines Ehepartners von den Kindern bei Scheidung als relevanter Gesichtspunkt für die Aufrechterhaltung einer interethnischen Ehe angenommen werden; allein die um Abschiebung der von Deutschen geschiedenen Nicht-EU-Bürger und zuweilen daraus resultierende Kindesentführung kreisenden Diskussionen der letzten Jahre in deutschen Medien und der IAF lassen die Wichtigkeit dieses Aspektes vermuten.

Der letzte von Fischer genannte, als ehestabilisierend vermutete Faktor ist der der sozialen und ethnischen Homogenität. Er verweist dabei auf Grundannahmen, wie ich sie bereits in Kapitel 5.1 und 5.2 dargelegt habe, fügt aber hinzu, daß bisher genauere vergleichende Untersuchungen fehlten.

Für die U.S.A., aus denen die meisten Untersuchungen zu Stabilität in ethnisch heterogamen Ehen stammen, wie gleich gezeigt werden wird, identifizierte Mace[24] (1967: XXVII, XXVIII) drei Hauptursachen für gescheiterte Ehen, nämlich widrige Faktoren der sozialen Umwelt, mangelnde Ausfüllung der Partnerrolle und Mängel in der Persönlichkeitsstruktur. Zu den Umweltfaktoren zählte er trotz einiger Definitionsschwierigkeiten Kultur und Werte der Gemeinschaft(en), in denen das Paar sich bewegte: die Interaktion mit der unmittelbaren Nachbarschaft, Arbeitsbedingungen, reli-

---

[24] Im Gegensatz zu Murdocks und Fischers Betrachtungsweise handelt es sich hier um die Mikroebene der ehelichen Dyade, nicht um die Makroebene gesamtgesellschaftlicher Betrachtung.

giöse Bindungen, Umgang mit Verwandten, Freunden und Bekannten. Sozio-ökonomischer Status und Gesundheit seien auch dazuzurechnen. Kommunikationsstile, Kooperation und der Umgang mit Problemen sowie emotionale Komplementarität seien hingegen bedeutsam für die eheliche Anpassung in Form von Rollenerwartung und -verhalten der Partner zueinander. Psychische Störungen lägen oft zugrunde, wenn es dem Paar auch durch therapeutische Hilfe nicht gelinge, Meinungen und Verhalten in Richtung auf eine bessere eheliche Anpassung zu verändern.

Cyprian (1973: 140, 141) wies aufbauend auf König (1969) darauf hin, daß in der Bundesrepublik die Scheidungshäufigkeit bikonfessioneller Ehen abnahm bzw. dort von vornherein geringer war, wo die Einflußmöglichkeiten und Sanktionen gegen solche Heiraten, etwa von seiten der Kirchen oder der Familien, nicht so groß waren. Stadt-/Land-Vergleiche machten dies deutlich.

Fontaine und Dorch (1980: 329 - 332) entwickelten einen eigenen Ansatz zu Ehestabilität in interethnischen Beziehungen. Sie postulierten, daß per se durch Unterschiede der Partner in sozialer Wahrnehmung, Persönlichkeit und Kommunikation, die durch tatsächliche kulturelle Unterschiede sowie Sanktionen von seiten der sozialen Umwelt verstärkt würden, von einem größeren Instabilitätspotential dieser Ehen auszugehen sei. Andererseits fehle bisher Forschung, die sich auf die Vorzüge enger interkultureller Beziehungen konzentriert habe. Möglicherweise entwickelten die Partner allmählich Fähigkeiten zum interkulturellen Lernen, verminderte Vorurteile, persönliches Wachstum und Bereicherung, die vermutlich wiederum ehestabilisierend wirkten. Denn bei langzeitstabilen engen interkulturellen Beziehungen müßten die Eheleute brauchbare Problemlösungen gefunden und / oder Vorteile erhalten haben, die die größeren "Kosten" aufgewogen hätten. Der Romeo-und-Julia-Effekt allein wirke hingegen laut der bisherigen Forschungen langfristig eher instabilisierend. Die Autoren schlagen vor, die Untersuchungsrichtung eher auf den Bereich des sogenannten "Zuschreibungskonflikts" ("attributional conflict") zu richten, der sich bereits in Studien über interkulturelle Interaktion am Arbeitsplatz oder in der Schule als wesentlich herauskristallisierte habe: Soziale Wahrnehmung beinhalte eine Interpretation und Kategorisierung der Welt sowie kausale Zuschreibung und Verknüpfung ("causal attribution"), welche kulturell erlernt sei. Die wahrgenommene Ursache eines Ereignisses sei also je nach kultureller Prägung durchaus unterschiedlich. In interethnischen Ehen sei die Gefahr von unterschiedlicher Interpretation eines Ereignisses, von Zuschreibungskonflikt, besonders groß. Die Art und Weise, wie sich das Paar auf gemeinsame Beurteilungen einlassen könne, wirke sich auch auf die Beziehung aus. Nur von beiden geteilte Auffassungen über die Ursache eines Problems würden es erlauben, praktikable Lösungen dafür zu suchen. Fontaine und Dorch glauben, daß vor diesem Hintergrund die Zuschreibung von Problemen auf externe Ursachen, etwa Diskriminierung durch Außenstehende statt Persönlichkeit des Partners, dem Paar eher ermögliche, Lösungen zu suchen. Allerdings könne Zuschreibungsunsicherheit, die oft durch kulturelle Unterschiede und Mißbilligung der Ehe von seiten der sozialen Umwelt verstärkt werde, diese Suche nach Lösungen erschweren und damit instabilisierend wirken.

Weder Murdocks und Fischers Studien, die sich auf den interkulturellen Vergleich verschiedener Gesellschaften stützen, noch Fontaines und Dorchs Ansatz, der von Untersuchungen interkultureller Aktion in anderen Bereichen Thesen für interethnische Ehen zu abstrahieren versucht, haben bisher irgendeinen Niederschlag in der Zwischenheiratsforschung gefunden, wenn man von der einen Folgestudie (Graham, Moeai und Shizuru 1985) absieht. Stabilität in interethnischen Ehen wurde in der Literatur bisher nur auf zweierlei Art angegangen. Zum einen gibt es eine Reihe von Arbeiten, die - meist aufgrund großräumiger statistischer Auswertungen in Gebieten der U.S.A. - ähnlich wie im Bereich der Partnerwahl versuchten, **Verbreitungen bzw. Regelhaftigkeiten** festzustellen. Einige wenige Autoren bemühten sich darüber hinaus, **Faktoren für Ehestabilität** zu finden. Sie gingen dabei aber ausschließlich von Erkenntnissen aus, wie sie in den Vereinigten Staaten für homogame Heiraten festgestellt worden waren. Zusammenfassungen wie die vorgestellte von Mace oder Merkmale, wie sie in der am Kapitelanfang stehenden Defintion von Connor zu finden sind, bildeten dafür die Grundlage.

■ Banton (1955: 172, 173) stellte bereits in seiner Feldforschung im Londoner Einwanderer-Stadtteil Stepney fest, daß Kinder eine stabilisierende Wirkung auf die Ehen mit "weißen" Frauen hatten. Allerdings sei die Rate der zerbrochenen Beziehungen sehr hoch. Er führte dies zum einen darauf zurück, daß Unterstützung für solche Verbindungen sowohl von seiten der Engländer als auch der Afrikaner und Westinder kaum existiere. Zum anderen dürfe man in einem Gebiet wie Stepney nicht vom Mittelschicht-Ideal einer Ehe ausgehen. Die Frauen seien wegen ihrer psychischen Labilität und Asozialität ebensowenig wie die dunkelhäutigen Männer in der Lage, auf ein großes "Feld der Wählbaren"[25] zurückzugreifen. Eheliche Instabilität sei in diesem Teil Londons wohl auch eher ein Schichtmerkmal. Zudem bringe der Rassismus der englischen Gesellschaft in der Beurteilung dieser gescheiterten Beziehungen immer zunächst das Merkmal der "Rasse" ins Spiel, was ein verzerrtes Bild liefere.

---

25 Banton bedient sich zwar nicht dieses Ausdrucks, den ich hier aber um der Klarheit willen unter Bezug auf die in Kapitel 5 dargelegten Partnerwahlmodelle verwenden möchte, da er genau bezeichnet, was Banton in mehreren Sätzen beschreibt.

■ Michels (1959: 215, 216, 220, 225, 240 - 244) Untersuchung von Hotel-Bewohnern in Paris und Umgebung ergab, daß die interethnischen Haushalte durchschnittlich die geringste Kinderzahl aufwiesen. Dies könnte zum einen ein Indikator für geringere Ehe*stabilität* sein, wenn man die Untersuchungen Murdocks und Fischers zugrundelegt. Die Autorin erfuhr jedoch, daß die Ehe*zufriedenheit* in den wenigen binationalen Hotel-Haushalten mit drei bis vier statt ein bis zwei Kindern bei den Frauen sehr viel geringer war. Das ist möglicherweise auf die sehr beengten und ärmlichen Wohnverhältnisse dieser Probanden zurückzuführen, denn die Hotelzimmer waren im Durchschnitt nur 12 m^2 groß. Fälle von Scheidung oder Verlassen waren in intraethnischen französischen Ehen jedoch häufiger als bei interethnischen Paaren und am seltensten bei homogamen Algeriern.

■ Cheng und Yamamura (1957: 83, 84) verglichen die Heirats- und Scheidungsdaten der Jahre 1952 bis 1954 auf Hawaii[26]. Sie splitteten die Ergebnisse nach "Rassen"- und Geschlechtskategorien sowie nach Homo- und Heterogamie auf. Demnach war die Scheidungsrate im Vergleich zu *allen* Eheschließungen derselben Jahre bei heterogamen Heiraten höher als bei homogamen. Einige "Rassen"-Kategorien hatten *insgesamt*, also egal, ob inter- oder intraethnische Verbindungen betrachtet wurden, sehr niedrige bzw. sehr hohe Scheidungs- im Vergleich zu Eheschließungsquoten, etwa Japaner versus Filipinos. Die "Hitliste" dieser Instabilitätsraten veränderte sich in den mittleren Bereichen etwas, wenn nur Heiraten und Trennungen homogamer oder nur Heiraten und Trennungen heterogamer Personen dieser Kategorien betrachtet wurden. Dabei wurde ein Phänomen sichtbar, dem Cheng und Yamamura offenbar keine große Beachtung schenkten, das in späteren Scheidungsstudien jedoch aufgegriffen wurde: Für die bei Homogamie besonders "trennungsanfälligen" Kategorien der Puertoricaner, Filipinos und Koreaner verringerten sich die Raten, wenn ausschließlich ihre heterogamen Verbindungen zugrundegelegt wurden. Für Personen dieser Kategorie war bei Zwischenheirat das Trennungsrisiko also offenbar niedriger als bei Binnenheirat. Dazu gleich mehr.

Cheng und Yamamura verglichen außerdem die Quoten nach Geschlecht der Ehepartner. Dabei kamen sie zu dem Ergebnis, daß "kaukasische" Männer mit "orientalischen" Frauen geringere, "kaukasische" Frauen mit "orientalischen" Männern höhere Scheidungsraten hatten. Die Autoren führen dies allerdings nicht auf kulturelle Charakteristika, sondern wenig differenziert auf Hyper- versus Hypogamie zurück: Hawaii sei eine Gesellschaft, in der die verschiedenen "Rassen" unterschiedlich hohen Status hätten: Die "Kaukasier" stünden an der Spitze, die Filipinos und Puertoricaner am Ende dieser Pyramide (ibid.: 81). Schließlich sei eine Rangordnung der Schei-

---

[26] Sie benutzten also die in Kapitel 3.1.1 erläuterte Formel r❷.

dungsraten nach Größe der Personenkategorie zu beobachten, wobei die zahlenmäßig kleinsten die höchsten Trennungsraten aufwiesen. Schon Adams (1937: 205 - 226) hatte Scheidungsraten für die Jahre 1905 bis 1933 auf Hawaii ausgewertet, und zwar auf dieselbe Art wie später Cheng und Yamamura, indem er Heiraten und Trennungen derselben Jahre zueinander in Beziehung setzte (Formel r❷; vgl. Kap. 3.1.1). Seine Ergebnisse waren ähnlich gewesen: Chinesen und Japaner wiesen geringe, Filipinos und Puertoricaner hohe Scheidungsraten auf; bis auf Hawaiianer, Puertoricaner, Koreaner und Filipinos zeigten sich bei den heterogamen Personen dieser Kategorien höhere Raten als bei den homogamen. Allerdings interpretierte Adams diesen Befund vollkommen anders. Er verknüpfte ihn zunächst mit dem, was er den "Grad der Organisation" der verschiedenen Personenkategorien nannte: Jene von ihnen, deren Mitglieder schon vor längerer Zeit eingewandert und die von der Personenzahl her groß waren, konnten nach seiner Meinung Subkulturen mit eigenen ethnischen Organisationen und Institutionen bilden, die ihnen erlaubten, Ehestabilität nach traditionellen Mustern zu gewährleisten. Das deutlichste Beispiel dieser Art finde sich bei den Chinesen. Dann verglich er die Scheidungsraten für die Stadt- und Landbevölkerung; bei letzterer waren sie in allen Personenkategorien deutlich geringer. Daraus zog er den Schluß, daß auch dies eher auf den möglichen Grad der institutionellen Kontrolle als auf grundsätzliche kulturelle oder gar "rassische" Charakteristika zurückzuführen sei. Anhand der Statistiken konnte Adams weiterhin seine These untermauern, daß Scheidungsraten offenbar mit einem Zyklus der Einwanderung korrelierten. Besonders an jenen Personenkategorien, deren Einwanderung plötzlich durch neue Gesetze gestoppt wurden, ließ sich zeigen, daß wenige Jahre nach verstärkter Immigration die Scheidungsraten stiegen, um in den Folgejahren langsam abzusinken. Neben spezifischen kulturell (chinesische Ahnenverehrung) oder durch die Form der Einwanderung (japanische "Picture Brides") bedingten Ursachen für Schwankungen bei einzelnen ethnischen Einheiten führte Adams dies auf **soziale Desorganisation** im neuen Einwanderungsland bzw. in der ungewohnten Stadt zurück. Und es gelinge eben nur solchen Einheiten, die traditionellen Werte und Kontrollmechanismen aufrechtzuerhalten bzw. wiederzubeleben, die nach dieser Umbruchphase die entsprechende Größe und Organisation in der neuen Heimat aufbauen könnten. Folglich seien in schlechter organisierten und integrierten ethnischen Einheiten die Instabilitätsraten höher. Heirateten nun Partner aus einer gut und einer schlecht organisierten Ethnie, so lägen die Scheidungsraten dieser heterogamen Paare zwischen denen der Herkunftskategorien. Adams zog den Schluß:

"The high rate of divorce in Hawaii does not appear to be the result of interracial marriages but of the circumstances that tend to free people from their traditional control" (Adams 1937: 225).

Lind (1964) führte eine Folgestudie von Ehestabilität auf Hawaii durch, bei der er sich explizit auf Adams' Thesen berief. Allerdings verglich er die Heiraten der Jahre 1956 bis 1960 mit den Scheidungen der Jahre 1958 bis 1962[27]. Wie zu Adams' Zeiten lag die allgemeine Scheidungsrate bei Zwischenheirat höher als bei Binnenheirat und insgesamt in Hawaii über dem statistischen Durchschnitt der Vereinigten Staaten, letzteres im Gegensatz zu den zwanziger und dreißiger Jahren jedoch nur noch geringfügig[28]. Hawaiianer und Koreaner hatten ebenso wie früher die höchste, Japaner die niedrigste Zwischenheirats- und Scheidungsrate. Hingegen heirateten die Chinesen mittlerweile zu fast 50 % heterogam; ihre Scheidungsrate war jedoch die geringste nach der der Japaner. Im Vergleich dazu lag die Zwischenheiratsrate der Filipinos niedriger, ihre Scheidungsquote jedoch höher als die der Chinesen. Bei fünf von neun Personenkategorien mit hoher Heterogamie erwiesen sich die Scheidungsraten bei homogamen Ehen als zum Teil deutlich höher als bei heterogamen. Adams' Beobachtung, daß Ehen zwischen Angehörigen "desorganisierter" und "organisierter" Personenkategorien zwischen der Stabilitätsrate jeder einzelnen lägen, konnte bestätigt werden. Auffällig war hier besonders der Fall von Heiraten zwischen Personen der beiden "desorganisierten" Einheiten der Puertoricaner und "Teil-Hawaiianer"; ihre Scheidungsrate war weniger als halb so hoch wie bei puertoricanischen Binnenheiraten und nur wenig höher als bei "teil-hawaiianischen". Bei einer Aufsplittung nach Geschlecht erwiesen sich die Scheidungsraten japanischer Männer mit chinesischen Frauen und chinesischer Männer mit japanischen Frauen als geringfügig kleiner als mit Frauen der eigenen Einheit. Lind vermutete im wesentlichen drei Ursachen für diese Trends. Zum einen seien Adams' Interpretationen bezüglich "lose strukturierter" Ethnien nach wie vor gültig, etwa was die leichte Eheauflösung bei den Hawaiianern anbetreffe. Des weiteren ließen sich nach über dreißig Jahren immer noch die von ihm vermuteten demographischen Tendenzen ausmachen, die bei kleinen, geschlechtsunausgewogenen und erst kürzlich eingewanderten Personenkategorien dazu führten, daß ein ehestabilisierendes Netzwerk von ethnischen Institutionen nicht vorhanden sei. Zum dritten sei allerdings eine gegenläufige Tendenz der amerikanischen Massenkultur auszumachen, welche Unterschiede zwischen "organisierten" und

---

[27] Dies entspricht der in Kapitel 3.1.1 von mir vorgestellten Formel r❶.
[28] 1960 war die Scheidungsquote auf Hawaii dann niedriger als im amerikanischen Durchschnitt (Lind 1964: 26).

"desorganisierten" Einheiten allmählich nivelliere. Dies zeige sich in der zahlenmäßigen Angleichung der Scheidungsquoten aller betrachteten Personenkategorien, welche nicht mehr so weit auseinanderlägen wie früher. Auch dieser Forscher geht also davon aus, daß das Faktum der ethnischen oder kulturellen Heterogenität per se nicht viel Einfluß auf die Eheinstabilität besitze.

Monahan (1966) setzte Linds Studie fort; wie er bediente er sich der Formel r❶ und setzte die Heiratsstatistiken der Jahre 1956 bis 1962 zu den Scheidungsstatistiken der Jahre 1958 bis 1962 auf Hawaii in Beziehung. Er kam zu denselben Ergebnissen wie Lind.

Einen anderen Ansatz wählte Miller (1971). Er verglich die *Dauer geschiedener Ehen* auf Hawaii. Seine Grundgesamtheit bestand aus den geschiedenen Ehen der Jahre 1952 bis 1954 und 1962 bis 1964; die Datenbasis wurde mittels Auswertung von Scheidungsformularen erhoben. Heterogame Heiraten der betrachteten Jahre waren im Durchschnitt anderthalb Jahre kürzer als homogame. Bei einer Aufsplittung nach "Rassen"-Kategorie und Geschlecht zeigten sich folgende Ergebnisse: Homogame Ehen von Hawaiianern dauerten am längsten, homogame puertoricanische waren am kürzesten im ersten Zeitraum, homogame "teil-hawaiianische" im zweiten. Heterogame Ehen mit Filipinos waren in der ersten Periode am kürzesten, mit "Kaukasiern" in der zweiten. Heterogame Ehen mit philippinischen Partnerinnen waren in beiden Zeiträumen die kürzesten, mit "teil-hawaiianischen" Männern in den fünfziger Jahren die längsten, mit koreanischen Männern in den sechziger Jahren. Ohne diese Resultate näher zu erläutern, schließt Miller, daß "interrassische" Ehen instabiler seien und führt dies hauptsächlich auf **kulturelle Unterschiede** der Partner, weniger auf das Fehlen von stabilisierenden Netzwerken oder ethnischen Organisationen, zurück. Linds Datengrundlage hält er für teilweise zweifelhaft, da viele auf Hawaii geschiedene Personen dort gar nicht geheiratet hätten; dies gelte besonders für "weiße" Amerikaner.

Die neuste Untersuchung über Ehestabilität auf Hawaii stammt von Schwertfeger (1984). Sie legte alle Heiratsurkunden von 1968 zugrunde und prüfte, welche dieser Ehen bis 1976 in Scheidung geendet hatten. Um Verzerrungen in der Grundgesamtheit auszuschalten, schloß die Autorin alle Ehen aus, bei denen die Auflösung durch Tod stattfand oder wegen bloßer Trennung sowie nicht-komplettierter Scheidungspapiere nicht eindeutig als Scheidung klassifiziert werden konnte. Außerhalb von Hawaii geschiedene Verbindungen, Ehen von Militärpersonal oder nicht auf Hawaii registrierten Einwohnern wurden ebenfalls nicht berücksichtigt. 16 % der verbleibenden Beziehungen waren innerhalb von neun Jahren geschieden worden: 19,2 % aller heterogamen versus 13,8 % aller homogamen. Tendenzen früherer Untersuchungen setzten sich fort; etwa die hohe Ehestabilität der Chinesen und

Japaner sowie die Scheidungsraten bei Heterogamie, welche zwischen den Quoten der beteiligten Personenkategorien bei Homogamie lagen. Eine detaillierte Aufsplittung nach allen "Rassen"- und Geschlechtskategorien soll hier aus Platzgründen nicht wiedergegeben werden. Schwertfeger ist äußerst zurückhaltend in der Interpretation ihrer Ergebnisse. Da sich kein leicht deutbares Muster ergebe und in mehreren Fällen die Raten nur um geringe Prozentpunkte divergierten, vermutet sie, daß ethnische Zurechnung und Geschlecht nur zusätzliche Faktoren unter anderen seien, die die Ehestabilität beeinflußten.

Monahan (1970a) führte eine statistische Analyse der Heiratsformulare des Staates Iowa für die Jahre 1937 bis 1967 durch. Dabei verglich er sowohl die "interrassischen" Heiraten und Scheidungen derselben Jahre als auch die Heiraten mit den drei Jahre später erfolgten Scheidungen, benutzte also Formel r❶ *und* r❷ aus Kapitel 3.1.1. Sein Hauptaugenmerk galt den Verbindungen von Afro-Amerikanern. Deren Scheidungsrate erwies sich nach beiden Rechenmethoden als ungefähr doppelt so hoch wie die der Anglo-Amerikaner. Bei Betrachtung der "schwarz"-"weißen" Ehen zeigte sich eine Scheidungsrate, die zwischen der aller Afro- und aller Anglo-Amerikaner lag. Die häufigste Partnerkombination war die eines "schwarzen" Mannes mit einer "weißen" Frau. Bei Aufsplittung der Daten nach "Rasse" und Geschlecht erwies sich diese Konstellation nach beiden Berechnungsmethoden sogar als stabiler als die homogamen Ehen der Anglo-Amerikaner.

Monahans nächste Untersuchung derselben Art galt Kansas (Monahan 1971b). Wiederum setzte er die Heirats- und Scheidungsstatistiken der Jahre 1947 bis 1969 zueinander in Beziehung. Diesmal verglich er beide Datensätze derselben Jahre (Formel r❷) sowie die Heiraten mit den drei Jahre und zusätzlich fünf Jahre später erfolgten Scheidungen (Formel r❶). Nach der ersten und dritten Rechenmethode lag die Scheidungsrate "schwarz"-"weißer" Paare unter der beider homogamer Kategorien; nach der zweiten zwischen beiden wie schon in Iowa.

Heer (1974: 250) betrachtete nicht die Ereignishäufigkeit von Heiraten und Scheidungen, sondern die Verbreitungshäufigkeit noch intakter Ehen: Er analysierte die U.S.-Zensen von 1960 und 1970 und verglich jene "interrassischen" und "intra-rassischen" Ehen, die zwischen 1950 und 1960 geschlossen wurden und zehn Jahre später noch bestanden. Dies waren 90 % der homogamen "weißen", 78 % der homogamen "schwarzen", jedoch nur 63 % (afro-amerikanischer Mann, anglo-amerikanische Frau) bzw. 47 % (afro-amerikanische Frau, anglo-amerikanischer Mann) der "schwarz"-"weißen" Verbindungen. Monahan (1974: 670) kritisiert allerdings die Datengrundlage vor allem des 1960er Zensus als sehr ungenau und zieht damit Heers Ergebnisse in Zweifel.

Carter und Glick (1976: 414, 415) erwähnten in ihrer zusammenfassenden Darstellung von Heirat und Scheidung in den Vereinigten Staaten bezüglich der Ehestabilität bei "interrassischen" Verbindungen zwar auch Monahan 1970a, beriefen sich jedoch hauptsächlich auf Heers Untersuchung. Diese wurde auch als einzige in einem anderen weitverbreiteten Kompendium berücksichtigt, nämlich der auch ins Deutsche übersetzten Harvard Encyclopedia of American Ethnic Groups. Das verwundert nicht weiter, weil das Kapitel über Zwischenheirat von Heer selbst geschrieben wurde (Heer 1985).

Einige wenige amerikanische Autoren untersuchten zwar nicht die Ehestabilität bei Heterogamie, äußerten aber die Prognose, daß ihre Probanden recht gute Chancen für stabile Ehen zeigten. Dies wurde gewöhnlich an Faktoren festgemacht, die in der amerikanischen Ehestabilitätsforschung für homogame Paare festgestellt worden waren. So listete etwa Golden (1954: 147) die Ehedauer seiner fünfzig Interviewpaare zur Zeit der Erhebung auf und sah das relativ späte Heiratsalter als stabilisierend, weil es eine reife Eheentscheidung wiederspiegle. An früherer Stelle (ibid.: 145) nannte er jedoch die geringe Kinderzahl dieser "schwarz"-"weißen" Paare und vermutete, aus Angst vor deren Diskriminierung als einem zusätzlichen Instabilitätsfaktor würden die heterogamen Eheleute auf Kinder verzichten. Golden merkte selbstkritisch an, daß seine Probandenauswahl möglicherweise eher stabilere Paare erfaßt habe, weil andere nicht so leicht zu Interviews bereit gewesen sein mochten.

Alle übrigen derartigen Stabilitätsspekulationen beziehen sich auf asiatische Soldatenfrauen und ihre Männer. Schnepp und Yui (1954) betonten ebenfalls die erst nach mehreren Monaten und in etwas höherem als dem amerikanischen Durchschnittsalter und damit nicht überstürzt getroffenen Eheentscheidungen ihrer amerikanischen und japanischen Interviewpartner. Weitere Faktoren, die stabilisierend wirkten, seien der recht schnell gebrochene Widerstand der Familien gegen die Heirat, die bereitwillige Akzeptanz der Hausfrauenrolle durch die Japanerinnen, ihre Übernahme amerikanischer Küche und Feste, ein japanisch-amerikanischer Freundeskreis des Paares, angemessener Wohnraum, Homogenität der Partner im Bildungsbereich und das Vorhandensein von Kindern.

Die von Connor mit Ehestabilität in Verbindung gebrachten Faktoren wurden in seiner Definition zu Beginn des Kapitels schon erwähnt. Er leitete sie von mehreren amerikanischen Familienstudien ab, auf die er ausdrücklich verweist (1976: 5 - 7). Folglich galt sein Augenmerk in den Interviews mit japanisch-amerikanischen Paaren vor allem diesen Merkmalen. Auch in dieser Untersuchung wurden das Vorhandensein von Kindern, ausreichendes Einkommen der Männer, das höhere durchschnittliche Heiratsalter, keine größeren Probleme mit den Verwandten und Anpassungsbereitschaft der Männer in bezug auf Speisen und Religion als ehestabilisierend gesehen (ibid.: 57, 58).

Noch spekulativer sind die Annahmen Hongs (1982). Der Hinweis auf die allgemein als zu hoch eingeschätzten Scheidungsraten koreanischer Frauen und amerikanischer Soldaten von 75 bis 90 % durch Militärpersonal ist sicher berechtigt. In der folgenden Erhebung werden dann aber noch nicht einmal Ehepaare untersucht, sondern Interviews mit Koreanerinnen, die sich noch in ihrem Heimatland durch Kurse auf eine Heirat mit einem GI vorbereiten, und die Antragsformulare jener Soldaten, die eine Koreanerin heiraten möchten, ausgewertet. Ob die so zusammengetragenen Daten über Geburts- und Wohnort, Bildung und Beruf, Reiseerfahrungen, frühere Ehen, Dauer der Beziehung und Alter, Haushaltsgröße, Heiratsmotive, Sprachkenntnisse tatsächlich auf die zukünftige Ehestabilität schließen lassen, ist doch sehr fraglich. Zwar relativiert die Autorin vorsichtshalber selbst den Wert ihrer Studie, widerspricht damit jedoch ihren eigenen Argumenten über deren Wichtigkeit.

Wolf-Almanasreh, Gründerin der IAF und inzwischen Leiterin des Frankfurter Amtes für Multikulturelle Angelegenheiten, zitierte 1982 (1982: 40, 41) die Eheschließungs- und Scheidungszahlen des Statistischen Bundesamtes in Wiesbaden für 1980. Anhand einer Beispielrechnung, in der sie Quoten von deutsch-deutschen und deutsch-ausländischen Heiraten und Scheidungen dieses Jahres verglich, (also die in Kapitel 3.1.1 dargestellte Formel r❷ zugrundelegte,) zeigte sie, daß die Scheidungsrate homogamer Verbindungen 27,49 %, die der heterogamen hingegen nur 18,93 % betrug. Sie verwies auf die übliche Praxis, bei der Berechnung solcher Quoten die durchschnittliche Ehedauer, also im vorliegenden Fall eine Zeitspanne von fünf Jahren zwischen Heirats- und Scheidungsdaten, zu berücksichtigen. Für frühere Jahre lägen diese jedoch nicht vor, weil die Trennungszahlen binationaler Ehen da noch nicht erfaßt wurden.

Zu ganz anderen Ergebnissen kamen Vaskovics und seine Mitarbeiter (1984: 48 - 52). Sie legten ihrer Berechnung allerdings auch die *Verbreitungshäufigkeit* und nicht die *Ereignishäufigkeit* zugrunde: Von allen 1980 *bestehenden* Ehen nahmen sie den Prozentsatz der im Jahre 1981 geschiedenen Ehen. Dies ergab für deutsch-deutsche Verbindungen eine Quote von 1,38 %, von deutsch-ausländischen jedoch von 5,17 %. Bei einer Aufsplittung nach Geschlecht zeigte sich, daß die Rate mit 8,32 % für die Kombination deutsche Frau - ausländischer Mann wesentlich höher war als jene von 2,85 % für die umgekehrte Konstellation. Die Autoren verweisen darauf, daß aus Deutschland abgewanderte Paare, meist auch jene mit einem ausländischen Mann, aus der Grundgesamtheit herausfallen und über ihre Stabilität im Ausland keine Daten vorliegen[29].

Zusammenfassend läßt sich sagen, daß nach den meisten vorliegenden Untersuchungen interethnische Ehen per se instabiler sind als intraethnische. Wie die Studien in Hawaii und anderen amerikanischen Bundesstaaten zeigten, ergibt sich jedoch durchaus ein differenziertes Bild bei Aufsplittung nach Personenkategorien, das sogar für manche von ihnen ein geringeres Scheidungsrisiko bei Zwischenheirat zeigt. Allgemein bleibt festzustellen, daß die Frage der Stabilität interethnischer Ehen trotz der sich über viele Jahre und Regionen erstreckenden Untersuchungen noch nicht ausreichend erforscht ist. Dies hat mehrere Gründe.

Zum einen scheinen ähnlich wie beim Bereich der Partnerwahl manche Forscher genau das zu finden, was sie suchen. Unsauberes methodisches Vorgehen oder Verschleierung der Datenbasis erleichtern dies. Besonders gut wird das etwa wieder an den schon mehrfach kritisierten Arbeiten Burton-Bradleys über Papua Neuguinea und Kamalkhanis über Iraner in Norwegen deutlich: Da werden ohne weitere Belege oder Relativierungen schlicht Behauptungen von der größeren Instabilität heterogamer Beziehungen aufgrund der unvereinbaren kulturellen Unterschiede niedergeschrieben (Burton-Bradley 1968: 22; Kamalkhani 1988: 103). Operationalisierungen oder Quantifizierungen bleiben aus. Einige Wissenschaftler verweisen auf die ideologische Brille, mit der auf diese Weise in bestimmten Publikationen die hohe Scheidungsanfälligkeit betont wird. De Jager (1970: 21) schließt sich zwar auch der Meinung an, daß Zwischenheirat höhere Scheidungsquoten aufweise als Binnenheirat; sie sei jedoch wiederum nicht *so* hoch: Die Mehrzahl der Ehen bleibe immerhin stabil. Schon Vernon (1965) hatte anhand einer Beispielrechnung gezeigt, wie man mit Statistiken von interkonfessionellen Ehen den Eindruck hoher Instabilität suggerieren könne (vgl. Kap. 4.1; S. 90).

Ein weitaus gewichtigeres Problem als unlautere oder schlampige Methodik und Darstellung liegt allerdings in der Uneinheitlichkeit der Berechnungsmethoden und der allgemein schlechten Datenbasis für die Erhebung von Stabilität interethnischer Ehen. Diese Probleme wurden im Methodenkapitel schon ausführlich diskutiert. Kulturwissenschaftlich relevante Personenkategorien sind in den Nationalstatistiken gewöhnlich nicht erfaßt; so müßte ethnische Zugehörigkeit eigentlich durch eine aufwendige empirische Untersuchung über Selbst- und Fremdzuschreibung jeder betrachteten Einheit zunächst eruiert werden, bevor es überhaupt möglich wäre, eine Grund-

---

[29] Vgl. dazu auch den in Kapitel 3.1 zitierten Antwortbrief auf meine diesbezügliche Anfrage an das Statistische Landesamt Hamburg sowie das Zitat aus dem Bericht der Ausländerbeauftragten.

gesamtheit festzusetzen. Die Zahl interethnischer Eheschließungen wäre erst dann einigermaßen korrekt für eine bestimmte Region und Zeit zu ermitteln. Doch selbst, wenn dies geschafft wäre, gäbe es immer noch die Schwierigkeit, die Zahl der Scheidungen zu dieser Grundgesamtheit in Beziehung zu setzen. Die beste Methode ist sicherlich die von Monahan, nämlich die Quote auf verschiedene Weise zu berechnen, um Fehlerquellen zu reduzieren. Wie Wolf-Almanasrehs und Vaskovics et aliis Raten zeigen, kann allein die Berücksichtigung von Ereignis- versus Verbreitungshäufigkeit zu ganz unterschiedlichen Ergebnissen führen.

Schließlich gilt auch für die Frage der Stabilität interethnischer Ehen, was von mir schon mehrfach in anderen Zusammenhängen kritisiert wurde: Es fehlen Vergleichsstudien mit homogamen Paaren, die eventuelle andere Möglichkeiten von disruptiven Einflüssen berücksichtigen. Banton deutete an, daß die häufige Eheauflösung in Stepney eher ein Schicht- als ein Heterogamie-Problem sein könne. Es genügt nicht, wie in vielen empirischen Studien geschehen, Faktoren zu benennen, die in Untersuchungen homogamer Paare als instabilisierend auftauchten: Nur großräumige quantitative *und* kleinräumige qualitative Studien, in denen homo- und heterogame Paare verglichen und "verdächtige" Parameter, - etwa Schicht, Ablehnung durch das soziale Umfeld, Heiratsalter, Mehrfachehe, Vorhandensein von Kindern usw. -, kontrolliert werden, könnten die Ursachen für Instabilität jenseits einer einseitigen Fixierung auf ethnische Zuschreibung oder kulturelle Unvereinbarkeit erhellen. Dabei sollten die Ergebnisse aus den interkulturellen Vergleichen über Ehestabilität berücksichtigt werden, weil sie die bisher in der Forschung vorhandene Euro- und Amerikanozentrierung relativieren.

6.1.5 Zusammenfassung und Bewertung

Eheliche Anpassung, Konflikte aufgrund unterschiedlicher ethnischer Herkunft sowie Stabilität interethnischer Verbindungen sind die Themenbereiche, auf welche sich die Zwischenheiratsforschung konzentrierte. Zusätzlich wurde in diesem Kapitel versucht, Rollenvorteile aufgrund unterschiedlicher ethnischer Herkunft aus den wenigen vorliegenden empirischen Arbeiten und Biographien zu abstrahieren und das "Konfliktmuster" eines bestimmten Typus' von interethnischen Ehen aufzuzeigen.

Eheliche Anpassung wird von den meisten Autoren als Prozeß oder Endprodukt einer Entwicklung verstanden, in der die Partner ihre Rollenerwartungen und ihr Verhalten in Übereinstimmung zu bringen versuchen.

Gerade in bezug auf interethnische Ehen gibt es dazu eine Reihe von sich zum Teil widersprechenden Thesen und Ansätzen:

— So gehen manche Wissenschaftler davon aus, daß in solchen heterogamen Verbindungen wegen unterschiedlicher kultureller Interpretationen und Traditionen sowie des Sanktionsdrucks durch das soziale Umfeld mehr Probleme auf einmal zu lösen seien, was die eheliche Anpassung erschwere, andererseits diese Beziehungen bei Erfolg aber auch stabiler mache.
— Andere glauben hingegen, es handele sich nur um *andere* Probleme als in intraethnischen Ehen, da typische Konfliktfelder aus homogamen Verbindungen entfielen.
— Da Kultur in vielen Bereichen internalisiert und mit Emotionen verknüpft sei, ließen sich Rollenerwartungen, Verhaltensweisen und vor allem die damit verbundenen Gefühle nur mit äußerster Anstrengung in einem langwierigen, mühevollen Prozeß ändern.
— Deshalb genüge Wissen über die fremde Kultur nicht, um eheliche Anpassung oder Zufriedenheit zu erreichen; laut einer Untersuchung war es sogar gerade die fehlende gemeinsame Rollendefinition, die die befriedigende Anpassung ermöglichte.
— Gemäß dem Romeo-und-Julia-Effekt erleichtere Außendruck die erste Phase der ehelichen Anpassung.
— Andere Theoretiker vermuten hingegen, daß Außendruck die erste Phase der Anpassung gefährlich erschwere.

Diese Hypothesen wurden zum großen Teil auf der Grundlage nur sehr weniger oder gar einer einzigen Untersuchung formuliert. Gerade im Bereich der Anpassung in interethnischen Ehen ist daher noch sehr viel Forschungsarbeit zu leisten. Gemäß dem "Marktmodell" von Partnerwahl und menschlicher Interaktion, das ich in Kapitel 5.1 und 5.2 vorgestellt habe, scheint mir die Vorgehensweise von Carisse als sinnvolles Ausgangsmodell für weitere empirische Arbeit: Sie postulierte, daß auch bei ehelicher Anpassung und Ehezufriedenheit die von den Individuen klassifizierten "Gewinne" und "Verluste" sich ungefähr die Waage halten müßten. Wie im Summationsansatz zur Partnerwahl wäre also auch hier zu untersuchen, was von den Partnern als verbindend und damit möglicherweise Trennendes aufwiegend betrachtet wird.

Kontrollierte Studien mit homogamen Vergleichsgruppen sind des weiteren nötig, um bisher nur angedeutete Fragestellungen in der Zwischenheiratsforschung zu erhellen:

So weisen mehrere empirische Untersuchungen darauf hin, daß Ehezufriedenheit mit einem guten Verhältnis zur Herkunfts- und Schwiegerfamilie korreliert. Es wäre zu prüfen, ob dies etwa mit einem konsanguinalen oder konjugalen Familienmodell in Zusammenhang zu bringen ist bzw. inwieweit es auch in stark individualisierten städtischen Industriegesellschaften Gültigkeit besitzt.

Obwohl bisher in der Forschung kaum berücksichtigt, deutet sich meines Erachtens bei sorgfältiger Auswertung der vorliegenden empirischen Studien an, daß unterstützende und sanktionierende Netzwerke eine große Rolle in der ehelichen "Machtverteilung" und Anpassung interethnischer Paare spielen, unabhängig davon, ob sie sich aus Konsanguinal- oder Affinalverwandten, Freunden und Bekannten oder etwa einer Selbsthilfegruppe wie der IAF rekrutieren. Solche Netzwerke scheinen dafür entscheidend zu sein, welcher Ehepartner mehr Anpassung in der Beziehung leisten muß: der Inländer oder Ausländer[30], die Frau oder der Mann. Dies wäre auch mit Untersuchungen über Außendruck bzw. Ablehnung durch das soziale Umfeld in der ersten Phase der ehelichen Anpassung zu verknüpfen.

Wießmeier fand einige Belege dafür, daß die Position in der Geschwisterreihe sich auf bestimmte heterogame Partnerwahlkonstellationen und Rollenmodelle in der Ehe auswirkte. Auch dieser Zusammenhang wäre in weiteren Forschungen zu untersuchen.

Mehrere Aussagen von Probanden aus ganz verschiedenen Studien thematisieren eine Verbindung zwischen hohem sozio-ökonomischen Status und Ehezufriedenheit. Empirische Arbeit könnte den Stellenwert klären, der dabei einer Abwehr von Außendruck auf die eheliche Dyade und nationenübergreifenden Lebensstilen zukommt, die beide eventuell eine erleichterte eheliche Anpassung ermöglichen, wie dies etwa Gordon für Eliten andeutete (vgl. Kap. 5.3.3.2).

Ausführlichere Langzeituntersuchungen ähnlich der Streltzers würden schließlich den Einfluß und die Folgen von Streß auf interethnische Paare und den Binnenbereich ihrer Ehe näher erhellen können. Damit wäre auch der nächste große Komplex zu verknüpfen, nämlich die Auswirkung von verschiedener ethnischer Herkunft.

Die von Probanden genannten Rollenvorteile umfassen vor allem zwei Bereiche. Besonders von Frauen wurde das Fehlen eines einengenden Familiennetzwerks genannt: Es bestünden weniger Verpflichtungen gegenüber

---

[30] Auch hier sollte man sich vor empirisch nicht geprüften Pauschalisierungen hüten. Erinnert sei an eine Ghettosituation wie etwa in Bantons Feldforschung oder an die "Ubiquität" der Familie laut Cottrells Interviews, die auch entfernt wohnende Verwandte als relevant für Entscheidungsprozesse einschloß. Der Immigrantenstatus oder räumliche Trennung muß also nicht zwangsläufig das Fehlen eines einflußreichen Netzwerks von bestimmten Personen bedeuten, noch dazu im Zeitalter schneller Kommunikationsmedien.

der und Beziehungen zur Schwiegerfamilie, und ein Mann, der fern von seinen Verwandten wohne, könne seine Frau nicht so dominieren. Diese Aussagen stammen von außereuropäischen Frauen; empirische Forschungen müßten kontrollieren, ob dies etwa auch in der Kombination europäische Frau - außereuropäischer Mann als Vorteil wahrgenommen wird. Europäische Männer thematisierten hingegen die Bereitwilligkeit, mit der außereuropäische Frauen sich mit der Hausfrauenrolle begnügten, als Rollenvorteil. Wie schon im Partnerwahlkapitel in bezug auf kompensatorischen Austausch und wahrgenommene Rollenvorteile angesprochen, könnte sich hier als bisher nicht bearbeitetes Forschungsfeld der in einer homogamen Beziehung anscheinend nicht so problemlos realisierbare Lebensentwurf, die Erfüllung von Bedürfnissen durch einen Partner mit einem alternativen kulturellen Rollenangebot, auftun.

Das Augenmerk der Zwischenheiratsforschung war bisher nur sehr vereinzelt auf mögliche "Gewinne" aus einer interethnischen Paarbeziehung gerichtet. Auch hier wäre systematische Arbeit vonnöten.

Die in der Literatur ausführlich behandelten Konflikte aufgrund unterschiedlicher ethnischer Herkunft liegen entgegen populärer Auffassung äußerst selten in verschiedenen Religionen begründet, dafür meines Erachtens sehr häufig in dem Zusammentreffen eines konsanguinalen mit einem konjugalen Familienmodell, das vielfältige Implikationen für Bereiche des täglichen Lebens mit sich bringt: Sie reichen von Entscheidungsmaximen über Entspannungsverhalten bis zu Auffassungen von Gastfreundschaft oder Kindererziehung, wie die dargelegten Beispiele deutlich machen. Als weitere häufige Konfliktfelder wurden verbale und nonverbale Kommunikation, veränderter Lebensstandard durch Umzug sowie unterschiedliche kulturelle Muster, Regeln und Gewichtungen verschiedenster Art identifiziert: von widersprüchlichen Deszendenz- oder Residenzregeln über den Stellenwert von Arbeit und Planung bis zu auf den ersten Blick trivial erscheinenden, aber für die kulturelle Identität wegen ihres emotionalen Gehalts offenbar wichtigen Traditionen von Speisezubereitung, Begehung von Festen oder Bestattung. Dabei ist zu berücksichtigen, daß die Literatur diese Probleme fast ausschließlich aus der Sicht mitteleuropäischer oder amerikanischer Frauen aufgearbeitet hat. Auch hier wäre Recherche in andere Richtungen dringend nötig.

Ein großer Teil vor allem der amerikanischen Zwischenheiratsforschung geht davon aus, daß kulturelle Unterschiede interethnische Eheleute inkompatibel machen, weil durch diese Art der Prägung keine gemeinsame Lebenswelt zu bauen, keine eheliche Anpassung zu leisten sei. Auf Bemühungen, besonders konfliktfreie oder -trächtige heterogame Paarkombinationen zu identifizieren, wurde hingewiesen (etwa die asiatische Frau mit dem euro-amerikanischen Mann im Gegensatz zur umgekehrten Konstellation).

Demgegenüber stehen Versuche meist neuerer deutscher Arbeiten, diesen Ansatz zu hinterfragen. Zentrale Ausgangsidee ist die Annahme, daß kulturelle Vorgaben für den Menschen nicht zwingend sind, sondern er sie formen kann. Diese Auffassung ist in der Ethnologie nicht neu[31], wurde aber zumindest in den überwiegend soziologischen Arbeiten zur Zwischenheirat wohl nicht gesehen. Fragestellungen nach der Zuschreibung von Konflikten durch die Partner als kulturell oder persönlichkeitsbedingt, als von außen in die Ehe hineingetragen oder aus der Paarbeziehung entspringend müßten systematisch an hetero- und homogame Paare gerichtet und auf ihre Konsequenz für die eheliche Anpassung, Zufriedenheit und vielleicht gar Stabilität geprüft werden.

Fontaine und Dorchs Forschungen über "Zuschreibungskonflikt" und seine Lösungsversuche könnten beispielsweise ein Ausgangspunkt für weitere Recherchen in diese Richtung sein. Es tun sich in den vielen vorliegenden empirischen und theoretischen Studien aber noch eine ganze Anzahl "loser Enden" auf, die weiterer empirischer Untersuchungen und einmal eines verbindenden theoretischen Gerüstes bedürfen. Auch hier, eigentlich unnötig zu erwähnen, sind Vergleichsstudien wieder dringend geboten, um etwa zu klären, inwieweit die von Michel angedeutete Stadt- oder Land-Sozialisation bei der Bewältigung innerehelicher Konflikte, die bisher überwiegend auf unterschiedliche ethnische Herkunft zurückgeführt wurden, eine Rolle spielt. In Richtung auf de Jagers Hypothese, daß die "gute" eheliche Anpassung homogamer Paare auch und gerade die Gefahr von Frustration und Langeweile in sich berge, die bei heterogamen Paaren nicht - oder vielleicht zeitverzögert? - gegeben sei, ist meines Wissens noch überhaupt nicht geforscht worden. Ebenso könnte Wießmeiers Entdeckung, daß gerade der "Reiz des Fremden" zuweilen im Alltag nach der ersten romantischen Verliebtheit als nicht mehr so reizvoll empfunden wird, zu einer systematischen Studie anregen.

Die von Kambhu und anderen beobachtete Unwissenheit über Land und Kultur des Partners, die offenbar sowohl einer Traumwelt der amerikanischen Frauen als auch dem Unwillen ihrer Männer entsprang, ihre Heimat kritisch und realistisch darzustellen, ließe sich mit Fragen nach Fremdvolkstereotypen bei der interethnischen Partnerwahl und ihrem Einfluß auf die eheliche Anpassung sowie Zufriedenheit kombinieren. Und wieder böte sich

---

[31] Vgl. etwa Fischers Ausführungen in Zusammenhang mit Ehestabilität über die "normative Theorie" versus den "strategischen Interaktionalismus" (Fischer 1990: 37, 38). Auch Barths Auffassung von Ethnie, die für die vorliegende Arbeit ja in etwas modifizierter Form übernommen wurde, macht diesen dynamischen Aspekt deutlich (vgl. Kap. 2.1).

natürlich eine Vergleichsuntersuchung über die idealisierende "rosarote Brille" bei homogamen Jungverheirateten an.

In Zusammenarbeit mit Psychologen und Eheberatern wäre außerdem sicher der Bereich von Konflikten als symbolischen Stellvertretern, etwa für die Durchsetzung eigener kultureller Muster im Binnenbereich der Ehe, operationalisierbar. Vor allem die Themen Geld und Kindererziehung tauchten dazu in der Literatur auf.

Pearlins Studie über besonderen ehelichen Streß bei hypogamen "Statusstrebern" könnte ebenfalls als Ausgangspunkt für neuere systematische Forschungen dienen. Kulturell geprägte Auffassungen von Status und sozialem Aufstieg müßten für diesen Ansatz geprüft und zu ehelicher Anpassung in Beziehung gesetzt werden.

Größer angelegte Studien könnten versuchen, typische Problemfelder oder Konfliktverlaufsmuster, - aber etwa auch Rollenvorteile! - bestimmter ethnisch-sozialer Kombinationen herauszuarbeiten, wie ich dies nur sehr skizzenhaft für die "Soldatenehen" mit den laut Literatur offenbar charakteristischen Problemen von Statuswechsel durch Umzug versucht habe.

Ehestabilität wurde vor allem im amerikanischen Bereich untersucht und scheint für heterogame Ehen geringer als für homogame zu sein. Die Differenzierungen nach Personenkategorien ergaben aber gerade auf Hawaii zum Teil auch niedrigere "Scheidungsanfälligkeit" bei bestimmten Einheiten, wenn ihre Mitglieder eine Zwischenheirat eingingen. Wie für die Partnerwahlstudien ist hier auf die Unzulänglichkeit der Operationalisierungen von Grundgesamtheiten sowie wohl auch auf manche ideologische Verzerrung hinzuweisen, die durch exakte Rechenmethoden verschleiert werden. Sorgfältige Grundlagenforschung über ethnische Selbst- und Fremdzuschreibung, Abwanderung von interethnisch Verheirateten und Zuwanderung von sich Scheidenden sowie Eheauflösung durch Tod ist dringend erforderlich. Sie erlaubte nicht nur verläßlichere Bestimmungen von Scheidungsquoten, - die am besten auf mehrere Arten berechnet werden sollten, um die sonst entstehenden Verzerrungen zu relativieren -, sondern auch die Isolierung von ehestabilisierenden Faktoren. Über das Quantitative hinaus sollten solche Untersuchungen mit Studien über eheliche Anpassung sowie über Rollenvorteile und Konflikte aufgrund unterschiedlicher ethnischer Herkunft verbunden werden. Gerade in bezug auf interethnische Ehen ist es außerdem geboten, interkulturelle Vergleiche nicht zu vernachlässigen.

Wie schon beim Bereich der Partnerwahl muß schließlich bei all diesen Fragestellungen berücksichtigt werden, daß so lange wenig über den tatsächlichen Einfluß verschiedener ethnischer Herkunft auf den Binnenbereich der Ehe auszusagen ist, bis nicht auch andere Parameter, zum Beispiel Schicht, Alter oder Ehephase, zum Vergleich herangezogen wurden.

7 Die eheliche Dyade und die soziale Umwelt

Thema dieses Kapitels sind einerseits die auf der Mikroebene angesiedelten Beziehungen eines interethnischen Paares zu seiner sozialen Umwelt: die Reaktionen und Bewertungen, welche die Heiratsabsicht bzw. die Existenz ethnisch heterogener Eheleute - sowie ihre (potentiellen) Nachkommen - bei Personen der Primär- und Sekundärgruppen, aber auch bei völlig Unbekannten hervorrufen; die Art und Reichweite der Interaktion; die psychischen Kosten und Gewinne. Diese Vorgänge sind allerdings verknüpft mit gesamtgesellschaftlichen Prozessen bzw. der Art, in der sich interethnische Beziehungen gestalten. So ist die ethnische Selbst- und Fremdzuschreibung heterogamer Paare und ihrer Kinder ein Faktor, der sich in Verbindung zu Ethnisierungs- oder Assimilationsentwicklungen bringen läßt, welche im Extremfall Spaltungen oder Verschmelzungen ethnisch definierter Personenkategorien zur Folge haben können. Ein weiterer Schwerpunkt dieses Kapitels liegt daher auf der Makroebene der betroffenen ethnischen und gesellschaftlichen Einheit(en): der Verknüpfung von interethnischen Ehen mit dem Aufrechterhalten oder Bröckeln ethnischer Schranken sowie mit dem Komplex Akkulturation / Assimilation / Kulturwandel.

7.1 Verhinderungsmechanismen und Sanktionen

Golden (1958) widmete sich in seinem Aufsatz dem Funktionieren sozialer Kontrolle, welche Heiraten zwischen "Schwarzen" und "Weißen" in den U.S.A. verhindere. Für jene Bundesstaaten, in denen solche Ehen bereits legal waren, stellte er die These auf, daß eine Reihe von **inoffiziellen**, mehr oder weniger subtilen **Verhinderungsmechanismen** existiere: Standesbeamte, Behörden, Pastoren und militärische Vorgesetzte errichteten einen schwer zu überwindenden Wall von Vorschriften, Verzögerungstaktiken, wohlmeinendem Abraten oder glatter Weigerung, heterogame Paare zu trauen; Familien und andere Primärgruppen-Mitglieder zeigten die Gefahren sozialer Isolierung auf, appellierten an die Loyalität oder sprachen Drohungen bis hin zum Mord aus; Mythen - ob begründet oder nicht - über das unabwendbare Scheitern von "interrassischen" Ehen zögen sich durch Medien der öffentlichen Meinungsbildung bis hin zu wissenschaftlichen Standardwerken.

Anhand der vorliegenden Arbeiten soll diese These untersucht werden: Welche Verhinderungsmechanismen und -agenten sind durch empirische Studien und andere Literatur belegt; lassen sich Aussagen über die Häufigkeit treffen; und zu welchem Zeitpunkt in den Phasen der Partnerwahl und Ehe setzen Sanktionen ein oder wieder aus?

In der amerikanischen Literatur werden mit bezug auf U.S.-Bürger vor allem für Besatzungssituationen immer wieder **Militärbehörden** als diejenigen erwähnt, welche durch eine Unzahl von komplizierten Vorschriften, aber auch durch Druck einzelner Vorgesetzter versuchten, Heiraten zwischen Soldaten[1] und Angehörigen der Länder, in denen sie stationiert waren, zu erschweren oder zu verhindern. Im Falle von afro-amerikanischen GIs und "weißen" Frauen war dies auf die "Rassen"-Gesetze sowie eine negative Haltung zu dieser Art von Ehen zurückzuführen. Stone, der sich seit 1947 als Berichterstatter im besetzten Deutschland aufhielt, fiel die hohe Anzahl "schwarzer" Kinder, darunter ca. 2.100 uneheliche, auf, und er führte eine Fragebogen- und Interviewuntersuchung durch, um mehr zu dem Thema zu erfahren. Er schreibt:

> "A number of Negro American soldiers wanted to marry either English or German girls. American custom, in almost every instance, intervened to prevent such a union. Even when a child was expected, or had been born, requests for permission to marry were disapproved on racial grounds. Army officials turned down thousands of such requests. Only recently have any Negro American soldiers been permitted to wed German women, and then only under certain specified restrictions. Of the 500 Negro soldiers interviewed in the course of this study, 280 wanted to marry Germans, and had filed the required forms.
> Of these applications, on the date the information was given, 110 were pending, 57 had had no response, 91 had been disapproved, and only 22 had been approved" (Stone 1949: 583).

Auch Frauen der alliierten Nationen mußten feststellen, daß ihre Visaanträge verschleppt wurden, wenn es sich bei ihrem Bräutigam um einen

---

[1] Da in den amerikanischen Streitkräften auch schon im Zweiten Weltkrieg Frauen dienten, kam es selbstverständlich auch zu Ehen mit Männern der kriegsinvolvierten Länder. Zahlenmäßig überwogen jedoch männliche GIs und damit auch deren Heiratsgesuche.

"nicht-weißen" Amerikaner handelte. Im Gegensatz zu anderen Kriegsbräuten, für die Sondergesetze geschaffen wurden, fielen sie unter die regulären U.S.-Einwanderungsquoten, was im Extremfall Einreisefristen von bis zu zehn Jahren bedeuten konnte. Für die Ehefrauen "schwarzer" GIs mit Wohnsitz in Bundesstaaten, welche "rassisch" heterogame Ehen verboten, und zeitweilig auch für japanische, philippinische oder chinesische Kriegsbräute, wurden gewöhnlich keine Visa erteilt, da die Behörden die Entstehung kostenträchtiger Sozialfälle von Frauen ohne Versorger vermeiden wollten. Zumindest für einen Fall ist jedoch belegt, daß eine Britin gegen alle Widerstände ein Visum erlangte, in den Vereinigten Staaten trotz wiederholter Verwarnung darauf bestand, mit ihrem afro-amerikanischen Verlobten zusammenzuwohnen, daraufhin inhaftiert wurde und damit tatsächlich der Staatskasse zur Last fiel. (Shukert und Scibetta 1988: 48, 49, 197 - 199, 204, 205)

Schon während des Zweiten Weltkrieges führte das U.S. War Department Vorschriften ein, nach denen Soldaten Ausländer nur nach Einhaltung einer mehrmonatigen Frist und mit Genehmigung ihres Vorgesetzten heiraten durften; dieser mußte mit dem für die Trauung ausgewählten Priester oder Beamten Kontakt aufnehmen und die Heiratswilligen einer eingehenden Befragung unterziehen. Zusätzlich konnte jeder Kommandant eines Hauptquartiers weitere Bestimmungen erlassen. Die Gründe für dieses Vorgehen lagen in einer Reihe von Fällen, in denen GIs Engländerinnen und Australierinnen unter falschem Namen geheiratet und dann verlassen hatten, aber wohl auch in der Annahme, Soldaten würden von ihren eigentlichen Aufgaben in Übersee abgelenkt, sowie in ethnozentristischen Auffassungen. In den nach dem Krieg besetzten Gebieten kam dann das Fraternisierungsverbot hinzu. Soldaten, die gegen solche Vorschriften verstießen und versuchten, ohne Erlaubnis zu heiraten, konnten vor das Militärgericht gebracht werden. (Strauss 1954: 99; Connor 1976: 23; Shukert und Scibetta 1988: 19 - 22, 139, 140).

Eine Fülle von in den Quellen dokumentierten Beschwerden und Fallbeispielen deutet darauf hin, daß mehr bürokratische Hürden errichtet wurden, als die Gesetze zwingend vorschrieben, und daß mutwillige Verschleppung von Vorgängen keine Seltenheit war. Auch bewußte Schikanen sind belegt: Degradierung oder mehrmalige Versetzung an einen anderen Standort, die jeweils einen kompletten Neubeginn des Antragsmarathons erforderlich machte. (Connor 1976: 23; Shukert und Scibetta 1988: 21, 23, 146, 147, 150)

Zwar erfolgten ab 1946 Erlasse, welche Heiraten mit Angehörigen bestimmter, ehemals kriegsinvolvierter Nationalitäten befristet oder vollständig legalisierten (Shukert und Scibetta 1988: 210, 214 - 216). Dies bedeutete aber nicht, daß U.S.-Behörden oder Vorgesetzte aufhörten, solche Verbindungen zu mißbilligen und den Ehewilligen Stolpersteine in den Weg zu legen (ibid.: 147,140, 144, 158, 210 - 212).

Eine Reihe von Paaren versuchte sich gegen die Vorschriften und willkürlichen Entscheidungen des Militärapparates zur Wehr zu setzen: Sie heirateten heimlich nach den Gesetzen des Stationierungslandes; suchten und fanden Gesetzeslücken; die Soldaten suchten um Entlassung aus dem Militärdienst oder gar Aufgabe ihrer Staatsbürgerschaft nach; viele überschwemmten ihre Kongreßabgeordneten und das Weiße Haus mit Petitionen und Beschwerdebriefen (ibid.: 139 - 144, 146, 205 - 208, 214). Dieses Insistieren konnte harte Konsequenzen haben: Neben strengen Abmahnungen von Vorgesetzten mußte ein GI in solchen Fällen damit rechnen, versetzt, in die Vereinigten Staaten zurückbeordert oder gar an einen Kriegsschauplatz, etwa Korea, abkommandiert zu werden. (Connor 1976: 22, 23; Shukert und Scibetta 1988: 140, 150, 151, 153, 206, 211, 212).

Connor (1976: 22 - 24) verglich die Zeitperiode, die bei seinen Probanden vom Kennenlernen bis zum Heiraten verstrich. 75 % der befragten Männer waren damals im Militärdienst und mußten sich daher an das dort übliche Genehmigungsverfahren halten. Dieses dauerte zwischen zwei und zwölf Monaten; hingegen erhielten die Zivilisten der Stichprobe ihre Heiratslizenz nach ein bis drei Wochen. Jene GIs, die ab etwa 1955 geheiratet hatten, berichteten jedoch nicht mehr von großen Schwierigkeiten oder Schikanen.

Aus verschiedenen Ländern ist dokumentiert, daß **Standesämter** und **Einwanderungsbehörden** binationale Eheschließungen durch über die landesweit gültigen Gesetze hinausgehende lokale Vorschriften und Verfahren erschweren. Eine dieser Vorgehensweisen liegt in der Einführung von Ermessens- und Einzelfallentscheidungen. Dies läßt sich schon für Kolonialregierungen zeigen. So wurde etwa 1906 in Deutsch-Ostafrika ein Erlaß verabschiedet, wonach eine beantragte Heirat zwischen einem Reichsdeutschen und einem Afrikaner der Kolonie vom Standesbeamten an den Gouverneur gemeldet werden mußte und von diesem im Einzelfall erlaubt oder verboten wurde (Hubrich 1913: 500). Ein ähnliches Gesetz trat 1935/36 in Papua Neuguinea in Kraft: Die Ehe eines "Weißen" und eines Einheimischen konnte nur mit schriftlicher Genehmigung des District Officer geschlossen werden (Lind 1969: 5).

Ermessensspielräume und Einzelfallentscheidungen von Standesbeamten im Kontext der "interrassischen" Heiraten in den Vereinigten Staaten sowie juristisches Vorgehen betroffener Paare dagegen wurden schon in Kapitel 3.1 thematisiert und sollen hier nicht weiter ausgeführt werden.

Für Deutschland ist es vor allem die Literatur (im Umfeld) der IAF, welche minutiös Behördenwillkür dokumentiert (z. B. Wolf-Almanasreh 1977; Canisius 1980; Damolin 1983; IAF 1986; IAF-Informationen 1982 - 1997;

Fallbeispiele in Perlet 1983: 21, 38, 75, 76, 79). Die Schwerpunkte haben sich über die Jahre etwas verschoben; manche Praktiken wurden durch politischen Druck dieser *Pressure Group* auch ganz aufgegeben. Aus der Fülle der Beispiele sollen nur einige herausgegriffen werden: Belegt sind

— das Verlangen einiger Standesämter nach Potenz-, Erb- und Geisteskrankheitszeugnissen des ausländischen Partners;
— sehr häufig die Verschleppung des Aufgebots durch die Forderung nach - in Ländern ohne Meldebehörden nach deutschem System - schwer zu beschaffenden Bescheinigungen, Beglaubigungen und Rückbeglaubigungen; Fristen der Beibringung und Gültigkeit werden so knapp gesetzt, daß ein Papier schon verfallen ist, bis das ebenfalls verlangte weitere vorliegt, so daß die Beschaffungsprozedur von vorn erfolgen muß;
— Verweigerung des Zutritts mancher deutscher Botschaften für Personen, welche zwecks Heirat ein Einreisevisum beantragen möchten;
— Circulus-vitiosus-Begehren nach bestimmten Papieren oder Unterschriften, die gegenseitig als notwendig für die Gewährung des jeweilig anderen gefordert werden;
— Vorlegung zu unterschreibender Formulare, welche deutsche Frauen verpflichten sollen, nicht juristisch gegen Standesämter vorzugehen;
— Vorlegung zu unterschreibender Formulare, welche deutsche Frauen verpflichten sollen, ihrem ausländischen Mann bei Abschiebung ins Ausland zu folgen (Zwangsausbürgerung);
— Erstellung von Kriterienkatalogen mancher Standesämter, anhand derer auf Scheinehen geschlossen werden könne (z. B. Altersunterschied, Sprachbeherrschung und -verständigung, voreheliche Lebensgemeinschaft der Partner, bestimmte Nationaliät oder Asylantrag des ausländischen Partners, mehrere Scheidungen und häufiger Wohnungswechsel des deutschen Partners);
— Verweigerung der Trauung aufgrund der Kriterienkataloge;
— Überwachung und Kontrolle frisch-vermählter Paare - bis hin zu frühmorgendlichen Hausdurchsuchungen - in einigen deutschen Städten zwecks Beibringung von "Beweisen" für Scheinehen.

(z. B. Wolf-Almanasreh 1982: 43 - 45; Wolf-Almanasreh 1984: 44 - 46; Inci 1985 b: 48 - 52; VIA 1986: 128, 130 - 136, 144 - 146, 148, 149).

In der IAF-Literatur aus den siebziger und achtziger Jahren wird häufig darauf verwiesen, daß (halb-)staatliche und kirchliche Beratungsstellen deutschen Frauen statt sachlicher Aufklärung "Präventivberatung" anböten, ja, daß sie nicht selten den Titel "Auswanderungsberatungsstellen" führten, weil wie selbstverständlich davon ausgegangen werde, daß die Frau ihrem Partner ins Ausland folge (z. B. Wolf-Almanasreh 1982: 54 - 56). Neun

Ratgeber-Schriften von Kirchen und anderen Institutionen zum Thema der binationalen Heirat konnten für diese Arbeit ausgewertet werden. Die Auswahl dieser Publikationen erfolgte nach Zugänglichkeit; bei systematischer Recherche in kirchlichen und amtlichen Spezialbibliotheken könnten sicher zusätzliche zu Tage gefördert werden und dieses Bild komplettieren. Möglicherweise ließen sich auch durch Korrespondenz und Interviews mit den für sie verantwortlichen Institutionen und Autoren weitere Hintergründe der Zielsetzung und Abfassung eruieren. Diese Vertiefung konnte aus zeitökonomischen Gründen im Rahmen meiner Arbeit nicht geleistet werden, so daß die Schlußfolgerungen als vorläufig zu betrachten sind.

Die älteste mir vorliegende dieser Broschüren, "Ehe im Orient", wurde in den sechziger Jahren vom Württembergischen Landesverein der Freundinnen junger Mädchen in Zusammenarbeit mit dem Öffentlichkeitsdienst der Evangelischen Landeskirche Württemberg (Württembergischer Landesverein... o. J.) herausgegeben. Der Text besteht im wesentlichen aus einem Artikel der Zeitschrift "Herder-Korrespondenz" von 1960, der die Beweggründe der orientalischen Männer von denen der deutschen Mädchen absetzt und auf Gefahren solcher Ehen hinweist. Den muslimischen Arabern, Persern und Türken wird dabei unterstellt, daß eine Heirat in Mitteleuropa für sie leichter und früher möglich sei als im Herkunftsland: freie Partnerwahl unter gegenseitigem Kennenlernen, Mitgift statt Morgengabe und damit niedrigeres Heiratsalter. Das Kapitelchen gipfelt in dem Absatz:

"Man könnte die Brautwerbung muslimischer Studenten in Europa für die gutgläubige Wahrnehmung einer besonders günstigen Gelegenheit halten, wenn nicht manches dagegenspräche: Fast alle Moslems wissen, daß die europäischen Vorstellungen vom ehelichen Leben durchaus andere sind als die der muslimischen Gesellschaft und daß ein christliches Mädchen nur in den seltensten Fällen bereit wäre, eine Ehe mit einem Muslim einzugehen, wenn ihr die wirklichen Lebensverhältnisse bekannt wären. Die Ehen kommen daher oft unter Umständen zustande, die man als Täuschung bezeichnen muß" (ibid.: 5).

Die Motive der Mädchen, welche hauptsächlich aus den unteren sozialen Schichten stammen sollen, werden mit Abenteuerlust und der falschen Vorstellung eines Märchenprinzen benannt, da ausländische Stipendiaten oft über viel Geld verfügten und weder "besonders gute noch besonders tüchtige Frauen" erwarteten, sondern eher erotische Gemeinschaft:

"Die europäischen Mädchen begegnen so einem Manne, der scheinbar in den besten Verhältnissen lebt, scheinbar keine Mustergattin sucht, der nicht auf Vermögen und Herkunft sieht, der ihnen ein Paradies in seiner

Heimat verspricht und zu allem anderen noch ein äußerst charmanter Liebhaber sein kann, kurzum, dem Märchenprinzen, wie er in jeder Illustrierten steht" (ibid.: 6).

Warnungen vor der Schariah, Verstoßung, Polygamie, ärmlichen und beengten Lebensverhältnissen sowie der Beschränkung der Frau auf Haus und patrilaterales Umfeld im Heimatland des Mannes schließen sich an; relativiert wird dieses Bild zum Teil für eine Heirat mit orientalischen Christen.

Die Zeitschrift "Auslands-Kurier" druckte 1968 Auszüge eines Gesprächs ab, zu dem sie die Vorsitzende und den ehemaligen Vizepräsidenten des Württembergischen Landesverbandes des Vereins der Freundinnen junger Mädchen, einen Regierungsassessor des Amtes für Auswanderung im Bundesverwaltungsamt, einen Pfarrer sowie den Leiter einer Landesstelle der Carl-Duisberg-Gesellschaft geladen hatte, um über die Erfahrungen bei der Beratung mit jungen Frauen zu sprechen, die Asiaten oder Afrikaner heiraten wollten. Obwohl um möglichst neutrale Aufklärung bemüht, läßt sich auch hier eine Grundtendenz herausfiltern, vor Heterogamie verknüpft mit Auswanderung zu warnen. Besonders deutlich wird das wieder am Verein der Freundinnen junger Mädchen. Auf die Frage, ob sie mit der Beratung Erfolg habe, antwortete die Vorsitzende:

"Die Mädchen werden doch sehr nachdenklich, fangen an zu überlegen und warten mit der Heirat. Hier arbeitet dann oft auch die Zeit für uns. Es kann aber auch sein, daß sie von vornherein von unserem, leider in Europa allmählich üblichen Standpunkt ausgehen, daß sie sich ja scheiden lassen können, wenn es nicht klappt" (Anonymus 1968: IV).

Damit dürfte ziemlich offensichtlich sein, daß unter Erfolg eine Verhinderung der Eheschließung verstanden wird.

Beckers (1974) Informationsheft ist um Objektivität zumindest bemüht; Verallgemeinerungen stehen jedoch vor Akkuratesse, wie auch das Vokabular ("Mentalität") zeigt. Herausgegeben ist die Publikation von der Bundesarbeitsgemeinschaft Aktion Jugendschutz; allein dies deutet auf die unterschwellige Annahme, "Ehen mit Ausländern", so der Titel, seien - im Gegensatz zu solchen mit Inländern - möglicherweise eine Gefahr.

Vom mit der evangelischen Kirche assoziierten Orientdienst[2] wurde die Broschüre "Seine Frau werden?" (Anonymus o. J.) herausgegeben. Der Text

---

[2] In der Broschüre "Moslems in der Bundesrepublik" wird der Orientdienst zusammen mit der Freien Arbeitsgemeinschaft evangelischer Missionsgemeinschaften genannt (Ausschuß... o. J.: 19).

besteht aus zwei Briefen, nämlich dem eines aus Istanbul schreibenden Mannes und dem einer in der Türkei verheirateten deutschen Frau. Der erste schildert unter als Frage formulierten Überschriften Lebensverhältnisse in der meist ländlichen Türkei; fast jeder dieser Abschnitte fordert die Leserin direkt oder wieder in Frageform auf, die angesprochenen Punkte zu bedenken oder mit dem türkischen Freund zu besprechen. Thematisiert werden Partnerwahl in der Türkei, Mehrfachehen bzw. Bigamie, niedriger Lebensstandard, konsanguinales Familienmodell, Geschlechtertrennung im öffentlichen und zum Teil privaten Leben, Gesetze und Bräuche des Islam. Der zweite Brief erzählt die Liebes- und Auswanderungsgeschichte einer mit einem Türken verheirateten Deutschen: Widerstand der Eltern des Mannes gegen die Heirat, erste Reise mit ihm in die Türkei und die ersten Ehejahre dort. Beengte Wohnverhältnisse, neugierige Verwandte und Bekannte, für die Frau unappetitliche Tischsitten, Kleidervorschriften, Trennung der männlichen und weiblichen Lebensbereiche in der Großfamilie, unangemeldete wochenlange Besuche mehrerer Personen, unterschiedliche Auffassungen über Kindererziehung und Machtkampf mit der Schwiegermutter werden angesprochen. Die Schreiberin betont, nur deshalb glücklich in der Türkei leben zu können, weil sie weit entfernt von der patrilateralen Großfamilie des Mannes allein mit diesem wohne und beide gut genug verdienten, um einen nach deutscher Auffassung angenehmen Lebensstandard zu ermöglichen. Außerdem habe ihr Mann in Konflikten stets ihre Partei ergriffen. Inwieweit die Briefe authentisch oder reines Stilmittel sind, wird nicht deutlich.

Dasselbe gilt für eine zweite Broschüre des Orientdienstes mit dem Titel "Die Ehe afrikanisch führen?", verfaßt von einem Mann aus Kamerun (Banyolak o. J.). Der Text schildert verallgemeinernd die Idealisierung "weißer" Mädchen durch Afrikaner und weist darauf hin, daß Liebe nicht ausreiche, um eine heterogame Ehe zu führen: Zu unterschiedlich seien kulturelle Vorstellungen über Ernährung, Reziprozität, Gastfreundschaft und Eingliederung in die virilaterale Familie. Es wird vor Polygamie gewarnt und postuliert, e i n Partnerwahlmotiv afrikanischer Männer liege in der plötzlichen Zugänglichkeit europäischer Frauen, die in Afrika für sie sozial unerreichbar seien, und in der relativ einfachen Heiratsmöglichkeit ohne Brautpreis. Hier kommt der Verfasser nun auch explizit zur eigentlichen Zielgruppe und nennt "unsere Studenten in Europa". Nicht ohne ein warnendes Wort hinsichtlich der marginalisierenden Konsequenzen solch einer Verbindung für die Kinder schließt er unter anderem mit dem Vorschlag, nur bereits verheirateten Afrikanern ein Stipendium für Europa zu gewähren.

Bei beiden Broschüren des Orientwerkes sprechen auch die Einbände eine deutliche Sprache. Der vordere zeigt jeweils eine junge europäische

Frau in trautem Tête-à-Tête mit einem Türken bzw. Afrikaner, beide Männer in europäischer Kleidung. Der hintere hingegen soll offenbar die "Kehrseite" oder die durch die Lektüre vermittelte "Wirklichkeit" deutlich machen: Im ersten Fall ist eine vom Kopf bis zu den Schuhen verhüllte Frau vor einer Moschee zu sehen, nur ihre Augen blieben unbedeckt; das zweite Heftchen zeigt einen nur spärlich bekleideten Afrikaner vor strohgedeckten Lehm- und Holzhütten.

Mohr, Generalsekretär des offenbar mit der Caritas verbundenen katholischen Raphaels-Werks für "Menschen unterwegs", ist der Verfasser eines der profundesten und vorurteilslosesten Artikel, die sich mit der Beratung heiratswilliger deutscher Frauen befassen (Mohr 1975). Er verweist auf Heterogamie als natürliche Folge von weltweiter Migration sowie auf die Schwierigkeiten, die in gerade geschlossenen Ehen mit Muslimen häufig dadurch eskalierten, daß die erste, ohnehin wegen der zu leistenden Anpassung kritische Ehephase mit Migration in die Heimat des Mannes zusammenfalle. Bei Migration unter anderen als ehelichen Vorzeichen könne ein eigener Rhythmus gewählt werden, nach dem der Einwanderer sich im Wechsel abschotte, mit eigenen Landsleuten und mit Personen des Einwanderungslandes verkehre. Diese Möglichkeit sei jungen Frauen, die ihren Männern in ein islamisches Land folgten, gewöhnlich dadurch genommen, daß sie sich vom ersten Tage an in untergeordneter Position in der Großfamilie des Mannes einfügen und entsprechende Vorschriften hinsichtlich Bewegungsfreiheit, Kleidung und ähnlichem zu respektieren hätten. Eine Schilderung des konsanguinalen Familienmodells und seiner funktionalen Verankerung in Ländern islamischer Religion schließt sich an. Mohr enthält sich abwertender Wortwahl und weist im Gegenteil immer wieder darauf hin, aus welchen Gründen der Islam und jene Länder, in denen er die vorherrschende Religion ist, achtenswert seien. Er macht deutlich, daß die Beratungspraxis nicht das Ziel haben könne, heterogame Verbindungen zu verhindern, sondern über unterschiedliche Lebensverhältnisse aufzuklären, für sie Verständnis zu wecken und so den heiratswilligen Partnern die Möglichkeit zu schaffen, unter Berücksichtigung dieses Wissens und der Kenntnis der eigenen Persönlichkeiten, Schmerzgrenzen und Anpassungspotentiale eine eigenverantwortliche Entscheidung zu treffen. Ein Zitat möge dies belegen:

> "In the past, certain unfortunate experiences and founded apprehensions caused counsellors to advise candidates against such marriages. Today we see things differently - without, however, misjudging the difficulties. The counsellor must remain open to each individual case. He must know how to estimate the chance of success or the possibilities of failure in each particular case. For no two marriages are the same. We advise

neither for nor against, but try to facilitate the making of a reasonable decision" (Mohr 1975: 7).

Dieselbe Tendenz wird in dem Artikel "Ehen mit Ausländern" (Anonymus 1977), geschrieben für die Zeitschrift des Raphaels-Werks "Weg in die Welt", deutlich. Aus der Sicht deutscher Jugendämter entstand der Artikel von Look (1978). Ausgehend von Fragen, die deutsche Frauen ausländischer Männer bezüglich Trennungen und Scheidungen immer wieder an die Jugendämter herantrügen, empfiehlt der Autor umfassende Beratung vor der Heirat. Auch hier liegt der Fokus wieder ausschließlich auf Emigration: Was hat die Frau hinsichtlich Familienleben, Sprache, dem Wunsch nach Rückkehr, Staatsangehörigkeit, Religion, Lebensstandard, psychischer Befindlichkeit zu gewärtigen? Der Verfasser wünscht, man möge Problemfelder am besten vor der Eheschließung anhand von Beispielen transparent machen, da es danach "oft zu spät" sei: Er schildert den aufgrund des kollidierenden argentinischen und deutschen Rechts verzwickten Fall einer Frau, die das Sorgerecht für ihr jüngstes Kind bei der Scheidung in Argentinien erhielt, deren Entführung des Jungen nach Deutschland aber illegal war, so daß Jugendamt bzw. Familiengericht nicht zu ihren Gunsten eingreifen konnten.

In der Zeitschrift "Konsequenzen", herausgegeben von der Evangelischen Kirche Württemberg, erschien 1980 der Artikel "'Kind - du und ein Kameltreiber?' Vorurteile für und gegen kulturell oder religiös gemischte Ehen im nahen Osten - und die Wirklichkeit" (Anonymus 1980). Dem vollmundigen Untertitel wird allerdings nicht entsprochen; abgedruckt sind ein Interview mit dem Pastorenehepaar der deutschen evangelischen Gemeinde in Beirut und der Erfahrungsbericht einer Diakonissin, die auf einer Urlaubsreise im Vorderen Orient den evangelischen Gottesdienst als einzigen Flucht- und Treffpunkt europäischer und amerikanischer Ehefrauen arabischer Männer erlebte, da ihnen sonst der Ausgang ohne Begleitung oder zu kulturellen Veranstaltungen verwehrt sei. Das befragte Pastorenehepaar schildert beengte Wohnverhältnisse, das Leben mit der Großfamilie des Mannes sowie Beschränkungen der persönlichen Freiheit durch das konsanguinale Familienmodell.

Um Sachlichkeit und die Berücksichtigung verschiedenster Aspekte bemüht sich die Broschüre von Fingerlin und Mildenberger (1983) "Ehen mit Muslimen. Am Beispiel deutsch-türkischer Ehen". An seiner Abfassung wirkten unter anderem die Konferenz der Gliedkirchen Ausländerreferenten der Evangelischen Kirche in Deutschland, die Konferenz für Islamfragen, Beratungsstellen, evangelische und katholische Fachleute, Auslandsgemeinden in islamischen Ländern und muslimische Experten mit. Eine der Danksagungen gilt außerdem Sabine Kriechhammer-Yagmur, Juristin und inzwischen seit mehreren Jahren Bundesvorsitzende der IAF[3].

An diesen Ratgeberschriften aus Deutschland fällt folgendes auf: Sie thematisieren mehrheitlich Heiraten mit Muslimen, und ihr Interesse gilt so gut wie ausschließlich deutschen Frauen. Nur in Anonymus 1977 werden im Rahmen der Fallbeispiele auch einige Anfragen deutscher Männer erwähnt. Auswanderung der Ehepartnerinnen wird weitgehend vorausgesetzt. Die Tendenz ist vor allem in älteren Werken, besonders offenbar in denen im Umfeld der pietistisch geprägten Württembergischen Evangelischen Kirche, warnend.

Vorrangig, - manchmal direkt formuliert oder oft stillschweigend vorausgesetzt, - ist sowohl bei Verhinderungsmechanismen des amerikanischen Militärs als auch bei Standesämtern, Behörden und kirchlichen oder (halb-) staatlichen Ratgeberschriften der Gedanke des Schutzes: Junge Soldaten, im Leben unerfahrene Frauen[4] oder gutgläubige Bürger sollen vor vermeintlich unüberlegten Handlungen bewahrt werden, deren Konsequenzen sie nicht übersähen. Diese Haltung impliziert allerdings eine paternalistische Auffassung gegenüber bestimmten Personenkategorien, gegen die viele Staatsbürger aus ihrem Verständnis von Demokratie und Rechtsstaatlichkeit heraus empört aufbegehren, wie die Quellen zeigen. So fragten amerikanische Soldaten, warum sie gut genug seien, für ihr Land zu sterben, aber im Vergleich zu Zivilisten ihr Recht auf freie Gattenwahl eingeschränkt werde (Shukert und Scibetta 1988: 31, 32). Und die Aktivistinnen der IAF wehrten sich gegen die ihnen als Frauen offenbar unterstellte Unmündigkeit und daraus resultierende Ungleichbehandlung mit deutschen Männern: Warum sollten sie vor der Heirat bewahrt werden, mußten so viele bürokratische Hindernisse überwinden und konnten nicht auf sofortige Einbürgerung ihrer Gatten und damit Rechtssicherheit und Schutz vor Ausweisung hoffen, wenn deutsche Männer mit ausländischen Frauen[5] weder bei Aufgebot noch

---

[3] Vgl. *Der Spiegel* vom 10.5.1993: 92.
[4] Die Wortwahl "Mädchen" in vielen Ratgeberschriften suggeriert neben einer Altersgruppe auch Unreife und Schutzbedürftigkeit. Daß der Begriff in den Zeiten vor der Frauenbewegung durchaus üblich und auch für weibliche Leser nicht negativ besetzt war, widerspricht dieser Konnotation nicht.
[5] Bezeichnend ist hier beispielsweise die Aussage Beers (1996: 64), welche deutsche Männer mit philippinischen Partnerinnen untersuchte, daß die deutsche Botschaft in Manila selbst dann Einreisevisa für die Frauen ausspreche, wenn auf dem Konsulat deutlich werde, daß die Partner keine gemeinsame Sprache beherrschten, "weil nach Artikel sechs des Grundgesetzes Ehe und Familie unter dem besonderen Schutz der staatlichen Ordnung stehen". Die IAF-Mitarbeiterinnen müssen sich dagegen bis in die jüngste Gegenwart hinein immer wieder mit Fällen auseinanderset-

Einbürgerung ihrer Partnerinnen vor ähnliche Hürden gestellt wurden (z. B. Wolf-Almanasreh 1982)?

Mythen über das unausweichliche Scheitern interethnischer Ehen oder die sozial negativen Merkmale der Personen, die sie eingehen, finden sich laut Goldens Ansatz auch in **wissenschaftlichen Publikationen**. Indizien dafür wurden in dieser Arbeit schon vielfach in den Kapiteln 2, 3, 4, 5 und 6 herauskristallisiert und sollen hier nicht mehr in ihren Einzelheiten dargelegt werden: Oberflächliche und der gewählten Themenstellung nicht angemessene Methoden bei empirischen Untersuchungen, Konzentration nur auf bestimmte Bereiche des Themas und komplette Vernachlässigung anderer sowie schwammige, uneinheitliche oder überhaupt keine Definition von Kernbegriffen sind hier vor allem als Ergebnis meiner Analyse der vorliegenden Veröffentlichungen zu nennen. Schon Pavela (1964: 211) stellte erstaunt fest, daß seine eigene Studie "schwarz"-"weißer" Heiraten Ergebnisse hervorgebracht hatte, die den laut der wissenschaftlichen Literatur zu erwartenden komplett entgegengesetzt waren.

Welches Bild von interethnischen Ehen wird in **Populärmedien**, also Belletristik, Filmen, Illustrierten oder Zeitungen vermittelt? Benson (1981: 10 - 13) wertete eine Reihe von Zeitungs- und Zeitschriftenartikeln, darunter auch Leserbriefe und "Kummerkasten"-Ratschläge, über "schwarz"-"weiße" Liebesbeziehungen und Ehen in Großbritannien aus. Sie konnte vor allem zwei Leitmotive feststellen. Zum einen, vor allem in den fünfziger Jahren, aber auch in der "schwarzen" Presse nach dem Entstehen der *Black-Consciousness*-Bewegung in den sechziger Jahren, wurden solche Verbindungen als moralisch falsch oder problematisch abgelehnt. Zum anderen wurden sie als besonders vorbildhaft in den Themenkomplex der romantischen Liebe, welche alle Hindernisse überwindet, integriert. Auf jeden Fall erfüllten sie offenbar häufig die Anforderungen, welche die Presse an eine Story stellte, die für Aufmerksamkeit unter den Lesern sorgte. Die Ethnologin zitiert die Aussage eines Journalisten aus einer früheren Studie über den Stadtteil Brixton:

"Sex and colour are always news. When they come together the effect is more than doubled" (Benson 1981: 10).

Shukert und Scibetta (1988: 3) bemerken, daß sie vor ihrer Initiative zur Erhebung von Selbstzeugnissen kaum Dokumente zum Thema der Kriegsbräute amerikanischer GIs ausfindig machen konnten. Hingegen existierte eine Fülle von Fiktion in Form von Romanen oder Filmen, in denen die Frauen

---

zen, in denen ausländischen Partnern deutscher Frauen die Einreise *trotz* der Berufung auf Artikel 6 nicht erteilt wird (vgl. z. B. IAF-Informationen 1997, 2: 29).

als Spionin, Opportunistin, Naive, Femme fatale, Prostituierte, Partisanin, loyale und unterwürfige Schönheit stereotypisiert wurden.

Der Versuch, auch nur für die Bundesrepublik Deutschland, ganz abgesehen von den anderen bisher in der Zwischenheiratsforschung hauptsächlich untersuchten Gebieten, Zeitungs- und Zeitschriftenartikel zum Thema *systematisch* zu eruieren und auszuwerten, hätte den zeitökonomischen Rahmen dieser Arbeit gesprengt und wäre eine eigene Untersuchung wert. Einige Tendenzen, die sich in den von mir nach dem Schneeballsystem und mehreren gezielten Anfragen[6] zusammengetragenen Veröffentlichungen abzeichnen, sollen dennoch angedeutet werden.

So wäre zu prüfen, inwieweit "Kummerkasten"-Antworten sich an den obengenannten Ratgeberschriften, aber etwa auch an IAF-Broschüren orientieren. Es gibt Hinweise dafür, daß die angeschnittenen Punkte denen in diesen Publikationen entsprechen und zum Teil sogar Stil und Wortwahl übereinstimmen[7].

Für Schlagzeilen sorgen interethnische Eheschließungen von Prominenten bzw. ihren Familienangehörigen, besonders, wenn dies in Zusammenhang mit breiteren gesellschaftlichen Themen steht. Zu nennen wären neben der Heirat Silvia Sommerlaths mit dem schwedischen König in den späten siebziger Jahren oder von Tennis-Star Boris Becker mit einer dunkelhäutigen Schauspielerin etwa die bevorstehende Vermählung des Sohnes von Bundeskanzler Helmut Kohl mit einer Türkin, die Eheschließung von Ex-Kanzlerkandidat Rudolf Scharpings Tochter mit einem Senegalesen oder die auch politisch aufsehenerregende des Sohnes von Südafrikas Ministerpräsident de Klerk mit einer "Farbigen"[8].

Bestimmte Themen im Umfeld interethnischer Heiraten unterliegen offenbar Zeitströmungen und Moden. Dies manifestiert sich in der Häufung von Artikeln in verschiedenen Druckmedien zur selben Zeit und in über mehrere Ausgaben gestreuten Serien. Zu letzteren gehört die 1972 herausgebrachte fünfteilige Reihe von Eva Windmöller in der Zeitschrift "Stern"

---

[6] Ich danke dem Verlag Gruner & Jahr, der mir sein Archiv öffnete und mich bereitwillig mit entsprechenden Artikeln aus den Frauenzeitschriften *Brigitte* und *Constanze* sowie aus dem *Stern* versorgte, und allen Freunden, Verwandten, Bekannten und Kollegen, die für mich Zeitungs- und Zeitschriftenausschnitte sammelten.

[7] zum Beispiel in zwei Antworten der früher existierenden Lebenshilfe-Rubrik "Von Mensch zu Mensch" der Samstagsbeilage des *Hamburger Abendblatts*: "Verliebt in seine dunkle Haut", einem mir leider ohne Datum zugänglich gemachten Ausschnitt von 1980 oder 1981, und "Unsere Tochter liebt einen Moslem" vom 26./27.5.1990

[8] z. B. *Hamburger Abendblatt* vom 16./17.2.1991: "Sieg der Liebe"

mit dem Titel "Mein Schwiegersohn, der Neger"[9]. Wie frühere und auch spätere Artikel[10] zum Thema "schwarzer Ehemann" heben die Texte vor allem auf die Diskriminierungserfahrungen des Paares in der deutschen Umwelt ab.

Ein Dauerbrenner seit den späten siebziger Jahren ist das Thema der Kindesentführung ins süd- oder außereuropäische Ausland, starken Aufschwung erhielt es durch die Veröffentlichung der deutschen Übersetzung des Buches von Mahmoody und Hoffer (1990) und dessen Verfilmung. Die Sympathien der Verfasser stehen dabei gewöhnlich ausschließlich auf Seiten der deutschen bzw. mitteleuropäischen Frau, selbst wenn diese ihr Kind vor oder nach den geschilderten Ereignissen seinem Vater ebenfalls entführte oder beim Mann eine Verzweiflungstat aufgrund drohender Ausweisung wegen der geltenden Ausländergesetze vorlag[11].

Vom Anfang der achtziger Jahre bis in die Gegenwart hinein zieht sich der Komplex der "Katalogehen" mit Asiatinnen, später auch Südamerikanerinnen und Osteuropäerinnen durch die Presse. Betont werden die Machtlosigkeit und Ausbeutung der Frauen angesichts gutorganisierter Schlepperfirmen, sadistischer Ehemänner mit sozialen oder psychischen Defekten und unzureichender Gesetzgebung. Mehrheitlich prangern die Artikel unmenschliche oder gar kriminelle Methoden, etwa Scheinehen als Vorwand für Prostitution, an.[12]

Im Gegensatz zur Mehrzahl der Presseveröffentlichungen, welche über die Jahre hinweg Problemfelder thematisieren, die mit interethnischen Ehen verknüpft sind bzw. sein sollen, steht die von der Frauenzeitschrift *Brigitte* 1967 gestartete und bis in die Gegenwart in losen Abständen fortgesetzte

---

[9] bzw. in zwei Artikeln leicht abgewandelt in "Mein Schwiegersohn, der Schwarze" und "...der Afrikaner"
[10] Vgl. z. B. "Mein schwarzes Glück" in *Constanze* 1967, 67 oder "'Wilder Mann' liebt 'Negerhure'" in *Der Spiegel* 1993, 19.
[11] Vgl. z. B. "Nach der Scheidung die Kinder entführt", *Brigitte* 1978, 21; "Zwei Kinder sind die Opfer", *Brigitte* 1980, 13; "Mein Kind hat mich fast schon vergessen", *Brigitte* 1984, 9; die Serie "Wenn Väter zu Kidnappern werden" der Zeitschrift *Mini* 1991; "Betty verunsichert Frauen" in *Sonntag aktuell* vom 22.9.1991.
[12] Vgl. z. B. "Das Glück, einen Deutschen zu heiraten", *Brigitte* 1982, 4; "Frauenhandel. Das üble Geschäft mit der Hoffnung auf Glück", *Brigitte* 1987, 3; "Mädchenhandel: Amnestie für Ausländerinnen vorgeschlagen" in *Hamburger Abendblatt* 30.5.1988; "Filipina, 22 Jahre, zärtlich, treu" in *Die Zeit* 31.3.1989; "Bei Nichtgefallen Umtausch möglich" in *Mindener Tageblatt* 26.8.1989; "Die Ware" in *Deutsches Allgemeines Sonntagsblatt* 8.9.1989; "Sprachlose Ehen", *Der Spiegel* 1992, 41.

Artikelserie "Mein Mann ist Ausländer", die seit den neunziger Jahren unter dem Titel "Verheiratet im Ausland" weitergeführt wird. Jede Reportage führt zu einer meist jungen deutschen Frau, die ihrem ausländischen Mann in sein Heimatland folgte, und schildert ihren Alltag. Regional reicht das Spektrum vom benachbarten Frankreich über Island, Portugal bis hin zu Ecuador, dem Sudan, Iran, Südafrika oder Thailand, umfaßt also europäische Länder ebenso wie solche der außereuropäischen westlichen und auch der Dritten Welt. Vor allem in den frühen Ausgaben der sechziger und siebziger Jahre handelt es sich durchweg um Geschichten von Frauen, die sich trotz mancher Schwierigkeiten und Umstellungen in der neuen Umgebung wohlfühlen und nicht nach Deutschland zurückkehren möchten. Zwar wird in einigen Artikeln darauf verwiesen, daß die Mehrzahl der in dem vorgestellten Land verheirateten Frauen nicht so glücklich seien wie die geschilderte; dennoch erwecken diese Erfolgsstories zuweilen den Eindruck, als würden Ehe- oder gravierende Anpassungsprobleme zwar erwähnt, aber heruntergespielt oder geflissentlich von der Journalistin ausgespart. So tauchen beispielsweise in der Reportage über die in Ecuador verheiratete Frau, die die Interviewerin gerade mitten im Streß eines - noch dazu von ihr offenbar eigentlich nicht gewollten - Umzugs von der Stadt aufs Land besuchte, kaum persönliche Aussagen der Deutschen auf, sondern hauptsächlich Schilderungen der Lebensweise und Landschaft[13]. Diese Perspektive ändert sich allmählich in den siebziger, vor allem aber den achtziger Jahren: Die Artikel sind problemorientierter; Anpassungs- oder gar Eheschwierigkeiten, zum Teil sogar unglückliche Ehen werden benannt. Neben der Art der Berichterstattung mag dies vielleicht aber auch daran liegen, daß die Frauen der sechziger Jahre mit weniger Ansprüchen auf individuelle Verwirklichung ihrem Mann in ein unbekanntes Land folgten und sich daher besser integrierten.

Insgesamt zeigt die "Brigitte"-Serie in den dreißig Jahren ihres Bestehens eine erstaunliche Bandbreite von individuellen Anpassungsstrategien interethnischer Paare mit deutschsprachiger Ehefrau: Leben in Großstädten wie Hongkong, aber auch in entlegenen Dörfern, etwa auf Bali oder in Norwegen; mit einem Mann der Mehrheits- oder Minderheitsbevölkerung des Einwanderungslandes, z. B. einem Pakeha, Anglo-Amerikaner oder orthodoxen Juden, aber auch einem Maori, Afro-Amerikaner oder Palästinenser; fernab von allen Verwandten, aber auch inmitten einer riesigen - z. B. chinesischen - Großfamilie; im Luxus des Diplomatenviertels von Agadir oder in der Armut eines italienischen Fischerdorfes; im Frieden, aber auch in Vietnam zur Zeit des Krieges oder im gewaltgeschüttelten Gazastreifen; im öffentlichen Leben diskriminiert durch Bemerkungen auf der Straße oder

---

[13] "3000 Meter hoch liegt ihr neues Haus", *Brigitte* 1969, 7

Degradierung im Beruf wie in Peking, auf einer nordamerikanischen Indianer-Reservation oder in Leipzig zur Zeit der DDR, aber auch bewundert und geachtet; Frauen, die sich überhaupt nicht um die Konventionen des Gastlandes scheren, und solche, die sich ihnen bewußt beugen. Das Ausleben traditioneller Männer- und Frauenrollen wird als persönliche Präferenz dargestellt: Eine Feministin wandelt sich zur konservativen Frau eines orthodoxen Juden; eine eher unsichere Frau erblüht in den U.S.A. zur unabhängigen Teilnehmerin an gesellschaftlichen und politischen Komités; ein Schweizer fällt alle Entscheidungen allein; und ein muslimischer Mann räumt seiner Frau gegenüber viele Rücksichten ein, die ihr ein selbstbestimmtes Leben ermöglichen. Fast bei jeder Reportage wurde an die Frau die Frage gerichtet, ob sie gern nach Deutschland zurückkehren wolle. Selbst bei unglücklichen Ehen oder schwierigen Lebensumständen wurde dies immer verneint, da die Frauen sich in ihrem Herkunftsland nicht mehr wohl fühlten, auch bei Trennung eine eigene Existenz im Einwanderungsland vorzogen oder den deutschen Warnern vor der Heirat keine Genugtuung bieten wollten. In einem Fallbeispiel wäre der indonesische Mann gern nach Deutschland gegangen, die Frau wollte aber lieber in seinem Land bleiben; in einem anderen war die Umzugsentscheidung schon getroffen, wurde im letzten Moment aber rückgängig gemacht: Aufgrund von Diskriminierungserfahrungen zog die Frau ein Leben im gefährlichen Gazastreifen vor, wo sie und ihre Familie sich im Gegensatz zu Berlin respektiert und geachtet fühlten. Die Botschaft der Artikel-Serie dürfte daher in der Aussage zusammenzufassen sein, daß eine interethnische Ehe im Ausland nicht grundsätzlich zum Unglück für die deutsche Frau oder zum Scheitern führt, sondern daß eine Mischung aus persönlichen, gesellschaftlichen und kulturellen Gegebenheiten sowie deren kreative Gestaltung durch die Partner über die Ehezufriedenheit entscheidet. Zielgruppe sind hier wie bei den Ratgeber-Schriften Frauen; der Tenor ist aber ein völlig anderer[14].

---

14 Es fällt auf, daß fast alle Verfasser der Artikel in der *Brigitte*-Serie weiblich sind; ebenso sitzt seit vielen Jahren eine Frau auf dem Chefredakteursessel. Demgegenüber könnte man spekulieren, daß sich in den für die Ratgeber-Schriften verantwortlichen Gremien der Kirchen und Behörden mehr Männer als Frauen finden. Neben Auftrag und Interessen, die bei Kirchen und (halb-)staatlichen Institutionen natürlich per se vollkommen unterschiedlich von denen einer Frauenzeitschrift sind, lädt diese vermutete geschlechtsspezifische Besetzung dennoch zu dem Gedankenspiel ein, daß ein Zusammenhang mit paternalistischer versus individualistischer Haltung gegenüber weiblichen Entscheidungen besteht. Auch in dieser Richtung könnte weitere Forschung bei den Herausgebern solcher ganz unterschiedlichen Schriften größere Klarheit bringen.

Auch für den Bereich der Belletristik konnte im Rahmen dieser Arbeit keine systematische, nach Regionen gegliederte Suche vorgenommen werden. Die Bandbreite reicht vom Kitschroman bis zu Shakespeares "Othello", und sie umfaßt Literatur aus so verschiedenen Ländern wie den U.S.A., Frankreich, Deutschland, Großbritannien, der Sowjetunion, Indien und Japan[15]. Nimmt man andere Populärmedien hinzu, die als subtile Meinungsmacher für eine breite Öffentlichkeit wirkten und wirken, müßten auch Opern, Operetten und Musicals sowie Stumm- und Tonfilme berücksichtigt werden, die interethnische Liebesbeziehungen und / oder Ehen thematisieren. [16] Bei der Fülle dieses Materials wäre es sicher ein lohnendes Unterfangen, entsprechende Schrift-, Bühnen- und Bildwerke dahingehend zu untersuchen, wie sie sich nach Herkunftsland und behandelter interethnischer Kombination unterscheiden und in welcher Weise die Paare bzw. das Thema dargestellt werden. Gerade in bezug auf die eventuelle Funktion solcher Populärmedien als Verhinderungsagenten müßte ein Schwerpunkt solch einer Analyse auf den Umständen oder Gründen liegen, welche die Hauptpersonen zu einer Heiratsentscheidung bringen bzw. sie davon Abstand nehmen lassen.

Aus zeitökonomischen Gründen konnte solch eine aufwendige Recherche nicht in diese Arbeit integriert werden. Bei der Gesamtbetrachtung der neben der Abfassung anhand einer Zufallsauswahl gesichteten Werke fiel trotz aller Unterschiedlichkeit jedoch eines auf: Nur in einem geringen Anteil von Belletristik-, Bühnen- und Leinwandwerken, unabhängig welcher künstlerischen Qualität, bleibt die Liebe / Ehe des interethnischen Paares am Ende bestehen. Diese Beobachtung gibt zu der Hypothese Anlaß, daß hier durchaus ein Verhinderungsagent vorliegt.

Was die Häufigkeit der Nennung in der empirischen und biographischen Literatur angeht, ist Sanktionsverhalten von seiten der **Familie** sicher einer der gewichtigsten Verhinderungsmechanismen. Ablehnung aus dem Bereich der engen Primärgruppen-Netzwerke ist für ein Individuum per definitio-

---

[15] z. B. Mori 1961/62; Mori 1974; Mori 1975; Croisset 1935; Auclair 1950; Buck 1952; Michener 1954; Michener 1957; Memmi 1956; Diesch 1962; Rytcheu 1991; Yurtdas 1983; Yurtdas 1994; Garg 1987; Bradley 1987; Wolf 1989; Kureishi 1990; Taghi-Khani 1991

[16] z. B. "Madame Butterfly", "Land des Lächelns", "South Pacific", "West Side Story", "Miss Saigon"; "Die Lieblingsfrau des Maharadscha", "White Shadows in the South Sea", "Sayonara", "Guess Who's Coming to Dinner", "Heat and Dust", "Sammy and Rosie get laid", "Green Card", "Mississippi Masala", "Lait et chocolat", "Mein unbekannter Ehemann" sowie eine Unzahl von Hollywood-Western, in denen Indianerinnen als Frauen von Trappern auftreten, oder die auch von Shukert und Scibetta angesprochenen "Kriegsbraut"-Filme

nem von größerer Konsequenz als aus dem der Sekundärgruppen. Dies wurde bereits bei den Partnerwahl-Ansätzen des Nachlassens sozialer Kontrolle deutlich (vgl. Kap. 5.3.3.4). Barnett (1963 b) hatte herausgefunden, daß - zumindest bei seinen studentischen Probanden - Eltern vor Geschwistern, anderen Verwandten, Freunden oder Kommilitonen als diejenigen Personen eingeschätzt wurden, die einem "gemischtrassigen" *dating* vermutlich den größten Widerstand entgegensetzten und denen der nachhaltigste Einfluß auf das tatsächliche Verhalten der Versuchspersonen zugestanden wurde.

Bei der Darstellung der in den verwendeten Arbeiten belegten Fälle soll mein besonderes Augenmerk dem Zeitpunkt des Einsetzens bzw. Nachlassens der Sanktionen in bezug auf interethnische Eheschließungen gelten.

Collins (1951: 798) schreibt ohne nähere Angaben von Häufigkeiten, daß die Heirat mit einem "Farbigen" für britische Frauen unweigerlich zur Entfremdung mit ihren Herkunftsfamilien führe. Dies gelte für Mittelschicht- eher als für Unterschichtfamilien. In den meisten Fällen komme es jedoch zu partieller oder kompletter Versöhnung, die sich in gegenseitigen Besuchen, zum Teil Wohnen unter demselben Dach und gemeinsamen Ferienreisen manifestiere.

Die von Golden (1954: 144, 145) interviewten fünfzig "schwarz"-"weißen" Paare in Philadelphia antizipierten Sanktionsverhalten, das sich meistens auch bestätigte: Die Mehrzahl der Partner verheimlichte die Beziehung, die Heirat und zum Teil jahrelang oder immer die bestehende Ehe gegenüber einigen oder allen Mitgliedern der Familie. Besonders manche - meist weibliche - anglo-amerikanische Gatten besuchten ihre Eltern ausschließlich allein und erhielten nur von bestimmten Angehörigen Gegenbesuche. Zum Teil brach die Beziehung zur Herkunftsfamilie vollständig ab, auch wenn sich die Tochter um Aufrechterhaltung bemühte. Im Gegensatz dazu zeigten sich die afro-amerikanischen Familien zunächst zwar ebenfalls ablehnend, willigten jedoch in jedem Fall in ein Treffen mit dem Schwiegerkind ein. Dessen Akzeptanz schien dann eher von persönlichen als von gesellschaftlichen Einschätzungen abhängig. In einigen Fällen pflegten beide Schwiegerfamilien Umgang miteinander; gewöhnlich handelte es sich bei den Anglo-Amerikanern dann um Einwanderer der ersten Generation, die das amerikanische System der "Rassen"-Trennung noch nicht verinnerlicht hatten. Kein Paar der Stichprobe wurde von *beiden* Herkunftsfamilien geschnitten. Auch Pavela (1964: 210), Das (1971: 31), Porterfield (1973: 76 - 77) und Powledge (1975: 109) berichten davon, daß der Widerstand anglo-amerikanischer Familien gegen eine heterogame Heirat größer war als der

der afro-amerikanischen[17]. Porterfield erwähnt unter anderem eine Enterbung als Sanktion. Er weist in einem späteren Aufsatz (1984: 24) jedoch auch darauf hin, daß die Zahl jener Paare, welche ihre Beziehung verheimlichten, seit den sechziger Jahren stetig abnehme. Hunts (1957: 226) zwanzig Probanden, bestehend aus philippinischen Frauen und amerikanischen Männern, die im Umfeld einer amerikanischen Militärbase auf den Philippinen lebten, mußten ebenfalls die Erfahrung machen, daß die Mehrzahl der Brauteltern mit entschiedenem Widerstand gegen die Heiratspläne reagierte. Eine allmähliche Versöhnung fand zwar statt, aber das Verhältnis zu den Schwiegersöhnen blieb distanziert. Dies brachte die Filipinas in Konflikte, da sie nach der Eheschließung gern enge Kontakte zu ihren Herkunftsfamilien aufrechterhalten sowie sie finanziell unterstützen wollten. Die Amerikaner lehnten das jedoch strikt ab und begründeten ihre Haltung mit dem unfreundlichen Verhalten der Brauteltern. Tatsächlich mögen hier aber auch das konsanguinale versus das konjugale Familienmodell eine Rolle gespielt und die Männer nur einen Vorwand benutzt haben. Sie befanden sich offenbar in der stärkeren Position, ihre Vorstellungen durchzusetzen.

Kambhus (1963: 21 - 27) Probandinnen sahen sich einem recht unterschiedlichen Spektrum von Reaktionen ihrer Familien und Schwiegerfamilien gegenüber. Einige der amerikanischen Eltern der Frauen ließen sie mit dem Argument gewähren, daß sie selbst verantwortlich für ihr Lebensglück seien. Die meisten erhoben vor allem Einwände gegen die Auswanderung nach Thailand. Etwa 50 % der Interviewten erlebten jedoch auch mehr oder weniger offene Ablehnung der Heiratsabsicht, die mit der "Rasse" der Männer oder der einmal zu erwartenden Babies zu tun hatte. Dieses Argument rangierte in der Wertigkeit und Häufigkeit offenbar noch vor dem der eventuell schwierigen Anpassung der Frau in Thailand. Es wurde auch dann eingesetzt, wenn Eltern und Familie - wie wohl in den meisten dieser Fälle - den zukünftigen Schwiegersohn sehr sympathisch fanden. Ähnlich ambivalente Reaktionen kamen auch von den Eltern des Mannes, allerdings üblicherweise mit dem Argument, daß der Frau eine Anpassung in Thailand und in einer Großfamilie schwerfallen würde. In Einzelfällen reichten Reaktionen der amerikanischen und thailändischen Eltern bis hin zu Wutanfällen, Hysterie oder Drohungen, beispielsweise mit Enterbung.

Kannan (1963: 112 - 119, 123 - 125, 166 - 171) verglich in seiner Studie indische Kasten- mit indischer Religionsheterogamie. Zwar läßt sich diskutieren, ob es sich dabei um interethnische Ehen handelt, aber die aus Perso-

---

[17] Meinungsumfragen aus den U.S.A., so der Harris Poll von 1971 (vgl. Petroni 1973: 139) der Gallup Poll von 1972 (Wilkinson 1975: 4) und der AIPO von 1973 (Alston 1976: 76, 77), bestätigen dies.

nen derselben Subkaste, Religion und Sprachgruppe bestehende *community* ist eine Einheit mit so starken Heiratsschranken, daß Mechanismen zumindest vergleichbar erscheinen. Bei den kastenverschiedenen Paaren waren ca. 23 % der Eltern gegen eine Eheschließung. Als Ablehnungsgründe wurden das Eingehen einer Lehrer-Schüler-Ehe[18], Krankheit eines Partners, die Verheimlichung der Beziehung sowie der Verlust von finanzieller Unterstützung, von Mitgift sowie von der Möglichkeit eines reichen Schwiegerkindes durch eine arrangierte Ehe genannt. Kein Widerstand war in den Fällen zu verzeichnen, wo die Partner zur selben Hauptkaste oder nur wenig auseinanderliegenden Subkasten gehörten, bei hohem sozio-ökonomischen Status des Mannes, Reichtum der Frau oder besonderem Prestige der Schwiegerfamilie.

Etwa 52 % der Eltern lehnten eine interreligiöse Heirat ab. Hier lagen die angegebenen Gründe im Verlust des Kindes; darunter ist vermutlich zu verstehen, daß reziproke Beziehungen der beiden Herkunftsfamilien nur unter großen Schwierigkeiten über Religionsgrenzen hinweg aufrechtzuerhalten seien. Zum Teil spielte dabei aber auch der ökonomische Grund eine Rolle, mit dem Kind einen Versorger zu verlieren, - besonders bei Eltern der Frau. Dieser Aspekt taucht ebenfalls bei jenen Fällen auf, in denen die Eltern der Verbindung vorbehaltlos zustimmten: Wenn dies nicht aus ideologischen Gründen geschah, war der hohe sozio-ökonomische Status des Schwiegerkindes offenbar ausschlaggebend für die Akzeptanz. Auch Das' (1971: 31) Untersuchung scheint diesen Status-Gesichtspunkt zu bestätigen: Alle Eltern des Mitgliedes der höheren Kaste waren gegen solch eine Verbindung.

Harré (1966: 68, 69, 72, 73, 78, 80, 81, 84, 85, 111 - 115, 134 - 135) beschäftigte sich in seiner Studie von Heiraten zwischen Maori und Pakeha intensiv mit den Beziehungen der Paare zu ihren Herkunfts- und Schwiegerfamilien, vor allem mit den Mechanismen von und Gründen für Ablehnung und Akzeptanz. Seine Grundannahme ist, daß eine soziale Gruppe, die sich - bewußt oder unbewußt - auch über die Zugehörigkeit zu einer bestimmten "Rasse" definiere, sich durch eine heterogame Ehe bedroht fühlen müsse. Die Pakeha-Familie sei solch eine Gruppe, während die Maori-Familie ihre

---

[18] Dieses "Guru-System" bezieht sich nicht nur auf Lehrer an Schule und Universität, sondern auch auf Vermittler religiösen oder künstlerischen Wissens. Nach traditioneller hinduistischer Auffassung schulden Schüler ihren Lehrern besondere, beinahe religiöse Verehrung und unbedingten Respekt und Gehorsam, während Lehrer durch diese unantastbare Leitungsposition für ihre Schüler hohe, uneigennützige Verantwortung tragen. Dieses Hierarchiegefüge schließt sexuelle oder ökonomisch dominierte Überlegungen idealerweise aus; letztere sind jedoch gerade für die Partnerwahl sehr wichtig. (Persönliche Auskunft von Prof. Dr. Bikhu Parikh, University of Hull, 18.5.1991)

Identität eher über Maori-Vorfahren beziehe, unabhängig davon, ob auch Pakeha zu den Ahnen gehörten. Während Maori von Neuseeländern europäischer Abkunft in verschiedenen sozialen Rollen, durchaus auch in engen Beziehungen, akzeptiert würden, gehöre die Rolle des Familienmitglieds nicht dazu. Harré geht weiter davon aus, daß es in polyethnischen und -"rassischen" Gesellschaften Stereotypen über eine Hierarchie der einzelnen Personenkategorien gebe. Da im Fall Neuseelands Maori vom sozio-ökonomischen Status her in der Mehrzahl schlechter dastünden als Pakeha, seien rassistische Vorbehalte gegen eine Heirat oft schwer oder gar nicht von wirtschaftlichen zu unterscheiden. Im Rahmen der Ansätze zur Partnerwahl wurde bereits darauf verwiesen, daß reiche und mächtige Personenkategorien Barrieren gegen Eheschließungen errichten, die für sie einen Verlust von Status, Prestige oder Privilegien bedeuten könnten (vgl. Kap. 5.3.1 und 5.3.2.3). Dies zeigte sich auch bei Harrés Probanden: Einige Maori, welche Colleges besuchten, beschränkten ihre Kontakte zu Pakeha bewußt, da sie bei einer Heiratsabsicht aufgrund der Tribalendogamie Widerstand von ihren Verwandtschaftsgruppen, besonders von Eltern und Großeltern, antizipierten. Dies traf auch für die tatsächlich Heterogamen zu, sofern sie vor dem Krieg geheiratet hatten, besonders, wenn sie in ihrem Stamm einen hohen Rang innehatten. Pakeha-Eltern fürchteten bei einer interethnischen Heirat ihres Kindes ebenfalls den in ökonomischen und physischen Kriterien manifestierten Statusverlust. Vor allem die Aussicht auf dunkelhäutige Enkelkinder als ein *fait accompli* und zugleich eine Validierung der unerwünschten Eheschließung beschwor einen emotionalen Konflikt zwischen der gesellschaftlich anerkannten engen Beziehung zum "eigenen Fleisch und Blut" und der Offenlegung einer kakogamen Verbindung gegenüber Nachbarn und anderen sozial kontrollierenden Personengruppen herauf. Harré konnte anhand seiner empirischen Untersuchung drei zeitliche Kristallisationspunkte ausmachen, zu denen Sanktionen und Widerstand von Eltern und Verwandten gegen die interethnische Heirat oder Ehe oft nachließen bzw. ganz aufhörten:

1. Beim persönlichen Kennenlernen des potentiellen Schwiegerkindes: Die negativen Stereotypen gegen Angehörige der Fremdgruppe wurden nicht bestätigt. Charakteristisch waren Aussagen wie "XY ist ja gar kein typischer Maori/Pakeha".
2. Bei adäquater *performance*, die damit ebenfalls den Stereotypen zuwiderlief, in für die fremde Kultur zentralen Bereichen: etwa Beförderung und sozio-ökonomischer Erfolg eines Maori-Mannes in der Pakeha-Gesellschaft oder uneingeschränkte sowie der traditionellen Rolle entspre-

chende Teilnahme einer Pakeha-Frau an einer Maori-Beerdigungszeremonie[19].
3. Bei der Geburt eines Enkelkindes.

Harré stellte zwar besonders bei der Kombination Maori-Mann / Pakeha-Frau fest, daß drei bis vier Jahre zwischen dem ersten Kennenlernen und der Hochzeit lagen. Er konnte jedoch nachweisen, daß nicht der Widerstand der Familien für diesen überdurchschnittlich langen Zeitraum verantwortlich war. Kannan (1972: 46 - 49, 61, 62, 73 - 75) stieß in seiner Studie "interrassischer" Paare in London auf ähnliche Zusammenhänge. So konnte auch er zeigen, daß die Länge der Periode zwischen Heiratsabsicht und Eheschließung gewöhnlich nicht mit dem Widerstand der Familien korrelierte. Nur bei 20 % seiner Stichprobe war dies der Fall. Drei von zweihundert Probanden informierten ihre Eltern nicht von der Heirat. Leider gibt Kannan keine Zahlen an, sondern formuliert nur, daß in "zahlreichen Fällen" der elterliche Widerstand schnell nachließ oder sogar von Anfang an fehlte, wenn das potentielle Schwiegerkind über einen hohen Ausbildungs- oder Berufsstatus, Reichtum oder eine angesehene Herkunftsfamilie verfügte. Als zeitlichen Kristallisationspunkt für die Versöhnung konnte auch dieser Autor bei 50 % der Eltern der Frauen die Geburt des ersten Kindes ausmachen. Er weist ferner darauf hin, daß im Fall jener männlichen Ehepartner, die aus der Dritten Welt stammten, die Versöhnung ihrer Eltern vielleicht auch aus dem Beweggrund erfolgte, daß sie von ihren Söhnen bei Widerstand gegen die Heirat oder gar Abbruch der Beziehungen keinerlei finanzielle Unterstützung mehr erwarten könnten.

Sowohl Harrés als auch Kannans Studie scheinen mir darauf hinzuweisen, daß Ablehnung von Eltern und weiteren Familienangehörigen gegen interethnische Ehen vor allem deswegen erfolgen, weil deren *eigener* Status dadurch bedroht wird. Besonders deutlich wird dies etwa an einem Beispiel aus der Studie Streiff-Fenarts (1988: 146 - 149), wo ein maghrebinisches Ehepaar, dessen Töchter wohlhabende Franzosen geheiratet hatten, viel mehr als die Frauen selbst von Sanktionen der Gemeinde betroffen waren. Es wäre zu fragen, inwieweit vorgebrachte Gegenargumente, die auf den postulierten ungünstigen Folgen für das heterogame Kind oder gar für mögliche Enkelkinder fußen, tatsächlich selbstlos und nicht vielleicht eher Scheinargumente sind. Dafür sprechen die größere Akzeptanz von ranghöheren Partnern und die in vielen Arbeiten belegte Konzentration der Diskus-

---

[19] Die *Tangi*-Zeremonie war traditionell und ist auch heute eine stark ritualisierte Trauerfeier, die einen wichtigen Platz im Leben der Maori einnimmt (vgl. Buck 1950: 417 - 421).

sionen auf die Frage des Nachwuchses. Erinnert sei hier auch noch einmal an die Feldforschung von Gregor (1977: 316); die Sanktionen gegen Männer, welche Frauen aus dem Mehinaku-Dorf geheiratet hatten, hörten auf, wenn das erste Kind geboren wurde. Die bereits dargelegten Ansätze über Frauen als "soziale Wertgegenstände" betonen ebenfalls diesen Aspekt. (Vgl. Kap. 5.3.3.4) Damit rückt die Tatsache der *Heirat* ins Zentrum der Thematik. Gemäß meiner Definition von Ehe stellt ausschließlich sie eine Statusbeziehung mit Rechten und Pflichten zwischen den Partnern, ihren Kindern und den jeweiligen Herkunftsfamilien her. Dies scheint selbst in westlichen Industriegesellschaften zu gelten, wo die große Zahl nicht-ehelicher Lebensgemeinschaften dies auf den ersten Blick gar nicht vermuten läßt. Indizien dafür liefern etwa autobiographische Aussagen wie die folgende, in denen die Eltern - selbst puritanischere als die genannten - sexuelle Beziehungen, aber keine heterogame Heirat akzeptieren (vgl. für ähnliche Zitate z. B. Loewen 1971: 143, 144; Wolf-Almanasreh 1982: 50 und 1984: 51; Mathabane und Mathabane 1992: 234):

"... when I told them we were getting married, they flipped. They knew we were living together and that didn't bother them. Like I said, they are liberal. ... We'd been living together for six months and they hadn't minded. I couldn't understand them. Be a whore, but don't get married. They flew into town and tried every trick in the book" (Zeitungsinterview von 1969, zitiert nach Petroni 1973: 138).

Bensons (1981: 70 - 79) Feldforschung im Londoner Stadtteil Brixton ergab ein Spektrum familiärer Reaktionen, das von sofortiger Zustimmung über Ablehnung durch einige nahe Verwandte, Phasen des Widerstands bzw. Abbruchs der Beziehungen bis hin zum endgültigen Bruch mit dem heiratswilligen Kind reichte. Eindeutig überwiegt auch in dieser Studie der Anteil von britischen Eltern, welche die Eheschließung ablehnen, über den der "schwarzen" Eltern. Auffällig ist gerade in dieser Untersuchung der hohe Prozentsatz von offen geäußerten rassistischen "Gründen", vor allem bei älteren Elternteilen, zum Beispiel Rassenschande, postulierte Primitivität, Unzivilisierbarkeit und natürliche Grausamkeit des "schwarzen" Partners; dies gipfelte in einem Fall sogar in dem strikten "Verbot", Babies zu bekommen, bzw. in dem Satz, diese dürfe man dann keinesfalls am Leben lassen. Mehrere Elternpaare verwiesen außerdem auf Probleme mit dem eigenen Status durch solch eine Heirat, etwa die Reaktion von Nachbarn und Freunden oder die Schande, die damit über sie gebracht würde. Tatsächlich berichteten Bensons Interviewpartner dann auch von diskriminierenden Bemerkungen, denen ihre Eltern nach der Hochzeit ausgesetzt waren. Wie in Harrés Studie bestand auch hier eine häufige Strategie der Versöhnung darin, daß die Familie den dunkelhäutigen Partner - vor sich selbst, aber ebenfalls gegenüber sanktionierenden Nachbarn - schließlich als "Ausnahme" klassifizierte: Seine Bildung, sein Beruf oder sein Verhalten, also wiederum die *performance* im Sinne Barths, wurden als etwas hervorgehoben, was ihn aus der Masse der "typischen" Immigranten / Afrikaner / Westinder usw. auszuschließen, aber zugleich die eigenen Stereotypen gegen diese Personenkategorien beizubehalten erlaubte. Der Zeitpunkt der Versöhnung lag in dieser Untersuchung in allen Fällen außer zweien kurz vor der Hochzeit: Die Eltern gaben ihren Widerstand in dem Moment auf, als ihnen klar wurde, daß sie die Heiratsabsicht nicht durch Druck abwenden konnten und eher ihr Kind verlieren würden. Charakteristisch ist die Aussage einer Probandin:

> "Judith Oluwele ... had not seen or spoken to her parents for a year when she rang up to tell them that she and Paul were getting married and to ask them to come to the wedding. Her father's first reaction was 'to burst into tears'. But, a couple of days later, her parents rang up to say that 'we've had a talk and we've decided that the only people we are punishing are ourselves - we are losing our darling daughter and our grandchildren. So we want to come to the wedding and we'll pay for it'" (Benson 1981: 74).

Laut Benson kam ein vollständiger Abbruch der Beziehungen nur in den Fällen zustande, wo das Verhältnis zu den Eltern schon vor der Heiratsabsicht schlecht gewesen war.

Deuls (1983: 50 - 58) Probandinnen stießen bei ihren Eltern auf Skepsis bis Ablehnung, als sie ihre Absicht, einen türkischen Mann zu heiraten, kundtaten. Die wichtigsten Argumente waren auch in diesem Fall die weite Entfernung und die vermuteten Schwierigkeiten, welche sich den Frauen bei einem Umzug in die Türkei stellen würden. Die Autorin interpretiert dies als Angst der Eltern vor Verlust ihrer Tochter und vor Entfremdung. Einige der Frauen verheimlichten zunächst ihre Beziehung, weil sie die Ablehnung der Eltern antizipierten, - zu Recht, wie Deul beobachtete, denn gerade in diesen Fällen gab es dann auch die größten Auseinandersetzungen. Es sei jedoch nicht ganz eindeutig, ob der Konflikt nicht gerade durch das Verheimlichen noch verschärft werde. Ein Vater griff zu einer besonderen Strategie, um die Tochter von der Heirat abzubringen: Er sandte ihr regelmäßig Zeitungsartikel, in denen es entweder um schwerkriminelle Türken ging, etwa Drogenhändler oder Frauenmörder, oder um verlockende Stellenanzeigen. Ein Extremfall ist sicher jener Vater, der seine Tochter schlug. Die Eltern der Männer waren zu zwei Dritteln überwiegend positiv zu den Heiratsabsichten ihres Sohnes eingestellt, was Deul mit einem Prestigegewinn erklärt: So werde dem Islam ein neues Mitglied zugeführt, was nach religiösen Vorstellungen eine sehr erstrebenswerte Tat sei, und eine Schwiegertochter aus einer Industrienation, zu der außerdem bis zum Zweiten Weltkrieg historisch gute Beziehungen bestanden, werte die Familie auf. Die ablehnenden türkischen Eltern akzeptierten die Heiratsabsicht erst dann widerwillig, als sie merkten, daß ihre Söhne sich auch durch Drohungen und Sanktionen nicht von dieser abbringen ließen bzw. anfingen, sich von der Herkunftsfamilie zurückzuziehen.

In Imamuras Stichprobe (1986: 39, 40) von einundzwanzig afrikanischen, amerikanischen und europäischen Frauen nigerianischer Männer waren 76 % der Herkunftsfamilien gegen eine Heirat ihrer Töchter. Acht (weitere?) heirateten, ohne die Familie zu informieren, zwei davon bekamen sogar ihre Kinder, bevor sie die Verwandtschaft von der Eheschließung unterrichteten. Hauptsächlich bedingt durch die spezielle Situation dieser Paare, die bis auf eines alle nach der Heirat nach Nigeria zogen, erfuhren die Partnerinnen erst dort, daß auch mehr als die Hälfte der Herkunftsfamilien ihrer Männer gegen diese Verbindung war. Dies zeigte sich besonders in Krisensituationen, wo dann alle Aufmerksamkeit den Männern galt oder die Frauen für Versäumnisse ihrer Männer gegenüber der nigerianischen Verwandtschaft verantwortlich gemacht wurden.

Shukert und Scibetta (1988: 23 - 25, 193) schildern ebenfalls Versuche von Eltern, Heiraten zwischen GIs und Kriegsbräuten zu verhindern; Extremfälle sind sicher die Schläge, die ein Verwandter einer Japanerin verabreichte, als sie ihre Heiratsabsicht bekannt gab, und der Versuch eines australischen Paares, das dem Soldaten eine große Summe Geld bot, falls er abreise.

Hardach-Pinke (1988: 106 - 110) stellte für die in Japan lebenden deutsch-japanischen Paare fest, daß Einwände Dritter den Partnerwahlprozeß sehr wohl beeinflußen und auch beschleunigen oder verlängern konnten. Dies galt umso mehr, je plausibler ihnen anhand der eigenen Erfahrungen die vorgebrachten Argumente waren. Während rassistische oder mangelnde Gemeinsamkeiten postulierende Gründe eher abgetan wurden, spielten Überlegungen hinsichtlich Auswanderung, die unter gewissen Umständen eine endgültige Trennung von den Eltern bedeuten konnte, oder hinsichtlich sozio-ökonomischer Aspekte durchaus eine Rolle für die Heiratsentscheidung und den Zeitpunkt ihrer Verwirklichung. So fürchteten japanische Eltern nicht selten, ihren einzigen oder wichtigsten Versorger durch Heterogamie zu verlieren. Akzeptanz des deutschen Partners durch seine Schwiegerfamilie korrelierte *nicht* mit deren Sprachkenntnissen, Auslandserfahrungen oder Bewunderung für die deutsche Kultur.

In Pandeys (1988: 172 - 185) Stichprobe waren bei acht von zehn deutschen Probandinnen die Familien gegen die Heirat mit einem Inder. Neben vorgebrachten Gründen mit Bezug auf dessen Verhalten in der Ehepartnerrolle oder Angst vor Auswanderung der Tochter gab es jedoch auch Formen der Ablehnung wie offene Feindseligkeit und Drohungen. Eine Frau besuchte ihre Eltern nach der Heirat zwar regelmäßig, erhielt jedoch nie Gegenbesuche; eine andere Mutter weigerte sich zunächst, ihr Enkelkind zu sehen. Meistenteils entwickelten sich im Lauf der Zeit jedoch sogar enge Beziehungen, nicht zuletzt, weil offenbar die indischen Ehepartner stets um gute Kontakte zu den deutschen Schwiegerfamilien bemüht waren. Hingegen hatten nur vier der zehn indischen Herkunftsfamilien Bedenken gegen eine heterogame Heirat. Mehrere Interviewpassagen deuten ähnlich wie in Harrés Untersuchung an, daß beim ersten persönlichen Kennenlernen zur Erleichterung der Schwiegerfamilie die Frau nicht den gängigen Stereotypen über Deutsche entsprach und daß womöglich das Angewiesensein auf den im Ausland lebenden Sohn als finanziellen Unterstützer eine ernsthafte Konfrontation wegen der Partnerwahl verhinderte.

Kamalkhani (1988: 76, 77) bringt das Beispiel einer norwegischen Bahaii-Familie[20], welche den Heiratsabsichten ihrer Tochter mit einem mittellosen iranischen Bahaii ohne Ausbildung starken Widerstand entgegensetzte.

Wießmeier (1993: 60 - 63) fragte ihre Probanden, ob ihnen jemand bei der Partnerwahl Schwierigkeiten gemacht habe. 62 % der Frauen und 44 % der Männer bejahten dies; mehr als die Hälfte von ihnen nannte dabei Widerstand durch die Familie, der direkt mit der heterogamen Partnerwahl zusammenhing. Häufig waren offenbar Warnungen in bezug auf Probleme durch kulturelle und sozio-ökonomische Unterschiede und Ängste wegen weiter Entfernung des (zukünftigen) Wohnorts.

Ein Indikator für die Akzeptanz der Partnerwahl durch Eltern, Familie und soziales Umfeld ist die Art und Teilnahme an der **Hochzeitszeremonie** (vgl. Kap. 5.2), denn sie markiert den Aspekt der öffentlichen Anerkennung einer Ehe. Laut Rosenblatt und Unangst (1974), die einen interkulturellen Vergleich zu dem Thema durchführten, hat die Mehrzahl der Gesellschaften Heiratszeremonien für die erste Eheschließung einer Person. Deren Funktion liege zunächst im Durchführen und Bezeugen des Status- und Rollenwechsels zum verheirateten Mitglied der Gesellschaft. Außerdem bekräftig-

---

[20] Die Bahaii-Religion lehnt explizit Differenzierungen aufgrund von "Rasse", nationaler Herkunft oder anderen Kriterien ab und betont die Gleichheit aller Menschen; offiziell wird Heterogamie daher ermutigt. Für eine Heirat ist die Zustimmung beider Elternpaare jedoch Vorschrift (vgl. z. B. Mathabane und Mathabane 1992: 172, 234).

ten und schützten die Öffentlichkeit und Mühe der Zeremonie vermutlich den damit verbundenen Transfer von Gütern und die zwischen den Verwandtschaftsgruppen begründete Allianz. Auch Goode (1964: 32), der eine Reihe früherer Familienstudien zu seinem Standardwerk zusammenfaßte, kommt zu einer identischen Schlußfolgerung:

> "The marriage ceremonial is a ritual of passage for the couple; a young man and woman pass ritually into adult status with its new rights and responsibilities. It also announces society's approval of the union. Thereby the kinship network accepts new role obligations. ... marriage is a public matter in all societies, since the larger society has a stake in its consequences.
>
> The ceremony of marriage itself is highly visible, but more than that it is a symbol of the culmination of many processes that are subtle and important".

Goldens (1954: 144) und Porterfields (1984: 24, 25) Studie zufolge heirateten die "schwarz"-"weißen" Paare ihrer Stichproben nur in kleinem Kreis und meist ohne formelle kirchliche Heiratszeremonie. Auch Pavela (1964: 209, 210) konnte anhand der von ihm ausgewerteten 78.000 Heiratsformulare aus Indiana herausfiltern, daß zwar etwa 86 % aller homogamen "weißen" und 74 % aller homogamen "schwarzen" Eheschließungen kirchlich waren, hingegen nur ca. 55 % aller "schwarz"-"weißen".

Banton (1955: 170) stellte fest, daß in Stepney Eheschließungen nicht sehr viel größere Bedeutung hatten als Konkubinate. Hochzeiten zwischen den "schwarzen" Einwanderern und britischen Frauen fanden daher gewöhnlich nur auf dem Standesamt statt, und die Feier bestand aus einer kleinen Party, bei der die Möbel in der Wohnung zurückgeschoben wurden, um Platz zum Tanzen zu schaffen. Musik lieferte das Radio.

Kambhus (1963: 21 - 27) Probandinnen berichteten nur in wenigen Einzelfällen davon, daß Geschwister oder Freunde sich geweigert hätten, an ihrer Hochzeitsfeier teilzunehmen.

Von Kannans (1963: 109, 110, 128, 166) Stichprobe erschienen 21 % der Eltern der Männer und 25 % der Eltern der Frauen in kastenverschiedenen Ehen nicht zur Hochzeit; bei religionsverschiedenen Ehen waren es sogar 47 % der Eltern der Männer und 57 % der Eltern der Frauen. Von zweihundert Paaren mit unterschiedlicher Kaste feierten hundert eine große traditionelle Hochzeit mit Empfang, zweiundfünfzig hatten ausschließlich eine standesamtliche Trauung, die übrigen wählten eine Zwischenform. Auch Das' (1971: 31) Interviewpartner, welche aus Paaren verschiedener Kasten bestanden, heirateten alle ausschließlich standesamtlich.

Harrés (1966: 85 - 88) Probanden hatten immer dann eine kirchliche Trauung, wenn auch der Maori-Partner kulturell eher an Pakeha-Standards orientiert war. In einigen wenigen Fällen weigerten sich allerdings Verwandte oder Freunde, an der Zeremonie teilzunehmen; in anderen war - angeblich - die räumliche Entfernung zu groß, als daß die Eltern an der Feier hätten teilnehmen können. Ein Elternpaar strich seine Geschäftsfreunde von der Gästeliste, weil es offenbar den eigenen Statusverlust durch die Heirat der Tochter mit einem Maori nicht publik machen wollte.

Best (1989: 141) schreibt, daß bei den Marakwet für einen in der Stadt lebenden Mann nach der traditionellen Hochzeitsfeier auf dem Hof naher patrilateraler Verwandter eine Rundhütte errichtet wurde. Sie diene zur Durchführung bestimmter Rituale und sei sein Eigentum, in dem er bei Besuchen mit Frau und Kindern wohne, bis er schließlich aus der Stadt zurückkehre und einen eigenen Hof gründe. Ein Mann, der nicht mit einer traditionellen Hochzeitsfeier geheiratet oder eine Europäerin geehelicht hätte, würde demgegenüber bei Besuchen im Dorf in der Junggesellenhütte einquartiert, "was ihm die Konsequenz seines Handelns und seinen damit verbundenen sozialen Status deutlich vor Augen führt". Nicht-traditionell verheiratete Frauen müßten an der Kochstelle in der Hütte ihrer Mutter oder Schwägerin schlafen.

In neuerer Zeit widmete sich Waldis (1996) der empirischen Untersuchung maghrebinisch-europäischer Hochzeitsfeste und ihrer Bedeutung als Übergangsriten. Auch sie beschreibt einen Fall, in dem die Ablehnung der Eltern der Schweizer Braut die Form der Trauung offenbar mitbestimmte: Sie fand ausschließlich standesamtlich und das anschließende Fest in einer Wohnung statt. Neben dem Bruder der Frau waren offenbar nur Freunde, keine Verwandten, anwesend.

Schon Barron (1946: 59) kam nach der Diskussion verschiedener Formen von sozialer Kontrolle, welche "rassische" und religiöse Gemeinschaften gegen Zwischenheirat ausübten, zu dem Schluß, daß **Frauen stärker kontrolliert und sanktioniert** würden, - eine Vermutung, die sich auch bei manchen der gerade dargestellten Arbeiten aufdrängt.

Auch Benson (1981: 76) stellte in ihrer Feldforschung fest, daß der Großteil der Sanktionen von Seiten der Familie oder des nachbarlichen und beruflichen Umfeldes auf die Britinnen, nicht die Männer aus der Karibik oder Afrika, zielte. Diese Frauen waren nicht nur durch die Quantität, sondern auch durch die Qualität besonders hart betroffen, denn in einem ärmlichen Stadtteil wie Brixton bildeten Netzwerke von Verwandten, Freunden und Nachbarn nicht nur eine emotionale, sondern auch eine materielle Notwendigkeit:

"Again, it should be noted that it was the white woman, not the black partner, in these relationships who encountered social disapproval. Similarly, it was only white women who reported hostility from neighbours, usually expressed covertly in withdrawal from friendly social interaction, or sometimes indirectly, through infavourable comments to kin. ... it was upon them [the white women] that the full weight of familial and social disapproval fell, and, because of the importance of kin, neighbours and friends in the management of the domestic domain, it was they who suffered most from the withdrawal of external support".

Nitta (1988: 212, 213) bemerkte, daß die außerhalb Japans geschlossenen binationalen Ehen meist einen männlichen japanischen Partner hätten. Der Grund liege in der Tatsache, daß ausländische Frauen japanischer Männer leichter ein Visum für Japan erhielten als die ausländischen Männer japanischer Frauen.

Streiff-Fenart (1988: 137 - 146, 150, 151) stellte in einem Vergleich maghrebinisch-französischer Paare in Frankreich fest, daß in beiden Herkunftsgesellschaften Frauen für Zwischenheirat stärker sanktioniert wurden. Sie führt dies allerdings auf spezifische gesellschaftliche Konstellationen zurück und hält es nicht für allgemein gültig. So sei in den islamischen nordafrikanischen Systemen die Ehre der Familie über die moralische Makellosigkeit der Töchter definiert. Eltern, die ihre Töchter nicht genug kontrollieren könnten, um sie von einer kakogamen Verbindung zurückzuhalten, bekämen dieses Versäumnis von ihrem sozialen Umfeld vorgehalten. Franzosen betrachteten hingegen die Heirat einer Frau mit einem maghrebinischen Einwanderer als Hypogamie. Die Autorin zeigt aber an den negativen Reaktionen auf die häufigen Eheschließungen nordafrikanischer Studenten und Funktionäre mit Europäerinnen in den fünfziger und sechziger Jahren, daß in anderen Situationen Männer durchaus mehr sanktioniert würden als Frauen[21].

Art und Grad von **Sanktionen**, welche **von Nicht-Familienmitgliedern** erteilt werden, variieren selbst innerhalb derselben Gesellschaft gegebenenfalls stark. So beschreiben etwa Schuyler (1934) und Larsson (1965) anhand von Beispielen ein ganzes Spektrum von Reaktionen auf "schwarz"-"weiße" Paare in den Vereinigten Staaten. Es reicht von sozialer Anerkennung, oft bei prominenten oder mit hohem Status versehenen Personen, bis hin zu schrecklich gedemütigten und verfolgten Paaren.

---

[21] Vgl. dazu den Bericht in der Zeitschrift *Confluent*, der die Verdammung interethnischer Ehen mit Europäerinnen durch tunesische Frauen thematisiert (Anonymus 1963).

Mehrere von Kambhus (1963: 25, 26) Interviewpartnerinnen mußten die Erfahrung machen, daß Freunde den Kontakt mit ihnen abbrachen, als sie von ihren Heiratsplänen mit einem Mann aus Thailand erfuhren. Hingegen konnte Benson (1981: 75) feststellen, daß nur wenige ihrer britischen Probandinnen ihren Freundeskreis aufgrund der Heirat mit einem "schwarzen" Mann verloren. Linds (1969: 28 - 32) Interviewpartner aus Neuguinea listeten verschiedene Sanktionen auf, denen sie als bereits verheiratete Paare ausgesetzt waren. Böse und herablassende Blicke sowie beleidigende Bemerkungen erhielten sie sowohl von europäischer als auch von einheimischer Seite. Mehrere der australischen und europäischen Männer berichteten von mehr oder weniger subtilen Benachteiligungen im Beruf, die der Eheschließung folgten: Herunterstufung, Übergehen bei Beförderungen und sogar Entlassungen. Auch eine schwer festzumachende Ablehnung bei den Besuchen "weißer" Clubs und Gesellschaften wurde von den Probanden geschildert. Die häufigste Strategie dieser Paare bestand in der Vermeidung potentiell unangenehmer Situationen. So gingen sie zu gewissen Tageszeiten nicht mehr an bestimmte Orte, wo große Gruppen junger einheimischer Männer zu erwarten waren; sie mieden manche Clubs und Parties. Einige Männer zogen es jedoch vor, solche Zusammenkünfte ohne ihre Frauen und Kinder zu besuchen. Die Probanden deuteten an, daß die Ablehnung durch die "weiße" Gesellschaft Papua Neuguineas in deren Schichtbewußtsein begründet liege, die der - vor allem jungen, männlichen - Einheimischen hingegen in Sexualneid: Da sie weniger gute Berufsaussichten und Verdienstmöglichkeiten hatten als "Weiße", fühlten sie sich ihnen in dem Wettbewerb um attraktive einheimische Frauen unterlegen[22].

Unfreundliche Bemerkungen bekamen auch die von Shukert und Scibetta (1988: 63, 64, 79, 80, 100, 225) befragten Kriegsbräute zu hören, und zwar sowohl von ihren eigenen Landsleuten als auch von denen ihres Mannes. Oft wurden sie als Prostituierte beschimpft. Aus Italien sind gewaltsame Übergriffe junger Männer auf solche Frauen belegt, die in der Öffentlichkeit mit GIs gesehen wurden: Eine übliche Sanktionsmethode war es, den Frauen die Haare abzurasieren. In Neapel wurde 1945 eine dieser Banden, die sich darauf spezialisiert hatte, gerichtlich belangt.

Manche der "Schwarzen" aus Bensons (1981: 75) Studie wurden von Landsleuten mit dem Argument vor Ehen mit Britinnen gewarnt, daß gewöhnlich nur "white trash" unter den Frauen sich mit Männern aus der Karibik abgebe.

Loewen (1971: 74 - 79, 135 - 145) fand bei seiner Feldforschung über Chinesen, die im Mississippi-Delta wohnten und meist Lebensmittelhändler

---

[22] Vgl. dazu auch Kiki 1969: 98.

waren, heraus, daß die stärksten Sanktionen gegen Heiraten mit Afro-Amerikanern von anderen Chinesen kamen. Durch Akzeptieren der "weißen" Segregationsnormen genossen die meisten Chinesen gewisse Privilegien des sozialen Aufstiegs wie Zugang zu anglo-amerikanischen Schulen für ihre Kinder oder zu Unterhaltungsstätten, die für "Schwarze" gesperrt waren. Diejenigen Mitglieder der chinesischen Gemeinde, die mit Afro-Amerikanern verheiratet waren, gefährdeten diesen fast "weißen" Status jedoch durch ihre bloße Existenz. Vorfälle wie die Einlieferung eines Chinesen in ein Krankenhaus nur für Anglo-Amerikaner und sein Hinauswurf, als seine "schwarze" Frau ihn besuchen wollte, bestätigten dies. Folglich mußten die chinesisch-"schwarzen" Paare gewärtig sein, ihre gesamte chinesische Kundschaft zu verlieren, keine Hilfe in Notsituationen mehr zu erhalten und nicht mehr von Chinesen eingeladen oder besucht zu werden. In Extremfällen versuchten die Landsleute nicht nur verbal die Trennung vom afro-amerikanischen Partner zu erreichen, sondern griffen zu Maßnahmen wie bewußter Ruinierung des Ladens durch abgesprochene Unterbietung seiner Preise oder Meldung bei den "weißen" Leitern von Schulen, wo die heterogamen Familien ihre helleren Kinder angemeldet hatten. Diese Methoden waren so erfolgreich, daß etwa die Gemeinde Cleveland im Gegensatz zu den vierziger Jahren 1967 keine einzige Ehe und auch kein Konkubinat eines Chinesen mit einem Afro-Amerikaner mehr aufwies. Auch die "schwarze" Gemeinde zeigte wenig Akzeptanz; dies schien auf einer verbreiteten Auffassung zu beruhen, daß "Schwarze", welche Chinesen heirateten, sich für "besser" hielten und ihre Herkunftsgruppe "verrieten", zumal die chinesischen Ehemänner Normen des sozialen Aufstiegs für ihre Familien setzten, welche eher denen der "weißen" Mittelschicht entsprachen. Zum anderen vermutete Loewen aufgrund der Aussagen seiner Probanden auch uneingestandenen Neid innerhalb der afro-amerikanischen Gemeinde, daß die heterogamen Frauen durch ihre Heirat Privilegien genossen, die sonst niemand hatte. Der Zugang zu für "Schwarze" gesperrte öffentliche Orte und Institutionen wurde von der anglo-amerikanischen Mehrheitsbevölkerung nämlich bei Chinesen mit afro-amerikanischen Partnern durchaus ambivalent geregelt.

Porterfields (1973: 78) Probanden berichteten über Einzelfälle, in denen ihre interethnische Heirat mit Kündigungen seitens "weißer" Arbeitgeber quittiert wurde. Der Erfolg bei der Wohnungssuche richtete sich gewöhnlich nach der Klassifizierung des männlichen Partners: War er Afro-Amerikaner, fand sich Wohnraum in einer "schwarzen" Gegend, war er Anglo-Amerikaner, dann in einer "weißen" Gegend. Auch in Bensons (1981: 75, 76) Stichprobe fanden sich vereinzelte Fälle, wo Britinnen Ärger von Vorgesetzten und Kollegen bekamen bzw. einer gekündigt wurde, als die Heiratsabsicht mit einem "Schwarzen" bekannt wurde.

Während "schwarz"-"weiße" Paare in den U.S.A. bis Ende der sechziger Jahre laut den meisten empirischen Untersuchungen dazu neigten, aufgrund von Sanktionen aus der anglo-amerikanischen Gemeinde ihre Beziehungen mehr zur afro-amerikanischen hin zu orientieren, fand mit dem Aufkommen der Bewegung des "schwarzen Selbstbewußtseins" ein Umschwung statt. Anglo-Amerikanerinnen aus Porterfields Stichprobe mußten die Erfahrung machen, daß sie plötzlich vor allem von jüngeren "schwarzen" Frauen und älteren Ehepaaren bei afro-amerikanischen Veranstaltungen nicht mehr erwünscht waren und verbal beleidigt wurden. Diese Entwicklung setzt sich bis in die Gegenwart fort, da offenbar ein starker Ethnisierungsprozeß beider Personenkategorien weiterhin in Gange ist. Deutlich wird das etwa an den autobiographischen Aussagen von Mathabane und Mathabane (1992: 191 - 209): Nachdem der aus Südafrika stammende Mark Mathabane sein erstes Buch über persönliche Erfahrungen mit der Apartheid veröffentlicht hatte, avancierte er zum gefeierten Autor in den Vereinigten Staaten. Viele afroamerikanische Leser begannen ihn als Führungsgestalt innerhalb der *black consciousness*-Bewegung zu sehen und identifizierten sich aus eigener Erfahrung mit seinen schlimmen Erlebnissen mit "Weißen". Umso kontroverser war die Reaktion, als er in seinem zweiten Buch sein weiteres Leben in den U.S.A. und unter anderem auch seine Beziehung zu und Heirat mit seiner Frau schilderte. Viele "Schwarze" empfanden dies als Verrat, was sie auch bei öffentlichen Lesungen, Vorträgen, Interviews oder durch Telephonanrufe und Briefe verbalisierten. Diese Reaktion kam vor allem von Frauen. Gail Mathabane weist darauf hin, daß für gebildete und erfolgreiche afro-amerikanische Frauen das Feld der Wählbaren schon an sich sehr klein sei, wenn sie nicht hypo- oder heterogam heiraten wollten, und zitiert eine Frau, die ihr ihre zornige Reaktion auf die "interrassische" Ehe erklärte:

"Over the years I have come to understand why my marriage to Mark has so deeply wounded, disappointed and angered many black women. I read the grim statistics about the rising death rate of young black males, but I did not make a connection between them and my marriage to Mark until I was confronted by the anger of black women. ... One of these women was a Greensboro professional in her thirties, whom I'll call Sylvia. After years of striving in vain to find an eligible black man, Sylvia chose to remain single rather than accept dinner invitations from white men who showed a strong interest in her. ... She told me what it felt like to find out I was white. ... '...For a while I was just stark raving mad. ... Especially since Mark is successful. The more successful the black man, the greater the resentment among black women. ... There are over a million more black women in the United States than black men, and a lot of those black men are in prison or living on the streets'" (ibid.: 204, 205).

Shukert und Scibetta (1988: 30 - 32, 79, 80, 100, 101) stießen ebenfalls auf den Gesichtspunkt, daß Kriegsbräute oder amerikanische Soldaten deshalb besonders erbittert angegriffen wurden, weil sie von den U.S.-Bürgerinnen bzw. den heimkehrenden Soldaten der anderen kriegsinvolvierten Nationen als Konkurrenz auf dem Heiratsmarkt betrachtet wurden. Solche Diskussionen entzündeten sich an den angeblich für Männer angenehmeren Ehefrau-Rollen von Europäerinnen und Asiatinnen sowie im Fall der Männer an den besseren ökonomischen Voraussetzungen der GIs, um Frauen an sich zu binden. Britinnen trafen beim Ablegen ihres Auswanderungsschiffes auf ein heimkehrendes Kriegsschiff, dessen Besatzung ihnen "You'll be sorry!" hinüberbrüllte, und vielen wurde bei der Ankunft in den U.S.A. von verschiedenster Seite gesagt, sie seien unerwünscht und sollten umkehren. Junge Frauen riefen ihnen nach: "You stole our husbands. You stole our boyfriends!".

Von milder Überraschung und neugierigen Fragen bis zu Beleidigungen reichten in den U.S.A. die Reaktionen anläßlich "weißer" Frauen mit dunklen Kindern (Powledge 1975: 109). Auch Mathabane und Mathabane (1992: 156 - 167) listen in ihrem autobiographischen Buch eine Reihe von entsprechenden Vorfällen auf, die nicht nur ihnen, sondern auch vielen Bekannten widerfuhren. Andere Arten von Sanktionen werden in dieser Veröffentlichung ebenfalls an solchen persönlichen Beispielen (ibid.: 171 - 245) offengelegt, und es fällt auf, daß das gesamte aus der älteren amerikanischen Literatur bekannte Spektrum hier nur anhand des Bekanntenkreises eines einzigen Paares (!) Erwähnung findet. Hochgerechnet auf die Häufigkeit solcher Vorfälle für *alle* Heterogamen bedeutet dies, daß bis in die neunziger Jahre hinein "schwarz"-"weißen" Paaren - meist im Süden der Vereinigten Staaten - offenbar durchaus nicht selten Dinge wie die folgenden widerfahren: brennende Kreuze im Vorgarten und Morddrohungen des Ku-Klux-Klans, Rechtsbeugung durch Justiz- und Polizeibeamte, Versuche absichtlich herbeigeführter Unfälle, beleidigende Briefe, diskriminierendes Verhalten von Mitarbeitern verschiedenster Dienstleistungsunternehmen sowie - institutionen, von Geistlichen und bei der Stellenvergabe, verbale Beleidigungen, Anstarren. Auch die weiter oben genannten Reaktionen der Eltern und Familien zeigen bei den in diesem Buch vorgestellten Paaren die gesamte Bandbreite, wobei es wiederum die "weißen" Familien sind, welche die meisten Einwände gegen eine Verbindung haben: Morddrohungen, Enterbung, Hinauswurf aus der elterlichen Wohnung, lebenslanger Abbruch der Beziehungen, Vorwürfe oder überhaupt keine Einwände werden ebenso genannt wie der Zeitpunkt der Versöhnung nach Ankunft eines Babys.

Ob Sanktionen aus dem Umfeld der Familie und weiteren Primär- und Sekundärgruppenmitgliedern Einfluß auf die *Entwicklung* des sozialen Netzes des Paares haben, ist bisher offenbar noch nicht untersucht worden. Dazu wären neben Folgestudien in verschiedenen Abschnitten der Eheentwicklung ebenfalls Vergleichsuntersuchungen mit homogamen Paaren unerläßlich, denn auch bei diesen ändert sich mit großer Wahrscheinlichkeit nach der Heirat und vermutlich noch einmal nach Geburt des ersten Kindes das Geflecht der Primär- und Sekundärgruppenbeziehungen. Der große Komplex der Sanktionen im Fall interethnischer Heiratsabsicht und Ehe scheint mir einige gemeinsame Tendenzen über nationale Grenzen und ethnische Konstellationen hinweg zu zeigen, die ich hier thesenhaft zusammenfassen möchte:

1. Bis auf für fast alle Untersuchungen belegte vereinzelte Auswüchse von physischen Attacken, Enterbung und Hinauswurf oder komplettem Abbruch der Beziehungen scheinen Eltern auf die verkündete Heiratsabsicht vor allem verbal zu reagieren: mit Zorn, Vorwürfen, Appellen, Traurigkeit, Argumenten[23].
2. Neben Sorgen um Entfremdung durch Auswanderung und um Anpassungsprobleme ihres Kindes scheinen dabei Gesichtspunkte eine Rolle zu spielen, die mit dem eigenen Status der Eltern zusammenhängen. Zentral sind dabei in ihren Referenzgruppen geltende Hierarchisierungen ethnischer Kategorien anhand von nationaler Herkunft, wahrgenommenem sozio-ökonomischem Status der meisten Mitglieder und oft physischen Merkmalen. (Vgl. z. B. auch Görres 1973: 8, 9.)
3. Häufige Zeitpunkte von Versöhnungen und Akzeptanz der Heirat(sabsicht) sind offenbar
   a) das erste persönliche Treffen mit dem Schwiegerkind in spe, das eine individuelle Absetzung seiner Person gegen die Stereotypen erlaubt;
   b) der Zeitpunkt kurz vor der Hochzeit, wenn klar wird, daß Sanktionen diese nicht verhindern, wohl aber den endgültigen Bruch mit dem Kind bedeuten können;
   c) die Geburt des ersten Enkelkindes aus dieser Ehe[24].
4. Statusgesichtspunkte werden auch daran deutlich, daß Widerstand gegen die Heiratsabsicht in vielen Fällen offenbar nachläßt oder fehlt, wenn das Schwiegerkind in den Augen der Eltern über hohen sozio-ökonomischen Status, sei es durch Reichtum, Bildung, Prestige, Her-

---

[23] Dies ist keineswegs verharmlosend gemeint. Viele Quellen schildern beredt den enormen psychischen Druck und die Konflikte, denen die Heiratswilligen dadurch ausgesetzt werden.
[24] Dies ist einerseits erstaunlich, weil gerade dessen Ankunft laut vielen Quellen aus Angst vor eigenem Statusverlust besonders gefürchtet wird. Andererseits bestätigt ein Kind offenbar noch mehr als die Heirat symbolisch die Ernsthaftigkeit und Dauerhaftigkeit der Beziehung.

kunft o. ä. verfügt, die damit den eigenen Status ebenfalls erhöhen[25]. Der deutlich geringere Widerstand der Eltern aus Minderheitsgruppen gegen Heiraten mit Angehörigen der Mehrheitsgruppe, aus der Dritten Welt mit Angehörigen der als reich erachteten westlichen Industrienationen mag etwa hierin begründet liegen.

5. Vereinzelt wurde in Studien angedeutet, daß Widerstand gegen die Heirat deshalb unterblieb, weil Eltern auf ihre Kinder als Versorger angewiesen sind und sich daher nicht mit ihnen überwerfen können, - auch dies ein Aspekt der Bedeutung von sozio-ökonomischem Status.
6. Während sich Verhinderungsstrategien und Sanktionen der Eltern offenbar auf die Kristallisationspunkte der Heirat und des Nachwuchses konzentrieren, scheinen Sanktionen von weiter entfernten Personenkategorien wie Freunden, Nachbarn, Arbeitgebern, Landsleuten oder völlig Unbekannten zeitlich breiter gestreut und umfassen nicht nur die Heiratsabsicht, sondern auch die bestehende Ehe.
7. Auch von ihrer Seite setzen die Sanktionen anscheinend nicht selten wegen eines Wettbewerbs um Ressourcen ein, die durch interethnische Paare als bedroht empfunden werden:
   — Privilegien wie im Fall der Chinesen des Mississippi-Deltas und ihrer afro-amerikanischen Partner;
   — Auswahl an verfügbaren Personen im Feld der wählbaren Heiratspartner wie an mehreren Beispielen deutlich wurde[26].
8. Es gibt Anzeichen dafür, daß Frauen mehr und / oder stärker sanktioniert werden als Männer.

---

[25] Amirs (1969) zusammenfassende Studie über günstige und ungünstige interethnische Kontaktsituationen für Meinungsänderungen bzw. die Verringerung oder Verstärkung von Vorurteilen kam unter anderem zu dem Ergebnis, daß gleicher Status oder höherer Status des Mitglieds der Minderheitsgruppe bei der Begegnung mit dem Mitglied der Mehrheitsgruppe eher auf die Reduzierung von Stereotypen hinwirke, niedrigerer Status des Mitglieds der Minderheitsgruppe - sowie eine Athmosphäre der Frustration für das Mitglied der Mehrheitsgruppe - eher auf die Verstärkung von Stereotypen.

[26] Laut den in Kap. 5 dargestellten Ansätzen zur Partnerwahl besteht in hierarchisch aufgebauten Gesellschaften mit dem Ideal der Iso- und Hypergamie eine besondere Tendenz zum personellen Überhang bei Frauen von besonders hohem und Männern von besonders niedrigem sozio-ökonomischen Status. Es wäre die Hypothese zu überprüfen, ob sich bei diesen Personenkategorien besonders starke Ablehnung von interethnischer Heirat findet. Dies ist für Industriegesellschaften eine verbreitete populäre Ansicht hinsichtlich junger Männer, etwa Arbeitsloser oder Ungelernter. Auch die dargestellte Haltung vieler afro-amerikanischer Frauen gegen Heterogamie scheint in diese Richtung zu deuten.

Ein wesentliches Manko aller hier vorgestellten Studien hinsichtlich Sanktionen besteht wie schon bei anderen Aspekten zum Thema der interethnischen Ehen darin, daß es keine Vergleichsuntersuchungen mit homogamen Paaren gibt. So lassen sich keine abgesicherten Aussagen über Häufigkeiten oder speziell für Heterogamie geltende Charakteristika treffen. Es wäre beispielsweise darüber zu spekulieren, daß Eltern auch bei ethnisch homogamen Verbindungen sanktionieren, wenn diese mit Auswanderung verknüpft sind, ihren eigenen Status bedrohen oder wenn das Schwiegerkind in spe nicht ihren Hoffnungen und Vorstellungen entspricht. Die theoretischen Ansätze deuten zwar alle darauf hin, daß interethnische Ehen wesentlich stärker sanktioniert werden müßten als intraethnische, und viele empirische Arbeiten bestätigen dies. Dennoch wäre ein Vergleich der Häufigkeit und der Intensität von Sanktionen, des Zeitpunktes ihres Einsetzens sowie der eventuellen Versöhnung bei *beiden* Eheformen aufschlußreich. Für den Bereich außerhalb der Familie bleiben ebenfalls noch Fragen offen. So wird in verschiedenen empirischen Arbeiten aus Deutschland und den U.S.A. angedeutet, daß heterogame Paare denselben Diskriminierungen ausgesetzt seien wie alle Angehörigen der Minderheitsgruppe, zu der einer der Partner gehört. Auch diese durchaus plausible Hypothese ist stets nur postuliert, nie jedoch kontrolliert worden. Schließlich könnte eine Vergleichsstudie mit homogamen Paaren, aber auch mit solchen verschiedenster ethnischer Kombination, versuchen systematisch zu klären, ob und unter welchen Bedingungen Frauen tatsächlich mehr und / oder stärker sanktioniert werden als Männer.

Eine große Unbekannte ist zudem die Zahl jener interethnischen Paare, die sich durch diverse Verhinderungsmechanismen tatsächlich von ihrem Heiratsvorhaben abbringen lassen. Meines Wissens gibt es bisher noch keinen Versuch einer empirischen Studie über das Thema. Denkbar wären hier etwa im Fall der amerikanischen Heiratsformulare Vergleiche zwischen *Marriage Licences* und *Marriage Certificates* (vgl. Anhang 9.2). Jay (1963: 876) stellte in seiner Studie nachdenklich fest, daß jedes einzelne der von ihm befragten 45 Paare Heterogamie für risikoreich und die eigene gelungene eheliche Anpassung für eine die Regel bestätigende Ausnahme hielt, - hier hatten die Mythen über das unvermeidliche Scheitern zwar wohl nicht als Verhinderungsmechanismus gewirkt, aber dennoch ihre Wirkung auf die Auffassung über Zwischenheirat im allgemeinen nicht verfehlt:

"Et maintenant, que pensent ces familles mixtes d'elles-mêmes? Les époux ont tous, où à peu près tous, fait la même réponse à cette question: <les familles mixtes ne sont pas des familles viables, excepté dans mon cas>. On reste un peu rêveur".

7.1.1 Die Bewertung interethnischer Ehen

Wenn Ehe laut meiner Definition eine öffentlich anerkannte und kulturell definierte Verbindung ist, besteht bei einer interethnischen Heirat im Angesicht von Sanktionen und Verhinderungsmechanismen zumindest theoretisch die Möglichkeit, daß die **Eheschließung von einer Wir-Gruppe als solche anerkannt wird, von der anderen hingegen nicht**. Bei dem in der Ethnologie berühmtesten Fall dieser Art, dem der Nayar und Nambudiri, ist analytisch allerdings nicht ganz klar, ob es sich ausschließlich um Heterogamie zwischen Kasten oder auch zwischen Ethnien handelt, und auch die gängigen Definitionen von Ehe sind hier umstritten (Gough 1959; Asad 1960).

Goughs (1961) Rekonstruktion dieses historischen Falles erfolgte anhand von Archivstudien sowie Feldforschung unter den zeitgenössischen Nayar und bezieht sich auf den Zeitraum vor der britischen Kolonisierung, also von etwa 1342 bis 1800. Demnach ergibt sich folgendes Bild für das nördliche und zentrale Kerala in Südindien: Zwei Rangsysteme galten in dieser Gesellschaft, ein rituell-religiöses und ein aristokratisch-weltliches. Rituell an der Spitze standen die Nambudiri-Brahmanen, darunter die - weltlich allerdings mächtigeren - königlichen Matrilineages verschiedener Königreiche der Nayar und unter diesen wiederum mehrere hierarchisch gestufte weitere Nayar-Kasten mit isogamen bzw. hypergamen Heiratsregeln. Die königlichen Lineages verstanden sich jeweils als eigene Kaste, und Gough bezeichnet "Nayar" nicht als Name für eine Kaste oder Gruppe, sondern für eine Kategorie von Kasten. Die Männer der höheren Nayar-Kasten wurden alle militärisch ausgebildet und arbeiteten an den Königshöfen als Soldaten oder Palastdiener. Einem Chronisten aus dem 16. Jahrhundert zufolge soll es einer der Könige gewesen sein, der die spezielle Eheform bei den Nayar einführte, weil sie mit dem unsteten Leben seiner Soldaten so gut kompatibel war: Eine Nayar-Frau wurde vor der Pubertät rituell mit einem Mann verheiratet; als Konsequenz galten alle Kinder, die sie später gebar, als seine, gehörten aber wegen der matrilinearen Deszendenz sowieso zur Lineage der Mutter. Außer bestimmten Trauerriten beim Tod des Mannes barg diese Ehe keine weiteren Verpflichtungen für die Frau. In der Praxis ergab sich nun das, was viele Ethnologen später als "Gruppen-Ehe" mit *visiting husbands* klassifizierten: Von der Feldarbeit durch niedrigere Nayar-Kasten befreit, konnten die Soldaten nach Belieben ihren Schlafplatz bei irgendeiner Frau suchen; ökonomische Notwendigkeit zur Zusammenarbeit bestand nicht für Männer und Frauen, da die Gehöfte von Angehörigen der Matrilineage geführt wurden, und die emotionalen Bindungen bestanden eher zwischen Brüdern und Schwestern derselben Matrilineage als zwischen

Eheleuten oder Vätern und Kindern. Dennoch wurden diese Besuchsbeziehungen offenbar von den Nayar als "Ehe" klassifiziert, und auch Gough tut dies, da sie die Kriterien der Legitimierung von Kindern und der Regelung von Geschlechtsverkehr erfüllen.

Im Gegensatz zu den Nayar hatten die Nambudiri eine patrilineare Deszendenzrechnung. Außerdem durfte jeweils nur der älteste Sohn einer Familie nach vedischem Ritus heiraten und - durch diese Zeremonie legitimierte - Kinder bekommen. Hingegen pflegten die jüngeren Söhne akzeptierte Konkubinate mit Nayar-Frauen. Dieses Arrangement war sowohl mit den Deszendenzsystemen als auch den Auffassungen von Ehe der Nambudiri *und* Nayar kompatibel: Die Brahmanen sahen die Beziehungen nicht als Ehen und die daraus entspringenden Kinder nicht als legitim an; hingegen betrachteten die Nayar die Verbindungen als die bei ihnen übliche Form der Besuchsehe und die Kinder wie alle übrigen als zur eigenen Matrilineage gehörig.

Hier handelt es sich um einen unter bestimmten politischen und hierarchischen Konstellationen entstandenen Sonderfall. Es wäre darüber zu spekulieren, ob sich Ähnliches etwa in kolonialen Situationen finden läßt, wo Eroberer ihre Beziehungen mit einheimischen Frauen als Konkubinate, die Kolonisierten sie aber möglicherweise als Ehen auffaßten. Die Quellenlage ist jedoch zu schlecht, um diesem Aspekt weiter nachzugehen.

Durch eine neuere Feldforschung belegt ist hingegen das schon erwähnte Beispiel der Marakwet. Best (1989: 51, 92 - 96, 188) schreibt, daß die Marakwet fremde Frauen in der Regel nicht als solche akzeptieren, sondern versuchen, sie rituell zu Einheimischen bzw. zumindest zu Südniloten zu machen, soweit es in ihrer Macht steht: Gefangene und Frauen anderer ethnischer Einheiten wurden beispielsweise der Beschneidung und Gastinitiation unterzogen und dann adoptiert bzw. geheiratet. Kakogamie mit Unbeschnittenen existiert nach dieser Auffassung eigentlich nicht; im Falle von europäischen Partnern wurde die Heirat nur dann anerkannt, wenn sie wenigstens nach traditioneller Zeremonie stattgefunden hatte: Das Beispiel der nicht-traditionell verheirateten Männer, die in der Junggesellenhütte schlafen mußten und als unverheiratet behandelt wurden, fand bereits bei der Diskussion der Sanktionen Erwähnung.

Die Beispiele der Nayar / Nambudiri und der Marakwet zeigen Situationen, in denen durch unterschiedliche Definitionen von Ehe und durch rituelle Assimilierung von zu heiratenden Fremden interethnische Ehen nicht als solche aufgefaßt werden. Abgesehen von solchen Fällen gibt es in der Zwischenheirat-Literatur einige empirische Untersuchungen, in denen die **Haltungen** ausgewählter Personenkategorien gegenüber bestimmten Formen interethnischer Ehen untersucht wurden. Die methodischen Schwächen der meisten von ihnen sind bereits in Kapitel 3.2 behandelt worden; ebenso die

Bogardus-Skala in Kapitel 5.3.3.3. Daher soll sich diese Zusammenfassung auf die Ergebnisse beschränken, welche wegen der meist nur studentischen Stichproben jedoch mit Vorbehalt zu betrachten sind.

Barnett (1963 d) befaßte sich zwar nicht mit Ehen, sondern mit *interracial dating*, das allerdings als erste Stufe eines Partnerwahlprozesses aufgefaßt wurde. Verabredungen mit "Orientalen" wurden von seinen angloamerikanischen Probanden positiver gesehen als mit "Schwarzen", und zwar die Ergebnisse Bogardus' bestätigend besonders dann, wenn es nicht um eigenes Verhalten ging. Zwischen der Bewertung für Männern oder Frauen machten die Studenten in der Befragung ebensowenig Unterschied wie zwischen Angehörigen verschiedener Semesterstufen. Es zeigte sich, daß *interracial dating* von jenen Personen besser beurteilt wurde, die den meisten und engsten Kontakt mit "Orientalen" und Afro-Amerikanern hatten.

Martelle (1970)[1] fand heraus, daß von ihrer High-School-Studenten-Stichprobe Männer mehr als Frauen und Afro-Amerikaner deutlich stärker als Anglo-Amerikaner Zwischenheirat befürworteten.

Fenniche (1965) befragte junge Eltern in Tunesien, die zwischen zwanzig und dreißig Jahre alt waren, ob sie sich später einmal eine heterogame Ehe für ihr kleines Kind vorstellen könnten. Bis auf eine Probandin lehnten alle Frauen mit niedrigem sozio-kulturellen Status eine Heirat mit einem Nicht-Muslim für ihre Kinder ab. Bei den Frauen mit hohem sozio-kulturellen Status räumten mehr als die Hälfte ein, daß ihr Sohn solch eine Partnerwahl treffen könne, jedoch weniger als die Hälfte dachten das über ihre Töchter. Besonders die berufstätigen unter diesen Frauen lehnten Heterogamie für eine Tochter ab. Bei den Vätern waren die mit hohem sozio-ökonomischem Status permissiver hinsichtlich ihrer Söhne, aber strenger hinsichtlich ihrer Töchter.

Wassinks (1967) Stichprobe bestand aus zwanzig französischsprachigen ledigen, zwanzig arabischsprachigen ledigen und zwanzig arabischsprachigen verheirateten männlichen Studenten der Universität Rabat. Auf die Frage, ob die Ehe mit einer Europäerin ausschließlich eine persönliche Angelegenheit oder eher Sache von Familie und Staat sei, bejahten 58 % das letztere. Den Erfolg solcher heterogamer Ehen schätzten 64 % der Probanden negativ ein, wobei die französischsprachigen dies am wenigsten glaubten. Entsprechend konnte sich etwa die Hälfte der französischsprachigen eine eigene Heirat mit einer europäischen Frau vorstellen; bei den arabischsprachigen waren es deutlich weniger. Wassink fragte weiter, ob Zwischenheirat nach Meinung der Probanden von Bedeutung für die Entwicklung Marokkos sei, ob europäische Frauen marokkanischen als Vorbild dienen könnten, und wie sich die Männer die eheliche Anpassung in marokkanisch-europäischen Ehen vorstellten. Nur 17 % glaubten, keinen Einfluß auf die Geschicke Marokkos zu sehen. 39 % der französischsprachigen und etwa 50 % der arabischsprachigen Studenten hielten Heterogamie für die Entwicklung des Landes für störend bis bremsend. 22 % der Befragten waren uneingeschränkt dafür, daß marokkanische Frauen sich europäische als Vorbild nehmen sollten, 13 % uneingeschränkt dagegen; die anderen Antworten variierten bestimmte Aspekte des Verhaltens. 45 % der französischsprachigen und sogar 55 % der verheirateten arabischsprachigen Studenten befürworteten uneingeschränkt das europäische Vorbild. 34 % der Befragten glaubten, das heterogame Paar werde hauptsächlich europäische Kontakte haben, 32 % marokkanische und europäische Kontakte, 20 % hauptsächlich andere heterogame Paare und 10 %, es würde isoliert leben. 84 % aller Probanden sahen keine Akzeptanz der Frau durch die marokkanische Familie. Nur 27 % waren der Ansicht, daß ein interethnisch verheirateter Marokkaner seine Herkunftsfamilie, Religion, Freunde und sein Land nicht vernachlässigen würde.

Schließlich wurde nach der Entwicklung von Heterogamie in Marokko gefragt. 50 % der französischsprachigen Studenten führten die Heiraten auf die internationale Verflechtung zurück und glaubten, daß sie zahlenmäßig und an sozialer Bedeutung zunehmen würden. Die ledigen arabischsprachigen Probanden sahen Zahl und Bedeutung hingegen in der Zukunft sinken, da sie sie auf die noch nicht erfolgte, aber zu erwartende Emanzipation marokkanischer Frauen zurückführten und das Nachlassen von heiratserschwerenden Traditionen wie Seklusion und Morgengabe erwarteten. Die verheirateten Studenten machten die Europäisierung der marokkanischen Elite für eine Tendenz zu Heiraten mit Europäerinnen verantwortlich und vermuteten daher ein zahlenmäßiges Ansteigen und keine Abnahme der sozialen Bedeutung.

Chimbos (1971) konnte anhand seiner Meinungsumfrage unter holländischen, griechischen und slowakischen Einwandererehepaaren in einer kanadischen Stadt zur potentiellen interethnischen Heirat ihrer Kinder folgende Korrelationen feststellen: Die Probanden machten keine Unterschiede in der Bewertung für Söhne oder Töchter; Frauen waren überall stärker gegen Zwischenheirat. Holländer und Slowaken favorisierten Heterogamie, aber wünschten sich intrareligiöse Heiraten. Während die holländischen Befragten sich in ihren Antworten nicht nach Bildungsstand unterschieden, korrelierte die Ablehnung von Heterogamie bei den beiden anderen Kategorien mit niedrigem Bildungsstand und urbaner Herkunft im Heimatland. Die Griechen befürworteten am stärksten Binnenheirat und nannten die Bewahrung der eigenen Kultur als Grund dafür.

Beaudry (1971) befragte hundert Chinesen, darunter 64 Männer, im Bundesstaat New York, ob sie eine interethnische Heirat ihrer (potentiellen) Kinder gutheißen würden. Sechs von ihnen waren interethnisch verheiratet, 81 Einwanderer der ersten Generation. Alle verfügten über einen hohen sozio-ökonomischen Status. Besonders bei den im Ausland Geborenen gab es eine unausgeglichene Geschlechterproportion mit Männerüberschuß; entsprechend befürworteten die Männer aus dieser Kategorie Zwischenheirat mehr als andere. Der Autor erkundigte sich, welche der Probanden Mitglieder in einer chinesischen Organisation waren und zu welcher ethnischen Einheit ihre jeweils besten Freunde gehörten; die Antworten betrachtete er als Indikator für strukturelle Assimilation[27]. Bei der Korrelation mit der Meinung zu ethnischer Heterogamie konnte er feststellen, daß ein Zusammenhang zwischen struktureller Assimilation und einer positiven Haltung zu Zwischenheirat bestand.

Chews und MacDougalls (1977) Arbeit wurde schon mehrfach in den Kapiteln über Partnerwahl vorgestellt.

Für Kanada fanden Lambert und Curtis (1984) heraus, daß Anglo-Kanadier stärker als Franko-Kanadier Heiraten zwischen "Schwarzen" und "Weißen", Franko-Kanadier dagegen stärker als Anglo-Kanadier Heiraten zwischen den beiden Sprach- und Konfessionskategorien ablehnten. Die Ergebnisse zogen sie aus Meinungsumfragen der Jahre 1968, 1973, 1978 sowie 1983 und überprüften sie anhand von Kontrollvariablen wie Bildung, Beschäftigung des Familienoberhauptes, Einkommen, Religionszugehörigkeit und Wohnortgröße. Die Autoren führten diese Ergebnisse darauf zurück, daß die Anglo-Kanadier die eigene ethnische Identität unter anderem stark an der Hautfarbe festmachen, die Franko-Kanadier als Sprachminderheit eher an der eigenen Sprache und Religion, die sie außerdem als bedroht betrachteten. Diese Trends ließen sich bereits anhand historischer Schriften vermuten. Allerdings lasse sich bei beiden Tendenzen ein allmähliches Nachlassen der Ablehnung über die Jahre beobachten.

Bizman (1987) führte unter 549 Studenten in Israel einen Test durch, bei dem sie für fiktive junge Paare, welche als kurz vor der Heirat stehend bezeichnet wurden, die Gründe für die Eheschließung gewichten und die Kompatibilität schätzen sollten. Vorgegeben waren die Motive Liebe, Geld, Sozialprestige, physische Attraktivität und ausschließlich die Namen, das Alter und die Geburtsorte der erdachten Personen. Der Test war so angelegt, daß er eine Vergleichbarkeit der Einschätzungen für homogame westliche, homogame orientalische Juden und heterogame Paare ermöglichte. Die Probanden ordneten wie erwartet den meisten Paaren Liebe als wichtigstes Partnerwahlmotiv zu. Allerdings überwog es als vermutetes Motiv signifikant für die erdachten zwischenheiratenden Paare. Trotz dieses Ergebnisses schätzten die Studenten die Kompatibilität der Heterogamen deutlich geringer ein als die der Homogamen. Die Herkunft der Probanden selbst hatte

---

[27] Dieser Begriff stammt aus dem Assimilationsmodell von M. Gordon (1964) und wird in Kapitel 7.2.3.1 erläutert.

keine Korrelation mit den Resultaten, wenn man davon absieht, daß westliche Juden die Kompatibilität von interethnischen Paaren noch etwas negativer bewerteten. Bizman erklärt diese Resultate damit, daß bei Heiraten, die wegen sozialer Verhinderungsmechanismen als schwieriger einzugehen vermutet würden, populäre Ansichten besondere Liebe der Partner voraussetzten. Daß diese angenommene starke Bindung trotzdem laut Test nicht als ausreichend erachtet würde, um dieselbe Kompatibilität wie bei Homogamen zu erwirken, sei auf Mythen[28] zurückzuführen, die besondere Unvereinbarkeit in Kultur und Lebensstil sowie Sanktionen durch das soziale Umfeld postulierten. Im Angesicht der Politik des Staates Israel, die Heiraten zwischen orientalischen und westlichen Juden fördere, sei diese im Test zum Vorschein gekommene Haltung besonders bedenklich, da die Statistiken keine größere Instabilität solcher Ehen zeigten, eine derartige weitverbreitete Meinung aber auch bei den betroffenen Paaren zur selbsterfüllenden Prohezeihung werden könne.

Während alle genannten Studien sich mit Einschätzungen zu hypothetischen interethnischen Heiraten befaßten, untersuchte McFarlane (1979) Haltungen zu bestehenden Ehen zwischen Katholiken und Protestanten in Nordirland. Es handelt sich hier zwar nicht um interethnische Ehen; da aber die Wir-Gruppen-Gegensätze zwischen Angehörigen der beiden Konfessionen aufgrund der angespannten politischen Lage in Nordirland besonders stark sind und da der Autor den Mechanismus der Evaluierung besonders klar herausgearbeitet hat, soll diese Arbeit hier doch Erwähnung finden.

McFarlane geht von dem theoretischen Ansatz aus, daß Regelbrüche per se für das soziale Umfeld der devianten Personen immer unakzeptabel seien, daß der Grad der Akzeptanz jedoch gemäß einem mehr oder weniger expliziten Bewertungsschema variiere. Diese Annahme konnte er anhand seiner Feldforschung in dem nordirischen Dorf Ballycuan untersuchen, als er sich in Interviews, teilnehmender Beobachtung und dem Belauschen von Klatsch dem Thema interkonfessioneller Heirat zuwandte. Katholiken neigten politisch der Vereinigung mit der Republik Irland zu, Protestanten hingegen zogen es vor, britisch zu bleiben. Neben diesen und den konfessionellen Gegensätzen hegten beide Bevölkerungskategorien eine Reihe von Stereotypen über die jeweils andere, welche die soziale Distanz zwischen ihnen noch mehr zementierte. So hielten Protestanten in Ballycuan Katholiken für faul, betrügerisch, verkommen, abergläubisch, ausschweifend, priesterdominiert und klüngelhaft ("clannish"), Katholiken die Protestanten für gewinn- und

---

[28] Der Autor verwendet diesen Begriff zwar nicht, meint aber genau das, was aufbauend auf Goldens Ansatz in Kapitel 7.1 von mir so bezeichnet wurde.

geldversessen, kulturlos und ungebildet[29]. Alle diese Eigenschaften wurden als den Konfessionen immanent angesehen, und die Informanten stimmten darin überein, daß man sie wie diese quasi durch Geburt bzw. im allerfrühesten Kindesalter erwarb. Vor diesem Hintergrund waren bikonfessionelle Ehen absolut unakzeptabel, da sie laut Meinung der Dorfbewohner noch mehr Anspannung in die Herkunftsfamilien brachten als sowieso schon durch die politische Lage bestand, da die Möglichkeit von politisch motivierten Morden an solchen Paaren nicht auszuschließen war und da die Entscheidung über die religiöse Erziehung der Kinder auch die Ehe an sich belaste. Entsprechend wenige heterogame Heiraten hatten seit 1945 stattgefunden; diese wurden jedoch von verschiedenen Dorfbewohnern unterschiedlich evaluiert. Bei einer Eheschließung, die während des Feldaufenthalts stattfand, stellte McFarlane jene Mechanismen fest, die ich schon in Zusammenhang mit den Sanktionen erwähnte: Der Partner wurde aufgrund von Bildung und beruflichem Erfolg sowie aufgrund der Aussage, daß er nicht sonderlich religiös sei, als "nicht typisch" und damit "nicht so schlimm" klassifiziert. Über diesen Vergleich von *performance* mit den eigenen Stereotypen hinaus gab es aber noch andere Bewertungsmaßstäbe. Die Dorfbewohner waren der Ansicht, daß die konfessionelle Zugehörigkeit für Frauen noch tiefgehender als für Männer sei und daß erstere mehr Einfluß auf die religiöse Erziehung von Kindern hätten. Kinder als "Heiden" zu erziehen war genauso unakzeptabel wie Heterogamie. Aus diesen Haltungen und verschiedenen Bewertungen der in Ballycuan bekannten bikonfessionellen Ehen konnte der Autor ein Idealmodell der Evaluation erstellen und anhand weiterer Interviews auch bestätigen:

Protestantische Perspektive	Art der ehelichen Ausrichtung	Katholische Perspektive
am wenigsten negativ	1. katholischer Mann / protestantische Frau, die konfessionell nicht nachgibt	am stärksten negativ
nachlassende Kontrolle über Konfession der Kinder	2. protestantischer Mann / katholische Frau, die konfessionell nachgibt	nachlassende Kontrolle über Konfession der Kinder
	3. katholischer Mann / protestantische Frau, die konfessionell nachgibt	
am stärksten negativ	4. protestantischer Mann / katholische Frau, die konfessionell nicht nachgibt	am wenigsten negativ

Tabelle 5: Evaluierung protestantisch-katholischer Ehen aus protestantischer und katholischer Perspektive in Ballycuan, Nordirland (nach MacFarlane 1979: 200)

---

[29] Da der Feldforscher selbst Protestant war, hielten sich seine katholischen Informanten aus Höflichkeit mit der Offenlegung ihrer Meinungen etwas zurück.

Der Wert von McFarlanes Studie liegt meines Erachtens in zwei Aspekten. Zum einen bestätigt er Mechanismen und Tendenzen, die sich in anderen empirischen Arbeiten zu interethnischen Ehen schon abzeichneten: Hoher sozio-ökonomischer Status beeinflußt die Bewertung eines heterogamen Partner zum Positiven, und seine Akzeptanz wird dadurch gefördert, daß man ihn als Ausnahme klassifiziert. Kinder sind der Kristallisationspunkt, an dem eine weitere Form der Evaluierung stattfindet. Hier fand diese Beurteilung nicht von Angehörigen der Schwiegerfamilie, sondern von Sekundärgruppenmitgliedern statt, und sie bezog sich nicht nur auf kurz bevorstehende, sondern bereits auf existierende Verbindungen. Zum anderen macht sein Schema jene Variablen deutlich, die in der Forschung zur jeweiligen Bewertung interethnischer Ehen zu berücksichtigen sind: Mann / Frau, Perspektive von Gruppe A / Perspektive von Gruppe B, und *performance* gemäß kulturell relevanten Maßstäben.

Die wenigen vorliegenden Studien zur Bewertung interethnischer Heiraten machen deutlich, daß diese stark von der jeweiligen polyethnischen Situation des Untersuchungsgebiets, Hierarchiestrukturen zwischen den dort vertretenen ethnischen Einheiten und spezifischen historischen und lokalen Gegebenheiten abhängig ist. Regionalübergreifende Aussagen lassen sich daher kaum treffen.

7.2 Interethnische Ehen und ethnische Schranken

In Kapitel 2.1 habe ich verschiedene Aspekte vorgestellt, die für eine ethnische Einheit charakteristisch sein können, und eine eigene Definition eingeführt. Selbst- und Fremdabgrenzung sind deren wichtigste Gesichtspunkte; die Ideologie einer gemeinsamen Abstammung und Kultur sowie kulturelle Merkmale als Markierungen für ethnische Zugehörigkeit wurden ebenfalls benannt. Partner in interethnischen Ehen - und später ihre Kinder - müssen von Angehörigen der beiden ethnischen Herkunftskategorien gemäß deren Rekrutierungskriterien für Wir- und Sie-Gruppen in irgendeiner Weise klassifiziert werden. Dazu gibt es rein formal die folgenden Möglichkeiten:

1. Man betrachtet sie getrennt als zu Ethnie A und Ethnie B gehörig.
2. Man betrachtet sie als zu Ethnie A gehörig.
3. Man betrachtet sie als zu Ethnie B gehörig.
4. Man betrachtet sie als zu einer Zwischen- oder Mischkategorie AB gehörig.

5. Man betrachtet sie als weder zu A, noch zu B gehörig, sondern zu einer neuen Kategorie C.

Kinder und Eltern müssen nicht unbedingt nach derselben Weise klassifiziert werden; so ist es etwa vorstellbar, daß Eltern als A und B, Kinder hingegen als AB oder C aufgefaßt werden. Mein **Idealmodell der Zugehörigkeit** kann - gemäß der für diese Arbeit eingeführten flexiblen Definition von Ethnie - auch durchaus je nach Interaktionssituation wandelbar bzw. manipulierbar sein. Hinzu kommt, daß Angehörige von A und von B nicht-kongruente Zuordnungskriterien für die eigene und die fremde Kategorie haben mögen. Dadurch ergibt sich eine Vielzahl von Variablen und Möglichkeiten für die Klassifizierung von interethnischen Paaren und ihren Kindern. Einige in der historischen und empirischen Literatur behandelten sollen hier vorgestellt werden.

7.2.1 Beispiele für Allianzbildung durch interethnische Ehen

Mehrere Ethnologen stießen im Laufe ihrer Arbeiten darauf, daß offenbar ein negativer Zusammenhang zwischen **Krieg** und Zwischenheirat besteht. So erwähnt etwa Lévi-Strauss (1949: 595, 596) aufbauend auf einer Arbeit von Elsdon Best, daß bei den Maori intertribale Heiraten zwischen Personen aus ranghohen Häuptlingsfamilien arrangiert wurden, um sich des entsprechenden Stammes als Verbündeter im Fall eines Krieges zu versichern. Ähnliches ist auch aus Herrscherhäusern der europäischen Geschichte bekannt, wo Nichtangriffspakte bzw. Allianzen über Heiratspolitik geschlossen wurden (vgl. z. B. Görres 1964: 8). Marchand (1955: 16) war der Auffassung, daß sich im kolonisierten Marokko keine Keile mehr zwischen die seiner Ansicht nach untrennbar zusammengehörenden Franzosen und Einheimischen treiben ließen, wenn es mehr Heiraten zwischen beiden Personenkategorien gebe.

Besonders für nicht-geschichtete Gesellschaften wird immer wieder berichtet, daß Affinalverwandte einander in kriegerischen Auseinandersetzungen nicht töten durften. Lang (1974) ist meines Wissens der einzige Ethnologe, der dieses Phänomen in seiner Doktorarbeit systematisch genauer analysiert hat. Er verglich dazu Ethnographien über zwei afrikanische und sechs neuguinesische Ethnien. Er stellte fest, daß Zwischenheirat per se

Krieg zwischen den betroffenen Einheiten nicht verhindere[30], daß aber Regeln existierten, nach denen Affinal- und / oder Blutsverwandte sich im Krieg nicht töten durften (vgl. dazu z. B. auch Barth 1971: 177; Best 1989: 98). Seine Hypothese ist daher, daß die Stabilität der friedlichen Allianz zweier Einheiten mit der Anzahl der Heiraten zwischen ihnen verknüpft sei. Dies sage allerdings noch nichts darüber aus, ob die Zwischenheiratsdichte als Ursache der Allianzstabilität angesehen werden könne. Zudem sei die Datenqualität für die untersuchten Gesellschaften so schlecht, daß eine Quantifizierbarkeit der Art, ab welcher Häufigkeit Heterogamie Krieg verhindere, nicht möglich sei. Der Autor greift weiterhin eine These Lepervanches auf, nach der die Allianzstabilität dann besonders groß sei, wenn Landnutzungsrechte über die Heirat transferiert würden: Da gemeinsame vitale Interessen berührt würden, siedelten die heiratenden Einheiten in solchen Fällen auch dicht beieinander.

Für die meisten Fälle von Allianzbildungen durch interethnische Ehen liegen keine Untersuchungen darüber vor, wie die Paare und ihre Kinder klassifiziert wurden. Auch die Verbindung zwischen Frieden und Zwischenheirat ist immer noch sehr hypothetisch und nur für wenige Gesellschaften betrachtet worden. Bei aller Vorsicht soll hier die Vermutung geäußert werden, daß ein solcher Zusammenhang besteht, daß er sich offensichtlich durch die Zahl der heterogamen Ehen im Verhältnis zur Gesamtgröße der Einheiten sowie durch gemeinsame -, das heißt kooperative, nicht konkurrierende, - Interessen an Ressourcen verstärkt.

Für verschiedene nicht-geschichtete Gesellschaften galt, daß - meist weibliche - Kriegsgefangene geheiratet werden konnten. Barth (1971: 176) gibt dies beispielsweise für die Faiwolmin im Hochland von Neuguinea an, Axtell (1979) für mehrere nordamerikanische Indianergruppen. Axtell macht für letztere auch deutlich, wie sorgfältig gerade junge, d. h. besonders akkulturationsfähige Individuen europäischer Abstammung als Ersatz für getötete Angehörige der eigenen Ethnie ausgewählt, wie sie einem emotional dramatischen Aufnahmeritual unterworfen und durch stetes Vorleben und sanftes Korrigieren in ihrer neuen Rolle sozialisiert wurden. Obwohl nicht explizit erwähnt, scheinen solche Personen durch die Heirat als zugehörig zur Ethnie des Ehepartners betrachtet worden zu sein; das entspräche also den Nummern 2. oder 3. meiner Klassifizierung. Dafür spricht, daß oft für dieselben ethnischen Einheiten Adoption als ein zusätzliches oder alternatives Mittel zur Integration Kriegsgefangener in die eigene Wir-Gruppe

---

[30] Auch bei den europäischen oder Maori-Herrscherfamilien stellte die Heiratspolitik nur eine S t r a t e g i e dar; sie war kein Garant für die Verhinderung von Krieg, wie die Geschichte zeigt.

erwähnt wird (vgl. etwa Best 1989: 51, 92, 93 oder auch die Beispiele in Mühlmann 1985: 12, 13).

Günter Best (1989: 96) macht darauf aufmerksam, daß mit Ausnahme der Beteiligung europäischer Partner in dem von ihm untersuchten Gebiet offenbar keine interethnischen Heiraten zwischen Angehörigen segmentärer und zentralistischer Gesellschaften stattfänden.

7.2.2 Beispiele für die Entstehung neuer Ethnien aus interethnischen Ehen

In den Vereinigten Staaten gab und gibt es eine Reihe von Personenpluralen, die sich aus einer Geschichte der Fremd- und Selbstabgrenzung als Folge interethnischer Verbindungen und Heiraten entwickelt haben (Berry 1963; Simpson und Yinger 1985: 301) und daher als Ethnien bezeichnet werden können. Meist handelt es sich um Nachkommen von Indianern und "Weißen", zum Teil zusätzlich von Afro-Amerikanern, die sich selbst als "weiß" klassifizieren, von den Anglo-Amerikanern jedoch nicht als zugehörig betrachtet werden.

Ein Beispiel sind die bereits in anderem Zusammenhang erwähnten Brandywines (vgl. Kap. 5.3.2.2.3) aus Maryland. Ihre Vorfahren setzen sich aus Indianern, Anglo- und Afro-Amerikanern zusammen. Obwohl Harte (1959) dies nicht ganz deutlich macht, scheint diese ethnische Einheit dadurch entstanden zu sein, daß die Indianer und "Weißen" die Nachkommen als "schwarz" klassifizierten, diese selbst sich hingegen als nicht-"schwarz", sondern von indianisch-anglo-amerikanischer Herkunft. Übersetzt in mein Idealschema heißt das, daß die in der amerikanischen Gesellschaft mit größerem Prestige bedachten "Weißen" (A_1) und Indianer (A_2) Kinder als B, diese sich hingegen als A erachteten, um der statusniedrigen B-Position der Afro-Amerikaner zu entgehen. Durch diese in Interaktionen nicht-kompatiblen Definitionen entstand dann wohl allmählich eine C-Einheit. Harte, der das Heiratsverhalten der Brandywines zwischen 1820 und 1956 anhand von Kirchenbüchern und Heiratsformularen studierte, unterschied zwischen "Kern"- und "Marginal"-Familien: Angehörige ersterer heirateten seit Generationen mehrheitlich andere Brandywines und hatten starke Vorbehalte gegen Ehen mit "Schwarzen". Mitglieder der "Marginal"-Familien gingen hingegen seit mehreren Generationen Eheschließungen mit Nicht-Brandywines ein; da sie von diesen wie auch von den U.S.-Statistiken als "Schwarze" klassifiziert wurden, in der Mehrzahl mit Afro-Amerikanern. Heiraten zwischen Angehörigen aus "Kern"- und "Marginal"-Familien waren selten; im Fall von Heterogamie zogen erstere eher eine Person aus einer anderen Ethnie als aus einer "Marginal"-Familie vor.

Ein ähnlicher Fall sind die Anglo-Inder. Per Definition der indischen Verfassung, aber wohl schon sehr viel länger als *folk concept* seit der Häufung von ehelichen und nicht-ehelichen Verbindungen mit Beginn im 16. Jahrhundert, ist ein Anglo-Inder eine Person mit (mindestens einem) männlichen europäischen und (mindestens einem) weiblichen indischen Vorfahren. Historisch handelte es sich in der männlichen Linie um Europäer aller möglichen Nationen, im 18. und 19. Jahrhundert dann aber vor allem um Briten. Gemäß hinduistischer Auffassung folgen die Nachkommen in Religion und Kaste gewöhnlich dem Vater; damit war klar, daß Kinder europäischer Männer keine Hindus sein konnten. Aber auch die Europäer begannen spätestens im 18. Jahrhundert, die Nachfahren aus Verbindungen mit indischen Frauen als nicht mehr gleichwertig zu betrachten. Somit entstanden die Anglo-Inder als eigene ethnische Kategorie, die sich außerdem durch Selbstabgrenzung und bestimmte kulturelle Markierungen von den Herkunftsethnien unterscheidet. Dies wurde unter anderem dadurch unterstützt, daß die englischen Kolonialherren den Anglo-Indern viele Privilegien gegenüber Indern einräumten, beispielsweise Zugang zu guten Ausbildungsstätten und zu Stellen in der Verwaltung. Als Folge oder in Wechselwirkung damit orientierten sich die Anglo-Inder in manchen Kulturelementen sowie in ihrem Selbstverständnis an den Briten: Ihr Familienmodell ist nuklear im Gegensatz zur hinduistischen patrilateralen Großfamilie; sie sind Christen; sie bevorzugen europäische Kleidung und Manierismen sowie die englische Sprache; ihre Partnerwahl erfolgt durch die zukünftigen Eheleute selbst und nicht durch Arrangement der Familie; ihr Wohngebiet sind hauptsächlich Großstädte. Bereits in den vergangenen Jahrhunderten bestand offenbar ein besonderer Antagonismus zwischen Anglo-Indern und hinduistischen Indern, weil jede der beiden Personenkategorien von Angehörigen der anderen als minderwertig betrachtet wurde. Diese Situation hatte Folgen, als Indien unabhängig wurde, denn plötzlich genossen die Anglo-Inder keine Privilegien mehr wie früher, mußten sich auf einem nun offenen Arbeitsmarkt versuchen zu behaupten und fühlten sich von der Mehrheitsbevölkerung diskriminiert. Eine erste große Auswanderungswelle nach Großbritannien war die Folge. Dort allerdings machten die Engländer gewöhnlich keinen Unterschied zwischen den verschiedenen Einwandererkategorien aus Indien und nahmen die Anglo-Inder entsprechend nicht als spezielle Gruppe wahr. Diese sahen sich daher von verschiedenen Seiten ausgegrenzt: von den Briten als "farbige" Immigranten und von den Hindus als wenig geachtete Anglo-Inder. (Bhattacharya 1968; Henriques 1974: 174, 175; Gist 1975)

Bhattacharya (1968) führte eine ethnologische Feldforschung unter Anglo-Indern in Bombay durch und befragte 100 der ca. 3.000 dort ansässigen; Gist (1975) untersuchte Anglo-Inder in Großbritannien. Beide Autoren machen Aussagen über Heiratsverhalten und Wir-Gruppen-Bewußtsein dieser Personen. Demnach entstand nach der indischen Unabhängigkeit eine Situation, die vor allem Männern dieser Ethnie nur noch wenig lukrative Berufe bot. Hingegen konnten sich Anglo-Inderinnen auf dem Arbeitsmarkt vor allem des Dienstleistungsgewerbes zunächst[31] relativ gut behaupten, da sie wenig Konkurrenz in den typischen Frauenberufen als Sekretärin, Telefonistin, Friseuse, Kosmetikerin, Stewardess, Modell u. ä. hatten. Dies bedeutete nicht nur eine Stärkung ihrer Position in der Familie als ökonomisch wichtige Versorgerin, sondern auch in der Partnerwahl. Gerade anglo-indische Frauen scheinen sehr aufstiegsorientiert geheiratet zu haben; wenn ihnen dies in der eigenen Ethnie nicht möglich war, wichen sie auf indische oder europäische Männer mit höherem sozio-ökonomischem Status aus. Hingegen konnten die anglo-indischen Männer wegen ihrer wirtschaftlichen Situation oft nicht homogam heiraten und verbanden sich dann mit niedrigkastigen[32] indischen Christinnen. Gist fand in Großbritannien bei der Hälfte der von ihm befragten Familien mindestens eine Heirat mit Briten. Die Anglo-Inder konnten dort als Gruppe jedoch wenig interagieren, weil sie zahlenmäßig zu wenige waren und zu verstreut lebten. Hingegen betont Bhattacharya, daß in Bombay ein ausgeprägtes Wir-Gruppen-Gefühl gepflegt werde, das in Unbehagen über Anglo-Inder gipfele, die keinen Kontakt mehr zu ihrer Gemeinschaft hielten, und vielleicht auch durch das Gefühl der Ablehnung seitens der Mehrheitsgesellschaft gestärkt werde. Sowohl Gist als auch Bhattacharya erhoben Daten über Besuchsnetzwerke und stellten fest, daß nach wie vor auffällig wenige Kontakte mit hinduistischen - im Gegensatz zu muslimischen oder christlichen - Indern bestanden.

Das Beispiel der Babas in Singapur wurde schon in Kapitel 5.3.2.2.2 vorgestellt. Ursprünglich entstanden aus den Nachfahren chinesischer Männer und malaiischer Frauen, setzten die chinesischen Väter alles daran, ihre Söhne traditionell ausbilden zu lassen und ihre Töchter bevorzugt mit Chinesen zu verheiraten. Die zu Beginn vielleicht vorhandene Ausgrenzung sei-

---

[31] Da die vorgestellten Studien aus den sechziger und siebziger Jahren stammen, die Anglo-Inder demnach vor allem in Großstädten konzentriert leben, die für ihre Sogwirkung in puncto Landflucht bekannt sind, und auch die indische Gesellschaft sich seit dieser Zeit mehr zur Erwerbstätigkeit von Frauen der Mittelschicht hin orientiert haben dürfte, ist zu vermuten, daß diese konkurrenzlose Position auf dem Arbeitsmarkt inzwischen für die Anglo-Inderinnen nicht mehr besteht.

[32] Obwohl es offiziell bei indischen Christen oder Muslimen keine Kasten gibt, spielt für die Partnerwahl die Kastenzugehörigkeit der Familie bei Konversion durchaus eine wichtige Rolle; faktisch existieren also auch Kasten innerhalb dieser beiden Religionen (persönliche Beobachtung).

tens anderer Chinesen scheint dadurch im Laufe der Generationen verschwunden zu sein. Das Weiterbestehen der Babas als Ethnie ist daher vermutlich eher darauf zurückzuführen, daß diese sich nun selbst gegenüber anderen Personenkategorien abgrenzten, indem sie Baba-Malaiisch als gesprochene Sprache, eine aus chinesischen, malaiischen und europäischen Elementen bestehende Kultur sowie eine stärkere Bindung an die Briten bzw. Singapur als an China als kulturelle Markierungen betonten. (Png 1969)

Die hier vorgestellten ethnischen Einheiten, welche aus interethnischen Heiraten entstanden, sind nur eine exemplarische Teilmenge der auf der Welt existierenden. Für alle scheinen mehrere Punkte charakteristisch zu sein:

1. Es handelt sich um zahlenmäßig nicht sehr große Personenkategorien.
2. Sie entstanden zunächst durch Ausgrenzung von seiten einer oder beider Herkunftsethnien, betonten dann aber mehr oder weniger stark eigene kulturelle Markierungen und nahmen damit auch eine Selbstabgrenzung vor.
3. Historisch entstanden sie offenbar alle aus Situationen, in denen die Nachkommen von Personen einer von den Ressourcen und der Macht her ranghöheren Einheit A und einer rangniedrigeren Einheit B zu A, aber nicht zu B gehören wollten, von A - und zumindest in einigen Fällen von B - jedoch nicht als zugehörig betrachtet wurden.
4. Neben Homogamie besteht für (bestimmte) Angehörige dieser Ethnien eine Tendenz zur Erweiterung des Feldes der Wählbaren in die Ursprungskategorien A und B hinein. Die Option der Zwischenposition wird anscheinend möglichst statusmaximierend im Marktsystem der Partnerwahl eingesetzt.

7.2.3 Interethnische Ehen als Indikator für Assimilation?

Drachsler (1920: 87, 99, 100; 1921: 17 - 19), von dem die erste größere Untersuchung zu Zwischenheirat in den Vereinigten Staaten stammt, führte eine der am häufigsten aufgegriffenen Hypothesen in diesen Forschungsbereich ein. Ausgehend von einem Kontinuum mit den beiden Polen der in sich integrierten ethnischen Einheit versus Assimilation in der Gesamtgesellschaft sah er Heterogamie als Testfall für die Kohäsion der Ethnie. Folglich könne man Zwischenheirat als Indikator für Assimilation auffassen. Drachsler wies darauf hin, daß durchaus andere, möglicherweise aussagekräftigere Assimilationsindikatoren denkbar seien, etwa die Verbindung der Individuen zu charakteristischen Institutionen oder Aktivitäten ihrer ethnischen Einheit. Er sei jedoch der Auffassung, daß man, falls man diese tatsächlich untersuche, sogar noch eine viel stärkere Auflösung ethnischer Kohäsion beobachten könne, denn "superficial differences of habit-life"[33] verschwänden noch schneller als Heiratsschranken. Als Beispiel führte er die große Zahl jener amerikanischen Juden, die nicht mehr an eine Synagoge gebunden seien, im Vergleich zur geringen der heterogamen Juden an. Folglich könne man Zwischenheirat als einen Indikator sehen, der sogar nur ein Minimum dessen, was bereits an Assimilation stattgefunden habe, anzeige. Unter dieser Prämisse führte Drachsler seine bereits mehrfach erwähnte sorgfältige Untersuchung auf der Grundlage der statistischen Auswertung von Heiratsformularen durch.

In der Folge sollte gerade von amerikanischen Soziologen die Hypothese, Zwischenheirat sei ein Indikator für Assimilation, häufig - und meist sehr unkritisch - einfach übernommen werden. So beruft sich beispielsweise Bossard (1939) in seiner später ebenfalls oft zitierten[34] Arbeit direkt auf Drachsler und formuliert vage, ohne auch nur den Versuch einer Assimilationsdefinition:

> "Intermarriage is an index of the assimilative process. The heterogeneity of our population will be recalled, as will also the traditional boast of this country as the great melting pot in which many diverse groups are to be

---

[33] Drachsler verquickt damit drei jener Assimilationsvariablen, die später in dem einflußreichen Modell von Gordon (s. Kap. 7.2.3.1) analytisch getrennt wurden: Akkulturation oder kulturelle Angleichung, strukturelle Assimilation und Heiratsassimilation.

[34] neben den anderswo im Text genannten Autoren etwa von Cizon (1954: 244), Parkman und Sawyer (1967: 593), Cretser und Leon (1984: 4)

fused into the American of tomorrow. Data on intermarriage indicate the extent to which this is proceeding at any one time and place, and examination of them over a period of years will reveal the changing tempo of the process" (Bossard 1939: 792).

Typisch für alle folgenden amerikanischen Untersuchungen und Theoriebildungen über Assimilation ist die Ausklammerung der afro-amerikanischen Bevölkerung: Aufgrund ihrer physischen Unterscheidbarkeit wurde davon ausgegangen, daß sie wegen der gegen sie errichteten Heiratsschranken nicht assimilierbar seien.

Nelson (1943: 585, 591) verwies sowohl auf Drachslers als auch auf Bossards Studie. Auch seine Annäherung an das Thema erfolgte zunächst ohne nähere Begründung:

"There can be little doubt that the 'melting pot' as a figure of speech to describe the assimilation of the disparate elements into the American population has lulled us into complacency to the extent that very little attention has been given by students to what is the final test of assimilation: intermarriage" (ibid.: 585).

Von Drachslers Minimalindikator ist Zwischenheirat hier auf einmal sogar zum *final test* mutiert. Der Autor charakterisierte dann allerdings Assimilation als den Verlust sozialer Unterscheidbarkeit der Angehörigen einer ethnischen Minderheitskategorie, so daß ohne Vorurteile mit der Mehrheitsbevölkerung interagiert werden könne. Und was könne das Fehlen von Vorurteilen besser signalisieren als Heterogamie? Folglich sei Zwischenheirat genau jener *final test* für Assimilation. (ibid.: 591)

Kennedy (1943: 331) formulierte recht unverbindlich, die meisten Kenner von Bevölkerungsfragen stimmten darin überein, daß Zwischenheirat das sicherste Mittel der Assimilation sei. An diesen einleitenden Satz schloß sie eine kurze Beschreibung des "Schmelztiegel"-Konzepts an, bevor sie schnurstracks zur Darlegung ihrer eigenen empirischen Untersuchung überging.

Barron (1946: 1, 2, 342 - 344) zitierte zwar sowohl Drachslers als auch Bossards Annahme über den Assimilationsindikator Heterogamie. In der Analyse und Schlußfolgerung aus seiner empirischen Studie charakterisierte er Zwischenheirat jedoch nicht in dieser Weise, sondern verwies vielmehr auf ihre zentrale Bedeutung für Wir-Gruppen-Konzepte. Dies ist meines Erachtens eine sehr viel vorsichtigere und angemessenere Deutung, denn die Veränderung solcher Selbst- und Fremdzuschreibungen zu bestimmten Eigen-Gruppen muß nicht notwendigerweise von der Minderheitskategorie in Richtung der Mehrheitskategorie erfolgen (vgl. dazu die Assimilationsmodelle in Kapitel 7.2.3.1). Auch in einer späteren Zusammenfassung des Forschungsstandes zu Zwischenheirat (Barron 1972: 39) bemerkte er, daß keine eineindeutige Beziehung zwischen Assimilation und Heterogamie bestehe. Marcson (1950: 75, 77, 78; 1951) zog Zwischenheirat als Assimilationsindikator in Zweifel. Wenn es richtig sei, daß - wie z. B. von Kennedy (1944) vertreten - soziale Sichtbarkeit sowie die Verbundenheit der Angehörigen einer ethnischen Einheit mit deren Kultur die wichtigsten Hinderungsgründe für die Assimilation zweier Personenkategorien seien, sollte deren Nachlassen proportional zu der Zwischenheiratsrate sein. Tatsächlich lasse sich aber zeigen, wie etwa in Marcsons empirischer Studie (1951), daß beide Assimilationsfaktoren stattfinden könnten, ohne daß die Anzahl der Zwischenheiraten steige. Daher dürfe Heterogamie nicht als Assimilationsindikator gelten, denn letztere könne auch ohne erstere vonstatten gehen. [35] Der Autor vermutete, daß eher schichthomogame Gesichtspunkte für interethnische Partnerwahl verantwortlich seien als Assimilation.

Thomas (1954: 9 - 11) kritisierte zwar das "Schmelztiegel"-Konzept, übernahm dann jedoch, - ohne sich explizit auf Drachsler zu berufen -, dessen Idee vom Zusammenhang zwischen der Auflösung von ethnischer Kohäsion bzw. Identität und Zwischenheirat. So folgerte auch er, letztere sei einer der eindeutigsten Indikatoren für Assimilation.

Auch Bugelski (1961: 149) verwies nicht auf Drachsler, als er seiner ›Auswertung von Heiratsformularen in Buffalo die Bemerkung voranstellte, die Raten der Heiraten zwischen Italienern und Polen seien eine Annäherung an die minimale Assimilationsrate beider Personenkategorien. Nach einer Diskussion der Zuordnungskriterien zu den Kategorien Polen und Italiener formulierte er:

"If the ratio of marrying out to marrying in increases over the years, we might quite reasonably draw the conclusion that the rate of assimilation is increasing" (ibid.).

Eine ausführliche Kritik der verwendeten Berechnungskategorien und der mathematischen Methoden zur Feststellung von Assimilation anhand der Zwischenheiratsraten stammt von Price und Zubrzycki und erschien 1962. Sie wurde in Kapitel 3.1 bereits vorgestellt. Dabei beziehen sich die Autoren ausdrücklich auf Drachsler und Folgestudien, welche das Heiratsverhalten von Personen verschiedener Einwandererkategorien und -generationen ver-

---

[35] Marcson geht in seinen beiden Aufsätzen von einem Assimilationsmodell der Fusion aus. Die von ihm genannten Variablen entsprechen denen der Identifizierungsassimilation und offenbar Teilen der strukturellen Assimilation bei Gordon (vgl. Kap. 7.2.3.1)

gleichen. Auch auf die Problematik dieses "Generationen"-Begriffs in vielen Arbeiten der amerikanischen Soziologie wurde an anderer Stelle bereits eingegangen (vgl. Kap. 5.3.3.1).

Mittelbach und seine Mitarbeiter (1966: 1, 3, 45, 46) sahen Zwischenheirat sogar als Meßlatte für mehrere verwandte Phänomene, nämlich Assimilation, soziale Distanz, kulturelles Beharren einer Ethnie und soziale Position ihrer Mitglieder. Neben der Beliebigkeit, die dieses "Maß" dadurch erlangt, erstaunt auch hier wieder die unbekümmerte Vagheit, mit der geschwind der theoretische Aspekt der Assimilation abgehandelt wird, damit man dann schnell zur nach allen Regeln der statistischen Kunst ausgewerteten empirischen Untersuchung übergehen kann:

> "Quite generally the marriage patterns of any American ethnic group are a reliable guide to the speed with which such a group is fading into the larger American society. This report ... is a study of inter-marriage among Mexican-Americans. Within certain limits it is an accurate survey of the speed and extent to which Mexican-Americans are assimilating into Anglo society in one ... area in the Southwest" (ibid.: 1).

Später, in der Zusammenfassung ihrer Ergebnisse, formulieren die Autoren dann nicht mehr so vorsichtig. Jetzt heißt es, Assimilation sei noch nicht nahe bevorstehend[36], da die Mehrheit der mexikanischen Amerikaner immer noch homogam heirate. Zwischenheirat und Assimilation werden hier also als unmittelbar verknüpft, vermutlich als Ursache und Wirkung, betrachtet. (ibid.: 45, 46)

Fitzpatricks (1972: 147 - 149) zuerst 1966 erschienene Untersuchung über Puertoricaner in New York erstaunt besonders dadurch, daß sie sowohl die Kritik von Marcson als auch von Price und Zubrzycki ebenso wie Gordons Arbeit (vgl. Kap. 7.2.3.1) ausdrücklich erwähnt, aber offenbar keinerlei Konsequenzen daraus zieht: Die entscheidenden Aspekte, daß Generation im Einwanderungsland nicht zwingend etwas über ethnische Selbstzuschreibung aussagt oder daß Zwischenheirat auch ohne Assimilation stattfinden kann, werden überhaupt nicht zur Kenntnis genommen. Nach der pflichtschuldigen Erwähnung der Kritiker nimmt der Autor eine der seit Drachslers Arbeit üblichen Analysen von Heterogamie und ihrer Korrelation mit der Generation der beteiligten Puertoricaner im Einwanderungsland vor. Den Anstieg von Zwischenheirat im Untersuchungszeitraum, Hypergamie der Frauen, ein im Vergleich zu früheren Jahren gesunkenes Heiratsalter und ein Anwachsen von katholischen Trauungen im Vergleich zu den auf

---

[36] *imminent* im Original

Puerto Rico üblicheren standesamtlichen sieht der Verfasser als Hinweise auf schnelle Assimilation der Puertoricaner. Vorsichtiger werden die Zusammenhänge dann in der späteren Arbeit von Gurak und Fitzpatrick (1982) formuliert. Auch hier nennen die Autoren Zwischenheirat einen "powerful indicator of assimilation". Unter Berufung auf Gordon argumentieren sie daraufhin, daß Heterogamie nur auftreten könne, wenn soziale Nähe zwischen ethnischen Einheiten in vielen Bereichen des Lebens bereits bestehe; folglich sei Zwischenheirat ein exzellenter Indikator sozialer Distanz. Die im Anschluß an diese Erörterungen vorgenommene Untersuchung ist eine Folgestudie von Fitzpatrick 1972; d. h. wieder ein Vergleich von Heterogamie und Generation im Einwanderungsland. Entgegen dem früheren Ergebnis sanken die Zwischenheiratsraten jedoch im neuen Untersuchungszeitraum. In der Erklärung greifen die Autoren auf begünstigende und hemmende Partnerwahlfaktoren wie etwa segregiertes Wohnen und niedrigen sozio-ökonomischen Status zurück. Diese interpretieren sie als Assimilationsvariablen gemäß der U.S.-amerikanischen Vorstellung, daß sozialer Aufstieg für die eingewanderten Angehörigen ethnischer Einheiten mit Aufgabe der ethnischen Zugehörigkeit verbunden sei. Damit - und das geschieht auch wörtlich (ibid.: 930) - wird Assimilation wieder mit Zwischenheirat gleichgesetzt.

Kourvetaris (1971: 35) erwähnte ebenfalls die Kritik von Marcson sowie Price und Zubrzycki, um dann ohne weiteren Kommentar eine Korrelationsstudie zwischen Heterogamie und Generation im Einwanderungsland anzuschließen.

Auch Hassan (1971: 305, 306) stellte seiner Auswertung von Heiratsformularen die Bemerkungen voran, Zwischenheirat sei der beste Indikator für Assimilation[37] und gelte als größter Ausdruck von sozialer Nähe. Er bezog sich dabei unter anderem auf Drachsler und Bogardus. In einer späteren Arbeit (1972: 52 - 54) verwies er zwar auf Gordons These von der Bedeutung der strukturellen als Anstoß für alle anderen Arten von Assimilation. Aber nach dem Referieren der von einem anderen Wissenschaftler vorgenommenen Untersuchung verschiedener Aspekte struktureller Assimilation für Singapur, die eine mit der relativen Größe der ethnischen Personenkategorie korrelierende negative Involvierung in Aktivitäten mit Angehörigen anderer Ethnien gezeigt hatte, erwähnte der Autor, daß nach seiner eigenen Studie auch Zwischenheirat in Singapur mit der Größe der Personenkategorie negativ korreliere (vgl. Kap. 5.3.2.2.1). Aus dieser Tatsache zog er den Schluß, daß interethnische Heirat ein Indikator für Assimilation sein

---

[37] Dabei berief er sich auf ein Buch von Andrew W. Lind: "An Island Community: Ecological Succession in Hawaii" von 1938.

müsse³⁸! Eine ähnlich simplizistische Auffassung offenbart Hassan, wenn er aufbauend auf de Jagers Modell von kultureller Involvierung zwischenheiratender Personen behauptet, in den Fällen, wo ein Partner willens sei, die kulturellen Muster des anderen zu akzeptieren, würde solch eine Heirat zu Assimilation führen.

Choi (1972: 149) geht so weit, Zwischenheirat der Chinesen in Australien mit Assimilation gleichzusetzen.

Lee, Potvin und Verdieck (1974: 112) erwähnten unter anderem Gordons Assimilationsmodell, meinten dann aber, Assimilation könne in einer Gesellschaft wie Singapur ohne dominante Mehrheitsgesellschaft nur in Form der Verringerung von sozialer Distanz gemessen werden. Dazu sei Zwischenheirat ein geeignetes Meßinstrument. (Vgl. Kapitel 5.3.3.3)

Cohen (1977) diskutierte aufbauend auf Gordons Modell (s. Kap. 7.2.3.1) zwei sich widersprechende Auffassungen von verbessertem sozioökonomischem Status eines Individuums oder einer Personenkategorie als mit Assimilation verknüpft oder unabhängig von ihr. Strukturelle Assimilation operationalisierte er anhand von interethnischer Heirat und interethnischer Freundschaft; gefragt wurden die Probanden nach der ethnischen Zuschreibung ihrer eigenen Vorfahren und der ihrer Ehepartner, Eltern und drei besten Freunde. Das Resultat war eine starke Korrelation des Faktors Bildung im Bereich des sozio-ökonomischen Status mit interethnischer Freundschaft und Heirat. Berufsprestige und Einkommen zeigten eine sehr viel schwächere Verbindung. (Vgl. Kapitel 5.3.2.3)

Kuo (1978) untersuchte anhand von Zensusdaten über Chinesen, Malaien, Inder, Europäer, Eurasier und Araber für Singapur drei Thesen:

1. Je kleiner eine Sprachgruppe, umso größer ihre Zwischenheiratsrate.
2. Je größer die Zwischenheiratsrate einer Sprachgruppe, umso geringer deren Spracherhalt.
3. Je kleiner eine Sprachgruppe, umso geringer ihr Spracherhalt.

---

[38] Einfach ausgedrückt lautet seine Schlußfolgerung also: Wenn Angehörige zahlenmäßig kleiner Ethnien häufiger als Angehörige großer Ethnien mit Angehörigen anderer Ethnien interagieren, und wenn Angehörige kleiner Ethnien häufiger mit Angehörigen anderer Ethnien Zwischenheiraten eingehen, folgt daraus, daß Zwischenheirat ein Indikator für Assimilation ist. Formallogisch sagt das gleichzeitige Vorkommen zweier Phänomene, die auf dieselbe Ursache zurückzuführen sind, aber nicht aus, daß diese ebenfalls ursächlich verknüpft sind: In Großstädten gibt es weniger Störche als auf dem Land, und in Großstädten gibt es auch weniger Kinder; nach Hassans Deduktion sind wenige Störche also ein Indikator für wenige Kinder?

Zwar fand er alle drei bestätigt; die Korrelationsrechnung ergab jedoch keine linearen Verbindungen zwischen den Parametern. Der Autor vermutete daher, daß vor allem die Beziehung zwischen Gruppen-Größe und Muttersprachenerhalt komplexer seien als vermutetet und über unbekannte Variablen verknüpft.

Castonguay (1982) untersuchte als eine Assimilationsvariable für vier kanadische Provinzen anhand der Auswertung von Meinungsumfragen ebenfalls die Verbindung zwischen dem Wechsel der zu Hause gesprochenen Sprache und Zwischenheirat. Er konzentrierte sich hauptsächlich auf Personen englischer und französischer Muttersprache. Erfragt wurden die im Elternhaus gesprochene Sprache und die zur Zeit der Umfrage verwendete für die Probanden selbst und ihre Partner. Zwar stellte er sowohl in der Anglisierung als auch in der Heterogamie ein Ansteigen über die Jahre hinweg fest. Was aber war Ursache und was Wirkung? Da bei mehr als 50 % der unverheirateten Befragten Anglisierung stattgefunden hatte und bei nur 82 % der homogamen französischen Muttersprachler außerhalb Québecs und New Brunswicks Französisch die im Haushalt gesprochene Sprache war, kam der Autor zu der Schlußfolgerung, daß nicht etwa Zwischenheirat einen Sprachwechsel bewirke, sondern daß beide Phänomene offenbar gemeinsame Ursachen hatten. Er vermutete Urbanisierung, den breiten Zugang zu einer höheren Schulbildung, den Einfluß der Massenmedien, das Nachlassen des konfessionellen Einflußes und verstärkte berufliche und räumliche Mobilität als solche Faktoren.

Tinker (1984) legt eine ambivalente Haltung an den Tag. Er sieht Gordons Assimilationsvariablen als aufeinanderfolgende Stufen (s. u.) mit Zwischenheirat als der letzten vor der kompletten Verschmelzung mit der Mehrheitsgesellschaft. Nach seiner Untersuchung von interethnischer Heirat der Japaner in den Vereinigten Staaten kommt er zu dem Ergebnis, daß die Zwischenheiratsrate von bis zu 50 % aller japanischen Heiraten ein Beleg für die weitreichende Assimilation dieser ethnischen Einheit sei, die das Verschwinden von Institutionen oder gar der gesamten relativ kleinen japanischen Gemeinschaft auf lange Sicht bedeute. Dann allerdings schränkt er ein, daß die noch höhere Heterogamierate der Japaner auf Hawaii dort offenbar nicht zur Auflösung der ethnischen Einheit führe, da diese groß genug sei, um Institutionen noch lange aufrechtzuerhalten. Dies bedeutet meines Erachtens aber gerade einen Beleg dafür, daß - entgegen der Aussage des Autors - Zwischenheirat per se kein Assimilationsindikator ist.

Eine Verknüpfung von Zwischenheirat und Assimilation wurde übrigens durchaus auch außerhalb der Wissenschaft gesehen. So schreibt beispielsweise Marchand aus Sicht des Kolonialherren im Maghreb, der von der Überlegenheit der französischen über die einheimische Kultur ausgeht und glaubt, diese würde daher von dem islamischen Partner in einer interethnischen Ehe gerne übernommen:

"LYAUTEY a pu dire qu'un médecin valait un bataillon pour la conquête du Maroc; il est permis de dire qu'un mariage franco-musulman - un seul - fait le travail d'un bataillon par l'exemple donné" (Marchand 1955: 16).

Diese Einschätzung bezieht sich vor allem auf die arabische Frau, die bis in die Gegenwart hinein sowohl von den Franzosen als auch von ihren eigenen Landsleuten als "Komplizin" der Franzosen gesehen wird, welche durch Assimilation und Zwischenheirat der untergeordneten Frauenrolle in ihrer eigenen Kultur zu entgehen versuche (vgl. Streiff-Fenart 1988: 150 - 153).

7.2.3.1 Einige Assimilationsmodelle

Ausgehend von der Akkulturationsdefintion Redfields, Lintons und Herskovits' (1936)[39] fragten sich **Dohrenwend und Smith** (1962), welcher Art die Bedingungen für Kontakt zwischen zwei verschiedenen kulturellen Systemen sein könnten. Sie definierten ein kulturelles System als Sets von geordneten, interdependenten Aktivitäten verschiedener Bereiche, z. B. Politik, Wirtschaft, Religion, Verwandtschaft usw., die von Regeln regiert würden. Die für Akkulturation ausschlaggebende Stärke eines kulturellen Systems lasse sich in Form von Zugangsbedingungen zu diesen Sets strukturierter Aktivitäten beschreiben, die ein kulturelles System A einem kulturellen System B aufzwingen könne. Dafür gebe es formal verschiedene Möglichkeiten:

1. A kann Mitglieder von B in niedrige Statuspositionen für seine Aktivitäten rekrutieren, z. B. als Plantagenarbeiter.
2. A kann Mitglieder von B von Positionen gleichen oder höheren Status ausschließen, z. B. in Form segregierter Schulen.
3. Mitglieder von A können in B hohe Statuspositionen einnehmen, z. B. als Kolonialbeamte.

Anhand dieser drei Möglichkeiten könne man für existierende Konstellationen ein Kontinuum der Stärke zwischen A und B postulieren: An einem Ende finde sich die Situation A dominiert B, in der B es zulassen müßte,

---

[39] Vgl. Kap. 2.9.

daß seine Mitglieder in niedrige Positionen in A rekrutiert würden, von Positionen hohen Status in A ausgeschlossen seien und daß Mitglieder von A hohe Positionen in B einnähmen. Am anderen Ende des Spektrums stehe dagegen ein Gleichgewicht von A und B, wo Mitglieder aus der jeweils anderen Kategorie nicht in niedrige Statuspositionen der eigenen gezwungen werden könnten, aber auch keinen Zugang zu hohen Statuspositionen hätten. Die Autoren nennen das Apartheidssystem Südafrikas als Beispiel für eine Situation der Dominanz von A über B, die Beziehung zwischen Spaniern und Araukanern im Chile des 17. Jahrhunderts als Beispiel für eine Situation des Gleichgewichts. Zwischen solchen Extremen gebe es verschiedene Konstellationen; beispielsweise könne A zwar Mitglieder von B für niedrige Positionen rekrutieren, aber von B erfolgreich am Zugang zu hohen Positionen gehindert werden wie in manchen Mehrheits-Minderheits-Kontakten einer Gesellschaft.

Aufbauend auf diesen Voraussetzungen könne Kulturwandel in zwei Richtungen erfolgen, nämlich fort von den Normen von A, aber nicht in Richtung zu denen von B, oder hin zu den Normen von B. Dohrenwend und Smith sehen auf dieser Grundlage vier formale Arten der Folgen von Kulturkontakt:

1. Entfremdung: fort von den Normen von A, nicht in Richtung der Normen von B;
2. Reorientierung: fort von den Normen von A, in Richtung der Normen von B;
3. Wiederbestätigung: Erhalt oder Wiederbelebung der Normen von A, wie dies häufig bei Heilserwartungsbewegungen der Fall sei[40];
4. Neuschöpfung: durch eine Kombination von Reorientierung und Wiederbestätigung Neuschaffung von Normen.

Die Autoren postulieren nach Einführung dieser Typologien, daß unter Assimilation folgendes zu verstehen sei: Mitglieder aus A würden in Positionen *gleichen*, nicht höheren oder niedrigeren Status in B rekrutiert; die Form des Kulturwandels sei die der Reorientierung. Im Vergleich zu Assimilation sei Fusion dagegen die Rekrutierung von Mitgliedern aus A in gleiche und / oder höhere Positionen von B, und die Form des Kulturwandels Neuschöpfung.

---

[40] Wenn man diese Typologie nicht nur auf einzelne Aspekte oder, um mit den Autoren zu sprechen, Sets kultureller Systeme beschränkt, sind meines Erachtens für alle bekannten Heilserwartungsbewegungen de facto eher Neuschöpfungen charakteristisch.

Mühlmann (1964: 173 - 194; 1972: 272 - 284) wies darauf hin, daß der zentrale Aspekt von Assimilation in einem Wechsel der ethnischen Selbstzuschreibung zu sehen sei. Er brachte eine Reihe von Beispielen für Aufstiegsassimilation, die in Gesellschaften mit einer - etwa durch kriegerische Unterwerfung bedingten - Schichtung der Ethnien hinsichtlich des Zugangs zu Macht und Ressourcen oft durch heterogame Heirat erfolge. Zugleich betonte er, daß die Ideologie einer gemeinsamen Abstammung als kulturelles Konstrukt von Ethnien nicht der Realität entspreche, da ständig und historisch verfolgbar Elemente aus anderen Sie-Gruppen absorbiert und dann als Wir-Gruppen-Mitglieder umdefiniert würden. Im Fall von Zwischenheirat entspricht dieser Vorgang der Möglichkeit 2. oder 3. meines Idealschemas der Zuordnung, bei der der Partner aus der Fremdgruppe durch die Heirat als zugehörig zur Eigengruppe klassifiziert wird.

Das wohl einflußreichste Modell von Assimilation hinsichtlich ihrer Verknüpfung mit Zwischenheirat stammt von **Milton M. Gordon** und wurde ebenfalls 1964 veröffentlicht. Es orientiert sich an der Situation der U.S.-amerikanischen Einwanderungsgesellschaft mit ihrer anglo-amerikanischen Mehrheitsbevölkerung und einer Anzahl von Minderheitsgruppen verschiedener ethnischer Zuordnung. Gordon gebührt zudem das Verdienst, mit seinem Buch "Assimilation in American Life" verschiedene amerikanische Ideale von Assimilation erstmals benannt und systematisch analysiert zu haben.

Wie an anderer Stelle schon angemerkt (vgl. Kap. 5.1), geht der Autor davon aus, daß in den Vereinigten Staaten bei zahlenmäßig großen und mit eigenen Institutionen ausgestatteten Ethnien Primärgruppenkontakte (auch nicht-familiärer Art) und sehr viele Sekundärgruppenkontakte eines Individuums innerhalb der ethnischen Einheit stattfinden. Er führt das Extrembeispiel eines Mannes an, der in seinem ethnisch geprägten Wohnviertel bei einem Arbeitgeber derselben Ethnie seinem Broterwerb nachgeht, sich dort nur seiner Muttersprache zu bedienen braucht, ausschließlich auf Kundschaft derselben ethnischen Zugehörigkeit trifft, und damit selbst bei den allermeisten Sekundärgruppenkontakten nicht mit der Mehrheitsgesellschaft in Berührung kommt.

Auch Gordon berief sich zunächst auf die Akkulturationsdefinition von Redfield, Linton und Herskovits und interpretierte Akkulturation entsprechend als einen Wandel in der *Kultur* bzw. im *kulturellen Verhalten*. Wenn Assimilation gemäß den meisten Definitionen jedoch eine komplette Verschmelzung zweier Populationen bzw. den dazu führenden Prozeß kennzeichne, könne Akkulturation nur ein Teilbereich von Assimilation sein. Der Autor entwickelte daraufhin ein Schema von Assimilationsvariablen:

Teilprozeß oder Bedingung	Art oder Stufe der Assimilation
Angleichung des kulturellen Musters an das der Gastgesellschaft (Akkulturation)	Kulturelle Assimilation oder Verhaltensassimilation
Eintritt in Cliquen, Klubs und Institutionen der Gastgesellschaft auf Primärgruppenebene und in großem Ausmaß	Strukturelle Assimilation
Zwischenheirat in großem Ausmaß	Heiratsassimilation
Entwicklung eines ethnischen Zugehörigkeitsgefühls ausschließlich zur Gastgesellschaft	Identifizierungsassimilation
Abwesenheit von Vorurteil	Einstellungszulassende Assimilation[41]
Abwesenheit von Diskriminierung	Verhaltenszulassende Assimilation[42]
Abwesenheit von Wert- und Machtkonflikt	Bürgerliche Assimilation[43]

Tabelle 6: Gordons Assimilationsvariablen aus Sicht der sich assimilierenden Einheit[44] (nach Gordon 1964: 71)

Deren Vorhandensein überprüfte er für verschiedene Personenkategorien in den Vereinigten Staaten: Afro-Amerikaner, Juden, Katholiken und Puertoricaner. Dabei stieß er auf das Phänomen, daß Akkulturation, also die Angleichung in Kultur und Verhalten, durchaus stattgefunden haben konnte, ohne daß dies andere Assimilationsvariablen nach sich gezogen hätte. Extremes Beispiel seien die Afro-Amerikaner; erst als sie erkannten, daß die Übernahme der anglo-amerikanischen Kultur weder die ihnen entgegengebrachten Vorurteile noch den Grad der Diskriminierung wesentlich verringerte, begannen sie eine Entwicklung hin zu eigenen kulturellen Institutionen und Abgrenzungen. Gordon kam zu dem Ergebnis, strukturelle Assimilation sei die entscheidende Variable: Nur wenn - zunächst nicht-familiäre - Primärgruppenkontakte zwischen Angehörigen verschiedener Personenkategorien

---

[41] *attitude receptional assimilation* im Original
[42] *behavior receptional assimilation* im Original
[43] *civic assimilation* im Original
[44] Gordon macht nicht ganz deutlich, ob sich seine Variablen auf die sich assimilierende Einheit beziehen; die Art seiner Beschreibung erweckt diesen Eindruck. Hingegen scheinen die Abwesenheit von Diskriminierung und Vorurteil, obwohl auch aus Sicht der sich Assimilierenden denkbar, eher auf Angehörige der Mehrheitsgesellschaft bezogen.

in großem Ausmaß stattfänden, würde sich die Minderheitengruppe mit der Mehrheitsgruppe identifizieren, von dieser nicht mehr als fremd wahrgenommen und damit ausgegrenzt werden, was das Verschwinden von Diskriminierung, Vorurteil und des Konkurrierens um Werte und Macht nach sich ziehe. Häufige Primärgruppenkontakte würden auch Zwischenheirat zur Folge haben. Der Autor vergleicht strukturelle Assimilation mit einem Kegel, der alle anderen Kegel in einer Kettenreaktion anstoße und ebenfalls zu Fall bringe (ibid.: 81).

Gordon macht in seinen weiteren Ausführungen deutlich, daß das amerikanische Konzept von Assimilation eher diffus sei und sich in drei mehr oder weniger bewußte Varianten aufspalten lasse. In der historischen Abfolge am ältesten sei die der "Anglo-Konformität": Die meisten frühen Einwanderer kamen aus Großbritannien und prägten das Bild der Mehrheitsgesellschaft. Von anderen europäischen und späteren Einwanderern wurde zum einen erwartet, daß sie sich diesem Ideal gemäß assimilierten. Zum anderen waren es aber gerade die Familien früher britischer Einwanderer, welche Primärgruppenkontakte mit den Neuankömmlingen nicht zuließen, so daß strukturelle Assimilation nicht stattfinden konnte. Gordon verweist damit zeitgleich mit Mühlmann in Deutschland auf Selbst- und Fremdabgrenzung als entscheidende Bedingung für das Entstehen von Primärgruppenkontakten. Vielleicht könnte man sie seiner eigenen Metapher entsprechend als die Bowlingkugel bezeichnen, die den ersten Kegel anstößt. Die zweite amerikanische Assimilationsvariante ist die Idee des Schmelztiegels. Auch hier merkt der Autor kritisch an, daß wenig Gedanken auf die Art des Einschmelzens verwendet wurden: Sollte jeder Teilbereich gemäß seiner Proportion zum Ganzen beitragen, - was de facto wieder auf Anglo-Konformität hinauslaufe, - oder zu gleichen Teilen? Auch der Einschmelzprozeß habe in den U.S.A. nicht stattgefunden, eher könne man mit Kennedy (vgl. Kap. 5.3.3.2) von mehreren kleinen Schmelztiegeln sprechen, die parallel zueinander arbeiteten. Das dritte und in der Realität schon seit ungefähr dem Ersten Weltkrieg existierende Konzept sei das des kulturellen Pluralismus, in dem die kulturelle Integrität nicht abrupt zerstört werde, sondern allmählich bereichernd in die Kerngesellschaft einfließe[45]. Wie aber sei ein Oszillieren bzw. Gleichgewicht zwischen per definitionem ja gerade nicht assimilierten Ethnien und der Mehrheitsgesellschaft adäquat zu beschreiben und zu erreichen?

Gordons Ansatz der strukturellen Assimilation als einziger hinreichender und der anderen Variablen als notwendigen Bedingungen ist in sich

---

[45] Schon Nelson (1943: 585, 591) verwarf die Metapher des Schmelztiegels und führte die ebenso anschauliche des Eintopfs ein: Die Zutaten seien immer noch erkennbar, aber jede von ihnen habe zum Geschmack der gesamten Suppe beigetragen.

schlüssig und erlaubt eine systematische Einordnung empirischer Befunde. Dennoch bleibt meines Er-achtens kritisch anzumerken, daß das teleologische Bild der Kettenreaktion nicht das einzig denkbare ist. Zumindest vorstellbar wäre etwa auch ein Zunehmen der anderen Assimilationsvariablen, so daß irgendwann durch die bloße Menge von akkulturierten, heterogamen Personen Primärgruppenkontakte wahrscheinlicher werden und die Abgrenzung quasi aufweichen[46]. Auch Gordon sieht ja durchaus den quantitativen Aspekt, wenn er bei den Variablen der strukturellen und der Heiratsassimilation von "großem Ausmaß" als Beschreibungsmerkmal spricht. Dennoch bleibt das Kriterium der Abgrenzung unwiderlegbar das entscheidende, wie sich gerade auch in der Zwischenheiratsforschung zeigt: So bestätigt etwa das oben auf-geführte Beispiel der Anglo-Inder Gordons Ansatz: Weder Akkulturation, Einheirat noch Selbstzuschreibung als britisch ermöglichten eine Assimilation in die englische Gesellschaft, solange diese sich als anders abgrenzte und Primärgruppeninter-aktion beschränkte. Nach Gordons Modell wäre also Zwischenheirat als Begleiterscheinung bzw. unaufhaltbare Folge bei abgeschlossenem Assimilationsprozeß anzunehmen, aber Assimilation nicht notwendigerweise als Folge von Zwischenheirat.

Amir (1969) untersuchte anhand der Auswertung vieler psychologischer Studien ein Gebiet, das als Teilbereich von Gordons Assimilationsvariablen aufgefaßt werden kann: die Bedingungen, unter denen Kontakt zwischen Angehörigen verschiedener Ethnien Meinungsänderungen, das heißt den Abbau oder die Verstärkung von Vorurteilen herbeiführt. Die Autorin verweist zunächst darauf, daß Haltungen nicht nur in ihrer Richtung, sondern auch in ihrer Intensität verändert werden könnten und daß sich Änderungen oft nur auf eine bestimmte Situation, beispielsweise die Zusammenarbeit am Arbeitsplatz, beziehen könnten. Günstige Bedingungen für den Abbau von Vorurteilen durch Kontakt seien:

1. gleicher Status der in Kontakt Tretenden;

---

[46] Willems (1956: 16, 17) schildert einen solchen Prozeß für die deutschen Einwanderer in Brasilien (vgl. Kap. 5.3.3.3), der dazu führte, daß Zwischenheirat vor allem in der ärmeren Bevölkerung von Mitgliedern beider Herkunftskategorien der Partner nicht mehr als solche betrachtet wurde. Yalmans (1962) Untersuchung in einem ceylonesischen Dorf (vgl. Kap. 3.4) zeigt hingegen, das der Prozeß der Assimilation nicht unumkehrbar ist: Die tamilischen und singhalesischen Bewohner hatten zwar durch viel Zwischenheirat Zweisprachigkeit, kompatible Sets von Verwandtschaftstermini, religiösen Riten und Mythen entwickelt; zur Zeit der Feldforschung fand jedoch ein Prozeß der Re-Ethnisierung statt, der die Akteure eher Trennendes als Gemeinsames betonen ließ.

2. höherer Status der Minderheitsgruppenmitglieder bei Kontakt mit Mehrheitsgruppenmitgliedern;
3. Förderung des Kontakts durch eine von Mehrheitsgruppenmitgliedern akzeptierten Autorität oder das soziale Klima;
4. intimer statt oberflächlicher Kontakt[47];
5. mit dem Kontakt verbundene Annehmlichkeiten oder soziale Belohnungen;
6. gemeinsame Ziele von Mehrheits- und Minderheitsgruppenmitgliedern.

Günstige Bedingungen für die Verstärkung von Vorurteilen durch Kontakt seien hingegen:

1. niedrigerer Status der Minderheitsgruppenmitglieder bei Kontakt mit Mehrheitsgruppenmitgliedern;
2. unfreiwilliger, erzwungener Kontakt;
3. mit dem Kontakt verbundene Prestigeverringerung oder Frustration für Mitglieder einer Gruppe;
4. inkompatible Normen und Standards von Mitgliedern der verschiedenen Gruppen;
5. subjektive Deprivation der Mitglieder einer Gruppe und die Suche nach Sündenböcken;
6. konkurrierende Ziele von Mitgliedern der Mehrheits- und Minderheitsgruppe.

Auch auf diese Faktoren hin ließe sich die Beziehung interethnischer Paare zu ihrer sozialen Umwelt sowie zur Gesamtgesellschaft empirisch untersuchen und einordnen.

Francis' (1976) Ansatz zu Assimilation, der sich ebenfalls vor allem auf die Einwanderergesellschaft der U.S.A. bezieht, scheint eine Weiterentwicklung der Ideen von Dohrenwend und Smith sowie von Gordon zu sein. Ähnlich wie erstere definiert er:

"Social structure consists in the regular distribution of rights and obligations among unequal status categories" (ibid.: 40)

bzw.

---

[47] Dies dürfte etwa der Primärgruppen- versus Sekundärgruppenkontaktunterscheidung entsprechen.

"... we understand by 'social stucture' the overall result of the differential distribution of social rewards among the members of a society according to social categories by which they are identified" (ibid.: 393).

Die Absorbierung ethnisch fremder Individuen könne durch Adoption oder Heirat erfolgen, so daß sie in der existierenden Sozialstruktur der Mehrheitsgesellschaft eine Statusposition zugeschrieben bekämen (ibid.: 40).

Assimilation auf der indidviduellen Ebene seien jene Prozesse, durch die einer Person wachsende Grade von Mitgliederstatus in der Gastgebergesellschaft zugeschrieben würden, bis sie schließlich in bezug auf soziale Belohnungen von deren Mitgliedern nicht mehr zu unterscheiden sei. Der Autor teilt diesen Prozeß in vier Ebenen, nämlich

1. Aspiration: Das Individuum möchte Mitglied der Mehrheitsgesellschaft und als solches von dieser akzeptiert werden;
2. Akzeptanz: Zuschreibung ausschließlich als Mitglied der Mehrheitsgesellschaft durch das Individuum selbst und seine Mitmenschen sowie das Teilen eines gemeinsamen Solidaritätsgefühls;
3. Akkulturation: Das Individuum teilt die wesentlichen Kulturelemente mit den Mitgliedern der Mehrheitsgesellschaft und hat alle Fähigkeiten und Qualifikationen für eine adäquate *performance* erworben;
4. Anschluß: Restriktionen von seiten der Mehrheitsgesellschaft bezüglich des ungehinderten Umgangs des Individuums mit ihren Mitgliedern existieren nicht mehr. (ibid.: 395)

Er zieht die Schlußfolgerung:

"Ethnics may be said to be assimilated to the extent to which (1) they identify, and are identified by their associates, with the host society; (2) they habitually think, feel, and behave in the same way as charter members are expected to think, feel, and behave in analogous situations; and (3) they participate in the host society on all levels without being excluded from access to any social rewards, positions, occupations, organizations, facilities, institutions, or other components of the social structure by virtue of their ethnicity. We conclude that ethnics may be said to be assimilated if they are assigned social status on equal terms with charter members" (ibid.: 254).

Francis stellt außerdem Gordons Assimilationsvariablen vor und diskutiert einige von ihnen hinsichtlich der Frage, inwieweit sie bzw. manche häufig verwendete Operationalisierungen als Indikator für Assimilation betrachtet werden könnten. In dem hier interessierenden Aspekt von Zwischenheirat kommt er zwar zu dem Ergebnis, daß eine enge Verbindung zwischen Assimilation und Heterogamie oft nicht zu leugnen sei, als Indikator für Assimilation bezeichnet er sie jedoch nicht. (ibid.: 257 - 261)

Horowitz (1976) definiert Assimilation als den Prozeß des Ausradierens der Schranken zwischen zwei Gruppen. Für ethnische Einheiten stellt er ein Idealmodell der Verschmelzung und Spaltung auf:

Assimilation		Splitterung	
Fusion[48]	Einschluß	Teilung	Vermehrung
A + B → C	A + B → A	A → A + C	A → A + B (A + B → A + B + C)
Zwei oder mehr Einheiten vereinigen sich zu einer neuen größeren.	Eine Einheit übernimmt die Identität einer anderen.	Eine Einheit teilt sich in zwei oder mehr Einzeleinheiten.	Eine oder mehr (oft zwei) Einheiten schaffen eine dritte aus ihren Reihen.

Tabelle 7: Prozesse ethnischer Verschmelzung und Spaltung nach Horowitz 1976: 116

Diese Tabelle macht deutlich, daß Modelle wie die von Gordon oder Francis, welche sich an der U.S.-amerikanischen Situation orientieren, stets nur den Fall des Einschlusses berücksichtigen. Ausgehend von der Ebene des Individuums und bezogen auf die Klassifizierung der Partner in interethnischen Ehen und ihrer Kinder lassen sich die von mir unter 7.2. aufgestellten Möglichkeiten als je zwei Varianten von Einschluß (meine Nummern 2. + 3.) und von Vermehrung (meine Nummern 4. + 5.) auffassen. Mein Fall Nr. 1 führt hingegen keinen Prozeß der Verschmelzung oder Spaltung herbei; die Person aus A bliebe unverändert zu A zugehörig und die aus B zu B, oder A + B → A + B.

Murguía (1982: 3 - 8) interpretierte Gordons Assimilationsvariablen als Phasen, - eine Auffassung, die meines Erachtens von Gordon trotz seiner Metapher von den Kegeln so nicht intendiert war. Folglich sah Murguía

---

[48] Horowitz hat hier *amalgamation*. Da er aber genau das beschreibt, was weiter oben im Kapitel von Dohrenwend und Smith als Fusion bezeichnet wird, habe ich um der Klarheit willen diesen Begriff hier übernommen.

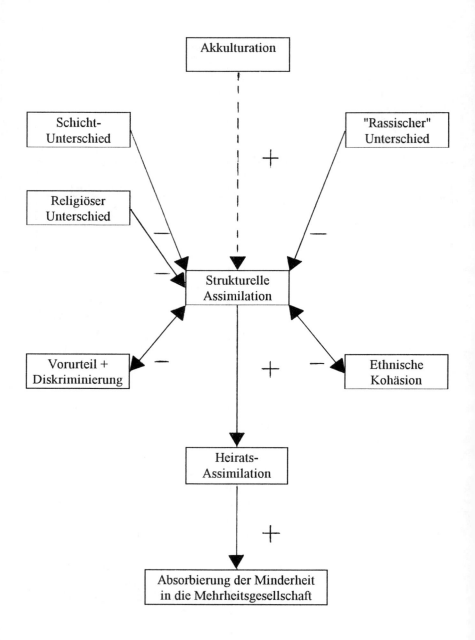

Murguías Assimilationsmodell (nach Murguía 1982: 4)

Die Plus- und Minuszeichen sowie die Pfeile sind nach Murguía folgendermaßen zu lesen:

Je größer die Akkulturation der Minderheitseinheit, desto größer die strukturelle Assimilation.
Je größer der religiöse Unterschied beider Einheiten, umso geringer die strukturelle Assimilation.
Je größer der "rassische" Unterschied beider Einheiten, desto geringer die strukturelle Assimilation.
Je größer der Schicht-Unterschied beider Einheiten, desto geringer die strukturelle Assimilation.
Je größer die strukturelle Assimilation der Minderheitseinheit, desto größer die Heirats-Assimilation.
Je größer die strukturelle Assimilation der Minderheitseinheit, desto weniger Vorurteilen und Diskriminierung ist sie ausgesetzt.
Je größer Vorurteil und Diskriminierung gegen die Minderheitseinheit, desto weniger strukturelle Assimilation.
Je größer die strukturelle Assimilation der Minderheitseinheit, desto geringer ihre ethnische Kohäsion[49].
Je größer die ethnische Kohäsion der Minderheitskategorie, desto geringer ihre strukturelle Assimilation.
Je größer die Heirats-Assimilation der Minderheitskategorie, desto größer ihre Absorbierung in die Mehrheitsgesellschaft[50].

Die gestrichelte Linie soll andeuten, daß Akkulturation nur dann fördernd Richtung struktureller Assimilation wirke, wenn religiöser, Schicht- und "Rassen"-Unterschied dies nicht verhinderten.

Murguías Assimilationsdefinition und Konzept des *breaking of ties* wurden schon in den Kapiteln 2.9 und 5.3.3.5 vorgestellt, ebenso seine im Anschluß an das Modell durch die Auswertung von Heiratsformularen gefundenen Korrelationen mexikanischer Partnerwahl in den untersuchten Gebieten der Vereinigten Staaten. Der Autor kommt zu der Schlußfolgerung, sein Modell müsse als eines der Fusion und nicht des Einschlußes aufgefaßt werden.

Simpson und Yinger (1985: 16) wiesen darauf hin, daß Konzepte und Meßmethoden von Assimilation noch nicht sehr gut entwickelt seien und der Grad von Assimilation zweier Personenkategorien daher noch kaum me-

---

[49] *Ethnic communality* im Original. Aus dem weiteren Text wird klar, daß Murguía damit unter anderem das Vorhandensein von die Individuen bindenden Institutionen und Organisationen in der ethnischen Einheit meint.
[50] *Host Society* im Original

thodisch einwandfrei verglichen werden könne. Wenn darunter einerseits der Endpunkt der Verschmelzung verstanden werde, andererseits jedoch ihr Prozeß, so zählten schon die winzigsten Anfänge von Interaktion und kulturellem Austausch dazu. Sie schlagen vor, daß Ausmaß von Assimilation in vier Unterprozessen zu messen, nämlich biologischer Amalgamation, Identifikationsassimilation, Akkulturation und struktureller Assimilation, welche sie Integration nennen. Gordons Variablen des Fehlens von Vorurteilen, Diskriminierung sowie Wert- und Machtkonflikt betrachten sie eher als Bedingungen denn als Einflußfaktoren und verweisen darauf, daß beispielsweise Diskriminierung unter bestimmten Umständen den Grad der Assimilation vergrößern könne[51].

Aufschluß darüber, inwieweit interethnische Paare vor und nach der Eheschließung Primärgruppenkontakte mit Angehörigen der einen oder anderen ethnischen Einheit pflegen, können **Netzwerkuntersuchungen** geben. Allerdings existieren nur wenige Studien, die Netzwerke interethnischer Paare zu einem bestimmten Zeitpunkt erhoben:

Die von Strauss (1954: 104) befragten Paare suchten sich offenbar größtenteils einen Freundeskreis aus anderen japanisch-amerikanischen Eheleuten.

Pavelas (1964: 210) Befragung von nur neun Paaren ergab ein Überwiegen von afro-amerikanischen Freunden bei sechs Paaren und ein zu gleichen Maßen auf "schwarze" und "weiße" Freunde aufgeteiltes Beziehungsnetz bei drei Paaren. Andere Heterogame befanden sich nicht darunter.

70 % von Connors (1976: 40, 58) Probanden gaben an, daß sie mehr anglo-amerikanische als japanisch-amerikanische Freunde hätten.

Eine sehr sorgfältige Netzwerkanalyse führte Benson (1981: 95 - 133) durch. Für jedes "schwarz"-"weiße" Paar in Brixton zählte sie alle informellen Kontakte regelmäßiger Art, die mindestens einmal in drei Monaten stattfanden, alle Kontakte mit Verwandten mindestens einmal innerhalb von drei Monaten und alle Kontakte mit Personen, die ihre Probanden selbst als wichtig bezeichneten, die aus Gründen der Entfernung oder ähnlichem aber seltener waren, jedoch mindestens einmal im Jahr stattgefunden haben mußten. Als Ergebnis konnte sie mehrere Netzwerktypen herausfiltern, die jeweils zu etwa zwei Dritteln aus den beschriebenen Mustern bestanden:

1. Haushalte mit "schwarz"-orientierten Netzwerken (2 von 20): Beide britische Frauen hatten wegen häufigen Umzugs oder Zurückweisung seitens ihrer Orientierungsfamilie keine engen Bindungen an "Weiße" aufrechterhalten können und sich daher stark in die soziale Welt ihrer Männer integriert und auch akkulturiert.

---

[51] Die Autoren nennen leider kein Beispiel.

2. Haushalte mit "weiß"-orientierten Netzwerken (5 von 20): Diese Orientierung war mit Aufstiegsbestrebungen bzw. einem von vornherein hohen sozio-ökonomischen Status verknüpft.
3. Janus-Haushalte (3 von 20): Mann und Frau unterhielten getrennte Netzwerke in ihrer eigenen Personenkategorie. Dies hatte offenbar die Funktion, Spannungen in der Ehe zu minimieren, da beide Partner über sehr unterschiedliche soziale Strategien, ethnische Identitäten und Haltungen gegenüber der Ethnie des Partners verfügten.
4. Haushalte mit Netzwerken Heterogamer (2 von 20): Weder die Frauen noch die Männer interagierten häufig in organisatorisch oder institutionell vorhandenen Gemeinschaften ihrer ethnischen Einheiten. Stattdessen hatten sie sich eine Clique von ebenfalls heterogamen Paaren geschaffen, mit denen die meisten Kontakte stattfanden.
5. Haushalte mit Netzwerken Angehöriger beider Ethnien (2 von 20): Beide Partner hatten Kontakte zu Angehörigen beider Ethnien in das gemeinsame Netzwerk eingebracht; die Britinnen dieser Paare zeichneten sich offenbar durch besondere Kritiklosigkeit und Nicht-Beachtung sozialer und ethnischer Schranken aus.
6. Isolierte Haushalte (6 von 20): Die beteiligten Individuen fühlten sich schon als Kinder wenig in der Lage, soziale Beziehungen aufzubauen, und / oder fanden genügend Erfüllung in ihrer Fortpflanzungsnuklearfamilie und / oder legten keinen großen Wert auf viele Beziehungen - und die damit verbundenen Verpflichtungen der Reziprozität - zu anderen Personen. Ihre Netzwerke waren daher mit durchschnittlich fünf anderen Haushalten im Vergleich zu durchschnittlich zwanzig anderen Haushalten bei den Kategorien 1. bis 5. sehr klein.

Bensons Resultate zeigen, daß die Netzwerke interethnischer Paare durchaus nicht immer in Richtung einer strukturellen Assimilation weisen, daß allerdings beeinflußende Parameter der überwiegenden Interaktionsorientierung gefunden werden können, - etwa sozialer Aufstiegswunsch bzw. hoher sozio-ökonomischer Status, Ausgrenzung von seiten der Mehrheitsgesellschaft, psychisch oder lebensgeschichtlich bedingte Kontaktschwäche. Für die Analyse der Beziehung zwischen Heterogamie und Assimilation wären daher wohl sorgfältige Einzelfallstudien ergebnisreicher als großräumige Auswertungen von Statistiken, die sich auf schwammige Operationalisierungen stützen.

7.2.3.2 Beispiele für verschiedene Arten der ethnischen Selbst- und Fremdzuschreibung der Paare und ihrer Kinder

Eines der häufigsten Argumente gegen (kakogame) interethnische Heirat im populären Diskurs betrifft die Konsequenzen für die Kinder einer solchen Verbindung (vgl. z. B. Kannan 1972: 95; Bagley 1981: 41): Selbst wenn ein Paar alle durch kulturelle Unterschiede bedingten Schwierigkeiten der ehelichen Anpassung und Gefahren der Sanktionierung durch die Umwelt auf sich nimmt, hat es das Recht, seine Kinder ebensolchen Diskriminierungen und einer ambivalenten Statusplazierung mit möglichen negativen psychischen Folgen auszusetzen?

Die rein formal möglichen Zuordnungen eines interethnischen Paares und seiner Kinder habe ich bereits in meinem Schema unter 7.2. dargestellt. Eine weitere "Lösung", durch die eine Gesellschaft Kakogamie und die Plazierung von daraus resultierenden Kindern vermeiden kann, könnte neben der Nicht-Anerkennung solcher Verbindungen als ehelich die Tötung eines oder beider Partner und / oder Infantizid sein. Obwohl Einzelfälle dieser Art in Literatur und Presse dokumentiert sind, - etwa das Lynchen afro-amerikanischer Männer anglo-amerikanischer Frauen im Süden der U.S.A., Teeren und Federn eines englisch-irischen Paares in Nordirland oder Überfälle auf und Ermordung deutsch-afrikanischer Paare und ihrer Kinder in Ostdeutschland[52] -, gibt es meines Wissens keine *Gesellschaft*, die diese Methoden institutionalisiert hat. Dies erscheint mir gerade hinsichtlich der Tötung von Kindern bemerkenswert, da Infantizid aus Gründen der Schichtverschiedenheit von Eltern sich durchaus in einigen Gesellschaften institutionalisiert findet, beispielsweise im voreuropäischen Tahiti[53].

Klare Regeln für die Zugehörigkeit von Kindern aus heterogamen Verbindungen sind eher von **Religionen** als von ethnischen Einheiten bekannt. So gilt nach emischer Auffassung jedes Kind eines hinduistischen Vaters als Hindu, eines muslimischen Vaters als Moslem, einer jüdischen Mutter als Jude (Cavan und Cavan 1971: 22).

---

[52] In der Literatur thematisiert werden auch relativ häufig Tötungen unehelicher Kinder japanischer Frauen von "weißen" oder "schwarzen" Soldaten. Hier spielt jedoch die Frage der Illegitimität hinein, die auch bei Kindern intraethnischer Verbindungen in bestimmten Gesellschaften Infantizid, Verlassen, Freigabe zur Adotion u. ä. bewirkt (vgl. z. B. Goode 1964: 24, 25).

[53] Auch dort war er aber offenbar mit Illegitimität der Geburt verknüpft, denn Adligen war die Heirat mit Personen niedrigerer Schicht verboten (Handy 1930: 40; Oliver 1974: 758).

Tambiah (1973) gibt Beispiele dafür, wie einige indische Subkasten aus kakogamen Heiraten höherkastiger Frauen mit niedrigkastigen Männern entstanden sein sollen. Es wird allerdings nicht deutlich, inwieweit diese auf Schriften klassischer Autoren beruhenden Aussagen historischen Tatsachen entsprechen oder bloße Rationalisierungen bzw. Abwertungen bestimmter Personenkategorien sind. Falls tatsächlich geschehen, würde es sich hier um Beispiele für die Neuschaffung von Wir-Gruppen durch Heterogamie handeln.

Die **Zuordnung interethnischer *Paare*** scheint in der Forschung bisher überhaupt kein Thema gewesen zu sein; es wäre immerhin denkbar, daß sie in einigen Gesellschaften zumindest für einen Partner bei Heirat wechselt, wie etwa die mit Adoption oder Initiation verknüpften Beispiele der Marakwet oder nordamerikanischer Indianer nahelegen. Der Befund der einzigen mir bekannten Untersuchung war dann auch ein unerwartetes Ergebnis:

White und Chadwick (1972) wollten aufbauend auf früheren Assimilationsstudien über nordamerikanische Indianer klären, unter welchen Bedingungen diese sich selbst als indianisch oder nicht-indianisch klassifizierten. Ihre Hypothesen waren, daß Selbstzuschreibung als "Weißer" mit Schulbildung, fester Arbeitsstelle und höherem Berufsstatus, höherem Lebensstandard, gemeinsamer Interaktion mit Anglo-Amerikanern in verschiedenen sozialen Gruppen und "weißen" Vorfahren korreliere. Sie führten Interviews mit Personen des Spokane-Stammes in Washington durch, wobei etwa die Hälfte der Befragten auf oder nahe der Reservation, die anderen in der Stadt lebten. Als Indikatoren verwendeten die Autoren die Zahl der Schuljahre, die Anzahl der Arbeitswochen in den letzten zwölf Monaten, eine Skala zur Evaluierung der Wohnverhältnisse, ein Kontinuum der urbanen versus ländlichen Residenz, eine Frage nach dem Grad des "Gut-Passens" zu Indianern und "Weißen", Fragen nach den Vorfahren der Probanden und ihrer Ehepartner.

Wie von den Sozialwissenschaftlern erwartet, bestand eine eindeutige Verbindung zwischen Wohnen in der Stadt sowie einem Gefühl des Harmonierens mit Anglo-Amerikanern und der Selbstklassifizierung als eher "weiß". Zu ihrer großen Überraschung war der zweitstärkste Faktor jedoch die Anzahl der anglo-amerikanischen Vorfahren der *Ehepartner* der Befragten, - nicht der eigenen. Diese Verbindung zeigte sich überdurchschnittlich stark bei weiblichen Probanden. Das Ergebnis ist jedoch vielleicht nicht ganz so erstaunlich: Laut Nagler (1973: 283) verlieren indianische Frauen bei Heirat mit nicht-indianischen Männern ihren rechtlichen Status als Indianer. Dies ist zugleich mit dem Verlust von bestimmten staatlichen Privilegien verknüpft. Möglicherweise trägt diese offizielle Konsequenz aus der Heirat zu der Selbstklassifizierung bei.

Neben dieser Arbeit, die eher zufällig die ethnische Zugehörigkeit des Partners als wesentlich für die des Probanden entdeckte, sind mir keine empirischen Studien über die Selbst- und Fremdzuordnung interethnischer Paare bekannt. Hier klafft wiederum eine gewaltige Lücke in der Forschung zum Thema Zwischenheirat.

Hingegen existieren einige Arbeiten über die **ethnische Selbst- und Fremdklassifizierung der Kinder** aus interethnischen Ehen in solchen Gesellschaften, die gar keine oder nur eine vage bzw. ambivalente Zuordnung vorgeben. Besonders interessiert war die Forschung auch an Konstellationen, in denen Kinder der Fremdklassifizierung nach zu einer Minderheit mit geringem Prestige gezählt wurden, aber nach ihrer eigenen Zuordnung Mitgliedschaft in der "ranghöheren" Mehrheitsgruppe favorisierten oder anstreben konnten[54].

Das **Konzept der Marginalität** (vgl. Kap. 5.3.3.5.1) postulierte, daß heterogame Partner und ihre Kinder unter ungünstigen psychischen Dispositionen litten, weil ihre Position zwischen zwei in sich integrierten Gesellschaften liege und damit ambivalent sei (vgl. auch Barron 1951: 252).

Golden (1954: 146) und nach ihm viele andere Wissenschaftler gingen davon aus, daß Kinder aus "schwarz"-"weißen" Ehen in den Vereinigten Staaten von ihrer sozialen Umwelt gemäß den populären Rekrutierungskriterien, welche jede Person mit nur einem "schwarzen" Vorfahren als afroamerikanisch klassifizierten, als "Schwarze" gesehen wurden. Je eher sie diese Tatsache selbst akzeptierten, umso weniger psychische Probleme hätten sie zu erwarten.

Teicher (1968) stellte eine Studie der psychiatrischen Abteilung des Los Angeles County General Hospital vor, die sich erst ganz am Anfang befand und deren weitere Ergebnisse bis heute offenbar niemals veröffentlicht wurden. Die Untersuchung galt Kindern aus "schwarz"-"weißen" Ehen, der Schwerpunkt lag auf der Identitätsbildung in der Pubertät; wie bei vielen

---

[54] Durch die gesamte U.S.-amerikanische Literatur zieht sich bis in die siebziger Jahre hinein das Thema - oder die ängstliche Obsession? - des *passing*: Kinder aus "schwarz"-"weißen" Verbindungen, die über helle Hautfarbe, nicht-negroide Züge, usw. verfügten, könnten möglicherweise in einer Umgebung, wo niemand das Vorwissen über ihre Herkunft habe, als "Weiße" durchgehen und bewußt unter Verheimlichung oder gar Abbruch ihrer Beziehungen zur "schwarzen" Gemeinschaft in die anglo-amerikanische Gesellschaft mit ihren Privilegien eintauchen. Selten fehlt in diesen Werken ein Nebensatz, der auf die "Dunkelziffer" der Personen hinweist, die dies wohl tun, bzw. zu Spekulationen darüber einläd. Es darf wohl vermutet werden, daß das Unbehagen darüber nicht nur darauf zurückzuführen ist, daß diese "Dunkelziffer" die von den meisten dieser Zwischenheiratsforscher verwendeten Statistiken "fälscht", sondern ideologisch begründet ist.

Arbeiten dieser Art gab es keine gesunde Kontrollgruppe. Nach der Darstellung von drei Fallstudien formulierte der Autor mehrere Hypothesen, die im weiteren Verlauf der - bis heute ausstehenden - Untersuchung verifiziert werden sollten:

— Identitätsprobleme sind häufiger bei Kindern, deren gleichgeschlechtlicher Elternteil andere "rassische" Merkmale aufweist;
— Identitätsprobleme sind häufiger, wenn in der Wahrnehmung des Kindes das gegengeschlechtliche Elternteil die "rassischen" Merkmale des Kindes oder des gleichgeschlechtlichen Elternteils herabsetzt;
— Identitätsprobleme sind häufiger, wenn das Kind selbst die "rassischen" Merkmale des gleichgeschlechtlichen Elternteils herabsetzt;
— das Kind tendiert zur Identifikation mit dem Elternteil, welches als weniger sozial herabgesetzt wahrgenommen wird;
— Identitätsprobleme sind häufiger bei jenen Kindern, deren Identifikation mit dem sozial höher eingeschätzten Elternteil aufgrund der "rassischen" Merkmale unrealistisch sind;
— Identitätsprobleme sind wahrscheinlicher bei jenen Kindern, die sich mit dem sozial herabgesetzten Elternteil identifizieren;
— "weiß"-aussehende Kinder, deren soziale Kontakte hauptsächlich mit "Schwarzen" bestehen, haben eher Identifikationsprobleme als "schwarz"-aussehende Kinder in derselben Situation;
— "schwarz"-aussehende Kinder, deren soziale Kontakte hauptsächlich mit "Weißen" bestehen, haben eher Identifikationsprobleme als "weiß"-aussehende Kinder in derselben Situation;
— Identitätsprobleme sind geringer für Kinder, die in einem Umfeld von anderen gemischt-"rassigen" Familien aufwachsen, als für solche, deren Kontakte hauptsächlich auf Personen der "Rasse" beschränkt sind, der sie selbst nicht ähneln;
— je besser die Eltern an ihre "interrassische" Ehe angepaßt sind, umso geringer sind die Identitätsprobleme ihrer Kinder.

Trotz der wenigen Fallbeispiele, der ausschließlich aus psychiatrischer Behandlung gezogenen Probanden und der Vorläufigkeit dieser Studie wurde sie über Jahre hinweg als allgemein gültig und wegweisend in der Literatur tradiert. Noch Simpson und Yinger, die ihr Buch sonst mit jeder Neuauflage entsprechend des aktuellen Forschungsstandes revidieren und ideologisch belastete Ansätze über Bord werfen, schreiben 1985 über Teichers Veröffentlichung:

"One of the most interesting studies of children of black-white marriages... found that these mixed children experience greater identity problems than do the children of black couples. Teicher found that many of these children feel that black is devaluated in this society and, resenting both parents, cannot identify with either. Resentment occurs also with respect to siblings who have different racial characteristics" (Simpson und Yinger 1985: 305).

Aellen und Lambert (1969) führten eine umfangreiche Fragebogen-Studie durch, um zu testen, ob Kinder aus heterogamen Ehen franko- und anglophoner Kanadier negative psychische Merkmale entwickelten oder im Gegenteil liberaler und mit einem breiteren Horizont[55] aufwüchsen oder ob sich eine typische Kombination beider Tendenzen finden lasse. Zur Überprüfung dieser Hypothesen wählten sie männliche Probanden zwischen 14 und 17 Jahren aus, von denen die eine Hälfte eine französischsprachige, die andere eine englischsprachige Schule besuchte. Beide Hälften unterteilten sich je in eine Gruppe von Schülern homogamer und eine heterogamer Eltern. Um andere Einflüsse möglichst auszuschalten, waren alle Probanden katholisch, und ihre Eltern hatten einen ähnlichen sozio-ökonomischen Hintergrund. Die Forscher verwendeten eine Reihe von psychologischen Testskalen bzw. entwickelten einige neue, um folgende Aspekte zu überprüfen:

— Identifikation der Kinder im Vergleich zu Vater, Mutter, Franko-Kanadiern und Anglo-Kanadiern (unter anderem anhand einer Bogardus-Skala);
— Selbstwertgefühl und psychische Stabilität;
— Wahrnehmung der Eltern in Form vorgegebener Eigenschaften und Erfüllung von Bedürfnissen nach Zuneigung, Kontrolle u. ä.
— Interaktion mit Altersgenossen;
— Haltung gegenüber Anglo- und Franko-Kanadiern;
— Ethnozentrismus und autoriäre Persönlichkeitsmerkmale[56];

---

[55] Diese Möglichkeit wurde von Park, dem Begründer des Marginalitätskonzeptes, bereits in einer Veröffentlichung des Jahres 1931 (Personality and Cultural Conflict. in: *Publication of the American Sociological Society* 25: 95 - 110) eingeräumt, aber offenbar erst Jahre später in der Forschung berücksichtigt.

[56] Das Konzept der autoritären Persönlichkeit stammt aus der der psychologischen Vorurteilsforschung. Es geht davon aus, daß Vorurteile die Manifestation einer tief unsicheren Person seien, die selbstentfremdet ist, d. h. viele Impulse unterdrückt und das Leben als eine Bedrohung und sehr stark wettbewerbsgeprägt sieht. Die "ideale" autoritäre Persönlichkeit ist demnach unzugänglich für neue Erfahrungen, erträgt keine Ambiguität, vertritt pseudo- oder anti-wissenschaftliche Haltungen und hat unrealistische Ansichten über das Erreichen von Zielen. Einigen Untersuchungen zufolge steigen autoritäre Persönlichkeitsmerkmale mit dem Alter, sind verknüpft

— Orientierung hinsichtlich "typischer" anglo- oder franko-kanadischer Werte.

Die Autoren kamen zu dem Ergebnis, daß die Kinder aus heterogamen Ehen im Vergleich mit den Probanden der Kontrollgruppen durchgehend als genauso psychisch gesund betrachtet werden könnten; sie wiesen entgegen der Marginalitätsthese keinerlei Zeichen von Persönlichkeitsstörungen, Entfremdung oder Angst auf. Ihr Selbstkonzept orientierte sich wie bei den anderen Jungen eher am Vater als an der Mutter; jedoch nahmen sie ihre Eltern als aufmerksamer und interessierter an ihren Belangen wahr. Dies hatte aber keine positivere Einschätzung der Eltern zufolge als bei den Probanden aus homogamen Elternhäusern. Ihre allgemeinen Orientierungen glichen denen der Schulkameraden; allerdings zeigten sich besonders bei den Jungen an der französischsprachigen Schule geringere Vorurteile gegen Anglo-Kanadier als bei den Kindern aus interethnischen Ehen an der englischsprachigen Schule gegen Franko-Kanadier. In mehreren Aspekten schienen die Haltungen und Orientierungen eher an die Schule bzw. die Mitschüler gebunden als an das Elternhaus.

Chang (1974) ließ Kinder mit einem im Ausland geborenen und einem zum Militär gehörenden Elternteil sowie eine Kontrollgruppe von Kindern homogamer Eltern an einer Unterschicht-Schule in Kansas den Piers-Harris-Test zur Erhebung des Selbstkonzeptes von Kindern durchführen. Zusätzlich mußten sie sich einem Lese- und Rechentest unterziehen. Das Ergebnis zeigte höhere Selbstkonzept- und Lese-Rechen-Werte für die Kinder aus heterogamen Elternhäusern. Die Autorin ist allerdings etwas ratlos, wie sie diese interpretieren soll; ihr Ausgangspunkt war die Marginalitätsthese. Aufgrund der Resultate anderer Studien, die einen Zusammenhang zwischen schulischem Erfolg und positivem Selbstkonzept zeigten, schlägt sie eine Reihe konkurrierender Erklärungen vor:

— Die schulischen Leistungen sind eine Kompensation des marginalen Status mit seinen negativen Begleiterscheinungen.
— Die Kinder sind denen aus homogamen Ehen genetisch überlegen.
— Lehrer schenken den aus heterogamen Verbindungen stammenden physisch auffälligen Kindern mehr Aufmerksamkeit, so daß ihre schulischen Leistungen besser sind als die der anderen Kinder.

---

mit allgemeiner Misanthropie und korrelieren negativ mit Intelligenz und Bildung. Eine gute Zusammenfassung einschließlich fundierter Kritik dieses Konzeptes geben Simpson und Yinger (1985: 78 - 90).

— Da nur die Kinder aus binationalen Ehen aus Familien mit Militärangehörigen stammen, mag dies etwas mit ihrem Erfolg zu tun haben.
— Da die Kinder aus Familien mit Militärangehörigen stammen, sind sie vermutlich durch deren häufige Versetzungen mit vielen Personen verschiedener "Rassen" und Kulturen zusammengekommen und haben gelernt, überall gute Kontakte zu knüpfen. Aufgrund dieser Eigenschaft erleiden sie keine Diskriminierung von ihren Klassenkameraden und Lehrern und fühlen sich nicht als Marginale.

Trotz der Kontrollgruppe von Kindern aus homogamen Ehen ist diese Untersuchung ein Beispiel dafür, daß allein die Verabreichung einiger Testskalen ohne weitergehenden theoretischen Rahmen nicht ausreicht, um die Ursachen von Persönlichkeitsmerkmalen zu klären. Bereiche wie ethnische Zugehörigkeit oder "Mar-ginalität", wie auch immer aufgefaßt, sind dafür zu komplex. Und "genetische Überlegenheit" als Erklärung für bessere Resultate in Lese- und Rechenaufgaben (!), noch dazu nach nur einer Generation, läßt auf eine grobe Unkenntnis der Vererbungs- und Anpassungsvorgänge beim Menschen schließen. Auch ob die Kinder tatsächlich "physisch auffällig" waren und damit den Lehrern Anlaß zu mehr Aufmerksamkeit gaben, läßt sich aus der Tatsache eines binationalen Elternhauses nicht per se herleiten: Die Autorin macht keine Aussagen darüber, ob etwa die Herkunft der Mütter mehrheitlich asiatisch war. Dennoch könnten die Lehrer aufgrund eines *Vorwissens* um das heterogame Elternhaus die Kinder anders behandelt haben als die restlichen Schüler; dies wäre aber auch in Form von Diskriminierung statt Bevorzugung möglich.

Benson (1981: 134 - 144) erfragte während ihrer Feldforschung im Londoner Stadtteil Brixton, wie die meist aus Afrika und der Karibik stammenden Männer und britischen Frauen sich die Selbstklassifikation ihrer - zum größten Teil noch kleinen - Kinder wünschten. Zwei Paare hofften, ihre Kinder würden sich als "weiß", ein Paar, sie würden sich als "schwarz" sehen. Die meisten Eltern fanden die Frage schwer zu beantworten und ordneten die vorgezogene Ethnizität zwischen "britisch" und "schwarz" ein, etwa "halb und halb", "als erstes farbig, dann englisch" u. ä. Die Partner stimmten in ihren Vorstellungen nicht in jedem Fall überein. Ein wichtiges Problem der Zuordnung erkannten viele Eltern darin, daß Freundes- und Bekanntenkreis des Paares sowie deren kulturelle Orientierung eher britisch waren, die Kinder wegen der Hautfarbe jedoch Schwierigkeiten haben würden, von anderen Briten als zur selben ethnischen Kategorie gehörig akzeptiert zu werden. Einige Mütter bemühten sich daher, - ohne allerdings selbst viel über die Kultur ihres Mannes zu wissen -, die Kinder bewußt mit Schulbüchern, Musik u. ä. aus seinem Heimatland vertraut zu machen.

Benson konnte beobachten und erfragen, daß 11 der 27 Kinder ihrer Stichprobe (Alter 3 - 16 Jahre) Anzeichen für die Ablehnung einer "schwarzen" Identität aufwiesen: offene verbale Zurückweisung derselben, das "Waschsyndrom", bei dem sie versuchten, die dunkle Hautfarbe durch Reinigung zu entfernen, den Wunsch, das Äußere zugunsten einer kaukasoiden Erscheinung zu verändern oder gar Gewalt gegen "schwarze" Kinder. Diese Ablehnung richtete sich nie gegen den "schwarzen" Elternteil, sondern stets gegen andere oder die Kinder selbst. Der Grad der eigenen dunklen Hautfarbe oder das Geschlecht schienen nicht mit dieser Zurückweisung zu korrelieren. Eine klare Tendenz zur Ablehnung einer "schwarzen" Identität durch Kinder bestand in jenen Familien, wo die Eltern Probleme hatten, ein soziales Netz aufzubauen bzw. es absichtlich klein hielten (nicht mehr als fünf Haushalte von Familienmitgliedern, Nachbarn, Freunden, mit denen mindestens einmal in drei Monaten Besuchskontakt gepflegt wurde).

Goldstein und Segall (1985) wollten die These überprüfen, daß Abstammung aus einer interethnischen Ehe ein geringeres Zugehörigkeitsgefühl zu einer der Ethnien der Eltern mit sich bringe als Abstammung aus einer intraethnischen Ehe. Als Teil der kanadischen Winnipeg Area Study von 1983 führten sie 524 Interviews, die von der Auswahl der erwachsenen Probanden her hinsichtlich Alter, Geschlecht und Haushaltsgröße einen repräsentativen Querschnitt der Bevölkerung des Gebietes darstellten. Gefragt wurde nach ethnischer Zugehörigkeit der Eltern, der eigenen ethnischen Klassifizierung, der Bedeutung der eigenen ethnischen Klassifizierung für den Interviewten, Interaktion mit Angehörigen der eigenen Ethnie in Primär- und Sekundärgruppenbeziehungen sowie ethnischer Zugehörigkeit des Ehepartners, falls vorhanden. Leider legen die Autoren die Verteilung der Antworten auf Nachkommen homogamer und heterogamer Paare nicht offen. Sie konnten jedoch feststellen, daß gemäß der Hypothese Personen, die aus interethnischen Ehen stammten, sich eher als "Kanadier" statt z. B. "Pole" klassifizierten, ihrer ethnischen Zuschreibung keine große Bedeutung zumaßen, ihre Primär- und Sekundärgruppen-Interaktionen oder Partnerwahl nicht auf Mitglieder einer der Ethnien der Eltern konzentrierten.

Jensen (1987: 129, 130) beschreibt aufgrund seiner Feldforschung in dem mauritianischen Ort Trou-d'Eau-Douce, daß die dort ansässigen ethnischen Einheiten bis auf die Kreolen und Chinesen, welche Katholiken waren, jeweils verschiedene Religionszugehörigkeit hatten. Zwischenheirat war daher gewöhnlich mit der Konvertierung eines Partners und der Erziehung der Kinder in der so "gestärkten" ethnischen Einheit verbunden. Kinder wurden entsprechend als zu dieser Ethnie gehörig klassifiziert.

Die sorgfältigste mir bekannte Studie zur Identität von Kindern aus "schwarz"-"weißen" Ehen stammt von Wilson (1987). Die Autorin führte

Tiefeninterviews und Tests mit 51 sechs- bis neunjährigen Kindern und 39 Müttern in London und Umgebung sowie einigen kleineren Städten und Vororten Großbritanniens durch. Sie ging davon aus, daß alle Kinder, auch die aus heterogamen Verbindungen, die britische "Rassen"-Klassifikationen begreifen, internalisieren und sich selbst darin lokalisieren müßten. Das erste Problem dabei bestehe in der Tatsache, daß diese Klassifikationen nicht eindeutig, sondern überlappend und ambivalent seien. Das zweite Problem könne in dem Wunsch bestehen, einer "besseren" Kategorie anzugehören als der fremdzugeschriebenen. Folglich sei es die erste Aufgabe einer Studie, zunächst die verschiedenen Arten von Klassifikationen zu erheben.

Wilson unterschied zunächst eine aus Sicht "weißer" Briten bestehende Primär- und Sekundärklassifikation: Erstere bestehe einfach aus der Dichotomie "weiß" / "schwarz". Letzteres werde im Sinne von nicht-"weiß" verwendet, egal, ob die gemeinten Personen aus Afrika, der Karibik oder Südostasien stammten. Funktion dieser Zuordnung sei eine Abgrenzung von seiten der "weißen" Briten. Allerdings gebe es hier uneindeutige Fälle der Zuordnung, etwa Araber, Zyprioten, Juden, Perser, Chinesen. Die Sekundärklassifikation sei ebenfalls keineswegs eindeutig und konsistent; sie beinhalte Labels wie "Westinder", "braun", "Asiate", "hell", "Inder", "Einwanderer", "half-caste" u. ä., welche eine Abstufung innerhalb der nicht-"weißen" Kategorie und damit sowohl für die Klassifizierenden als auch für die Klassifizierten ein situatives "Management" von Ethnizität erlaubten.

Eine Befragung der Mütter ergab zwar Übereinstimmung darüber, daß in Großbritannien die Dichotomie "weiß" / nicht-"weiß" existiere und ihre Kinder letzterer zuzuordnen seien. Allerdings herrschte große Uneinigkeit über die adäquate und als nicht-rassistisch empfundene Bezeichnung für die Kinder. Dies galt besonders für Begriffe wie "schwarz", "braun" oder "farbig", über die englische, jamaikanische oder afrikanische Mütter vollkommen unterschiedliche Ansichten hatten.

In Anlehnung an die "Puppenstudien" (vgl. Kapitel 5.3.3.6, Anmerkung 75) legte Wilson den Kindern Farbphotos von sieben Paaren, nämlich zwei "schwarz"-"weißen" mit unterschiedlicher Geschlechtskombination, einem "weißen", einem "schwarzen", einem indischen und zwei "weiß"-indischen mit unterschiedlicher Geschlechtskombination, sowie einzeln aufgenommenen entsprechenden Jungen und Mädchen vor. Die kleinen Probanden erhielten dann folgende Aufgaben zur Ordnung der Karten:

1. Welches Kind sieht so aus wie du?
2. Welches wärst du gern?
3. Welche vier würdest du zu einer Party einladen?
4. Welche ähneln deinen besten Freunden?

5. Sortiere alle "weißen" Kinder zusammen, und ordne die anderen.
6. Zu welcher Gruppe gehörst du?
7. Erkläre einem Außerirdischen, woher du die Zuordnung weißt bzw. woran man die Zuordnung erkennt.
8. W a s auf dem Photo sieht so aus wie du?

Schließlich sollten bisher im Test von den Kindern nicht genannte Sekundärklassifikationslabel von diesen erläutert werden.

Die Studie brachte folgende Ergebnisse: Kinder unter acht Jahren gruppierten die Photos eher nach Hautfarbe, ältere ordneten sie gemäß den Elternphotos. Jüngere Kinder sortierten gemäß einer Kategorisierung nach "schwarz" / "weiß" / "braun" oder entlang eines Farbkontinuums, die über Achtjährigen hingegen als "schwarz" / "weiß" / "half-caste" / "indisch" oder "schwarz" / "farbig" / "weiß" / "indisch". Das komplexere Klassifizieren der älteren Kinder fand auch anhand kultureller Zuschreibungen statt, etwa der Unterscheidung der Inder von anderen "Braunen" durch Eß- und Kleidegewohnheiten.

Die Mehrzahl der Kinder ordnete das eigene Aussehen realistisch zu, ein Drittel nannten allerdings als Wunschbild hellere Photos. Bei gemeinsamen Aktivitäten wurden afro-karibische und aus heterogamen Ehen stammende Kinder bevorzugt. Manche Kinder hatten ein in sich inkonsistentes Muster der Klassifizierung und Bevorzugung. Sieben Kinder sahen sich als "weiß", vier als "schwarz", zehn schwankten zwischen beiden Kategorien, achtzehn sahen sich als gemischt, aber heller als "schwarz", zwölf als gemischt-"schwarz".

Wilson konnte aufgrund der zusätzlichen Mütterinterviews feststellen, daß auch jüngere Kinder komplexer klassifizierten, wenn sie in einer "gemischtrassigen" Umgebung aufwuchsen, ältere hingegen nur sehr einfach, wenn sie in einer rein "weißen" Umgebung aufwuchsen. Das komplexe Klassifizieren schien außerdem an eine Wohngegend und Schule mit vielen anderen "gemischtrassigen" Kindern geknüpft, durchaus auch verbunden mit interethnischen Spannungen und rassistischen Schimpfwörtern, denen diese Kinder ausgesetzt waren. Ihre Selbstzuschreibung war in dieser Konstellation meist eine Zwischenkategorie wie "intermediate", "half-caste" oder "braun" und erlaubte ein situationsbedingtes Herauf- und Herunterspielen des "schwarzen" und "weißen" Anteils: Die Autorin spricht von einem "social passe-partout" (ibid.: 116). Hingegen blieb den Kindern, welche in einer rein "weißen" Umgebung aufwuchsen, häufig nur die Alternative "If you won't allow me to be white, then I shall be black" (ibid.: 118), ohne daß dies mit einer durch das soziale Netz gestützten starken Identität als "schwarz" einherginge.

Wilson konfrontierte die Mütter in den Interviews mit vier hypothetischen Krisensituationen:

1. Das Kind äußert den Wunsch, "weiß" zu sein;
2. Es hat Angst vor Ungleichbehandlung der "Rassen";
3. Es weist den "weißen" Elternteil zurück;
4. Es wird in der Schule mit rassistischen Schimpfwörtern belegt.

Aus den Antworten, die oft zu einer ausführlicheren Erörterung von Erziehungszielen und -maßnahmen führten, konnte sie ebenfalls Korrelationen zu den Arten der Zuordnung bei den Kindern herstellen. So hatten jene Kinder, deren Mütter ihnen das Bild einer rassistischen Gesellschaft vermittelten, in der persönlicher Kampf um Erfolg diesen wegen der Ungleichbehandlung nicht herbeiführe, meist eine Identität als "gemischt". Sie empfanden keine persönliche Schuld bei Zurückweisung. Das andere, dem diametral entgegengesetzte Erziehungsbild war das einer Gesellschaft, in der es kaum Rassismus gebe, dieser zum Teil nur als Entschuldigung für Faulheit und Aufsässigkeit diene und harte Arbeit zum persönlichen Erfolg notwendig sei. Kinder der Mütter, die dies vertraten, neigten zu einer Identität als "weiß".

Wilson kommt zu dem Ergebnis:

> "Individual mixed race children, like members of other minority groups, may well have identity problems, *but these are not the inevitable result of having one black parent and one white*" (ibid.: 196; Hervorhebung im Original).

Stephan und Stephan (1989) gingen von der in den U.S.A. ausgetragenen Debatte unter Sozialwissenschaftlern aus, ob Minderheiten eher zur Assimilation oder zur Bewahrung bzw. Wiederbelebung ihrer Ethnizität[57], neigten. Um zur Klärung beizutragen, wollten sie anhand ihrer Erhebung herausfinden, in welcher Weise sich Nachkommen aus interethnischen Ehen klassifizieren und mit welchen Parametern diese Selbstzuordnung zusammenhängt. Zu diesem Zweck wählten sie zwei Stichproben von Studienanfängern des Fachs Psychologie; das begründeten sie damit, daß in der Lebensphase des Studiums die jungen Leute zum ersten Mal auf sich gestellt von zu Hause entfernt lebten und sich daher über ihre - auch ethnische - Identität klar würden. Die erste Stichprobe bestand aus 67 Personen mit mindestens einem japanischen Großelternteil, möglicherweise auch einem japanischen Elternteil. Alle Probanden studierten an der Universität von

---

[57] Dies entspricht dem ja auch schon von Gordon formulierten Ansatz des kulturellen Pluralismus; s. o.

Hawaii, waren dort aufgewachsen, aber auf dem amerikanischen Festland geboren. Die zweite Stichprobe setzte sich aus 104 Studienanfängern der Universität von New Mexico zusammen; sie mußten mindestens ein lateinamerikanisches[58] Großelternteil haben. Allen Teilnehmern wurden eingestreut zwischen einer Reihe anderer Fragen, die zum Standardtest jedes Studienanfängers der Psychologie gehörten, per Fragebogen ethnische Selbstzuordnungen in verschiedenen Situationen abverlangt, nämlich auf einem Anstellungsformular, in Gesellschaft der Eltern und Geschwister, der Kommilitonen, der engsten Freunde und unabhängig von solchen Kontexten. Zusätzlich wurden weitere Informationen darüber erhoben, inwieweit Interaktion mit Angehörigen der auf Hawaii bzw. in New Mexico vertretenen ethnischen Einheiten stattfanden, ob in der Kindheit japanische / lateinamerikanische Gerichte in der Familie gegessen und japanische / lateinamerikanische Feste gefeiert wurden, *dates*, Freunde und Nachbarn japanisch / lateinamerikanisch waren, der Proband und seine Eltern Japanisch / Spanisch sprachen und einer östlichen Religion bzw. dem Katholizismus anhingen, sich mit japanischen / lateinamerikanischen Normen wohlfühlten. Gefragt wurde ebenfalls danach, welcher Ethnie der Proband physisch am meisten ähnele und als zu welcher gehörig er aufgrund des Äußeren von anderen klassifiziert werde, inwieweit er sich von Japanern / Lateinamerikanern während der Kindheit akzeptiert gefühlt habe, inwieweit die Eltern japanische / lateinamerikanische Vorfahren hatten, welchem Elternteil der Proband sich am nächsten gefühlt habe, welcher Elternteil während der Kindheit der Hauptgeldverdiener und der einflußreichere in der Familie gewesen sei.

Die Autoren legen die genauen Antworten der Probanden und ihre Verteilung nicht offen, geben aber an, daß drei Viertel der Studenten aus der ersten Stichprobe und fast die Hälfte aus der zweiten sich nicht einer einzigen Personenkategorie oder einer gemischten zuordneten, sondern in den meisten vorgegebenen Kontexten eine multiple ethnische Identität angaben. Leider machen Stephan und Stephan nicht deutlich, was genau sie darunter verstehen, - eine Mehrfach-Angabe wie "japanisch-portugiesisch-chinesisch" oder eher eine Synthese wie "japanisch-amerikanisch". Die ethnische Zuordnung ließ sich nicht mit den rechnerischen "Anteilen" des kulturellen oder biologischen Erbes korrelieren, sondern erfolgte auch bei Personen mit derselben Konstellation von Vorfahren höchst unterschiedlich, war in sich für jede Person aber konsistent. Sie war damit sehr individuell und folgte keinen vorhersagbaren Regeln. Dies mag für jene Forscher erstaunlich sein, die ethnische Zugehörigkeit gemäß der in den U.S.A. häufig verwendeten Methode der Klassifizierung nach Hautfarbe, der ethnischen Herkunft des

---

[58] *hispanic* im Original

Vaters oder des prozentualen "Anteils" der Vorfahren berechnen, ist jedoch absolut konsistent mit flexiblen Defintionen von Ethnie wie etwa der für diese Arbeit zugrundegelegten in Anlehnung an Barth. Ähnliches gilt auch für die Faktoren, die die beiden Autoren mit ethnischer Zuordnung verknüpft fanden: So waren Religion und hoher sozio-ökonomischer Status eine ethnische Markierung für japanische Zugehörigkeit, physische Merkmale und ethnische Zuordnung des Vaters eine Markierung für lateinamerikanische. Die Autoren stellen fest, daß die Variablen, welche eine ethnische Einheit von einer anderen abgrenzen, also durchaus nicht einheitlich, sondern regional und je nach Personenkategorie verschieden sind. Auch das ist vielleicht eine neue Erkenntnis für Vertreter eines kontinuierlich in Richtung Assimilation strebenden Minderheitenmodells, das ethnische Einheiten durch niedrigen sozio-ökonomischen Status, Unakkulturiertheit, starke ethnische Kohäsion u. ä. gekennzeichnet sieht. Es entspricht jedoch wiederum Barths Charakterisierung von Ethnie als einem Gefäß, über dessen Inhalt per se zunächst einmal keine Voraussaussagen zu treffen seien, da es jeweils anders gefüllt werde.

In einer weiteren Studie (1991) widmeten sich Stephan und Stephan den möglichen negativen oder positiven Folgen von Herkunft aus einem interethnischen Elternhaus. Wieder wählten sie ihre Stichproben unter Studienanfängern des Fachs Psychologie der University of Hawaii und New Mexico State University: 34 "Weißen", 100 asiatischen Amerikanern und 57 Personen ethnisch heterogamer Herkunft in Hawaii und 129 "Weißen", 54 lateinamerikanischen Amerikanern und 123 Personen ethnisch heterogamer Herkunft wurden eine Reihe von Testskalen vorgelegt, die folgendes messen sollten: Anomie, Komplexität von Haltungen, Kontakt mit Angehörigen anderer Ethnien, Dogmatismus, Empathie, Freude an anglo-amerikanischen, lateinamerikanischen und asiatischen Kulturbereichen wie Speisen, Musik, Feiern, Radio- und Fernsehprogrammen, Büchern und Zeitschriften, Beherrschung von Englisch, Spanisch und asiatischen Sprachen, Haltung gegenüber anderen Ethnien, Angst vor anderen Ethnien, wahrgenommene Ähnlichkeit der Kultur zwischen verschiedenen Ethnien, Stereotypen über Angehörige anderer Ethnien, symbolischer Rassismus, Xenophobie, psychosomatische Symptome, Einschätzung der eigenen Lebensqualität, Selbstwertgefühl, eigener sozio-ökonomischer Status, eigene ethnische Zuordnung. Die Autoren fanden nach Auswertung und verschiedenen Korrelationsrechnungen heraus, daß die Kinder aus ethnisch heterogamen Ehen keine der beispielsweise durch die Marginalitätsthese postulierten negativen psychischen Eigenschaften in stärkerem Maße aufwiesen als die Kinder aus homogamen Verbindungen. Hingegen hatten sie höhere Werte bei Kontakten mit Angehörigen und bei der Freude an Kulturelementen anderer ethnischer Einheiten sowie geringere Ethnozentrismus-Werte.

Zusammenfassend läßt sich folgendes festhalten:
1. Ethnische Selbst- und Fremdzuschreibung von heterogamen *Paaren* wurde bisher so gut wie gar nicht untersucht.
2. Keine bekannte menschliche Gesellschaft wählte institutionalisierten Infantizid als Lösungsmöglichkeit für Zuordnungsschwierigkeiten von Kindern aus interethnischen Ehen.
3. Identitätsprobleme wurden bisher hauptsächlich bei Kindern aus "schwarz"-"weißen" Ehen beobachtet - oder untersucht? Bisher ist in der Forschung strittig, ob solche psychischen Schwierigkeiten potentiell für *alle* "Schwarzen" in "weiß"-orientierten Gesellschaften charakteristisch sind oder ein Spezifikum für Kinder heterogamer Abkunft. Hier fehlen erneut Kontrollstudien, welche Kinder aus homogamen Ehen und außerhalb psychiatrischer Behandlung einbeziehen.
4. Auffällig ist die Tradierung der methodisch ungenügenden Untersuchung von Teicher in der wissenschaftlichen Literatur. Sie liefert ein weiteres Indiz für Goldens These von den Verhinderungsmechanismen, zu deren Agenten er auch das Medium Wissenschaft rechnet, bzw. für ideologische Haltungen in wissenschaftlichen Werken.
5. Die beiden in Großbritannien durchgeführten Studien von Benson und Wilson deuten auf bestimmte Parameter hin, welche mit der ethnischen Selbstzuschreibung von Kindern aus "schwarz"-"weißen" Ehen verknüpft sein könnten. So korrelierte ein sehr kleines soziales Netz der Eltern offenbar mit einer Ablehnung "schwarzer" Identität seitens der Kinder und ein interethnisches Wohnumfeld mit einer komplexen "Rassen"-Klassifikation sowie der Fähigkeit zum situationsbedingten Herauf- und Herunterspielen der eigenen "ethnischen Anteile".
6. Die kanadischen und U.S.-amerikanischen Untersuchungen, welche mit homogamen Kontrollgruppen arbeiteten, konnten keinen Unterschied hinsichtlich negativer psychischer Dispositionen bei Kindern aus heterogamen Ehen feststellen, wie sie in der Marginalitätsthese postuliert werden. Hingegen waren Interesse an fremden Kulturelementen und Interaktion mit Angehörigen anderer ethnischer Einheiten etwas höher als bei den Nachkommen homogamer Paare. Auch die Tendenz zu einer ethnischen Selbstzuschreibung auf übergeordneter Ebene, etwa "Amerikaner" oder "Kanadier", ließ sich beobachten.

7.2.4 Interethnische Ehen und Kulturwandel

Kulturwandel auf der Makroebene einer Gesellschaft mit interethnischen Paaren als Agenten des Wandels ist in einigen Studien benannt worden. Als klassisches[59] Beispiel für ein "natürliches Laboratorium", das für 35 Jahre abgeschirmt von der Außenwelt kulturelle Anpassungsprozesse durchlaufen konnte, gilt die Pazifik-Insel **Pitcairn**, die allerdings durch ihre besondere historische Konstellation einzigartig sein dürfte. Auf diesem zu jener Zeit unbewohnten Eiland hatten sich 1790 einige der Meuterer des Schiffes "Bounty" mit ihren tahitianischen Frauen und wenigen tahitianischen Männern niedergelassen[60]. In den ersten Jahren war das Leben dort von Gewalt bestimmt: Schon 1792 oder - nach anderen Quellen - 1794 waren alle tahitianischen Männer und die meisten Gesetzlosen Morden zum Opfer gefallen. Als europäische Besucher 1825 Pitcairn und seine Bewohner wiederentdeckten, lebte nur noch ein einziger Engländer, jedoch eine Reihe von Frauen und Nachkommen der Meuterer. Aus Furcht vor Strafe bzw. Deportation hatten sie keinen Kontakt zu anderen Inseln gesucht.

Die kulturelle Anpassung wurde durch mehrere Prozesse geprägt. So ähnelte die natürliche Umgebung eher Tahiti als England. Die eingebrachten Kulturelemente waren wegen des baldigen Ablebens der tahitianischen Männer offenbar weitgehend an das Geschlecht geknüpft. Briten und Tahitianerinnen hatten zudem praktisch keine Kenntnisse von Sprache und Kultur der jeweils anderen. Die Meuterer mit ihrem Hang zur Gewalttätigkeit waren zwar einerseits dominanter in der Durchsetzung ihrer Vorstellungen, durch das von ihnen vertretene Segment ihrer Gesellschaft, nämlich einfache Seeleute mit handwerklichen und Offiziere mit navigatorischen Kenntnissen, jedoch weniger anpassungsfähig an die natürliche Umgebung als die Frauen. Die europäischen Chronisten stellten fest, daß die Kultur der Bewohner von Pitcairn mehr tahitianische als englische Adaptionen enthielt und eine große Zahl neuer Elemente entwickelt hatte. (Shapiro 1979)

Manche Autoren postulierten **Idealmodelle**, wie kulturelle Anpassung in interethnischen Ehen aufgrund bestimmter Parameter verlaufen würde. De Jager (1970: 22) ging beispielsweise von vollen, peripheren und nominellen Mitgliedern einer Personenkategorie wie Schicht oder Ethnie aus:

---

[59] Vgl. z. B. Markoff 1977: 61.
[60] Die restlichen Meuterer blieben zunächst auf Tahiti. Nach Kapitän Blighs Rückkehr nach England, der sich mit einigen Getreuen ausgesetzt in einem Boot auf dem größten Ozean der Welt 5.800 km (!) bis zum nächsten europäischen Stützpunkt auf Timor hatte navigieren können, wurden sie von einer Strafexpedition nach Großbritannien zurückgeholt und dort vor Gericht gestellt.

	Mitglied von Personenkategorie A			
		Vollmitglied	Peripheres Mitglied	Nominal-mitglied
Mitglied von Personen-kategorie B	Vollmitglied	heterogen	homogen	homogen
	Peripheres Mitglied	homogen	gemischt	gemischt
	Nominal-mitglied	homogen	gemischt	kulturell nicht involviert

Tabelle 8: Kulturelle Prägung heterogamer Ehen als Grundlage für gesellschaftlichen Kulturwandel bei Kombination nomineller, peripherer und voller Mitglieder in kulturellen Wir-Gruppen
(nach de Jager 1970: 22)

Markoff (1977: 60, 61) vermutete, kulturelle Muster in interethnischen Ehen könnten entweder asymmetrisch aussehen, - die Kultur des einen Partners dominiert weitgehend, - oder symmetrisch, - beide Partner verzichten in ungefähr gleichem Maßstab auf vertraute Kulturelemente und erarbeiten häufig eine Mischform oder neue "Ehekultur".

Tseng (1977: 98 - 101) verfeinerte dieses Modell und unterschied zwischen fünf möglichen Arten kultureller Muster in interethnischen Ehen:

1. Ein Partner gibt seine Lebensart auf;
2. Kulturelle Elemente aus beiden Kulturen werden wechselseitig praktiziert (er nennt die Beispiele Feste und Speisen);
3. Es werden Kompromisse ausgehandelt;
4. Elemente aus beiden Kulturen werden gemixt (Tsengs Beispiel: japanische Hochzeit mit Hawaii-Musik);
5. Ein kreatives Neuschaffen einer "Ehekultur" unter Aufgabe der beiden Herkunftskulturen findet statt.

Markoff und Tseng machen nicht ganz deutlich, ob sie ihre Typologie als durchgehendes "Pattern" für die Gestaltung des Ehealltags verstanden haben möchten, oder als situationsabhängige Lösung für kulturelle Konflikte in ganz verschiedenen Lebensbereichen, wie einige der Beispiele eher vermuten lassen. Dennoch wurde diese Einteilung mehrfach zur Einordnung empirischer Befunde aufgegriffen und zum Teil verfeinert, in jüngster Zeit etwa von Englert (1995: 24, 25, 159, 160) und Nerel (1996).

Schon Hunt und Coller (1957) waren nach Auswertung ihrer allerdings nur zwanzig Probanden umfassenden Stichprobe zu dem Ergebnis gekommen, daß die philippinisch-amerikanischen Paare auf der Militärbase aufgrund der lokalen Einflüsse durch die umgebende philippinische Kultur u n d die enge amerikanische Gemeinschaft auf dem Gelände der Streitkräfte ein gemischtes Muster beider Ursprungskulturen in ihrem Ehealltag entwickelten. Dieses wurde vor allem durch Auffassungen von Männer- und Frauenrollen, aber auch durch die Wichtigkeit bestimmter Kulturelemente für den einen oder den anderen Partner geprägt.

Vor allem Ethnologen beschäftigten sich im Rahmen von Akkulturationsstudien zuweilen mit der Rolle von interethnisch Verheirateten als **Kulturträgern**. So erwähnte etwa Linton (1963: 495 - 497) den Fall von Walfängern, welche für wenige Monate sehr eng mit Eskimo zusammenlebten und dort zum Teil auch temporäre Ehefrauen hatten. Er fragte, ob die Chancen zum Kulturtransfer hier größer oder kleiner seien als ein jahrelanger Kontakt auf Distanz, zum Beispiel der im Gebiet anwesenden europäischen Verwaltungsbeamten. Offenbar seien nicht die Dauer, Enge und Kontinuität des Kontaktes, sondern dessen Wirkung auf die (äußere) Umwelt, die kompatiblen Kulturelemente und (freundlichen) Haltungen zwischen zwei Gruppen entscheidende Faktoren.

Auch Opler (1963: 171) beobachtete, daß die Ute, eine Indianergruppe im Gebiet des U.S.-Bundesstaates Colorado, zwar freundliche Kontakte mit den Pueblo pflegten, gelegentlich Fleisch gegen landwirtschaftliche Produkte tauschten und sie sogar heirateten, ohne daß dies jedoch zu einer merklichen Übernahme von Pueblo-Kulturelementen geführt hatte.

Vaskovics et alii (1984) untersuchten anhand statistischer Auswertungen von Melde- und Volkszählungsdaten die **Anzahl der Kinder** in deutsch-ausländischen Ehen im Vergleich zu deutsch-deutschen Ehen in der Bundesrepublik. Sie erhofften sich daraus Rückschlüsse auf Akkulturationsprozesse. Ihre Studie ergab eine durchschnittlich fast identische Kinderzahl binationaler und homogam deutscher Ehen, die jedoch niedriger lag als die der homogam ausländischen Ehen in der Bundesrepublik. Die Autoren werten dies als Anpassung an die deutsche Norm der geringen Kinderzahl. In Ehen mit einem ausländischen Mann lagen die Zahlen etwas höher, mit einer ausländischen Frau etwas niedriger. Die Verfasser sehen dies als Anzeichen dafür, daß eher der Mann als die Frau sich bei der Entscheidung für die Größe der Familie mit seiner Ansicht durchsetzt. Dies stimmt mit ihrem Befund überein, daß zwar mehr deutsche Frauen ausländische Männer heiraten (Ereignishäufigkeit), der *Bestand* deutsch-ausländischer Ehen jedoch mehr deutsche Männer mit ausländischen Frauen umfaßt (Verteilungshäufigkeit[61]) (ibid.: 42). Segregiertes Wohnen in fast nur von Ausländern okkupierten Vierteln der Großstädte erhöhte die Kinderzahl für deutsch-ausländische Paare nicht, wohl aber für die homogamen ausländischen Paare.

Tuomi-Nikula (1987/88) führte unter in Deutschland interethnisch verheirateten Finnen eine Studie durch, in der sie deren **Akkulturation an die**

---

[61] Vgl. Kapitel 3.1.

Kultur des Gastlandes erhob. Sie unterteilte ihre Stichprobe in drei Familientypen, nämlich Finninnen mit deutschen Männern, Finnen mit deutschen Frauen und Finninnen mit ausländischen Männern. Begünstigende Faktoren der kulturellen Anpassung in Form von Integration[62] waren gemäß dieser Untersuchung

— die Nationalität des Partners: Deutsche Ehepartner trugen eher zur Akkulturation bei als ausländische;
— hoher sozio-ökonomischer Status, der Kontakte mit Deutschen positiver gestaltete und Reisen nach Finnland erlaubte;
— Beherrschung der deutschen Sprache;
— Geschlecht: Männer akkulturierten leichter als Frauen.

Das Beispiel der Mukogodo wurde bereits an anderer Stelle erwähnt (vgl. Kap. 3.4). Aufgrund ökonomischer Vorteile in Folge der von den englischen Kolonialherren in die Nachbarschaft umgesiedelten Ethnien begannen letztere, Mukogodo-Frauen zu heiraten und den Brautpreis in Vieh zu entrichten. So waren die Mukogodo ihrerseits gezwungen, wegen Frauenmangels Partnerwahl in diesen Nachbarethnien zu betreiben, und stellten daher allmählich zwischen etwa 1925 und 1936 ihre Wirtschaftsweise vom Sammeln und Jagen auf die Viehzucht um, so daß sie die dort verlangten Brautpreise zahlen konnten. (Cronk 1989a)

Diese wenigen Beispiele zeigen ebenso wie die bereits in Kapitel 6.1 aufgeführten, daß *allgemeine* Aussagen über die Art von Kulturwandel mit interethnischen Paaren als Kulturträgern nicht gemacht werden können. Dies liegt zum einen an unscharf definierten Begrifflichkeiten und Konzepten, wie besonders in den Arbeiten von Markoff, Tseng und Tuomi-Nikula. Zum anderen spielen jedoch, wie aus einer Fülle von Akkulturationsstudien bekannt, zu viele Parameter eine Rolle, die Richtung und Art des Wandels beeinflussen können. Erklärungsansätze sind daher nur für bestimmte Konstellationen interethnischer Paare in einer bestimmten Region, historischen Situation usw. zu treffen und in sorgfältigen Einzelfallstudien zu erarbeiten.

---

[62] Die Autorin sieht Integration offenbar als Teil von Akkulturation und charakterisiert sie als äußerliche Anpassung an die Kultur des Gastlandes, die ein reibungsloses Partizipieren in deren sozialen Leben erlaube, jedoch unter Beibehaltung der alten ethnischen Identität (Tuomi-Nikula 1987/88: 8).

7.3 Zusammenfassung und Bewertung

Goldens These von mehr oder weniger subtilen Verhinderungsmechanismen verschiedenster gesellschaftlicher Segmente und Institutionen gegen interethnische Heirat wurde in der wissenschaftlichen Literatur bisher kaum untersucht. Eine systematische Überprüfung war auch im Rahmen dieser Arbeit nicht möglich; allerdings konnten exemplarisch einige Aspekte aufgegriffen werden. Demnach sind besonders viele Fallbeispiele für bei binationaler Partnerwahl intervenierende U.S.-amerikanische Militärbehörden und am Beispiel Deutschlands für Standesämter und Einreisebehörden belegt. Vergleichsuntersuchen, die Aussagen über deren relative Häufigkeit zuließen, fehlen jedoch. Eine Auswertung deutscher Ratgeberschriften kirchlicher und (halb-)staatlicher Träger sowie von Printmedien ergab ein ambivalentes Bild: Die Darstellung interethnischer Ehen war zwar überwiegend warnend und problemorientiert, jedoch existierten Ausnahmen, etwa die immerhin seit dreißig Jahren laufende und ein großes (weibliches) Publikum erreichende "Brigitte"-Serie. Ganz verschiedene Bilder von interethnischen Liebesbeziehungen und Ehen wurden auch in einer Zufallsauswahl von Belletristik, Bühnen- und Leinwandwerken vermittelt; auffallend war jedoch das in diesem Genre offenbar seltene Happy-End. Dies läßt ebenfalls eher auf einen Verhinderungsmechanismus schließen.

Sanktionen von seiten der Familie gegen interethnische Heirat sind in einer Vielzahl von Werken belegt; auch hier fehlen jedoch Untersuchungen zur relativen Häufigkeit. Eine Auswertung der vorliegenden empirischen Studien ergab als eines der wichtigsten Resultate eine offenbar starke Gewichtigkeit von Statusfaktoren, welche Familienmitglieder neben der Angst vor räumlicher Trennung vor allem gegen Heterogamie sanktionieren lassen bzw. deren Evaluierung beeinflußen. Zugleich konnten mehrere zeitliche Kristallisationspunkte von Versöhnung ausgemacht werden, die sich für Untersuchungen in verschiedenen Gesellschaften zeigen ließen.

Für Sanktionen, die von Personen außerhalb der Orientierungsfamilie kamen, ließen sich hingegen kaum verallgemeinernde Aussagen treffen. Allerdings gibt es Anzeichen dafür, daß Frauen häufig mehr und / oder stärker sanktioniert werden als Männer und daß Sanktionen sich zumindest zum Teil auch mit sozio-ökonomischen oder statusrelevanten Aspekten korrelieren lassen, etwa der (wahrgenommenen) Konkurrenz um Ressourcen oder potentielle Ehepartner in einem kleinen Feld der Wählbaren.

Untersuchungen über die Evaluierung interethnischer Ehen zeigten eher lokale und für den jeweiligen Einzelfall geltende Zusammenhänge. Hier schien jedoch ebenfalls meist eine positivere Bewertung mit anerkannten Statuskriterien einherzugehen.

Wenig erforscht ist bisher die Verknüpfung zwischen Frieden bzw. Allianzbildung und Heirat. Langs Analyse weist auf eine mögliche Korrelation mit der Zwischenheiratsdichte im Verhältnis zur Größe der Gesamtbevölkerung sowie auf nur kooperativ zu bewältigende gemeinsame Interessen. Einige Beispiele für die Entstehung neuer ethnischer Einheiten als Folge von Zwischenheirat machten deutlich, daß diese oft aus der Abgrenzung zu der rangniedrigeren Elterneinheit und Selbstzuordnung zu der ranghöheren Elterneinheit sowie der Ausgrenzung von seiten der ranghöheren Elterneinheit entstanden waren. Dennoch erlaubte die so zwischen beiden Personenkategorien angesiedelte Position der neuen Wir-Gruppe offenbar gewisse Vorteile, zumeist in Form eines größeren Feldes der Wählbaren in die beiden Elternkategorien hinein. Auch hier muß jedoch wieder das Fehlen quantitativer Studien beklagt werden: Inwieweit es sich bei dem größeren Feld der Wählbaren nur um ein zahlenmäßig kleines Phänomen an der Peripherie handelt oder um ein bedeutendes, läßt sich nur spekulieren.

Zwischenheirat wurde in einem Strang der U.S.-amerikanischen Forschung seit Drachslers Studie immer wieder als Assimilationsindikator postuliert. Die Tradierung dieser Hypothese erfolgte unkritisch über viele Jahre hinweg. Als besonders erstaunlich erweist sich die Tatsache, daß manche Autoren durchaus die kritischen Stimmen zu Korrelationsrechnungen von Zwischenheirat und Generation im Einwanderungsland pflichtschuldig aufführten, dann jedoch unbeeindruckt und ohne weitere Begründung oder Abwägung genau solche Untersuchungen anschlossen. Wie schon bei den zahlreichen Partnerwahluntersuchungen drängt sich auch hier der Verdacht auf, daß dies zum großen Teil aus Bequemlichkeit geschah: Es war eben sehr viel einfacher, die vorliegenden statistischen Daten über Heterogamie und Generation im Einwanderungsland rechnerisch auszuwerten, als eine saubere Arbeitsdefinition der zugrundegelegten Begriffe zu erstellen und die Forschungsmethode dementsprechend zu wählen. Die Vagheit, mit der die Verknüpfung von Assimilation und Zwischenheirat hergestellt wird, konnte an einigen Zitaten gezeigt werden, und die Eile, mit der oft nach wenigen einleitenden Absätzen dieser Art zur ausführlichen Präsentation der untersuchten Daten geschritten wurde, deutet meines Erachtens darauf hin, daß hier eher die definierenden Grundbegriffe der Methode angepaßt wurden.

Die Vorstellung der in der Zwischenheiratsforschung zitierten Assimilationsmodelle macht deutlich, daß durchaus eine Beziehung zwischen beiden Phänomenen besteht. Die Richtung ist allerdings nicht per se klar: Sind heterogame Personen, oder zumindest einer der Partner, bereits so weit assimiliert, daß sie deswegen Partnerwahl aus einer anderen Ethnie gar nicht mehr als Überschreiten einer Wir-Gruppen-Grenze wahrnehmen? Oder führen viele interethnische Heiraten dazu, daß Assimilation in großem Maße stattfindet? Es ist unbestritten, daß Zwischenheirat für zwei *Individuen* die soziale Distanz maximal verringert hat. Wie bereits in Kapitel 5.3.3.3 dargelegt, sagt das allein aber noch nichts über die soziale Distanz eines Individuums zur Personenkategorie seines Partners, - er könnte ja etwa als die Ausnahme von der Regel, der untypische Vertreter angesehen werden, wie im Fall der Sanktionsuntersuchungen beschrieben, - oder die soziale Distanz zwischen zwei Personenkategorien. Weder auf gesellschaftlicher noch auf individueller Ebene kann Zwischenheirat meines Erachtens daher tatsächlich als allgemeiner und eineindeutiger Assimilationsindikator betrachtet werden, wenn man Assimilation als Endpunkt des Prozesses sieht. Ist jedoch der Prozeß selbst gemeint, wird Heterogamie als Indikator beliebig: Selbst der winzigste Schritt weg von der in sich integrierten ethnischen Einheit wäre damit ein Indikator für Assimilation. Entgegen der in der amerikanischen Zwischenheiratsliteratur weitverbreiteten Auffassung ist Assimilation meiner Ansicht nach jedoch kein kontinuierlicher und unaufhaltsamer Prozeß: Yalmans Studie des Dorfes Panama oder die Situation auf Hawaii mit inzwischen über 50 % Zwischenheirat zeigen, daß Heterogamie Re-Ethnisierungsprozesse oder fortwährende ethnische Kohäsion nicht zwingend verhindert. Auch die Netzwerkuntersuchung Bensons macht deutlich, daß weder eine Verringerung der sozialen Distanz gegenüber der ethnischen Einheit des Partners noch Akkulturation oder gar Assimilation in eine bestimmte Richtung bei interethnischer Heirat vorhersagbar sind. Zusätzliche Studien in diese Richtung wären zur Erhellung beeinflußender Faktoren dringend geboten.

Untersuchungen über die Selbst- und Fremdzuordnung von Kindern aus interethnischen Ehen in Industriegesellschaften mit mehr oder weniger ambivalenten Klassifizierungskategorien galten vor allem der Frage negativer psychischer Folgen im Sinne der Marginalitätsthese. Besonders im Fall von Kindern aus "schwarz"-"weißen" Ehen gab es Belege für Identitätskonflikte. Mangels Kontrollgruppen fehlen jedoch wiederum Aussagen über die relative Häufigkeit. Neuere Forschungen wie etwa die von Benson und Wilson widmeten sich der Isolierung von Parametern, die mit der Art der Selbstzuschreibung korrelierten. Weitere Arbeiten in diese Richtung würden sicher helfen, die große Forschungslücke auf diesem Gebiet zu schließen.

Die verbindende Klammer zwischen den in diesem Kapitel dargestellten Aspekten findet sich in den vorgestellten Assimilationsmodellen. Verhinderungsmechanismen und Sanktionen, die Bewertung interethnischer Ehen, die Qualität der Primär- und Sekundärgruppennetzwerke, Akkulturationsprozesse sowie die Selbst- und Fremdzuordnung interethnischer Paare und ihrer Kinder bilden gesamtgesellschaftlich betrachtet Parameter, die der Aufrechterhaltung oder Nivellierung ethnischer Schranken zuarbeiten, aus der Mikroebenenperspektive hingegen Faktoren, mit denen jedes interethnische Paar sich auseinandersetzen muß.

8 Zusammenfassung und Ergebnisse

Eine mit einem "schwarzen" Ehemann verheiratete Britin sagte mit bezug auf die von ihr deswegen erlebten Diskriminierungen und Vorurteile:

"If it weren't the blacks it would be the Welsh, and if it weren' the Welsh they'd be saying it about people from Manchester" (Wilson 1987: 171).

Diese Aussage läßt sich über die genannten ethnischen Zugehörigkeiten hinaus beinahe beliebig erweitern: Der Mensch muß als ein *homo separans*, ein sich in Wir-Gruppen abgrenzendes Wesen, bezeichnet werden. Wenn er zu bestimmten Zwecken keine *ethnischen* Markierungen aktiviert, können es andere, etwa solche der Schicht oder Religion, sein. Deutlich zu machen, in welchen komplexen Zusammenhängen jedoch gerade ethnische Selbst- und Fremdzuschreibungen eine Rolle in puncto Heirat und Ehe spielen, dazu sollte die vorliegende Arbeit ihren Beitrag leisten.

Eine erste Beschäftigung mit der umfangreichen wissenschaftlichen Literatur zum Thema der interethnischen Ehen erweckt den Eindruck eines von vielen Widersprüchen, diffusen Methoden und gar ideologischen Haltungen geprägten Forschungsfeldes. **A u f g a b e n s t e l l u n g** dieser Arbeit war daher eine Erfassung und Ordnung des vorhandenen Materials sowie eine kritische Evaluierung des Forschungsstandes über interethnische Ehen. Angesichts der Komplexität dieses Themas, das den Sachverstand verschiedenster wissenschaftlicher Fächer berührt, sollte aufgezeigt werden, welche Konzepte und Ansätze seit Beginn seiner Erforschung in den zwanziger Jahren in den betroffenen Disziplinen entwickelt wurden, auf welchen theoretischen und empirischen Begründungen sie fußen, welche von ihnen sich ergänzen und welche sich widersprechen, welche von ihnen - wissenschaftsgeschichtlich betrachtet - tradiert und welche vernachlässigt wurden. Ein weiteres Ziel bestand darin, bisher nicht oder kaum berücksichtigte, jedoch sinnvolle Konzepte und Ansätze zu dem Themenbereich der interethnischen Ehen in Beziehung zu setzen, Forschungslücken aufzutun und Anregungen für künftige Forschungen zu geben.

Zu diesem Zweck wurden an die 420 wissenschaftliche Publikationen, d. h. der nahezu komplette Bestand der auf Deutsch, Englisch, Französisch und Spanisch zugänglichen Fachliteratur, - sowie ergänzend eine ganze Reihe von (Auto-) Biographien, Statistiken, Werken der Belletristik und populären Printmedien, Ratgeberbroschüren und "graue Literatur" - durchgearbeitet.

Die *empirischen* Untersuchungen unter ihnen sind in Anhang 9.1 aufgeführt.

Zentral für die theoretische und empirische Beschäftigung mit interethnischen Ehen erweisen sich bestimmte **K e r n b e g r i f f e** aus den Sozialwissenschaften. Zunächst wurden daher nach einer kurzen Diskussion ihrer verschiedenen Verwendungen und Bedeutungsebenen "Ethnie", "Ehe", "Zwischenheirat", "Rasse", Akkulturation", "Assimilation", "Eigengruppe", "Fremdgruppe", "Primärgruppe", "Sekundärgruppe" für diese Arbeit definiert. Für "Ethnie", "Ehe", "Rasse" und "Akkulturation" wurden dabei ethnologische Konzepte in den Vordergrund gestellt, da diese gerade für den Themenbereich der interethnischen Ehen besonders geeignet erscheinen: Die vor allem in Arbeiten der U.S.-amerikanischen Soziologie zu Zwischenheirat übliche Gleichsetzung von Ethnie mit Nationalität oder ihre Operationalisierung als "Rasse" wies ebenso wie die im europäischen Bereich häufige Formulierung der "bikulturellen" Ehe methodische Mängel auf. Zentrale Annahmen meiner Neudefinitionen sind, daß "Ethnie" - und damit ethnische Selbst- und Fremdklassifizierung - für die Akteure ein wandeloder sogar manipulierbares, kein statisches Gefüge ist; daß Auffassungen von Ehe kulturell definiert und sanktioniert, d. h. nicht unbedingt interkulturell kongruent sind; und daß "Rasse" ein kulturelles Konstrukt statt einer biologischen Kategorie darstellt.

Auffällig bei den *empirischen* Arbeiten ist eine weitgehende Clusterbildung nach Nationalitäten, Fächern, Untersuchungsmethoden, Forschungsgegenstand und -ort. So stammen die meisten U.S.-amerikanischen Studien aus der Soziologie und beschäftigen sich anhand der Auswertung von Statistiken mit dem Auffinden von Häufigkeiten und Korrelationen in bezug auf Partnerwahl, Ehestabilität und Assimilation. Diese Arbeiten konzentrieren sich üblicherweise auf das Staatsgebiet der U.S.A. und sind gewöhnlich stark WASP-zentriert oder afro-anglo-amerikanisch dichotomisiert; interethnische Heiraten / Ehen zwischen Angehörigen anderer Personenkategorien werden allenfalls zusätzlich, nie jedoch ausschließlich untersucht.

Im Gegensatz dazu handelt es sich bei den deutschen Studien zu einem großen Teil um Examensarbeiten - vom Fachhochschuldiplom bis zur Doktorarbeit - verschiedenster Disziplinen, oft von Personen, die selbst interethnisch gebunden sind oder waren. Hier tritt das Interesse an der Partnerwahl gegenüber dem am Binnen- und Außenbereich der Ehe in den Hintergrund. Die Datenerhebung erfolgte in der Mehrzahl durch biographische Interviews; Untersuchungsgegenstand sind meist deutsch-ausländische Ehen.

Fragebogenuntersuchungen wurden fast nur von Soziologen und Psychologen, Interviews von Vertretern aller Fächer durchgeführt. Ethnologen arbeiteten zudem mit Feldforschung. Studien zu interethnischen

Ehen fanden meist in Industriegesellschaften mit ihren Minderheiten, in polyethnischen Gesellschaften wie beispielsweise Singapur und in Großstädten statt. Es liegen jedoch auch einige Untersuchungen zu vorstaatlichen Gesellschaften vor.

Der Vergleich aller für diese Arbeit verwendeten empirischen Studien hinsichtlich Operationalisierung von "interethnischer Ehe", Untersuchungsgegenstand, -zeitraum, -ort, -verfahren und Probandenzahl zeigt, daß die **methodische Qualität** der vorliegenden Studien sehr unterschiedlich ist: Das Spektrum reicht von sorgsam konzipierten bis zu recht unreflektierten Arbeiten.

Bei der Mehrzahl dieser Werke handelt es sich um statistische Auswertungen anhand von U.S.-amerikanischen Heiratsformularen. Viele theoretische Ansätze zu interethnischer Partnerwahl, der Stabilität interethnischer Ehen und zu der Beziehung zwischen Assimilation und Zwischenheirat beruhen auf ihren Ergebnissen. Obwohl sie mit einer hohen Anzahl von Fällen und oft unter Zugrundelegung langer Zeiträume arbeiten, weisen sie allerdings in der Regel einen gravierenden methodischen Mangel auf: Die ausgewerteten statistischen Kategorien der "Ethnie" oder "Rasse" entsprechen nicht den gleichnamigen sozialwissenschaftlichen.

Dieser bisher in der Zwischenheiratsforschung weitgehend ignorierte Tatbestand konnte dadurch belegt werden, daß die für verschiedene "ethnische" oder "rassische" Personenkategorien unterschiedlich gehandhabten Zuordnungskriterien und zudem ihre Wandelbarkeit im Lauf der Zeit aufgezeigt wurden. Entgegen den Annahmen der amtlichen Statistik sind nationale Klassifizierungen nicht per se identisch mit ethnischen, entspricht die ethnische Selbst- und Fremdzuschreibung des Kindes aus einer interethnischen Ehe nicht zwangsläufig der des Vaters statt der der Mutter und sagt auch der Anteil afro-amerikanischer Vorfahren nur bedingt etwas über die ethnische Identität einer Person aus. Diese relativ willkürlichen und zum Teil nachweislich ideologisch begründeten Rekrutierungsmechanismen haben zudem Auswirkungen auf die rechnerische Auswertung solcher Statistiken: Bestimmte amtlich definierte Personenkategorien können nämlich mit jeder Zwischenheirat und Generation nur anwachsen, andere hingegen nur schrumpfen. Ersteres gilt etwa für die der "Teil-Hawaiianer" oder der "Afro-Amerikaner", da die Nachkommen *jedes* ihrer Mitglieder automatisch ihnen zugeschlagen werden; letzteres gilt z. B. für die der "Hawaiianer" oder "Anglo-Amerikaner", welche die Nachkommen jedes ihrer *heterogamen* Mitglieder rechnerisch verlieren. Auch die Zuordnung von Kindern zur Personenkategorie des Vaters benachteiligt rein rechnerisch solche Kategorien, deren *weibliche* Mitglieder häufiger herausheiraten, - beispielsweise die der "Japaner".

Wie die detaillierte Aufschlüsselung der in der Zwischenheiratsforschung verwendeten Formeln zur Auswertung von Statistiken zeigt, besteht ein häufig angewendetes Verfahren im Vergleich zwischen der tatsächlichen Anzahl von interethnischen Heiraten und / oder Ehen mit denen, die bei rechnerischer Unabhängigkeit zu erwarten gewesen wären. Voraussetzung hierfür ist eine adäquate Bestimmung der Grundgesamtheit. Gerade für diese entstehen durch die uneinheitlichen Rekrutierungsmechanismen der verschiedenen amtlichen Personenkategorien jedoch Verzerrungen. Abgesehen von diesem mathematischen Problem bleibt zu fragen, was solche nach allen Regeln der Rechenkunst ausgeführten Analysen eigentlich messen, wenn die verwendeten statistischen Kategorien nicht den sozialwissenschaftlichen entsprechen. Gerade in Gebieten mit viel Zwischenheirat, wie etwa Hawaii mit mittlerweile über 50 % interethnischen Eheschließungen, dürfte die ethnische Selbst- und Fremdzuschreibung eines Individuums, das meist selbst das Produkt mehrerer Generationen von Zwischenheirat ist, erheblich von der amtlichen Klassifizierung abweichen.

Entgegen dem Anschein von Exaktheit, welcher durch die mathematischen Verfahren suggeriert wird, sollten die Ergebnisse aus den meisten statistischen Studien, - gewöhnlich zu Korrelationen bezüglich Partnerwahl, Ehestabilität und der Beziehung zwischen interethnischen Ehen und Assimilation -, daher allenfalls als *Tendenzen* aufgefaßt werden. Um die dort postulierten Zusammenhänge genauer zu erforschen, müßte eine empirische Bestimmung der selbst- und fremddefinierten ethnischen Einheiten bzw. Abgrenzungen am Anfang jeder Studie stehen. Nur so wäre festzustellen, ob die zugrundegelegten Untersuchungseinheiten überhaupt Ethnien sind.

Methodische Mängel finden sich auch bei der Verwendung anderer empirischer Verfahren. So fällt bei den Fragebogenuntersuchungen auf, daß fast nur studentische Probanden herangezogen wurden, wenn Haltungen gegenüber interethnischer Heirat erhoben werden sollten. Beim biographischen Interview, einem der häufigsten Verfahren der Datengewinnung über interethnische Ehen, läßt sich gerade im Umfeld mancher deutscher Examensarbeiten feststellen, daß die Interviewpartner nicht selten bevorzugt oder gar ausschließlich aus zum Thema besonders beredten Mitgliedern der IAF gewählt wurden. Klinische Fallstudien, eine beliebte Methode in der psychologisch-psychiatrischen Disziplin, zeigen ebenfalls eine sehr begrenzte Probandenauswahl: Den dort vorgestellten Psychiatrie- oder Therapiepatienten wurde in der Mehrzahl der Fälle keine gesunde bzw. nicht in Behandlung befindliche Kontrollgruppe gegenübergestellt.

So drängt sich leider bei einer Vielzahl von Studien der Verdacht auf, daß nicht der Untersuchungsgegenstand die Methode, sondern umgekehrt die leichte Zugänglichkeit bestimmter Materialien bzw. Probanden den Untersuchungsgegenstand bestimmt haben: amtliche Statistiken, Studenten,

IAF-Mitglieder, Patienten. Offenbar standen in diesen Fällen pragmatische Überlegungen hinsichtlich eines leicht zu erringenden akademischer Abschlußes oder eines weiteren Titels auf der Publikationsliste vor wissenschaftlichem Erkenntniswillen. Dies wäre auch eine Erklärung für die mangelnde Theorie-Orientierung und den damit verknüpften Drang zur Empirie bei vielen Arbeiten, in denen nach kurzem unkritischen Referieren der gängigsten Ansätze oder - in Deutschland - gar ausschließlich von IAF-Positionen[1] ohne detaillierte Begründung zur Darlegung der eigenen empirischen Untersuchung geschritten wird.

Viele Autoren bezeichnen solche Arbeiten entschuldigend als "Pilotstudien" oder "explorative Untersuchungen". Nach rund achtzig Jahren Zwischenheiratsforschung wäre es jedoch allmählich an der Zeit, nicht eine Pilotstudie an die andere zu reihen, sondern systematisch Forschungslücken zu schließen.

Zu beklagen ist hier besonders das weitgehende Fehlen von Langzeitstudien, Kontrollgruppenuntersuchungen und interkulturell angelegten Arbeiten. So existieren bisher überhaupt keine *Wiederholungsstudien*, welche dieselben interethnischen Paare über Jahre hinweg immer wieder untersuchten. Aussagen über den ehelichen Zyklus vom Partnerwahlprozeß über verschiedene lebensgeschichtliche Abschnitte bis zum Eheende durch Trennung oder Tod sind daher allenfalls anhand von biographischen Interviews, welche eine eher psychologische Vergangenheit wiedergeben, oder der einmaligen Befragung von Paaren in unterschiedlichen Ehephasen getroffen worden. Einige Wissenschaftler arbeiteten zwar mit *Kontrollgruppen*; in der Mehrzahl geschah dies jedoch leider nicht. Dies hat zur Folge, daß in der Zwischenheiratsforschung dem Aspekt der unterschiedlichen ethnischen Zugehörigkeit der Partner möglicherweise mehr Gewicht gegeben wird, als ihm zukommt: Studien mit homogamen Kontrollgruppen könnten eruieren, inwieweit bestimmte Phänomene, die mit Zwischenheirat in Beziehung gesetzt wurden, nicht vielleicht eher mit Schicht, Alter, Ehephase u. ä. korrelieren. Vergleichsuntersuchungen von Personen, welche weder in psychiatrischer Behandlung sind noch zur Klientel von Eheberatungsstellen gehören, würden Aussagen darüber erlauben, welche psychischen Anfälligkeiten tat-

---

[1] Diese sollen damit keinesfalls diskreditiert werden. Die IAF ist eine legitime Selbsthilfegruppe und politische "Pressure Group", die als solche hervorragende Beratungs- und Lobbyarbeit leistet, und aus dieser viele - auch für die Wissenschaft - wertvolle Erkenntnisse gezogen hat. Von einer Examensarbeit nach absolvierter akademischer Ausbildung müßte man jedoch schon mehr erwarten können als die *alleinige* oder *mehrheitliche* Befragung von IAF-Mitgliedern oder das *ausschließliche* Referieren von IAF-Positionen, zumal wenn diese Auswahl nur sehr oberflächlich begründet wird.

sächlich mit interethnischer Partnerwahl verknüpft sind. Von *interkulturellen Studien*, welche Homogame zweier ethnischer Einheiten *und* Heterogame der entsprechenden Kombination vergleichen, wäre Aufschluß über den Einfluß von Herkunfts- und Wohnortkultur zu erhalten.

Ein weiteres Manko vieler Arbeiten ist die mangelnde Offenlegung der verwendeten Methoden. Eine wesentliche Bedingung von Wissenschaftlichkeit wurde damit verletzt, und Evaluierung ist so nur schwer möglich.

Manche Studien legen den Verdacht nahe, daß ideologische Haltungen bei der Auswahl des Untersuchungsgegenstandes und der Methoden sowie bei der Darstellung und Interpretation von Ergebnissen eine Rolle gespielt haben. Das gilt sowohl hinsichtlich der Propagierung als auch der Ablehnung interethnischer Ehen. Bis auf wenige Fälle ist dies jedoch wegen der oft mangelhaften Offenlegung der Methoden kaum nachweisbar.

I n h a l t l i c h läßt sich der Forschungskomplex "Interethnische Ehen" anhand der theoretischen und empirischen Arbeiten in drei große Bereiche aufteilen: Partnerwahl, die eheliche Dyade und die Beziehung des Paares zu seiner sozialen Umwelt. Der mit Abstand am meisten untersuchte ist der der interethnischen Partnerwahl.

Ethnologische, familiensoziologische und psychologische Ansätze erlauben die Formulierung folgender *allgemeiner* Annahmen hinsichtlich **P a r t n e r w a h l** :

- ◆ Ehe und Heiratsregeln sind gesellschaftliche Universalien.
- ◆ Stabile Ehen haben eine wesentliche Funktion für die Integration und den Bestand von ethnischen Wir-Gruppen, da sie die Verbindung von statusgleichen oder -ähnlichen Partnern und die eindeutige Plazierung von Kindern sowie deren Enkulturation in den Gruppenwerten und -normen gewährleisten.
- ◆ Partnerwahl funktioniert wie ein Marktsystem mit Angebot und Nachfrage sowie dem Streben nach "Profitmaximierung".
- ◆ Das Inzesttabu und Heiratsregeln schaffen in jeder Gesellschaft ein "Feld der Wählbaren" bzw. ein "Feld der Verfügbaren und Erwünschten" hinsichtlich Partnerwahl.
- ◆ Innerhalb dieses Feldes findet Partnerwahl gemäß gemeinsamer kultureller Evaluierungsmaßstäbe statt und richtet sich nach "Angebot und Nachfrage".
- ◆ Partnerwahl wird offenbar begünstigt durch Homogamie in sozialen Merkmalen, Ähnlichkeit in Werten und Interessen sowie (wahrgenommene) Rollenkompatibilität.
- ◆ Partnerwahl verläuft möglicherweise wie ein Filterprozeß, in dessen verschiedenen Phasen entsprechende Charakteristika potentieller Partner mehr oder weniger unbewußt geprüft werden.

♦ Bei *freier* Partnerwahl durch die späteren Eheleute selbst (statt durch Verwandte oder Vermittler wie in vielen Gesellschaften) scheint die (wahrgenommene) Komplementarität von Bedürfnissen begünstigend zu wirken.

Gemäß der meisten dieser Annahmen, aber etwa auch bestätigt durch einen interkulturellen Vergleich, ist Homogamie für Gesellschaft und Individuum die ideale Partnerwahl und interethnische Partnerwahl kaum zu erwarten; das Interesse der Forschung galt daher der Frage, warum und unter welchen Bedingungen sie dennoch stattfand. Drei Modelle wurden dazu entwickelt:

♦ Murstein, von dem einer der Ansätze über Partnerwahl als Filterprozeß ("stimulus-value-role") stammt, postulierte, daß interethnische Partnerwahl in einem **geschlossenen Feld der Wählbaren** stattfinde, so daß sonst nicht "erwünschte" Partner permanent "verfügbar" seien und eine Chance erhielten, die erste Hürde des Filterprozesses zu überwinden.
♦ Die Davis-Merton-Hypothese geht davon aus, daß bei interethnischer Partnerwahl ein **komplementärer Austausch** von als positiv und als negativ evaluierten Statuskategorien stattfinde. Ihr berühmtestes Beispiel wurde das des afro-amerikanischen Mannes mit hohem sozio-ökonomischem Status, der die anglo-amerikanische Frau mit niedrigem sozio-ökonomischem Status heiratet: Die Frau gewinne den Schichtstatus ihres Mannes, der Mann den "Rassen"-Status seiner Frau.
♦ Im Widerspruch zu dieser These steht die **Summationstheorie**; demnach überwiegt die (von ihnen wahrgenommene) Ähnlichkeit beider Partner in vielen anderen sozialen und normativen Merkmalen die (von ihnen wahrgenommene) ethnische Verschiedenheit.

Die Mehrzahl der empirischen Arbeiten zu interethnischer Partnerwahl versuchte allerdings anhand der statistischen Auswertung von Heiratsformularen **begünstigende Faktoren** für Zwischenheirat zu isolieren. Diese Studien lassen sich in strukturale und kulturale Ansätze einteilen: Erstere betonen eher den Aspekt der "Verfügbaren", letztere den der "Erwünschten" im Feld der Wählbaren. Strukturale Ansätze postulieren den fördernden Einfluß

— von sich überlappenden Gruppenbindungen des Individuums in heterogenen Gesellschaften,
— von demographischen Gegebenheiten wie kleiner Größe ethnischer Einheiten, Ungleichgewicht der Geschlechterproportion, leichten Kontaktmöglichkeiten durch zentrale Organisationspunkte, nicht-segregiertem Wohnen,

— von lebensgeschichtlichen Merkmalen wie Mehrfachheirat, hohem Heiratsalter, der Position in der Geschwisterfolge, einer dominanten Mutter oder einer desorganisierten Herkunftsfamilie.

Demgegenüber stellen kulturale Ansätze als begünstigend heraus

— die Generation im Einwanderungsland,
— die Ähnlichkeit von kulturellen Merkmalen,
— die Abwesenheit oder das Nachlassen von sozialer Distanz, ethnischer Solidarität oder ethnischer Kohäsion,
— wenig institutionalisierte soziale Kontrolle,
— Marginalität,
— persönliche Defekte und deviantes Verhalten.

Ein weiterer, bisher in der Literatur nur am Rande berücksichtigter kulturaler Ansatz konnte zusätzlich entwickelt werden:

— Statusmaximierung und Rollenvorteil aus Sicht des Individuums.

Es ist davon auszugehen, daß alle genannten Partnerwahlfaktoren für das Individuum mehr oder weniger bewußt ablaufen und daß bisher in der Forschung kaum berücksichtigte weitere Parameter wie physisches Äußeres, Charakter, Temperament, Persönlichkeit u. ä. eine Rolle spielen. Meist ungenannte Voraussetzung aller Ansätze ist zudem freie Partnerwahl durch die zukünftigen Eheleute selbst.

Eine Analyse dieser Arbeiten zeigt, daß für alle Ansätze zu interethnischer Partnerwahl empirische Belege existieren, aber immer auch Gegenbeispiele. Keiner von ihnen erklärt daher *alle* Fälle ethnischer Zwischenheirat. An manchen untersuchten Konstellationen fällt außerdem auf, daß die genannten begünstigenden Faktoren Cluster bilden und sich damit womöglich verstärken. Dies konnte auch am einzigen weltweit und historisch bekannten Beispiel jener Ethnie der Quinault deutlich gemacht werden, die interethnische Heirat zur agathogamen Norm statt zur (mehr oder weniger unerwünschten) Ausnahme hat.

Uneindeutige Befunde weist die wissenschaftliche Beschäftigung mit interethnischer Partnerwahl vor allem in jenen Bereichen auf, wo es um Statusgewinn oder -verlust der Partner geht. Vor allem Vertreter der Davis-Merton-Hypothese und der ihr widersprechenden Summationstheorie warfen sich gegenseitig unangemessene Auswertungsverfahren der Statistiken vor und kamen zu unterschiedlichen Ergebnissen darüber, ob sich in heterogamen Ehen mehr afro- oder mehr anglo-amerikanische Männer fänden, ob Zwischenheirat eher ein Phänomen der Ober- oder der Unterschicht sei, ob es sich bei ihr gewöhnlich um sozio-ökonomische Homo- oder Hypergamie handele und ob überhaupt eine generelle Tendenz U.S.-amerikanischer Frauen zu Hypergamie auszumachen sei.

Neben den bereits erwähnten methodischen Schwächen läßt sich zu dem gesamten Komplex der interethnischen Partnerwahl noch eine Reihe von **konzeptionellen Problemen** herausfiltern, die offenbar in der Forschung nicht wahrgenommen oder gar bewußt ignoriert wurden.

♦ So versuchten manche Wissenschaftler, aufgrund der als begünstigend erkannten Faktoren, ein **"Zwischenheiratsrisiko"** für die Angehörigen bestimmter Personenkategorien zu errechnen. All diesen Arbeiten ist gemeinsam, daß sie bisher in ihren mathematischen Modellen die komplexe Realität eines "Heiratsmarktes" in einer modernen, mobilen Industriegesellschaft nicht in allen wichtigen Parametern und deren Zusammenwirken abbilden konnten. Auch hier bildet die für die Verteilungsrechnung bei Unabhängigkeit so wichtige Bestimmung der Grundgesamtheit wieder den kritische Punkt: Ist ein Campus, Stadtviertel, eine Großstadt oder ein Bundesland die angemessene Regionaleinheit, in der sich Heiratspartner suchen und finden? Ab und bis zu welchem Alter unterliegen Männer und Frauen verschiedener ethnischer Einheiten überhaupt einem "Heiratsrisiko"? Wieviele Immigranten reisen allein zum Zweck der Heirat mit einem schon feststehenden Partner in ein bestimmtes Land ein und stehen damit einem Heiratsmarkt gar nicht mehr zur Verfügung?

♦ Besonders kritisch angemerkt muß die häufige Verwendung bestimmter Kernbegriffe ohne nähere Definition werden: Sind etwa Konzepte wie Homogamie, soziale Distanz, ethnische Solidarität bzw. Kohäsion, Marginalität oder Devianz in bezug auf interethnische Heiraten deskriptiv oder explikativ gemeint, - sollen sie bestimmte "Patterns" oder Verteilungen in interethnischen Ehen *beschreiben* oder deren Zustandekommen *erklären*? Das Vorkommen interethnischer Heiraten wurde zudem in der Forschung als Indikator für eine Reihe ganz unterschiedlicher Phänomene bezeichnet, unter anderem für soziale Distanz, die Art von Kontakt zwischen Gruppen, die Stärke von Gruppenidentifikation, die Heterogenität einer Bevölkerung, die Integrationsprozesse einer Gesellschaft und für Assimilation. Bevor Aussagen über den Zusammenhang dieser Erscheinungen untereinander und mit dem Auftreten von interethnischen Heiraten gemacht werden können, müßten zunächst verbindliche Definitionen und Operationalisierungen vorgenommen werden; erst dann wären empirische Untersuchungen zu diesem Themenkomplex in sinnvoller Weise möglich. Es konnte gezeigt werden, daß simplizistische Annahmen monokausaler Zusammenhänge, bei-

spielsweise zwischen der automatischen Verringerung von sozialer Distanz eines Individuums zur ethnischen Einheit seines Partners, nicht haltbar sind.
- ♦ Manche in der Zwischenheiratsforschung tradierten Erklärungsansätze wirken aus heutiger Sicht antiquiert und müßten mittels homogamer Kontrollgruppen überprüft werden. Sind z. B. "familiäre Desorganisationsmerkmale" wie Mehrfachheirat oder alleinerziehende Eltern in modernen Industriegesellschaften mittlerweile nicht eher die Norm? Und ist der Erklärungsansatz von "Marginalität" oder "Devianz" in solchen heterogenen Gesellschaften nicht obsolet geworden, da jeder in bezug auf irgendein gesellschaftliches Subsystem marginal und deviant ist?

In bezug auf die **eheliche Dyade** konzentrierte sich die Forschung auf die drei Bereiche der ehelichen Anpassung, der Konflikte aufgrund verschiedener ethnischer Herkunft und der Ehestabilität. Rollenvorteile aufgrund verschiedener ethnischer Herkunft wurden hingegen kaum untersucht; anhand einer Analyse von solchen bisher wenig beachteten Aussagen in empirischen Arbeiten gelang es jedoch, einige ansatzweise herauszufiltern.

Eheliche Anpassung, üblicherweise als Prozeß oder Endprodukt desselben definiert, bei dem Ehepartner versuchen, ihrer beider Rollenerwartungen und -verhalten in Einklang zu bringen, ist bisher für interethnische Ehen nur in Anfängen erforscht. Dem "Marktmodell" zufolge sollten sich wie in allen Ehen für eheliche Anpassung und Zufriedenheit "Gewinne" und "Verluste" die Waage halten. Aufbauend auf der Auswertung der für diese Arbeit berücksichtigten Einzelfalluntersuchungen konnten folgende Thesen für interethnische Ehen entwickelt werden, die alle noch ihrer empirischen Verifizierung bzw. Falsifizierung harren:

- ♦ Aufgrund der kulturellen Verschiedenheit und der Sanktionen von seiten der Umwelt sind in interethnischen Ehen *mehr* Probleme *zugleich* zu lösen als in intraethnischen. Dadurch ist die eheliche Anpassung - vor allem in der sowieso problematischen ersten Ehephase - schwerer als für homogame Partner und das Risiko des Scheiterns größer. Bei Bewältigung dieser Aufgabe sind interethnische Ehen dann jedoch stabiler als intraethnische, weil viele Probleme *bewußt* angegangen und gelöst wurden.
- ♦ Dem widersprechend: In interethnischen Ehen sind nur *andere* Probleme zu lösen als in intraethnischen; viele der für letztere typischen entfallen.

♦ Die Anpassung in interethnischen Ehen ist deswegen besonders mühevoll und langwierig, weil bestimmte Kulturelemente durch früheste Sozialisation internalisiert wurden und Emotionen daran geknüpft sind. Nur bewußtes und stetiges "Üben" kann Verhaltens- und vor allem Gefühlsänderungen in bezug auf Verhalten bewirken.
♦ *Wissen* über eine fremde Kultur reicht daher n i c h t allein zur Erlangung von ehelicher Anpassung oder Zufriedenheit. *Einer* Studie zufolge trug in einer bestimmten Konstellation sogar die fehlende gemeinsame Rollendefinition zu Anpassung und Ehezufriedenheit bei.
♦ Interethnische Paare profitieren vom "Romeo-und-Julia-Effekt": Außendruck in Form von Widerstand und Sanktionen erleichtert die erste Phase der ehelichen Anpassung, weil er die Paarbindung fördert.
♦ Dem widersprechend: Außendruck in Form von Widerstand und Sanktionen erschwert die ohnehin problematische erste Phase der ehelichen Anpassung gefährlich.
♦ Ehezufriedenheit korreliert mit einem guten Verhältnis zur Herkunfts- und Schwiegerfamilie.
♦ Eheliche Anpassung und innereheliche Machtverteilung sind weniger abhängig von dem Status Inländer / Ausländer oder Mann / Frau als vielmehr von unterstützenden und sanktionierenden Netzwerken der Partner, - unabhängig davon, ob es sich um Konsanguinal- oder Affinalverwandte, um Freunde, Nachbarn oder beispielsweise die Lokalgruppe der IAF handelt. Dabei sei vor der Annahme einfacher Korrelationen gewarnt: So kann in einer Situation segregierten Wohnens etwa der inländische Partner mehr Anpassungsdruck unterliegen als der ausländische; oder im Zeitalter modernster Kommunikationstechnik kann die räumlich weit entfernte Herkunftsfamilie des ausländischen Partners durchaus häufig und mit Nachdruck Einfluß auf Entscheidungen des Paares nehmen.
♦ Die Position eines Individuums in der Geschwisterreihe beeinflußt sein Rollenmodell in der Ehe.
♦ Hoher sozio-ökonomischer Status begünstigt die Ehezufriedenheit eines interethnischen Paares. Dieser in den Studien recht gut belegte Zusammenhang ist meines Erachtens auf zwei Parameter zurückzuführen. Zum einen ermöglichen bessere finanzielle Mittel die Abwehr von Außendruck und erlauben die Entschärfung potentieller Konfliktfelder (s. u.): Neben höherem Status, der die Partnerwahl gegenüber der Umwelt als Vorteil erscheinen und Sanktionen damit geringer ausfallen läßt, können Zahlungen an Verwandte, Gastfreundschaft, Reisen ins Heimatland und ein bestimmter Lebensstandard leichter aufrechterhalten werden. Zum zweiten ähneln sich die Lebensstile höherer Schichten natio-

nenübergreifend in bestimmten Aspekten, so daß Kulturunterschiede weniger zum Tragen kommen.

Wie schon für den Bereich der Partnerwahl konnten auch für den der ehelichen Dyade (von den Akteuren wahrgenommene) **Rollenvorteile** aus in empirischen Studien wiedergegebenen Interviews abstrahiert werden. Das war nötig, da diesem Aspekt im Gegensatz zu dem der Konflikte aufgrund verschiedener ethnischer Herkunft in der Forschung bisher kaum Aufmerksamkeit gewidmet wurde. Da die Art der geschilderten Rollenvorteile jedoch stark von der jeweiligen ethnischen Kombination der Ehe - und natürlich von persönlichen und lebensgeschichtlichen Merkmalen der Individuen - abhängt, läßt sich nur sehr grob verallgemeinernd sagen:

Außereuropäische Frauen nannten vor allem das Fehlen eines einengenden Familiennetzwerks als Rollenvorteil: Verpflichtungen gegenüber der Schwiegerfamilie und / oder der eigenen Herkunftsfamilie erloschen zwar nicht, wurden jedoch dann geringer, wenn sie einen Mann aus einer Ethnie mit *konjugalem* Familientyp heirateten und räumlich weit entfernt von ihrer Orientierungsfamilie lebten. Frauen, die einen Mann aus einer Ethnie mit einem ebenfalls *konsanguinalem* Familientyp ehelichten, betonten, daß aufgrund der freien Partnerwahl der Mann ohne Unterstützung seiner Verwandtschaft die Frau nicht so dominieren könne.

Europäische bzw. *anglo-amerikanische* Frauen ließen in ihren Aussagen überwiegend zwei Rollenvorteile erkennen: Einige nahmen eine weniger emanzipierte Rolle ein, als ihnen das in einer intraethnischen Ehe möglich gewesen wäre. Bei anderen schien jedoch gerade das Gegenteil zuzutreffen: Der Ausländer- bzw. Minderheitenstatus ihres Mannes und / oder die in seiner Herkunftskultur praktizierte Geschlechtertrennung in vielen Bereichen erlaubte ihnen ein Ausmaß an Unabhängigkeit, Übernahme von organisatorischer Verantwortlichkeit sowie Entscheidungsgewalt, wie es mit einem homogamen Partner kaum lebbar gewesen wäre.

Entsprechend nannten *außereuropäische* Männer europäischer und anglo-amerikanischer Frauen oft die sie von Verantwortung in der eigenen Ehemannrolle entlastende Unabhängigkeit ihrer Ehepartnerinnen.

Europäische und *anglo-amerikanische* Männer erwähnten häufig als Vorteil bei bestimmten Kombinationen interethnischer Heirat mit außereuropäischen Frauen, daß ihre Partnerinnen g e r n e die Hausfrauen- und Mutterrolle übernahmen, was ihnen im Vergleich zu einer homogamen Beziehung ungeteilte Konzentration auf die Versorgerrolle, weniger Konflikte und eine stabilere Ehe zu gewährleisten schien.

Diese Nennungen können selbstverständlich nur als erste Tendenzen gewertet werden; systematische Erhebung von wahrgenommenen Rollenvorteilen steht bisher weitgehend aus.

Der vielerforschte Bereich von **ehelichen Konflikten** aufgrund unterschiedlicher ethnischer Herkunft zeigt eine fast ausschließliche Konzentration auf die Sichtweise mitteleuropäischer bzw. anglo-amerikanischer, -australischer usw. Frauen. Als Ergebnis bleibt zunächst festzuhalten, daß entgegen populärer Auffassung kaum Probleme aufgrund unterschiedlicher Religionszugehörigkeit existieren. Häufig genannte Konflikte finden sich hingegen im Bereich der verbalen und non-verbalen Kommunikation, des veränderten Lebensstandards durch Umzug sowie unterschiedlichster kultureller Muster, Regeln und Gewichtungen, - seien es Deszendenz- und postnuptiale Residenzregeln, der Stellenwert von Arbeit und Planung, Essenszutaten und -zubereitung, Begehung von Festen u. a. m.

Zudem lassen sich eine Reihe diffuser, in der empirischen Literatur aufgezählter Problemfelder bündeln, wenn man die in der Ethnologie entwikkelten Konzepte eines *konsanguinalen* und eines *konjugalen Familientyps* in die Zwischenheiratforschung einführt: Manche Gesellschaften betonen eher die Wichtigkeit von Blutsverwandten, um die sich die hinzugekommenen Ehepartner gruppieren, andere hingegen die Wichtigkeit der ehelichen Dyade, um welche sich die Blutsverwandten der Herkunftsfamilien gruppieren. Ein Zusammentreffen beider Typen durch interethnische Heirat beinhaltet nicht nur per definitionem unterschiedliche Auffassungen der Partner und ihrer Orientierungsfamilien über den Stellenwert der ehelichen Dyade im Verhältnis zur übrigen Verwandtschaft, sondern birgt Implikationen für viele Bereiche des täglichen Lebens, beispielsweise hinsichtlich Entscheidungsmaximen, Entspannungsverhalten, Gastfreundschaft oder Kindererziehung.

Manche U.S.-amerikanische Arbeiten, besonders aus der Soziologie, gingen davon aus, daß kulturelle Unterschiede in der Ehepartnerrolle Inkompatibilität interethnischer Partner bewirkten. Sie versuchten daher, besonders günstige oder ungünstige ethnische Kombinationen zu isolieren. So wurde beispielsweise postuliert, anglo-amerikanische Männer und ostasiatische Frauen harmonierten sehr viel mehr als anglo-amerikanische Frauen und ostasiatische Männer.

Demgegenüber betonen vor allem neuere deutsche Studien, daß kulturelle Vorgaben für die Akteure nicht zwingend seien, sondern formbar. Erste Forschungen, auch aus den Vereinigten Staaten, gehen ansatzweise dazu über, nach der *Selbstzuschreibung* von Konflikten zu fragen: Sehen die Partner diese primär als kulturell oder persönlichkeitsbedingt, als von außen hineingetragen oder aus der Paarbeziehung entspringend? Zukünftige Arbeiten müßten unter Einbeziehung homogamer Kontrollgruppen eine Verknüpfung dieses Themenbereichs zu ehelicher Anpassung, Zufriedenheit und Stabilität anstreben.

Zusätzlich lassen sich auch hinsichtlich durch verschiedene ethnische Herkunft bedingter Konflikte einige ganz unterschiedliche Thesen aus bisher wenig beachteten theoretischen und empirischen Werken entwickeln, die einer Operationalisierung und Überprüfung bedürfen:

- ♦ Die Art und Bewältigung von Konflikten in interethnischen Ehen ist mit der Stadt- oder Land-Sozialisation der Partner verknüpft.
- ♦ Die "gute" eheliche Anpassung der in den Sozialwissenschaften mehrheitlich untersuchten und als Meßlatte verwendeten homogamen Mittelschichtpaare führt häufig zu Frustration und Langeweile in der Ehe. Bei ethnisch heterogamen Paaren wird dieser Prozeß aufgrund der aufwendigeren Anpassung verzögert oder gar verhindert.
- ♦ Der temperamentbezogene "Reiz des Fremden" am Partner, d. h. beispielsweise des - kulturell geprägten bzw. verstärkten - Extrovertierten, Spontanen oder Ruhigen, Verläßlichen, wird nach der ersten Ehephase nicht mehr als Bereicherung, sondern als Belastung empfunden.
- ♦ Unwissenheit über die Kultur des Partners, Unwillen zur kritischen Darstellung der eigenen Kultur und Fremdvolksstereotypen haben Auswirkungen auf die Ehezufriedenheit und eheliche Anpassung. In welche Richtung diese gehen könnten, ist nicht einmal ansatzweise erforscht. Es existieren schwache Hinweise sowohl auf eine Verbesserung als auch auf eine Verschlechterung, die unter anderem abhängig vom Wohnort des Paares bzw. seinem kulturellen und ethnischen Umfeld zu sein scheinen.
- ♦ Bestimmte Konfliktfelder sind symbolische Stellvertreter für andere. So gibt es Indizien, daß Auseinandersetzungen um Geld, Essen oder Kindererziehung eigentlich für ein Aushandeln innerehelicher Machtverteilung bzw. kultureller Muster stehen.
- ♦ Kulturell geprägte und womöglich unterschiedliche Auffassungen von Status, sozialem Aufstieg und adäquatem Lebensstandard haben Einfluß auf die eheliche Anpassung und Zufriedenheit.
- ♦ Mit aller Vorsicht vor vereinfachenden Verallgemeinerungen lassen sich Typologien von Verlaufsmustern bestimmter interethnischer Paarkombinationen mit charakteristischen Konfliktbereichen herausarbeiten; dies wurde exemplarisch für die "Soldatenehen" versucht.

Die Frage der größeren oder geringeren **Ehestabilität** interethnischer Verbindungen konnte bisher nicht schlüssig beantwortet werden. Untersuchungen in Hawaii und auf dem Festland der Vereinigten Staaten weisen darauf hin, daß die Scheidungsrate heterogamer Paare zwischen der ihrer (homogamen) Herkunftskategorien liegt. Für Individuen aus Personenkategorien mit hoher Instabilitätsrate konnte Zwischenheirat daher ein geringeres Scheidungsrisiko bergen als Binnenheirat. In den U.S.A. und auch in anderen Staaten, z. B. Deutschland, krankt die Berechnung jedoch wieder an der unzureichenden Operationalisierung von Grundgesamtheiten, wie unter anderem anhand der Aufschlüsselung der verwendeten Formeln und der Zuordnungskriterien der Statistiken gezeigt werden konnte. Diese messen, wie bereits erwähnt, nur sehr bedingt ethnische Selbstzuschreibung. Außerdem berücksichtigen sie in ungenügendem Maße oder überhaupt nicht Abwanderung und Zuwanderung in eine bestimmte Region oder Eheauflösung durch Tod. Manche Untersuchungen über die Stabilität interethnischer Ehen scheinen zudem einem ideologischen "Bias" zu unterliegen, dem besonders hohe oder niedrige Scheidungsraten als Rechtfertigung gegen oder für Zwischenheirat dienen.

Die **B e z i e h u n g   d e s   P a a r e s   z u   s e i n e r   s o z i a l e n   U m w e l t** läßt sich sowohl auf der Makroebene der betroffenen Gesamtgesellschaften bzw. ethnischen Einheiten betrachten, als auch auf der Mikroebene seiner Primär- und Sekundärgruppenkontakte.

Eine Verknüpfung bildet Goldens in der Zwischenheiratsforschung bisher kaum aufgegriffene These von mehr oder weniger subtilen und bewußten **Verhinderungsmechanismen**, welche verschiedene gesellschaftliche Segmente und Institutionen, nämlich Behörden, Religionsgemeinschaften, Familien, Medien, Belletristik, Beratungsstellen und auch wissenschaftliche Literatur der Heiratsabsicht eines interethnischen Paares entgegensetzen. Die Auswertung der empirischen Literatur unter diesem Gesichtspunkt erlaubte das exemplarische Aufzeigen von Belegen anhand der beiden Fallbeispiele heiratswilliger U.S.-amerikanischer Soldaten seit den vierziger Jahren und deutscher Frauen seit den siebziger Jahren, welche Widerstände von seiten der Militärbehörden, Standesämter und Einwanderungsbehörden zu bewältigen hatten. Allerdings fehlen auch hier Kontrolluntersuchungen, die Aussagen über die Häufig- und Regelhaftigkeiten solcher Verhinderungsmechanismen zuließen. Eine ebenfalls nur exemplarische Durcharbeitung von Ratgeberschriften kirchlicher und (halb)staatlicher Institutionen in Deutschland sowie von Printmedien erbrachte ein überwiegend problemorientiertes und warnendes Bild, das jedoch durchaus Ausnahmen zeigte. Auch die Fülle der international erschienen Belletristik zum Thema interethnischer Ehen und Beziehungen konnte nur in Auswahl analysiert werden. Hier fiel auf, daß Happy Ends für die interethnisch liierten Charaktere eher selten waren.

Sanktionen gegen interethnische Heiratsabsichten oder bereits bestehende Ehen sind in großem Umfang in der Literatur dokumentiert; wiederum fehlen allerdings Studien mit homogamen Kontrollgruppen oder zur relativen Häufigkeit. Sinnvoll erschien hier gemäß der Unterscheidung von

Primär- und Sekundärgruppenkontakten eine getrennte Betrachtung von Sanktionen seitens der Familie und seitens anderer Personen. Die wichtigsten Ergebnisse, welche aus der Analyse der empirischen Arbeiten gezogen werden konnten, in diesen jedoch selten in solcher Deutlichkeit herausgearbeitet wurden, sind die folgenden:

♦ Negative Bewertung und entsprechende Sanktionierung interethnischer Heiratsabsicht hängt oft mit der Angst vor langer oder dauerhafter räumlicher Trennung vom Familienmitglied zusammen.

♦ Zentral für die Bewertung und Sanktionierung interethnischer Heiratsabsicht sind Statusfaktoren: Dabei scheint es der sanktionierenden Familie trotz vordergründig anderer Argumente sehr häufig um die Gefährdung des *eigenen* Status, nicht so sehr des heiratenden Verwandten, zu gehen. Beispiele sind - in gesellschaftlichen Konstellationen ethnischer Schichtung - Angst vor verwandtschaftlicher Bindung an eine Person einer als niedriger erachteten Schicht bzw. ethnischen Einheit, Angst vor einem aus der Ehe entspringenden Kind mit anderer Hautfarbe, das diese Verbindung für jeden sichtbar macht, oder Angst vor Verlust der finanziellen Unterstützung des in einem Industriestaat bzw. einer als höher erachteten Schicht oder ethnischen Einheit zu Geld gekommenen Verwandten, wenn er eines ihrer Mitglieder heiratet. Sanktionen setzen daher gewöhnlich *vor* der Eheschließung ein; selbst in Industriegesellschaften mit ihren durchaus üblichen nicht-ehelichen Beziehungen ist offenbar die anstehende *Heirat* der entscheidende Auslöser für Sanktionen, da sie auch dort über das Paar hinaus dessen Verwandtschaftsgruppen mit Rechten und Pflichten aneinander bindet.

♦ Es lassen sich für verschiedene Gesellschaften ähnliche zeitliche Kristallisationspunkte von Versöhnung der zwischenheiratenden Personen mit ihren Familien, meist ihren Eltern, herausarbeiten. Diese liegen
  1. beim Zeitpunkt des Kennenlernens des Schwiegerkindes in spe, wenn festgestellt wird, daß dieses den über seine ethnische Einheit gehegten Stereotypen nicht entspricht;
  2. kurz vor der Eheschließung, wenn klar ist, daß diese nicht mehr verhindert werden kann;
  3. bei adäquater "Performance" des Schwiegerkindes in einem für die eigene Kultur zentralen Bereich; dies erlaubt ebenso wie seine Abweichung vom Stereotyp, es als "untypisch" für seine ethnische Einheit zu klassifizieren und zugleich die eigenen Fremdbilder über sie beizubehalten;
  4. bei Geburt des ersten Enkelkindes aus dieser Verbindung.

Bei Sanktionen, die von außerhalb der Familie auf das interethnische Paar ausgeübt werden, können aus der Analyse von in empirischen Arbeiten und Biographien verstreuten Probandenaussagen besonders zwei Ergebnisse herauskristallisiert werden:

♦ Frauen werden nicht immer, aber oft und in verschiedenen Gesellschaften *stärker* und *häufiger* sanktioniert als Männer.

♦ Wiederum sind es offenbar statusrelevante und sozio-ökonomische Aspekte, die Sanktionen auslösen, etwa die (subjektiv wahrgenommene) Konkurrenz um Ressourcen oder potentielle Ehepartner in einem ohnehin kleinen "Feld der Wählbaren".

Der Makroebene der Betrachtung zuzuordnen ist die Frage nach dem Zusammenhang zwischen interethnischen Ehen und der **Aufrechterhaltung oder Aufweichung ethnischer Schranken**. Dazu konnte ein einfaches Idealschema formal möglicher Selbst- und Fremdzuschreibungen des heterogamen Paares und seiner Kinder entworfen werden, das die Einordnung empirisch vorgefundener Fälle erlaubt.

Zu der **Verknüpfung von interethnischer Heirat mit Frieden bzw. Allianzbildung** etwa, bei der von einer bewußt eingesetzten Funktionalisierung ethnischer Schranken auszugehen ist, liegen nur allererste Untersuchungen vor. Zwar sind Beispiele bekannt, in denen einzelne interethnische Heiraten in verschiedensten Gesellschaften zur kriegsverhindernden Allianzbildung arrangiert wurden. Diese Maßnahme allein scheint jedoch nicht friedenssichernd gewirkt zu haben. Eine erste These postuliert allerdings eine Korrelation zwischen Frieden und der Zwischenheiratsdichte einer Wir-Gruppe abhängig von deren Größe sowie von nur kooperativ statt konkurrierend von beiden Einheiten zu lösenden Problemen.

Anhand einiger Beispiele **neu entstandener Ethnien** als Folge von Zwischenheirat konnte gezeigt werden, daß diese in gesellschaftlichen Systemen mit ethnisch definierter Schichtung offenbar nicht selten entstehen, wenn die Nachkommen der heterogamen Paare sich von der rangniedrigeren Personenkategorie selbst abgrenzen, entgegen ihrem Streben von der ranghöheren Personenkategorie jedoch nicht als zugehörig akzeptiert werden. Eine Analyse der wenigen über solche neuen Ethnien vorhandenen Monographien läßt außerdem die vorsichtige Vermutung zu, daß Angehörige dieser ethnischen Einheiten möglicherweise über ein größeres Feld der Wählbaren verfügen, da sie trotz ethnischer Schranken in die Elternkategorien hineinheiraten.

Betreffs der Mikroebene der Individuen gab es einige Untersuchungen über **ethnische Selbst- und Fremdzuschreibungen von Kindern** aus interethnischen Ehen. Sie stammen ausschließlich aus Industriegesellschaften, welche mehr oder weniger ambivalente Klassifizierungen erlauben. Belege für Identitätsprobleme wurden hauptsächlich bei Kindern "schwarz"-"weißer" Eltern gefunden; allerdings fehlen hier erneut Kontrollgruppenuntersuchungen, welche Aussagen über Häufigkeiten zuließen. Die neuere Forschung konzentriert sich auf Parameter in Familie und sozialem Umfeld, welche sich mit bestimmten Selbst- und Fremdzuschreibungen verknüpfen lassen.

Eine in Arbeiten der amerikanischen Soziologie weitverbreitete These geht davon aus, daß interethnische Ehen als **Assimilationsindikator** einer ethnischen Einheit zu betrachten seien. Es konnte gezeigt werden, daß diese Annahme sich vor allem deswegen verfestigte, weil sie in der Literatur über Jahre hinweg unkritisch tradiert wurde. Definitionen von Assimilation wurden in diesen Studien kaum vorgenommen; stattdessen läßt sich wie bei den Untersuchungen zur Partnerwahl geringe Theorie-Orientierung sowie ein Drang zu schneller Empirie feststellen. Auch hier scheint es die bequeme Zugänglichkeit und Auswertbarkeit amtlicher statistischer Daten zu sein, die über die Forschungsmethode bestimmte. Ausgehend von einer stillschweigenden Gleichsetzung von U.S.-amerikanischem oder ausländischem Geburtsort einer Person, ihrer Eltern und Großeltern mit verschiedenen Generationen im Einwanderungsland bestand das gängige Verfahren in der Korrelation dieser Daten mit Zwischenheirat. Die Werke einiger Kritiker, welche darauf hinwiesen, daß diese "amtliche" Generation nicht zwingend auf ethnische Selbstzuschreibung, Akkulturation oder Assimilation der entsprechenden Person schließen lasse, wurden zwar meist erwähnt, blieben jedoch erstaunlicherweise ohne Konsequenz auf das methodische Vorgehen solcher Korrelationsuntersuchungen: Hier könnte man geradezu von Tradierungssträngen des Nicht-Beachtens und Übersehens sprechen, - oder von einem Ignorieren mittels Zitieren.

Um den möglichen Zusammenhang zwischen Assimilation und interethnischer Heirat dennoch näher zu beleuchten, wurden verschiedene sozialwissenschaftliche Assimilationsmodelle vorgestellt. Dabei zeigte sich zunächst das konzeptionelle Problem, daß manche Autoren Assimilation als Endzustand, manche (zusätzlich) als den dazu führenden Prozeß ansahen. Letztere Annahme beweist hinsichtlich eines Zusammenhangs von Assimilation mit Heterogamie jedoch alles und gar nichts: Die Ergebnisse werden beliebig, da auch eine geringe Zwischenheiratsrate bereits als Assimilationsentwicklung - fort von ethnischer Kohäsion als dem anderen Ende des Kontinuums - interpretierbar ist.

Eine Verknüpfung der für diese Arbeit vorgenommenen Definition von Ethnie mit den vorgestellten Assimilationsmodellen führt zu dem Ergebnis, daß zwar durchaus eine Beziehung zwischen interethnischer Heirat und Assimilation besteht, denn notwendige Bedingung von Assimilation sind zahlreiche Primärgruppenkontake. Ihre Richtung ist jedoch nicht eindeutig: Begünstigt Assimilation Heterogamie, oder begünstigen viele Zwischenheiraten Assimilation? Entgegen den oft wiederholten Aussagen zahlreicher Studien läßt sich nur belegen, daß interethnische Heirat eine Verringerung sozialer Distanz zwischen den beiden *Partnern* zur Folge hat; es konnte gezeigt werden, daß sie hinsichtlich der *Ethnie* des Partners jedoch nicht ohne weiteres vorausgesetzt werden darf. Gerade das Beispiel Hawaii mit mittlerweile mehr als 50 % Zwischenheirat macht außerdem deutlich, daß diese hohe Rate durchaus nicht zur Auflösung der ethnischen Einheiten geführt hat; andere Fälle bezeugen, daß trotz Heterogamie Ethnisierungsprozesse stattfinden. Von einem evolutionistischen Modell, wonach ethnische Kohäsion der Minderheiten- bzw. Immigrantenkategorien sich im Laufe der Zeit zwingend zugunsten von Assimilation auflöst, kann daher nicht ausgegangen werden.

Folglich bleibt als Ergebnis festzuhalten, daß interethnische Heiraten *per se* **kein** Assimilationsindikator sind. Ebenso lassen sich zwar Vorgänge von Akkulturation und Kulturwandel in Zusammenhang mit interethnischen Ehen beobachten; auch diese sind jedoch keine *notwendigen* Bedingungen für Assimilation.

Zusammenfassend ist festzustellen, daß es sich bei interethnischen Ehen zwar um ein vieluntersuchtes, jedoch nur bedingt um ein gutuntersuchtes Phänomen handelt. Einer vergleichsweise geringen Anzahl von sorgfältig konzipierten und durchgeführten Arbeiten steht eine größere von wenig theorie-orientierten, methodisch problematischen oder sogar ideologisch geprägten gegenüber. Letztere sind allerdings nicht einfach zu ignorieren, wie dies der Einfachheit halber in manchen Werken geschieht. Vielmehr sollte das zukünftige Bemühen dahin gehen, statt der Anfertigung weiterer Pilotstudien Forschungslücken zu schließen und neue, aus den methodisch anspruchsvollen Untersuchungen entwickelte Thesen zu prüfen. Dazu wären meines Erachtens folgende Schwerpunkte wünschenswert:

1. **Interdisziplinäre** Untersuchungen unter Beteiligung von Statistikern, physischen Anthropologen, Soziologen, Volkskundlern, Ethnologen und Psychologen könnten für bestimmte Regionen und polyethnische Konstellationen größere Klarheit in die Wirkung von Partnerwahlfaktoren bei interethnischen Ehen bringen.
2. **Langzeitstudien** bzw. **Restudies** könnten Prozesse und Mechanismen der ehelichen Anpassung besser erfassen als einmalige Befragungen, die nur eine psychologische Vergangenheit spiegeln.
3. Unabdingbar sind **Vergleichsuntersuchungen** mit homogamen Paaren bzw. nicht-studentischen oder in psychiatrischer Behandlung befindlichen Probanden; nur auf diese Weise können tatsächlich Charakteristika

inter- und intraethnischer Ehen unterschieden und andere prägende Parameter wie Schicht, Alter, Ehephase u. ä. isoliert werden.
4. Von zentraler Bedeutung für die zukünftige Zwischenheiratsforschung ist die **Entwicklung von Hypothesensystemen**, welche eine Reihe komplexer Erscheinungen *miteinander* und *mit interethnischen Ehen* in Zusammenhang zu bringen versucht, etwa Heiratsregeln und Heiratsverhalten, Sanktionen und Verhinderungsmechanismen, ethnische Kohäsion, soziale Distanz, Assimilation, Partnerwahl, eheliche Anpassung und Zufriedenheit, ethnische Selbst- und Fremdzuschreibung der Paare und ihrer Kinder. Ohne diese - zugegebenermaßen aufwendige und mühevolle - Arbeit werden viele Annahmen nach wie vor pure Spekulation bleiben.

9 Anhang

9.1 Liste der empirischen und statistischen Arbeiten über Zwischenheirat in chronologischer Reihenfolge

In der Spalte "Methoden" sind ausschließlich die empirischen und statistischen Methoden aufgeführt; ergänzende Literatur- bzw. Quellenstudien nicht. Wenn nicht anders angegeben, werden in den Spalten "Untersuchungskategorie" und "Anzahl / Art der Fälle" nur jene Kategorien bzw. Zahlen genannt, die sich auf interethnische Ehen beziehen (können); die in einigen Publikationen parallel dazu durchgeführten Untersuchungen über ausschließlich interkonfessionelle / -religiöse Heiraten / Ehen wurden dem Ziel dieser Arbeit entsprechend nicht berücksichtigt. Die fachliche Herkunft der Verfasser war mitunter schwer zu erschließen; als Indikatoren wurden in Betracht gezogen:

1. Angaben über die Fakultät, an der die Autoren lehrten, im eigenen oder anderen Werken;
2. die Danksagung an fachlich zuzuordnende Kollegen oder das Vorwort eines solchen;
3. die Art der Datengewinnung;
4. die Fachrichtung der veröffentlichenden Zeitschrift oder Reihe.

Belege für alle Angaben einer Zeile bzw. die mit einem Fragezeichen gekennzeichneten Vermutungen finden sich in der letzten Spalte.

Werk	Untersu-chungska-tegorie / Art der Ehen / Heiraten	Ort der Studie	Zeit der Studie / Zeitbezug der Daten	Methoden	Anzahl/Art der Fälle	Fach	Beleg
Drachsler 1920 + 1921	Heirat zwischen Einwanderern europäischer Abstammung	2 Stadtteile von New York City, U.S.A.	1908 - 1912	Auswertung von Heiratsurkunden	79.704 (homo- und heterogame) Heiraten	Soziologie	Drachsler 1920: 91, 242 - 245, 250
Lam 1932	1 Familie	Hawaii	6 Generationen umfassend	Erstellung einer Genealogie	95 Heiraten	Soziologie?	Lam 1932: 159, 164
Shapiro 1979 (1936)	Bewohner Pitcairns (Nachfahren tahitianischer Frauen + britischer Männer)	Pitcairn	Dezember 193 bis Januar 1935	anthropologische Messungen; Beobachtung; Interviews		Anthropologie	Shapiro 1979: 4, 5, 22 - 26, 218 - 221, 258 - 285
Adams 1937	"Rassen"-Kategorien der offiziellen Statistik[1]	Hawaii	1832 - 1930 (ausgewählte Jahre)	Auswertung von Statistiken		Soziologie	Adams 1937: VI, XI, 8, 12 - 19, 23
Baber 1937	"interracial", binationale + -religiöse Ehen	New York City, U.S.A.	4 Jahre	offenbar Interviews + Einordnung auf "Glücksskala"	48 Paare 118 Paare	Soziologie	Baber 1937: 706 - 709

Catapusan 1938	Filipinos	U.S.A.	1930 (Zensus) um 1936?	Auswertung von Zensusdaten + anderen Statistiken, Interviews, Beobachtung		Soziologie	Catapusan 1938: 265, 267, 270-272
Bossard 1939	Einwanderer europäischer Abstammung	New York State ohne New York City, U.S.A.	1936	Auswertung von Statistiken	68.196 (homo- + heterogame) Heiraten	Soziologie	Bossard 1939: 792, 793
Hu 1939	Kinder britisch-chinesischer Ehen	je 5 Schulen in London + Liverpool, Großbritannien	1939 oder früher	Intelligenztests	2.943 britische, 116 chinesisch-britische Kinder	Psychologie	Hu 1939: 109, 110
Panunzio 1942	"Rassen"-Kategorien der offiziellen Statistik	Los Angeles County, U.S.A.	Januar 1924 - Dezember 1933	statistische Auswertung von Heiratslizenzen	4.652 heterogame von insgesamt 170.636 Heiraten	Soziologie	Panunzio 1942: 690, 691
Nelson 1943	nationale Abstammung (10 europäische Nationen)	Wright County, Minnesota, U.S.A.	1943 oder früher	Fragebogen an 1.032 Schulkinder	885 Personen mit binationalen Eltern	Soziologie	Nelson 1943: 587
Kennedy 1944	nationale Abstammung, Extra-Kategorie "Jews"	New Haven, Connecticut, U.S.A.	1870 - 1940 (ausgewählte Jahre)	statistische Auswertung von Marriage Records	9.044 Heiraten (inklusive homogame)	Soziologie	Kennedy 1944: 331-333
Wirth + Goldhamer 1944	"Negro-White"	Boston: New York State (ohne New York City): U.S.A.	1914 - 1939 1916 - 1937	Auswertung von Heiratslizenzen		Soziologie	Wirth + Goldhamer 1944: 276
Barron 1946	nationale Abstammung, Extra-Kategorie "Jew"	Derby, Connecticut, U.S.A.	1929/30, 1940	statistische Auswertung von Heiratslizenzen, Fragebogen, Interviews	95 Paare von insgesamt 333	Soziologie	Barron 1946: 8, 11, 12, 125, 349

Aginsky + Aginsky 1949	Filipinos + Pomo-Frauen	Nord-Kalifornien, U.S.A.	1947/48	Feldforschung		Ethnologie	Aginsky + Aginsky 1949: 611
Biesanz 1950; Biesanz + Smith 1951	US-amerikanische Männer, panamaische Frauen	Panama-Stadt + Kanalzone	1946 - 1949	Interviews Beobachtung	66 Frauen 12 Paare	Soziologie	Biesanz 1950: 160 Biesanz + Smith 1951: 819
Collins 1951	"weiße" + "Halfcaste"-Frauen, "schwarze" + muslimische Männer	Tyneside, Großbritannien	1949 - 1951	"sociological"		Soziologie oder Ethnologie	Collins 1951: 796
Burma 1952	"Rassen"-Kategorien der offiziellen Statistik	Los Angeles County, U.S.A.	1948 - 1951 (30 Monate)	statistische Auswertung von Heiratslizenzen	445 heterogame von insgesamt 78.266 Heiraten	Soziologie	Burma 1952: 587
Kennedy 1952	nationale Abstammung, Extra-Kategorie "Jews"	New Haven, Connecticut, U.S.A.	1870 - 1950 (ausgewählte Jahre)	statistische Auswertung von Marriage Records		Soziologie	Kennedy 1952: 56

Studie	Gruppe	Ort	Zeitraum	Methode	Anzahl	Ethnologie oder Soziologie	Quelle
Marcson 1953	Einwanderer europäischer Abstammung	Stadt im Nordosten der U.S.A.	1945 beendet	Auswertung von Statistiken		Ethnologie oder Soziologie	Marcson 1951: 360; 1953: 151, 152
Tindale 1953	intertribale Heiraten von Aborigines	Cockatoo Creek, Zentralaustralien: 8 Stämme Zentralaustraliens: verschiedene Gebiete Australiens:	1931, 1951 1930 - 1932 1938 - 1939	Erhebung von Genealogien - Auswertung von anderen Forschern erhobener Genealogien	- 12 von 165 Ngalia-Heiraten - 22 von 156 Heiraten - 57 von insgesamt ca. 347 Heiraten	Anthropologie	Tindale 1953: 176, 183, 184, 187 - 190
Golden 1953, 1954	"Negro-White"	Philadelphia, U.S.A.	1922 - 1947 (ausgewählte Jahre) Interviews vor 1951	Auswertung von Heiratslizenzen: Tiefeninterviews: Hauptinformanten:	41 50 ca. 75	Soziologie	Golden 1953: 177, 178
Cizon 1954	Polen	1 Gemeinde in Industriestadt des US-amerikanischen Mittelwestens	1923 - 1952 (ausgewählte Jahre)	Auswertung von Zensusdaten, Heirats- und Geburtsurkunden	47 polnisch-nichtpolnische Heiraten von insgesamt 151	Soziologie	Cizon 1954: 245, 246, 255
Nelson 1954	Armenier	Fresno County, Kalifornien, U.S.A.	1920 - 1952 (ausgewählte Jahre)	Auswertung von Marriage Records; Interviews	206 (von insgesamt 1.761) Heiraten	Soziologie oder Ethnologie	Nelson 1954: 42, 44 - 45, 54, 55

	"Rassen"-Kategorien der offiziellen Statistik	Los Angeles County, U.S.A.	1948 - 1949	statistische Auswertung von Marriage Records	100 "inter." + 100 "intraracial" Heiraten (Kontrollgruppe)	Soziologie	Risdon 1954: 92, 93
Risdon 1954							
Strauss 1954	"Caucasian" (Ex-)GIs + japanische Frauen	Chicago, U.S.A.	1954 oder früher	mehrstündige unstrukturierte Tiefeninterviews mit 30 Männern + 15 Frauen, durchgeführt von "Caucasian" Ex-GI + Amerikanerin japanischer Abstammung (Nisei²)	45 Ehepaare	Soziologie	Strauss 1954: 100, 104
Thomas 1954	Katholiken verschiedener Einwanderernationalitäten	ausgewählte Gemeinden, U.S.A.	1923 - 1952 (ausgewählte Jahre)	Auswertung von Marriage Records + Statistiken über bikonfessionelle Ehen		Soziologie	Thomas 1954: 9, 14 - 17
Freeman 1955	interethnisch	University of Hawaii	ca. 6 Monate	unstrukturierte Interviews, biographische Methode	22 Studenten: 8 heterogam verheiratet, 14 mit heterogamen "Dates"	Soziologie	Freeman 1955: 371
Schnepp + Yui 1955	US-amerikanische (Ex-)GIs + japanische Frauen	St. Louis, Chicago + Umgebung, U.S.A.	1955 oder früher	Interviews	20 Paare 5 Paare	Soziologie	Schnepp + Yui 1955: 48

Broom 1956	"Rassen"-Kategorien der offiziellen Statistik[1]	Hawaii	1912 - 1953 (ausgewählte Jahre)	Auswertung von Statistiken	14.895 "interracial" von insgesamt 61.359 Heiraten	Ethnologie oder Soziologie	Broom 1956: 277, 278, 281
Lynn 1956	"Rassen"-Kategorien der offiziellen Statistik	Washington, D. C., U.S.A.	1940 - 1947	Auswertung von Marriage Records: Interviews:	373 "interracial" von insgesamt 105.000 Heiraten 53 Paare	Soziologie	Lynn 1956: 380 - 382
Willems 1956	Brasilianer mit deutschem Nachnamen	Viertel Sao Joao in Porto Alegre; Joinville-Umgebung in Santa Catarina; Brasilien	1930, 1940 + 1950 1943 - 1949	Auswertung von Heiratsprotokollen (termos de casamento)		Soziologie?	Willems 1956: 10 - 13
Cheng + Yamamura 1957	"Rassen"-Kategorie der offiziellen Statistik[1]	Hawaii	1913 - 1954	Auswertung verschiedener Statistiken		Soziologie	Cheng + Yamamura 1957
Hunt + Coller 1957	US-amerikanische GIs + Filipinas	Philippinen; auf oder nahe US-Militärstützpunkt	1957 oder früher	Interviews	20 Ehemänner	Soziologie	Hunt + Coller 1957: 223
Kimura 1957	europäische + japanische Kriegsbräute japanischer + nichtjapanischer Männer	Hawaii	Dezember 1953 bis 1957	Interviews	324 Frauen	Soziologie	Kimura 1957: 70
Mitchell 1957	intertribal	Luanshya, Copperbelt, Nord-Rhodesien	1951 - 1952	Interviews mit Applikanten für Heiratsurkunde am Urban Court	109 intertribale, davon 52 interethnische Paare von 183 (= fast alle Aplikanten der Jahre 1951/1952)	Ethnologie	Mitchell 1957: 5, 6, 12

Smythe 1958	europäische + amerikanische Frauen, afrikanische Männer	Liberia, Französisch-Äquatorialafrika, Ghana, Nigeria, Sierra Leone	Sommer 1957	offenbar unsystematische Beobachtung	50 Paare	Soziologie	Smythe 1958: 352
Michel 1959	interethnisch mit Bürgern aus französischen Kolonien + binationale Ehen	276 Haushalte in 10 möblierten Pariser Hotels, Frankreich	1954 - 1956	Tiefeninterviews	37 heterogame Paare, inklusive 20 unverheiratete	Soziologie	Michel 1959: 51 - 54, 139, 141, 169
Bugelski 1961	Personen mit polnischen + italienischen Nachnamen	Buffalo, New York, U.S.A.	1930 - 1960 (ausgewählte Jahre)	Auswertung von Anträgen auf Heiratslizenzen	4.015 heterogame von insgesamt 8.863 Heiraten	Soziologie	Bugelski 1961: 149 - 150
Abramzon (1962)	interethnisch	Zentralasien + Kasachstan, UDSSR	1962 oder früher	Beobachtung		Ethnologie	Anonymus 1963: 5, 11
Lieberson 1962	Einwanderer europäischer Abstammung	10 Großstädte in den U.S.A.	1930 + 1950	Auswertung von Zensusdaten		Soziologie	Lieberson 1962: 53
Yalman 1962	Dorf Panama: aus singhalesisch-tamilischen Heiraten entstandene kulturelle Einheit	Ostküste Ceylons	1954 - 1956	Feldforschung		Ethnologie	Yalman 1962: 36, 37

	(ethnische Selbstzuschreibung)						
Schmitt 1962		Oahu, Hawaii	Januar 1961	Fragebogen	411 Haushalte von insgesamt 2.500		Schmitt 1962: 203, 204
Schmitt + Souza 1963	"interracial"				364 (wie Schmitt 1962 ohne GI-) Haushalte	Soziologie / Statistik	Schmitt + Souza 1963: 265
Schmitt 1963	"Rassen"-Kategorien der offiziellen Statistik[1]	Hawaii	1960 + 1961	Auswertung von Heiratslizenzen	3.721 "interracial" von 10.535 Heiraten insgesamt		Schmitt 1963: 809/810
Barnett 1963c	"interracial"	Kalifornien, U.S.A.	1955, 1957, 1958, 1959	statistische Auswertung von Marriage Records	5.040 Heiraten von insgesamt 371.894	Soziologie	Barnett 1963c: 424, 425
Burma 1963	"Rassen"-Kategorien der offiziellen Statistik	Los Angeles County, U.S.A.	1948 - 1959	Auswertung von Anträgen auf Heiratslizenzen	3.150 Heiraten von 378.476 insgesamt	Soziologie	Burma 1963: 156, 157
Camilleri 1963	Tunesier	Tunesien	1961	Fragebogen?	mehrere hundert Abiturienten	Soziologie	Camilleri 1963: 867
Jay 1963	tunesisch-europäische Familien	Tunesien	1962 oder früher	Fragebogen	45 Familien: Rücklauf von 37 Frauen-, 24 Männer-Fragebogen	Soziologie	Jay 1963: 869, 874
Kambhu 1963	US-amerikanische Frauen, Thai-Männer	Thailand	1963 oder früher	Interviews	17 Frauen	Soziologie?	Kambhu 1963: 1

Dien + Vinacke 1964	junge Erwachsene mit "kaukasischen" Vätern + Nisei[2] - Müttern	University of Hawaii	1964 oder früher	psychologische Testskalen	8 männliche, 7 weibliche Studenten	Psychologie	Dien + Vinacke 1964: 463, 464
A. Gordon 1964	nationale Abstammung; "interracial"	41 Colleges + Schulen in allen 9 Zensusprovinzen U.S.A. / Ostküste der U.S.A.	1964 und früher	Fragebogen / Tiefeninterviews mit Paaren verschiedener Berufe	5.407 Studenten von 41 Colleges und Universitäten aus allen 9 Zensusprovinzen der U.S.A. / Paare von der Ostküste	Soziologie?	Gordon 1964: IX, XI, XII, 1 - 3, 6 - 38, 374, 386
Lind 1964	"Rassen"- Kategorien der offiziellen Statistik[1]	Hawaii	1956 - 1962	Auswertung von Statistiken		Soziologie	Lind 1964: 18, 19
Pavela 1964	"Negro-White"	Indiana, U.S.A.	1958, 1959	Auswertung von Marriage Records: offene Tiefeninterviews:	95 Heiraten von insgesamt ca. 78.000 9 Paare	Soziologie	Pavela 1964: 209
Schmitt 1964, 1965	"Rassen"- Kategorien der offiziellen Statistik[1]	Hawaii	1.1.1961 - 31.12.1962	Auswertung von Statistiken	7.972 heterogame von insgesamt 21.564 Heiraten	Soziologie + Statistik	Schmitt 1965: 464, 467

Druss 1965	US-amerikanische GIs, ausländische Frauen, beider Kinder	Fort Carson, Colorado, U.S.A.	1.7. - 31.12.1963	Auswertung von Akten des Mental Hygiene Consultation Service	56 Fälle von 680 insgesamt: 14 GIs, 32 Frauen, 10 Kinder	Psychiatrie	Druss 1965: 220, 221
Schramm + Steuer 1965	deutsch-ausländisch	1 deutscher Landkreis (Böblingen)	1965 oder früher	Fragebogen	45 oder 46 Paare	Gesundheitsverwaltung	Schramm + Steuer 1965: 487 - 490
Bernard 1966	"Negro-White"	U.S.A.	1960	Auswertung des Zensus von 1960		Soziologie	Bernard 1966: 274
Harré 1966	Maori + Pakeha	Auckland, Neuseeland	1966 oder früher	Interviews, teilnehmende Beobachtung, Auswertung von Statistiken + Genealogien	73 Paare + einige andere Informanten	Ethnologie	Harré 1966: 13, 14
Heer 1966	"Negro-White"	Kalifornien: Hawaii: Michigan: Nebraska: New York ohne New York City:	1955 - 1959 1956 - 1964 1953 - 1963 1961 - 1964 1921 - 1924	Auswertung von Statistiken		Soziologie	Heer 1966: 263, 264
Monahan 1966	"Rassen"-Kategorien der offiziellen Statistik[1]	Hawaii	1956 - 1962 bzw. 1958 - 1962	Auswertung von Statistiken		Soziologie	Monahan 1966: 41 - 45

Beigel 1966, 1967	"White"- "Non-White"	Beigels Beratungspraxis?	1966 oder früher	klinische Fallstudien	40 Personen, davon 14 Ehepaare	Eheberatung oder Psychiatrie?	Beigel 1966: 186, 187 1967: 311
Mittelbach + alii 1966, 1968	Personen mit spanischen Nachnamen, Geburtsort (mindestens eines Elternteils) in Mexiko oder US-Bundesstaat mit hohem Mexikaneranteil	Los Angeles County, U.S.A.	1963	statistische Auswertung von 7.492 Heiratslizenzen		Soziologie	Mittelbach + alii 1966: 7; 1968: 50, 52
Carisse 1966, 1969	Anglo- + Franko-Kanadier	Montreal, Kanada	1965	Paare getrennt + in eigener Sprache interviewt	115 Paare von 549 anglo-franko-kanadischen, die 1951 in Montreal geheiratet hatten + noch dort lebten	Soziologie	Carisse 1966: 475 Carisse 1969: 41
Lehrman 1967	"interracial"	New York?	1967 oder früher	klinische Beobachtung; Psychoanalyse	28 Patienten	Psychiatrie	Lehrman 1967: 67, 69, 70
Lynn 1967	"Rassen"-Kategorien der offiziellen Statistik	Washington, D. C., U.S.A.	1931 - 1965	statistische Auswertung von Heiratslizenzen	2.683 Heiraten von 335.000 insgesamt	Soziologie	Lynn 1967: 429 - 430

	"Rassen"-Kategorien der offiziellen Statistik[1]	Hawaii	1928 - 1934 1948 - 1953	Auswertung statistischer Daten, auch aus Adams 1937		Soziologie	Parkman + Sawyer 1967: 597
Parkman + Sawyer 1967							
Wassink 1967	marokkanische Männer, europäische Frauen	Universität Rabat, Marokko	1962 - 1963	Fragebogen	20 französisch-, 20 arabischsprachige ledige, 20 arabischsprachige verheiratete männliche marokkanische Studenten	Soziologie	Wassink 1967: 578, 579
Saucier 1967 a + b; 1970	Anglo- + Franko-Kanadier	Montreal + Umgebung, Kanada	1967 oder früher	Einzelinterviews	15 hetero- + 15 homogame Paare mit mindestens einem Ehepartner in Behandlung	Psychiatrie	Saucier 1967a: 43; 1967 b: 72 1970: 130
Burton-Bradley 1968	"mixed-race"	Port Moresby, Papua-Neuguinea	1968 oder früher	keine Offenlegung der Methode		?	
Oram 1968	Hula	Dorf Hula, Port Moresby, andere Orte Papua-Neuguinea	1963 - 1965	Feldforschung	302 von 2.475 Hula interethnisch verheiratet	Ethnologie	Oram 1968: 243, 265, 266
Teicher 1968	Kinder aus "Negro-White"-Ehen	Los Angeles County, General Hospital U.S.A.	1968 oder früher	3 klinische Fallstudien	Patienten der Abteilung Kinderpsychiatrie	Psychiatrie	Teicher 1968: 249, 251
Aellen + Lambert 1969	Kinder aus anglo-frankokanadischen Ehen	Schulen in Kanada	1969 oder früher	psychologische Testskalen	191 14- bis 17jährige männliche katholische Schüler, davon 80 aus heterogamen Ehen	Psychologie	Aellen + Lambert 1969: 70 - 75

Bourgeois + Hébert 1969	Madegasse + Französin	Bordeaux, Frankreich	1969	klinische Fallstudie	1 Ehepaar: Frau Patientin	Psychiatrie	Bourgeois + Hébert 1969: 428
Lind 1969	"interracial" + intertribal	Distrikte Hohola + Kaugere, Papua-Neuguinea	1969 oder früher	Interviews	45 "Fachleute", fast 50 Ehepaare / Paare	Soziologie	Lind 1969: IX, 11
Cohen 1969, 1971	arabisch-jüdisch	Stadt in Israel	1966 (6 Monate)		ca. 12 (auch unverheiratete) Paare bei Bevölkerung von einigen Zehntausend	Ethnologie	Cohen 1970: 41, 50; 1971: 217
Bean + Bradshaw 1970	Mexikaner (anhand spanischer Nachnamen)	Bexar County, Texas, U.S.A.	um 1850, 1860, um 1950, 1960	statistische Auswertung von Heiratslizenzen	831 heterogame von 10.766 Heiraten insgesamt	Soziologie	Bean + Bradshaw 1970: 389, 390, 394
Burma, Cretser + Seacrest 1970	"Rassen"-Kategorien der offiziellen Statistik	Los Angeles County, U.S.A.	1960 + 1961	Auswertung von Anträgen auf Heiratslizenzen	1.561 hetero-, 1.234 homogame Paare von Antragstellern	Soziologie	Burma, Cretser + Seacrest 1970: 508, 509
Martelle 1970	"Negro-White"	High-School-Schüler, Michigan?	1970 oder früher	Fragebogen	182 Schüler, davon 34 afro-amerikanische	Psychologie	Martelle 1970: 1007, 1008
Monahan 1970a	"Negro-White"	Iowa, U.S.A.	1944 - 1967	Auswertung von Zensusdaten	7.988 "Negro-White" von 567.719 Heiraten insgesamt	Soziologie	Monahan 1970a: 461, 463

Monahan 1970b	"white - non-white"	Philadelphia + Pennsylvania, U.S.A.	1960 - 1962 1965 - 1966	Vergleich von Statistiken + Anträgen auf Heiratslizenzen		Soziologie	Monahan 1970b: 287
Norton 1970	"Rassen"- Kategorien der offiziellen Statistik	Maryland, U.S.A.	1.6.1967 - 31.12.1968	Auswertung von Statistiken	512 heterogame von insgesamt 82.993 Heiraten	Statistik; Gesundheitsamt	Norton 1970: 739
Weiss 1970	Chinesen	chinesische Gemeinde, Westküste, U.S.A.	1967 - 1968	Feldforschung Fragebogen: Interviews:	80 von 400 chinesischen Schülern eines Junior College 25 Schüler von diesen	Ethnologie	Weiss 1970: 273, 274
Das 1970, 1971	"Negro-White" Berührbare - Unberührbare	Philadelphia + Chicago, U.S.A. Nordindien	1963 - 1968	Tiefeninterviews + Vergleich	33 Ehepaare 21 Ehepaare	Soziologie	Das 1970: 132; 1971: 26
Barth 1971	"intertribal"	Faiwolmin, Fly-Sepik-Region, Papua-Neuguinea	1968	Feldforschung		Ethnologie	Barth 1971: 171
Beaudry 1971	Chinesen	New York State, U.S.A.	1971 oder früher	Interviews	100 Personen aus 70 Haushalten	Soziologie	Beaudry 1971: 61
Chimbos 1971	holländische, griechische, slowakische Einwanderer	Stadt der Provinz Ontario, Kanada	1971 oder früher	Interviews (Männer + Frauen getrennt)	130 Holländer, 150 Griechen, 170 Slowaken	Soziologie	Chimbos 1971: 6 - 8
Clarke 1971	interethnisch	San Fernando, Trinidad	1964	Feldforschung		Ethnologie	Clarke 1971: 198
Loewen 1971	Chinesen	Mississippi, U.S.A.	1967	Feldforschung		Ethnologie?	Loewen 1971: 6, 7

Miller 1971	"Rassen"-Kategorien der offiziellen Statistik[1]	Hawaii	1952 - 1954 1962 - 1964	Auswertung von Statistiken	3.113 Scheidungen heterogamer Ehen von 8.303 Scheidungen insgesamt	Soziologie	Miller 1971: 198
Monahan 1971a	"Rassen"-Kategorien der offiziellen Statistik	New York State ohne New York City, U.S.A.	1916 - 1964	Auswertung von Statistiken		Soziologie	Monahan 1971a: 95, 98
Monahan 1971b		Kansas, U.S.A.	1947 - 1969	Auswertung von Statistiken		Soziologie	Monahan 1971b: 108, 110
Hassan 1971; Hassan + Benjamin 1973; 1976	interethnisch	Singapur	1962 - 1970	Auswertung von Statististiken	3.295 heterogame von 62.647 Heiraten insgesamt	Soziologie	Hassan 1971: 310, Hassan + Benjamin 1973: 731, 735 1976: 205
Bagley 1972	Briten + "farbige" Einwanderer	England + Wales, Großbritannien	1969	Auswertung von Statistiken über das Herkunftsland von Eltern Neugeborener		Soziologie?	Bagley 1972: 373 - 377
Fitzpatrick 1972	Puertoricaner	New York City, U.S.A.	1949, 1959	Auswertung von Marriage Records		Soziologie	Fitzpatrick 1972: 149

	"Rassen"-Kategorien	Ort	Zeitraum	Methode	Stichprobe	Disziplin	Quelle
C. E. Glick 1972	"Rassen"-Kategorien der offiziellen Statistik[1]	Hawaii	1960 - 1969	Auswertung von Statistiken		Soziologie	C. E. Glick 1972: 283
Kannan 1972	Europäer, Südasiaten, Afrikaner, Antillen-Bewohner	London	1972 oder früher	Tiefeninterviews	100 Ehepaare	Soziologie?	Kannan 1972: III, IV
Kim 1972	japanische + koreanische Frauen, US-amerikanische Männer	Seoul, Korea Los Angeles Urbana, Illinois?	1958 - 1959 1961 - 1962 seit 1964	Interviews im Rahmen der Beratungsarbeit	47 verlobte Koreanerinnen 10 verheiratete Japanerinnen 1 japanisch- + 7 koreanisch-amerikanische Familien	Sozial-arbeit	Kim 1972: 274
P. C. Glick 1972; Carter + Glick 1976	"interracial" + binational	U.S.A.	1960	Auswertung des US-Zensus von 1960	von 40.491.000 Ehepaaren 163.800 "interracial"	Statistik	P. C. Glick 1972: 292, 294 -296; Carter + Glick 1976: 117
Aldridge 1973	"white-non-white"	Georgia + Atlanta, U.S.A.	1967 - 1970	Auswertung von Statistiken	115 heterogame von 63.989 Heiraten insgesamt	Soziologie	Aldridge 1973
Borzykh 1973	interethnisch	Zentralasiatische Republiken, Kasachstan: Frunze, Kasachstan: Sowjetunion	1936 1936 - 1963 (ausgewählte Jahre)	Auswertung von Statistiken		Ethnologie	Borzykh 1973: 397, 398, 405

Cottrell 1973; 1975	indisch-westlich	Indien	1966	Interviews	113 Paare	Soziologie	Cottrell 1973: 739; 1975: 400
Devos 1973	Japanerinnen, (Ex-)GIs nicht-japanischer oder -chinesischer Abstammung	San Francisco + Umgebung, U.S.A.	1973 oder früher	Interviews (Fragebogen); Thematic Apperception Test	27 Paare	Ethnologie?	Devos 1973: i, 4, 5, 11-22
Kikumura + Kitano 1973	wie Tinker 1973	Los Angeles County, U.S.A.	1971, 1972	Auswertung von Anträgen auf Heiratslizenzen		Soziologie	Kikumura + Kitano 1973: 68
Monahan 1973	"Rassen"-Kategorien der offiziellen Statistik	Indiana, U.S.A.	1962 - 1967	Auswertung von Marriage Records		Soziologie	Monahan 1973: 632, 633
Nagler 1973	nordamerikanische Indianer	U.S.A. + Kanada?	1973 oder früher	Interviews	45 Personen	Soziologie?	Nagler 1973: 287
Rodrigues 1973	"white"	Rio de Janeiro, Brasilien	1973 oder früher	Interviews	248 Personen	Soziologie?	Rodrigues 1973: 236
Tinker 1973	US-Bürger japanischer Abstammung (anhand Nachnamen)	Fresno County, Kalifornien, U.S.A.	1958 - 1971	Auswertung von Heiratslizenzen		Soziologie	Tinker 1973: 53

Porterfield 1973, 1978	"black-white"	Champaign-Urbana, Illinois; Cambridge, Ohio; Birmingham, Alabama; Jackson, Mississippi	1970 - 1971 1972 - 1974	Feldforschung	- 20 Ehepaare - 11 Ehepaare - 7 Ehepaare - 2 Ehepaare	Ethnologie	Porterfield 1973: 72; 1978: 45, 49
Chang 1974	Kinder aus "ethnically different marriages"	2 Schulen in Kansas, U.S.A.	1974 oder früher	Piers-Harris-Children's Self-Concept-Scale	98 Kinder der 4., 5. + 6. Klasse; 251 aus homogamen Ehen (Kontrollgruppe)	Psychologie?	Chang 1974: 246, 247
Heer 1974	"black-white"	U.S.A.	1960 + 1970	statistische Auswertung des Zensus von 1960 + 1970		Soziologie	Heer 1974: 246, 247
Lee, Potvin + Verdieck 1974	interethnisch	Singapur	1962 - 1969	statistische Auswertung von registrierten Heiraten		Soziologie	Lee, Potvin + Verdieck 1974: 113, 114
Peach 1974	Einwanderer mit europäischem Geburtsort	New South Wales, Australien	1960 - 1969	statistische Auswertung von Zensusdaten		Geographie oder Soziologie	Peach 1974: 221 - 223
Gist 1975	Anglo-Inder	Indien: London, Großbritannien:	1963 - 1964 1967 1965	Feldforschung halbstrukturierte Interviews		Ethnologie?	Gist 1975: 39, 49
Leon 1975	"Rassen"-Kategorien der offiziellen Statistik[1]	Hawaii	1948 - 1953 1965 - 1969	statistische Auswertung von Heiratslizenzen		Soziologie	Leon 1975: 775 - 777

Yinon 1975	westliche + nahöstliche Juden	Israel	1975 oder früher	Fragebogen mit psychologischen Testskalen	20 heterogame, 10 westliche, 10 nahöstliche Paare	Psychologie	Yinon 1975: 215, 216
Brigham + alii 1976	"black-white"	Universitäten in Colorado, Arizona; College in Tennessee	1976 oder früher	Fragebogen mit Testskalen	758 "weiße" Studenten / Schüler	Psychologie?	Brigham + alii 1976: 9, 12 - 14
Connor 1976	"American Caucasians" + "native-born Japanese females"	Sacramento + Umgebung, Kalifornien, U.S.A.	1976 oder früher	Interviews + Marital Adjustment Form	20 Ehepaare, 5 geschiedene Frauen; ca. 20 amerikanische verheiratete Männer + 3 Frauen als Kontrollgruppe bei Adjustment Form	Soziologie?	Connor 1976: xiii, 5 - 8
Leon + Sakihara 1976	interethnisch	Singapur	wie Lee, Potvin + Verdieck 1974	statistische Auswertung von registrierten Heiraten		Soziologie	Leon + Sakihara 1976: 291
Monahan 1976	"Rassen"-Kategorien der offiziellen Statistik	U.S.A.	1963 - 1970	Auswertung verschiedener Statistiken		Soziologie	Monahan 1976: 224, 225
Monahan + Monahan 1976	"Rassen"-Kategorien der offiziellen Statistik	Philadelphia, U.S.A.	1960 - 1962 1965 - 1970	Auswertung von Heiratslizenzen + Statistiken		Soziologie	Monahan + Monahan 1976: 177, 178

Kuo + Hassan 1976, 1979	interethnisch	Singapur	1962 - 1975	wie Hassan 1971 sowie Hassan + Benjamin 1973		Soziologie	Kuo + Hassan 1976: 549; 1979: 168
Chew + MacDougall 1977	interethnisch	Singapur	zwischen 1970 + 1977 1966 - 1974	Interviews: Fragebogen: Auswertung von Statistiken	990 (Sample aller Wähler) 150 Studenten der University of Singapore	Soziologie	Chew + MacDougall 1977: 5 - 7
Cohen 1977	nationale Abstammung; Extra-Kategorie "Jews" + "Blacks"	U.S.A. New York City	1965? 1972?	Auswertung von zwei statistischen Stichproben		Soziologie?	Cohen 1977: 1001
Fisher 1977	interethnisch	14 "Nationalitäten" der Sowjetunion	1969	Auswertung von Statistiken		Soziologie?	Fisher 1977: 396 - 398
Murguia + Frisbie 1977	Mexikaner anhand spanischer Nachnamen	Bernalillo County, New Mexico: Bexar County, Texas:	- 1967 + 1971 - 1964, 1967, 1971, 1973	statistische Auswertung von Anträgen auf Heiratslizenzen		Soziologie?	Murguia + Frisbie 1977: 375, 376
Samama 1977	deutsch-ausländisch	Gießen, Deutschland	1976	Fragebogen Interviews	60 Ehepaare	Angewandte Sprachwissenschaft	Samama 1977: 44 - 48

Streltzer 1977	"Rassen"-Kategorien der offiziellen Statistik[1]	Hawaii	1977 oder früher	Auswertung medizinischer Berichte; Interviews mit Pflegepersonal; psychologische Testverfahren?	56 Ehepaare mit je einem Dialyse-Patienten	Medizin	Streltzer 1977: 116, 117
Arens + Arens 1978	interethnisch, definiert anhand Murdocks "ethnic clusters"	Mto wa Mbu, Nord-Tansania	1968 - 1969 1973	Feldforschung Auswertung offizieller + eigener Zensusdaten		Ethnologie	Arens + Arens 1978: 153, 159
Ratliff + alii 1978	US-amerikanische GIs, koreanische Frauen	Mental Hygiene Consultation Service, Camp Stanley, Korea	1975	Auswertung eines 6-wöchigen Beratungsprogramms	20 Paare	Sozialarbeit	Ratliff + alii 1978: 222, 223
Alba + Kessler 1979	Katholiken europäischer Abstammung	U.S.A.	?	Auswertung verschiedener Statistiken		Soziologie	Alba + Kessler 1979: 1125, 1127, 1128
Monahan 1979	"interracial"	Maryland: Virginia: District of Columbia:	1965, 1967 - 1970 1967 - 1974 1874 - 1973	Auswertung von Statistiken, Heiratsurkunden, Anträgen auf Heiratslizenzen		Soziologie	Monahan 1979: 291, 299, 304
Fontaine + Dorch 1980	Chicanos, Anglo- + Afroamerikaner	Kansas City, U.S.A.	1980 oder früher	Interviews	137 Familien (inklusive interreligiöse)	Psychologie?	Fontaine + Dorch 1980: 333

Lee 1980	US-amerikanische GIs, koreanische Frauen	Utah Colorado Washington	1979 - 1980	Fragebogen, Dyad Adjustment Scale, Symptomcheckliste	29 Ehepaare 10 Ehepaare 11 Ehepaare	Psychiatrie/ Sozialarbeit / Eheberatung?	Lee 1980: 95 - 105
Brandenburger 1981	schweizer Frauen, ausländische Männer	Schweiz (Zürich?)	20. - 24.3.1981	50- bis 90-minütige halbstandardisierte Interviews	9 Frauen	Sozialwissenschaft	Brandenburger 1981: 22 - 24, 52
Castonguay 1982	Anglo- + Franko-Kanadier	Kanada	1971 + 1976	Auswertung von Zensusdaten		Soziologie	Castonguay 1982: 264
Gurak + Fitzpatrick 1982	"Hispanics" + ihre Nachkommen	New York City, U.S.A.	1975	statistische Auswertung von Marriage Records		Soziologie	Gurak + Fitzpatrick 1982: 923
Hong 1982	US-amerikanische GIs, koreanische Frauen	Korea	1978	Auswertung eines strukturierten Fragebogens der Vorbereitungsklasse + von Formularen für GIs, die Koreanerinnen heiraten möchten	351 Ehefrauen oder Verlobte, die an Vorbereitungsklasse für U.S.A. teilnahmen; 292 GIs	Soziologie	Hong 1982: 22, 23

Jansen 1982	nationale Abstam-mung; Extra-Kategorien "Jew", "Native Indian and Eskimo"	Kanada	1971	Auswertung von Zensusdaten		Soziologie	Jansen 1982: 227
Khoudari 1982	deutsche Frauen, ausländische Männer	Deutschland	1982 oder früher	Tiefeninterviews	8 Frauen	Haushalts-wissen-schaft	Khoudari 1982: 22 - 24, 61
Murguia 1982	Mexikaner anhand spanischer Nachnamen	Bexar County + Nueces County + Hidalgo County, alle Texas; Bernalillo County, New Mexico; U.S.A.	- 1964, 1967, 1971, 1973 - 1960, 1961, 1970, 1971 - 1961, 1971 - 1967, 1971	statistische Auswertung von Marriage Records		Soziologie	Murguia 1982: 55 - 59
Blau + alii 1982, 1984; South + Messner 1986	"race", nationale Abstammung	die 125 größten städtischen statisti-schen Gebiete der U.S.A.	1970	statistische Auswertung des US-Zensus von 1970		Soziologie	Blau + alii 1982: 48 - 51; 1984: 591 - 595; South + Messner 1986: 1416 - 1420

Deul 1983	deutsche Frauen, türkische Männer	Istanbul, Türkei	1982	mehrstündige Tiefeninterviews	15 Frauen		Gesellschaftswissenschaften	Deul 1983: 23 - 26
Vaughn 1983	Batuzi-Mann, Ruanda, deutsche Frau	Deutschland	1983 oder früher	Tiefeninterview / biographische Methode	1 Frau		Sozialwissenschaften	Vaughn 1983: 29, 31, 32, 119, 120
Kitano + alii 1984; Kitano + Yeung 1984; Kitano + Chai 1984	Japaner, Chinesen, Koreaner	Los Angeles County: Hawaii:	1975, 1977, 1979 1970, 1975, 1980	Auswertung von Statistiken + Anträgen auf Heiratslizenzen			Soziologie	Kitano + alii 1984: 180 - 183
Lambert + Curtis 1984	Anglo- und Franko-Kanadier; Kanadier anderer Muttersprache	Kanada	1968, 1973, 1978, 1979	Auswertung von Meinungsumfragen			Soziologie?	Lambert + Curtis 1984: 33, 34
Schwertfeger 1984	"Rassen"-Kategorien der offiziellen Statistik[1]	Hawaii	1968 - 1976	statistische Auswertung von Heirats- und Scheidungsurkunden	alle Paare mit Wohnsitz Hawaii (ohne Militärangehörige)		Soziologie	Schwertfeger 1984: 50, 51
Vaskovics + alii 1984	deutsch-ausländisch	Bundesrepublik Deutschland; 41 ausgewählte bayerische Gemeinden	1960 - 1981, 1983	Auswertung von Statistiken			Sozial- und Wirtschaftswissenschatten	Vaskovics et alii 1984: 9 - 14

	"weiß"-"nicht-weiße" Paare			Auswertung einer Volkszählung		?	Coleman 1985: 4
Coleman 1985		Großbritannien	1981				
Goldstein + Segall 1985	interethnisch (Zuschreibung durch Kinder)	Winnipeg, Manitoba, Kanada	1983	Interviews als Teil der Winnipeg Area Study	524 Personen aus 524 Haushalten	Soziologie?	Goldstein + Segall 1985: 62 - 64
Graham + alii 1985	interethnisch / binational	Laie, Kahuku + Hauula, Oahu, Hawaii	1985 oder früher	halbstrukturierte Interviews	108 Ehepaare (1 Partner interviewt)	Soziologie?	Graham + alii 1985: 429, 430
Simon 1985 a + b	koreanische (Ex-)Krankenschwestern + deutsche Männer	Deutschland	1983	Tiefeninterviews	6 Familien	Ethnologie	Simon 1985 b: 90 - 99
Imamura 1986	nigerianische Männer, ausländische Frauen	Lagos + Umgebung, Nigeria	1982: 1 Jahr lang:	Tiefeninterviews teilnehmende Beobachtung in "foreign wives' association"	21 Frauen	Soziologie	Imamura 1986: 34
Labov + Jacobs 1986	"Rassen"-Kategorien der offiziellen Statistik[1]	Hawaii	1950 - 1983 (ausgewählte Jahre)	Auswertung von Statistiken		Soziologie	Labov + Jacobs 1986: 79, 81 - 86
Bizman 1987	westliche + nahöstliche Juden	Hochschulen, Zentral-Israel	1987 oder früher	Fragebogen mit psychologischer Testskala	282 weibliche, 267 männliche Studenten	Psychologie	Bizman 1987: 389 - 391

Jensen 1987	interethnisch	Trou-d'Eau-Douce, Mauritius	1984	Feldforschung	23 interethnische Ehen bei ca. 3.542 Einwohnern insgesamt	Ethnologie	Jensen 1987: 119, 125, 129
Wilson 1987	6- bis 9-jährige Kinder mit afrikanischem bzw. afrokaribischem + "weißem" Elternteil	London + einige kleinere Orte (offenbar meist im Süden + Osten Großbritanniens)	Oktober 1979 - Mai 1980	Testverfahren mit von Kindern zuzuordnenden Fotos; Interviews mit Kindern + Müttern	51 Kinder, 39 Mütter	Soziologie	Wilson 1987: 60 - 63, 201 - 223, Einband
Tuomi-Nikula 1987/88	Finnen + Deutsche	Deutschland	1983	Fragebogen: Tiefeninterviews:	692 Personen 87 Personen	Volkskunde	Tuomi-Nikula 1987/88: 6, 7, 23; persönliche Mitteilung
Hardach-Pinke 1988	Japaner und Deutsche	Japan	Januar 1983 - Juni 1984	Tiefeninterviews	25 Paare zusammen, 25 Partner einzeln	Soziologie + Psychologie	Hardach-Pinke 1988: 80; Klappentext
Hecht-El Minshawi 1988	deutsche Frauen + ausländische islamische Männer	Deutschland	1983	Tiefeninterviews	37 Personen	Soziologie?	Hecht-El Minshawi 1988: 17 - 20
Kamalkhani 1988	iranische Immigranten	Bergen, Norwegen	1986	Feldforschung	?	Ethnologie	Kamalkhani 1988: 1, 21, 109, 112

Meng-chee 1988	interethnisch	Singapur	1955 - 1984 außer 1961	Auswertung von Statistiken		Soziologie	Meng-chee 1988: 256, 257
Nitta 1988	Japaner + Ausländer	Japan	1965 - 1985: ?	Auswertung von Statistiken Feldforschung:	Interviews mit 53 Familien (51 mit japanischen Männern + nordamerikanischen oder europäischen Frauen)	Ethnologie	Nitta 1988: 205, 207, 209 - 216
Pandey 1988	deutsche Frauen, indische Männer, ihre Kinder	meist Frankfurt / Offenbach, Deutschland	1986	Tiefeninterviews	10 Familien	Soziologie	Pandey 1988: 1, 20, 117, 118
Shukert + Scibetta 1988	Kriegsbräute US-amerikanischer GIs	U.S.A.	1942 - 1952	Fragebogen, Interviews, Auswertung von Korrespondenz	Brief-Kontakt mit 2.000 Kriegsbräuten; keine Angaben über Anzahl der Fragebogen + Interviews	Geschichte	Shukert + Scibetta 1988: 2 - 4
Weller + Rofé 1988	westliche + nahöstliche Juden	15 medizinische Zentren um Tel Aviv, Israel	1988 oder früher	Fragebogen mit Zufriedenheits-skalen	292 Frauen, davon 50 heterogam verheiratet	Soziologie	Weller + Rofé 1988: 247, 248
Best 1989	Marakwet, Südniloten	Kapsowar + Umgebung, Kenia	1981 - 1982	Feldforschung	52 intra-, 54 interethnische Ehepaare	Ethnologie	Best 1989: 11 -19
Cronk 1989 a + b	Mukogodo	Laikipia District, Kenia	1985 - 1987	Feldforschung inkl. genealogischer Erhebung	249 von 422 Heiraten interethnisch	Ethnologie	Cronk 1989 a: 224 b: 414 - 416, 419

Studie	Gruppe	Ort	Zeit	Methode	Stichprobe	Disziplin	Quelle
Stephan + Stephan 1989	Personen mit mindestens einem japanischen / "Hispanic" Großelternteil	University of Hawaii New Mexico State University	1989 oder früher	Fragebogen (ethnische Selbstzuschreibung)	67 Psychologiestudenten 104 Psychologiestudenten	Soziologie + Psychologie	Stephan + Stephan 1989: 510 - 513
Pagnini + Morgan 1990	Einwanderer europäischer Abstammung	New York City: U.S.A.:	1908 - 1912 (Drachslers Daten) 1910	statistische Auswertung + Vergleich von Drachslers Daten + Zensusdaten		Soziologie	Pagnini + Morgan 1990: 405, 412 -416
Tucker + Mitchell-Kernan 1990	"Black" - "Non-Black"	Los Angeles County, U.S.A	1980	statistische Auswertung des US-Zensus von 1980 (Public Use Sample)		Soziologie	Tucker + Mitchell-Kernan 1990: 212, 213
Epstein 1991	Tolai	Matupit, Gazelle-Halbinsel, Neubritannien, Papua-Neuguinea	1960 - 1961 1986	Feldforschung / Restudy	8 von 223 Heiraten, 55 von 451 Heiraten mit Nicht-Tolai	Ethnologie	Epstein 1991: 49, 54, 55 63
Stephan + Stephan 1991	"Caucasians", "Asian-Americans", "mixed heritage": "Caucasians", "Hispanic-Americans", "mixed heritage":	- University of Hawaii - New Mexico State University	1991 oder früher	Fragebogen mit psychologischen Testskalen	- 34 Studenten - 100 Studenten - 57 Studenten - 129 Studenten	Soziologie und Psychologie	Stephan + Stephan 1991: 243 - 245

Englert 1995	deutsche Frauen, ghanaische Männer	Raum Münster / Bielefeld / Osnabrück	März - April 1988	Interviews	7 Paare, 3 deutsche Frauen zusätzlich	Ethnologie	Englert 1995: 12, 112, 113
Beer 1996	philippinische Frauen, deutsche Männer	Hamburg Bohol, Cebu City, San Carlos City	1992 - 1995 März - Juni 1993 November 1993 - Februar 1994	Feldforschung + Zusatzinterviews + gezielte teilnehmende Beobachtung	Daten über 167 Paare; intensiv 4 ausgewählte Paare	Ethnologie	Beer 1996: 5, 42 - 47
Nerel 1996	deutsche Frauen, türkische Männer	Raum Köln	Januar - März 1995	Fragebogen; Einzel- und Paar-Tiefeninterviews	10 Paare	Psychologie	Nerel 1996: 62 - 65

[1] Die zehn hawaiianischen "Rassen"-Kategorien der offiziellen Statistik beruhen laut Schmitt 1963: 809 "for many years" auf den Definitionen des US-Zensus.

[2] *Nisei* ist die Bezeichnung für einen US-Amerikaner japanischer Abstammung der 2. Generation im Land (Dien + Vinacke 1964: 463; Tinker 1984: 65).

9.2 Muster eines Heiratsformulars des Staates Florida von 1993

Die obere Hälfte des Formulars ist der Antrag auf Erteilung einer Heiratslizenz, der linke untere Teil die Heiratslizenz, der rechte untere die Heiratsurkunde. Die Heiratslizenz wird nur erteilt, wenn keine gesetzlichen Ehehindernisse (vor 1967 beispielsweise "Rassen"-Gesetze, heute etwa Minderjährigkeit) bestehen. Innerhalb einer vorgegebenen Frist - in diesem Beispiel zwei Monate - muß die Eheschließung erfolgen, wenn die Lizenz nicht verfallen soll. Danach wird der "Certificate"-Teil des Formulars ausgefüllt, die eigentliche Heiratsurkunde.[1]

---

[1] Für die Übersendung der Heiratsurkunde und juristische Informationen dazu (Brief vom 23.12.1993) danke ich meiner Freundin Kirsten Woodruff Haddad, Rechtsanwältin in Tampa, Florida.

Vordrucke anderer Bundesstaaten und anderer Jahre können Angaben zu Religion und Konfession sowie zu Namen, Geburtsort und -jahr der Eltern des Brautpaares enthalten. Der Antrag auf die Heiratslizenz, die Lizenz und die Urkunde werden offenbar stellenweise in verschiedenen Ämtern gesammelt, so daß die Untersuchenden oft nur eine der drei Formularsorten für ihre Studien benutzten (vgl. Anhang 9.1).

Burma (1963: 156) verweist darauf, daß die Auswertung von Heiratslizenzen sich strenggenommen auf Paare bezieht, die sich zwar eine Lizenz geholt, aber möglicherweise nicht geheiratet haben. In Los Angeles County würden ca. 5 % der Lizenzen nach der vorgesehenen Frist unbenutzt verfallen; eine Angabe über den Anteil von heterogamen Paaren daran existiere nicht. Wie hoch die "Ausfallquote" von ursprünglich Heiratswilligen für verschiedene Orte und Jahre anzusetzen ist, wurde in keiner anderen Arbeit über "Intermarriage" berücksichtigt; vielleicht liegen auch keine Statistiken darüber vor. Denkbar ist allerdings, daß gerade bei den ja häufig nach Mitteilung der Heiratsabsicht (vgl. Kapitel 7.1) starken Sanktionen ausgesetzten Paaren, die eine Zwischenheirat beabsichtigen, die Zahl der Heiratslizenzen nicht annähernd der Zahl der später tatsächlich erfolgten Eheschließungen entsprechen muß. Dies gilt auch für Studien, in denen nur Anträge auf Heiratslizenzen ausgewertet wurden (Murguía und Frisbie 1977; Monahan 1979; Kitano et alii 1984; Kitano und Yeung 1984; Kitano und Chai 1984).

Vorausgesetzt, daß die Angaben der Wissenschaftler über die von ihnen benutzten Heiratsformulare in der Unterscheidung der drei Arten exakt sind, dürfte es sich bei allen als "Marriage Record" bezeichneten Urkunden um eine vollständige wie in dem abgebildeten Muster handeln.

10 Literatur

ADAMS, Romanzo: Interracial Marriage in Hawaii. A Study of the Mutually
1937 Conditioned Process of Acculturation and Amalgamation. New
York

AELLEN, Carol und Wallace E. LAMBERT: Ethnic Identification and Personality
1969 Adjustments of Canadian Adolescents of Mixed English-French
Parentage. in: *Canadian Journal of Behavioral Science* 1 (2): 69 - 86

AGBONO-PUNTIGAM, Rebekka: Warum hast du mich jetzt geküßt? Eine schwarz-
1995 weiße Liebesgeschichte. Berlin

AGINSKY, Burt W. und Ethel G. AGINSKY: The Process of Change in Family Types: a
1949 Case Study. in: *American Anthropologist* 51: 611 - 614

AGISRA [= Arbeitsgemeinschaft gegen internationale sexuelle und rassistische Aus-
1990 beutung] (Hrsg.): Frauenhandel und Prostitutionstourismus. Eine
Bestandsaufnahme zu Prostitutionstourismus, Heiratsvermittlung und
Menschenhandel mit ausländischen Mädchen und Frauen. München

ALBA, Richard D. und Ronald C. KESSLER: Patterns of Interethnic Marriage among
1979 American Catholics. in: *Social Forces* 57, 14: 1124 - 1140

ALBOU, Paul: Le mariage mixte. Approche psycho-sociologique. in: *Annales*
1957 *Juridiques, Politiques, Economiques et Sociales* 3: 3 - 40

ALDOUS, Joan und Reuben HILL: International Bibliography of Research in Marriage
1967 and the Family, 1900 - 1964. Minneapolis

ALDOUS, Joan und Nancy DAHL: International Bibliography of Research in Marriage
1974 and the Family, 1965 - 1972. Minnesota

ALDRIDGE, Delores P.: The Changing Nature of Interracial Marriage in Georgia: a
1973 Research Note. in: *Journal of Marriage and the Family* 35, 4: 641 - 642

ALDRIDGE, Delores P.: Interracial Marriages. Empirical and Theoretical
1978 Considerations. in: *Journal of Black Studies* 8, 3: 355 - 368

ALEXANDER, Linda: Marriage: Universals. in: Tseng et alii (Hrsg.): 12 - 21
1977

ALLPORT, Gordon W.: Foreword. in: Farberow : VII - XII
1963

ALSTON, Jon P.: Review of the Polls. Three Current Religious Issues: Marriage of
1976   Priests, Intermarriage and Euthenasia in: *Journal for the Scientific Study
of Religion* 15, 1: 75 - 78

AMIR, Yehuda: Contact Hypothesis in Ethnic Relations. in: *Psychological Bulletin*,
1969   71, 5: 319 - 342

ANONYMUS: Intermarriage among National Groups Increases. in: *Statistical Bulletin
1946   Metropolitan Life Insurance Company* 1, 27: 4 - 5

ANONYMUS: Mixed Marriages in Central Asia and Kazakhstan. in: *Central Asian
1963   Review* 11: 5 - 12

ANONYMUS: Mariages Mixtes en Tunisie. in: *Confluent* 35: 855 - 878
1963

ANONYMUS: Heiraten nach Afrika und Asien. *Auslandskurier* 6: 3 - 6
1968

ANONYMUS: Mischehen? [redaktionelle Einleitung zu einer Reihe von Artikeln] in:
1973a   *Ehe. Zentralblatt für Ehe- und Familienkunde* 10: 105

ANONYMUS: Nationale Mischehen in statistischen Stichproben. in: *Ehe. Zentralblatt
1973b   für Ehe- und Familienkunde* 10: 149 - 151

ANONYMUS: Ehen mit Ausländern. in: *Weg in die Welt*: 44 - 59
1977

ANONYMUS: "Kind - du und ein Kameltreiber?" Vorurteile für und gegen kulturell
1980   oder religiös gemischte Ehen im Nahen Osten - und die Wirklichkeit. in:
Konsequenzen 14, 6: 41 - 45

ANONYMUS: Seine Frau werden? o. O.
o. J.

ANTONOVSKY, Aaron: Toward a Refinement of the "Marginal Man" Concept. in:
1954   *Social Forces* 35: 57 - 62

ARENS, William und Diana Antos ARENS: Kinship and Marriage in a Polyethnic
1978   Community. in: *Africa* 48: 149 - 160

ARKI, Mostafa: Das Andere anders sein lassen. Bikulturelle Partnerschaft.
o. J.   Anmerkungen zu Betty Mahmoody's Buch. Hildesheim

ASAD, Talal: The Definition of Marriage. in: *Man* 60: 73 - 74
1960

ASSAMAOUA, Michèle: Le Défi. Abidjan - Dakar - Lomé
1984

ATKESON, Paula: Building Communication in Intercultural Marriage. in: *Psychiatry*
1970   33: 396 - 408

AUER, Vasiliki und Ingrid SOLANO: Soziokulturelle Probleme in bi-nationalen Part-
1983   nerschaften. Das Beispiel der Sprachproblematik. in: *Informationsdienst zur Ausländerarbeit* 4: 98 - 100

AUSSCHUß der Evangelischen Kirche in Deutschland für den Kirchlichen Dienst an
1974   ausländischen Arbeitnehmern: Moslems in der Bundesrepublik. Eine Handreichung. Herausgegeben vom Kirchlichen Außenamt der Evangelischen Kirche in Deutschland. Frankfurt am Main

AXTELL, James: The White Indians of Colonial America. in: Blumberg und Roye
1979   (Hrsg.): 11 - 35

BABER, Ray: A Study of 325 Mixed Marriages in: *American Sociological Review*, 2:
1937   705 - 716

BAGLEY, Christopher: Patterns of Inter-Ethnic Marriage in Great Britain. in: *Phylon*,
1972   33 (4): 373 - 379

BAGLEY, Christopher: Inter-Ethnic Marriage in Britain and the United States from
1979   1970 to 1977: a Selected, Abstract Bibliography. in: *Sage Race Relations Abstracts* 4, 1: 1 - 22

BAGLEY, Christopher: Mixed Marriages and Race Relations Today. in: *Patterns of*
1981   *Prejudice* 15, 1: 33 - 44

BAKER, Sidney J.: Origins of the Words Pakeha and Maori. in: *Journal of the*
1945   *Polynesian Society* 54: 223 - 231

BANTON, Michael: The Coloured Quarter. Negro Immigrants in an English City.
1955   London

BANTON, Michael (Hrsg.): The Social Anthropology of Complex Societies. London
1966

BANYOLAK, Jean: "Die Ehe afrikanisch führen?". Wiesbaden
o. J.

BARBARA, Augustin: Le mariage interculturel: modèle-type matrimonial. Doctorat
1987 d'Etat der Sorbonne, Paris

BARBARA, Augustin: Marriage across Frontiers. Bristol [Übersetzung von: Mariages
1989a sans frontières. Paris 1985]

BARBARA, Augustin: Stigmatisé et emblématique, le mariage mixte. in: *Autrement*
1989b 105: 129 - 135

- BARGATZKY, Thomas: Die Rolle des Fremden beim Kulturwandel. Hohenschäftlarn
1978

BARNES, J. A.: The Frequency of Divorce. in: Epstein, Arnold Leonhard (Hrsg.): The
1967 Craft of Social Anthropology. London: 47 - 100

BARNETT, Larry D.: Research on International and Interracial Marriages. in:
1963a *Marriage and Family Living* 25: 105 - 107

BARNETT, Larry D.: Students' Anticipations of Persons and Arguments opposing
1963b Interracial Dating in: *Marriage and Family Living* 25: 355 - 357

BARNETT, Larry D.: Interracial Marriage in California. in: *Marriage and Family*
1963c *Living* 25: 424 - 427

BARNETT, Larry D.: Attitudes towards Interracial Dating. in: *The Family Life*
1963d *Coordinator* 12: 88 - 90

BARNETT, Larry D.: The Influence of Arguments Encouraging Interracial Dating. in:
1963e *The Family Life Coordinator* 12: 91 - 92

BARNETT, Larry D.: Antimiscegenation Laws in: *The Family Life Coordinator* 13:
1964 95 -97

BARNETT, Larry D. und John H. BURMA: Interracial Marriage Data Discrepancy. in:
1965 *Journal of Marriage and the Family* 27: 97

BARRON, Milton Leon: People who Intermarry. Intermarriage in a New
1946 England Industrial Community. Syracuse

BARRON, Milton Leon: Research on Intermarriage: a Survey of Accomplishments and
1951 Prospects. in: *The American Journal of Sociology* 57: 249 - 255

BARRON, Milton M.: Race, Religion and Nationality in Mate Selection. in: Fishbein,
1957 Morris und Ruby Jo Reeves Kennedy (Hrsg.): Modern Marriage and
Family Living. New York: 60 - 73

BARRON, Milton Leon (Hrsg.): The Blending American. Patterns of Intermarriage.
1972   Chicago

BARRON, Milton Leon: Intergroup Aspects of Choosing a Mate. in: Barron (Hrsg.):
1972   36 - 48

BARTH, Fredrik (Hrsg.): Ethnic Groups and Boundaries: The Social Organization of
1969   Cultural Difference. Bergen - Oslo - London - Boston

BARTH, Fredrik: Introduction. in: Barth (Hrsg.): 9 - 38
1969

BARTH, Fredrik: Tribes and Intertribal Relations in the Fly Headwaters. in: *Oceania*
1971   41: 171 - 191

BARTH, Fredrik: Descent and Marriage reconsidered. in: Goody (Hrsg.): 3 -19
1973

BASSENNE, Marthe: Aurélie Tedjani, "princesse des sables". Paris
1925

BEAN, Frank D. und Benjamin S. BRADSHAW: Intermarriage between Persons of
1970   Spanish and Non Spanish Surname: Changes from the Mid-Nineteenth to the Mid-Twentieth Century. in: *Social Science Quarterly* 51 (2): 389 - 395

BEAUDRY, J. A.: Some Observations on Chinese intermarriage in the United States
1971   in: *International Journal of the Sociology of the Family*, 1 (special issue): 59 - 68

BECKER, Walter: Ehen mit Ausländern. Informationen für junge Frauen, die einen
1974   Ausländer heiraten wollen. 3. verbesserte Auflage. Hamm

BEER, Bettina: Ethnologische Arbeiten über interethnische Ehen in vorindustriellen
1992   Gesellschaften. Unveröffentlichte Magisterarbeit. Hamburg

BEER, Bettina: Deutsch-Philippinische Ehen. Interethnische Heiraten und Migration
1996   von Frauen. Berlin

BEIGEL, Hugo G.: Problems and Motives in Interracial Relationships. in: *The*
1966   *Journal of Sex Research* 2, 3: 185 - 205

BEIGEL, Hugo G.: Marital and Premarital Counseling with Interracial Couples. in:
1967   Silverman 1967: 311 - 324

BENSIMON, Doris und Françoise LAUTMAN: Quelques aspects théoriques des
1974 recherches concernant les mariages mixtes. in: *Ethnies* 4: 17 - 39

BENSON, Susan: Ambiguous Ethnicity. Interracial Families in London. Cambridge
1981 University Press

BENTLEY, G. Carter: Theoretical Perspectives on Ethnicity and Nationality. in: *Sage*
1983a *Race Relations Abstracts* 8, 2: 1 - 53;
1983b 8, 3: 1 - 26

BERGHE, Pierre L. van den: Hypergamy, Hypergenation and Miscegenation. in:
1960 *Human Relations* 13: 83 - 91

BERICHT der Beauftragten der Bundesregierung für die Belange der Ausländer über
1994 die Lage der Ausländer in der Bundesrepublik Deutschland 1993.
Unterrichtung durch die Bundesregierung. Deutscher Bundestag, 12.
Wahlperiode. Drucksache 12/6960

BERNARD, Jessie: Note on Educational Homogamy in Negro-White and White-Negro
1966 Marriages 1960. in: *Journal of Marriage and the Family* 28: 274 - 276

BERREMAN, Gerald D.: Race, Caste, and other Invidious Distinctions in Social
1988 Stratification. in: Cole, Johnnetta B. (Hrsg.): Anthropology for the
Nineties. Introductory Readings. Revised Edition of Anthropology for the
Eighties. New York - London: 485 - 521 [Reprint aus *Race* 1972, 13]

BERRY, Brewton: Almost White. New York
1963

BERRY, John W.: Acculturation as Varieties of Adaptation. in: Padilla (Hrsg.) 1980:
1980 9 - 25

BERSCHEID, Ellen und Elaine WALSTER: A Little Bit about Love. in: Huston (Hrsg.)
1974 1974: 355 - 402

BERTULEIT, Christine: Wenn Pedro und Inge heiraten. in: *Sozial-Report* 11: 12 - 14
1976

BESANCENEY, Paul H.: On Reporting Rates of Intermarriage. in: Barron (Hrsg.)
1972 1972: 91 - 97

BEST, Günter: Ehen der Südniloten. Intra- und interethnische Heiratsformen im
1989 Vergleich. Münster

BIESANZ, John: Inter-American Marriages on the Isthmus of Panama. in: *Social*
1950 *Forces* 29: 159 - 163

BIESANZ, John und Luke M. SMITH: Adjustment of Interethnic Marriages on the
1951   Isthmus of Panama. in: *American Sociological Review* 16: 819 - 822

BINT, A.: Our Youth and Intermarriage with Western Women [arabisch]. in: *Hilal*
1956   64: 63 - 67

BIZMAN, Aharon: Perceived Causes and Compatibility of Interethnic Marriage: an
1987   Attributional Analysis. in: *International Journal of Intercultural Relations* 11: 387 - 399

BLALOCK, Hubert M.: Social Statistics. 2nd edition. New York
1972

BLANK, Willfried J.: Rassisch gemischte Ehen und die Apartheidsgesellschaft in
1973   Südafrika. in: *Ehe. Zentralblatt für Ehe- und Familienkunde* 10: 129 - 137

BLASIUS, Helga: Interview bei einer deutsch-koreanischen Familie. in: *Korea*
1982   *Kulturmagazin* 1: 176 - 187

BLAU, Peter M., BLUM, Terry C. und Joseph E. SCHWARTZ: Heterogeneity and
1982   Intermarriage. in: *American Sociological Review* 47: 45 - 62

BLAU, Peter M., BEEKER, Carolyn und Kevin M. FITZPATRICK: Intersecting Social
1984   Affiliations and Intermarriage. in: *Social Forces* 62, 3: 585 - 606

BLOOD, Robert O. und Samuel O. NICHOLSON: The Attitudes of American Men and
1962a   Women Students toward International Dating. in: *Marriage and Family Living* 24: 35 - 41

BLOOD, Robert O. und Samuel O. NICHOLSON: International Dating Experiences of
1962b   American Women Students. in: *Marriage and Family Living* 24: 129 - 136

BLOOD, Robert O. und Samuel O. NICHOLSON: The Experiences of Foreign Students
1962c   in Dating American Women. in: *Marriage and Family Living* 24: 241 - 248

BLUMBERG, Rhoda G. + ROYE, Wendell J. (Hrsg.): Interracial Marriage. Bayside,
1979   N. Y.

BOAS, Franz: Anthropology and Modern Life. New York
1932

BOAS, Franz: The Mind of Primitive Man. New York [Reprint von 1911]
1937

BOGARDUS, Emory S.: A Social Distance Scale. in: *Sociology and Social Research*
1933   17: 265 - 271

BOGARDUS, Emory S.: Social Distance. Los Angeles
1959

BOHANNAN, Paul: Social Anthropology. New York
1963

BOOS, Gabi: Bi-kulturelle Lebensgemeinschaften - soziale Binnen- und Außenbezie-
1986   hungen. - am Beispiel der Beziehungen zwischen deutschen Frauen und
            imischen Männern aus dem islamischen Kulturkreis. Unveröffentlichte
            Diplomarbeit zur Erlangung des akademischen Grades einer Diplom-
            Sozialwissenschaftlerin durch den FB Gesellschaftswissenschaften der
            Bergischen Universität - Gesamthochschule Wuppertal. Wuppertal

BORZYKH, N. P.: The Prevalence of Ethnically Mixed Marriages in the Central Asian
1973   Republics and Kazakhstan in the 1930s. in: *Soviet Sociology*: 394 - 411

BOSSARD, James H. S.: Residential Propinquity as a Factor in Marriage Selection.
1932   in: *American Journal of Sociology* 38: 219 - 224

BOSSARD, James H. S.: Nationality and Nativity as Factors in Marriage. in:
1939   *American Sociological Review* 4: 792 - 798

BOSSEN, Laurel: Toward a Theory of Marriage: the Economic Anthropology of
1988   Marriage Transactions. in: *Ethnology* 27, 1: 127 - 144

BOURGEOIS, M. und A. HÉBERT: Le mariage interracial et sa psychopathologie. in:
1969   *Annales Médico-Psychologiques* 1: 427 - 438

BOWRING, Richard: The Background to Maihime. in: *Monumenta Nipponica* 30:
1975   167 - 176

BOYD, Robert T.: Demographic History, 1774 - 1874 in: Handbook of North
1990   American Indians. Washington Bd. 7: 135 - 148

BRADLEY, Marion Zimmer: Die Frauen von Isis. Bergisch Gladbach
1987

BRANDENBURGER, Urs: Probleme einer Mischehe. Unveröffentlichte Diplomarbeit.
1981   St. Gallen

BRAZELL, Karen: Mori Ogai in Germany. A Translation of Fumizukai and Excerpts
1971   from Doitsu nikki. in: *Monumenta Nipponica* 26: 77 - 114

BRIGHAM, John C., WOODMANSEE, John J. und Stuart W. COOK: Dimensions of
1976   Verbal Racial Attitudes: Interracial Marriage and Approaches to Racial
          Equality. in: *Journal of Social Issues* 32, 2: 9 - 21

BROOM, Leonard: Intermarriage and Mobility in Hawaii. in: *Transactions of the*
1956   *Third World Congress of Sociology* 3: 277 - 282

BRUCE, James D. und Hyman RODMAN: Black-White Marriages in the United States:
1973   a Review of the Empirical Literature. in: Stuart und Abt: 147 - 159

BUCK, Pearl S.: The Hidden Flower. New York
1952

BUCK, Peter: The Coming of the Maori. Wellington
1950

BUGELSKI, B. R.: Assimilation through Intermarriage. in: *Social Forces* 40:
1961   148 - 153

BURMA, John H.: Research Note on the Measurement of Interracial Marriage. in:
1952   *The American Journal of Sociology* 57: 587 - 589

BURMA, John H.: Interethnic Marriage in Los Angeles, 1948 - 1959 in: *Social*
1963   *Forces* 42: 156 - 165

BURMA, John H., CRETSER, Gary A. und Ted SEACREST: A Comparison of the
1970   Occupational Status of Intramarrying and Intermarrying Couples: a
          Research Note. in: *Sociology and Social Research* 54: 508 - 519

BURTON-BRADLEY, B. G.: Mixed-Race Society in Port Moresby. New Guinea
1968   Research Bulletin No. 23. Canberra

BYRNE, Donn, GOUAUX, Charles, GRIFFITT, William, LAMBERTH, John, MURAKAWA,
1971   Noriko, PRASAD, Mani Bhushan, PRASAD, Atma und Manuel RAMIREZ:
          The Ubiquitous Relationship: Attitude Similarity and Attraction. A
          Cross-Cultural Study. in: *Human Relations* 24: 201 - 207

CALKINS, Fay G.: My Samoan Chief. Honolulu [Reprint von 1962]
1975

CAMILLERI, C. Les mariages mixtes en Tunésie. in: *Confluent* 35: 866 - 878
1963

CANISIUS, Cordula: Die Arbeit der Interessengemeinschaft der mit Ausländern ver-
1980 heirateten deutschen Frauen e. V. (IAF) und ihre Bedeutung für die binationalen Partnerschaften in der Bundesrepublik Deutschland. Unveröffentlichte Hausarbeit zur Staatlichen Abschlußprüfung an der Evangelischen FH in Hannover, FB Sozialwesen. Hannover

CARISSE, Colette: Accommodation conjugale et réseau social des mariages bi-
1966 ethniques au Canada. in: *Revue Française de Sociologie* 7: 472 - 484

CARISSE, Colette: Orientations culturelles dans les mariages entre Canadiens français
1969 et Canadiens anglais. in: *Sociologie et Société* 1: 39 - 52

CARTER, Hugh und Paul C. GLICK: Marriage and Divorce: a Social and Economic
1976 Study. (revised edition) Cambridge - London

CASTONGUAY, Charles: Intermarriage and Language Shift in Canada, 1971 and 1976.
1982 in: *Canadian Journal of Sociology* 7, 3: 263 - 277

CATAPUSAN, Benicio T.: Filipino Intermarriage Problems in the United States. in:
1938 *Sociology and Social Research* 22: 265 - 272

CAVAN, Ruth Shonle: Concepts and Terminology in Interreligious Marriage. in:
1970 *Journal for the Scientific Study of Religion* 9: 311 - 320

CAVAN, Ruth Shonle: Annotated Bibliography of Studies on Intermarriage in the
1971 United States, 1960 - 1970 inclusive. in: *International Journal of the
Sociology of the Family* 1 (special issue): 157 - 165

CAVAN, Ruth Shonle und Jordan T. CAVAN: Cultural Patterns, Functions and
1971 Dysfunctions of Endogamy and Intermarriage. in: *International Journal
of the Sociology of the Family* 1 (special issue): 10 - 24

CAZARES, Ralph B., MURGUÍA, Edward und W. Parker FRISBIE: Mexican American
1984 Intermarriage in a Non-Metropolitan Context. in: *Social Science
Quarterly* 65: 626 - 634

CERRONI-LONG, E. L.: Marrying Out: Socio-Cultural and Psychological Implications
1984 of Intermarriage. in: *Journal of Comparative Family Studies* 16, 1: 25 -
46

CHANG, Dae H.: Intermarriage Practice in Traditional Korea. in: *International
1971 Journal of the Sociology of the Family* 1 (special issue): 137 - 156

CHANG, Theresa S.: The Self-Concept of Children of Ethnically Different Marriages.
1974 in: *California Journal of Educational Research*: 245 - 252

CHAR, Walter F.: Motivations for Intercultural Marriages. in: Tseng et alii (Hrsg.):
1977   33 -40

CHENG, C. K. und Douglas S. YAMAMURA: Interracial Marriage and Divorce in
1957   Hawaii. in: *Social Forces* 36: 77 - 84

CHEW, Sock F. und J. A. MACDOUGALL: Forever Plural: the Perception and Practice
1977   of Inter-Communal Marriage in Singapore. Ohio University Press.
        Athens

CHIMBOS, Peter D.: Immigrants' Attitudes toward their Children's Inter-Ethnic
1971   Marriages in a Canadian Community. in: *The International Migration
        Review* 5, 1: 5 - 17

CHOI, C. Y.: Patterns of Migration and Marriage among the Chinese in Australia. in:
1972   *Australian Journal of Social Issues* 7, 2: 141 - 150

CIZON, Francis A.: Interethnic and Interreligious Marriage Patterns in Parish X. in:
1954   *The American Catholic Sociological Review* 15: 244 - 255

CLARKE, Colin G.: Residential Segregation and Intermarriage in San Fernando,
1971   Trinidad. in: *The Geographical Review* 61, 2: 198 - 218

CLEAVER, Eldridge: On Becoming. in: Wilkinson (Hrsg.): 88 - 96
1975

CLEVER, Gabriele und Christine STEIGWALD: Problematik der mit Ausländern ver-
1979   heirateten deutschen Frauen. Unveröffentlichte Abschlußarbeit im FB
        Sozialarbeit, FH Köln. Köln

COHEN, Abner (Hrsg.): Urban Ethnicity. London
1964

COHEN, Erik: Mixed Marriage in an Israeli Town. in: *Jewish Journal of Sociology*
1969   11: 41 - 50

COHEN, Erik: Arab Boys and Tourist Girls in a Mixed Jewish-Arab Community. in:
1971   *International Journal of Comparative Sociology* 12, 4: 217 - 233

COHEN, Erik: Thai Girls and Farang Men: the Edge of Ambiguity. in: *Annals of
1982   Tourism Research* 9: 403 - 428

COHEN, Erik: Lovelorn Farangs: the Correspondence between Foreign Men and Thai
1986   Girls. in: *Anthropological Quarterly* 59: 115 - 127

COHEN, Erik: The Dropout Expatriates: a Study of Marginal Farangs in Bangkok. in:
1984   *Urban Anthropology* 13, 1: 91 - 115

COHEN, Steven Martin: Socioeconomic Determinants of Intraethnic Marriage and
1977   Friendship. in: *Social Forces* 55, 4: 997 - 1010

COLEMAN, David: Ethnic Intermarriage in Great Britain. in: *Population Trends* 40:
1985   4 - 10

COLLIER, Jane Fishburn: Marriage and Inequality in Classless Society. Stanford
1988

COLLINS, Sydney F.: The Social position of White and "Half-Caste" Women in
1951   Colored Groupings in Britain. in: *The American Sociological Review* 16,
         6: 796 - 802

CONNOR, John W.: A Study of the Marital Stability of Japanese War Brides. San
1976   Francisco

COPPINGER, Robert M. und Paul C. ROSENBLATT: Romantic Love and Subsistence
1968   Dependence of Spouses. in: *Southwestern Journal of Anthropology* 24:
         310 - 319

COSER, Rose Laub (Hrsg.): The Family. Its Structure and Functions. New York
1966

COTTRELL, Ann Baker: Cross-National Marriage as an Extension of an International
1973   Life Style: a Study of Indian-Western Couples. in: *Journal of Marriage
         and the Family* 35, 4: 739 - 741

COTTRELL, Ann Baker: Outsiders' Inside View: Western Wives' Experiences in
1975   Indian Joint Families. in: *Journal of Marriage and the Family* 37, 2: 400
         - 407

CRETSER, Gary A. und Joseph J. LEON (Hrsg.): Intermarriage in the United States.
1984   New York - London [= *Marriage and Family Review* 1982, 5]

CRETSER, Gary A. und Joseph J. LEON: Intermarriage in the U. S.: an Overview of
1984   Theory and Research. in: Cretser und Leon (Hrsg.): 3 - 15

CROISSET, Francis de: La dame de Malacca. Paris
1935

CRONK, Lee: From Hunters to Herders: Subsistence Change as a Reproductive
1989a   Strategy among the Mukogodo. in: *Current Anthropology* 30: 224 - 234

CRONK, Lee: Low Socioeconomic Status and Female-Biased Parental Investment: the
1989b Mukogodo Example. in: *American Anthropologist* 91: 414 - 429

CUTLER, Beverly R. und William G. DYER: Initial Adjustment Processes in Young
1973 Married Couples. in: Kline und Medley (Hrsg.): 251 - 263

DAMOLIN, Mario: Der ganz alltägliche Rassismus. Ein Bericht vom Bundeskongreß
1983 der IAF, in der mit Ausländern verheiratete deutsche Frauen zusammengeschlossen sind. in: *Psychologie Heute* 10, 2: 72 - 75

DANIELS, Arlene Kaplan: The Low-Caste Stranger in Social Research. in: Sjoberg,
1967 Gideon (Hrsg.): Ethics, Politics and Social Research. Cambridge, Mass.:
267 - 296

DAS, Man Singh: An Exploratory Study of Touchable-Untouchable Intercaste
1970 Marriage in India. in: *The Indian Journal of Sociology* 1, 2: 130 - 138

DAS, Man Singh: A Cross-Cultural Study of Intercaste Marriage in India and the
1971 United States. in: *The International Journal of the Sociology of the
Family* 1 (special issue): 25 - 33

DAVIE, Maurice R. und Ruby Jo REEVES: Propinquity of Residence before Marriage.
1939 in: *The American Journal of Sociology* 44, 4: 510 - 517

DAVIS, Kingsley: Intermarriage in Caste Societies. in: *American Anthropologist* 43:
1941 376 - 395

DAY, Beth: Sexual Life between Blacks and Whites. The Roots of Racism.
1972 New York

DÉJEUX, Jean: Image de l'etrangère. Unions mixtes franco-maghrébines. Paris
1989

DETTMER, Erika: Rassismus, Vorurteile, Kommunikation. Untersucht am Beispiel
1988 der afrikanisch-europäischen Begegnung in Hamburg. Hamburg

DEUL, Heike: Bi-nationale Familien am Beispiel von mit Türken verheirateten deut-
1983 schen Frauen in Istanbul. Unveröffentlichte Diplomarbeit im FB Gesellschaftswissenschaften. Frankfurt a. M.

DEVEREUX, Georges: Ethnopsychoanalyse. Die komplementaristische Methode in
1978 den Wissenschaften vom Menschen. Frankfurt a. M.

DEVEREUX, Georges: Angst und Methode in den Verhaltenswissenschaften. Baden-
1984 Baden

DEVITRE, Eva-Adelheid: Probleme familialer Beziehungen von deutschen Frauen
1978 und Ausländern am Beispiel einer empirischen Untersuchung mit griechischen Gastarbeitern in Offenbach. Unveröffentlichte Hausarbeit für das Lehramt an Grundschulen. Frankfurt a. M.

DEVOS, George A.: Personality Patterns and Problems of Adjustment in American-
1973 Japanese Intercultural Marriages. Taipei

DEVOS, George und Lola ROMANUCCI-ROSS (Hrsg.): Ethnic Identity: Cultural
1982 Continuities and Change. Chicago - London

DICKS, Dianne (Hrsg.): Amors wilde Pfeile. Liebes- und Ehegeschichten zwischen
1993 den Kulturen. München

DIEN, Dora S. und W. Edgar VINACKE: Self-Concept and Parental Identification of
1964 Young Adults with Mixed Caucasian-Japanese Parentage. in: *Journal of Abnormal and Social Psychology* 69: 463 - 466

DIESCH, Elfriede: Verheiratet in Persien. Erlebnisse einer Deutschen im Iran.
1962 Hamburg

DINNERSTEIN, L. und D. M. REIMERS: Ethnic Americans. New York
1988

DOHRENWEND, Bruce P. und Robert J. SMITH: Toward a Theory of Acculturation. in:
1962 *Southwestern Journal of Anthropology* 18: 30 - 39

DOUGLAS, William: Religion. in: Farberow (Hrsg.): 80 - 95
1963

DRACHSLER, Julius: Democracy and Assimilation. The Blending of Immigrant
1920 Heritages in America. New York

DRACHSLER, Julius: Intermarriage in New York City. New York
1921

DRUSS, Richard G.: Foreign Marriages in the Military. in: *The Psychiatric Quarterly*
1965 39, 2: 220 - 226

DUNN, Ethel und Stephen P. DUNN: Ethnic Intermarriage as an Indicator of Cultural
1973 Convergence in Soviet Central Asia. in: Allworth, Edward (Hrsg.): The Nationality Question in Soviet Central Asia. New York: 45 - 58

DYER, William G.: Analyzing Marital Adjustment Using Role Theory. in: Kline und
1973 Medley (Hrsg.): 225 - 236

EDGERTON, Robert B.: Rules, Exceptions and Social Order. Berkeley, Los Angeles -
1985 London

ELKHOLY, Abdo A.: The Moslems and Interreligious Marriage in the New World. in:
1971 *The International Journal of Sociology of the Family* 1 (special issue):
69 - 83

ELKIN, Henry: The Northern Arapaho of Wyoming. in: Linton (Hrsg.): 207 - 255
1963

EMBER, Melvin und Carol R. EMBER: Male-Female Bonding: a cross-species Study of
1979 Mammals and Birds. in: *Behavior Science Research* 1: 37 - 56

ENGLERT, Annette: Die Liebe kommt mit der Zeit. Interkulturelles Zusammenleben
1995 am Beispiel deutsch-ghanaischer Ehen in der BRD. Münster

EPSTEIN, A. L.: Changing Patterns of Tolai Residence and Marital Choice. in:
1991 *Ethnology* 30: 49 - 64

EVANGELISCHE Akademie Hofgeismar (Hrsg.): Ehen zwischen Ausländern und Deut-
1980 schen. Tagungsprotokoll 160/1980. Hofgeismar

FARBEROW, Norman L. (Hrsg.): Taboo Topics. New York
1963

FARBEROW, Norman L.: Introduction. in: Farberow (Hrsg.): 1 - 7
1963

FAUSS, Ralph: Zur Bedeutung des Gesichtes für die Partnerwahl. in: *Homo* 37, 3:
1988 188 - 201

FENNICHE, Naima: Attitudes des jeunes parents tunisois de 20 à 30 ans devant le
1965 mariage mixte. in: *Revue Tunisienne de Sciences Sociales* 2: 45 - 56

FINGERLIN, Erika und Michael MILDENBERGER (Hrsg.): Ehen mit Muslimen. Am Bei-
1983 spiel deutsch-türkischer Ehen. Frankfurt a. M.

FISCHER, Eugen: Die Rehobother Bastards und das Bastardierungsproblem beim
1961 Menschen. Anthropologische und ethnographische Studien am Rehobother Bastardvolk in Deutsch-Südwest-Afrika. Graz [Reprint von Leipzig
1913]

FISCHER, Hans: Feldforschung. in: Fischer, Hans (Hrsg.): Ethnologie. Eine
1983 Einführung. Berlin

FISCHER, Hans: Warum Samoa? Touristen und Tourismus in der Südsee. Berlin
1984

FISCHER, Hans: Ehestabilisierende Faktoren im interkulturellen Vergleich. in:
1990a *Veröffentlichungen der Joachim-Jungius-Gesellschaft für Wissenschaft Hamburg* 62: 27 - 45

FISCHER, Hans: Völkerkunde im Nationalsozialismus. Aspekte der Anpassung, Affi-
1990b nität und Behauptung einer wissenschaftlichen Disziplin. Berlin - Hamburg

FISCHER, Hans: Lehrbuch der genealogischen Methode. Berlin
1996

FISHER, Wesley A.: Ethnic Consciousness and Intermarriage: Correlates of Endogamy
1977 among the Major Soviet Nationalities. in: *Soviet Studies* 29, 3: 395 - 408

FITZPATRICK, Joseph P.: Intermarriage of Puerto Ricans in New York City. in:
1972 Barron (Hrsg): 147 - 163

FONTAINE, Gary und Edwina DORCH: Problems and Benefits of Close Intercultural
1980 Relationships. in: *International Journal of Intercultural Relations* 4: 329 - 337

FOX, Robin: Kinship and Marriage. An Anthropological Perspective. Harmondsworth
1969

FRANCIS, Emerich K.: Interethnic Relations. An Essay in Sociological Theory. New
1976 York - Oxford - Amsterdam

FRANZ, Fritz: Frauen von Ausländern und das deutsche Internationale Privatrecht.
1977 in: Wolf-Almanasreh (Hrsg.): 62 - 76

FREEMAN, Linton: Homogamy in Interethnic Mate Selection. in: *Sociology and*
1955 *Social Research* 33: 369 - 377

FRIEDEBURG, Ludwig von: Die Umfrage in der Intimsphäre. Beiträge zur Sexual-
1953 forschung. 4. Heft. Stuttgart

FUCHS, Werner, KLIMA, Rolf, LAUTMANN, Rüdiger, RAMMSTEDT, Otthein und Hans
1988 WIENOLD: Lexikon zur Soziologie. Zweite, verbesserte und erweiterte Auflage. Ungekürzte Sonderausgabe. Opladen

FURLONG, William Barry: Interracial Marriage is a Sometime Thing. in: Barron
1972 (Hrsg.): 114 - 127

GESETZ zur Neuregelung des Ausländerrechts vom 9. Juli 1990, Bundesgesetzblatt
1990   1990, Teil 1: 1354 - 3014

GILES, Howard (Hrsg.): Language, Ethnicity and Intergroup Relations. London
1977

GILLIAM, Angela: Telltale Language: Race, Class, and Inequality in two Latin
1988   American Towns. in: Cole, Johnnetta B. (Hrsg.): Anthropology for the
          Nineties. Introductory Readings. Revised Edition of Anthropology for the
          Eighties. New York - London: 522 - 531

GIST, Noel P.: Anglo-Indian Migrants in Britain. in: *Plural Societies* 6: 39 - 49
1975

GLAZER, Nathan und Daniel P. Moynihan (Hrsg.): Ethnicity: Theory and Experience.
1976   Harvard University Press. Cambridge, Mass. - London

GLICK, Clarence E.: Interracial Marriage and Admixture in Hawaii. in: *Social*
1972   *Biology* 17, 4: 278 - 291

GLICK, Paul C.: Intermarriage among Ethnic Groups in the United States. in: *Social*
1972   *Biology* 17, 4: 292 - 298

GLOTH, Ingola und Eckehard FRICKE: Wenn Entwicklungshelfer im Gastland
1983   heiraten. in: *DED-Brief* 4: 25 - 26

GMELCH, George und Walter P. ZENNER (Hrsg.): Urban Life. Readings in Urban
1988   Anthropology. New York

GÖRRES, Ida Friederike: Einige Überlegungen zur Mischehe. in: *Ehe. Zentralblatt*
1964   *für Ehe-und Familienkunde* 1: 6 - 13

GOFFMAN, E.: Stigma: Notes on the Management of a Spoiled Identity.
1968   Harmondsworth

GOLDBERG, Milton M.: A Qualification of the Marginal Man Theory. in: *The*
1941   *American Sociological Review* 6: 52 - 58

GOLDEN, Joseph: Characteristics of the Negro-White Intermarried in Philadelphia.
1953   in: *The American Sociological Review* 18: 177 - 183

GOLDEN, Joseph: Patterns of Negro-White Intermarriage. in: *The American*
1954   *Sociological Review* 19: 144 - 147

GOLDEN, Joseph: Social Control of Negro-White Intermarriage. in: *Social Forces* 36:
1958   267 - 269

GOLDEN, Joseph: Facilitating Factors in Negro-White Intermarriage. in: *Phylon* 20:
1959   273 - 284

GOLDMAN, Irving: The Alkatcho Carrier of British Columbia in: Linton (Hrsg.):
1963   333 - 386

GOLDSTEIN, Jay und Alexander SEGALL: Ethnic Intermarriage and Ethnic Identity. in:
1985   *Canadian Ethnic Studies* 17, 3: 60 - 71

GOODE, William J.: The Theoretical Importance of Love. in: *The American*
1959   *Sociological Review* 24: 38 - 47

GOODE, William J.: The Family. Englewood-Cliffs, N. J.
1964

GOODY, Jack (Hrsg.): The Character of Kinship. London
1973

GORDON, Albert: Intermarriage: Interfaith, Interracial, Interethnic. Boston
1964

GORDON, Milton M.: Assimilation in American Life. Oxford
1964

GOUGH, Kathleen: The Nayars and the Definition of Marriage. *Journal of the Royal*
1959   *Anthropological Institute* 86, 1: 23 - 34

GOUGH, Kathleen: Nayar: Central Kerala. in: Schneider, David M. und Kathleen
1961a   Gough (Hrsg.): Matrilineal Kinship. Berkeley - Los Angeles: 6 - 384

GOUGH, Kathleen: Nayar: North Kerala. in: Schneider, David M. und Kathleen
1961b   Gough (Hrsg.): Matrilineal Kinship. Berkeley - Los Angeles: 385 - 404

GRAHAM, Morris A., MOEAI, Judith und Lanette S. SHIZURU: Intercultural Marriages:
1985   an Intrareligious Perspective. in: *International Journal of Intercultural*
            Relations 9: 427 - 434

GREEN, Arnold W.: A Reexamination of the Marginal Man Concept. in: *Social*
1947   *Forces* 26: 167 - 171

GREGOR, Thomas: Mehinaku: the Drama of Daily Life in a Brazilian Indian Village.
1977   Chicago - London

GRIER, William und Price COBBS: Marriage and Love. in: Wilkinson (Hrsg.):
1975   96 - 101

GRIFFITT, William: Attitude Similarity and Attraction. in: Huston (Hrsg.): 285 - 308
1974

GROEGER, Guido N.: Reflexionen über die (Misch-) Ehe. in: *Ehe. Zentralblatt für*
1973   *Ehe- und Familienkunde* 10: 115 - 123

GUIHO, Pierre: Les conflits entre la loi française et le statut personnel des
1955   musulmans algériens en matière de mariage. in: *Annales Juridiques,*
        Politiques, Economiques et Sociales 1: 139 - 205

GURAK, Douglas T. und Joseph P. FITZPATRICK: Intermarriage among Hispanic
1982   Ethnic Groups in New York City. in: *The American Journal of*
        Sociology 87: 921 - 934

HAGEN, Andreas: Empirische Untersuchung über Einflüsse des Körperbaus auf das
1987   Partnerleitbild [unveröffentlichte Magisterarbeit im Humanbiologischen
        Institut in Hamburg]. Hamburg

HAJDA, Yvonne: Southwestern Coast Salish. in: Handbook of North American
1990   Indians. Washington, Bd. 7: 503 - 517

HANDY, E. S. Craighill: History and Culture in the Society Islands. Bernice P.
1930   Bishop Mus. Bull. 79. Honolulu

HARDACH-PINKE, Irene: Interkulturelle Lebenswelten. Deutsch-japanische Ehen in
1988   Japan. Frankfurt a. M. - New York

HARRÉ, John: Maori und Pakeha: a Study of Mixed Marriages in New Zealand.
1966   London

HARRIS, Jack S.: The White Knife Shoshoni of Nevada. in: Linton (Hrsg.): 39 - 116
1963

HARTE, Thomas J.: Trends in Mate Selection in a Tri-Racial Isolate. in: *Social*
1959   *Forces* 3: 215 - 221

HASSAN, Riaz: Interethnic Marriage in Singapore: a Sociological Analysis. in:
1971   *Sociology and Social Research* 55: 305 - 323

HASSAN, Riaz: Interethnic Marriage in Singapore: A Study in Interethnic Relations.
1974   Singapur Occasional Paper No. 21

HASSAN, Riaz und Geoffrey BENJAMIN: Ethnic Outmarriage Rates in Singapore: the
1973   Influence of Traditional Socio-Cultural Organization. in: *Journal of Marriage and the Family* 35, 4: 731 - 738

HASSAN, Riaz und Geoffrey BENJAMIN: Ethnic Outmarriage and Sociocultural
1976   Organization. in: Hassan, Riaz (Hrsg.): Singapore: Society in Transition. Kuala Lumpur: 205 - 220

HAAVIO-MANNILA, Elina: Local Homogamy in Finland. in: *Acta Sociologica* 8:
1964   155 - 162

HECHT-EL MINSHAWI, Beatrice: "Wir suchen, wovon wir träumen". Zur Motivation
1988   deutscher Frauen, einen Partner aus dem islamischen Kulturkreis zu wählen. Frankfurt a. M.

HECHT-EL MINSHAWI, Beatrice: Zwei Welten - eine Liebe. Leben mit Partnern aus
1992   anderen Kulturen. Hamburg

HEER, David M.: Negro-White Marriage in the United States. in: *New Society* 26:
1965   7 - 9

HEER, David M.: Negro-White Marriage in the United States. in: *Journal of*
1966   *Marriage and the Family*: 262 - 273

HEER, David M.: Intermarriage and Racial Amalgamation in the United States. in:
1967   *Eugenics Quarterly* 14, 2: 112 - 120

HEER, David M.: The Prevalence of Black-White Marriage in the United States,
1974   1960 and 1970. in: *Journal of Marriage and the Family* 36: 246 - 258

HEER, David M.: Bi-kulturelle Ehen. in: Elschenbroich, Donata (Hrsg.): Einwande-
1985   rung, Integration, ethnische Bindung. Harvard Encyclopedia of American Ethnic Groups. Eine deutsche Auswahl. Basel - Frankfurt a. M.: 179 - 197

HENRICH, Dieter: Familienrecht. Vierte, neubearbeitete Auflage. Berlin - New York
1991

HENRIQUES, Fernando: Children of Caliban: Miscegenation. London
1974

HERSKOVITS, Melville J. : The Myth of the Negro Past. New York
1941

HILL, Reuben und Donald A. HANSEN: The Identification of Conceptual Frameworks
1960   Utilized in Family Study. in: *Marriage and Family Living* 22: 299 - 311

Ho, Man Keung: Building a Successful Intermarriage between Religions, Social
1984   Classes, Ethnic Groups or Races. St. Meinrad

Hodgkin, Mary C.: When Australians Marry Asians. in: *Quadrant* 8: 19 - 27
1964

Hollingshead, August B.: Cultural Factors in the Selection of Marriage Mates. in:
1950   *The American Sociological Review* 15: 619 - 627

Hollingshead, August B.: In-Group Marriage in the Upper Class. in: Rodman
1965   (Hrsg.): 65 - 68

Holloman, Regina E. und Serghei A. Arutiunov (Hrsg.): Perspectives on Ethnicity.
1978   Den Haag - Paris

Hong, Sawon: Another Look at Marriages between Korean Women and American
1982   Servicemen. in: *Korea Journal* 22, 5: 21 - 30

Horowitz, Donald L.: Ethnic Identity. in: Glazer und Moynihan (Hrsg.): 111 - 140
1976

Howe, James: Marriage. in: Hunter, David E. und Phillip Whitten (Hrsg.):
1976   Encyclopedia of Anthropology. New York - Hagerstown - San Francisco - London: 257 - 258

Hsu, Jing: Counseling for Intercultural Marriage. in: Tseng et alii (Hrsg.): 121 - 132
1977

Huber, B. (Hrsg.): Die christlich-islamische Ehe. CIBEDO-Dokumentation Nr. 21.
1984   Frankfurt a. M.

Hubrich, Eduard: Die Mischehenfrage in den deutschen Kolonien. in: *Zeitschrift*
1913   *für Politik* 6: 498 - 506

Huff, Darrell: How to Lie with Statistics. New York
1954

Hunt, Chester L. und Richard W. Coller: Intermarriage and Cultural Change: a
1957   Study of Philippine-American Marriages. in: *Social Forces* 35: 223 - 230

Hunter, Monica: Methods in the Study of Culture Contact. in: *Africa* 7, 3: 335 -
1934   350

Hurst, Harald: Ein Hauch von Exotik. in: *Baden-Württemberg* 34, Sonderheft 2:
1987   12 - 15

HUSTON, Ted. L. (Hrsg.): Foundations of Interpersonal Attraction. New York -
1974 London

IAF (Hrsg.): "Gemeinsam über alle Grenzen". Dokumentation des IAF-Kongresses
1986 zur Lage bi-nationaler Familien und Partnerschaften in Europa -
Frankfurt 1985. Frankfurt a. M.

IAF-BUNDESVORSTAND FRANKFURT (Hrsg.): Ehen mit Ausländern. Frankfurt a. M.
o. J.

IAF-INFORMATION(EN)
1982 - 1998

ICONOCLASTES: Inter-Racial Marriage: Towards Elimination of the Superior or
1968 Inferior Complexes. in: *East Africa Journal* 5, 9: 4 - 6

IMAMURA, Anne E.: Ordinary Couples? Mate Selection in International Marriage in
1986 Nigeria. in: *Journal of Comparative Family Studies* 17, 1: 33 - 42

IMAMICHI-SOMMER, Christine: Kimono und Kirschmond. Eine Europäerin in Japan.
1989 München

INCI, Nesteren: Die Voreingenommenheit der Bürokratie gegenüber binationalen
1985a Eheschließungen. Frankfurt a. M.

INCI, Nesteren: Humane Integration: Deutsch-ausländische Ehen in Deutschland. in:
1985b *Forum* 1: 45 - 53

INTERNATIONALES KULTURWERK E. V. (Hrsg.): Der Schleier des Unbekannten fällt.
1991 Erfahrungsberichte europäischer Frauen mit ihren iranischen Lebenspartnern. Hildesheim

ISAJIW, Wsevolod W.: Definitions of Ethnicity. in: *Ethnicity* 1: 111 - 124
1974

JACOBS, Birgit: Zwei Kulturen auf einem Kissen. Interethnische Paarbeziehungen im
1992 Vielvölkerstaat Suriname. Dissertation der FU Berlin

JACOBSOHN, Peter und Adam P. MATHENY: Mate Selection in Open Marriage
1963 Systems in: Mogey, John (Hrsg.): Family and Marriage. Dharwar:
98 - 123

JÄCKEL, Ursula: Partnerwahl und Eheerfolg. Eine Analyse der Bedingungen und Prozesse ehelicher Sozialisation in einem rollentheoretischen Ansatz.
1980 Stuttgart

JAGER, H. de: The Socially Mixed Marriage: some Considerations on Mate Selection
1970　　　and the Transmission of Culture. in: *Sociologia Neerlandica* 6, 1: 14 - 32

JANSEN, Clifford: Inter-Ethnic Marriages. in: *International Journal of Comparative*
1982　　　*Sociology* 23: 225 - 235

JAY, Bernard: Une enquête auprès d'époux de mariages mixtes. in: *Confluent* 35
1963　　　869 - 877

JENSEN, Jürgen: Preliminary Remarks on the Results of a Research Project in Trou-
1987　　　d'Eau-Douce, Mauritius. in: Kuper, Adam und Arlette Kouwenhoven (Hrsg.): Contributions to Mauritian Ethnography. Leiden: 119 - 151

JENSEN, Jürgen: Interethnische Beziehungen an den Beispielen Uganda und
1989　　　Mauritius. in: Uhlig, Siegbert (Hrsg.): Afrika aktuell. Probleme und Perspektiven der nordöstlichen Regionen. Berlin - Hamburg

JETER, Kris: Analytic Essay: Intercultural and Interracial Marriage. in: Cretser und
1984　　　Leon (Hrsg.): 105 - 111

JOFFE, Natalie F.: The Fox of Iowa. in: Linton (Hrsg.): 259 - 331
1963

JOSSELIN de Jong, Jan Petrus Benjamin de: Lévi-Strauss's Theory on Kinship and
1952　　　Marriage. Medelingen van het Rijksmuseum voor Volkenkunde No. 10. Leiden

JÜRGENS, Hans-Wilhelm (Hrsg.): Partnerwahl und Ehe - Theorie und Praxis.
1973　　　Hamburg

JÜRGENS, Hans-Wilhelm: Zur Demographie der Partnerwahl. in: Jürgens (Hrsg.):
1973　　　31 - 40

KAMALKHANI, Zahra: Iranian Immigrants and Refugees in Norway. Bergen Studies in
1988　　　Social Anthropology No. 43. Bergen

KAMBHU, Leigh R.: Thailand is our Home. A Study of some American Wives of
1963　　　Thais. Cambridge, Mass.

KANNAN, C. T.: Intercaste and Inter-Community Marriages in India.
1963　　　Bombay

KANNAN, C. T.: Inter-Racial Marriages in London. A Comparative Study. London
1972

KARLSSON, Georg: On Mate Selection. in: Mogey, John (Hrsg.): Family and
1963 Marriage. Dharwar

KATZ, Alvin M. und Reuben HILL: Residential Propinquity and Marital Selection: a
1958 Review of Theory, Method and Fact. in: *Marriage and Family Living* 20: 27 - 35

KAWHIA, E. H. S.: Maori and Pakeha. in: *Journal of the Polynesian Society* 54:
1945 232 - 234

KEEFE, Susan Emley: Acculturation and the Extended Family among Urban Mexican
1980 Americans. in: Padilla (Hrsg.): 85 - 110

KEHL, Camille: Le mariage mixte algérien. in: *Annales Juridiques, Politiques,*
1955 *Economiques et Sociales*: 29 - 138

KENNEDY, Ruby Jo Reeves: Premarital Residential Propinquity and Ethnic
1943 Endogamy. in: *The American Journal of Sociology* 48: 580 - 584

KENNEDY, Ruby Jo Reeves: Single or Triple Melting Pot? Intermarriage Trends in
1944 New Haven, 1870 - 1940 in: *The American Journal of Sociology* 49: 331 - 339

KENNEDY, Ruby Jo Reeves: Single or Triple Melting Pot? Intermarriage in New
1952 Haven, 1870 - 1950 in: *The American Journal of Sociology* 58: 56 - 59

KERCKHOFF, Alan C.: The Social Context of Interpersonal Attraction. in: Huston
1974 (Hrsg.): 61 - 78

KERCKHOFF, Alan C. und Keith E. DAVIS: Value Consensus and Need
1962 Complementarity in Mate Selection. in: *The American Sociological Review* 27: 295 - 303

KERCKHOFF, Alan C. und Thomas C. MCCORMICK: Marginal Status and Marginal
1955 Personality. in: *Social Forces* 34: 48 - 55

KEYES, Charles F.: Towards a New Formulation of the Concept of Ethnic Group. in:
1976 *Ethnicity* 3: 202 - 213

KHOUDARI, Monika: Soziale Situation deutscher Frauen von Ausländern in der BRD.
1982 Unveröffentlichte Diplomarbeit. Stuttgart-Hohenheim

KIENECKER, Silke: Interethnische Ehen am Beispiel deutscher Frauen mit Auslän-
1989 dern. Unveröffentlichte Magisterarbeit. Hamburg (veröffentlicht Münster 1993)

KIKUMURA, Akemi und Harry H. L. KITANO: Interracial Marriage: a Picture of the
1973   Japanese Americans. in: *Journal of Social Issues* 29, 2: 67 - 81

KIM, Bok-Lim C: Casework with Japanese and Korean Wives of Americans. in:
1972   *Social Casework* 53, 5: 273 - 279

KIM, Bok-Lim C.: Asian Wives of U.S. Servicemen: Women in Shadows. in:
1977   *Amerasia* 4, 1: 91 - 115

KIM, Agnes Davis: I Married a Korean. New York [erweiterter Reprint von 1953]
1981

KIMURA, Yukiko: War Brides in Hawaii and their In-Laws. in: *The American*
1957   *Journal of Sociology* 63, 1: 70 - 76

KINZIE, J. David: Intercultural Marriages: Problems and Challenges for Psychiatric
1977   Treatment. in: Tseng et alii (Hrsg.): 104 - 112

KITANO, Harry H. L. und Wai-Tsang YEUNG: Chinese Interracial Marriage. in:
1984   Cretser und Leon (Hrsg.): 35 - 48

KITANO, Harry H. L. und Lynn Kyung CHAI: Korean Interracial Marriage. in: Cretser
1984   und Leon (Hrsg.): 75 - 89

KITANO, Harry H. L., YEUNG, Wai-Tsang, CHAI, Lynn Kyung und Herbert
1984   HATANAKA: Asian-American Interracial Marriage. in: *Journal of*
        Marriage and the Family 46: 179 - 190

KLEIBER, Lore und Eva-Maria GÖMÜSAY: Fremdgängerinnen. Zur Geschichte bi-
1980   nationaler Ehen in Berlin von der Weimarer Republik bis in die Anfänge
        der BRD. Bremen

KLINE, Arthur F. und Morris L. MEDLEY (Hrsg.): Dating and Marriage. An
1973   Interactionist Perspective. Boston

KNUßMANN, Rainer: Konstitution und Partnerwahl. in: *Homo* 11, 3: 133 - 152
1960

KNUßMANN, Rainer: Zur Paarungssiebung nach Integument und nach
1961a   morphognostischen Merkmalen des Kopfes. in: *Homo* 12, 4: 193 - 217

KNUßMANN, Rainer: Beitrag zur somatischen Paarungssiebung. in: Gieseler, W. und
1961b   Irmgard Tillner (Hrsg.): Bericht über die 7. Tagung der Deutschen Ge-
         sellschaft für Anthropologie in Tübingen. 12. - 14. April 1961. Göttingen
         - Berlin- Frankfurt: 91 - 95

KNUßMANN, Rainer: Das Partnerleitbild des Menschen in vergleichend-biologischer
1965 Sicht. in: *Studium Generale* 18, 1: 38 - 49

KNUTSSON, Karl Eric: Dichotomization and Integration. in: Barth (Hrsg.): 86 - 100
1969

KÖNIG, René: Soziologie der Familie. in: König, René (Hrsg.): Handbuch der empi-
1969 rischen Sozialforschung. Stuttgart: 172 - 305

KOKOLA, Petra: Partnerschaften zwischen deutschen Frauen und ausländischen Män-
1987 nern in der Bundesrepublik Deutschland. Unveröffentlichte Diplomarbeit
zur Abschlußprüfung im FB Sozialarbeit an der FH Fulda. Göttingen

KORNACKER, Mildred: Cultural Significance of Intermarriage: a Comparative
1971 Approach. in: *The International Journal of the Sociology of the Family* 1
(special issue): 147 - 156

KOURVETARIS, George: Patterns of Generational Subculture and Intermarriage of the
1971 Greeks in the United States. in: *The International Journal of the
Sociology of the Family* 1 (special issue): 34 - 48

KOUWENHOVEN, Arlette: A Study of the Integration of the Chinese Community into
1987 Mauritian Society. in: Kuper, Adam und Arlette Kouwenhoven (Hrsg.):
Contributions to Mauritian Ethnography. Leiden: 37 - 67

KUO, Eddie C. Y. und Riaz HASSAN: Some Social Concomitants of Interethnic
1976 Marriage in Singapore. in: *Journal of Marriage and the Family* 38, 3:
549 - 559

KUO, Eddie C. Y. und Riaz HASSAN: Ethnic Intermarriage in a Multiethnic Society.
1979 in: Kuo, Eddie C. Y. und Aline K. Wong (Hrsg.): The Contemporary
Family in Singapore. Structure and Change. Singapore: 168 - 188

LABOV, Teresa und Jerry A. JACOBS: Intermarriage in Hawaii, 1950 - 1983. in:
1986 *Journal of Marriage and the Family* 48: 79 - 88

LAM, Margaret: Intermarriage in Hawaii. A Case Study. in: *Sociology and Social
1932 Research* 17: 159 - 166

LAMBERT, Ronald E. und James E. CURTIS: Québécois and English Canadian
1984 Opposition to Racial and Religious Intermarriage, 1968 - 1983. in:
Canadian Ethnic Studies 16, 2: 30 - 46

LANG, Hartmut: Exogamie und interner Krieg in Gesellschaften ohne Zentralgewalt.
1974 Maschinenschriftliche Dissertation. Hamburg (veröffentlicht Hohenschäftlarn 1977)

LANG, Hartmut, RIESE, Berthold, GERDSMEIER, Gerd und Thomas SCHWEIZER:
1981   Wissenschaftstheorie für die ethnologische Praxis. Berlin

LANG, Sabine: Männer als Frauen - Frauen als Männer. Geschlechtsrollenwechsel
1990   bei den Indianern Nordamerikas. Hamburg

LARSSON, Clotye Murdock (Hrsg.): Marriage across the Color Line. Chicago
1965

LA RUFFA, Anthony: "Interracial Marriage" among Puerto Ricans. in: Stuart und Abt
1973   (Hrsg.): 213 - 228

LAUNER, Ekkehard (Hrsg.): Frauenhandel. Via Air Male [sic!]! Göttingen
1991

LAUTMAN, Françoise: Soziologische Analyse der Mischehen: Ablehnung von Grup-
1973   pen oder wechselseitiger kompensatorischer Austausch. in: *Ehe. Zentral-
         blatt für Ehe- und Familienkunde* 10: 106 - 114

LAZAR, Robert J.: Toward a Theory of Intermarriage. in: *The International Journal*
1971   *of the Sociology of the Family* 1 (special issue): 1 - 9

LEE, Che-Fu, POTVIN, Raymond H. und Mary J. VERDIECK: Interethnic Marriage as
1974   an Index of Assimilation: the Case of Singapore. in: *Social Forces* 53, 1:
         112 - 119

LEE, Daniel Booduck: Military Transcultural Marriage: a Study of Marital
1980   Adjustment between American Husbands and Korean-Born Spouses.
         Doktorarbeit der University of Utah

LEE, Elizabeth: Intercultural Marriages. Personal Ups and Downs. in: *Foreign*
1989   *Service Journal* 66: 22 - 27

LEHMANN, Albrecht: Autobiographische Methoden. Verfahren und Möglichkeiten.
1979/80   in: *Ethnologia Europaea* 11: 36 - 54

LEHMANN, Albrecht: Erzählstruktur und Lebenslauf. Autobiographische Untersu-
1983   chungen. Frankfurt - New York

LEHRMAN, Samuel R.: Psychopathology in Mixed Marriages. in: *Psychoanalytic*
1967   *Quarterly* 36: 67 - 82

LELL, Joachim: Zur Geschichte der konfessionellen Mischehe. in: *Ehe. Zentralblatt*
1973   *für Ehe- und Familienkunde* 10: 123 - 128

LEON, Joseph J.: Sex-Ethnic Marriage in Hawaii: a Nonmetric Multidimensional
1975 Analysis. in: *Journal of Marriage and the Family* 37: 775 - 781

LÉVI-STRAUSS, Claude: Structure Sociale. in: *Bulletin de Psychologie* 6, 7: 358 - 390
1952/53

LEWIS F.: Racial Caste Hypogamy: a Sociological Myth? in: *Phylon* 29, 4: 347- 350
1968

LI, Erna: Deutsche Frauen in China. 12 Plaudereien über deutsch-chinesische Ehen.
1984 Berliner China-Studien. München

LIEBERSON, Stanley: The Impact of Residential Segregation on Ethnic Assimilation.
1962 in: *Social Forces* 4: 52 - 57

LIEBERSON, Stanley: The Price-Zubrzycki Measure of Ethnic Intermarriage. in:
1966 *Eugenics Quarterly* 13, 2: 92 - 100

LIEBERSON, Stanley und Mary WATERS: Ethnic Mixtures in the United States. in:
1985 *Sociology and Social Research* 70: 43 - 53

LIND, Andrew W.: Interracial Marriage as Affecting Divorce in Hawaii. in:
1964 *Sociology and Social Research*: 17 - 26

LIND, Andrew W.: Inter-Ethnic Marriage in New Guinea. New Guinea Research
1969 Bulletin No. 31. Canberra

LINDNER, Korinna: Hergeheiratet. Drei Thailänderinnen in Berlin. in: *Literatur und*
1987 *Erfahrung* 17, 1: 41 - 62

LINTON, Ralph: The Study of Man. An Introduction. New York
1936

LINTON, Ralph (Hrsg.): Acculturation in seven American Indian Tribes. Gloucester
1963 [Reprint von 1940]

LITTLE, George: Analytic Reflections on Mixed Marriages. in: *The Psychoanalytic*
1942 *Review* 29: 20 - 25

LOEWEN, James W.: The Mississippi Chinese. Between Black and White.
1971 Cambridge, Mass.

LOOK, Willi: Eheschließungen mit ausländischen Partnern. Probleme und Konflikte
1978 vor der Ehe, in der Ehe und nach der Ehe. in: *Unsere Jugend. Zeitschrift*
für Jugendhilfe in Praxis und Wissenschaft 30, 8: 361 - 363

LOVE, Edgar F.: Legal Restrictions on Afro-Indian Relations in Colonial Mexico. in:
1970   *Journal of Negro History* 55: 131 - 139

LOWRIE, Samuel H.: Racial and National Intermarriage in a Brazilian City. in: *The*
1939   *American Journal of Sociology* 44: 684 - 698

LUDWIG, Sigrun: Möglichkeiten und Probleme der Interaktion von bi-nationalen Paa-
1977   ren in der Bundesrepublik Deutschland. Unveröffentlichte Diplomarbeit
        am FB Erziehungswissenschaft. Marburg/Lahn

LYNN, Anne Q.: Some Aspects of Interracial Marriage in Washington, D. C. in: *The*
1956   *Journal of Negro Education* 25: 380 - 391

LYNN, Anne Q. [= SISTER MARIE ANELLA]: Interracial Marriages in Washington,
1967   D. C. in: *The Journal of Negro Education* 36: 428 - 433

MACE, David R.: Foreword. in: Silverman (Hrsg.): XXIII - XXXII
1967

MAHMOODY, Betty und William HOFFER: Nicht ohne meine Tochter. Bergisch-
1990   Gladbach

MAIR, Lucy P. (Hrsg.): Methods of Study of Culture Contact in Africa. London
1938

MAIR, Lucy P.: Marriage. London
1971

MALCOLM, L. A., BOOTH, P. B. und L. L. CAVALLI-SFORZA: Intermarriage Patterns
1971   and Blood Group Gene Frequencies of the Bundi People of the New
        Guinea Highlands. in: *Human Biology* 43: 187 - 199

MALINOWSKI, Bronislaw: The Sexual Life of Savages. London
1929

MANN, Eberhard und Jane A. WALDRON: Intercultural Marriage and Child Rearing.
1977   in: Tseng et alii (Hrsg.): 62 - 80

MARCHAND, H.: Considérations sur les mariages franco-musulmans. in: *Annales*
1955   *Juridiques, Economiques et Sociales* 1: 1 - 25

MARCSON, Simon: A Theory of Intermarriage and Assimilation. in: *Social Forces*
1950   29: 75 - 78

MARCSON, Simon: Intermarriage and Generational Status. in: *Phylon*: 357 - 363
1951

MARCSON, Simon: Predicting Intermarriage. in: *Sociology and Social Research* 37:
1953   151 - 156

MARINO, Cesare: History of Western Washington since 1846. in: Handbook of North
1990   American Indians. Bd. 7. Washington: 169 - 179

MARKOFF, Richard: Intercultural Marriage: Problem Areas. in: Tseng et alii (Hrsg.):
1977   51 - 61

MARTELLE, Dorothy L.: Interracial Marriage Attitudes among High School Students.
1970   in: *Psychological Reports* 27, 3: 1007 - 1010

McDERMOTT, John F.: Introduction. in: Tseng et alii (Hrsg.): IX - XI
1977

McDERMOTT, John F. und Chantis FUKUNAGA: Intercultural Family Interaction
1977   Patterns. in: Tseng et alii (Hrsg.): 81 - 92

McDOWELL, Sophia F.: Black-White Intermarriage in the United States. in: *The*
1971   *International Journal of the Sociology of the Family* 1 (special issue):
            49 - 58

McFARLANE, W. Graham: Mixed Marriages in Ballycuan, Northern Ireland. in:
1979   *Journal of Comparative Family Studies* 10: 191 - 205

McNEILLY, Russell A.: Aspects of Interracial Marriage in a Multiracial Society -
1973   Trinidad, W. I. in: Stuart und Abt (Hrsg.): 265 - 277

MEMMI, Albert: Agaar. Paris
1956

MEMMI, Albert: Die Fremde. [Übersetzung von "Agaar"] Mainz
1991

MENGCHEE, Sharon Lee: Intermarriage and Ethnic Relations in Singapore. in:
1988   *Journal of Marriage and the Family* 50: 255 - 265

MERTON, Robert K.: Intermarriage and the Social Structure: Fact and Theory. in:
1966   Coser: 128 - 152 (zuerst in *Psychiatry* 1941, 4: 361 - 374)

MICHEL, Andrée: Famille, Industrialisation, Logement. Paris
1959

MICHEL, Andrée: Mate Selection in Various Ethnic Groups in France. in: *Acta*
1965   *Sociologica* 8: 163 - 176

MICHENER, James: Tales of the South Pacific. New York
1954

MICHENER, James: Sayonara. New York
1957

MILLER, Michael H.: A Comparison of the Duration of Interracial with Intraracial
1971   Marriages in Hawaii. in: *The International Journal of the Sociology of the Family* 1, 2: 197 - 201

MINSHAWI, Beatrice El-: Eine exotische Frau gereicht dem Mann zur Zierde - und
1983   umgekehrt? in: *DED-Brief* 4: 23 - 25

MITCHELL, G. Duncan (Hrsg.): A New Dictionary of Sociology. London - Henley
1979

MITCHELL, J. Clyde.: Aspects of African Marriage on the Copperbelt of Northern
1957   Rhodesia. in: *Human Problems in British Central Africa* 22: 1 - 30

MITCHELL, J. Clyde.: Social Change and the Stability of African Marriage in
1961   Northern Rhodesia. in: Southall, Aidan (Hrsg.): Social Change in Modern Africa. London - New York - Toronto: 316 - 329

MITTELBACH, Frank G. und Joan W. MOORE: Ethnic Endogamy - the Case of
1968   Mexican Americans. in: *The American Journal of Sociology* 74: 50 - 62

MITTELBACH, Frank G., MOORE, Joan W und Ronald MCDANIEL: Intermarriage of
1966   Mexican-Americans. Los Angeles

MOHR, Victor: Mixed Marriages with Muslims. in: *I.C.M.C. Migration News* 24, 4:
1975   7 - 14

MOL, Hans: Mixed Marriages in Australia. in: *Journal of Marriage and the Family*
1970   32, 2: 293 - 300

MONAHAN, Thomas P.: Interracial Marriage and Divorce in the State of Hawaii. in:
1966   *Eugenics Quarterly* 13: 40 - 47

MONAHAN, Thomas P.: Interracial Marriage in Pennsylvania and Philadelphia.
1969   Abstract. in: *Population Index* 35: 237

MONAHAN, Thomas P.: Are Interracial Marriages Really Less Stable? in: *Social*
1970a   *Forces* 48: 461 - 473

MONAHAN, Thomas P.: Interracial Marriage: Data for Philadelphia and Pennsylvania.
1970b   in: *Demography* 7: 287 - 299

MONAHAN, Thomas P.: Interracial Marriage in the United States. Some Data on
1971a   Upstate New York. in: *The International Journal of the Sociology of the Family* 1, 1: 94 - 105

MONAHAN, Thomas P.: Interracial Marriage and Divorce in Kansas and the Question
1971b   of Instability of Mixed Marriages. in: *Journal of Comparative Family Studies* 2, 1: 107 - 120

MONAHAN, Thomas P.: Marriage across Racial Lines in Indiana. in: *Journal of*
1973   *Marriage and the Family* 35, 4: 632 - 639

MONAHAN, Thomas P.: Critique of Heer's Article. in: *Journal of Marriage and the*
1974   *Family* 36: 669 - 671

MONAHAN, Thomas P.: An Overview of Statistics on Interracial Marriage in the
1976   United States, with Data on its Extent from 1963 - 1970. in: *Journal of Marriage and the Family* 38: 223 - 231

MONAHAN, Thomas P.: Interracial Parentage as Revealed by Birth Records in the
1977   United States, 1970. in: *Journal of Comparative Family Studies* 8, 1: 65 - 77

MONAHAN, Thomas P.: Interracial Marriage in a Southern Area: Maryland, Virginia
1979   and the District of Columbia. in: Kurian, George (Hrsg.): Cross-Cultural Perspectives of Mate-Selection and Marriage. Westport - London: 287 - 311

MONAHAN, Thomas P. und Elizabeth H. MONAHAN: The Occupational Class of
1976   Couples Entering into Interracial Marriages. in: *Journal of Comparative Family Studies* , 7, 2: 175 - 192

MONTAGU, Ashley: The Concept of Race. in: *American Anthropologist* 64: 919 - 928
1962

MORI, Ogai: Utakata no Ki. (Wellenschaum) [übersetzt von Richard Bowring] in:
1974   *Monumenta Nipponica* 29: 247 - 261 [zuerst 1890]

MORI, Ogai: Maihime (The Dancing Girl). [übersetzt von Richard Bowring] in:
1975   *Monumenta Nipponica* 30, 2: 151 - 166 [zuerst 1890]

MORI, Ogai: Fushinchû (Under Reconstruction). in: Morris, Ivan (Hrsg.): Modern
1961/62   Japanese Stories. London - Tokio: 37 - 43 [zuerst 1910]

MUDD, Emily H. und Hilda M. GOODWIN: Marital Problems and Marital Adjustment.
1967   in: Silverman: 31 - 44

MÜHLFELD, Claus: Ehe und Familie. Opladen
1982

MÜHLMANN, Wilhelm Emil: Rassen, Ethnien und Kulturen. Moderne Ethnologie.
1964   Neuwied - Berlin

MÜHLMANN, Wilhelm Emil: Ethnologie als soziologische Theorie der interethnischen
1972   Systeme. in: König, René und Axel Schmalfuß (Hrsg.): Kulturanthropologie. Düsseldorf - Wien: 266 - 284

MÜLLER-DINCU, Barbara: Gemischt-nationale Ehen zwischen deutschen Frauen und
1981   Ausländern in der Bundesrepublik. Eine familiensoziologische Analyse ihrer Situation und Problematik. Wiesbaden

MURDOCK, George Peter: Social Structure. New York
1949

MURDOCK, George Peter: Family Stability in Non-European Cultures. in: *The Annals*
1950   *of the American Academy of Political and Social Science* 22: 195 - 201

MURDOCK, George Peter: Africa. New York
1959

MURGUÍA, Edward: Chicano Intermarriage. San Antonio
1982

MURGUÍA, Edward und Ralph B. CAZARES: Intermarriage of Mexican Americans. in:
1984   Cretser und Leon: 91 - 100

MURGUÍA, Edward und W. Parker FRISBIE: Trends in Mexican American
1977   Intermarriage: Recent Findings in Perspective. in: *Social Science Quarterly* 58: 374 - 389

MURSTEIN, Bernard I.: Empirical Tests of Role, Complementary Needs, and
1967   Homogamy Theories of Marital Choice. in: *Journal of Marriage and the Family* 29: 689 - 696

MURSTEIN, Bernard I.: A Theory of Marital Choice Applied to Interracial Marriage.
1973   in: Stuart und Abt: 17 - 35

MYRDAL, Gunnar: Objektivität in der Sozialforschung. Frankfurt a. M.
1971

NAGLER, Mark: North American Indians and Intermarriage. in: Stuart und Abt
1973 (Hrsg.): 279 - 291

NAROLL, Raoul: Ethnic Unit Classification. in: *Current Anthropology* 5, 4: 283 - 312
1964

NATIONALE Mischehen in statistischen Stichproben. in: *Ehe. Zentralblatt für Ehe-*
1973 *und Familienkunde* 10: 149 - 151

NDIAYE, Vera: Die Problematik der mit Ausländern verheirateten deutschen Frauen.
1982 Maschinenschriftliche Abschlußarbeit im FB Sozialarbeit der FH Köln. Bonn/Beuel

NEEDHAM, Rodney (Hrsg.): Rethinking Kinship and Marriage. London
1971

NEEDHAM, Rodney: Remarks on the Analysis of Kinship and Marriage. in: Needham
1971 (Hrsg.): 1 - 34

NELSON, Harold: Intermarriage among Fresno Armenians. in: *Sociologus* 4: 42 - 59
1954

NELSON, Lowry: Intermarriage among Nationality Groups in a Rural Area of
1943 Minnesota. in: *The American Journal of Sociology* 48: 585 - 592

NEREL, Pia: Bikulturelle Paare und Familien am Beispiel deutsch-türkischer Paare
1996 im Raum Köln. Muster partnerschaftlicher Bewältigungsformen im bikulturellen Kontext. Unveröffentlichte Diplomarbeit des Fachs Psychologie der Universität Köln. Köln

NITTA, Fumiteru: Kokusai Kekkon: Trends in Intercultural Marriage in Japan. in:
1988 *International Journal of Intercultural Relations* 12: 205 - 232

NORTON, Sidney M.: Interracial Marriages in Maryland. in: *Public Health Reports*
1970 85: 739 - 747

NOTES and Queries on Anthropology, 6. ed., revised and rewritten by a Committee of
1951 the Royal Anthropological Institute of Great Britain and Ireland. London

NOVAK, Michael: Pluralism in Humanistic Perspective. in: Petersen etalii: 27 - 56
1982

OGUNTOYE, Katharina, OPITZ, May und Dagmar SCHULTZ (Hrsg.): Farbe bekennen.
1986   Afro-deutsche Frauen auf den Spuren ihrer Geschichte. Berlin

OLIVER, Douglas L.: Ancient Tahitian Society. 3 Bände. Honolulu
1974

OLSON, Ronald L.: The Quinault Indians. University of Washington Publications in
1936   Anthropology VI, No. 1. Seattle

OPLER, Martin K.: The Southern Ute of Colorado. in: Linton (Hrsg.): 119 - 203
1936

ORAM, N. D.: Culture Change, Economic Development and Migration among the
1968   Hula. in: *Oceania* 38: 243 - 275

PADILLA, Amado M. (Hrsg.): Acculturation: Theory, Models and some New
1980   Findings. Boulden, Colorado

PADILLA, Amado M.: The Role of Cultural Awareness and Ethnic Loyalty in
1980   Acculturation. in: Padilla (Hrsg.): 47 - 84

PAGNINI, Deanna L. und S. Philip MORGAN: Intermarriage and Social Distance
1990   among U.S. Immigrants at the Turn of the Century. in: *The American Journal of Sociology* 96, 12: 405 - 432

PANAHI, Badi: Vorurteile, Rassismus, Antisemitismus in der Bundesrepublik heute.
1980   Eine empirische Untersuchung. Frankfurt a. M.

PANDEY, Heidemarie: Zwei Kulturen - eine Familie. Das Beispiel deutsch-indischer
1988   Ehen und ihrer Kinder. Frankfurt a. M.

PANUNZIO, Constantine: Intermarriage in Los Angeles, 1924 - 1933. in: *The*
1942   *American Journal of Sociology* 47: 690 - 701

PARK, Robert E.: Human Migration and the Marginal Man. in: *The American*
1928   *Journal of Sociology* 33, 6: 881 - 893

PARKMAN, Margaret A. und Jack SAWYER: Dimensions of Ethnic Intermarriage in
1967   Hawaii. in: *The American Sociological Review* 32: 593 - 607

PARSONS, Talcott: Some Theoretical Considerations on the Nature and Trends of
1976   Change of Ethnicity. in: Glazer and Moynihan (Hrsg.): 52 - 83

PATTERSON, Orlando: Context and Choice in Ethnic Allegiance: a Theoretical
1976 Framework and Caribbean Case Study. in: Glazer und Moynihan (Hrsg.): 305 - 349

PAVELA, Todd H.: An Exploratory Study of Negro-White Intermarriage in Indiana.
1964 in: *Journal of Marriage and the Family* 26: 209 - 211

PEACH, G. Ceri K.: Ethnic Segregation and Intermarriage Patterns in Sydney. in:
1974 *Australian Geographical Studies* 12: 219 - 229

PEACH, G. Ceri K.: Which Triple Melting Pot? A Re-Examination of Ethnic
1980a Intermarriage in New Haven, 1900 - 1950. in: *Ethnic and Racial Studies* 3: 1 - 16

PEACH, G. Ceri K.: Ethnic Segregation and Intermarriage. in: *Annals of the*
1980b *Association of American Geographers* 70, 3: 371 - 381

PEARLIN, Leonard I.: Status Inequality and Stress in Marriage. in: *American*
1975 *Sociological Review* 40: 344 - 357

PEDERSON, Paul, LONNER, Walter J. und Juris G. DRAGUNS (Hrsg.): Counseling
1976 across Cultures. Honolulu

PETERS, William: Are There Boundary Lines in Love? in: Wilkinson (Hrsg.):
1975 126 - 142

PETER, Prinz von Griechenland und Dänemark: A Study of Polyandry. Den Haag
1963

PETERSEN, William, NOVAK, Michael und Philip GLEASON: Concepts of Ethnicity.
1982 Cambridge, Mass. - London

PETRONI, Frank A.: Interracial Dating - the Price is High. in: Stuart und Abt (Hrsg.):
1973 125 - 145

PIDDINGTON, Ralph: Irregular Marriages in Australia. in: *Oceania* 40, 4: 329 - 343
1970

PNG, Poh-Seng: The Straits Chinese in Singapore: a Case of Local Identity and
1969 Socio-Cultural Accomodation. in: *Journal of Southeast Asian History* 10: 95 - 114

POHL, Katharina: Regeln und Theorie der Partnerwahl. in: Jürgens (Hrsg.): 25 - 30
1973

PONCE, Danilo: Intercultural Perspectives on Mate Selection. in: Tseng et alii
1977 (Hrsg.): 22 - 32

PORTERFIELD, Ernest: Mixed Marriage. in: *Psychology Today* 6, 8: 71 - 78
1973

PORTERFIELD, Ernest: Black and White Mixed Marriages. An Ethnographic Study of
1978 Black-White Families. Chicago

PORTERFIELD, Ernest: Black-American Intermarriage in the United States. in:
1984 Cretser und Leon (Hrsg.): 17 - 34

POWELL, James V.: Quileute. in: Handbook of North American Indians, Bd. 7,
1990 Washington: 431 - 437

POWLEDGE, Fred: Negro-White Marriages on Rise Here. in: Wilkinson (Hrsg.):
1975 103 - 113

PRICE, C. A. und J. ZUBRZYCKI: The Use of Intermarriage Statistics as an Index of
1962 Assimilation. in: *Population Studies* 16, 1: 58 - 69

RATLIFF, Bascom W., MOON, Harriet Faye und Gwendolyn A. BONACCI: Intercultural
1978 Marriage: the Korean-American Experience. in: *Social Casework* 59:
221 - 226

REDFIELD, Robert, LINTON, Ralph und Melville J. HERSKOVITS: Memorandum for the
1936 Study of Acculturation. in: *American Anthropologist* 38: 149 - 152

REHMANN, Gudrun (Hrsg.): Mit Haut und Herz. Briefe eines afrikanischen Studen-
1988 ten. Hagen

REINHOLD, Gerd, LAMNEK, Siegfried und Helga RECKER (Hrsg.): Soziologie-Lexikon.
1991 München - Wien

REISS, Ira L.: Toward a Sociology of the Heterosexual Love Relationship. in: Kline
1973 und Medley (Hrsg.): 154 - 167

REITZ, Jeffrey G. (Hrsg.): The Survival of Ethnic Groups. Toronto
1980

REUTER, Edward Byron: The Mulatto in the United States. Boston
1918

REUTER, Edward Byron: Race Mixture: Studies in Intermarriage and Miscegenation.
1931 New York

REX, John und David MASON (Hrsg.): Theories of Race and Ethnic Relations.
1988   Cambridge [zuerst 1986]

RISDON, Randall: A Study of Interracial Marriages based on Data for Los Angeles
1954   County. in: *Sociology and Social Research* 49: 92 - 95

RODMAN, Hyman (Hrsg.): Marriage, Family and Society. A Reader. New York
1965

RODMAN, Hyman: Mate Selection: Incest Taboos, Homogamy, and Mixed Marriages.
1965a   in: Rodman (Hrsg.): 48 - 65

RODMAN, Hyman: Technical Note on two Rates of Mixed Marriage. in: *The*
1965b   *American Sociological Review* 30: 776 - 778

RODRIGUES, Aroldo: Interracial Marriage in Brazil. in: Stuart und Abt (Hrsg.):
1973   229 - 245

RÖCKEL, Gabriele: Deutsch-ausländische Ehen zwischen Behörden und Öffentlich-
1986   keit. Dargestellt am Beispiel der sog. Schein- bzw. Zweckehen. Unveröffentlichte Diplomarbeit im FB Sozialpädagogik der FH Frankfurt.
Frankfurt a. M.

ROEMER-SPOERRI, Marion: Auskunftsstellen "Ehen mit Ausländern". in: *Ehe. Zen-*
1973   *tralblatt für Ehe- und Familienkunde* 10: 145 - 148

ROGLER, Charles: The Morality of Race Mixing in Puerto Rico. in: *Social Forces* 25:
1946   77 - 81

ROHRLICH, Beulah F.: Dual-Cultural Marriage and Communication. in: *International*
1988   *Journal of Intercultural Relations* 12, 1: 35 - 44

ROMANO, Dugan: Intercultural Marriage. Promises and Pitfalls. Yarmouth
1988

ROMNEY, A. Kimball: Measuring Endogamy. in: Kay, Paul (Hrsg.): Explorations in
1971   Mathematical Anthropology. Cambridge: 191 - 213

ROSE, Caroline B.: Potential Role Conflicts in Black-White Marriages. in: Stuart
1973   und Abt (Hrsg.): 38 - 49

ROSEN, Sherry: Intermarriage and the Blending of Exiles in Israel. in: *Research in*
1982   *Race and Ethnic Relations* 3: 79 - 102

ROSENBLATT, Paul C.: Cross-Cultural Perspective on Attraction. in: Huston (Hrsg.):
1974   79 - 95

ROSENBLATT, Paul C. und Paul C. COZBY: Courtship Patterns Associated with Freedom of Choice of Spouse. in: *Journal of Marriage and the Family* 34: 689 - 695
1972

ROSENBLATT, Paul C. und David UNANGST: Marriage Ceremonies: An Exploratory Cross-Cultural Study. in: *Journal of Comparative Family Studies* 5, 1: 41 - 56
1974

RUBIN, Zick: Do American Women Marry up? in: *The American Sociological Review* 33, 5: 750 - 760
1968

RUBIN, Zick: From Liking to Loving. in: Huston (Hrsg.): 383 - 402
1974

RUDOLPH, Wolfgang: "Akkulturation" und Akkulturationsforschung. in: *Sociologus* 14, 2: 97 - 113
1964

RÜCKERT, Gerd-Rüdiger, LENGSFELD, W. und W. HENKE: Partnerwahl. Schriftenreihe des Bundesinstituts für Bevölkerungsforschung. Wiesbaden
1979

RUETE, Emily: Leben im Sultanspalast. Memoiren aus dem 19. Jahrhundert. Frankfurt a. M.
1989

RYTCHEU, Juri: Traum im Polarnebel. Zürich (russische Erstausgabe 1968)
1991

SALM, Elmar von: Brandstiftung. Eine deutsch-türkische Liebe. Würzburg
1990

SAMAMA, Henri: Die Mischehe in Gießen. Forschung über interkulturelle Ehen in einer deutschen Stadt unter besonderer Berücksichtigung kommunikativer Aspekte. Unveröffentlichte Diplomarbeit. Germersheim
1977

SANBORN, Kenneth O.: Intercultural Marriage in Hawaii. in: Tseng et alii (Hrsg.): 41 - 50
1977

SANUA, Victor D.: Intermarriage and Psychological Adjustment. in: Silverman (Hrsg.): 423 - 442
1967

SAUCIER, Jean-François: Intermariage et maladie mentale. Etude pilote. in: *Laval Médical* 38: 42 - 46
1967a

SAUCIER, Jean-François: Aspects psychiatriques du mariage interéthnique [sic!]. Etude pilote. in: *Sozialpsychiatrie* 2: 72 - 80
1967b

SAUCIER, Jean-François: Psychodynamics of Interethnic Marriage. in: *Canadian*
1970 *Psychiatric Association Journal* 15: 129 - 134

SCHAMONI, Wolfgang: Mori Ogai. Vom Münchener Medizinstudenten zum klassi-
1987 schen Autor der modernen japanischen Literatur. Bayerische Staats-
bibliothek. Ausstellungskatalog 41. München

SCHEIBLER, Petra M.: Binationale Ehen. Zur Lebenssituation europäischer Paare in
1992 Deutschland. Weinheim

SCHLEE, Günther: Interethnic Clan Identities among Cushitic-Speaking Pastoralists.
1985 in: *Africa* 55: 17 - 37

SCHMIDT, Heinz G.: Der neue Sklavenmarkt. Geschäfte mit Frauen aus Übersee.
1985 Basel

SCHMITT, Robert C.: Interracial Households and Family Income Differentials. in:
1962 *Sociology and Social Research* 46: 203 - 206

SCHMITT, Robert C.: Interracial Marriage and Occupational Status in Hawaii. in:
1963 *The American Sociological Review* 28: 809 - 810

SCHMITT, Robert C.: Demographic Correlates of Interracial Marriage in Hawaii. in:
1964 *Population Index* 30: 312 - 313

SCHMITT, Robert C.: Demographic Correlates of Interracial Marriage in Hawaii. in:
1965 *Demography* 2: 463 - 473

SCHMITT, Robert C.: Recent Trends in Hawaiian Interracial Marriage Rates by
1971 Occupation. in: *Journal of Marriage and the Family* 33, 2: 373 - 374

SCHMITT, Robert C. und Robert A. SOUZA: Social & Economic Characteristics of
1963 Interracial Households in Honolulu. in: *Social Problems* 10: 265 - 268

SCHNEPP, Gerald J. und Agnes Nasako YUI: Cultural and Marital Adjustment of
1955 Japanese War Brides. in: *The American Journal of Sociology* 61: 48 - 50

SCHOEN, Robert: A Methodological Analysis of Intergroup Marriage. in:
1986 *Sociological Methodology* 16: 49 - 78

SCHRAMM, K. und W. STEUER: Ehen zwischen deutschen und ausländischen Arbeit-
1965 nehmern. Sozialkritische Erhebungen aus dem Bereich eines Gesund-
heitsamtes. in: *Der öffentliche Gesundheitsdienst. Monatsschrift für Ge-
sundheitsverwaltung und Sozialhygiene* 27: 487 - 493

SCHÜTT, Peter (Hrsg.): Der Mohr hat seine Schuldigkeit getan. Gibt es Rassismus in
1981 der Bundesrepublik? Eine Streitschrift. Dortmund

SCHUYLER, George S.: When Black Weds White. in: *The Modern Monthly* 8: 11 - 17
1934

SCHWERTFEGER, Margaret M.: Interethnic Marriage and Divorce in Hawaii: a Panel
1984 Study of 1968 First Marriages. in: Cretser und Leon (Hrsg.): 49 - 59

SHUKERT, Elfrieda Berthiaume und Barbara Smith SCIBETTA: War Brides of World
1988 War II. Novato

SCOTT, John Finley: A Comment on "Do American Women Marry up?". in: *The*
1969 *American Sociological Review* 34: 725 - 727

SEDDIGHI, Sonia: Betty Mahmoody - eine Amerikanerin in Teheran. Berlin
1991

SHABAKSHI, Irandokht und Anna BOOLOUR: Doch ohne meine Tochter. Saarbrücken
1991

SHAMS, Renate: Bi-nationale Ehen zwischen deutschen Frauen und Ausländern aus
1983 der dritten Welt. Zur spezifischen Situation dieser Ehen in der Bundesrepublik. Möglichkeiten und Grenzen psychosozialer Hilfen. Frankfurt/M.

SHAPIRO, Harry Lionel: The Heritage of the Bounty. The Story of Pitcairn through six
1979 Generations. New York [Reprint von 1936]

SHEPARD, Laura A. und Jonathan B. JEFFERY: Guide to Reference Sources for
1984 Intermarriage. in: Cretser und Leon (Hrsg.): 101 - 104

SHNEIDMAN, Edwin S.: Suicide. in: Farberow: 33 - 43
1963

SIAO, Eva: China, mein Traum, mein Leben. Düsseldorf
1994

SILVER, Brian D.: Ethnic Intermarriage and Ethnic Consciousness among Soviet
1978 Nationalities. in: *Soviet Studies* 30, 1: 107 - 116

SILVERMAN, Hirsch Lazaar (Hrsg.): Marital Counseling. Springfield
1967

SIMON, Michael: Das Phänomen deutsch-koreanischer Familien im Spektrum der na-
1985a   tionalen Mischehen in der Bundesrepublik Deutschland. in: *Korea Kul-
          turmagazin* 8: 37 - 70

SIMON, Michael: Deutsch-Koreanische Familien. Ein Beitrag zum Studium kulturel-
1985b   ler Mischehen. Münster

SIMPSON, G. Eaton und J. Milton YINGER: Racial and Cultural Minorities: an
1953   Analysis of Prejudice and Discrimination. New York

SIMPSON, G. Eaton und J. Milton YINGER: Racial and Cultural Minorities: an
1972   Analysis of Prejudice and Discrimination. 4. Edition. New York

SIMPSON, G. Eaton und J. Milton YINGER: Racial and Cultural Minorities: an
1985   Analysis of Prejudice and Discrimination. 5. Edition. New York

SINGER, Ute und Frauke KLAUSING: Zur Problematik bi-kultureller Partnerschaften
1983   am Beispiel deutscher Frauen in der Bundesrepublik Deutschland. Un-
          veröffentlichte Abschlußarbeit (Sozialwesen). Hildesheim/Holzminden

SISTER MARIE ANELLA - siehe LYNN

SKOLNICK, Arlene: The Intimate Environment. Exploring Marriage and the Family.
1973   Boston

SMITH, Charles E.: Negro-White Intermarriage: Forbidden Sexual Union. in: *The
1966   Journal of Sex Research* 2: 169 - 177

SMITH, Harold E.: Thai-American Intermarriage in Thailand. in: *The International
1971   Journal of the Sociology of the Family* 1 (special issue): 127 - 136

SMITH, Marian W.: The Puyallup of Washington. in: Linton (Hrsg.): 3 - 38
1963

SMOOHA, Sammy: Ethnic Groups. in: Kuper, Adam und Jessica Kuper (Hrsg.): The
1985   Social Science Encyclopedia. London - Boston - Henley: 267 - 269

SMYTHE, Hugh H.: Intermarriage in West Africa. in: *Sociology and Social Research*
1958   42: 353 - 357

SOUTH, Scott J. und Steven F. MESSNER: Structural Determinants of Intergroup
1986   Association: Interracial Marriage and Crime. in: *The American Journal
          of Sociology* 91, 6: 1409 - 1430

SOUTHWOLD, Martin: Meanings of Kinship. in: Needham, Rodney (Hrsg.):
1971   Rethinking Kinship and Marriage. London - New York - Sydney - Toronto - Wellington: 35 - 56

SPICKARD, Paul R.: Mixed Blood. Intermarriage and Ethnic Identity in Twentieth-
1989   Century America. Madison, Wisconsin - London

STAHL, Abraham: The Offspring of interethnic Marriage: Relations of Children with
1992   paternal and maternal Grandparents. in: *Ethnic and Racial Studies* 15, 2: 266 - 283

STATISTIK des Hamburgischen Staates. Herausgegeben von dem Statistischen Bureau
1872   der Steuer-Deputation. Heft IV. Hamburg

STATISTIK des Hamburgischen Staates. Herausgegeben von dem Statistischen Bureau
1873   der Steuer-Deputation. Heft VI. Hamburg

STATISTIK des Hamburgischen Staates. Herausgegeben von dem Statistischen Bureau
1900   der Steuer-Deputation. Heft XIX. Hamburg

STATISTIK des Hamburgischen Staates. Herausgegeben von dem
1902   Statistischen Bureau der Steuer-Deputation. Heft XXI. Hamburg

STATISTIK des Hamburgischen Staates. Herausgegeben von dem Statistischen Bureau
1912   der Steuer-Deputation. Heft XXVI. Hamburg

STATISTIK des Hamburgischen Staates. Herausgegeben vom Statistischen Landesamt.
1918   Heft XXVII. Hamburg

STATISTIK des Hamburgischen Staates. Herausgegeben vom Statistischen Landesamt.
1919   Heft XXVIII. Hamburg

STATISTIK des Hamburgischen Staates. Herausgegeben vom Statistischen Landesamt.
1921   Heft XXI. Hamburg

STATISTIK des Hamburgischen Staates. Herausgegeben vom Statistischen Landesamt.
1927   Heft XXXII. Hamburg

STEELE, C. Hoy: Bonds between Indians and other Racial Groups in an Urban
1979   Setting. in: Blumberg + Roye (Hrsg.): 36 - 51

STEGEMANN, Cornelia und Rainer KNUßMANN: Empirische Untersuchung zur Paa-
1984   rungssiebung geschlechtsspezifischer Körpermerkmale. in: *Homo* 35, 3 - 4: 273 - 285

STEINBERG, Stephen: The Ethnic Myth. Race, Ethnicity and Class in America. New
1981 York

STEPHAN, Walter G. und Cookie White STEPHAN: After Intermarriage: Ethnic Identity
1989 among Mixed-Heritage Japanese-Americans and Hispanics. in: *Journal of Marriage and the Family* 51: 507 - 519

STEPHAN, Walter G. und Cookie White STEPHAN: Intermarriage: Effects on
1991 Personality, Adjustment, and Intergroup Relations in two Samples of Students. in: *Journal of Marriage and the Family*, 53: 241 - 250

STEPHENS, M. E.: Half a Wife is Better than None: A Practical Approach to
1988 Nonadelphic Polyandry. in: *Current Anthropology* 29, 2: 354 - 356

STERN, Bernhard J: Intermarriage. in: Encyclopedia of the Social Sciences Bd. 8:
1954 151- 155

STEVENSON, Harold und Edward C. STEWART: A Developmental Study of Racial
1958 Awareness in Young Children. in: *Child Development* 29: 399 - 409

STONE, Vernon W.: German Baby Crop Left by Negro GI's. in: *The Survey*: 579 -
1949 583

STRAUSS, Anselm L.: Strain and Harmony in American-Japanese War-Bride
1954 Marriages. in: *Marriage and Family Living* 16: 99 - 106

STREIFF-FENART, Jocelyne: Les jeunes immigrés et le mariage mixte. in: *Peuples*
1988 *Mediterranéens* 44/45: 137 -154

STREIFF-FENART, Jocelyne: Les couples franco-maghrébins en France. Paris
1989

STRECKER, Judith: Selbsterfahrung und Persönlichkeitsentwicklung bei Frauen, dar-
1982 gestellt an Beziehungen zwischen weißen Frauen und schwarzen Männern. Unveröffentlichte Diplomarbeit der PH Berlin. Berlin

STRELTZER, Jon: Intercultural Marriages under Stress: the Effect of Chronic Illness.
1977 in: Tseng et alii (Hrsg.): 113 - 120

STUART, Irving R. und Lawrence Edwin ABT (Hrsg.): Interracial Marriage:
1973 Expectations and Realities. New York

SUNDBERG, Norman D.: Toward Research Evaluating Intercultural Counseling. in:
1976 Pedersen et alii: 139 - 169

SUTTER, Jean und Leon TABAH: Les notions d'isolat et de population minimum. in:
1951   Population 6, 3: 481 - 498

SUTTLES, Wayne und Aldona C. JONAITIS: History of Research in Ethnology. in:
1990   Handbook of North American Indians, Bd. 7, Washington: 73 - 87

SUTTLES, Wayne und LANE, Barbara: Southern Coast Salish. in: Handbook of North
1990   American Indians, Bd. 7, Washington: 485 - 502

SWANN, Thomas E.: The Problem of Utakata no Ki. in: *Monumenta Nipponica* 29:
1974   263 - 281

SZAPOCZNIK, Jose und William KURTINES: Acculturation, Biculturalism and
1980   Adjustment among Cuban Americans. in: Padilla (Hrsg.): 139 - 159

TAGHI-KHANI, Jutta: Im Jahr des Tantalus. Eine Frau erlebt den Iran. Hildesheim
1991

TAMBIAH, S. J.: From Varna to Caste through Mixed Unions. in: Goody (Hrsg.):
1973   191 - 220

TEICHER, Joseph D.: Some Observations on Identity Problems in Children of Negro-
1968   White Marriage. in: *The Journal of Nervous and Mental Disease* 146, 3:
         249 - 256

TENHOUTEN, Warren D.: Race and Family Power Structure: a Critical Analysis of the
1973   Black Matriarchy Thesis. in: Stuart und Abt (Hrsg.): 81 - 109

TESKE, Raymond H. C. und Bardin H. NELSON: Acculturation and Assimilation: a
1974   Clarification. in: *American Ethnologist* 1, 2: 351 - 367

THOMAS, John L.: Outgroup Marriage Patterns of some Selected Ethnic Groups. in:
1954   *The American Catholic Sociological Review* 15: 9 - 18

THOMAS, John L.: The Factor of Religion in the Selection of Marriage Mates. in:
1972   Barron (Hrsg.): 172 - 180

TINDALE, Norman B.: Tribal and Intertribal Marriage among the Australian
1953   Aborigines. in: *Human Biology* 25: 169 - 190

TINKER, John N.: Intermarriage and Ethnic Boundaries: the Japanese-American Case.
1973   in: *Journal of Social Issues* 29, 2: 49 - 66

TINKER, John N.: Intermarriage and Assimilation in a Plural Society: Japanese-
1984   Americans in the United States. in: Cretser und Leon (Hrsg.): 61 - 74

TRAYNOR, Victor J.: Urban and Rural Mixed Marriages. in: *Social Order* 6:
1956   154 - 158

TRUE, June A.: Miss Anne and the Black Brother. in: Blumberg + Roye (Hrsg.):
1979   133 - 152

TSENG, Wen-Shing: Adjustment in Intercultural Marriage. in: Tseng et alii (Hrsg.):
1977   93 - 103

TSENG, Wen-Shing, MCDERMOTT, John F. und Thomas W. MARETZKI (Hrsg.):
1977   Adjustment in Intercultural Marriage. Honolulu

TUCKER, M. Belinda und Claudia MITCHELL-KERNAN: New Trends in Black
1990   American Interracial Marriage: the Social Structural Context. in:
          Journal of Marriage and the Family 52: 209 - 218

TUOMI-NIKULA, Outi: Fragebogen [unveröffentlicht]. Münster
1983

TUOMI-NIKULA, Outi: Acculturation in the Ethnic Mixed Marriage. Examples
1987/88   Provided by Finns Married in the Federal Republic of Germany. in:
          Ethnologia Fenica: 5 - 26

TUOMI-NIKULA, Outi: Direkte Kommunikation in deutsch-finnischen Ehen. in: Roth,
1996   Klaus (Hrsg.): Mit der Differenz leben. Europäische Ethnologie und interkulturelle Kommunikation. Münster - München - New York: 221 - 232

VALDEZ, Avelardo: Recent Increases in Intermarriage by Mexican-American Males:
1983   Bexar County, Texas, from 1971 to 1980. in: *Social Science Quarterly* 64: 136 - 144

VASKOVICS, Laszlo A., BUBA, H. P., MÜLLER, W. und W. UELTZEN: Generatives Verhalten
1984   in gemischt-nationalen Ehen. Forschungsbericht der sozialwissenschaftlichen Forschungsstelle Bamberg, Heft 17. Bamberg

VAUGHN, Donald: Lebensgeschichte als soziologisches Forschungsinstrument in
1983   Theorie und Praxis. Lebensgeschichtliche Untersuchung der Motivation und Entstehung einer bi-kulturellen Ehe. Unveröffentlichte Diplomarbeit. Frankfurt a. M.

VERNON, Glenn M.: Bias in Professional Publications Concerning Interfaith
1965   Marriages. in: Rodman (Hrsg.): 68 - 72

VIA [= Verband der Initiativgruppen in der Ausländerarbeit]: Frau als Ware. Frauenhandel,
1986   Zwangsehe, Scheinehe. Hamburg

VINCENT, Clark E.: Interfaith Marriages: Problem or Symptom? in: Barron (Hrsg.):
1972   181 - 201

VÖCKING, Hans: Die islamisch-christliche Ehe als bikulturelle Ehe. in: *Bundes-*
1984   *verwaltungsamt* 33: 112 - 132

VÖLGER, Gisela und Karin von WELCK (Hrsg.): Die Braut. Geliebt, verkauft, ge-
1985   tauscht, geraubt. Zur Rolle der Frau im Kulturvergleich. 2 Bände. Köln

WAGATSUMA, Hiroshi: Some Problems of Interracial Marriage for the Japanese. in:
1973   Stuart und Abt (Hrsg.): 247 - 264

WALDIS, Barbara: Maghrebinisch-europäische Hochzeitsfeste und der interkulturelle
1996   Kontext. Das Beispiel tunesisch-schweizerischer Paare. in: Roth, Klaus
        (Hrsg.): Mit der Differenz leben. Europäische Ethnologie und Interkultu-
        relle Kommunikation. Münster - München - New York: 233 - 250

WASHINGTON, Joseph R.: Marriage in Black and White. Boston
1970

WASSINK, M. W. Graeff: Opinion Survey on Mixed Marriages in Morocco. in:
1967   *Journal of Marriage and the Family* 29: 578 - 589

WEINBERGER, Andrew D.: Interracial Intimacy: Interracial Marrage [sic!] - its
1966   Statutory Prohibition, Genetic Import and Incidence. in: *The Journal of*
        Sex Report, 2, 3: 157 - 168

WEISS, Melford S.: Selective Acculturation and the Dating Process: the Patterning of
1970   Chinese-Caucasian Interracial Dating. in: *Journal of Marriage and the*
        Family, 32, 2: 273 - 278

WELLER, Leonard und Yacof ROFÉ: Marital Happiness among Mixed and
1988   Homogeneous Marriages in Israel. in: *Journal of Marriage and the*
        Family 50: 245 - 254

WENNER, Hedel: Schwarz und Weiß = Grau? in: Internationales Kulturwerk e. V.
1991   (Hrsg.): Der Schleier des Unbekannten fällt. Erfahrungsberichte europäi-
        scher Frauen mit ihren iranischen Lebenspartnern. Hildesheim

WHITE, Lynn C. und Bruce A. CHADWICK: Urban Residence, Assimilation and
1972   Identity of the Spokane Indian. in: Bahr, Howard M. + Bruce A.
        Chadwick (Hrsg.): Native Americans Today: Sociological Perspectives.
        New York: 239 - 249

WIEßMEIER, Brigitte: "Das Fremde" als Lebensidee. Münster - Hamburg
1993

WIEßMEIER, Brigitte: Bikulturelle Familien. Chancen - Konflikte - Beratungsstrate-
1994 gien. Informationen und Erfahrungsaustausch zur Arbeit mit bikulturellen Familien. in: Hochschultag 1993. Tagungsbericht. Soziale Unterstützung für Kinder und Familien. Evangelische Fachhochschule Berlin.
Fachhochschule für Sozialarbeit und Sozialpädagogik. Berlin: 89 - 100

WILKINSON, Doris Y. (Hrsg.): Black Male / White Female. Perspectives on
1975 Interracial Marriage and Courtship. Morristown

WILKINSON, Doris Y. + R. L. TAYLOR (Hrsg.): The Black Male in America. Chicago
1977

WILLEMS, Emilio: Intermarriage among German Brazilians. in: *Migration News* 5, 2:
1956 10 - 18

WILLIAMS, Herbert W.: A Dictionary of the Maori Language. 6th edition, revised and
1957 augmented. Wellington

WILSON, Anne: Mixed Race Children. A Study of Identity. London - Boston - Sydney
1987 - Wellington

WILSON, Ara: American Catalogues of Asian Brides. in: Cole, Johnnetta B. (Hrsg.):
1988 Anthropology for the Nineties. Introductory Readings. Revised Edition of
Anthropology for the Eighties. New York - London: 114 - 125

WINCH, Robert Francis: The Theory of Complementary Needs in Mate-Selection: a
1955a Test of one Kind of Complementariness. in: *The American Sociological
Review* 20: 52 - 56

WINCH, Robert Francis: The Theory of Complementary Needs in Mate-Selection:
1955b Final Results on the Test of the General Hypothesis. in: *The American
Sociological Review* 20: 552 - 555

WINCH, Robert Francis: Mate Selection. A Study of Complementary Needs. New
1958 York

WINCH, Robert Francis: Permanence and Change in the History of the American
1973 Family and some Speculations as to its Future. in: Kline und Medley
(Hrsg.): 431 - 450

WINCH, Robert Francis, KTSANES, Thomas und Virginia KTSANES: The Theory of
1954 Complementary Needs in Mate-Selection: an Analytic and Descriptive
Study. in: *The American Sociological Review* 19: 241 - 249

WIRTH, Louis: Urbanism as a Way of Life. in: Press, Irwin und M. E. Smith (Hrsg.):
1980 Urban Place and Process: Readings in the Anthropology of Cities. New York - London: 30 - 48

WIRTH, Louis und Herbert GOLDHAMER: The Hybrid and the Problem of
1944 Miscegenation. in: Klineberg, Otto: Characteristics of the American Negro. New York: 253 - 369

WOLF, Klaus-Peter: Traumfrau. Hamburg
1989

WOLF-ALMANASREH, Rosemarie (Hrsg.): Über die Lage der Ausländerfrauen. "Tribu-
1977 nal" zum deutschen internationalen Privatrecht. Fälle und Dokumente zusammengestellt anläßlich einer Veranstaltung der IAF (Interessengemeinschaft der mit Ausländern verheirateten deutschen Frauen) in Frankfurt/Main Oktober 1976. Frankfurt a. M.

WOLF-ALMANASREH, Rosemarie: "Einer ist gestreift und einer ist kariert...". Bikultu-
1982 relle Ehen in der BRD. in: *psychosozial* 16: 38 - 61

WOLF-ALMANASREH, Rosemarie: Wie es einer Deutschen ergeht, die einen Ausländer
1984 heiratet. Brief an meine Mutter. in: Meinhardt, Rolf (Hrsg.): Türken raus? oder Verteidigt den sozialen Frieden. Hamburg: 34 - 54

WOLF-ALMANASREH, Rosemarie: "Alles nur wegen der Religion...?" Überlegungen
1990 zur interkulturellen Beratung. in: *Ethnopsychoanalyse* 1: 124 - 157

WÜRTTEMBERGISCHER Landesverein der Freundinnen junger Mädchen (Hrsg.), in
o. J. Zusammenarbeit mit dem Öffentlichkeitsdienst der Evangelischen Landeskirche in Württemberg: Ehe im Orient. o. O. [nach 1960]

YALMAN, Nur: Sinhalese-Tamil Intermarriage on the East Coast of Ceylon. in:
1962 *Sociologus* 12: 36 - 54

YINON, Yoel: Authoritarianism and Prejudice among Married Couples with Similar
1975 or Different Ethnic Origin in Israel. in: *Journal of Marriage and the Family* 37, 1: 214 - 220

YURTDAS, Barbara: Wo mein Mann zuhause ist... Tagebuch einer Übersiedelung in
1983 die Türkei. Hamburg

YURTDAS, Barbara: Wo auch ich zu Hause bin. Eine türkisch-deutsche Familien-
1994 geschichte. München - Zürich

ZABEL, William D.: Now that Mixed Marriage is Legal. U.S. News & World Report.
1975 in: Wilkinson (Hrsg.): 114 - 125

ZIMMERMANN, Sonja: Black and White. Biographische Erzählungen über die Entstehung von Ehen zwischen Deutschen und US-Armeeangehörigen. Unveröffentlichte Diplomarbeit im FB Gesellschaftswissenschaften. Frankfurt a. M.
1987

Artikel in Zeitungen und Illustrierten

Brigitte 1967, 26 (LEEB, Helga: Beim Mittagessen hört man den Muezzin.)

Brigitte 1968, 1 (LEEB, Helga: In Capo Testa ist das Leben einfach.)

Brigitte 1968, 3 (BÖDEFELD, Gerda: Sie ist die einzige Deutsche in Balikesir.)

Brigitte 1968, 6 (LEEB, Helga: Wer sich nicht anpaßt, hat hier kein Glück.)

Brigitte 1968, 8 (LEEB, Helga: Franziscos Frau muß nicht zu Hause sitzen.)

Brigitte 1968, 10 (BÖDEFELD, Gerda: Einmal im Jahr beschwören wir die Geister.)

Brigitte 1968, 11 (BÖDEFELD, Gerda: Die Frau eines Japaners muß bescheiden sein.)

Brigitte 1968, 12 (BÖDEFELD, Gerda: Für sich allein ist man hier nie.)

Brigitte 1968, 14 (HOLM, Vera: Man sagt 'malesch' und regt sich nicht auf.)

Brigitte 1968, 16 (BÖDEFELD, Gerda: Jeder kennt die blonde Frau vom Doktor.)

Brigitte 1968, 17 (LEEB, Helga: Sie suchten das Gold für ihre Eheringe selber.)

Brigitte 1968, 18 (HOLM, Vera: Manches in diesem Land wird sie nie verstehen.)

Brigitte 1968, 19 (LEEB, Helga: ... und im Schrank liegt das Gewehr.)

Brigitte 1968, 20 (LEEB, Helga: Wenn die Sonne kommt, gibt's schulfrei.)

Brigitte 1968, 21 (LEEB, Helga: Nichts ist wichtiger als die Würde des Mannes.)

Brigitte 1968, 22 (BÖDEFELD, Gerda: Franzosen sind bessere Ehemänner)

Brigitte 1968, 23 (HOLM, Vera: Das Kilo Kirschen kostet hier fünfzehn Mark.)

Brigitte 1968, 24 (HOLM, Vera: Nach Feierabend studiert sie Psychologie.)

Brigitte 1968, 25 (LEEB, Helga: Swinging London ist weit...)

Brigitte 1968, 26 (BÖDEFELD, Gerda: Eine Senhora rührt keinen Besen an.)

Brigitte 1969, 1 (LEEB, Helga: 'Irische Ehemänner sind verheiratete Junggesellen'.)

Brigitte 1969, 5 (BÖDEFELD, Gerda: Deutsch ist hier keine fremde Sprache.)

Brigitte 1969, 6 (LEEB, Helga: Studentenehe - kein Problem.)

Brigitte 1969, 7 (BÖDEFELD, Gerda: 3000 Meter hoch liegt ihr neues Haus.)

Brigitte 1969, 8 (LEEB, Helga: Das letzte Wort hat immer er.)

Brigitte 1969, 10 (BENJAMIN, Rose: 'Wenn man hier lebt, sieht alles anders aus'.)

Brigitte 1969, 11 (LEEB, Helga: Vor der Tür die Wüste.)

Brigitte 1969, 23 (LEEB, Helga: Haarspray, Autos, Perlonhemden - heute gibt's das alles.)

Brigitte 1970, 3 (BÖDEFELD, Gerda: Hier trifft man Brüder, die man gar nicht kennt.)

Brigitte 1970, 5 (BENJAMIN, Rose: Sie müssen sparen für die Mitgift ihrer Töchter.)

Brigitte 1970, 12 (BENJAMIN, Rose: Ich habe die Schwierigkeiten weit unterschätzt.)

Brigitte 1970, 23 (LEEB, Helga: Erzbischof Makarios hat sie getraut.)

Brigitte 1970, 24 (BENJAMIN, Rose: Sie müssen mit dem Krieg leben.)

Brigitte 1970, 25 (LEEB, Helga: Das Nichtstun mußte sie erst lernen.)

Brigitte 1971, 6 (BENJAMIN, Rose: Picknick, wo noch kein Mensch vorher war.)

Brigitte 1971, 7 (BÖDEFELD, Gerda: Von Liebe spricht man nicht.)

Brigitte 1971, 9 (BENJAMIN, Rose: Angst hat sie nur noch vor Erdbeben.)

Brigitte 1971, 10 (TRUMPLER, Liselotte: Manchmal kommt ein Bär vorbei.)

Brigitte 1971, 12 (BÖDEFELD, Gerda: Wegen ein paar Schwierigkeiten geh ich nicht zurück.)

Brigitte 1971, 17 (LEEB, Helga: Ihr Reichtum sind sieben Kinder.)

Brigitte 1971, 21 (BENJAMIN, Rose: Seine Vorfahren waren Menschenfresser.)

Brigitte 1971, 24 (LEEB, Helga: Weiter Himmel, klare Luft, keine Parkprobleme.)

Brigitte 1972, 6 (BENJAMIN, Rose: Wenn es dunkel wird, sind die Frauen zu Haus.)

Brigitte 1972, 11 (PAPE, Sonja: Hier haben es Mütter gut.)

Brigitte 1972, 14 (BENJAMIN, Rose: Der Mann regiert, die Frau entscheidet.)

Brigitte 1973, 8 (ANONYMUS: Mein Mann ist Deutscher.)

Brigitte 1973, 14 (BÖDEFELD, Gerda: Keine wagt es, den Schleier wegzuwerfen.)

Brigitte 1973, 15 (OERTZEN, Margarete von: Von Stammestänzen hält er nichts.)

Brigitte 1973, 21 (BÖDEFELD, Gerda: 'Man nimmt sich einfach einen Diener, und die Sache läuft'.)

Brigitte 1973, 24 (ANONYMUS: Wenn du so einen heiratest, hast du selber schuld.)

Brigitte 1975, 25 (FISCHER, Hanna: Aus der Missionsschwester wurde Frau Nyagah.)

Brigitte 1977, 19 (ZSCHOCKE, Fee: Mit einem Schwarzen verheiratet.)

Brigitte 1977, 21 (KOHLRUSCH, Eva: Jetzt regelt der Koran ihr Leben.)

Brigitte 1978, 21 (JUNGBLUT, Christian: Nach der Scheidung die Kinder entführt.)

Brigitte 1979, 7 (KOHLRUSCH, Eva: Eine schottische Ehe fast am Rand der Welt.)

Brigitte 1979, 19 (KROLL, Benno: Ein Chinese ist selten zärtlich.)

Brigitte 1980, 13 (STANGL-WALLGRÜN, Inka: Zwei Kinder sind die Opfer.)

Brigitte 1981, 21 (MATTHAEI, Ulrike: Irgendwann merkt jede, daß ihr Grieche ein Orientale ist.)

Brigitte 1981, 22 (KOHLRUSCH, Eva: Die Preußin und ihr Sonnyboy.)

Brigitte 1981, 23 (STEINERT, Jörg: Happy-End in einem spröden Paradies.)

Brigitte 1982, 4 (WIEBUS, Hans-Otto: Das Glück, einen Deutschen zu heiraten.)

Brigitte 1982, 5 (LEEB, Helga: Das Paar, das viermal geheiratet hat.)

Brigitte 1982, 11 (PACZENSKY, Susanne von: Ehe im Kibbuz. Idylle hinter Stacheldraht.)

Brigitte 1982, 22 (KILIAN, Dieter: 'Hassan ist ein waschechter Patriarch'.)

Brigitte 1983, 23 (SCHÖNFELD, Gerda-Marie: Stille Tage in Tourrettes.)

Brigitte 1983, 6 (FRÖHLING, Ulla: Ohne die Kirche läuft hier nichts.)

Brigitte 1983, 9 (MATTHAEI, Ulrike: Lächeln und Schweigen.)

Brigitte 1983, 12 (PACZENSKY, Susanne von: Ihr Glück ist ständig bedroht.)

Brigitte 1983, 16 (PLOG, Ulla: Am liebsten Schwarzbrot mit Leberwurst.)

Brigitte 1984, 5 (KOHLRUSCH, Eva: Die Zeit steht still auf Lipari.)

Brigitte 1984, 8 (KOHLRUSCH, Eva: Stadtfrau liebt Waldmenschen.)

Brigitte 1984, 9 (LEBERT, Norbert: Mein Kind hat mich fast schon vergessen.)

Brigitte 1984, 10 (LEEB, Helga: In der Goldmine wird gefeiert.)

Brigitte 1984, 17 (LEBERT, Ursula: La Alemana - sie tanzt und bleibt doch eine Fremde.)

Brigitte 1984, 26 (GEISSLER, Christa: Ehe... Abenteuer inbegriffen.)

Brigitte 1985, 6 (KILIAN, Dieter: Hier werde ich alt!)

Brigitte 1985, 10 (MATTHAEI, Ulrike: Lachen - auch wenn es dir dreckig geht.)

Brigitte 1985, 21 (BRASCH, Christine: Der Fluss bestimmt ihr Leben.)

Brigitte 1986, 2 (BODE, Hildegard: West-östliche Liebe in Peking.)

Brigitte 1986, 10 (MALETZKE, Elsemarie: 'Kind - du hättest doch auch einen Deutschen gekriegt.')

Brigitte 1986, 15 (LEBERT, Ursula: Was soll hier aus unseren Söhnen werden?)

Brigitte 1986, 17 (LEEB, Helga: Alltag auf einer Trauminsel.)

Brigitte 1986, 21 (KRAMER, Regina: 'Man muß hier immer mit allem rechnen'.)

Brigitte 1986, 23 (ZSCHOCKE, Fee: Arm sein, das macht ihr nichts.)

Brigitte 1987, 3 (BÖDEFELD, Gerda: Das üble Geschäft mit der Hoffnung auf Glück.)

Brigitte 1988, 8 (CEBULKA, Doris: Mit Gott gegen Geister und Dämonen.)

Brigitte 1988, 16 (GROB, Sabine: 'Er hat es schon schwer mit mir'.)

Brigitte 1988, 19 (RUPPRECHT, Annette: 'Ich hab' hier nur gewonnen'.)

Brigitte 1989, 7 (LEBERT, Ursula: Nur in die Wüste will sie ihm nicht folgen.)

Brigitte 1989, 10 (LEBERT, Ursula: Eine Ehe auf Eis.)

Brigitte 1993, 2 (STRIEDER, Swantje: 'Wir wohnen im größten Gefängnis der Welt'.)

Constanze 1967, 17 (BOLIANY, Sabine: Mein schwarzes Glück.)

Deutsches Allgemeines Sonntagsblatt 1989, 36 (8.9.) (GRAUL, Bernd A. K.: Die Ware.)

Emma 1991, 9 (OTT, Ursula: Seit Betty Mahmoody ihre Geschichte 'Nicht ohne meine Tochter' veröffentlicht hat, ist sie zum Abschuß freigegeben.)

Frankfurter Rundschau 1978, 239 (26.10.) (STÖSSINGER, Jutta: Mit Ausländern verheiratet - die Schwierigkeiten sind schon vorprogrammiert.)

Hamburger Abendblatt 1988 (30.5.) (ANONYMUS: Mädchenhandel: Amnestie für Ausländerinnen vorgeschlagen.)

Hamburger Abendblatt 1990, 121 (26./27.5.) (Unsere Tochter liebt einen Moslem.)

Hamburger Abendblatt 1991, 40 (16./17.2.) (KNEMEYER, Thomas: Sieg der Liebe)

Mindener Tageblatt 1989, 196 (26.8.) (ANONYMUS: Bei Nichtgefallen Umtausch möglich.)

Sonntag aktuell 1991 (22.9.) (ANONYMUS: Betty verunsichert Frauen.)

Der Spiegel 1992, 41 (ANONYMUS: Sprachlose Ehen.)

Der Spiegel 1993, 19 (ANONYMUS: 'Wilder Mann' liebt 'Negerhure'.)

Der Stern 1972, 33 (WINDMÖLLER, Eva: Mein Schwiegersohn, der Neger.)

Der Stern 1972, 34 (WINDMÖLLER, Eva: Mein Schwiegersohn, der Neger: Die verlorene Tochter)

Der Stern 1972, 35 (WINDMÖLLER, Eva: Mein Schwiegersohn, der Neger: Ich bin kein Freiwild für jeden)

Der Stern 1972, 36 (WINDMÖLLER, Eva: Mein Schwiegersohn, der Afrikaner: Leben - das ist für mich Afrika.)

Der Stern 1972, 39 (WINDMÖLLER, Eva: Unser Schwiegersohn, der Neger: Wenn es bösen Nachbarn nicht gefällt.)

Der Stern 1981, 51 (RUDOLPH, Hagen: 'Warum tust du uns das an?' Ehen mit Ausländern.)

USA Today 1997 (8.5.) (EL NASSER, Haya: Measuring Race. Multi-Ethnics Balk at 'Pick-One' Forms.)

Die Zeit 1989, 14 (31.3.) (POKATZKY, Klaus: Filipina, 22 Jahre, zärtlich, treu.)

Die Zeit 1997, 30 (18.7.) (DILLOO, Rüdiger: Witwe Bachl und ihr Türke.)

Zeitmagazin 1997, 39 (19.9.) (SCHMIDT, Rainer und Martin PARR: Hoffnungsträger.)

REIMER

LEBENSFORMEN
Veröffentlichungen des Instituts für Volkskunde
der Universität Hamburg
Herausgegeben von Thomas Hengartner,
Albrecht Lehmann und Gerhard Lutz

Band 5
Dagmar Burkhart
Kulturraum Balkan
Studien zur Volkskunde und Literatur
Südosteuropas
327 Seiten mit 34 Abbildungen
Leinen mit Schutzumschlag
ISBN 3-496-00472-X

Band 6
Andrea Kiendl
Die Lüneburger Heide
Fremdenverkehr und Literatur
VII und 342 Seiten mit 1 Abbildung,
3 Karten und 2 Diagrammen
Broschiert / ISBN 3-496-00405-3

Band 7
Karin Hesse-Lehmann
Iraner in Hamburg
Verhaltensmuster im Kulturkontakt
XII und 251 Seiten
Broschiert / ISBN 3-496-02513-1

Band 8
Dietmar Sedlaczek
» ... das Lager läuft dir hinterher«
Leben mit nationalsozialistischer Verfolgung
404 Seiten
Broschiert / ISBN 3-496-02588-3

REIMER

LEBENSFORMEN
Veröffentlichungen des Instituts für Volkskunde
der Universität Hamburg
Herausgegeben von Thomas Hengartner,
Albrecht Lehmann und Gerhard Lutz

REIMER

Band 9
Klaus Brake
**Lebenserinnerungen
rußlanddeutscher Einwanderer**
Zeitgeschichte und Narrativik
504 Seiten
Broschiert / ISBN 3-496-02646-4

Band 10
Brigitta Schmidt-Lauber
»Die verkehrte Hautfarbe«
Ethnizität deutscher Namibier als Alltagspraxis
477 Seiten
Broschiert / ISBN 3-496-02656-1

Band 11
Thomas Hengartner
Forschungsfeld Stadt
Zur Geschichte der volkskundlichen Erforschung
städtischer Lebensformen
379 Seiten mit 5 Karten und 4 Kartenskizzen
Broschiert / ISBN 3-496-02655-3

Band 12
Hilke Thode-Arora
Interethnische Ehen
Theoretische und methodische Grundlagen
ihrer Erforschung
517 Seiten
Broschiert / ISBN 3-496-02663-4

REIMER